"十三五"国家重点图书出版规划项目

现代西方道德教育理论研究

（上卷）

戚万学　著

人民教育出版社

·北京·

图书在版编目（CIP）数据

现代西方道德教育理论研究：上卷、下卷 / 戚万学著．—北京：人民教育出版社，2020.7

ISBN 978-7-107-34830-3

Ⅰ.①现…　Ⅱ.①戚…　Ⅲ.①德育－研究－西方国家－现代　Ⅳ.①G410

中国版本图书馆 CIP 数据核字（2020）第 121685 号

现代西方道德教育理论研究

出版发行　人民教育出版社
（北京市海淀区中关村南大街 17 号院 1 号楼　邮编：100081）
网　址　http://www.pep.com.cn
经　销　全国新华书店
印　刷　北京华联印刷有限公司
版　次　2020 年 7 月第 1 版
印　次　2020 年 7 月第 1 次印刷
开　本　787 毫米 × 1 092 毫米　1/16
印　张　46.75
字　数　495 千字
印　数　0001 ~ 1 000
定　价　122.50 元

目 录

第一章 绪论

我们在“现代西方道德教育理论”这一论域下所讨论的是整个20世纪和进入21世纪以来西方主要国家出现的道德教育理论、流派和学说。尽管在讨论这些理论和学说的过程中不可能不涉及学校道德教育的实践，但对一百多年来学校道德教育工作经验的分析和总结不是本书的主要目的。本书旨在通过对现代有代表性的理论的微观剖析和宏观比照，展示一百多年来西方道德教育理论发展的历史轨迹，昭示理论未来发展的基本走向，并就理论本身的得失利弊阐明自己的立场。

在过去的一百多年里，人类社会经历了前所未有的变革，这种变革使人们不得不重新看待我们生活其中的这个世界，看待我们曾经的梦想和追求，甚至重新看待人类自身。20世纪初以来的西方道德教育也同样鲜明地体现了西方世界的精神历程，折射出一百多年来西方社会的历史变迁。反观20世纪初以来的西方道德教育，我们不仅能够由于时空上的“身在其外”而有某种“旁观者清”的机缘。而且，一百多年来的西方道德教育亦给我们今天的道德教育改革提供了重要的启示和借鉴，为我国的道德教育改革提供了必要的全球性文化参照和世界性视野。

第一节　现代西方道德教育理论的流派

在西方，20 世纪初以来的一百多年可以说是一个道德教育理论喷涌迭现的时代。历史上没有哪一个时期能像这一百多年来有如此众多的理论家和思想家涉足道德教育领域的研究。他们围绕道德教育的性质、目的、任务、内容和方法等根本问题对传统道德教育的理论和实践进行了批判，从而提出或创立了五花八门的道德教育学说，形成了许多道德教育理论流派和模式，使 20 世纪初以来的道德教育领域出现了空前繁荣的局面。

一、现代西方道德教育理论的基本流派

从 20 世纪初至今的一百多年来，在西方社会形成、发展并影响较大的道德教育理论流派、学说和模式主要有：

（1）涂尔干（Emile Durkheim）[①]道德教育的社会化理论；

（2）杜威（John Dewey）经验主义的道德教育理论；

（3）柯尔伯格（Lawrence Kohlberg）[②]道德教育的认知—发展理论；

（4）价值澄清学派的道德教育理论；

（5）人本主义的道德教育理论；

① 也译作迪尔凯姆、杜尔克姆等。

② 也译作科尔伯格。

（6）社会学习理论的道德教育思想；

（7）行为主义的道德教育理论；

（8）威尔逊（John Wilson）理性功利主义的道德教育理论；

（9）贝克（Clive Beck）的反省价值教育理论；

（10）斯克里文（Michael Scriven）的认知道德教育理论；

（11）道德教育的价值分析模式；

（12）道德教育的关怀模式；

（13）道德教育的理论建构模式；

（14）道德教育的社会行动模式；

（15）马里坦（Jacques Maritain）的宗教道德教育学说；

（16）布贝尔（Martin Buber）的存在主义道德教育思想；

（17）美国的品格教育思潮；

…………

不难发现，20世纪初以来的道德教育理论派别繁多，思想各异，呈现百家争鸣之势。然而，在众多流派、模式和学说中，真正有完整的理论和实践体系、对当代道德教育的理论和实践产生过长期的、深刻影响的派别并不多，许多学说或模式只是昙花一现，未能引起人们足够的重视，其影响相对来说也较为薄弱。另外，当代西方道德教育的大多数理论即使那些影响较大的理论或流派也没有一个相对统一的体系和方法论基础，绝大多数理论都是从理论家本身的思想框架中引申出对道德教育的看法，也许这正是西方道德教育理论得以繁荣和蓬勃发展的一个重要原因。

二、现代西方道德教育理论的分类

为了更好地把握现代西方各式各样的道德教育理论的基本特征，对它们进行分类是必要的。目前，西方学者对现代道德教育理论的分类主要有以下几种方法。

一种是按现代西方道德教育的研究领域或学科领域来划分，把各种道德教育理论分别划归到哲学、心理学、社会学、教育学等领域中去，这种分类方法的主要代表是美国学者约翰·埃利亚斯（John Elias）。①

道德教育的哲学理论
- 新托马斯主义的道德教育理论
- 杜威实验主义的道德教育理论
- 存在主义的道德教育理论
- 分析哲学的道德教育理论

道德教育的心理学理论
- 行为主义的道德发展理论
- 精神分析学派的道德发展理论
- 道德的认知发展理论
- 社会学习理论与道德教育
- 人本主义心理学与道德教育

道德教育的社会学理论
- 涂尔干道德教育的社会化理论
- 帕森斯的道德社会化理论

① Elias, John L. *Moral Education: Secular and Religious*. Malabar, Fla.: R. E. Krieger Publishing, 1989.

道德教育的教育学研究 { 道德教育的认知方法
道德教育的情感方法
道德教育的行动方法 }

另一种分类方法可称之为模式分类法，它更注重那些有较完整理论和实践体系尤其是在道德教育的实践或操作上独树一帜的理论学说，哈什（Richard H. Hersh）、米勒（John P. Miller）和菲尔丁（Glen D. Fielding）是这一分类的代表。[①]他们把当代道德教育分成如下六种模式：

（1）理论建构模式；

（2）体谅模式；

（3）评价过程和澄清模式；

（4）价值分析模式；

（5）认知的道德发展模式；

（6）社会行动模式。

也有人根据各种道德教育的性质把各种理论分为：

（1）强硬派；

（2）温和派；

（3）中间路线。[②]

---

① Hersh, Richard H., Miller, John P., & Fielding, Glen D. *Models of Moral Education: An Appraisal*. New York: Longman, 1980.

② Hall, Robert T. *Moral Education: A Handbook for Teachers*. Minneapolis, Minnesota: Winston Press, Inc., 1979.

还有一种是根据哲学认识论即根据对道德发生发展的根本看法来分类，这是认知派的重要成员斯卡夫（Peter Scharf）的分类。他把各种道德教育理论分成三类：①

（1）机械决定论；

（2）浪漫主义理论；

（3）辩证发展理论。

柯尔伯格也有类似的划分方法，他把道德教育分成浪漫主义理论、文化传递理论和进步主义理论。②

三、本书的研究范围

对20世纪初以来一百多年道德教育理论发展的研究，最简便的方法莫过于对这一时期所出现的每一种理论悉以详述。但是，一百多年道德教育的理论领域是如此广阔以至于这样做几乎是不可能的，而且即便有这种可能，也可能只是一个肤浅的百科全书式的理论概览表，于理论和实践均无多大益处。另外，这样做似乎也无必要，正如中国古代先贤孙子所言："无所不备，则无所不寡。"本书亦丝毫不想以齐备为目的，只希望通过合理的取舍以更加突出所要研究的主题。为此，笔者将根据以下标准确定本书的研究范围或对象：

---

① Scharf, P. *Moral Education*. Responsible Action, 1978.

② Kohlberg, L., & Mayer, R. Development as the Aim of Education. *Harvard Educational Review*, Vol. 42, No. 4, December, 1972.

（1）20 世纪初以来各研究领域（或学科领域）最富影响的道德教育理论；

（2）对道德教育的理论和实践问题有深邃独特的思考且体系完整并对 20 世纪初以来道德教育的理论和实践有特殊贡献的理论；

（3）在上述前提下，适当考虑不同历史时期和不同国家、地区以及不同理论派别中有代表性的理论。

根据以上标准，笔者确定这样八种理论作为本书的研究对象：

（1）杜威的道德教育理论；

（2）威尔逊的道德教育理论；

（3）贝克的价值教育理论；

（4）关怀学派的道德教育理论；

（5）柯尔伯格的道德教育理论；

（6）涂尔干的道德教育理论；

（7）价值澄清学派的道德教育理论；

（8）美国的品格教育思潮。

第二节　现代西方道德教育理论和实践的基本问题和研究方法

研究 20 世纪初以来一百多年道德教育理论的发展，目的有二：一是准确、客观地把握当代道德教育理论的基本内容和观点；二是通过分析其得失利弊为人们提供有益的启示和应吸取的教训。与此相应，便有了两种研究的角度或方法：一种可称为历史的方法，即从历史的视角对道德教育的内容形式、体系结构、来龙去脉加以研究，弄清其在历史上的地位和影响；另一种则是通过研究历史上的理论来表达某种观点或思想。

笔者认为，分析、揭示一百多年西方道德教育理论发展及变化的规律，宜采用两种研究角度和方法相结合的研究路线，并突出第二种研究路线的主导地位。

从各个不同的研究领域确定我们的研究对象，其最大的特点在于它的广泛性和全面性。但是，如果各学科、各研究领域、各种不同的理论之间没有一些共同关心的问题或基本问题，就无法从总体上把握理论发展的层次，更不能进行充分的理论比较从而在宏观上把握理论发展的规律和所提供的启示。为此，笔者拟从现代道德教育思想家共同关心的理论和实践问题（或基本问题）入手，考察我们要研究的理论家在这些问题上提出过哪些不同于前人的新思想，从而为道德教育理论的发展确定一个相对确切的发展轨迹，并使我们对每一种理论在这一发展中的地位及所提供的经验与教训有一个较为确当的认识。

关于哪些问题是当代道德教育的基本问题，人们历来有着不同的看法。弗兰克纳（William K. Frankena）认为，一种规范的道德教育哲学至少要涉及这样四个问题：①这种教育要培养的人应具有什么样的品质（对一个在道德上受过教育的人的基本看法）；②支持这些品质的理论基础（如哲学立场、理论前提、实验因子等）；③在培养一个在道德上受过教育的人的方法上的一些建议；

④关于这种方法的理论基础（实际前提或规范性论据）。[①]美国学者埃利亚斯在讨论当代道德教育理论时也是以这些“基本问题”为范域展开研究的。[②]哈什等人认为，“关心”（caring）、“判断”（judging）、“行动”（acting）才是道德教育的共同问题。他指出：“我们所研究的六种道德教育模式都关心这三个领域。”[③]巴里·查赞（Barry Chazan）则认为，当代道德教育理论共同关心的问题至少有如下九个：①个人与社会；②道德原则；③伦理学中的理性；④内容和形式；⑤行动；⑥在道德上受过教育的人的概念；⑦灌输和道德教育；⑧教师的作用；⑨教学（方法、过程、材料）。[④]

我们主要采用巴里·查赞对基本或共同关心的问题的确定，但对其中的个别问题进行了调整和补充，并从理论和实践两方面加以框定，从而形成了涵盖道德教育理论和实践的八个基本问题，它们是：

（1）个人与社会；

（2）理智与行为；

---

① Frankena, W. K. A Model for Analyzing a Philosophy of Education. In Martin, Jane R. (Ed.) *Reading in the Philosophy of Education: A Study of Curriculum*. Boston: Allyn and Bacon, 1970.

② Elias, John L. *Moral Education: Secular and Religious*. Malabar, Fla.: R. E. Krieger Publishing, 1989, p.34.

③ Hersh, Richard H., Miller, John P., & Fielding, Glen D. *Models of Moral Education: An Appraisal*. New York: Longman, 1980, p.181.

④ Chazan, B. *Contemporary Approaches to Moral Education: Analysis Alternative Theories*. New York: Teachers College Press, 1985, p.8.

（3）他律与自律；

（4）内容与形式；

（5）道德原则；

（6）灌输；

（7）在道德上受过教育的人；

（8）道德教学论（课程、方法和教师）。

如果上述问题代表了当代西方道德教育理论和实践的基本范畴的话，那么，对当代道德教育理论的研究就可以转变成对这些问题的具体研究。

下面，笔者对这八个问题及其与道德教育的关系做一简要说明，以为尔后每个道德教育流派的具体研究提供一种路线与说明。

其中，第一至第七个问题是现代道德教育的基本理论问题，第八个问题是现代道德教育的实践问题。

1. 个人与社会

与这一基本问题有关的问题包括：道德主要是一种团体现象还是个体经验？道德是指某一特殊团体的规则、价值和行为的总和，还是个体对一种行为自由和审慎的选择？道德的根源是什么——团体的准则还是个人良心？对这些问题的回答，一种观点认为，道德即是植根于集体权威的规则系统，所以，道德的行为即是与规则一致的行为；另一种观点则认为，道德乃是个体的一种情态经验，有道德的并非是依附于外部权威，而是指个人解决问题的能力。

关于道德是个人还是社会性质的争论与道德教育的实践显然有密切关系，如果道德根本上是社会的，那么，道德教育的责任就是传递集体的道德规则；如果道德主要与个人的反省和选择有关，那么，毫无疑问，道德教育就要去培养个体反省和选择所必需的品质。

2. 理智与行为

如果道德归根结底是一种行为操作或实践，那么，学生在学校里获得的知识以及在此基础上发展起来的理智能力是否有助于这种行为的操作？随着智慧的增长和知识的增加，人的行为是否更趋完善？什么样的知识以及在什么范围内、何种意义上讲，这种知识有益于人的行为的发展？理智和行为的关系问题之道德教育意义是不言自明的，如何通过学到的道德知识促进学生道德行为的发展乃是每一个道德教育工作者至为关心的问题，学生的知行脱节问题也是令道德教育工作者最棘手、最沮丧的问题。

3. 他律与自律

道德本质上是他律的还是自律的？是仅指对规则、对他人的义务因而只有服从才是道德的，还是指主体的自由意志、自我负责因而只有独立思维、自主决策、自由选择才是道德的？道德是以外在权威（包括规则、原则、个人权威、团体利益）为定向，还是以主体的内在本质为定向、以主体的自由理性为定向？如果是前者，道德教育的性质就是强制的、权威主义的，教育的目的就是服从的，方法则是反理性的；如果是后者，道德教育的性质则是自由的、民主的，教育的目的则是自主、自决的，方法则是理性的。

4. 内容与形式

道德最终是一种特殊的内容或规范性态度还是由一系列技术

特征规定的过程或方法？这一问题是20世纪50年代以来道德哲学和道德教育领域中的一个热门话题。有人坚持道德主要指人们用以解决道德问题的过程、技能和方法而不是一种特定的结果或观点，所以，道德教育主要在于教授和训练解决问题的能力和方法，这些能力和方法一经形成，便可应用于各种不同的情景；而另外一些人则认为，道德主要与特定的意识形态和世界观有关，道德教育的目的在于传授这些意识形态和世界观，教授某些特定的道德内容。

5. 道德原则

什么是道德原则？道德原则是相对的还是绝对的，是普遍的人类价值还是特殊利益团体的准则，抑或是个人的感情和经验？这些问题是现代道德哲学家试图回答的问题。对这些问题的不同回答将在很大程度上影响学校道德教育的实践并决定教育的目的、内容和方法的性质。

6. 灌输

灌输也许是现代道德教育哲学家最为关心、最感兴趣的一个问题。他们所竭力探讨的有这样一些具体问题：判断一种教育是否灌输的标准是什么？道德教育和宗教教育是否本质上都是灌输的？灌输与教育有何区别？无灌输的教育是否可能？现代道德教育理论家对所有这些问题的回答都是以首先认定灌输的消极意义为前提的。他们所要做的是确定灌输的消极作用之主要的表现形式。对“合理的”教育和“不合理的”教育的区分，对道德教育的实践是极为重要的，它在很大程度上影响我们对教育性质的理解，并决定我们在课堂上应该做什么、不应该做什么。

7. 在道德上受过教育的人

什么样的人才算一个受过教育的人？一个在道德上受过教育的人应该具有哪些品质？这是现代特别是20世纪50年代以来的教育哲学家和道德教育哲学家所十分关心的问题。从某种意义上说，现代道德教育哲学家的大部分精力都花在确定“一个在道德上受过教育的人”应具有的标准上了。事实上，越来越多的教育哲学家致力于这一问题的解决并不奇怪，因为我们要“生产”的学生应具有的理想形象对教育者至关重要，它可为实际的教育活动提供方向和理论框架。

8. 道德教学论（课程、方法和教师）

任何一种道德教育理论无论多么完善，学校的道德教育最终要落到学校的课程、教育和教学的方法以及教师的素质上，最终要通过学校的教材、教法、各种活动、学校及课堂气氛和周密的教育计划来实现。所以，任何道德教育理论及任何对道德教育的分析，如果要在实际中发挥效用，都不能不解决教材、教法的性质、教师如何使用教材、道德教师的课程与其他课程的关系，从事道德教育的教师的素质及培训等问题。在本书中，笔者也将用一定的篇幅来分析各种理论的实践建议。

从上述可见，这些道德教育的理论和实践问题并不是孤立的，而是相互联系的。所有这些问题都是围绕对“个人、社会和道德”的关系这一更为根本的问题的争论展开的，其他的各个问题如他律和自律、形式和内容、灌输、在道德上受过教育的人等都会因对这一根本问题看法的不同而有不同的内容。

以分析现代道德教育理论和实践的八个基本问题统领全书，

对作者来说，还只是一个尝试，而且，这种方法的缺陷也是非常明显的。但是，有一点似乎是可以想见的，这就是：虽然从局部看，从一个具体的理论看，似嫌零散，但从总体看，从整个理论的发展看，或许可以使我们对各个问题上思想、观念的发展、演变有一个较宏观的把握，从而易于使人们把握20世纪初以来整个道德教育思想的脉动轨迹。

另外，需要说明的是，由于各个理论家对道德教育理论研究的侧重点有所不同，因此，并不是每个理论家都对所有上述问题进行过全面、系统的分析。所以，有极个别的问题在个别理论家中将不进行分析；而对有些问题，虽然理论家们未进行过专门论述，但是他们讨论了与此有关的问题，为比较起见，我们也将予以扼要叙述。

第二章　现代西方道德教育理论的主题嬗变及其特点

从20世纪初到21世纪初是人类历史上发展变化最为迅猛的时代。在过去的一百多年时间里，世界各国在政治、经济、科学技术、文化及社会生活等各个方面都发生了前所未有的变化。如此复杂而丰富的历史进程不可能不对教育尤其是道德和道德教育产生深刻的影响，使之呈现出新的特点和趋势。追溯学术一百多年的主要发展潮流，展示一百多年来学者们思想脉动的轨迹，总结一百多年来道德教育理论和实践之得失，揆测现代西方道德教育的发展路向，梳理西方道德教育发展的特点，无论对未来理论的发展，还是对实际工作的理性操作来说，都是十分重要的。

第一节　现代西方道德教育理论的主题嬗变

要想对20世纪初以来一百多年西方道德教育理论予以巨细无遗的全面研究，是一项几乎不可能完成的任务，而且，也非一日之功。因此，我们对现代西方道德教育理论的探讨主要不是追求系统与全面，而是试图通过合理的取舍突出伴随道德教育脉动之生生不息的主题。

关于什么是道德教育的主题，人们有不同的看法。我们认为，道德教育的主题与道德的范围有关。道德关涉各种利益关系的冲突和调节，道德教育便是围绕教人如何理性地面对各种利益冲突，积极地处理、调节各种关系而展开的；而在处理现实的人与人、人与社会、人与自然等利益关系时，突出的是自由和责任的关系与冲突。就道德教育而言，究竟是给学生更多道德的自由，还是让他们承担更多道德的责任，也便成为纷争无终的主题。20世纪以来西方的道德教育同样难出其右。

根据“绪论”中已经确立的道德教育的主题，笔者拟简要追溯一百多年来西方道德教育的嬗变轨迹，并把一百多年西方道德教育的发展历程划分为几个时期。虽然对一百多年来西方道德教育历史变迁的这种概括未必准确、全面，但这种概括至少部分地反映了我们所确定的主题的变化。考虑到道德教育主题嬗变的历史连续性，本书的论述也关涉19世纪末叶西方道德教育变迁的一些理论图景。

一、19世纪末至20世纪30年代：新道德教育的萌芽和奠基时期

19世纪末至20世纪30年代，是人类社会需要“新道德教育”因而也产生了新道德教育的时期，这一时期的道德教育所孕育的新的教育思想和观念成为后继道德教育理论发展的基础。这一时期道德教育的主要特征是强调进步、发展，强调道德教育的个人目的，重视教育对个人需要的满足。

美国著名教育史学家斯通（Lawrence Stone）曾指出，西方几

千年历史上最重要的教育变革只有两次：第一次发生在文艺复兴时期，第二次发生19世纪末20世纪初。而第二次变革力图推翻的东西，正是第一次变革所形成的整套理想、学校制度和课程。[①]事实上，在斯通看来，历史上最伟大的、真正的教育变革只有一次，即19世纪末20世纪初进步主义的改革。因为文艺复兴时期的教育变革仍然保留了许多在现代看来仍需要变革的东西。在欧美，19世纪末至20世纪30年代人们所面对的都是历史上长期延续下来的传统的道德教育。根据这种教育观，人类已经形成了一套较为完善和固定的知识和技能体系，学校的主要任务在于把这些知识和技能传授给新的一代，以备学生谋生；同时，过去也已经形成像诚实、勇敢、孝敬、忠诚等行为的规范和准则，学校的道德教育就在于尽一切可能让学生了解、掌握这些道德规则并最终按这些规则行事。“强迫学生接受，伴随着对服从的学生给予奖励，对不服从的学生施以惩罚乃是最基本的教育方法。”[②]所以，这种教育在性质上，乃是一种强制的、灌输的教育；在目的上，它试图通过一切可能的方法和措施使学生接受并最终形成特定社会所要求的单一的道德价值观念和固定的行为习惯；在内容上，它要传授给学生的乃是为大多数人一致认可的、固定的道德准则、规范或宗教教条；在方法上，它主要诉诸直接

① 参见赵祥麟：《20世纪西方教育理论中的传统与革新》，载刘佛年主编：《回顾与探索——论若干教育理论问题》，华东师范大学出版社1991年版，第31页。

② Dewey, J. *Education and Social Order*. L. I. D. Pamphlet Series, 1949, p.4.

的问答式教学、训诫、纪律等强迫性手段。这种教育在19世纪的欧洲特别是英法等国仍然是一种占统治地位的教育形式，像英国，历史上一直是一个以宗教教育为主导的国家，道德教育的目的是使儿童服从、信仰上帝，学校的全部工作就是向学生灌输服从权威、纪律和宗教教义的观念。英国19世纪晚期的一位学校视导员曾把这种教育称为“机械服从的模式”，并指出，“教师的目标是不给学生的天性、学生的自主生活和自由活动留下任何东西，而是压抑学生的全部自然冲动。盲目的、被动的、拘谨的和不理解的服从是整个西方教育制度赖以建立的基础”①。教育具有明显的封闭性、单一性和强制性。事实上，这种教育传统不仅在古希腊、古罗马、中世纪的宗教教育以及近代欧洲的教育中占统治地位，而且随着欧洲移民的足迹踏上了美洲这块“新大陆”。

欧洲宗教教育的传统传入后，美国从建国初期至19世纪始终是学校道德教育的主导形式。“在国家早期及19世纪的大部分时间里，道德教育的主要目的是按照清教徒严格的伦理规范形成儿童孝敬、忠诚、勤勉、节制等习惯，道德教育起着一种狭隘的社会化的作用。”②在公立学校，向学生教授的每一本读物无不是向他们灌输对宗教的情感和对权威的服从感，采用的任何一种教

① [澳] W. F. 康纳尔著，孟湘砥、胡若愚主译：《二十世纪世界教育史》，湖南教育出版社1991年版，第204页。

② Hersh, Richard H., Miller, John P., & Fielding, Glen D. *Models of Moral Education: An Appraisal*. New York: Longman, 1980, p.14.

学方法都无外乎是为了使学生记诵各种具体的道德箴言和规则。19 世纪末，随着资本主义工业的发展以及由于大量移民的涌入以及由此所导致的社会生活的变化，美国学校道德教育也经历了很大改变——从服务宗教到服务世俗生活的转变。但此时传统的、强制性的道德教育方式并没有根本性的变化。变化的只是从培养虔诚的清教徒转向把外来移民的子女投入美国这一“熔炉”，使之成为“地地道道的美国人”。1884 年，美国罗德岛（Rhode Island）教育委员会的年度报告称：“对文明的威胁不是来自外部，而是来自内部，必须使这些鱼龙混杂的人统一起来。那些继承了其他甚或是敌对国家传统的、那些在形形色色的影响下成长起来并持有异国观念的人以及那些由非美国国家精神支撑的人，必须被同化或被美国化。实施这一目的的主要机构自然是公立学校和公共教育。”①

这一时期在欧美主要资本主义国家所流行的传统的道德教育是与当时的社会政治、经济结构和价值观念相适应的。封闭的社会政治经济结构和单一的价值体系决定了封闭、单一的教育模式。然而，到 19 世纪末，随着科学技术的飞速发展、经济的急剧增长，世界范围的人口流动以及由此所引起的社会生活习惯、价值观念的多元化，都对传统的封闭、单一的教育模式提出了挑战。道德教育失去了其赖以维系的社会历史基础。在此情况下，

---

① Hersh, Richard H., Miller, John P., & Fielding, Glen D. *Models of Moral Education: An Appraisal*. New York: Longman, 1980, p.16.

“如果我们的教育对于生活必须具有任何意义的话，那么它就必须经历一个相应的完全的变革”[①]。20世纪初的思想家正是适应社会发展的潮流，适应教育发展的需要而肩负起反思传统、更新教育模式这一历史使命的。

在欧美大陆几乎同时兴起的“新教育”运动、“进步教育”运动中，在一片对传统教育的讨伐声中，杜威可能是最引人注目的人物。在他看来，一切都是变化、发展的，根本不存在绝对的、固定不变的道德真理，任何道德准则都随社会文化的发展而变化。所以，道德实质上是一种解决问题的过程，而不是某种固定观念和习惯；道德教育的核心乃是培养批评性探究（critical inquiry）的能力而不是机械的品格训练；教育的功能不是通过传授固定的规则、训练固定的行为，而是通过发展儿童的理智和探究能力来实现的；道德不是教出来的，而是儿童在参与实际生活的过程中，在与人的交往和合作中发展起来的；道德教育不能简单地归结为“问答式教学”或某种“道德的课程”，而应该扩展到整个学校的生活；传统的道德说教是无效的，灌输不仅不能促进反而会阻碍儿童理智和道德的发展。因此，新教育要“以表现个性、培养个性反对外部的强制的灌输，以儿童的自由活动反对强制性纪律，以儿童现实的道德经验反对空洞的道德说教，以

① 赵祥麟、王承绪编译：《杜威教育论著选》，华东师范大学出版社1981年版，第15页。

师生的交往反对教师权威”作为自己的基本原则。[①]以“尊重个人的各种能力、兴趣和经验”，“尊重自我首创的和自我指导的学习”，“尊重作为学习的刺激和中心的活动”以及重视儿童的“社会的接触、交往和协作”作为新教育的共同精神。

事实上，20 世纪初期进步的教育思想家尤其是杜威的思想中已经孕育了 20 世纪西方道德教育理论的一些基本因素。尊重儿童的自主权利和理智能力，强调学校生活和儿童自主活动的重要性，反对形式主义的道德说教，突出儿童批评性探究能力或创造性能力的培养，几乎构成了当代西方道德教育理论的全部内容。

在新教育、进步教育对于传统教育进行批判，为新教育的诞生著书立说、广泛实验的同时，对于道德、道德教育的心理学研究也日益增多，其中尤以“品格教育研究（1928—1930）”和皮亚杰（Jean Piaget）关于儿童道德判断的研究对于当代道德教育影响最大。[②]前者第一次把对传统道德教育的检讨建立在实证研究的基础上，得出了诸如说教式的道德教学对道德品格几乎没有什么影响、知识测验和道德行为的测验呈低相关等比杜威等人更具说服力的结论，成为当代道德教育理论家用来反对传统教育的最有力的证据。后者的研究第一次科学地证实儿童道德判断的发展是一个有阶段的渐次递进的过程。其中，儿童思维和智慧的发

---

① 赵祥麟、王承绪编译:《杜威教育论著选》，华东师范大学出版社 1981 年版，第 253 页。

② Kay, W. A. *Moral Development*. George Allen & Unwin, 1976, pp.35–39.

展是其道德发展的必要条件；活动特别是协作活动是儿童道德发展的根源和动力；与儿童是自己认知结构的建构者一样，儿童也是其道德世界的建构者。皮亚杰的研究不仅阐释了道德发展的一般规律，而且为新的道德教育模式——让儿童借助自己的智慧和活动主动求得道德发展的教育模式——的出现提供了基础。

总之，19 世纪末至 20 世纪 30 年代是一个充满希望、充满活力的时期，是一个不仅要求对维持了几千年的道德教育传统进行反省，而且要求根据新的需要描绘 20 世纪道德教育蓝图的时期。以杜威为代表的教育思想家，准确、适时地把握了时代的脉搏，其在道德教育上的努力标志着西方道德教育历史的重大转折。其对个体理性、自主性、自由的崇尚和倡导左右了嗣后西方道德教育思想的流向。

二、20 世纪 40—50 年代：国家主义教育的兴盛时期

20 世纪初产生并一度占统治地位的以强调个人的需要、自由为核心的教育思想至 40 年代逐渐走向衰落，代之而起的是国家主义教育抬头，科学教育兴盛，道德教育荒芜。教育更凸显其国家目的，更强调其对国家需要的满足。

20 世纪初，以进步主义教育为核心的现代教育产生以后，很快对学校道德教育产生了强有力的影响，并与仍有相当势力的传统教育展开了激烈的抗争。从 20 世纪 20 年代至第二次世界大战结束，以杜威为代表的进步教育思想在美国学校中占据支配地位。杜威教育思想的主导性影响，决定了这一时期美国道德教育的理论和实践具有两个特点：一是重视儿童的品格培养；二是强

调教育要以满足个人需要、促进个人发展作为基本的出发点。进步主义教育思想之所以在第一次世界大战以后备受重视，同美国当时国内的政治经济状况密不可分。20 世纪 20 年代是美国经济的一个“黄金时期”，也是国内各种社会改革得以深入进行的一个时期。随着经济的飞速发展，人民争取民主权利的斗争如女权运动、少数民族解放运动如火如荼并都取得了一定的成果。国家以立法和制度的形式保证人的权利。在如此波澜壮阔的公民权利运动的影响下，进步主义教育强调儿童的权利、重视儿童的自由，无疑是美国当时广泛的民权运动在教育上的表现，“进步教育之于儿童和青少年，就相当于妇女运动之于妇女、公平的就业机会和公民权利运动之于黑人”[①]。

然而，这场声势浩大的以民主来标榜自己的教育改革运动随着第二次世界大战的爆发而得以改变。国家的需要、实力而不是个人素养越来越成为衡量教育价值的标准。因为二战的过程和结果都表明，政治制度、政治理想、民族、国家的生存和发展不是靠个人的品德修养和道德自律而是靠国家的强盛和技术的发展决定的。一定的教育活动对于政治和军事所做出的直接的和潜在的贡献，成为衡量这种教育活动是否值得进行、是否有效的标准。在此背景下，按照国家需要及其未来发展前景制定教育目的的趋势增强了，国家主义教育日渐抬头。教育为政治服务、为科

---

①［美］罗伯特·梅逊著，陆有铨译:《西方当代教育理论》，文化教育出版社 1984 年版，第 13—14 页。

学技术的发展服务成为教育的两大任务。国家的要求成了制定教育标准的最后依据。原先在教育中处于主要地位的诸如注重个人修养、个人和谐发展等目标则放到次要地位。甚至许多“有识之士”认为：“国家如果要想在经济和军事的前沿与苏联展开强有力的竞争，学校就应该在像道德教育这样的‘软’领域中少花些时间，而在学术性主题上多花些时间，民主更多的是依靠国家产品的多少和核弹头的数量而不是个人的道德自律。”①在这种情况下，学校教育进行的所有改革都是围绕如何更好地实现教育的高质量，学校教育的工作不是改善和加强对人的整体培育，而是传授理智的技能和科学的知识。科学、外语和数学的高质量成为学校追求的目标，加强科学前沿知识的内容成为所有课程改革的中心。学校的道德教育逐渐让位于学校的学术和技术的训练。在学校，虽然仍要求学生形成某种生活习惯和行为方式，但“人们期望教师直接教授美国的传统价值，灌输是人们普遍接受的观念和教育方法……大部分学生尊重权威、法律和教师”②。而且，即便这样的道德教育，在众多的科学技术和职业课程的冲击下，实际上也已形同虚设。由此可见，20 世纪 40—50 年代道德教育地位下降的原因，并非由于公众对道德教育低效或无效的责难，而是

---

① Hersh, Richard H., Miller, John P., & Fielding, Glen D. *Models of Moral Education: An Appraisal*. New York: Longman, 1980, p.23.

② DeRoche, Edward F., & Williams, Mary M. *Educating Hearts and Minds: A Comprehensive Character Education Framework*. Thousand Oaks, Calif.: Corwin Press, 1998, p.7.

由于整个国家教育的重点此时发生了变化。[①]

同样，在欧洲，两次大战期间，以爱国主义教育为核心的道德教育得到空前重视和广泛开展，到第二次世界大战结束以前，学校道德教育还是“系统的、有秩序地进行的”。然而，随着二战的结束，以增强民族凝聚力、激发爱国情感为主要内容的道德教育显得不再重要。面对战争废墟，国家的主要任务在于恢复由于战争而几近瘫痪的经济，在于启动国家和人民生活急需的工农业生产；另外，战争使人们感到了教育的国民性质以及对政治、经济的重要作用。战争结束以后，对更实用的职业技术教育的需求不断增强，学校不再以培养有教养的绅士为目的。到20世纪50年代，“道德教育”已成为一个“过时的术语”。教育的目的在于造就对国家负责的公民而不是个性得到充分发展的个体。

三、20世纪60—70年代：自由主义道德教育改革时期

到20世纪60年代末，在欧美国家出现的以加强智力和技术训练为核心的教育运动已经走进了死胡同，道德教育重新表明了自己存在的价值。这就是20世纪60—70年代西方的道德教育改革运动。作为对20世纪40—50年代国家主义教育的反动，20世纪60—70年代道德教育改革运动强调个人自由、个性的独立发展，反对任何形式的道德说教和权威主义。当代发展心理

---

① McClellan, B. E. *Moral Education in America: Schools and the Shaping of Character from Colonial Times to the Present*. New York; London: Teachers College Press, 1999, p.73.

学家、道德教育理论家、美国纽约州立大学的里考纳（Thomas Lickona）教授在总结这一时期道德教育时指出："（20世纪）60年代，一种世界范围的个人主义兴起，这种个人主义强调人的价值、自律和主动性，强调个人权利和自由而不是责任。"①

20世纪60年代开始的道德教育改革运动源于60年代西方社会道德的混乱和社会问题的加剧。"对品格教育重新感兴趣源于60年代的骚动，城市和大学校园的混乱、日益增多的犯罪以及许多成年人对某些新的青年文化——包括广泛的毒品实验和性自由——更多暴力特征的反对都是促使道德教育复兴的原因。"②二战以后近二十年的时间里，美国度过了一个玫瑰色的时期。国家生产发展，经济上升，居民富足，社会安定。战后十年间，美国工业生产总值约占世界工业生产总值的50%，有50%的适龄青年进入大学学习，公民的生活水平和受教育程度普遍提高。此外，二战后的十几年的时间里，西方资本主义国家没有激烈的外部冲突，国家相对安定，使其有时间把精力集中到经济的发展和生活的改善上面。然而到20世纪60年代中期，在经过十几年富足安定的生活以后，资本主义世界像着了魔似的发生了一连串的"动乱"。50年代末60年代初马丁·路德·金（Martin Luther King）领导的黑人民权运动、少数民族争取解放的斗争以及反对

---

① Lickona, T. The Return of Character Education. *Educational Leadership*, Vol. 51, No. 3, Nov., 1993.

② McClelland, David C. (Ed.) *Education for Values*. New York: Irvington Pub., 1982, p.5.

种族歧视、抗议越南战争、要求公民权利等各种社会运动使西方国家很快陷入极端混乱之中。资本主义经济发展的不平衡所导致的失业、贫困和犯罪率上升，更使社会风气日益败坏。约翰逊（Lyndon Johnson）、尼克松（Richard Nixon）的相继下台，虽然证明民主制度本身有能力解决自己的问题，但也增强了民众对国家领导人道德信任的危机感。尤其是20世纪60年代席卷欧美的学生风潮更使国家领导人、学校校长和家长普遍感到震惊，它不仅表现出对一切传统价值的蔑视，而且认为“暴力乃是解决社会问题的唯一手段”。青年学生以各种形式表达对传统价值观、对于权威的挑战。“走上前去，引导你们的国家”成为年轻人最时髦的口号。面对技术至上和社会的混乱，许多批评家指出，资本主义国家经济上的繁荣与根深蒂固的道德沦丧状况极不相称，并认为，社会责任心和正义远比技术上的高明和经济的发展重要。更有人把社会秩序混乱归结为学校教育的不力，认为学校没有在帮助青年人承担社会责任、解决社会问题上负起应有的责任。学校过分强调竞争而不鼓励合作，过分重视服从而忽视了独立自主，学校更像一个看守所、精神病院和监狱，只知道让学生熟记机械的科学程序而不懂得发展学生健康的个性。要求学校必须承担起从事青年人道德培养的责任。在这样的背景下，人们恢复对品格教育的热情便不足为奇了。

在各种道德教育改革运动推动下，道德教育理论和实践进入了一个繁荣的时期。道德教育的复兴主要表现在两个方面。一方面，大批各学科的研究人员纷纷加入到道德教育的研究队伍中来，对道德教育进行多方面的理论、实证研究。在20世纪60年代末到 70 年代末短短十年的时间里，西方主要资本主义国家就涌现出了大批道德教育的理论和学说，对道德教育问题的理论研究蔚然成风。在英国，有牛津大学道德哲学家威尔逊（J. Wilson）的理性功利主义模式、剑桥大学赫斯特（P. H. Hirst）的世俗道德教育学说、伦敦大学彼得斯（R. S. Peters）的道德教育哲学，还有以麦克菲尔（P. Mcphail）等人为主的“学校道德教育课程设置委员会”提出的道德教育的体谅学说；在美国，除了价值澄清学派和道德教育的认知发展理论最负盛名外，还出现了斯克里文（M. Scriven）的认知方法、纽曼（F. Newmann）的社会行动模式、谢弗（J. Shaver）的理论建构模式、库姆斯（J. Coombs）等人的价值分析模式；在加拿大，有安大略教育研究院的贝克（C. Beck）的“价值教育的反省方法”等。[①]在理论工作者积极从事理论探讨的同时，各级各类学校也在积极从事学生品格的培养，并积极寻求科学的道德教育方法和途径，各种各样的道德教育的策略和实用计划喷涌般地出现，反映这方面的著述不胜枚举。另外，研究、探讨和实施道德教育已经成为各个领域、学科，各个不同类型不同层次教育工作者和公众共同感兴趣的问题；有关道德教育的著作、论文、研究报告、杂志等汗牛充栋；各种不同形式的道德教育计划、师资培训计划，各种道德教育的研讨班、全国性会议、国际会议多如牛毛。在 20 世纪 70 年代诞生了该领域最具

---

① 参见戚万学著：《冲突与整合——20 世纪西方道德教育理论》，山东教育出版社 1995 年版，第 17—18 页。

影响的国际道德教育杂志——《道德教育杂志》和《道德教育论坛》。价值澄清学派的代表作——《价值澄清：师生实践策略手册》（1972 年）一度销售 60 万册。[①]一时间，50—60 年代备受冷落的道德教育得到了人们空前的关心，道德教育也随之出现了空前繁荣的局面。

这次道德教育的复兴运动虽然流派、学说、实践策略众多，观点各异，但归纳起来，它们又表现出一些共同的特点：都把反对权威主义的道德教育思想和实践作为自己理论建设的起点；都以尊重学生的个性自由和学生的理智能力——道德推理能力、判断能力、批判性思维的能力以及选择能力——作为教育的重要指导思想，更重视教育的过程而反对单纯地追求最终的“正确结果”，更重视能力的培养反对单纯的内容、规则的教学，认为道德教育的重点在于发展批判性思维，在学校教育的各个方面、各个层次不懈地发展批判性思维，在于帮助学生去发现、去创造，而不是让学生习惯于一种已为人知的僵死的道德原则或教条；强调个体生活经验、个人的实践在道德发展中的作用，突出道德教育的实践性特征和实践环节；强调教师的价值中立，反对教师权威。由此可以看出，20 世纪 60—70 年代的道德教育复兴运动与 20 世纪前 30 年进步教育的改革有许多相似之处。也许正是在这种意义上我们说，这次道德教育的复兴运动乃是对 20 世纪初以

---

① DeRoche, Edward F., & Williams, Mary M. *Educating Hearts and Minds: A Comprehensive Character Education Framework*. Thousand Oaks, Calif.: Corwin Press, 1998, p.8

进步教育为核心的新道德教育思想的重新肯定。恰如哈什在20世纪80年代总结这一时期的道德教育理论时所说："进步主义运动在50年代虽然遭到致命的失败，但在60年代中期，进步主义的观念又以一种最新的和强化了的形式回到学校。""目前流行的各种道德教育模式，几乎无一不源于杜威的传统，尽管它们的研究结果超出了杜威的理论假设，但在某些方面仍然有杜威思想的痕迹。"①这同时意味着，20世纪60—70年代人们对道德教育的关心虽然采取了不同的形式，"但都体现了一种时代的精神——个人主义精神"②，意味着个人主义、理想主义乃至激进主义成为该时期道德教育的主流。

四、20世纪80年代至今：传统道德教育的回归时期

经过几十年的学术争论和广大教师的认真实践，人们发现，20世纪60—70年代的自由主义虽然在反对传统的、机械的道德教育方面有其积极意义，但是，抛弃了传统美德的学生却背上了极端利己主义、个人主义、无原则宽容的"不道德"的包袱。在多元社会里，虽然直接讲授道德的方法是无效的，但是，学校在道德培养上放任自流的任何企图也没有取得更好的结果。他们指

---

① Hersh, Richard H., Miller, John P., & Fielding, Glen D. *Models of Moral Education: An Appraisal*. New York: Longman, 1980, p.15.

② Lickona, T. The Return of Character Education. *Educational Leadership*, Vol. 51, No. 3, Nov., 1993.

出，在强调发展个性、个人理智、培植个性的同时，必须重视学生社会责任心的培养。道德教育出现向传统回归的趋势。以社会、国家的责任，以传统文化价值取代个人主义、自由主义的呼声日益高涨并渐成潮流。美国资深学者莱明（J. S. Leming）在总结30年道德教育研究之得失时说过：到20世纪80年代，“那些让学生自己决定自己品格内容的道德教育方法已成明日黄花”[①]。

传统的品格教育在20世纪80年代的再度兴起不是偶然的，而是有其深刻的政治、思想和文化等方面的原因。具体来说，20世纪80年代中期以后，品格教育回归既是社会现实要求的反映，也是道德教育理论发展的必然。

对西方主要国家来说，20世纪80年代是一个道德危机的时代。这种危机不仅表现在浅层次的儿童青少年行为的放任和堕落，而且表现在深层次的个性与共性、个人利益与公共利益、利己与利他的矛盾与冲突。美国的一份教改报告在谈到这一时期的儿童时指出：“今天的学生被人培养成为‘自我的一代’，只顾及个人的目的——这些学生受到不同糊涂观念的影响——一方面是理想主义，另一方面追求个人私利，放弃政治和社会责任。”二战以来膨胀的个人主义传统变得越来越强大，而个人处在社会中

① Leming, James S. Reflections on Thirty Years of Moral Education Research. *Moral Education Forum*, Vol. 20, No. 3, January, 1995.

的这一传统却越来越弱，失去了内聚的共性意识。[①]在英国，“人和人之间的‘人情味’淡薄了”，“传统的社会道德规范已经荡然无存了”，“个人主义正在起消极作用，它使家庭和社会的人际关系变得日益淡薄”。[②]在法国，情景亦大致如此。在学校，人们往往看到，除学生学业成绩持续下降以外，学生一切反社会的倾向和行为均呈上升趋势。个人道德、社会道德的混乱使传统的社会基础变得非常脆弱和不稳定，人们忧心忡忡，迫切要求加强青少年的道德教育，增强责任意识。从 20 世纪 80 年代至今，连续多年的盖洛普民意测验都表明公众强烈支持在公立学校进行品格或道德的教育。1980 年的调查结果表明：79% 的被调查人员表示赞成学校对学生进行道德教育，家里有孩子上学的家长中，有 84% 的人表示应该对儿童进行道德的培养。[③]美国学者洛克伍德（Alan L. Lockwood）指出：“当前和历史上的品格教育都是对不负责任的社会行为增多的反映。”[④]

人们认为，20 世纪 80 年代社会道德的危机与前十年自由主义道德教育改革有关。20 世纪 60—70 年代的道德教育改革过分

① 国家教育发展与政策研究中心编：《发达国家教育改革的动向和趋势》（第 2 集），人民教育出版社 1987 年版，第 257 页。

② 转引自王义高主编：《当代世界教育思潮与各国教改趋势》，北京师范大学出版社 1998 年版，第 60 页。

③ DeRoche, Edward F., & Williams, Mary M. *Educating Hearts and Minds: A Comprehensive Character Education Framework*. Thousand Oaks, Calif.: Corwin Press, 1998, p.4.

④ Fisher, M. *Moral Education in an Integrative Curriculum*. 1993, p.246.

追求自由、追求个性的解放，并因此削弱了家庭、社会、宗教机构乃至学校、教师的道德教育责任。这些改革的直接结果就是导致社会道德和个人道德的混乱。为了从根本上改变这种混乱的状态，就必须重新审视激进的、自由主义的道德教育理想，重新确立道德教育价值观念，重新估价学校、家庭、教师、家长、榜样、纪律以及认知在儿童道德成长、道德教育中的地位和作用，探讨新的道德教育策略。

20 世纪 80 年代品格教育的复兴也是新保守主义思潮在教育上的表现。莱明指出："作为国家更为保守的政治气候影响的一个结果，品格教育的出现标志着道德教育运动的目的发生了明显的变化。""过去的十年，道德教育领域一直处在转轨之中，用一个过时的词来说，该领域正在经历一种'范式'上的变化。这种变化正愈益远离那些强调个人道德选择、自律的道德教育方法，而趋同于那些强调灌输基本或核心价值观、强调关心和团体的方法。"[①]当代著名的学者丹尼尔·贝尔（Daniel Bell）指出："20 世纪 60 年代的标记就是政治和文化的激进主义。两者当时被一种共同的叛逆冲动联合起来，然而政治激进主义，归根结底，不仅是叛逆性的，而且还是革命性的，它试图建立一种新的社会秩

① Leming, James S. Reflections on Thirty Years of Moral Education Research. *Moral Education Forum*, Vol. 20, No. 3, January, 1995.

序以取代旧秩序。”[①]不过，“经过60年代政治冲突和文化骚动之后，原以罗斯福—肯尼迪改革哲学为轴心的新政联盟终于在70年代初步宣告破裂，而学术思想领域的新自由主义体系也在内外夹攻下趋于瓦解。代之而起的是一股日益强盛的新保守主义思潮，它越来越有力地支配着尼克松和里根时代的美国政治、经济与文化发展的方向”[②]。美国自20世纪30年代罗斯福（Franklin Roosevelt）为克服当时的经济危机实行“新政”一直到70年代，新自由主义在美国始终有很大的影响。新自由主义在哲学上承认个人至高无上的价值，并主张政府要为个人实现自己的合理的价值目标提供帮助，创造条件。为此，政府必须参与社会经济生活，扩大社会福利。70年代以后，美国经济衰退，在尼克松、福特（Gerald Ford）、卡特（Jimmy Carter）当政的时期，尽管政府采取了种种调整经济的措施，但对通货膨胀和失业问题始终未能解决，使人们对新自由主义的经济政策产生怀疑。二战后，美国巨额的军费以及不断调整的社会福利政策，加重了以中产阶级为主要纳税人的负担。此外，新自由主义冲击了美国中产阶级传统的价值观念，致使20世纪60年代的“反主流文化”得以兴起。所有这些，最终导致了新自由主义的衰退。在新自由主义寻求社会公正方面，教育是一项极其重要的内容。像20世纪60年代约翰逊总统的教育政策、70年代以职业和劳动为中心的“生计教

---

①② [美] 丹尼尔·贝尔著，赵一凡、蒲隆、任晓晋译：《资本主义文化矛盾》，生活·读书·新知三联书店1989年版，第169、5页。

育”等，都是新自由主义在教育方面比较典型的表现。然而，所有这些都未能取得成功，这也为70年代后期美国保守主义势力的抬头提供了契机。[①]

1980年，里根（Ronald Reagan）当选美国总统，标志着美国的政治进入一个保守主义的时期。保守主义在经济上主张“小政府”，重建市场经济，主张降低税率，减少包括社会福利和教育经费在内的“非国防开支”；在政治上强调增加国防开支，主张以实力求和平；在哲学上，认为人性从根本上讲是恶的，如果不加控制地按照人的欲望和感情办事，他总是要倾向于胡作非为、捣乱、不守纪律。自由主义错误的根源就在于没有看到人性的缺陷。人类社会在长期的历史发展过程中形成的基础文化和传统乃是控制人的兽性的最重要的因素，社会之所以能够如此长期存在而没有崩溃，其主要原因在于能够尊重并保护传统的文化。然而，美国的学校却忽略了这一点，学校没有注重基础文化的传授。从美国20世纪70年代末开始的新保守主义思潮对教育的影响是巨大的。在教育上，保守主义强调传统及传统文化的价值，认为学校的首要任务就是向学生传递基础文化，个人必须服从社会，个人必须承担国家的责任，权利和责任是不可分离的，而且责任高于权利。20世纪60年代出现的学生骚乱、青少年犯罪以及约翰逊事件、“水门事件”现象等主要原因在于“头

---

① 参见陆有铨著:《躁动的百年——20世纪的教育历程》，山东教育出版社1997年版，第491—492页。

脑糊涂的自由主义者”过分强调个人的权利而忽视了他们的责任，从而引起了学生思想的混乱。要克服这种现象，就必须让年轻人学习过去和过去的传统，向青年人灌输责任的意识，以此来控制青年学生的感情和狂想。后面几任美国总统都把强调传统的品格教育、严明纪律、强调传统的价值和道德作为一个非常重要的施政方针。例如，美国总统布什（George H. W. Bush）、克林顿（Bill Clinton）都在自己的施政纲领中把培养学生的责任心和灌输美国传统道德价值观作为重要的教育改革目标。1988 年 10 月，布什在自己的教育战略设想中，呼吁“把道德价值观的培养和家庭干预重新纳入教育”，“教会孩子区别对错”，“摒弃自由观念”。[①] 1990 年，在华盛顿召开的各州州长会议正式通过了《关于全美教育目标的报告》。该报告明确要求全美所有学生都要参与提高和显示良好公民意识、社区服务与责任心的活动，美国的每一所学校都要实现无毒品、无暴力、并提供有利于学生学习的有纪律的井然秩序。[②] 1990 年，33 位大学负责人在《致美国第 41 届总统的建议书》中指出“重建失落的传统价值和道德行为”是美国进入 21 世纪将面临的五大挑战之一，强调“道德教育是教育最本质的目标”。1992 年，克林顿上台，一再呼吁“美国

---

① 转引自王长纯主编：《国际基础教育比较研究》，中国审计出版社 1986 年版，第 320 页。

② 国家教育发展与政策研究中心编：《发达国家教育改革的动向和趋势》（第 2 集），人民教育出版社 1987 年版，第 55—66 页。

保证自由，但要求人们承担公民责任”。1997年，克林顿总统的《美国教育十点行动计划》呼吁“学校必须实行品格教育，我们必须教育孩子成为良好公民”[①]。因此，自20世纪80年代以来美国普遍兴起了一个以强调传统文化价值、强调恢复品格教育的运动。一时间，形形色色的教育计划、教育策略纷纷出笼，各种各样的学说、理论纷呈涌现，各种各样的品格教育研究机构相继建立，形成了一个新的道德教育的热潮。20世纪80年代的品格教育复兴运动，虽然流派众多，策略各异，但也表现出了一些共同的特点：都强调教师、家长的权威和道德榜样示范作用，许多教育计划和策略对从事道德教育的教育工作者提出了更高的要求，都反对教师中立，认为教师中立乃是教育不负责任的表现，教师必须把合理的价值观传输给学生；都强调传统文化的重要性，认为无论过去还是现在，人们总是在其所在的文化当中接受自己的价值观，一个人的价值观念也只能在其所在的文化中才能得到解释，才有价值，“在多样化之中，对共性的主张必须予以充分肯定。所谓共性，我们是指，帮助学生超越个人的利益、了解自己周围的世界、发展一种公民和社会责任意识、发现作为个人的他们如何能够为他们自己也是其中一部分的大社会做出贡献”[②]；都

---

① 李丽桦编译：《克林顿提出美国教育十点行动计划》，《外国中小学教育》1997年第5期。

② 国家教育发展与政策研究中心编：《发达国家教育改革的动向和趋势》（第2集），人民教育出版社1987年版，第65—66页。

强调课堂环境和学校道德氛围的作用，强调合作学习，强调班级、校园的道德文化在儿童品格形成中的作用，“已有研究证明：品格是通过严明的纪律和有秩序的课堂和学校氛围形成并加强的，合作学习方法和公正团体环境对学生品格的影响，说明学生可以与团体相联系的动力结构促进学生积极品格的发展”①；都主张通过各科教学进行品格教育，突出活动的道德教育价值，“品格教育无论发生在何处，都必须给青年人提供各种不同的机会去行动，去实践他们正在形成的价值观和理想，根据他们的道德经验去思考他们认为有价值的东西”②。

第二节　现代西方道德教育理论发展的基本特点

20世纪初以来的西方道德教育理论不仅因现代西方社会政治、经济的变革而呈现出不同的发展阶段，而且由于理论本身合乎逻辑的发展而呈现出许多与历史上任何其他时期不同的特点。概括而言，这些特点主要表现在如下五个方面。

---

① Leming, James S. In Search of Effective Character Education. *Educational Leadership*, Vol. 51, No. 3, Nov., 1993.

② Ryan, K., & McLean, George F. *Character Development in Schools and Beyond*. New York: Praeger Publishers, 1987, p.26.

一、反对传统的道德灌输是现代道德教育理论的共同呼声和理论起点

澳大利亚教育理论家康内尔（W. F. Connell）指出："整个人类历史的大多数教育，主要是同依次传递已建立的知识与道德传统，保守地顺应新环境，以及使青年准备谋生有关。20 世纪的教育是另有肤色的一种动物。它并没有完全抛弃它的保守主义，但它更积极地寻求解决问题和力图打破已建立的传统。它的任务不仅是保护传统，而且是对其批评和重建。"①这无疑是对 20 世纪教育所做的最凝练和最一般的概括。20 世纪西方道德教育理论总的来说也是对传统教育进行批评的结果，是从批判传统的道德说教和道德灌输开始其理论建设的。认识到这一点是理解现代西方道德教育发展的关键。

19 世纪末 20 世纪初由实用主义教育理论家杜威所倡导的"新教育"，其"本身就是对于传统教育不满的一种产物。实际上就是对传统教育的一种批评"②。而所谓传统教育，在杜威看来，"实质上是来自上面和外部的灌输。它把成人的标准、教材和方法强加给只是正在逐渐成长而趋于成熟的儿童"③。道德训练根

---

①［澳］W. F. 康内尔著，张法琨等译：《二十世纪世界教育史》，人民教育出版社 1990 年版，第 9 页。

②③ 赵祥麟、王承绪编译：《杜威教育论著选》，华东师范大学出版社 1981 年版，第 346、346 页。

本上是把现成的道德习惯和道德准则“灌进等待装载的心理和道德洞穴中去的一种方法”。由于道德训练的内容或与儿童的经验无关，或为儿童的能力所不及，因而，“不仅不能促进反而限制了儿童的智慧和道德的发展”[①]。合理的道德教育必须以“表现个性、培养个性反对从上面的灌输，以自由活动反对外部纪律”[②]为基本原则，以“批判性探究”作为基本的教育方式。显然，在杜威看来，灌输就其本质来说，必然是强制性的，这种强制的教育方式由于无视儿童的理智能力和自由意志而不能有效地促进儿童的道德生长；健康的道德教育一定是反对灌输、尊重儿童个性和自由的教育。杜威对道德灌输的基本看法在很大程度上框定了现代西方道德教育理论在这一问题上的探讨。

反对灌输的理念自杜威提出以后，一直得到教育哲学家和道德教育理论家的支持和拥护并成为当代西方道德教育理论的一种共同倾向。特别是自20世纪60年代开始，灌输更是人们讨论道德教育所必然要涉及的问题，当代认知主义、形式主义和个人相对主义的道德教育理论都是围绕反对单纯的道德灌输而展开的。在英国甚至形成了许多关于灌输的理论和学说，其中主要有以英国教育哲学家、道德教育理论家威尔逊为代表的“内容”派、以英国牛津大学道德哲学家哈尔（R. M. Hare）为代表的“意图”论以及以阿特金森（R. F. Atkinson）为代表的“方

①② 赵祥麟、王承绪编译：《杜威教育论著选》，华东师范大学出版社1981年版，第349、347页。

法”论。内容派的支持者认为，灌输是指“没有得到公众普遍接受的证据证实的”教条的教学。也即是说，道德教育的内容是一系列业已建立的信条、价值定向或世界观，而这些信条、价值标准或世界观是建立在没有合理的、正当理由的假设基础上的，或者说所教的内容是没有合理根据的，经不起批判检验的，在道德上是不能证实和不合理的。用这种内容进行教育就是灌输。反之，人们只有教授那些为理性证实的可靠的道德知识才能避免灌输。在威尔逊看来，“采用任何不给学生机会反对信条的方法进行教学都是危险的”①。意图论者认为，当教师“试图阻止儿童独立的道德思维能力发展时，就是在进行灌输”②。或者说，“当一个教师的目的是要封闭学生的思想时，他就是在进行灌输”③。在这种情况下，教育者的目的或意图是要通过说服、规劝或奖惩的方法使学生无条件地接受所教内容，不允许学生对这些内容的合理性提出质疑。方法论者则认为，灌输的实质不在于内容而在于方法的不合理上，当教育者采用强迫的、非理性的甚或是反理性的方法进行教学而不许学生提问，也不考虑学生是否愿意和是否能够接受时，就是在进行道德灌输。由此可以看出，无论是内容派还是意图派或方法派，都认为灌输的主要特征

①② Hollins, T. H. B. (Ed.) *Aims in Education: The Philosophic Approach*. Manchester: Manchester University Press, 1964, p.29, p.52.

③ Purpel, David E., & Ryan, K. (Eds.) *Moral Education...It Comes with The Territory*. Berkeley Calif.: McCutchan Publishing Corporation, 1976, pp.11–12.

就是强制或对儿童的主体性和理智能力的蔑视，主要表现在它是“把某种特定的观点强加给儿童而排斥与之相反的观点和价值”①，或“学生没有机会对这些观点进行批判性思考，没有机会把这些观点、学说与另外一些观点和学说进行比较”②。正是基于对灌输的这些基本认识，人们普遍把灌输看作一种“错误的教育方式”（a miseducative way）。如柯尔伯格认为：“灌输既不是一种教授道德的方法，也不是一种道德的教学方法。说它不是一种教授道德的方法，是因为真正的道德包括对那些可能处于冲突中的价值做出审慎的决定；说它不是一种道德的教学方法，是因为合乎道德的教学意味着尊重儿童处于发展中的推理能力和对他们所学内容的评价能力。”③因此，“近年来，人们一直把避免灌输作为道德教育的核心问题”④，把建立一种“无灌输的道德教育”（moral education without indoctrination）作为首要任务。

理论家们一致认为，一种“无灌输的道德教育”至少应满足

---

① Page, G. T., Thomas, J. B., & Marshall, A. *International Dictionary of Education*. London: Kogan Page Limited, 1977, p.173.

② Rowntree, D. *A Dictionary of Education*. London: Harper & Row Publishers, 1981, p.127.

③ Power, F. C., & Kohlberg, L. Using a Hidden Curriculum for Moral Education. *The Education Digest*, Vol. 52, No. 9, May, 1987.

④ Hare, W. Open-mindness in Moral Education: Three Contemporary Approaches. *Journal of Moral Education*, Vol. 16, No. 2, May, 1987.

以下三条标准。

首先，它是一种“开放的”教育。亦即这种教育不是以封闭、禁锢学生的头脑和思想为目的，而是以促进学生的道德思维能力特别是独立思维和批判性思维的能力、发展学生自己的道德观为目的。任何试图用一种单一的道德教条和道德信仰体系教育学生并采取一切可能的措施迫使学生接受这些教条和信仰的做法，都只会阻碍学生理智和道德的发展。这就要求作为道德教育内容的价值准则和规范系统必须向学生开放，接受学生理智的检验。学生的道德观点是经过自己的理智思考而自由选择来的。哈尔曾指出：“如果要使你的儿童变成一个成人，而且能够就道德问题进行独立思考，就必须使他对道德的理性思维感兴趣。”①为此，“教师本人把道德问题作为开放性的问题是至关重要的”②。也就是说，他不仅应该承认一切道德价值体系都是在吐故纳新中求得发展的，没有一成不变的道德真理，而且要承认学生的道德发展过程也是一个不断抛弃旧的道德观点、接受新的道德观点的过程。正如贝克所说：“一种令人满意的道德教育方法必须是这样一种方法，在这种方法中，人们事先没有关于什么是正确的或错误的，甚至没有道德的本质是什么的观念。”③在当代教育理论

①② Hollins, T. H. B. (Ed.) *Aims in Education: The Philosophic Approach*. Manchester: Manchester University Press, 1964, p.53, p.53.

③ Soltis, J. F., Rehage, K. J. (Eds.) *Philosophy of Education: Eightieth Yearbook of the National Society for the Study of Education*. Chicago: The University of Chicago, 1981, p.189.

家中，杜威否认一切绝对的道德真理，要求通过儿童持续不断地探究获得道德的发展；彼特斯批评柯尔伯格只接受康德、哈尔以及罗尔斯（J. Rawls）的“普遍规定性”的道德标准而否认其他像功利主义的道德原则的做法；[①]价值澄清学派的价值相对主义观点以及谢弗勒（I. Scheffler）等人对培养批判性思维的看法都反映了坚持道德教育、道德发展的开放性这一共同倾向。

其次，一种无灌输的教育应是一种“发展”的教育。所谓发展的道德教育是指承认学生的道德发展是一个连续的、有自己特定规律的过程，教育的内容和方法是学生能够理解和愿意接受的，亦即道德教育必须服从学生的道德发展规律、服从学生的批判性思维。杜威曾指出：“没有一种学科，它本身自然地或者不顾及学习者的发展阶段，就具有固有的教育价值。”[②]“发展是一个特定的过程，有着它自己的规律，只有当适当的和正常的条件具备时才能实现。”[③]教材不能适应儿童的需要和能力，就不可能有任何真正的教育价值。柯尔伯格也曾指出：“传统道德教育之所以从未对儿童的道德判断有大的影响，原因就在于它忽视了发展的匹配问题。”[④]“其实，要想使道德教育讲话有效，就得使它

---

① Purpel, David E., & Ryan, K. (Eds.) *Moral Education...It Comes with The Territory*. Berkeley, Calif.: McCutchan Publishing Corporation, 1976, pp.288–289.

②③ 赵祥麟、王承绪编译：《杜威教育论著选》，华东师范大学出版社 1981 年版，第 363、85 页。

④ 瞿葆奎主编，雷尧珠、王佩雄选编：《教育学文集 · 教育与人的发展》，人民教育出版社 1989 年版，第 725 页。

们所具有的发展水平与儿童的发展水平相匹配。”[①]对发展性道德教育的坚持实际上体现了对儿童本身的尊重，是对传统的或者诉诸远远超出儿童特定发展水平的成人的抽象说教，或者诉诸远远低于儿童现有发展水平的“谨慎措施”的一个强有力的冲击。目前，人们在有关道德教育的本质、过程、内容等问题的看法上虽有很大不同，但是在这一点上，人们似乎已经达成共识，这就是：一种道德教育的计划要取得令人满意的效果，就不能不考虑其应该遵循的心理学原则。

最后，一种无灌输的道德教育应该鼓励学生通过自己的理智活动和实践获得道德上的成熟。通过儿童自己的活动或实践促进道德的发展，早在古希腊就已经引起了人们的重视，如苏格拉底（Socrates）的“讨论”“活动”和亚里士多德（Aristotle）的“行动”“练习”，都是这一思想最早的典范。在20世纪的道德教育理论家中，强调活动特别是儿童自主活动的道德价值更是不乏其人。20世纪初，杜威就曾指出：“使儿童认识到他的社会遗产的唯一方法是使他去实践。”[②]因为，“除教育者的努力同儿童不依赖教育者而自己主动进行的一些活动联系之外，教育便变成外来的压力。这样的教育固然可能产生一些表面的效果，但实在不能称它为教育”[③]。20世纪中叶以来的各种道德教育理论在这一问

① 瞿葆奎主编，雷尧珠、王佩雄选编：《教育学文集·教育与人的发展》，人民教育出版社1989年版，第725页。

②③ 赵祥麟、王承绪编译：《杜威教育论著选》，华东师范大学出版社1981年版，第7、2页。

题上几乎都是杜威思想的进一步发挥。像柯尔伯格的“新苏格拉底法”“公正团体法”（The Just Community Approach）、价值澄清学派的“自由选择”、贝克的“反省方法”“问题中心法”、戴维斯（J. U. Davis）和霍尔（Robert T. Hall）的“案例研究法”（The Case Study Method）等都是以个体的参与和自主活动是道德发展的前提这一思想为基础的。在他们看来，不但没有主体参与就不可能有真正道德的发展，而且，即使有主体的参与但不是自觉自愿的参与也不可能有真正道德的发展。“道德教育只有通过给个人做出道德决定的具体经验和道德推理技能的实践才能促进人的发展。”[①]违背学生意志强迫其接受和服从一种道德价值的做法，在教育上造成的结果只能是：或者“使许多儿童进一步陷入价值混乱，无法确定应该相信什么”；或者使“许多儿童变成成人的样子，假装相信某些信条”。[②]

现代道德教育理论对道德灌输的批评以及在建立一种无灌输的道德教育上所做的努力，实际地体现了对道德主体性、对道德主体自由意志的尊重，较之传统的道德灌输式的教育更深入地触及了道德教育的根本问题，反映了道德的本质特征。美国著名道德哲学家弗兰克纳曾指出：“从道德上讲，任何道德原则都要求

① Hall, Robert T., & Davis, John U. *Moral Education in Theory and Practice*. Buffalo: Prometheus Books, 1975, p.175.

② Raths, Louis E., Harmin, M., & Simon, Sidney B. *Values and Teaching (2nd ed.)*. Columbus, Ohio: Charles E. Merrill Publishing Company, 1978, p.45.

社会本身尊重个人的自律和自由，一般地说，道德要求社会公正地对待个人；并且不要忘记，道德的产生是有助于个人的好的生活，而不是对个人进行不必要的干预。道德是为了人而产生，但不能说人是为了体现道德而生存。”①无疑，道德的本质在于它是人探索、认识、肯定和发展自己的一种重要方式，是人的需要和生命活动的一种特殊表现形式，而不是社会对付个人、反对个人的工具；道德不只是要求主体对自身以外的规则、规范负责，而是首先要求主体对自己负责，因为只有对自己负责的人，才可能是一个对自己置身于其中的种种关系持积极的、负责态度的人。为此，强调行为主体的自由和自主是必要的。自由和自主对于道德之所以必要，是因为自由、自主乃是责任产生的基础和根本前提，没有自由则没有责任，自由的度和责任的量有密切关系。据此，道德灌输的消极后果是明显的。道德灌输由于其强制性和封闭性而所能导致的最大结果就是，或造就不负责任的人，或造就只对外部负责而唯独不对自己负责的人。灌输由于从根本上剥夺了学生自由决定和自由创造的权利，因而，也就取消了人需要负责任的内在根据。所以，在学校看来是“尊敬师长”的学生却会在公共汽车上争抢座位，在教师眼中“诚实”的学生却在考试中弄虚作假，这种现象并不鲜见。强制和封闭充其量只能迫使学生说什么、不说什么，做什么、不做什么，却无法迫使他们想什

---

①［美］威廉·K. 弗兰克纳著，黄伟合、包连宗、马莉译：《善的求索——道德哲学导论》，辽宁人民出版社 1987 年版，第 247 页。

么、不想什么。换句话说，灌输只能在一定程度上改变人们的行为，但不能从根本上转变人们的观念。而且，那种在外力胁迫下做出的近乎条件反射的习惯性的服从行为因毫无主体的自觉性和责任感往往并不具有道德上的意义。人们据此也可以看出，反对道德灌输的意义绝不仅仅是字面上的。从一定意义上讲，它起到了一种巨大的解放作用，从根本上动摇了传统道德教育的基础，体现了人们对道德本质认识的深化。所以，如果说，在人类认识史上，从对客观世界或客体的认识到对主观世界或主体自身的认识曾代表了人类认识的进步和深化，那么，在道德教育上，从对儿童主体和主体性的蔑视转为对儿童主体和主体性的尊重，也未尝不可以看作一场重大的教育变革，这一变革无疑是从 20 世纪开始的并通过强烈反对道德灌输表现出来的。

但是，反对道德灌输的意义并不是无限的。在理论上，由于单纯反对道德灌输而在西方道德教育理论中出现的形式主义学派，因其完全排除道德内容的传授而走上了激进的、“无道德的道德教育”的歧路。在实践中，单纯反对灌输则极易走向另一个极端——放任主义。实践证明，“在我们这个多元社会中，尽管这种较为古老的直接灌输的方法是无效的，但是，任何道德上的放任的企图也并未取得更好的结果。”[①]在西方学校中，摆脱了旧的传统美德的学生则背上了另一种包袱，这就是极端利己主义和

---

① Hall, Robert T. *Moral Education: A Handbook for Teachers*. Minneapolis, Minnesota: Winston Press, Inc., 1979, p.12.

相对主义以及激进的宽容态度。20世纪70年代末80年代初出现的理论上对重视道德内容的呼吁，各国道德课的纷纷设置，都在一定程度上反映了对单纯反对道德灌输的反动。在未来道德教育理论的发展中，如何把道德内容的教授和尊重学生的理性能力及自主意识结合起来，是理论界面临的重要课题，也是理论本身发展的一个基本趋势。

二、"主知主义"成为道德教育的主流

无论对道德教育的理论还是实践来说，20世纪都是一个"主知主义"的时代。这主要表现在，这一时期，知识和认知能力在个体道德和道德发展中的作用得到进一步确证。把道德认知能力、道德理解能力、道德推理能力以及道德判断和选择能力的培养作为道德教育的重要任务，得到教育理论家的普遍赞同和教育实际工作者的广泛接受。"主知主义"之所以能在当代道德教育理论中独领风骚，一方面是受历史上道德理性主义思潮的影响；另一方面则是因为，道德认知心理学以其卓尔不群的研究确证了认知在儿童道德发展中的作用。

从某种意义上讲，现代"主知主义"的道德教育理论，是历史上特别是古希腊和近代道德理性主义在现代的复活。历史上的道德理性主义思潮相信：人是理性的动物，作为人的道德，也就必然以理性为依托；包括道德在内的客观世界是可以认识和理解的，而且人完全可以凭借理性去获得对道德的真理性认识；人只有通过并利用自己的智慧才能获得一种合乎理性的道德，才能达于道德上的完善，成为真正的人。在人类思想史上

首开研究知识、理性与道德关系之先河者当推古希腊哲学家苏格拉底。可以说，正是苏格拉底的“美德即知识”的命题揭开了探求道德之理性基础的序幕。苏格拉底认为，人的行为准则应以理性为基础。他认为，“至善”是人类道德的最高要求，而知识就是至善，正确的思维是合理的行为所必不可少的。合乎人类公共生活准则的行为，一定拥有正确的思想，一切亵渎人类道德的行为则只能归于无知。在这里，道德和知识实质上是同一件事情，至少知识也应该是道德的一个充要条件。柏拉图（Plato）进一步发挥了苏格拉底的思想，认为“善的理念”乃是一切事物的共同本质，也是人的所有行为所必须追求的最终目的，是一切道德的基础和根源。但是，柏拉图并不认同苏格拉底“知识即美德”的命题，认为知识的性质不同，美德的性质也不同。亚里士多德虽然对苏格拉底的命题进行了批判，但对知识和理性的道德意义还是深信不疑的。他指出：“苏格拉底在一个方面是研究得完全正确的，但是另一方面却是不正确的。说美德就是知识，这是不对的，但是说美德不能没有识见（不能没有知识），他这句话却有道理，他把美德当作逻各斯；可是我们说，美德与逻各斯是相连的。”①把美德单纯看作知识就“抛弃了心灵的非逻辑的——感性的——方面，亦即欲望和习惯”②。一个人知道什么是善固然重要，但只知善不行善是不幸

①②［德］黑格尔著，贺麟、王太庆译：《哲学史讲演录》（第2卷），商务印书馆1960年版，第70、68页。

的。因此，还必须通过实践形成美德的习惯。在亚里士多德的思想中，显然已涉及知识和理智之于道德的工具性功能，这一点后来成为当代道德心理学和道德教育理论的主格调。

古希腊的道德理性主义传统在近代进一步发扬光大。近代欧洲思想史，可以说就是一部理性高奏凯歌并战胜宗教和迷信、确立人类理性的伟大历史。自 17 世纪培根（Francis Bacon）树起“知识就是力量”的大旗，对科学知识的追求、对人类理性的推崇便蔚然成风，并日渐渗透到人类生活和科学各领域。至 19 世纪末 20 世纪初，道德理性主义达到巅峰，康德和黑格尔（G. W. F. Hegel）的哲学是这一时期的典型代表。康德认为：“理性赋予我们，是作为实践的能力，就是要左右意志的能力……理性的真正目的一定是要产生一种意志，不特因其为取得别的什么东西的工具而算做好的，而且它自身就是善良的意志；要产生这种意志，理性是绝对必需的。”①显然，在康德看来，作为道德的本质特征的意志力始于人类的理性能力，或意志行为唯合乎理性才具有道德的意义。康德向往的是理性对意志的支配。在理性与道德的关系上，黑格尔更是说尽了理性主义所能说的一切。他把“道德”和“伦理”进行了区分，认为伦理是朴素的，道德则是伦理与反思结合的产物，有道德的人必定是认识到了善并且选择了愿意行善的人，也就是说，美德必须是经过思考、分析，弄清

---

① 北京大学哲学系外国哲学史教研室编译：《十八世纪末—十九世纪初德国哲学》，商务印书馆 1975 年版，第 103 页。

其存在的理由，然后做出决定的。黑格尔对亚里士多德反对把知识和美德等同但又认为知识和美德紧密相关的思想深表赞同。他指出，亚里士多德的这一思想“是一个非常正确的规定，一方面普遍概念始于思维；但另一方面，人的作为品格的美德必须具有心、心情等”[①]。黑格尔关于知识在普遍的、自觉的、自主的美德形成中的作用的见解无疑是深刻的，强调美德必然涉及“心、心情”等方面也是富有启发意义的。这些思想在当代各种道德教育理论中都得到了不同程度的反映。

西方思想史上的道德理性主义对知识、理性的呼唤，对逻辑思维之道德意义的重视，得到了当代道德心理学研究的支持，并为当代“主知主义”道德教育理论提供了经验的、事实的根据。当代道德心理学的发展经历了一个道德认知主义逐渐取代行为主义和感情主义并占据主导地位的过程。20世纪上半叶，道德心理学领域一直是行为主义和感情主义占据统治地位。行为主义心理学关心的主要是个体行为是否与社会准则一致的问题，道德行为被看作基于社会的道德准则和强化发展起来的；情感主义心理学则专注于分析决定道德行为的内在倾向，认为合乎道德的行为是那些由合理的情感和动机决定的行为。在教育策略上，行为主义心理学重视强化与社会准则一致的行为，减少刺激与反社会行为之间的联系；情感主义心理学则强调减少“消极情感”（恨、

①［德］黑格尔著，贺麟、王太庆译：《哲学史讲演录》（第2卷），商务印书馆1960年版，第70页。

嫉妒），加强“积极情感”（爱、内疚感、羞耻感）。对道德和道德教育的这两种心理学解释在20世纪60年代受到认知心理学的挑战。认知心理学断言，除非我们考虑人类行为的认知因素，否则，我们就无法理解道德行为。认知心理学家并不否认对人类行为的评价要以社会道德准则和法律为根据，也不否认在每个人的行为中包含有情感因素，但是坚持认为，道德心理学要解决的，首先是个体如何学会遵守和尊重这些准则。在他们看来，一种合乎规则的行为有赖于行为主体对具体的社会道德情境的理解和把这些规则运用于具体情境的能力。现实的社会情境要比具体的道德规则包含更为丰富、更难以预料的内容。同一情境中，有时会包含尖锐复杂的道德冲突，为解决这种冲突，不仅需要一定的情感力量支持，而且还必须具有一定的“道德判断能力”，即“反省思维和理性推理能力”。

现代道德认知心理学最主要的代表是瑞士儿童心理学家皮亚杰和美国道德心理学家柯尔伯格。地域、文化和时代的差异似乎并没有影响他们在认知与道德关系上的一些共同看法，研究对象和方法上的不同也没有妨碍他们在一些根本问题上达成共识。他们都相信：儿童是他自己道德的建构者；儿童的道德，既不是固有的善良本性的展开，也不是单纯环境强化的产物，而是主体与环境相互作用的结果；道德发展经历了一个有阶段的连续发展的过程，儿童的思维特别是逻辑思维是其道德发展的必要条件；儿童思维的发展和道德发展有某种程度的平行关系；道德教育的主要任务在于促进儿童道德判断、道德推理能力的发展，而不是向他们教授某种具体的道德规则。皮亚杰和柯尔伯格的研究结论曾引起心理学家的极大兴趣，激发了美国、加拿大以及 20 世纪 70 年代欧洲大量有关道德认知发展的实验研究。目前，西方理论界对柯尔伯格的结论虽多有微词，但他所揭示的儿童道德发展的规律和认知在道德发展中的作用的结论却得到越来越多的人的肯定，并日益引起道德教育理论家和实践工作者的关注。

当代道德教育理论就是在这种理性主义的气氛和土壤中滋生并成长起来的。在欧洲，19 世纪末 20 世纪初法国社会学家涂尔干的道德教育理论就是在理性主义的基础上建立起来的。他指出："我们所能接受的唯一称呼就是'理性主义者'。诚然，我们的目的就是要把科学的理性主义扩展到人类行为中去。"[①]他所极力论证的道德教育，"就是不以默启的宗教原理为基础，而仅以理性所承认的观点、情感和实践为基础的教育，一言以蔽之，即纯粹的理性主义教育"[②]。在涂尔干看来，正如认识自然界的规律必须诉诸科学和理性一样，对道德的认识也必须以科学的事实知识和理性为基础，而且只有通过儿童对社会规则、责任和义务等的理性认识和理解，才能实现道德的自律。这就充分体现了涂尔干"不妥协的理性主义"立场。在美国，与涂尔干几乎是同时代的实用主义教育哲学家杜威也是"主知主义"道德教育的积极倡导者和道

---

① Chazan, B. *Contemporary Approaches to Moral Education: Analysis Alternative Theories*. New York: Teachers College Press, 1985, p.16.

② Durkheim, E. *Moral Education: A Study in the Theory and Application of the Sociology of Education*. New York: Free Press of Glencoe, 1961, p.3.

德教育的认知理论的建设者。柯尔伯格甚至把杜威看作当代道德教育的认知发展理论的最初奠基者。[①]不论柯尔伯格这一说法是否适当，杜威对认知、理智、思维在道德形成和发展中的作用的肯定是人们所公认的。杜威把科学方法即利用智慧进行批判性探究的方法引入道德教育领域，从而提出，道德教育的过程就是鼓励学生不断进行批判性探究的过程。因为在他看来，道德教育的主要任务是要帮助儿童发现什么是正确的，而不是去做已经知道是正确的。理智和道德只是一个问题的两个方面，道德的教育也就是理智的教育，从理智教育中获得的知识可为儿童的道德行为提供真正的动力。[②]杜威的道德教育理论产生了深远的影响，以至有人认为，目前西方流行的各种道德教育模式不过是杜威理论的多维发挥。[③]其中也包括对杜威认知观点的肯定和吸收。

20 世纪 60 年代以后涌现的各种道德教育理论，如斯克里文的“认知的道德教育”方法、威尔逊的“理性功利主义道德教育理论”、柯尔伯格的“认知—发展理论”以及贝克的“反省方法”等，都有强烈的主知主义倾向。如斯克里文认为，道德教育的任务是要教会学生如何进行道德分析，而不是向他呈现别人的结

---

① Lesser, Gerald S. (Ed.) *Psychology and Educational Practice*. Glenview Ill.: Scott, Foremen, 1971, p.413.

② Dewey, J. *Moral Principles in Education*. Carbondale: Southern Illinois University Press, 1975, p.4.

③ Hersh, Richard H., Miller, John P., & Fielding, Glen D. *Models of Moral Education: An Appraisal*. New York: Longman, 1980, p.25.

果，为此，必须把对道德知识的理解、发展道德推理能力和认知技能作为教育课程的重要内容[①]，他要建立的是一种“有严格的正式教学大纲的认知的道德教育方法”[②]。而威尔逊则认为，一个有道德的人至少应具备以下品质：具有平等待人和对待他人利益的能力；意识到他人和自己情感的能力；掌握与特殊情境有关的事实知识的能力；对社会规则的认识和理解的能力；在社会情境中行动的能力；根据原则和理由做出道德判断的能力；认识行为的正确过程或把原则应用于情境的能力；分辨是非的能力；完成正当行动的能力。[③]这里似乎已经把道德认知能力奉为至高无上或唯一重要的因素，贝克虽然反复强调他的方法既包括认知因素，也包括情感因素，[④]但他最关心的显然还是认知，这一点从他把自己的理论界定为“反省方法”即可看得非常清楚。其他如“价值澄清理论”“体谅模式”，虽然较上述理论更重情感，但也无不是把道德推理、道德选择能力的培养作为重要的教育任务。如价值澄清学派，把价值的获得分成“选择”“珍视”“行动”三个子过程，其中“选择”是最基本的。根据价值澄清学

①② Purpel, David E., & Ryan, K. (Eds.) *Moral Education... It Comes with The Territory*. Berkeley, Calif.: McCutchan Publishing Corporation, 1976, pp.323–324, p.311.

③ Wilson J., et al. *Introduction to Moral Education*. Baltimore: Penguin Books, 1967, Chap. 4.

④ Soltis, Jonas F., & Rehage, K. (Eds.) *Philosophy of Education: Eightieth Yearbook of the National Society for the Study of Education*. Chicago: The University of Chicago, 1981, p.186.

派的观点，“选择”是儿童对各种可供选择的情境进行审慎思考以后做出的，这就突出了人的理智在评价过程中的地位。后来价值澄清学派的另一位主要代表霍华德·基尔申鲍姆（Howard Kirschenbaum）在这三个评价过程的基础上又增加了“思维”和“表达”，修改后的评价过程就成了思维、感知、选择、表达和行动。其中思维主要包括：在各种不同水平上进行思维的技能；在更高水平上进行道德推理的能力以及发散性和创造性思维的能力。表达主要指清楚地传递信息的能力。[①]所以，如果说价值澄清理论在其发展过程中还有什么变化的话，那就是更加突出了认知能力在评价过程中的作用。

总之，强调认知、思维在道德发展中的作用，重视在道德教育过程中加强道德认知能力的培养，已经成为当代道德教育理论的一种普遍倾向。尽管越来越多的人对以认知牺牲情感和行为的观点表示不满，但是在理论界对道德认知的热情和期望并没有因此而减弱。

“主知主义”道德教育在理论上达成的共识极大地影响了西方社会学校道德教育的实践。可以说，20 世纪以来的学校道德教育实质上还是一种认知的教育，虽然这种教育的性质到目前已经发生了很大的变化。20 世纪 20—30 年代在西方流行的以直接的道德教学为特征的、被杜威及其追随者指责为“传统教育”的

---

① Purpel, David E., & Ryan, K. (Eds.) *Moral Education...It Comes With the Territory*. Berkeley, Calif.: McCutchan Publishing Corporation, 1976, pp.120–121.

那种学校实践，无疑就是以认知为定向的。因为这种教育的核心就是试图通过讲解、说服、灌输等形式向学生传授社会所公认的行为准则并希望他们依此来行动。但是这种教育自 20 世纪 30 年代遭到进步主义教育理论的冲击以来一直是现代道德教育理论的众矢之的。在经历了长达几十年的激烈争论之后至 60 年代，形势发生了戏剧性的变化。世界上越来越多的国家在学校开设专门的道德教育课，进行直接的道德教学，并在不同背景的不同层次上显示成效。这种道德教学虽然不是传统品格教育的复活，如现代的道德教学已经不再强调让学生盲目地接受和无条件地服从，而是更加重视学生自己的独立思考，教学的形式也不再是单纯的讲授和说教，而是给学生提供更多的机会，让他们在处理现实的道德问题、道德情境、体验道德冲突的过程中增强对规则的认识和理解，从而促进道德的发展。但是，正如美国“社会、伦理和生命科学协会”赫斯廷斯研究中心主任丹尼尔·卡拉汉（Daniel Callahan）所指出的：学校道德教学主要在于激发道德想象力，培养对道德问题的认知能力，培养道德责任感，增强对不同道德问题的容忍力。[①]也就是说，道德教学不论采取何种形式，都是以认知能力的培养为主要目的。

重视认知能力的道德发展意义并把学生的智力活动引入道德教育的实践，是当代道德教育理论的一个重大贡献，它从根本上

---

① Callahan, D., & Bok, S. (Eds.) *Ethics Teaching in Higher Education*. New York: Plenum Press, 1980, pp.64–67.

转变了传统道德教育的观念。因为，如果说道德发展的过程是一个借助自己的智慧努力探索、不断建构的过程，那么，道德教育的目的就不应是让儿童无条件地服从某些规则和准则，而是要鼓励儿童接受理性的自我指导和自我决定；如果说道德教育的过程是一个需要学生的理智和思维参与的过程，那么，就势必要抛弃传统的说教、灌输和强迫执行等反理性的方法，帮助学生通过自己的实践和理性思考做出自己的判断和决策，不断完善自己的道德生活。从这种意义上讲，对“主知主义”道德教育理论无论怎样评价都不过分。

关于日益增多的学校道德教育计划和课程设计，西方学者一般把它看作现代道德教育自觉性增强的重要标志，或把它视为现代道德教育的复兴。除此之外，我们认为，世界各国在学校开设专门的道德教学也反映了试图通过学校解决社会道德问题的要求，反映了对道德认知因素在帮助青少年应付日益复杂的现代社会中的重要作用的进一步肯定。

然而，“主知主义”的道德教育理论也面临来自两个方面的责难：一方面，道德推理能力并非道德的全部，甚至不是道德的本质成分，道德教育的目的归根结底是行为的改善而不是推理能力的改善；另一方面，过分强调认知的作用，在实践中极易造就言过其行、言行脱节的空头“道德家”，而不是言行一致的道德规范的自觉践行者。无论从理论上还是在实践中都无法证明正确的逻辑推理和高水平的思维能力与合理的行为之间有某种必然的联系。所以，要为学校道德教育寻求合理的基础，理论家们还必须严肃地面对既要给学生以道德的知识又能使他们依此来行动这一道德教育领域中最古老、最困难也是最根本的问题。

三、道德相对主义在理论上被普遍接受

一百多年来，如果说有一种思潮左右了现代哲学、文化学和伦理学的理论走向的话，那么，这种思潮就是相对主义思潮。在道德领域，有人甚至把20世纪称为道德“相对主义的时代”[①]。受这种相对主义思潮的影响，20世纪的道德教育理论无不具有强烈的相对主义色彩。

道德相对主义分文化相对主义和个人相对主义两种。前者认为不存在“放之四海而皆准、贯通古今而不变”的道德标准，一切道德都随社会文化、时代甚至地域的不同而不同。“不同的文化信奉截然不同的价值。”[②]而且这些价值在特定意义上都是合理的，值得尊重的，因为，任何道德上善恶的标准都只能到现实的政治、经济和文化条件中去寻找，而对特定道德文化的评价也就必须放到特定的文化背景中去进行。后者则认为，在特定社会中，每个人的价值也都是相对的，不存在评判个人行为正当与否的客观标准。因此，对个人的行为和判断无法进行道德上的评价，企图把社会或其他价值标准强加给个人的任何做法都是错误的。

道德文化相对主义的主要代表有英国社会学家爱德华·韦斯

---

①② ［美］L. J. 宾克莱著，马元德等译：《理想的冲突——西方社会中变化着的价值观念》，商务印书馆1983年版，第6、7页。

特马克（Edward Westermarck）、文化人类学家鲁斯·本尼迪克特（Ruth Benedict）、法国社会学家涂尔干、德国社会学家卡尔·曼海姆（Karl Mannheim）等人。例如，本尼迪克特认为，“文化背景决定了在我们这个社会中关于行为正常或异常的判断”[①]，“由于人类具有天赋的可塑性，大多数人都是按其文化的形式加以塑造的，对于人所由出生的社会所具有的模塑力量来说，人都是可以改变的……无论在哪一种文化中，芸芸众生都十分自然地接受了文化在他们面前所呈现的式样”[②]。而在曼海姆看来，任何一个国家的伦理体系在任何时候都只是占优势的统治集团认为对社会有益的行为在意识形态上的表现，因此，所有道德价值都是相对的，绝对的标准是无法达到的。曼海姆虽然有时承认一种意识形态实际上可能比另一种意识形态优越，但是他认为超越于各种意识形态之外去找一种普遍适用的价值仍然是不可能的。道德个人相对主义的主要代表是感情主义，认为判断一种行为的道德价值的唯一方法是询问行为主体对这一行为本身的感受。因为，对一个人来说，一个事物或一种行为之所以是好的、善的，是因为这一事物或行为引起了他赞成和愉快的情感；而一个事物或一种行为之所以是坏的、恶的，是因为该事物或行为引起了他不愉快

---

①［日］绫部恒雄著，中国社会科学院日本研究所社会文化室译：《文化人类学的十五种理论》，国际文化出版公司 1988 年版，第 44 页。

②［美］V. 巴尔诺著，周晓虹等译：《人格：文化的积淀》，辽宁人民出版社 1989 年版，第 140 页。

或不赞成的情感。例如，艾尔（Alfred J. Ayer）就认为，道德判断不具有任何客观标准，它只是人们感情的表达，不反映任何事实。因此，没有一个标准可以去决定道德判断是正确的，每个人都有自己的道德判断和道德情操，不存在哪一个更好、更正确的问题。所以说，进行一种价值判断，只表示判断者的一种喜好，表示判断者对事物价值的估计。其他像存在主义也是个人相对主义的代表。在存在主义者看来，不存在绝对的道德标准，任何道德准则都是主体自由选择的结果，一种判断或行为之所以是正确的，只是因为这种判断和行为是我们自己选择来的。

无论是文化相对主义还是个人相对主义，其根本特征都是坚持道德的相对性和易变性，反对道德的绝对性和恒定性，都否认道德判断有一个普遍的、永恒的标准和原则，否认各种道德或价值之间的等级差别以及在它们之间进行任何比较和评判的可能性。

道德教育领域中文化相对主义的主要代表有涂尔干、杜威等人。例如，在涂尔干看来，“所谓道德，不管它是哪一层次，必然跟社会状态有关，也必然随着社会条件之不同而有所差异”。他指出：“对人的智力、身体和道德几方面应该达到的要求，每个社会都形成了某种规范，在一定程度上，这种规范适用于社会的全体成员。”[①]道德教育作为儿童社会化的工具和维持社会道德

① 张人杰主编：《国外教育社会学基本文选》，华东师范大学出版社 1989 年版，第 3 页。

秩序的手段，其主要任务就是把该社会认可的道德信仰体系传授、灌输给年轻一代，使之“系统地社会化”以“适应整个社会在总体上对儿童的要求”[①]。杜威的道德教育理论在一定程度上也表现了这种文化相对主义的立场。在他看来，“道德适应环境而产生，某种道德于某种环境为善，对于他种环境则不然。所以，中西道德实无长短可言”[②]。一切道德都是相对的，没有人们可以依靠的绝对的、一成不变的原则，任何价值准则都只有在特定的文化背景下才能得到说明。杜威把适应社会生活、改造社会生活作为重要的教育目的，也是指适应西方特别是美国的“民主生活”。对此，杜威本人从不隐讳。但是，应该指出的是，杜威在强调文化价值的相对性的同时，并不否认个人的判断和选择在价值获得中的作用。他认为，任何价值都不是从外部强加给人们的，而是个体选择来的或在公开讨论后达成的一致的价值观。所以，在杜威的理论中，又有明显的个人相对主义色彩。

道德教育中的个人相对主义反对文化相对主义或文化适应主义的道德教育目的，强调个人价值的独特性和权威性，反对具体文化准则和道德规则的教授，坚持通过儿童自己的选择获取价值。主要代表有价值澄清学派、存在主义道德教育理论以及人本

① 张人杰主编:《国外教育社会学基本文选》，华东师范大学出版社 1989 年版，第 9 页。

② 赵祥麟、王承绪编译:《杜威教育论著选》，华东师范大学出版社 1981 年版，第 453 页。

主义道德教育理论。价值澄清学派的倡导者认为，人的价值源于个人的经验并且随经验的不同而不同。因此，价值是相对的、个人的。“每个人都有自己的价值观”，“都可以按照他个人的价值观行事”。故而，价值便不是教授的结果，而是选择的产物。“从来没有人教会我们把某种价值体系变成我们内心的信念。”[①]教育的任务在于帮助学生通过各种选择进行理智的思考从而确立自己的价值观念。存在主义者则认为，道德只能来自我们内心，人人都有绝对的自由把自己的价值赋予这个世界，赋予人的行为。萨特（Jean-Paul Sartre）曾指出：“没有一种普遍的伦理学能指示你如何做。”[②]“当人们在采取行动的时候，他是在进行选择，而且是自由的选择。”[③]人的一切行为包括道德行为都是个体通过选择得来的。乔治·内勒（George Kneller）在阐述存在主义教育哲学的立场时也曾说：“一切价值的第一原则与道德的基础正是人的选择这一事实，所以，任何道德体系的目的应当是扩大所有人的选择的自由。”[④]既然道德的合理基础在于个人的自由选择权利，

① Raths, Louis E., Harmin, M., & Simon, Sidney B. *Values and Teaching (2nd ed.)*. Columbus, Ohio: Charles E. Merrill Publishing Company, 1978, p.45.

② 中国科学院哲学研究所西方哲学史组编译：《存在主义哲学》，商务印书馆1963年版，第345页。

③ 中国现代外国哲学研究会编：《现代外国哲学论集》，生活·读书·新知三联书店1981年版，第264页。

④［美］白恩斯、白劳纳编，瞿菊农译：《当代资产阶级教育哲学》，人民教育出版社1964年版，第112页。

那么，教育所能做的至多只能是为学生提供各种选择的机会，让他们自己去决定。事实上，价值澄清学派强调个人的自由选择、尊重学生的选择权利在很大程度上是受了存在主义的影响。[①]

道德教育中的文化相对主义和个人相对主义分别代表了两种不同性质、不同走向的道德教育理论。二者的对立实际上反映了教育领域中一个永久性也是根本性的问题，即个人价值和社会价值的对立。当代道德教育理论是以个人相对主义的盛行为主格调的，或者说是以个人相对主义反对文化相对主义为基本走向的。

在现代西方许多道德教育理论家中，柯尔伯格是唯一一个对道德和道德教育中的相对主义进行系统分析和批判的理论家。我们也将从柯尔伯格对相对主义的批判展开评价。柯尔伯格认为："伦理相对主义无论从科学上还是从逻辑上都是一个不正确的信条。"[②]他指出，我们确实经常做出不同的决定，但是，我们也有一些相同的基本的人类价值；世界上每一种文化和亚文化中，都可以发现共同的基本的道德价值和相同的趋向道德成熟的步骤，社会环境能直接产生不同的特殊的信念，但并不产生不同的基本的道德原则；即使这些基本价值是不同的，那也主要是因为我们

---

① McLean, George F. *Act and Agent: Philosophical Foundations for Moral Education and Character Development*. Lanham: University Press of America, 1986, p.14.

② Lesser, Gerald S. (Ed.) *Psychology and Educational Practice*. Glenview, Ill.: Scott, Foremen, 1971, p.420.

在思考基本的道德、社会问题以及概念时所处的成熟水平不同；[1]学校不仅应该而且能够促进儿童的道德逐步趋向成熟。“相信价值是相对的教师，是不能真诚地向学生传授价值的。为了教育，教师必须相信，某些道德价值是合理的，不管学生是否接受。”[2]

即使我们不能全部接受柯尔伯格的观点，至少也应该同意：柯尔伯格的批评确实切中了道德相对主义的要害，即否认价值的普遍性和等级性。道德相对主义强调不同的文化有不同的价值而且每一种价值都有其存在的合理性，这对于反对那种认为“唯有我们所信奉的各种价值才是健全的人所能采取的价值”[3]的种族中心主义的价值观是有积极意义的，但是，据此否定价值的等级性和可评判性则是错误的。尽管人类文化学、社会学、民俗学研究的大量事实足以证明人类的道德价值会因种族、文化、宗教信仰、国家的不同而有很大的差异，而且理解一定文化的规范也应该从其存在的特定背景中去理解，但这并不必然意味着不存在人类共有的普遍的道德价值，并不意味着人类的各种道德价值是有同等价值的。封建的、资本主义的道德显然不能与共产主义道德同日而语，而希特勒的法西斯主义的道德、“三 K 党”种族主义的道德同样也不能与亚伯拉罕·林肯（Abraham Lincoln）和

---

①② Lesser, Gerald S. (Ed.) *Psychology and Educational Practice*. Glenview, Ill.: Scott, Foremen, 1971, p.430, p.428.

③［美］L. J. 宾克莱著，马元德等译：《理想的冲突——西方社会中变化着的价值观念》，商务印书馆 1983 年版，第 7 页。

马丁·路德·金的道德相提并论。在这里，我们似可接受柯尔伯格的看法，从横向看存在的各种不同的道德伦理体系纵向排列起来，则代表了人类道德发展的不同水平。在道德教育上，文化相对主义也许具有其现实的合理性的一面，因为到目前为止，道德教育主要还是作为某一特定文化和社会价值及道德的传递工具而发挥作用的。但是从人类历史的发展看，任何特定的道德体系最终都要接受人类理性的检验，趋向经过人类理性检验的具有更大普适性的道德原则。目前许多国家在道德教育中加强国际理解、合作、交流的教育，加强公正、正义、人道主义、关心等基本价值观的教育，无疑都是这一要求的反映。在理论上坚持文化相对主义，在现实中则为种族中心主义的教育提供了理论上的根据，且极易滋长种族主义的极端倾向，如 20 世纪 20—30 年代欧洲法西斯主义的教育及日本国家主义或军国主义教育，都是这种文化相对主义教育的极端例证。另外，文化相对主义的道德教育一般只适应于较为封闭的社会。在各种价值观并存甚至冲突的多元社会中，学校道德教育如不审慎地确定哪些是更为合理的、更能代表人类进步的价值，而只是一味地以简单地肯定一种价值而否定另一种价值的做法来进行，其结果只能造成学生价值观的混乱。

就个人相对主义的道德教育而言，强调每个人通过自己的理智努力达到道德的完善，突出了主体在道德发展中的主观能动作用和自由意志，对于传统的蔑视个性、无视个体自觉意识的强迫的道德教育是一个沉重打击。从某种意义上讲，这体现了教育价值观念的根本转向。但是，过分强调个体价值的相对性则从根本上否定了个体价值等级的存在，事实上是取消了学校道德教育，奉行的是放任主义的教育策略。如果学校听凭学生各自选择自己的价值，那么，任何学生都可以为自己的任何行为做出在极端相对主义者看来是合理的价值评价。这种教育可能导致的结果恐怕只有混乱和无政府状态。从理论上讲，个人所特有的道德判断和选择的自由并不是无限的，道德决策不同于个人趣味，其合理性取决于公众而不是个人。一个人的道德观念越强，就越要使自己的判断和选择有充分的事实根据，并符合人们普遍接受的道德原理和价值观念。所以，在道德领域，个人无论在寻求自己行为的依据还是在选择自己的原则而做出自己的判断时，都不可能是绝对自由的。总的来说，相对主义的意义主要表现在方法论上，即承认世界的多元性和易变性，解除了道德的永恒和绝对之于人们思想的束缚。

四、形式主义道德教育理论由盛及衰

“形式主义道德教育理论”（The Formalist Moral Education Theories）的兴起是20世纪特别是20世纪50年代以后西方道德教育理论发展的又一重要特征。这种理论重视对道德教育的基本范畴、结构、功能和语言的分析，反对对现实道德问题的描述；坚持道德形式特质的培养，反对具体规则的教授；关心道德教育的过程，蔑视道德教育的具体内容。其主要代表人物有当代著名分析教育哲学家彼得斯、威尔逊、赫斯特、谢弗勒、索尔蒂斯（J. Soltis）、麦克莱伦（J. E. McClellan）以及贝克等人。形式主义道德教育理论因上述理论家的倡导和对这一领域所做的广泛且深

入的探讨而赢得世界性声誉，并一度成为当代道德教育领域最为活跃、最富生命力的理论流派之一。

形式主义道德教育理论在哲学上主要受到了形式主义伦理学的影响。形式主义伦理学也称“元伦理学”“分析的道德哲学”，是 20 世纪上半叶西方伦理学界占统治地位的伦理学思潮。其主要特点是：以道德判断的逻辑形式或语言形式为研究对象，而不涉及任何具体内容的探讨，也就是说，道德哲学的任务在于对道德讨论本身进行讨论，而不考虑这种讨论的内容；认为道德判断可以用纯形式化的术语来描述而不管其内容如何；一种道德判断和行为只有在具备了某种形式化特征或只有当满足了形式主义者用以界定道德的标准时才是道德的。不同的形式主义哲学家所持的形式化标准也不同。例如，哈尔把“普遍规定性”作为道德判断的标准，罗尔斯则把一般性、普遍性、有序性、终极性和公开性作为道德判断的形式化标准。大多数形式主义道德哲学家都把“普遍性”作为最重要的判断标准。所谓普遍性，是指一种道德原则应当是公正的、无偏私的，它适用于所有人而不管其种族、阶级和性别的不同，这一原则类似于“绝对律令”“黄金法则”那样的道德原则，它不是某个党派、某一统治集团为达到某种特定的目的而用来规范其成员行为的工具。由于道德判断具有普适性，因此，在价值立场上，形式主义哲学家坚持“中立”，反对对任何道德观点、道德体系进行道德上的评价。

形式主义伦理学因其注重对道德概念、道德判断进行严密的逻辑分析和对道德语言的结构及功能的严密论证而备受青睐，并被视为西方“科学伦理学”的希望。然而，由于它过分强调研究道德语言和逻辑的语言含义，无视对社会现实道德问题的研究，从而使伦理学研究成为与人的行为和社会生活完全脱离的抽象的思辨而遭到人们的批评。特别是在人们目睹了 20 世纪 60 年代西方社会的道德危机之后，西方伦理学家开始感受到“重整道德和精神价值”的压力，并意识到伦理学应该对现实的社会矛盾和社会道德问题予以更多的关心，对现实社会的改革承担责任。所以，从 20 世纪 60 年代开始，“回到规范伦理学”的呼声日渐高涨。形式主义伦理学的繁荣告一段落。

在一定意义上讲，产生于 20 世纪 50—60 年代的形式主义道德教育理论正是伦理学这种转向在教育上的反映，是部分感受到时代压力的“闭门玄思”的哲学家走出哲学殿堂，用分析批判的眼光审视现实并把焦点集中到教育问题上的一种结果。

形式主义道德教育理论家在讨论道德教育问题时仍沿用了形式主义伦理学的分析方法。其理论特点主要表现为以下几点。

第一，主张从形式而非内容特征维度界定道德和道德判断。例如，柯尔伯格就反复强调他关心的主要是形式而不是内容。他指出：“我们是根据道德判断或一个道德观点的形式特质而不是内容来理解道德的。”① “道德原则是指我们希望所有的人将其运用于所有情境中去的那些普遍的选择方式”而“不是用于指导行

① Beck, C., Crittenden, B. S., & Sullivan, E. V. (Eds.) *Moral Education: Interdisciplinary Approaches*. Toronto: University of Toronto Press. 1971, p.57.

动的特殊规则”。[①]在他看来，道德教育的主要目的不是教授特定社会的文化准则，而是要发展普遍的人类价值和移情倾向。威尔逊的道德教育理论也是以对道德的形式化标准的界定和分析为基础的。他认为，一个符合道德标准的判断和行为应满足以下条件：它们应是自律的、理性的、公正无偏私的、规定性而非描述性的、压倒一切或占优势的。根据这些条件，威尔逊确定了一个有道德的人应具有的品质：平等地对待自己和他人；意识到他人和自己情感的能力；掌握与道德情境有关的知识；做出道德决定的能力。在威尔逊看来，所有这些品质，乃是任何有道德的人必须涉及的、普遍适用的。

第二，重视对道德教育基本概念的分析。形式主义道德教育理论家认为，道德教育理论和实践中的混乱和冲突与道德教育领域中基本概念的模棱两可、含混不清有关。从某种意义上讲，道德教育中的大问题不是没有具体的道德教育计划和教学大纲，而是没有一个清晰的、科学的概念系统。因此，道德教育理论的一个重要任务就是澄清这些概念。威尔逊就曾说：“道德教育完全是一个模糊概念。”所以，他在建设自己的理论时，首先对“道德”以及“有道德的人”等概念进行分析和界定，然后再确定教育领域中的这一特殊活动的确切含义。麦克莱伦在分析“道德教育”这一概念时，先把道德教育初步界定为“教的道

① Lesser, Gerald S. (Ed.) *Psychology and Educational Practice*. Glenview, Ill.: Scott, Foremen, 1971, p.447.

德和道德的教”，显然，在他看来，一种合理的道德乃是一种符合“教的道德”的道德的教育。所谓符合教的道德的教育，就是消除了灌输的和强制的教育。因为在他看来，无论从何种意义上讲，灌输都不具有道德的意义。而要消除灌输，就必须引入儿童的“智力活动”，“智力活动使教的事业免受对其不道德的指控”[①]。因为，“演示、证明、演绎、论述等一系列智力活动就其本身来说是具有特定的道德价值的”[②]。这样，麦克莱伦通过对教、灌输、道德教育等一系列概念的烦琐分析，完成了他对作为“智力活动的道德教育”的论证。目前在对“道德教育”这一概念下定义时，形式主义道德教育理论家一般都反对直接的描述性定义，而是倾向于通过正反两方面的分析揭示这一概念的内涵。从正面的分析包括对“教育”“教学”“教”“在道德上受过教育的人”等概念的分析，主要目的在于确定堪称“道德教育”的活动应该满足的标准。目前，为人们普遍接受的标准包括：向学生传授的道德价值对学生来讲必须是有价值的，亦即它必须能够指导学生的道德生活，帮助学生处理他们面临的道德问题；道德教育的内容必须是可证实的、合乎理性的；教育者的行为必须表现为对真理的尊重，鼓励学生对现实的社会和道德问题进行批评性思考，从而发展学生对道德问题的独立思考能力和做

①②［美］詹姆斯·麦克莱伦著，宋少云、陈平译：《教育哲学》，生活·读书·新知三联书店 1988 年版，第 251、251 页。

出自主判断的能力；[①]教育的方式方法必须是合理的、基于理性的，亦即受教育者参与教育活动是自觉自愿而不是强迫的。[②]谢弗勒在给“教学”下定义时明确指出：“并不是每一种促使人们根据某些规范行事的方法都是教学。”他认为，教学必须“从属于学生的理解力和独立判断、从属于学生的推理要求、从属于学生的批评和评价”[③]。“道德教育要求在实践中发展批判性思维，要求在学校教育的所有方面和每一个阶段持续不断地发展批判性思维。”[④]

从反面分析，则主要是对那些不属于道德教育范畴甚至是反道德教育的一些概念进行分析，目的在于进一步确定道德教育的内涵和性质，澄清人们思想上的模糊观念。在这一方面讨论、分析最多的是“灌输”和“宗教教育”这两个概念。目前理论界的一般看法是：“无论从教育概念本身还是从一个充分发展的道德主体看，都要求一个人能够独立思考、灌输，由于试图封闭人的思想而与这种要求格格不入。”[⑤]或者说，“真正的灌输式的传授方

---

① Iheoma, E. O. The Role of Religious in Moral Education. *Journal of Moral Education*. Vol. 15, No. 2, May, 1986.

② 陈友松主编：《当代西方教育哲学》，教育科学出版社 1982 年版，第 176 页。

③ Scheffler, I. *The Language of Education*. Springfield, Ill.: Thomas, 1960, p.57.

④ Scheffler, I. *Reason and Teaching*. London: Routledge and Kegan Paul, 1973, pp.143–144.

⑤ Hare, W. Open–mindness in Moral Education: Three Contemporary Approaches. *Journal of Moral Education*, Vol. 16, No. 2, May, 1987.

法，由于缺少学习者所表现出的机智性和自愿性，而被排除在教育的概念之外了”[①]。关于“宗教教育”，20 世纪 70 年代的一批教育理论家普遍把它与灌输联系在一起，并据此认为，任何宗教教育，无论就其目的、内容还是就其方法来说，都是一种灌输的教育，因此，也是真正的道德教育所不容的。20 世纪 80 年代以来，虽然肯定宗教教育的积极意义者日益增多，但是，人们仍然认为，即便宗教教育的道德教育意义不能完全否定，由于宗教和道德从逻辑上是两种完全不同的思想形式，因而把宗教教育作为道德教育的一个组成部分，或把道德教育作为宗教教育的一个组成部分，乃至以宗教教育代替道德教育，都是错误的。对道德教育有关概念进行分析的形式还有很多，而且所采取的方式也各有不同，但是，在促进道德教育的概念、语言规范化这一总的指导思想上是一致的。

第三，重视学生对道德推理过程的理解，强调道德推理的技能、技巧等形式特质的培养，反对道德内容的教授。这是形式主义道德教育理论的普遍特征。威尔逊就曾指出，道德教育的基础“应在于传授那些做出好的理性的道德决定所必需的那样一些技能并依此行事。我们主要不是传授任何内容，而是要教给人们一种熟练的方法”[②]。柯尔伯格在这一点上同威尔逊如出一辙，他指

① 陈友松主编：《当代西方教育哲学》，教育科学出版社 1982 年版，第 221 页。

② Wilson, J. Approach to Moral Education. *Religious Education*, Vol. 65, No. 6, 1970, p.470.

出：“如果道德发展的确通过这一自然的阶段顺序，那么，我们的方法就是把道德教育的目的界定为刺激向下一阶段发展，而不是灌输那些特定学校、教会或国家的固定的习俗。”[①]其他一些道德理论家如彼得斯、赫斯特、麦克莱伦等也有与此类似的立场。在他们看来，为了促进学生道德的发展，加强学生的道德推理能力要比只教给他们一些“美德知识”更加可行和有用。

第四，认为道德教育必须是中立的。即教育内容不应是特定社会和集团的特殊准则和规范，而应该是人类普遍的价值和道德原则；作为教育者或价值的传递者，其应有的立场应该是承认道德判断和行为的普遍性，对各种价值保持“中立”。在形式主义道德教育理论家看来，之所以要以人类的共同原则和价值作为教育的内容，是因为这些原则和价值反映了人类社会更为普遍的道德需要，较之具体的文化准则和固定的行为规范更易于接受人类理性的检验，具有更普遍的适用性和指导意义。

强调教育内容的普遍性，在教育实践中势必要求教师坚持中立角色，即对教材中所包含的各种价值冲突、对现存的各种道德体系、对课堂上的各种道德行为和判断不做道德上的评价。一种判断或行为只要是普遍的就都是合理的。从这里也可以看出，形式主义的“教师中立”和前面讲的个人相对主义的“教师中立”是有本质区别的。前者以普遍性为基础，后者则以价值的多元性

---

① Lesser, Gerald S. (Ed.) *Psychology and Educational Practice*. Scott, Glenview, Ill.: Foremen, 1971, p.416.

为基础。形式主义的“教师中立”一度得到许多理论家的支持和拥护，即使是现在，也是有相当市场的一种观点。例如，英国人本主义价值教育的倡导者斯腾豪斯（L. Stenhouse）就曾指出：教师的角色大致有三种情况：一是服从学校、国家和社会的规定；二是提出并坚持自己的观点；三是保持中立。在他看来，中立应是教育、教学的标准。[①]目前，关于“中立”能否作为道德教育的合理准则仍处于激烈争论中，而且从最近争论的结果看，反对者的呼声似有压倒支持者辩护的趋势。

从上述可见，形式主义道德教育理论的积极意义是明显的，它“强调合理道德判断的形式化条件，巧妙地避免了灌输问题”[②]。事实上，同认知主义、个人相对主义一样，形式主义道德教育理论也以反对传统的单纯内容的教授或灌输为理论出发点，重视对道德、道德教育概念的分析和论证，强调对道德教育的结构、功能进行严密的逻辑上的规定，对于澄清理论上的一些模糊观念和实践中的盲目性做法有重要价值；所分析和论证的一些基本范畴如推理、自律、道德原则、意图和行为已经引起了人们的广泛注意，并开始对学校教育的实践产生影响。另外，形式主义道德教育理论主张以一种普遍适用的道德原则代替特定的文化准

---

① Downey, M., & Kelly, A. V. *Moral Education: Theory and Practice*. London: Harper & Row Pub., 1978, p.197.

② Munsey, B. (Ed.) *Moral Development, Moral Education and Kohlberg: Basic Issues in Philosophy, Psychology, Religion, and Education*. Birmingham, Ala.: Religious Education Press, 1980, p.404.

则也得到了人们广泛的响应。显然，在社会日益由封闭走向开放、在“世界日益缩小”、价值观日趋多元化的形势下，寻求一种共同的道德语言和为人们普遍接受的道德标准，无疑是当代道德教育理论所面临的一个重要课题。

然而，应当看到，形式主义道德教育理论过分追求道德的形式特征，过分崇尚对概念进行逻辑的、语言的分析而无视具体内容的传授和道德教育计划的建立，这对于急切寻求解决现实问题之教育途径的人们来说，显然是过于玄虚了。所以，从20世纪70年代开始，人们把曾经付诸形式主义道德教育理论的热情用于对它进行严厉的批评。这些批评在理论界至少导致了这样两个结果。一是越来越多的人相信，在道德教育的过程中，培养道德推理的技能、技巧等形式化特质是必要的，但具体内容的教授同样必不可少，“学校必须既教技能，又教内容”①。专门道德教育课的设置在各国被普遍接受无疑是对形式主义道德教育的一种反动。二是日益增多的批评促使形式主义道德教育理论家不得不重新确定自己的研究对象和方法。正如美国学者约翰·埃利亚斯所说：“近年来，分析哲学家们已经开始对诸如社会不公、平等、个人和社会自由、核战争、科学道德等规范的和实际的问题表示

① Meyer, John R. (Ed.) *Reflections on Values Education*. Waterloo, Ont.: Wilfrid Laurier University Press, 1976, p.150.

关注。”[①]柯尔伯格从反对灌输到接受内容的教授是形式主义道德教育理论转向的一个典型的例证。从一定意义上讲，形式主义道德教育理论开始走下坡路。

形式主义道德教育尽管已经使人感到厌倦，但是，它对近几十年道德教育领域的影响却不会因此而消退。目前，人们所做的可以说是对形式主义道德教育理论的补充和完善，而不是对它的基本假设的否定。事实上，在20世纪下半叶，道德教育理论的发展就是以形式主义的崛起为特征的，正是这一批形式主义道德教育理论家左右了道德教育理论的发展并为其注入了无限的活力。

五、道德教育理论研究趋向多学科整合

埃利亚斯指出：“道德教育是一个需要多学科共同研究的领域，仅仅通过一门学科来探讨这一领域既是有限的，也是危险的。”[②]从多学科整合的视角寻求道德教育研究之合理的方法论基础，是当代道德教育理论家孜孜以求的目标。20世纪初以来的道德教育理论研究以其一百多年的发展历史证明了人们在这一方向上所做的努力及其所取得的成果。历史上没有哪一个时期能像这一百多年这样有如此多的学科领域一同加入专门研究道德教育这一行列中来。

---

①② Elias, John L. *Moral Education: Secular and Religious*. Malabar, Fla.: R. E. Krieger Publishing, 1989, p.56, p.ix.

现代道德教育理论研究所涉及的学科领域主要有哲学、心理学、文化学、社会学、宗教和历史等。其中，尤以哲学和心理学研究的成果居多。甚至可以说，试图从哲学和心理学的结合上为道德教育寻求合理的基础乃是现代道德教育理论研究中最为突出的一个特点。事实上，自 18 世纪末 19 世纪初德国教育家赫尔巴特（J. F. Herbart）第一个从伦理学和心理学的结合上构建教育理论的大厦以来，这两个学科就一直被视为研究教育的两大支柱。在道德教育领域，这一倾向就更为明显。20 世纪初，杜威就是从他的经验论哲学和机能心理学的基础上建立其道德教育理论的。在他最主要的道德教育著作《教育上的道德原理》一书中，杜威把学校道德教育分成社会和心理两个方面。社会方面决定应当做"什么"（what），当属道德哲学的范围，决定道德教育的"目的和结果"；心理方面则决定"如何"（how）做，影响"方法和精神"。[①]杜威对道德教育研究领域的划分对后来的道德教育理论特别是道德教育的认知发展理论产生了重大影响。柯尔伯格明确指出："道德哲学和道德心理学乃是探讨道德教育的两个基本领域，道德心理学研究道德发展是什么的问题，道德哲学则考虑道德发展应该是什么的问题。要为道德教育提供一个合理的基础，就必须把心理学上的'是'和哲学上的'应该'这两种探讨结合

① Dewey, J. *Moral Principles in Education*. Carbondale: Southern Illinois University Press, 1975, p.47.

起来。”[①]柯尔伯格进一步指出，他的这种思想基本上来自杜威的理论。柯尔伯格集多年研究成果于20世纪80年代上半叶写成了《道德发展的哲学》《道德发展的心理学》《道德发展与教育》三部专著，它们反映出他以道德哲学和道德心理学的研究为基础，并把这种研究成果运用于学校道德教育的实践、指导实践的思维路线。20世纪80年代中后期，美国“价值和哲学研究会”经过四年的研究，编写的“道德教育和品格发展的基础”丛书，也是由《道德教育和品格发展的哲学基础》（1986年）、《道德教育和品格发展的心理学基础》（1986年）和《学校内外的品格发展》（1987年）组成的。而且，研究者明确指出，这一研究的指导思想是道德教育必须吸收和利用道德哲学和道德心理学的研究成果。道德哲学影响对道德概念、人以及伦理范畴的理解从而为道德教育提供目的。道德心理学关心道德主体是如何发展起来的，如何根据道德哲学确定的道德标准进行思维和行动的，因此，它决定道德教育的方法。道德教育就是把这些理论的发现应用于实践、确定计划、程序和方法的活动。[②]这一思想与杜威和柯尔伯格的看法基本上是相同的。从某种意义上讲，以道德哲学和道德心理学为基础规划道德教育的理论，指导道德教育的实践，已经

① Kohlberg, L. A Cognitive-Developmental Approach to Moral Education. *Humanist*, Vol. 32, No. 6, November/December, 1972.

② McLean, George F. *Act and Agent: Philosophical Foundations for Moral Education and Character Development*. Lanham: University Press of America, 1986, p.9.

成为当代道德教育研究的一个普遍倾向。20世纪中叶以来出版的道德教育论著几乎无一不是以这两个学科作为基本框架的。这些著作或辟专章讨论道德哲学和道德心理学的研究成果，以此作为阐发新理论的基础，或者就是从这两方面建构、阐明自己的理论，大有不考虑这两个领域的问题便无资格谈论道德教育的意味。

在人们从哲学和心理学两个方面探讨道德教育的同时，另有一些研究则分别从哲学和心理学视域对道德教育进行了深入的研究。在哲学领域，有分析哲学家威尔逊、彼得斯、赫斯特、谢弗勒、索尔蒂斯、麦克莱伦以及贝克的研究，存在主义哲学家布伯（M. Buber）的研究，新托马斯主义教育哲学家马里坦（J. Maritain）的研究。这些研究一方面框定了对道德教育进行哲学研究的基本范畴，另一方面对道德教育领域共同关心的问题和假设进行了充分的论证，做了道德哲学对道德教育所应做和所能做的一切。在心理学领域对道德领域进行专门研究或间接产生影响的主要有社会学习理论的主要代表班杜拉（A. Bandura）的研究、人本主义心理学家罗杰斯（C. Rogers）的研究，行为主义者斯金纳（B. F. Skinner）；精神分析学派的埃里克森（E. Erikson）以及认知发展学派的倡导者皮亚杰和柯尔伯格的研究。这些研究为道德教育能够做什么以及如何做等提供了令人叹服的事实资料。

在道德教育研究中，另一富有生命力的领域是社会科学特别是社会学、社会心理学以及人类文化学的研究。社会科学领域主要是通过对社会、人类文化价值的传递以及在这种传递过程中社会团体、机构等因素的作用的研究之于道德教育的理论和实践产生影响。从社会学视角开研究道德教育理论之先河并形成完整理论体系者首推涂尔干。正是他从实证主义社会学的基本立场出发，建立了经典的道德教育的社会学理论。其他如帕森斯（Talcott Parsons）等人也对道德社会化以及学校在道德社会化中的功能进行过专门探讨。20世纪70年代以来，对道德教育的社会学研究主要集中在社会、家庭、社区文化、学校、同辈群体、大众传媒等对个体道德社会化的影响等问题上。许多研究设计独特，条件控制严格且立足于现实的道德和道德教育问题，因而有较强的针对性，为学校道德教育计划的制订和实施提供了大量的实证材料。但是，这些研究似嫌零碎且主要限于对实际材料的分析，难以形成适于现代社会的系统的道德教育的社会学理论。不过，可以预见，随着社会组织结构、家庭结构、社会文化、亚文化的急剧变化以及由此引起的学校功能的变化，对道德教育的社会学研究将会引起越来越多的有识之士的关注，而且从这一方向观照学校道德教育也是大有可为的。

从人类文化学的视角研究道德与文化、道德教育的文化特征始于20世纪50年代。许多人类文化学家像本尼迪克特、克鲁克洪（C. Kluckhohn）、米德（Margaret Mead）、格尔兹（C. Geertz）等人都对道德与文化的关系做过精辟的论述。柯尔伯格对儿童道德发展的跨文化研究更是直接影响了其道德教育理论的建设。几十年来，对道德教育的跨文化研究日益增多，国际上最富权威性的道德教育理论刊物《道德教育杂志》每年都有这方面的论文发表，甚至设专号研究不同文化背景下道德教育的发展和变革。这些研究的价值显然不只是向人们传递了另一种文化氛围中道德教育的某些新的信息，更重要的是向人们提供了一个更为广阔的学科视角来审视人类的道德和教育并思考人们在处理这些问题中应该承担的责任。

从宗教和历史的角度研究道德教育，是20世纪道德教育理论研究的又一重要方面。这里主要谈谈从宗教方面进行研究的情况。20世纪是一个道德教育世俗化的时代，从某种意义上说，当代道德教育理论就是以反对宗教教育、促进道德教育的世俗化为特征的。然而，在西方，宗教和道德毕竟有血肉联系，甚或可以说，正是基督教孕育了西方道德的基本范畴，在相当长的历史时期内，宗教戒律就是道德的规范或准则，道德的教育也即宗教教育。公立学校建立后，教育的世俗化运动得以广泛展开，然而，宗教对人们现实生活的影响并没有因此而结束。尤其是在传统道德松弛，吸毒、暴力事件频仍，价值虚无主义盛行的当代西方社会，人们越发感到宗教在维护社会公德、稳定社会秩序、抑制人们无限的欲望中的作用。所以，在人们积极推进道德教育的世俗化运动的同时，越来越多的人开始重新探讨宗教之于道德教育的积极价值，并试图把宗教作为一种现实的力量纳入改善社会道德状况中去。1980年，《走向道德和宗教的成熟》一书出版，汇集了首次宗教和道德发展国际会议的主要论文，反映了20世纪70年代末80年代初人们对宗教与道德及道德发展关系的新思考。作者们在进一步确认宗教和道德范畴的区别、宗教对道德的消极影响的同时，也重新解释了宗教与道德、宗教教育与道德教育的互补性，肯定了宗教教育的正面功能。20世纪80

年代中后期，人们对柯尔伯格的理论与宗教的关系进行了全面的探讨。[①]也有人以宗教为轴线对当代道德教育的理论和实践进行了全方位的透视。[②]其他像《宗教教育》杂志、《道德教育杂志》等重要理论刊物对宗教在道德教育中的地位和作用、宗教教育与个体道德发展等问题的研究也日渐增多。所以，从某种意义上讲，近几十年是西方道德教育领域世俗化运动与宗教复兴并存的一个时期。而且，可以想见，只要西方社会精神危机、道德混乱状况依旧存在，那么，其中包含对人生、对世界的深刻思索以及所表现的人与世界、人与人关系的更深层伦理思想的宗教，对不能把握自己的命运、精神无所依傍的人来说就不会失去其永久的魅力，关于宗教教育和道德教育关系的研究和讨论就仍将继续下去。

20 世纪 60 年代以来，道德教育研究出现的一个重要趋势就是，在对道德教育进行分学科探讨的同时，人们开始更多地从多学科整合的角度来把握、研究这一领域。这首先表现在人们对道德和道德教育性质的看法发生了很大的变化，从而使得研究的指导思想发生了改变。美国哈佛大学“道德教育研究中心”前主任哈什指出：“如果说，80 年代的道德教育比以前更加复杂、更富

---

① Munsey, B. (Ed.) *Moral Development, Moral Education, and Kohlberg: Basic Issues in Philosophy, Psychology, Religion, and Education*. Birmingham, Ala.: Religious Education Press, 1980.

② Elias, John L. *Moral Education: Secular and Religious*. Malabar, Fla.: R. E. Krieger Pub. Co., 1989.

有挑战性，那是因为我们不能再从一个维度来考察道德，而不是由于道德本身变得更加重要了。”[①]也就是说，随着民主生活的复杂化和多元化，人们在道德教育上的努力，对道德教育的审视也应该是多向度的。这种指导思想上的变化所导致的结果具体表现在两个方面。一方面，越来越多的理论家倾向于从多学科整合的角度建构自己的理论。20世纪70年代初克里夫·贝克等人的《道德教育：一种科际整合的方法》、80年代初美国明尼苏达大学品德发展研究中心负责人莱斯特（J. R. Rest）的《一种道德教育的科际整合方法》、80年代末埃利亚斯的《道德教育：世俗的和宗教的》等，都是各时期人们在这一方向上所做的典型努力。莱斯特建立的综合的道德发展模型，埃利亚斯对道德教育所做的历史的、哲学的、心理学的、社会学的、人类文化学、教育学以及宗教的全方位审视，都给人们以耳目一新的感觉。另一方面，人们更加重视不同学科、不同领域研究人员的通力协作。20世纪60—70年代英国牛津大学的“法明顿信托研究单位”（The Farmington Trust Research Unit）、美国“哈佛大学道德发展和道德教育研究中心”（The Center for Moral Development and Moral Education at Harvard）以及80年代明尼苏达大学的“道德发展研究中心”（The Center for Moral Development），其主要研究成员都是由来自不同学科和专业的专家组成的。这些研究机构的知识结

① Hersh, Richard H., Miller, John P., & Fielding, Glen D. *Models of Moral Education: An Appraisal*. New York: Longman, 1980, p.25.

构在很大程度上保证了对道德教育这一涉及人类文化、历史、哲学、宗教、科学等领域的复杂现象能够进行卓有成效的研究，并在此基础上提出较为合理的道德教育计划。

总之，从多学科整合的视角研究道德教育已经成为当代道德教育理论研究的一个重要趋势，而且，要为道德教育的实践提供合理、坚实的基础，促使这种趋势的进一步发展是十分必要的。坚持从科际整合的角度研究道德教育至少有以下优点。第一，可以提供对道德教育的不同的观察视角，从而为人们全面充分地把握这一领域提供更为广阔的理念框架，正如莱斯特所说："从原则上讲，几乎没有人会反对在对事物进行研究时采用科际整合的方法。同召开一次'国际'会议一样，一种'科际整合'的方法意味着，持有不同观点的一群人可以相互补益，共同创造一种比任何一个小组单独工作所取得的成果更有价值、更为综合的成就。"[①]第二，不同学科的研究对道德教育具有不同的价值，都只是承担着道德教育这一综合、系统研究工程的一部分职责。科际整合的方法为这些不同工程的相互吸收、相互补充提供了机会。可以预见，从多学科整合的视角研究道德教育将是未来理论研究的一个主要方向。

① Berkowitz, Marvin W., & Oser, F. (Eds.) *Moral Education: Theory and Application*. Hillsdale, N. J.: Lawrence Erlbaum Associates, 1985, p.9.

第三章　涂尔干的道德教育理论

涂尔干是法国著名社会学家、法国教育学的“经典作家”和教育社会学的创始人之一。道德教育理论是其整个社会学和教育学思想体系的一个重要组成部分。涂尔干在道德教育上最引人注目的成就乃是开道德教育的社会学研究之先河，并因其在这一方向上所做的非凡努力而在当代道德教育理论中独树一帜，确立了他在20世纪西方道德教育理论发展中的地位。笔者在本书中把涂尔干的道德教育理论作为讨论现代道德教育理论的起点，不只是因为他是20世纪较早期的一个教育理论家，而且还因为他是20世纪第一个综合地、系统地研究学校道德教育的理论家。当代道德教育理论家对涂尔干或褒或贬，但大部分与他有着这样或那样的联系。他对道德教育基本范畴的论述几乎涵盖了此后道德教育理论研究所有的领域。从这种意义上讲，有人把涂尔干视为“当代道德教育之父”①似乎并不过分。涂尔干的道德和道德教育

---

① Chazan, B. *Contemporary Approaches to Moral Education: Analyzing Alternative Theories*. New York: Teachers College Press, 1985, p.9.

思想主要反映在他的《道德教育》《教育与社会学》《社会学研究方法论》《社会劳动分工》《教育思想的演进》《职业伦理与公民道德》《宗教生活的基本形式》等著作中。

第一节　涂尔干道德教育理论的背景

一、时代背景

任何一种思想或理论，都是一定时代背景的反映，都与当时特定的社会政治、经济状况相联系。这一点在涂尔干身上表现得尤其明显。“正像所有的经典作家一样，涂尔干首先而且在很大程度上也是他生活的那个时代的一个代表，他的学说是他生活的那个时代的见证。”[①]他的道德教育理论乃是 19 世纪末法国社会的现实主义的反映。

涂尔干指出：“我现在以道德教育问题作为讲课的题目，其原因不仅因为道德教育历来被教育学者看成是一个最重要的问题，还因为道德教育问题在今天特别迫切需要予以解决。”[②]道德教育之所以迫切需要解决，在涂尔干看来，一方面是社会危机严重、公共道德败坏要求重整社会道德，以维持社会的和谐与稳

① 赵祥麟主编：《外国教育家评传》（第 2 卷），上海教育出版社 1992 年版，第 733 页。

② 张人杰主编：《国外教育社会学基本文选》，华东师范大学出版社 1989 年版，第 389 页。

定；另一方面是法国“道德教育系统的各组成部分多数有改造之必要。我们再也不能使用传统的教育系统了，况且很久以来这种系统只是靠神迹和习惯势力来维持”①。

对法国来说，19 世纪后半叶是一个社会大变革与大转型的时期，也是一个动荡不安的时期。对此，涂尔干曾做过如下描述："我们正在经历一个危机的时期，历史上最严重的危机莫过于近百年的欧洲社会的传统的集体纪律已丧失其权威，这从公众良心的涣散以及由此产生的公众普遍的忧虑中即可见之。"②这种危机不仅表现在由于资产阶级革命和工业化带来的日益严重的教育、民族意识以及基督教信仰的危机，而且还表现在由于工业企业中劳资关系、个人与社会关系的对立带来的危机。涂尔干认为，这些危机的根源在于维系社会团结和稳定的道德规范的混乱，是在旧体制瓦解、旧规范衰微，新体制尚未完全确立、新道德尚未创造出来的社会转型时期出现的“道德真空”状态的具体表现。

在欧洲文明史上，道德和宗教是紧密联系在一起的。道德主要是宗教道德，人们的思想和行为主要是由宗教戒律来统治的。而文艺复兴的兴起特别是 19 世纪以来自然科学、历史科学的发展，给宗教教义以沉重打击。随着世俗道德的勃兴，传统的宗教

---

① 张人杰主编：《国外教育社会学基本文选》，华东师范大学出版社 1989 年版，第 397 页。

② Durkheim, E. *Moral Education: A Study in the Theory and Application of the Sociology of Education*. New York: Free Press of Glencoe, 1961, p.101.

道德受到了极大的冲击，规范人们行为几百年之久的宗教教义在人们面前渐失权威。而随着资本主义工业的发展和社会财富的急剧增加，人们越来越热衷于物质的享受、感官的愉悦；蔑视道德的风气日盛，道德的尊严和权威作用丧失殆尽。从前控制人们欲望的道德现在已无以遏制“社会各阶层从上到下都滋长着的贪婪”[①]。在传统道德教育衰微，适应新工业社会需要的道德规范又由于资本主义发展的不完善而难以产生的时期，社会的危机便势所必然。

涂尔干正是面对这种愁惨的时代面貌来思考自己的历史责任的。他认为，摆脱法国社会危机的出路在于重建社会和道德秩序，加强道德在调节人们行为中的作用。因为，在他看来，道德与社会的稳定与和谐是联系在一起的，道德是社会健康发展的充要条件。没有一个强大的道德中心的维系，社会必然处于无政府状态。有了健康的道德体系，必然有和谐发展的社会。“人类的私欲只能在他们所尊重的道德力量面前有所收敛。”[②]“如果这类道德力量失去了它的社会权威，那必然导致一种强权就是真理的混乱状态。”[③]为此，就必须设法有效地使人们遵守这些行为规范，

---

①［英］艾伦·斯温杰伍德著，陈玮、冯克利译：《社会学思想简史》，社会科学文献出版社 1988 年版，第 119 页。

②［法］雷蒙·阿隆著，葛智强、胡秉诚、王沪宁译：《社会学主要思潮》，上海译文出版社 1988 年版，第 341 页。

③ 陈秉璋著：《实证社会学先锋：涂尔干》，允晨文化实业股份有限公司 1982 年版，第 165 页。

自觉维护道德的权威性，而这正是教育的使命。

涂尔干指出，社会危机向教育提出了新的要求，但当时法国的道德教育却正经历着最尖锐、最深刻和最严重的危机。这是因为，法国20世纪初以来进行的20年左右的教育大革命，旨在进行一种非宗教的道德教育，即“不以默启的宗教原理为基础，而仅仅以理性所承认的观念、情感和实践为基础的教育”，然而，“产生如此重要的创新，不能不突破已有的观念，打乱旧日的习惯和改变整个教育程序，因而也不能不出现值得我们注意的新问题”[①]。而要解决公立学校的道德教育问题，就必须有一种科学的精神，并依此建立一种唯理的道德教育。

建立一种纯粹的以理性为基础的道德教育，虽然“不仅可以合乎逻辑地进行，而且也是我们历史发展之需要”，但在当时的法国并不是没有困难的。因为，当时的现实是，教育界许多人认为，只要从教育中抽出一切宗教因素，就足以使教育与宗教分离，变教育为唯理的事物。在道德上，以为只要简单地从道德中剔除宗教因素，就会摆脱一切外来和寄生的因素而得到唯理的道德。在教育上，则认为，只要不掺入任何宗教的观念，把先辈的古老道德教给儿童就够了。涂尔干认为，建立一种唯理的道德教育，“仅仅从道德教育和道德中排除宗教因素是不够的，使之有深刻的变化实为必要”[②]。

---

①② 张人杰主编:《国外教育社会学基本文选》，华东师范大学出版社1989年版，第389、93页。

涂尔干指出，如果道德和宗教的联系只是表面的，那么，只要抽去宗教因素，便能获得纯正的道德。但是，事实上，这两个涉及信仰和实践的系统，其联系非但不是表面的，而且其联系是如此紧密以致某些道德观念会因为不存在相应的宗教观念而消失，或因有相应的宗教观念而显得完善。所以，涂尔干指出："当我们使道德和道德教育理性化时，如果只限于取消道德规范中的一切宗教因素，而不打算以新的因素取代，那么，几乎不可避免地就会同时取消严格意义上的道德因素。那时候，所谓唯理的道德，不过是一种内容贫乏和丧失本来面貌的道德。"①要建立一种唯理的道德教育，就"应当深入宗教概念中去寻找似乎已经消失和隐匿在其中的道德实体。我们应当分析宗教概念，认清宗教概念包含的是什么，确定其本质，并用理性的语言加以表述。总而言之，应当发现宗教观念的合理替代者——长期以来就在传递最主要的道德观念"②。"如果人们想使道德教育的理性化产生预期的结果，首先应解决的正是这些问题。"③关于这种宗教观念的合理替代者究竟为何，涂尔干在《宗教生活的基本形式》一书中进行了详细论述。

总之，"在一个传统约束与宗教道德濒于灭亡的社会里，在一个要求个人自觉地将普遍的道德原则应用于日常生活的社会，

①②③ 张人杰主编：《国外教育社会学基本文选》，华东师范大学出版社 1989 年版，第 393、394、395 页。

如何使人免于失范的可能”[1]，乃是涂尔干道德教育理论的基本出发点，也是它产生的总的背景。

二、理论基础

涂尔干的道德教育理论和他的社会学、教育社会学、社会哲学、宗教理论等有着密切的关系。不了解涂尔干在这些方面的一般看法，就很难确切地理解其道德教育理论中一些概念的本质含义。这里仅从他的社会学、教育学两个大的方面讨论与道德教育的关系。

（一）社会学思想

讨论涂尔干的教育和道德教育学说，就不能不首先了解他的社会学思想。因为，涂尔干曾明确指出：“我是作为社会学家——尤其是作为社会学家——来对你们谈教育的。”[2]我们认为，在涂尔干博大的社会学思想体系中，以下两个方面最有助于了解其道德教育思想：一是涂尔干关于社会学研究对象和研究方法的观点；二是他的宗教社会学思想。

1. 关于社会学的研究对象

涂尔干认为，社会学要成为一门科学，必须有区别于哲学、

---

①［英］戴维·布莱克莱吉、巴里·亨特著，王波、陈方明、胡萍译：《当代教育社会学流派——对教育的社会学解释》，春秋出版社 1989 年版，第 19 页。

② 转引自赵祥麟主编：《外国教育家评传》（第 2 卷），上海教育出版社 1992 年版，第 737 页。

心理学等其他学科的特有的研究对象。在他看来，作为社会学研究对象的只能是社会事实。所谓社会事实，是指“存在于人们身体以外的行为方式、思维方式和感觉方式，同时通过一种强制力，施以每个个人”①，或“所有‘动作状态’，无论固定与否，只要是由外界的强制力作用于个人而使个人感受的；或者说，一种强制力，普遍存在于团体中，不仅有它独立于个人固有的存在性，而且作用于个人，使个人感受的现象”②。对社会事实这一界定至少包括两方面的含义。一是社会事实是独立于个人意识之外的客观事物。“事物不论从它的外部还是内部来看，都是与人的意念相反的东西。”③既然与人的意念相反，所以它必是外在的。二是社会事实不仅独立于个人意识之外，而且对个人施以一种强制性的影响。④“强制”是社会事实的根本特征。“强制”在社会中以不同的方式表现出来。一方面，它表现为具有一种命令或强迫性的力量，如道德、法律等。另一方面，它以影响个人行为的方式表现出来，这种强制对个体起着潜移默化的影响，如习俗、传统、价值观等。此外，强制还可以间接的方式对个体起作用。涂尔干在《道德教育》一书中明确指出，他是把道德作为一个事实来研究的。

那么，如何研究社会事实呢？涂尔干指出，社会学研究方法

①②③④［法］迪尔凯姆著，胡伟译：《社会学研究方法论》，华夏出版社 1988 年版，第 5、12、2、9 页。

的最基本准则是“要将社会事实当作客观事物来看待”[1]。而要满足研究的这一基本技能，一是要在科学中排除所有成见，即对社会事实采取一种客观的态度，研究者必须摒弃一切已有的偏见和已有的概念以及对事物所赋予的感情和思想；二是要根据社会事实的外部共同特征进行定义；三是要客观地观察事物的内部特征。社会事实“如果能排除个人主观的感受，就能客观地反映出来；排除越彻底，反映也就越客观”[2]。所以，考察社会现象，必须观察事实，不能掺进个人的想象，否则就无法了解它的真相。[3]

涂尔干指出，在道德领域，违反研究客观性原则的现象尤其严重。在对道德进行的研究中，无论是天赋派还是遗传派，也无论是经验派还是理性派，他们都把意念当作道德的实质，认为道德的形式不在于道德的实质，而是人们在各种不同的环境和各种不同的情况中形成的这种基本观念。道德学研究的对象不是实际的原则和条例，因为原则和条例本身就是由意念产生出来的，只供观念参考而已。道德学的方法不是把道德上的问题摆在眼前，当作一种事实进行客观的考证。涂尔干认为，道德上的问题和道德学研究的材料乃是那些能有效地规定人们行为举止的一套

---

① 转引自赵祥麟主编：《外国教育家评传》（第2卷），上海教育出版社1992年版，第740页。

②③［法］迪尔凯姆著，胡伟译：《社会学研究方法论》，华夏出版社1988年版，第36、16页。

规则，而不是有关理想和条例的一种浮光掠影的概念。他主张把道德作为事实来研究。因为道德同样具有社会事实的一切本质特征。显然，在他看来，“道德规则是在儿童意识之外的，也就是说，它独立于儿童”[①]。而且，这种独立于个人意识之外的道德，本身也是一种约束性或强制性的力量。涂尔干指出：“品格的最重要的因素乃是它的限制能力，它控制我们的激情、欲望、习惯并使它们服从法则。”[②]

2. 关于宗教社会学

宗教社会学是涂尔干社会学思想的一个重要组成部分，也是其道德教育理论的一个重要理论基础。涂尔干的宗教社会学思想主要反映在他的《宗教生活的基本形式》一书中。在该书中，涂尔干以他惯有的研究方法，即先给事物下定义，然后对各种不同的观点一一批评，最后对该事物做出社会学的解释——对宗教的本质、来源等问题进行了详尽分析。

涂尔干认为，宗教的本质在于世界被分成世俗的和神圣的两个世界。宗教不能通过超自然、神秘的概念来定义，因为它不能涵盖所有宗教的本质特征。世界上许多宗教就不包括超验的上帝和超自然力量，如佛教。在涂尔干看来，事实上，一切宗教所固有的特征乃是把所有的事物分成两个独立的世界：世俗的世界和神圣的世界。世俗的世界是和人的日常生活、每个人的个人事物

①② Durkheim, E. *Moral Education: A Study in the Theory and Application of the Sociology of Education*. New York: Free Press of Glencoe, 1961, p.146, p.46.

以及利己情感联系在一起的；神圣的世界则具有禁止性和与世俗世界的分离性，同时它也是人们企求爱和尊重的对象，亦即它既是强制的，也是被尊重的根源。

涂尔干还认为，宗教现象又表现为两个范畴：信仰和礼仪。宗教信仰是表达神圣世界本质以及与世俗世界联系的表征，而礼仪则是规定人们应该怎样与神圣世界相处的行为规则。信仰和礼仪的总和就组成了宗教。这样，涂尔干就把宗教定义为："与神圣之物即禁止之物有关的信仰与仪式的完整体系，也就是能把所有的信奉者都团结在所谓教会这样独特团体之中的信仰与仪式的完整体系。"①

涂尔干指出，宗教的这一定义与万物有灵论和自然主义的宗教观是不同的。"万物有灵论"认为，所谓信仰宗教就是信奉神灵，而这些神灵是人类根据其肉体和灵魂两重性所创造的一种经验的变形；而"自然主义"认为，人们所崇敬的是变形的自然力量，如雷、电等。涂尔干则认为，如果宗教旨在崇敬不真实的神灵和由于人们的恐惧而变形了的自然力量，那么，宗教就成了集体的幻觉。

涂尔干宗教学的目的在于试图把现实从宗教中解放出来，以保住宗教的实在性。如果人们崇拜的是一种变形了的社会，那么，事实上，他就是崇拜真正的现实。因为在社会中没有比集

---

① 转引自［苏联］И.С.科恩主编，梁逸译：《十九世纪至二十世纪初资产阶级社会学史》，上海译文出版社 1982 年版，第 256 页。

体力量更现实的东西。在涂尔干看来，宗教是一种异常持久、异常深奥的感受，它相当于一种真正的现实。如果这一现实不是上帝，那它必定是一种在上帝之外的现实，这一现实只能是社会。

为什么社会会成为信仰和崇拜的对象？涂尔干的回答是：社会本身具有某种神圣的东西。他说："一般说来，毫无疑问，一个社会能够通过它自身对人类的影响，使他们产生一种神的感觉，因为社会是属于它的成员的，就像神属于它的信徒一样。事实上，神首先是人类从某些方面为自己描绘的一种高于自己的东西，人类相信自己从属于这种东西……然而，社会本身也在努力使我们保持永远从属于它的感觉。因为社会有它自己的本性，和我们个人的本性是截然不同的，它还在追求自己特殊的目标。但是，由于它只有通过我们的媒介才能够达到这些目标，因而迫切需要我们的合作。它要求我们忘掉自己的利益，做它的仆人，强制我们忍受各种折磨、穷困和牺牲，否则社会就不可能生存下去。这样，我们就不得不时刻遵守一些行为或思想准则，它们既不是我们制定的，也不是我们向往的，有时甚至是与我们的爱好和最基本的天性相反的。尽管如此，如果社会通过一种物质胁迫才能使我们接受这些让步和牺牲的话，它就只能使我们感觉到，我们出于需要不得不向它让步的是一种物质力量，而不是宗教崇拜的那种精神力量。但实际上，社会对人类的影响，依赖于它占有优势的物质霸权的程度要比依赖于它享有的精神权威的程度低得多。我们所以服从社会的命令，不只是因为社会具有能够战胜我们的抵抗的方法，而首先是因为它是真正应该尊重的对象。”[①]

显然，在涂尔干看来，社会使我们感觉到神的存在，它不但是一个令人敬畏的统帅，而且是一个在质量上比个人高得多的实体，使我们必须尊重它、忠于它并且崇拜它。这样，在涂尔干的理论框架中，宗教利益实质上变成了“社会和道德利益的象征形式”。涂尔干研究宗教的目的其实就是寻求“今天所说的类似于宗教功能的替代物”[②]。

如前所述，涂尔干认为，唯理的道德教育不能通过简单地抽掉一些宗教因素的做法来建立，它必须深入宗教的本质，以发现宗教观念的合理替代物。这一替代物，在涂尔干看来，即是社会。既然社会的神圣和权威取代了上帝的神圣和权威，那么，人们就应该将迄今为止赋予神的巨大尊重和感激之情赋予社会。显然，涂尔干以社会代宗教，主要是给崩溃的社会以新的精神支柱，鼓励人们团结在以“社会决定个人存在”为基础的公民道德的旗帜下。这无疑是涂尔干建立唯理的道德教育之根本出发点。

（二）教育学说

涂尔干是以社会学家的身份来讨论教育问题，而对道德教育，涂尔干就不仅是以社会学家，而且是作为一个教育学者来讨论

---

①［法］雷蒙·阿隆著，葛智强、胡秉诚、王沪宁译：《社会学主要思潮》，上海译文出版社 1988 年版，第 378 页。

②［美］刘易斯·A. 科瑟著，石人译：《社会学思想名家》，中国社会科学出版社 1990 年版，第 155 页。

的。“既然我们是作为教育学者来谈道德教育的，那么，就应当限定究竟什么是教育学。”[①]所以，在具体分析涂尔干的道德教育理论之前，有必要先对他一般的教育学思想简单地加以叙述。

1. 关于教育的性质和作用

在对教育的性质进行界定之前，涂尔干首先对几种教育观进行了批评。他指出：“教育”一词，有时是在很广泛的意义上加以使用的，它几乎涵盖了自然界或其他人对我们的智力和意志的全部影响。但是这一教育观念包含了一些极不协调的事物，例如，事物对人的影响、人对人的影响以及同辈人彼此的影响、成年人对年轻一代的影响是很不相同的，把这些极不相同的因素用教育一词来概括，就势必产生混淆。涂尔干所要分析和论证的“仅仅是成年人对年轻一代的影响，因此，教育一词应该指的是这种影响”[②]。

然而，即便是这种影响，人们的看法也是不同的。康德认为，教育的目的在于“使每个人都得到他所能达到的充分完善”。涂尔干指出，使人和谐发展，确实是必不可少而又令人向往的，但却是不现实的。社会分工的必要性决定了我们不可能也不应当把一切都献给同一种生活方式，而是应当根据自己的才能和禀赋完成不同的职责。其他像以密尔（James Mill）等人为代表的功利主义观点则认为，教育的目的乃是“使个体成为一个为自己和

①② 张人杰主编：《国外教育社会学基本文选》，华东师范大学出版社 1989 年版，第 387、1 页。

同样的人谋幸福的工具”。涂尔干指出，幸福本身是主观的东西，每个人都可以有自己的解释。因此，以幸福下定义会使教育目的陷于不确定状态，同样不能令人满意。

涂尔干认为，上述各种解释都是从存在着一种理想的、完美的、适用于各种不同的人的教育的观点出发对教育进行定义的。然而，从历史的观点看，这种解释是不能成立的。他指出，教育因时间和国家的不同而有很大的不同。古希腊的教育显然不同于古罗马的教育，而文艺复兴时期的教育自然也异于中世纪的教育。所以，教育制度是一个实体，每一个社会的每一个发展阶段都有一个以普遍的不可抗拒的力量强加于个体的教育制度。这种教育制度本身是共同生活的产物，表明了共同生活的必要性。它反映了教育制度受制于宗教、政治组织、科学发展水平和产业发展状况等，舍此，便无以理解教育制度的产生和发展。共同生活的需要形成了一定的行为准则和规范，规定了社会所有成员在智力、体力和道德上的要求，教育则是实现这些规范、保持社会成员的同质性、维持社会存在的必要手段。所以，涂尔干把教育定义为：“教育是年长的几代人对社会生活方面尚未成熟的几代人所施加的影响。其目的在于，使儿童的身体、智力和道德状况都得到某些激励与发展，以适应整个社会在总体上对儿童的要求，并适应儿童将来所处的特定环境的要求。”[①]

---

① 张人杰主编：《国外教育社会学基本文选》，华东师范大学出版社 1989 年版，第 9 页。

从这一定义出发，涂尔干进一步指出，教育的功能“在于使年轻一代系统地社会化”。之所以要使年轻一代社会化，在涂尔干看来，主要是因为在我们每个人身上都存在着双重人格，这种双重人格尽管不可分离，但确有区别。一种人格仅仅由整个与我们自身、我们个人生活中的事件有关的精神状态所组成，这种人格可称为“个体我”；而另一种人格则是这样一种思想、情感和习惯的体系，即在我们身上表现的不是我们个人，而是我们作为其中一个组成部分的社群或不同的社群。宗教信仰、道德信仰与习俗、民族传统或职业传统以及各种集体信仰，就是这样的体系。这种体系的总和就是“社会我”。“塑造‘社会我’，这就是教育的目的。”①

涂尔干进一步指出：“‘社会我’不全是在人的原始结构中形成的，也不是自然发展的结果”②，而是从社会内部产生的，是教育的结果。教育在塑造人的过程中极为重要。教育的重要性不仅仅表现在使个体所隐藏的、只需要表现出来的能力得以显示，而且表现在要在个体身上塑造新的人格。这种创造力是人类教育所特有的。人的社会生活所必需的各种能力，不能借助遗传由第一代传递给第二代。进行这种传递的只能是教育。③

涂尔干的道德教育思想与其对教育性质的分析一脉相承。在他看来，道德、道德教育也都是适应特定社会的特定需要产生

①②③ 张人杰主编：《国外教育社会学基本文选》，华东师范大学出版社 1989 年版，第 9、10、10—11 页。

的："道德与社会的性质有着密切关系。因为正像我们已经指出的，在社会发生变迁时，道德就会有所变化。"[①]或者，"道德不管它是哪一层次，必然跟社会状态有关，也必然随着社会条件的不同而有所差异"。所以，同反对人类有共同教育、共同道德一样，涂尔干也反对所谓人类共同的道德教育。他指出："我们现在要寻求的不应该是人类共同的道德教育，而应该是我国现时的道德教育。"[②]此外，涂尔干对道德教育的目的、作用的看法都与其对教育的一般看法如出一辙。

2. 关于教育学的性质

如前所述，涂尔干宣称自己是以教育学者的身份来谈道德教育的，所以，为了给道德教育理论以确定的界限，涂尔干对教育学和教育科学进行了区分，他认为这种区分有助于人们避免"根据只适用于严格意义上的科学研究的原理去评价教育理论"。

涂尔干认为，教育学与教育科学不同。科学是从人们尽可能审慎的研究中得到的，而不是某一个时候获得的结果。教育学则不同，它要满足的是现时的需要。它要综合科学所寻得的一切材料，使之时刻能指导行动。涂尔干指出，有两种科学的问题需要研究，一是教育的起源问题，二是教育的功能问题。对这两个问题的研究可简单表述为对现存的和过去的教育客观存在的描述和解释，或寻找其原因，或确定其结果。所有这些就构成了一门科

①② 张人杰主编：《国外教育社会学基本文选》，华东师范大学出版社 1989 年版，第 13、389 页。

学——教育科学。教育学就是利用教育科学的成果，并对这些成果系统地、理智地进行综合，为教育工作提供指导。换言之，教育科学重在描述过去和现在，而教育学则确定应该做的一切，即为教育实践提供指导。“教育学并非别的，而是为教育实践服务的最有条理和资料最丰富的思考。”①

教育学不仅不是一门科学，也不是一种技能。技能的形成一定凭借习惯、实践和有条理的灵活性。它是教育者的本领和教师的实际经验。所以，一个在教育学上思辨能力不强的人，也可能是一个相当好的教师。反之，一个教育学者也可能是一个蹩脚的教师。教育学不是一系列有组织的实践活动，而是一系列与这些实践活动有关的观念，是教育理论之总和。从这一点看，它又近乎科学。但科学的理论旨在说明现实，而教育学的理论之直接目的在于指导行动。据此，涂尔干认为：“教育学是某种介于教育技能和教育科学之间的事物。”②它一方面要利用教育科学中的资料，另一方面又通过对这些资料的思考和概括为教育实践服务，指导实践。在涂尔干看来，如果教育学超出其应有的范围，试图取代经验，并规定实际工作者只能机械地使用一成不变的方法，那么，教育学即降为随意的构造。但是，经验又需要教育学理论的指导，否则就会成为盲目的实践。

既然把道德教育理论作为教育学的一个组成部分，而又把教

①② 张人杰主编：《国外教育社会学基本文选》，华东师范大学出版社 1989 年版，第 388、388 页。

育学界定为“为教育实践服务的最有条理和资料最丰富的思考”，那么，对道德是什么、道德教育是什么、道德教育的历史和功能的讨论，就不是道德教育理论而是道德教育科学的任务。道德教育理论的任务在于综合道德和教育科学对道德教育的历史和现状的研究，回答道德教育应该如何做的问题。基于这一背景，我们就不难理解涂尔干在《道德教育》一书中之所以花费超过一半的篇幅讨论在学校如何进行道德传授的事实了。

3. 人性观

人性观是涂尔干教育理论的基本观念，同时也是理解其道德教育理论的一个关键性因素。我国教育社会学专家张人杰认为：“人性观作为涂尔干教育理论的基本概念，被应用于他的教育理论的许多方面，最集中也是最明显的则见诸他关于道德教育的论述。”[①]要研究涂尔干的道德教育理论，了解其对人性的看法亦实有必要。

根据张人杰的观点，涂尔干的人性观至少包括这样一些主导性概念，它们依次为遗传、社会我、失范和人需要加以限制。我们主要根据这一内容分别叙述涂尔干的人性观。

在遗传问题上，涂尔干首先反对洛克（John Locke）和爱尔维修（Claude A. Helvetius）“教育万能”的观点。他认为，教育并非像他们所说的是从“白板”上培养人，而是在影响已经形成

① 转引自赵祥麟主编：《外国教育家评传》（第2卷），上海教育出版社1992年版，第759页。

的一些禀性。在他看来，有一类禀性是停止的、刻板的和不变的，几乎不给外部行动的影响留有余地。这其实就是本能。这些禀性很难改变和被破坏，因为它们并不依赖于教育而是依赖于教育不能左右的有机体的状况。但是，也有一些禀性或本能，像自卫的本能、做父亲或母亲的本能以及性的本能，它们的实现往往因人而异或酌情而定。因而，意味着“它们有很大的可塑性和灵活性，因为它们能够接受截然不同的规定”[①]。这就为个人的探索和适应留有很大的余地，因而也为人只有出生后才能感受到的外部行动的影响留有很大的余地。而教育就是外部行动之一。[②]

关于“社会我”，涂尔干认为：“我们先天的本性中丝毫也没有这种倾向。”[③]像服从政治权威和遵守道德纪律、竭尽全力地工作、做出自我牺牲等倾向，只有通过教育才能形成。之所以要通过教育实现社会我，主要因为，个体参与社会生活所必需的各种能力十分复杂，以致已经无法体现在人的生理组织中，也无法以人的禀性的形式具体化。人的社会生活所必需的各种能力，于是就不能借助遗传，而必须由一代人传递给另一代人。进行这种传递的正是教育。[④]

关于失范，在涂尔干看来，是指一个人与社会化相反的状态。涂尔干的失范理论在其关于自杀的研究中得到了详细说明。在《自杀论》一书中，涂尔干指出，无论是在经济衰退还是繁荣

---

①②③④ 张人杰主编：《国外教育社会学基本文选》，华东师范大学出版社 1989 年版，第 19、18、10、10—11 页。

时期，自杀人数都会上升，前者尚不难解释，但是为什么在人们万事如意时也会自杀则颇为费解。他认为，经济突然增长时，来自社会的制约出乎意料地消失了，人们的期望膨胀到无法满足的程度，生活开始变得不尽如人意，甚至使人感到生活毫无意义。“人就其本性来说，也不能对自己的需求做出必要的、可调节的限制。只要这种需求仅仅取决于个人，它就是无限的。”[①]在这种情况下，则容易出现失范状态。事实上，涂尔干在道德和道德教育上所做的努力就是为了在社会危机的情况下寻求使人免于“失范”的可能性途径。

至于对人的需要加以限制，涂尔干认为，人的欲望是无限的，当这种欲望无限膨胀而又无法满足时，人们由于不会限制自己的欲望而生活在失范状态，其最后的结果是永远不愉快。为了过满足的生活，人就必须限制自己的欲求，又由于人们无法自动地限制自己，故必须由独立于人类意识之外的社会来加以限制。“限制乃是幸福与道德健康的先决条件。”[②]而实现这种限制的就是道德。因为，“道德规则总体在每个人的周围实际地形成了一道想象的栅栏，控制人们形形色色的欲望不至恣意横流”[③]。在涂尔干看来，道德教育所要做的无非是在人们心目中确立和巩固这道栅栏而已。

---

①［英］戴维·布莱克莱吉、巴里·亨特著，王波、陈方明、胡萍译：《当代教育社会学流派——对教育的社会学解释》，春秋出版社 1989 年版，第 15 页。

② Durkheim, E. *Sociology and Philosophy*. Glencoe, Ill.: Free Press, 1953, p.37.

③ Durkheim, E. *Moral Education: A Study in the Theory and Application of the Sociology of Education*. New York: Free Press of Glencoe, 1961, pp.43–44.

第二节　道德教育的基本主张

涂尔干对道德教育的看法，我们可以通过他对当代道德教育的基本理论和实践问题的回答来加以讨论。

一、主要理论观点

（一）个人和社会

涂尔干是当代最充分和最详尽地论述个人和社会关系的道德教育理论家之一。在当代众多的道德教育理论中，也许只有杜威能在这一问题上与其相提并论。

总的说来，在个人和社会的关系问题上，涂尔干基本上是社会道德学说的典型代言人。其实，也正是这一点，才使得他与当代其他许多道德教育理论家区别开来。

关于道德的社会本质，涂尔干说得很清楚："道德的目的即是社会的目的，合乎道德地去行动就是为着集体的利益去行动……道德的出发点正是社会的出发点。"[①]"道德始于一个团体的所有成员，它与只关心个人利益的行动无关。"[②]"没有人会否认，一个行为如果完全以维护个人利益为目的，就绝不会被

①② Durkheim, E. *Moral Education: A Study in the Theory and Application of the Sociology of Education*. New York: Free Press of Glencoe, 1961, p.42, pp.59–60.

认为是道德的。”[①]“只有我们开始一种集体生活时，我们才能真正享有道德的生活，换言之，我们之为道德的存在仅仅因为我们是社会的存在。”[②]“没有社会，道德就没有目的、责任和根源。”[③]

从这些引证中可以看出，在涂尔干那里，道德根本上就是一种社会现象，它是由社会制造出来并以社会为目的的；社会性乃是规定道德现象最基本的条件。涂尔干反对任何把个人利益作为基本的道德因素的“伦理利己主义”的观点。

道德的社会本质是涂尔干从他对个人和社会的基本看法中引申出来的。涂尔干认为，社会是由个人组成的，然而，“无论什么行为，只要它完全以行为者个人的目的为指向，就没有道德的价值……由道德规则所规定的行为总是追求非个人目的”[④]。严格说来，并非所有的追求“非个人目的”的行为都是合乎道德的。“道德行为乃是追求非个人目的的行动，然而，道德行为的非个人目的并不是指行为者以外的另一个人或另外许多个人的目的……它是超个人的。”[⑤]也就是说，如果为纯粹个人利益的行为是不道德的，那么，为其他个人利益的行为，无论这些个人数目有多大，同样都是不道德的。反过来讲，“只有当人们追求那些高于或超乎个人的目的时，当他使自己成为那种高于或超越自身

---

①②④⑤ Durkheim, E. *Moral Education: A Study in the Theory and Application of the Sociology of Education*. New York: Free Press of Glencoe, 1961, p.50, p.64, pp.57–58, p.59.

③ Durkheim, E. *Sociology and Philosophy*. Glencoe, Ill.: Free Press, 1953, p.52.

和所有其他个体的存在的仆人时，他的行动才有道德的价值。”①或者说，这种道德的行为所指向的一定是一个外在于个人、独立于个人之外的实体。那么，这种超乎个人利益之外的更高、更大的利益和实体是什么呢？涂尔干认为，只有两种可能：一为上帝；二为社会。而“既然我们已经不再考虑神学观念的根源，那么，在个体之外，就只有一个经验可观察的道德实体——由个体联合起来的实体，此即社会”②。因此，最后的结论便是，合乎道德的行为乃是以社会利益为目的的行为。

这里便出现了这样一个问题，既然社会是由个人组成的，追求个人利益是不道德的，那么，为什么追求由这些个体组成的团体利益就是道德的呢？这正是涂尔干所要竭力说明的。他认为，社会虽然由个体组成，但这种由个体组成的社会，“不是一种简单的个人相加的总和，社会是由各个个人结合而成的，但是由这种结合所形成的系统却表现出一种特殊的情况，具有本身特有的性质。没有个人意识，当然就没有集体意识，这是必要条件，但不是充分条件”③。也就是说，团体一经形成，便具有不同于组成它的个别要素的性质。正如铜和锡形成青铜，但青铜不同于铜和锡，或者像有机物形成生物体，而生物体同样不能归于个体有机物一样，

①② Durkheim, E. *Moral Education: A Study in the Theory and Application of the Sociology of Education*. New York: Free Press of Glencoe, 1961, p.60, p.60.

③ [法] 迪尔凯姆著，胡伟译：《社会学研究方法论》，华夏出版社 1988 年版，第 82 页。

由部分联合起来组成的有机整体不等于各部分相加之和。前者为质的变化，后者为量的变化。所以，如果认定社会乃是道德行为的正当目的，那么，不仅追求个人的目的是不道德的，而且追求由各个个人的利益加起来的群体利益也是不道德的。

由此看来，个人和社会似乎是完全对立的。涂尔干指出："社会与个体之间虽然往往被认为存在着对立，但这种对立，没有任何事实依据。社会与个体，这两者非但不是对立，不是只能背道而驰，而且是互有联系的。"[①]这种联系表现在，社会确实在个体对它冒犯时，对其进行制裁、限制或强制，但这种制裁和强制最终并不是压制个体，而是提高个体的地位，使之成为一个真正的人。我们所有的最好的部分全都来自于社会。所以，社会就不只是权威和强制的发出者，而且还是被尊重的对象。"社会是仁慈的和保护性的力量，是哺育我们的母亲，从它身上，获得我们整个的道德和理智的财富。我们的意志反过来爱戴它，感激它。"[②]由此看来，对个人来说，社会非但不是一个负担，不是一个对立物，而且是一个值得尊重和服从的源泉。当然，这种尊重和服从并不是自发产生的，而是教育的产物。"我们并不是生来就知道必须尽那些义务，而是教育使我们接受它们，从而'自

---

① 张人杰主编：《国外教育社会学基本文选》，华东师范大学出版社 1989 年版，第 14 页。

② Durkheim, E. *Moral Education: A Study in the Theory and Application of the Sociology of Education*. New York: Free Press of Glencoe, 1961, p.92.

觉’地尽这些义务的。”[①]

既然把社会作为道德行动的目的，那么，服从这个外在于个人的实体便成了道德个体追求的终极目标。然而，涂尔干在《道德教育》《社会学研究方法论》《道德事实的决定因素》等论著中又反复强调，他把耶稣、苏格拉底等人看作道德的典范。耶稣、苏格拉底等人，依当时的社会道德标准，显然是不服从和反社会的，按照涂尔干的观点，无疑也是不道德的。这与涂尔干的社会道德观是矛盾的。对此，涂尔干的解释是，把苏格拉底等人作为道德的榜样，是因为他们是以“社会的名义”而非个人的名义来反抗社会规则和法律的，他们是以一种真正的集体反抗习俗的集体。他指出：“有些犯罪行为，看起来是触动了现时的道德，实际上它已经预定了将来的道德。苏格拉底因为提倡自由思想，当时反对他的人告发他破坏了道德，教坏了雅典的后代。根据雅典法律，苏格拉底提倡自由思想，是一种犯罪，对他的控告是公正的。然而他犯的罪是他提倡自由思想，不仅有利于人类，而且有利于他的祖国雅典。他不仅触动了旧的道德，而且准备了一种雅典人民所需要的新道德和新信仰，因为雅典人民的祖先传下来的思想已经不适应他们的存在条件了。”[②]在涂尔干看来，像苏格拉底这种人才是其所在时代的社会道德的真正代表。他们是为了更好和更正确的社会而战斗的社会存在。涂尔干以此说明，法

①②［法］迪尔凯姆著，胡伟译：《社会学研究方法论》，华夏出版社 1988 年版，第 82、55—56 页。

律和道德不仅随着社会类型的不同而不同，而且在同一社会类型中，集体存在的条件变化了，法律和道德也会随之改变。所以，道德并不必然就是“习俗”的道德或者说是为大多数人正在奉行的道德。而且道德也不是由大多数的规则和根据大多数人同意来规定的，有时最合乎道德的行为往往是最强烈反社会或不服从的行为。而且，正是这种反抗和不服从代表了社会的进步。他认为，“改革与犯罪是相依为命、不可分离的”，“如果社会上没有犯罪，如同旧建筑没有毁坏，就没有重建的希望，社会也就没有进化了”[①]。所以，涂尔干指出：“用道德来束缚我们欲望的社会并不是那种它现在就是的这样一种社会，而是它将要成为的那种社会。”[②]同时，一个社会也不能“只是安心地掌握前人的道德成果”，而且要“有所创造”。因此，“教师应帮助其学生准备进行这些必要的创造，断不可只向他们传授前人的道德圣经。”[③]“必须帮助年轻一代了解他们所模糊地追求的新思想，还应指导他们去实现新思想。仅仅保全过去是不够的，应当为未来做准备。”[④]

涂尔干关于“社会”“社会我”的概念对当代思想家产生了很大影响，成为在当代社会科学、政治科学、哲学、神学、教育等领域中占统治地位的一个主题。关于这一点，有人曾评价

---

①［法］迪尔凯姆著，胡伟译：《社会学研究方法论》，华夏出版社 1988 年版，第 55 页。

② Durkheim, E. *Sociology and Philosophy*. Glencoe, Ill.: Free Press, 1953, p.38.

③④ 张人杰主编：《国外教育社会学基本文选》，华东师范大学出版社 1989 年版，第 397、396 页。

说："涂尔干帮助我们把'社会自我'的概念引入了当代思想界，这一概念在20世纪很大程度上已经取代了启蒙运动时期的'理性的自我'，19世纪早期'经济的自我'……'社会学意义上的人'，和统治当代西方文化的弗洛伊德的'心理学意义上的人'以及克尔凯郭尔'存在主义意义上的自我'显然是针锋相对的。"①

然而，具有讽刺意味的是，涂尔干对社会的极端推崇却成为当代道德教育理论对其不满的一个重要原因。涂尔干不同意把道德看成是外在于社会的道德习俗而只重个人追求的观点，恰恰是当代道德教育理论的一个重要出发点。人们试图以"心理学意义上的自我""理性的自我""存在的自我"代替涂尔干的"社会自我"，因为从根本上讲，他们反对把道德看成是有一系列可以任意强加给年轻人的社会准则和习俗组成的规范系统。

（二）理性和行为

理性和行为的关系问题是涂尔干道德教育理论框架中的一个重要组成部分。在这一问题上，涂尔干所致力于解决的主要是理性之于道德或道德行为的作用或功能。这种作用主要表现在下述两个方面：一是理性的或科学的方法乃是研究道德领域的唯一合理的方法；二是理性本身是道德的一个重要因素，是实现道德自治的重要条件。

---

① 转引自［苏联］И.С.科恩主编，梁逸译：《十九世纪至二十世纪初资产阶级社会学史》，上海译文出版社1982年版，第218页。

前已述及，涂尔干旨在建立一种唯理的教育，因此，他的道德教育理论本质上是一种理性主义的模式。但是，这种理性主义的道德教育模式，又是建立在更广泛的理论假设或唯理的公设的基础之上的。“所谓唯理的公设，可以做这样的界说，即认定一切不真实的事物都从根本上违反了人的理性。”①合乎理性的研究必须是基于对真实的、可经验的、可观察的事物进行的研究。而在涂尔干看来，道德乃是一种社会事实，是由外在于人的规则组成的总体，是真实的、可经验的和可观察的，因此，可以对其合乎理性地进行说明和描述。涂尔干甚至认为，通过理性或道德事实的科学乃是研究和理解道德的唯一途径。所以，在研究道德问题时，涂尔干不像经典作家那样进行演绎推理——他们先假设一个道德的真理，然后加诸社会，而是先考虑道德的事实，尔后形成一种特殊的道德观念。涂尔干指出：“如果道德是理性的事物，如果道德只是一些属于理性范围的思想和情感，那么，在陶冶情操和进行道德教育时，又何须求助那些回避理智的方法呢？”②

根据涂尔干的观点，理性或理智的作用绝不限于此，事实上，理智本身就是道德的一个重要组成部分。也即是说，理智不是学者们用来理解道德的中介活动，而是个体要成为一个有道德的人所必须具备的一个重要品质。涂尔干认为，理智在道德中的地位也是一种历史的产物。他指出，近代民族意识研究中的最大

①② 张人杰主编：《国外教育社会学基本文选》，华东师范大学出版社 1989 年版，第 390、391 页。

发现就是，知识和智慧已经成为或日益成为道德的一个重要因素。道德原本只属于行为本身的事情，现在道德则越来越多地依赖知识。过去衡量一个行为是否有社会价值，主要视这种行为是否是有意识的，在行动之前是否考虑到了该行动所可能导致的结果。但涂尔干认为，仅此是不够的，行为者不仅要有意识地行动，不仅要了解行为所可能导致的结果，而且必须理解规定行为的那些基本规则的本质、道德规则存在的原因和理由。

涂尔干反复强调："道德乃是预先规定行动的行为规则系统，它们说明在某种既定的情境中，人们必须怎样去行动，好的行为就是好的服从。"①在涂尔干看来，服从有两种：一种是被迫的服从；另一种是自觉自愿的服从。后一种服从才真正具有道德的价值。"除非我们完全自由而没有任何强迫时，我们就不能把一种行为视为道德的行为。如果借以支配我们行为的规则是强加给我们而不是我们自愿接受的，我们就不是自由的。"②"只有通过理解力，我们才能获得自由，没有其他获得自由的手段，科学乃是我们自由的源泉。"③这就是说，要成为真正有道德的人，实现道德的自由，就必须首先理解他们的行为为什么要合乎道德，必须了解自己的社会需要，而增进了解的只有科学。"我们愈深谙这些存在和事物，就愈能使我们做自己应该做的一切，对现实的看法越是明了，就越是能恰当地表现我们应该表现的行动，而教

①②③ Durkheim, E. *Moral Education: A Study in the Theory and Application of the Sociology of Education*. New York: Free Press of Glencoe, 1961, p.24, p.112, p.116.

给我们存在和事物是什么的只有科学，因此，从科学而且只有从科学中我们才能获得指导行动、指导道德行为以及其他行动的观念。”[①]在涂尔干看来，科学地运用观察和推理去揭示社会的复杂性和权威性，认识道德规则的深层意蕴，就能使行为者采取理智的行动，就可以引导儿童心甘情愿地遵守社会道德。因为，儿童一旦认识到自己对社会的依赖，就不再需要对他们进行外界的约束，他们自己就懂得为什么必须使自己的行动合乎规范。所以，涂尔干指出，一个合乎道德的行为，只有对规则的尊重和对团体的依附是不够的。除此之外，“我们还必须有知识，要尽可能清楚、完整地意识到我们行为的理由。而且，只有这种意识，才能使行为自律。所以，我们说，道德的第三个因素就是对道德的理解”[②]。

科学既然能增进人们的知识，促进人们对社会、对道德的理解从而养成自主道德，那么，在学校中进行科学和知识的教育就显得十分重要。因而，通过各学科特别是自然科学、历史加强理智教育就成为涂尔干极为关注的一个问题。关于这一点，我们将在讨论涂尔干关于学校道德教育的实践观点时详细论述。

涂尔干把理智作为道德的一个有机组成部分，而且是自主道德的一个必要条件。在这一点上，涂尔干似乎和当代大部分道德教育理论家的看法是一致的。像杜威就明确指出，理智和思维乃

①② Durkheim, E. *Moral Education: A Study in the Theory and Application of the Sociology of Education*. New York: Free Press of Glencoe, 1961, p.274, p.120.

是儿童实现自我指导、自觉行动的重要条件，而道德认知发展理论的主要代表柯尔伯格通过实验研究也发现，随着道德判断能力的提高，儿童道德行为与判断的一致性程度也在提高。但是，在这一问题上，涂尔干显然是一个“极端理性主义者”。

（三）他律和自律

同“个人和社会”的关系问题一样，他律和自律也是贯串涂尔干道德教育思想始终的一个问题。在《道德教育》一书中，涂尔干对“自律”问题有专论。而对“他律”似乎只字未提。根据我们的理解，在涂尔干的著作中，与“他律”概念的内涵相近或相同的概念是“纪律”和“纪律精神”。

在《道德教育》一书中，涂尔干用大量篇幅对纪律和纪律精神进行了分析。最后要说明的无非是，所谓道德行为就是遵守和服从我们不能随意更改的规则、规范的行为。他指出：“规则不是一个简单地有关习惯性行为的事情，它是一种行为方式，这种行为方式不是可以凭我们的好恶而自由改变的。”[①]道德的首要功能就在于使人们的行为前后一致、合乎规范、服从权威；而人们之所以要服从这些权威，在涂尔干看来，并非是人们爱好这种被要求的行为，也并非是由于天生的或后天获得的某种倾向使我们更乐于做出这种行为，而是因为有一种外在于我们并强迫我们的权威力量使我们不得不服从它。

---

① Durkheim, E. *Moral Education: A Study in the Theory and Application of the Sociology of Education*. New York: Free Press of Glencoe, 1961, p.28.

涂尔干的纪律观念和他关于人的失范状态以及人需要加以限制的人性观是有密切联系的。他认为，儿童的心理变化不居，欲望无节制且又不能自制，所以，能做的就只有通过外部约束而迫使儿童服从。当然，如前所述，在涂尔干看来，这种服从当然不是盲目的服从，“一个人服从道德戒律完全出于对它的尊敬，而且仅仅是出于这一原因而服从它”[①]。这种服从，涂尔干认为，也即是自治或自律，它是建立在对规则的理性认识的基础之上的。

所以，在涂尔干看来，所谓自治、自主或自律，就是理智地服从、遵守社会道德规则。他认为，在现代社会里，道德的最基本原则就是：人是神圣的。人因此不能接受那种外部强加给他们的规范和条例。他们要求知道为什么要遵守这些规则，为什么遵守这些规则就是道德的。他们要求知道这些规则赖以产生的原因和理由。换言之，他们要求自治。如前所述，涂尔干援引了自然科学的例子来说明这种自治的特征。他指出，自然科学使人们了解并适应了自然界的规律，但人们仍然受其支配和控制，对自然科学的理解只不过使人变得更加自主了，因为他们掌握了某些事物的必然性。这样，人就可以运用知识和理解能力去顺应自然规律。如果创立一种道德的科学，人们同样能够了解道德的起因与功能，就能按照道德的要求去做，理智地服从这种道德，而无须外部的强迫。在涂尔干看来，理智地服从道德规则是现代社会所

---

① Durkheim, E. *Moral Education: A Study in the Theory and Application of the Sociology of Education*. New York: Free Press of Glencoe, 1961, p.30.

特有的。因为，如果道德体系是以道德是上帝给予的约束人们行为的这一信念为基础，道德的行动在于符合上帝的旨意，那么，这种道德就不可能要求人们理性的参与。只有世俗的道德才能合乎理性地理解人为什么接受某一道德规范。①

涂尔干认为，从他律到自律经历了一个过程，这一过程是通过强制、强迫而逐步实现的。“教育儿童的现象，不论过去还是现在，总是一个不断强迫的过程。儿童视听言动的方式不是生来就如此的，而是通过教育的强迫力使然。起初是强迫儿童饮食有节，起居适当；然后强迫他爱清洁，守安静，听教训；接着强迫他懂得待人的礼节、社会习俗、行为规范；以后又强迫他学会做事，等等。等到儿童长大了，教育的强迫力逐渐消失，但是幼时接受的教育行为已经成了他‘与生俱来’的习惯，不需要强迫他自己也知道照样做下去了。”②

显然，这一过程和当代其他许多道德教育理论家特别是杜威的观点大致上是一致的。他们都把从他律到自律的过程看成一个从只受外部控制到自主的过程，都把儿童的自主、自治作为教育的终极目的。杜威在《哲学的改造》一书中曾明确指出：儿童生而无知，处于社会的依赖状态，教育的过程就是成年人帮助他们

---

①［英］戴维·布莱克莱吉、巴里·亨特著，王波、陈方明、胡萍译：《当代教育社会学流派——对教育的社会学解释》，春秋出版社 1989 年版，第 20—21 页。

②［法］迪尔凯姆著，胡伟译：《社会学研究方法论》，华夏出版社 1988 年版，第 7 页。

使其能够照料自己的境地的过程，当年轻人从社会依赖状态解放出来，教育即告完结。[①]涂尔干和杜威在这一问题上的不同在于，前者把他律—自律的过程看成一个不断强迫的过程，自律乃是强制的结果、训练的产物，而杜威的他律—自律的过程是个体经验的积累和不断改造的过程，自律、自主是教育的结果，也是个体探究的产物。从这种意义上讲，二者在这一问题上实有本质的不同。就涂尔干本人来说，与对纪律和纪律精神的论述相比，对自律的论述相对来说比较薄弱。不仅论述所占的篇幅较少，而且内容也较贫乏。

（四）内容和形式

关于道德究竟是由某种过程和方式组成的，还是某种特殊的内容组成的；道德教育的目的是要培养某种解决问题的方式、倾向或能力，还是传递某些道德规则、训练道德行为，是涂尔干道德教育理论的又一个重要问题。

在涂尔干看来，道德显然与某些特定的内容、规则和行为有关。道德首先是一个由规则体系界定的现象。他指出：“（道德）并不是一个可以从某些自明的基本观念中派生出来的抽象的真理系统，它属于生活的范畴，而不属于臆想。它是一套行为规则、一套实践律令，它是在特定的社会条件影响下历史地发展起

① 赵祥麟、王承绪编译：《杜威教育论著选》，华东师范大学出版社 1981 年版，第 249 页。

来的。”[1]据此，道德显然不是某种特定的过程，不是抽象的、观念的产物，而是现实的、历史的产物，反映了特定社会对人们的特殊要求。道德教育，不论是“说教”“灌输”，还是涂尔干所说的“解释”，都必定是与具体行为规则有关的过程。若按涂尔干所说，道德教育的目的在于使个体实现道德的社会化，那么，这些具体规则无疑就是社会化的具体内容。由此，我们可以说，涂尔干是内容派道德教育理论的代表。

然而，在这一问题上，涂尔干又不完全是内容派的。他把道德分成纪律、对社会的依附和自律三个因素，这些因素既反映了某种特定的内容，又代表了能够运用于各种具体情境的过程、技能和能力。在道德教育上，不但强调教授内容并使儿童依此行动，而且还要培养其某种一般性的倾向。“影响儿童的道德，不是将某些特殊的美德按先后次序一个接一个地传授给他，而是通过适当的方法，在他身上发展甚或构建一些一般的倾向，这些倾向一旦形成，他们就能很容易适应人类生活的各种特殊环境。”[2]这些倾向既包括一定的尊敬或情感态度，也包括儿童的自我控制、自我调节的能力以及对事物的理解能力和批判、反省的能力。涂尔干指出：“自我约束乃是一切真正值得称道的能力和自

① Durkheim, E. *Essays on Moral Education*. London: Routledge and Kegan Paul, 1979, p.34.

② Durkheim, E. *Moral Education: A Study in the Theory and Application of the Sociology of Education*. New York: Free Press of Glencoe, 1961, p.21.

由的首要条件”，而且，“这种自我控制的能力本身也是教育应该培养的一种主要能力”[①]。在谈到儿童的理解能力、反省能力时，涂尔干也指出：“社会是不断发展的，道德本身必须有足够的弹性以逐渐适应这种变化，这就要求道德的内化不能以脱离批判和反省的方式进行，批判和反省乃是使道德适应一切变化的最好的动因。”[②]所以，尽管内容特征在涂尔干的道德教育理论框架中是最为根本的特征，但是，涂尔干对形式特征培养的重视也是显而易见的。

而且，在界定道德这一社会事实时，虽然把行为规则作为最基本的特征，但是，涂尔干并未开列出有哪些规则是必须服从的，哪些美德是儿童必须接受、学校必须设法传授给儿童的。这就与当代道德教育理论所“指责”的传统内容派道德教育有很大不同。传统的宗教道德教育把“摩西十诫”作为道德教育的基本内容。在美国 19 世纪末 20 世纪初流行的那种品格教育则把诚实、负责、忠诚、友谊、服务等内容组成的“美德袋”作为教育的内容。当然，造成这种状况的一个可能性解释是，涂尔干作为一个社会至上论者，是把自己作为一个学者、一个教育工作者而不是社会道德规则的制定者来看待的。他的任务在于宣传、解释现有的道德，培养按规则行事的人。具体道德内容的制定是社会或国家的责任。他指出：“国家的作用在于，提出这些基本原则，

---

①② Durkheim, E. *Moral Education: A Study in the Theory and Application of the Sociology of Education*. New York: Free Press of Gleencoe, 1961, p.45, p.52.

让人在它的学校里教授这些基本原则，防止任何一个地方的儿童不知道这些基本原则，并注意使人到处都以这些原则应该得到尊重的态度谈论这些原则。”①

总之，根据我们的理解，在道德的内容和形式的关系问题上，涂尔干的观点似乎暗示了，在他的理论框架中，道德并不是一个“美德袋”，而是一种包括处理道德问题、适应道德情境的过程和方法。然而，对道德形式特征的重视并不能掩盖其对道德内容特征的本质规定。任何倾向、能力的发生、发展和运用都取决于特定社会情境的性质，都具有浓厚的社会色彩。所以，在当代道德教育理论中，涂尔干即使不是一个纯粹的内容派，至少他认为与形式相比内容是更为根本的。

（五）道德原则

从严格意义上讲，涂尔干并没有就“道德原则”这一概念进行专门论述。但是不能否认，涂尔干确实谈到了许多与一般意义上的道德原则概念有关的问题。鉴于道德原则问题在当代道德教育理论中占有极其重要的地位，这里也把涂尔干对这一问题的基本看法简单讨论一下。

讨论涂尔干对道德原则的看法，可以围绕这样三个方面的问题进行：一是在涂尔干的理论框架中，道德原则的含义究竟是什么；二是他是否承认存在一个普遍的、能反映一种占绝对统治地

---

① 张人杰主编：《国外教育社会学基本文选》，华东师范大学出版社 1989 年版，第 17 页。

位的道德价值、道德理想的道德原则；三是道德原则在人类生活和道德教育中有何意义。

涂尔干对道德原则的看法主要反映在他对“道德事实”和“道德理想”的分析上。在涂尔干看来，如同自然事物一样，世界上也存在一种道德的事实，它是自然、社会现象的一个组成部分。因而同样可以用客观的、科学的方法加以研究，也即是说，根据道德事实的科学，可以确定道德的独特性质。

道德事实主要有以下几个特点。①它们在本质上是社会的。实际上，是社会事实的次一级现象。道德事实的社会本质不是派生出来的，而是道德和道德事实本身所固有的。②道德事实即行为的规则。“所有道德，对我们来说，似乎都是一个行为规则体系。”一个道德事实乃是一种包括我们必须完成的特定行动的命令性或指令性陈述。这些陈述本身包含着某种责任、义务和约束力。所以，道德事实具有权威性。“道德规则是一种特殊的权威，借助这种权威，使人们服从它，而人们之所以服从它，仅仅是因为它要求人们这样做。”[①]③道德事实还包括一种值得向往的观念。“责任或义务只是道德的一个方面，某种程度的精神上的向往是道德的另一特征，而且这一特征与责任或义务同样重要。”[②]也就是说，道德还包括那些有价值的、值得行为者向往的行动。

另外，如果把涂尔干的道德概念同康德的理性主义的观点加

①② Durkheim, E. *Sociology and Philosophy*. Glencoe, Ill.: Free Press, 1953, p.36, p.36.

以比较，涂尔干的道德事实这一概念会变得更为清楚。涂尔干反对康德的超经验的形而上学的假设，但在道德即权威这一命题上，它与康德并无二致；涂尔干也反对功利主义过分注重个人主义和享乐主义的本质，但是他接受了功利主义把道德看成是一种经验现象、反映了人类需要和欲望的观点。所以，对涂尔干来说，道德事实就是根植于经验和社会的责任和义务，它反映了人们所期望的和有价值的行动。

所谓道德理想，在涂尔干看来，主要指社会为其成员规定的标准总体。这些标准体现在风俗、传统、社会规则当中，是社会赖以进行道德教育的内容。道德理想源于道德事实，而不是从抽象的道德理想中演绎出道德行为。这种理想本身并不是普遍的、与经验无关或者是超经验的，而是源于具体事实的一般性陈述，它存在于经验可证实的范围之内。“这些理想只是社会借以反观自身的观念。”它们是社会的灵魂，发挥着强有力的动态的集体性力量的功能。实际上，道德理想在涂尔干看来是道德事实的升华和神圣化。

根据上面的叙述，我们可以看出，涂尔干对道德原则的看法至少包括下述几个方面的内容。

首先，不存在一种占绝对优势的普遍适用的道德原则。“事实上，在实践中，我们并不是以某种理论观点或一般准则来指导我们的行动，而是根据那些只适用于特殊情境的特殊规则来行事。在所有重要的生活情境中，我们并不是求助于一般的道德原则以发现如何应用于一种特殊的情况，从而知道我们应该做什么；相反，客观上存在某些确定的具体的要求我们如何行动的方式。”[1]因此，“无须把道德描述成某种普遍的东西，只有需要时才变成具体的，反之，道德乃是有明确规定的规则总体，就像许许多多有确定框架的模子，我们的行动只能在这个模子里进行。所以，我们没有必要在行动时从某些普遍原则推论建构这样一些规则。它们已经存在着，已经被创造出来了。它们就在我们周围并发挥作用”[2]。显然，涂尔干不承认有所谓普遍的抽象的道德原则，只承认适用于特殊情境规定特殊行为的特定的行为准则。

其次，道德原则不是根植于个人的本能（尽管它反映了人的欲望和需要），而是根植于社会和人的社会本质。社会性是人类存在同样也是道德存在的首要原则。

最后，道德是反映特定社会现实的具体的行为规则，这些规则根据它们之于某一社会的重要程度而被赋予特殊的权威和制约性。

道德规则在涂尔干的理论中是极端重要的，但是，如果据此认为涂尔干的理论只是纯粹的规则理论则是一种误解。事实上，涂尔干十分关心道德理想，尤其是在他后期的著作中，这一点就更为明显。

关于道德原则在道德教育中的意义，主要表现在，道德原则或道德规则作为预先规定行为的规则系统乃是道德教育的主要内容；道德教学不是传授普遍道德原则的教学，而是要使儿童实现

①② Durkheim, E. *Moral Education: A Study in the Theory and Application of the Sociology of Education*. New York: Free Press of Glencoe, 1961, p.26, p.26.

道德的社会化，并能根据社会规则和理想来行动；由于道德原则以事实为根据，受科学观念的影响，所以，它们不能以粗暴的强迫的方式来进行，而是要向儿童解释这些原则的意义和理由。不仅使他们能够按义务来行动，而且要使其懂得为什么这样来行动。这样，道德原则便成为道德生活的创造性力量。

（六）灌输

在“灌输”问题上，一种具有代表性的观点认为，涂尔干最终是对教育的“控制模式”感兴趣。[①]因为涂尔干对“教育”这一概念下的定义就反映了他的灌输思想。涂尔干认为：“教育是年长的一代对尚未为社会生活做好准备的一代所施加的影响。教育的目的就是在儿童身上唤起和培养一定数量的身体、智识和道德状态，以便适应整个政治社会的要求，以及他将来注定所处的特定环境的要求。”[②]由于教育的目的是成人把价值观和行为强加给儿童，仅此一点，就已经构成了灌输。

然而，涂尔干本人会断然否认这种灌输的消极意义。在他看来，灌输并不必然就是一件坏事。强迫学生去接受道德事实、道德价值和行为确实不好，但是我们别无选择。因为，我们要成为的那种人是未来社会所要求的人，而社会所需要的这种人与我

① Chazan, B. *Contemporary Approaches to Moral Education: Analyzing Alternative Theories*. New York: Teachers College Press, 1985, p.22.

②［法］爱弥尔·涂尔干著，陈光金、沈杰、朱谐汉译：《道德教育》，上海人民出版社 2006 年版，第 235 页。

们与生俱来的那些潜能之间存在的距离是如此之大，以至于不按社会的要求去限制、规范我们的行为或欲望，我们就不能形成一种社会性人格，甚至不能成为真正的人。所以，这一过程虽然痛苦，却是必要的。如果说这就是灌输，那么灌输就是不可避免的；如果说这是一种不好的事情，那么，它也是一件必要的坏事。换言之，如果教育者不强制和灌输，就是不负责任，就剥夺了使儿童真正成为人的机会。

同时，为了免于使自己的教育模式带有过分的强制色彩，涂尔干对他的教育概念进行了一些限定。首先，他把道德教育和道德教学进行了区分。前者就是他一般的教育定义，是以强迫、灌输为特征的；后者则以解释、说明为基本特征。其次，在讨论道德教学时，强调科学和历史教学，反对艺术教学。因为，历史和科学教学“有助于我们更好地理解人类领域，给我们明确的观念和良好的理智习惯，所有这些，都有利于指导我们的行为”[1]。而艺术教育则有可能导致灌输，因为它使我们与现实脱离，与对现实的如实反省脱离。再次，重视自律。有人认为：“涂尔干的‘自律’观念乃是他的极端强制体系的一副解毒剂。”[2]显然，自律的道德主体是不接受强加的观念的，他首先是思考、反省，然后

① Durkheim, E. *Moral Education: A Study in the Theory and Application of the Sociology of Education*. New York: Free Press of Glencoe, 1961, p.266.

② Chazan, B. *Contemporary Approaches to Moral Education: Analyzing Alternative Theories*. New York: Teachers College Press, 1985, p.23.

才能接受。他不是一个类似于涂尔干所说的“被催眠者”的被动的客体，而是一个积极的、有意识的主体。

由此看来，在涂尔干的教育思想中，灌输问题显得十分复杂，因为它至少同时承认两种对立的倾向：一方面他认为，社会的道德准则必须而且只能强加给儿童；另一方面他又把“尊重理性、尊重科学、尊重情感”作为“民主道德之基础”。我们认为，从更为本质的立场出发，涂尔干的道德教育模式主要是一种强制或灌输的模式。可以说，通过强制对儿童施加影响是涂尔干道德教育理论的一个重要出发点。如前所述，在涂尔干看来，整个教育的过程就是一个不断强迫的过程，自律、自主只不过是这种强制的一个结果。根据当代道德教育理论对灌输的一般理解，涂尔干教育模式的灌输和强制性质会显得更清楚。首先，强调道德即是特定社会为规范该社会成员所规定的行为规则，道德教育则是这种规则的传递工具，这种社会相对主义的道德教育内容因其无法从更广泛的理性基础上证实其存在的合理性而陷入内容意义上的灌输。其次，从教育的目的和教育者的意图来看，在涂尔干那里，道德教育的目的就在于使儿童服从（不管这种服从是被迫的还是自觉自愿的）一种固定的目的，教育者的任务则是要保证学生不折不扣地遵守、服从这一目的。用“意图论”者的话来说，这无异于用一种单一的价值体系去封闭、禁锢儿童的头脑，此即灌输。所以，涂尔干虽然在尊重理性、尊重儿童及其自制等方面做了很多努力，但是其教育模式总的来说还是以强制或灌输为基本特征的。正是基于这一点，许多人把涂尔干作为当代道德教育理论中的传统派并对其进行批评。涂尔干模式的强制特征是由他至上的社会观所决定的。

（七）在道德上受过教育的人

涂尔干在这一问题上的看法反映了他对道德教育的总的思想。

涂尔干指出："每个社会都要塑造理想的人，既从智力也从体力和道德方面规定应该做一个什么样的人。"[①]这种"理想的人"必须具备："①他所属的社会认为其每个成员不应该不具备的某些身心状况；②他所属的特定社群（社会等级、社会阶级、家庭、职业）认为其全体成员必须具备的某些身心状况。"[②]一句话，教育是按照社会的期待、社会内部经济机制的内在要求来培育人，而不是按照人生来就长成的那样去造就人。"教育在我们身上所要实现的人，并不是本性使然的那种人，而是生活希望他成为的那种人；是社会根据自己内在经济的要求希望他成为的那种人。"[③]这种人一定是社会化了的人，在道德上则表现为有纪律精神、牺牲精神和自主精神。

纪律精神，根据涂尔干的观点，就是要严格按照社会用以规定个体行为的规则行事，控制自己与生俱来的自私自利的行为和倾向；牺牲精神和对团体的依恋是指基于对社会的权威和价值的

---

①［英］戴维·布莱克莱吉、巴里·亨特著，王波、陈方明、胡萍译：《当代教育社会学流派——对教育的社会学解释》，春秋出版社1989年版，第14页。

② 张人杰主编：《国外教育社会学基本文选》，华东师范大学出版社1989年版，第8页。

③［法］爱弥尔·涂尔干著，陈光金、沈杰、朱谐汉译：《道德教育》，上海人民出版社2006年版，第269页。

认识而对团体的尊重和依附，必要时愿为之牺牲；自主精神，在涂尔干看来，就是对规则自觉自愿的遵守和行动，而非对规则的强迫或被动接受。自主使个体丝毫感觉不到这样做的痛苦和压力，而是认为这是实现自己价值的方法。

涂尔干进一步指出，这种“在道德上受过教育的人”一定是法兰西共和国的理想公民，而不是所有文化、民族和国家共同的理想模式。因为在他看来，道德因不同的社会而有所不同，道德教育的职能也因社会、国家的差异而有差异，有道德的人只能是符合行为者所在社会或国家要求的人，不存在抽象的、普遍的理想人格。

在涂尔干看来，一个有道德的人，不只是单纯服从社会规则的人，人的一切行为，只要出乎个人利益而追求一个高于自己的团体利益，合乎人类的基本需要和尊严，代表人类的发展与进步，就都是道德的，即使这种行为是反社会的。苏格拉底等人即是这种道德的典范。也就是说，教育不能只满足于注释前人的道德遗产，而且必须帮助年轻一代了解他们所模糊追求的新思想，并指导他们去实现新思想。

涂尔干认为，一个有道德的人既不可能通过遗传获得，也不可能依靠儿童自发产生，只能通过教育获得培养。学校以及这种社会机构的代理人——教师能够而且应该教儿童学会为善。

二、对学校道德教育实践的建议

涂尔干对学校道德教育实践的建议集中反映在《道德教育》一书的第二部分——“怎样把道德要素传授给儿童”。这一部分在全书中所占篇幅超过全书二分之一。其内容虽然主要是有关学校道德教育的具体建议，但也包括许多第一部分未充分展开的一些理论问题。所以，也有人把这一部分看作“有关道德教育的理论观点和实践建议的杂烩”[①]。鉴于这一部分在涂尔干道德教育思想体系中占有重要地位，我们将对这些内容进行较为详细的叙述。

（一）纪律精神的培养

1. 培养纪律精神的儿童心理学前提

要培养儿童富有纪律精神，必须首先研究完成这一任务的条件。涂尔干认为，这一条件就是儿童的心理。“儿童有自己的本性，为了理智地对这种本性施加影响，就必须首先试图理解它……因为唯有研究儿童的心理才能够提供必要的有关儿童本性的知识。”[②]

涂尔干认为，纪律精神有两种：一是有规则地生活的喜好；二是节制欲念。这两个方面均可从儿童的本性中找到教育的出发点。

有规则地生活是一切道德秩序赖以存在的基础。任何社会生活像家庭、公民、职业等生活无不是按照既定的时间和形式来进行的，否则，社会生活就无法协调地进行。而儿童的本性恰与这一要求相反：生活毫无规则，行为变化无常；或受情绪一喜一怒

① Chazan, B. *Contemporary Approaches to Moral Education: Analysis Alternative Theories*. New York: Teachers College Press, 1985, p.27.

② Durkheim, E. *Moral Education: A Study in the Theory and Application of the Sociology of Education*. New York: Free Press of Glencoe, 1961, p.129.

的支配，或为一时好奇心所左右，往往泪随笑来，爱随恨至，所以，“支配儿童好奇心的是不稳定性和速变性”[①]。

在涂尔干看来，儿童的这一本性与人类尚未发达的原始文化和原始的生活方式极为相近，或从一定意义上讲，儿童的无规则生活乃是原始人类生活在个体身上的表现。在原始社会，除了进行像宗教仪式、讨论公共事务、狩猎等行动之外，个人极为自由，并不承担在特定时间以特定方式完成特定任务的责任。而现代社会的劳动分工，使人们必须相互依赖、彼此团结才能共同完成社会任务，这就要求遵循一定的规则。

节制欲念是纪律精神的又一重要内容。纪律要求儿童必须对先天的欲望进行约束和控制。但儿童毫无自制的能力，更不愿受制于人。他不能区分可能与不可能，更不能认识到有一种欲望必须服从的实体存在。在儿童看来，一切人和事物都应对他让步，都应服从他的需要。既然“在儿童的意识里不存在任何一种已经完全形成的纪律因素”[②]，那么，把这些因素构筑到儿童的意识中就十分必要。

涂尔干指出，在儿童身上培养纪律精神不仅是必要的，而且也是可能的。因为，在儿童身上，至少有两种因素有助于纪律精神的培养：一是习惯性；二是易受暗示性。

如前所述，儿童的心理是极富流动性的，但另一方面又相当

---

①② Durkheim, E. *Moral Education: A Study in the Theory and Application of the Sociology of Education*. New York: Free Press of Glencoe, 1961, p.131, p.130.

顽固，一经形成某种习惯，其对儿童的支配力量就比成人的力量要大。当儿童多次重复一个动作并产生在相同情境下重复同一行为的需要后，动作稍有变动就会引起儿童的反感。不但儿童自己的习惯较难改变，对周围的习惯也极为敏感。他们更乐于接受周围的“定型化”行为，而不愿承认定型后的变化。儿童的这一特征，涂尔干称之为“因袭主义”。习惯的特征是在同一情境中重复相同的反应方式，这似乎与儿童意识的不稳定性矛盾，但涂尔干认为，事实上，正是意识的不稳定性为习惯的养成提供了条件。因为，儿童意识的不稳定性为接受其他观念提供了可能，习惯一旦在意识中形成，则会取代原有不稳定的观念，最终成为调节和支配儿童行为的基本力量。

“因袭主义”的习惯特征有时并不属于道德的范畴，即它是“非道德的”，但却可以使我们借此养成儿童的德性。“我们可以利用儿童已经形成的习惯势力——这也是他理智生活不稳定性所导致的结果——去中和和限制意识的不稳定性”[①]，从而使儿童获得有规则地生活的习惯。

然而，有规则地生活只是纪律精神的一个方面，要养成良好的纪律精神，还须有自制的愿望与自我约束的习惯。为此，就必须使儿童时时感觉有一种必须服从的道德力量并在实践中实际地服从这种力量。那么，如何使之产生这样一种感觉呢？涂尔干认

---

① Durkheim, E. *Moral Education: A Study in the Theory and Application of the Sociology of Education*. New York: Free Press of Glencoe, 1961, p.138.

为，可利用儿童易受暗示这一特点。

在涂尔干看来，儿童易受暗示这一特点与受催眠者的状态特点极为相似。受催眠者一般有两个特征：一是处于被动地位，意志完全消失；二是由于观念和表象极为贫乏，因而易受外界事物的影响并进行模仿，行为完全依赖教育者的暗示。所以，教育者完全可以利用自身的权威，规范和控制儿童的行为，使儿童获得道德权威的初步印象。遵守规则的习惯和有关道德权威的观念一经形成，就为进一步培养纪律精神奠定了基础。

2. 强化和正确使用学校纪律

在涂尔干看来，如果能使儿童养成有规则地生活的习惯，道德教育就已经开始了，倘若再能使儿童感受到道德权威的存在，则道德教育又进了一步。道德教育早在儿童还在摇篮中时就已经开始了，因此，儿童进入学校时，已经形成了某些生活方式，这种生活方式乃是家庭生活方式的摹本。然而，涂尔干认为，现代家庭的伦理教育功能已经大大降低，尤其在纪律精神的培养上更是如此。因为在家庭中，并无严格的规则和义务，它主要是以情感依恋为纽带构成的关系，因此，在家庭中养成的道德乃是“情感的道德”。在这种环境中要养成尊重纪律的习惯、尽义务的态度和道德权威感是困难的。但是，“儿童又必须学会尊重规则，必须学会尽自己的义务”[①]。这就需要有一种环境来补充家庭教养

① Durkheim, E. *Moral Education: A Study in the Theory and Application of the Sociology of Education*. New York: Free Press of Glencoe, 1961, p.147.

之不足。学校堪当此任。因为学校可以借助学校纪律，“向儿童灌输纪律精神”。当然，学校纪律并不限于维持学校和课堂纪律，它本身就是一种学校和课堂纪律。而且学校纪律也是联系家庭感情道德和社会理性道德的纽带。一个尊重社会一般规则的人通常是由遵守学校规则的人发展来的。“学校纪律实质上是一种不可替代的道德教育工具。”①因此，涂尔干强调，任何要求取消学校纪律的做法和建议都是肤浅、片面和有害的。“一个没有纪律的班级不会有道德。”②学校纪律必须加强。

然而，学校纪律只有在一定限度内、合理地加以使用才能产生良好的效果。

首先，学校纪律不宜规定太细，不能借以绳墨学生生活的所有方面。否则，或造成学生的反感，削弱纪律之权威性；或使学生绝对服从，抑制学生的积极性。涂尔干认为，这样的纪律即便不会造就反抗者，也会培养出贫乏的道德。

其次，反对强迫，培养尊敬情感。“要培养儿童对纪律的爱好，就不能通过外力强迫学生接受或使他们机械地服从它。”③必须让他们理解蕴含在规则中的道德权威，因为，“除非它的服从是他内在尊敬情感的外在表征，否则，这种服从就不是真正道德的”④。要使儿童从内心尊重并乐于服从纪律，教育者自身的素质非常重要。他必须是社会道德观念和自己的事业坚定的信奉者

---

①②③④ Durkheim, E. *Moral Education: A Study in the Theory and Application of the Sociology of Education*. New York: Free Press of Glencoe, 1961, p.149, p.150, p.154, p.154.

和忠实的执行者。

3. 合理地使用奖励和惩罚

要使儿童养成纪律精神，还必须借助于适当的惩罚和奖励措施，使其认识到这些纪律是应该而且必须遵守的。

涂尔干认为，有两种惩罚观值得讨论。一种视惩罚为防止违犯规则的工具，即主要强调惩罚的预防作用。涂尔干肯定惩罚的预防警诫作用，但如果仅限于此，那么，这种方法充其量只能是“免除为恶的行为，而不能产生向善的倾向”①。恐吓有时是有效的，但并不能改善道德的行为。它“只能保证外部的和表面的行为方式——一种警察的作用，却不是使人道德化的工具”②。所以，如果认为惩罚的作用只在于禁止不合规则的行为，那么它在教育过程中就不应有什么地位，因为它不能从根本上触及儿童道德生活的根源。

另一种惩罚观认为，惩罚的作用不在于警诫或预防不良行为的出现，而在于消除不轨行为，在于赎罪补过。惩罚之有这种效果，全在于它能引起人们心理上的痛苦。然而，涂尔干认为，一种不好的行为往往并不会因心理上的痛苦而自行消失，有时会变本加厉。

那么，惩罚的作用究竟表现在什么地方？在涂尔干看来，惩罚之所以有道德教育的功能，全赖它能维持纪律的尊严。儿童之

---

①② Durkheim, E. *Moral Education: A Study in the Theory and Application of the Sociology of Education*. New York: Free Press of Glencoe, 1961, p.161, pp.161–162.

所以能服从规则，乃是出于他对道德权威的神圣感。如果几经目睹道德规则任由侵犯，规则则逐渐丧失其神圣性和权威性。要维护规则的权威性，须使规则在表面上虽有所损，但本质不变，仍能保持其不得不服从的力量。惩罚是达此目的的重要手段。

要使纪律受到侵害而又不至于失去权威，涂尔干认为，有赖教师对违纪行为的斥责。事实上，儿童之信奉纪律规则往往是因为他信奉教师，他之所以尊重规则，是因为他的老师认定它是值得尊敬的。如果教师听任学生破坏纪律而无动于衷，事实上就已经证明他不再相信纪律规则的权威性。在这种情况下，学生自然失去对规则的信仰。甚至只是教师表面的怀疑都会引起学生真正的怀疑，从而动摇纪律的基础。因此，对破坏纪律的学生，教师应表示坚决反对并表明自己对规则、规则权威的信仰以及规则的尊敬未变，以便使学生能保持对纪律的尊重感。涂尔干指出："惩罚的根本功能不是通过使他遭受痛苦而抵偿他的罪过，也不是借助威吓以防他人效尤，而是去加固那些因违反规则可能或必然动摇了的信仰……并向他们表明，这些信仰有其存在的理由。特别是在学校中，应告诉儿童，他们所从事接受信仰的人无时不在保持这种信仰，所以，纪律在学校发挥道德功能上无疑起重要作用。" ①

涂尔干认为，在学校具体实施惩罚应杜绝两种做法：一是体

---

① Durkheim, E. *Moral Education: A Study in the Theory and Application of the Sociology of Education*. New York: Free Press of Glencoe, 1961, p.167.

罚；二是利用自然后果进行惩罚。“学校惩罚的基本格言就是绝对禁止体罚。”[①]因为，“道德教育的主要目的之一就是激起儿童对人的尊严的情感，而体罚与这种情感抵触，从这种意义上讲，它是一种使人不道德的因素”[②]。即使不给儿童直接身体上的惩戒，而是采取如卢梭（Jean-Jacques Rousseau）、斯宾塞（Herbert Spencer）等人所主张的利用不当行为所造成的自然后果进行惩罚以使学生改正错误的做法，也是涂尔干所反对的。他认为，儿童缺少实际的生活经验，因此，对行动结果的解释必然是不充分的。而且，学校所要遵守的规则与现在和未来的实际生活往往并没有太大的关系，所以，利用自然后果的惩罚也是狭隘的。

积极的惩罚是斥责。“唯有斥责可以告诉他，这一行为不仅是愚蠢的，而且是一种违犯了他应该遵守的规则的坏行为。”所以，“真正的制裁……就是斥责”[③]。根据涂尔干的观点，斥责的作用，不仅是直接转变学生的行为，更重要的是能使儿童认识和反省自己的行为，理解纪律的神圣和遵守纪律的意义。

关于学校中的奖励，涂尔干的基本看法是：在道德教育中，奖励并不像惩罚那样重要。他强调指出，奖励主要是引导学生掌握知识的方法，是知识教育的工具而非发展儿童道德的方法。像高分、奖品、荣誉等与其说是为有道德的学生而设，倒不如说是为有智慧能力的学生而设。所以，“奖赏是理智教育的工具，而

①②③ Durkheim, E. *Moral Education: A Study in the Theory and Application of the Sociology of Education*. New York: Free Press of Glencoe, 1961, p.182, p.183, p.180.

非道德陶冶的手段”[①]。对德行的真正奖赏在于内心的愉快、心理上的安慰以及教师对学生的友情，无须附加别的东西。因此，奖励“在道德教育中只发挥极其微不足道的作用”[②]。

另外，学校以准备儿童未来的生活为指导。如果学生在学校养成了每表现一种良好行为都期望得到相应的奖赏的习惯，当他将来进入社会，就会发现在社会中并不像学校有那么多的奖励。他们将不得不重新适应社会，重新学习在学校中未学到的纪律精神。而且，从行为本身的价值看，涂尔干认为，一种行为“只有行为者没有预见到应受何种奖赏时，才有充分的价值”[③]。当然，涂尔干也并非完全不要奖励，但是他指出，对德行的奖励，应来自内部而非外部。“对德行的真正奖赏应该到内心的安宁、到尊敬的情感和同情以及由此产生的安慰中去寻找。”[④]

从上述可见，涂尔干关于纪律精神培养的观点与他整个道德和道德教育的社会学观点是一脉相承的。即学校道德教育的任何措施和手段都是为了使学生接受、服膺社会规范，尊重道德规则的权威性和神圣性；必要时则采取惩罚等一系列措施。

（二）牺牲精神的培养

“牺牲精神”或“对社会的依附”是涂尔干所谓“道德”的第二种因素。根据涂尔干的观点，培养牺牲精神主要有两条途径：一是通过学校环境；二是利用学校学科教学。在具体分析这

---

①②③④ Durkheim, E. *Moral Education: A Study in the Theory and Application of the Sociology of Education*. New York: Free Press of Glencoe, 1961, p.204, p.204, p.206, p.206.

两条教育途径的作用和实施原则之前，涂尔干首先讨论了进行这种教育的可能性。

1. 培养牺牲精神的内在根据

涂尔干指出："道德生活的这一部分的根源在于我们称之为利他的和无私的倾向里面。所以，我们必须提出的第一个问题就是，在儿童身上是否存在这种倾向，如果存在，以什么形式存在。我们的方法将因为是否能在儿童身上找到有助于我们解决这一问题的内部倾向——是否能发现我们可以利用的工具以及这种工具的性质而必然有很大的不同。"[①]

那么，什么是利他性？什么是利己性？涂尔干认为，利己或利他不是以是否有快乐的结果来划分的。利他性并非都是以他人快乐为目的的行为。一种行为是利他抑或利己要依该行为所追求事物的性质来判断。凡以自己的身体、财富、荣誉为指向的行为则是利己的，凡以环境、外界事物、社会团体、科学、艺术、道德为指向的行为就是利他的。所以，区分利他主义和利己主义的不是这两种可观察的行为所产生的快乐的性质，而是这两种情况下活动所追求的方向不同。所谓利己，"是指活动是围绕主体自身进行的，是向心的，而利他则是超出了行为主体自身的行动……是离心的"[②]。据此，利己和利他就不再是根本对立、毫无关联的两种倾向，而是利己之中有利他；反过来，利他之中亦

①② Durkheim, E. *Moral Education: A Study in the Theory and Application of the Sociology of Education*. New York: Free Press of Glencoe, 1961, p.207, p.214.

有利己。从根本上讲，利己和利他乃是所有有意识生活的并存的而且是密切相关的两个方面。儿童并非是一个纯粹的利己主义者，事实上，作为一个有意识的存在，不论他的意识发展如何不完善，他都有某种利他主义的倾向，而且这种倾向在他生命的初期就已经存在。如儿童对外界事物、对人的依恋以及对他所熟悉的人的模仿，都表明儿童对外界事物和人的移情，这无疑就是利他的最初形式。

既然找到了教育者赖以教育的根据，下面就是如何利用这一根据进行教育的问题。

根据涂尔干的观点，在儿童意识中虽然已有利他性，但总的来说，儿童身上的利己多于利他。而且由于儿童意识较狭窄，知识较浅陋，缺少明确的社会团体观念以及对它的情感，所以，在他身上，即使有利他倾向，也是较模糊的、初步的。因此，要实现“道德教育的一个目的，即使儿童依附于社会团体”，一方面，“要逐渐扩展儿童的意识，以便把那种他属于和将属于的社会团体的观念灌输到儿童的意识之中去”；另一方面，则“通过练习发展行动的能力”。[①]也即是说，仅发展儿童依附于团体的潜能是不够的，还必须通过有效的训练刺激他的实践能力。“只有在集体生活中生活，才能不仅在观念上，而且在实际上热爱集体生

① Durkheim, E. *Moral Education: A Study in the Theory and Application of the Sociology of Education*. New York: Free Press of Glencoe, 1961, pp.229–230.

活。”[①]所以，涂尔干指出，要培养儿童热爱、依附集体的情感与潜能，主要通过学校环境和教学两条途径。

2. 学校环境的一般影响

涂尔干认为：“要清楚地理解学校环境在道德教育中能够而且应该发挥的重要作用，就必须弄清在儿童进入学校时他面临什么样的情境。”[②]他指出，儿童入学之前，只结识两种团体：一为家庭；一为朋友或小伙伴团体。儿童在家庭中形成的有关团体的观念来自血亲关系，而且这种来自血亲关系的道德义务更因他们关系的密切和持续的接触以及生活的相互渗透而得到进一步加强。儿童接触的小团体，是在家庭之外通过儿童的自由选择形成的。然而，在儿童将要进入的社会中，诸种关系既不是血亲关系，也不是自由选择来的，这样，“在儿童离开家庭时的道德状态和他将来必须努力形成的道德状态之间有很大距离”[③]。而且这一距离不可能直接达到，必须有一中介物，“学校环境则是最理想的媒介物”[④]。较之家庭和小团体，学校有更为广泛的活动范围，有更广泛的相互联系，这种联系既非来自血亲关系，亦非是自由选择来的，而是一种相同年龄阶段、处于相同社会条件下的主体聚集在一起的一种偶然的和不可避免的组合。从这一意义上讲，学校更像儿童将要进入的政治社会。同时，学校又具有家庭和小伙伴团体的特征。正是学校兼具家庭和小伙伴团体的特

①②③④ Durkheim, E. *Moral Education: A Study in the Theory and Application of the Sociology of Education*. New York: Free Press of Glencoe, 1961, p.229, p.230, p.230, p.230.

征，所以，涂尔干认为："班级共同生活的习惯和对班级甚至对学校生活的依附，乃是我们希望在儿童身上培养的更为高尚的情感的一种自然准备。"①

另外，涂尔干还指出，通过学校环境、团体生活培养儿童的纪律精神和牺牲精神，也是法国社会的现实要求。当时的法国，个人主义之风盛行，用涂尔干的话来说就是："在我们国家，有一种强烈的个人主义倾向，它使我们不能容忍对社会生活承担责任，同时阻断了我们享有团体生活的欢乐和机会。"②在这种不健康的社会环境中，儿童从小就自私自利。所以，要使人们承担社会生活的责任，"就必须建立一种与当前的社会秩序一致，与这种社会秩序赖以建立的原则一致的新的团体。而实现这一目的的唯一途径就是为生活注入一种协作精神"③。因为，团体不是凭借强制力量而能建成的，它必须以公众的意见为基础，只有当团体成员感到他们需要并倾向于形成一种他们自己喜欢的团体时，即具有了某种团体精神时，团体才能形成。这里，涂尔干似乎陷入了"循环论证"，即一方面认为只有在人们有了团体精神后才能产生团体，另一方面又认为团体精神只有在已经形成的团体中经过训练才能养成。涂尔干指出，走出这一循环论证的途径就是借助学校，"只有学校才是使我们摆脱这一循环论证的唯一方

①②③ Durkheim, E. *Moral Education: A Study in the Theory and Application of the Sociology of Education*. New York: Free Press of Glencoe, 1961, p.231, p.234, p.235.

法”[①]。因为，在学校这一真实的团体中，儿童极其自然地参与其中的各种团体生活，通过这种生活可以训练儿童有利于家庭生活的集体生活方式，并且形成某些集体生活的习惯以及对集体生活的依附感。当儿童走上社会后，这些在学校中形成的习惯和倾向依然存在。所以，在此意义上，涂尔干指出学校时期乃是培养儿童道德的唯一不可替代的时期。

3. 教学的一般影响

在培养团体精神的过程中，除了学校环境的影响，还有一个极为重要的因素同样发挥着重要作用，这一因素，在涂尔干看来，就是教学过程。

教学之于道德教育的价值就在于它是认识社会现实的重要工具。因为，一个人对社会有什么样的观念和认识，将在很大程度上决定他是否能依附社会。人们对社会的理解愈深，就愈是信仰社会的伟大与尊严，就愈能尽自己的道德义务，也就愈能正确地指导自己的行动。涂尔干指出，从表面上看，知识教育和道德教育似无多少关系，因知识教育需要理性思考，而道德教育则要求行动和实践。然而，我们的行动与对行动的思考是有关的。人本身是理性的动物，因而，人的道德也无不以理智为基础。在学校通过教学，自然科学尤其是物理的教学，提高学生对社会的认识，就成为一项重要任务。

---

① Durkheim, E. *Moral Education: A Study in the Theory and Application of the Sociology of Education*. New York: Free Press of Glencoe, 1961, p.235.

自然科学教学的主要作用在于增进学生对物理世界的认识，培养其对自然事物的感情。涂尔干认为，这种感情可以迁移或扩展到社会和道德领域。从这种意义上讲，科学教育乃是道德教育的预备阶段。科学教育要发挥其应有的效能，首先，要使学生认识到演绎科学是违背科学发展规律的，并让学生从科学发展的历史认识观察和实验在科学发展中的重要作用。其次，要使学生认识到不仅是简单的，而且复杂的事物也是一种真实存在，亦有自己特有的性质。最后，要预防学生对复杂事物产生神秘感，要让学生对科学解释世界的前途充满信心。

人们通常认为，科学与道德无关，人们并不是通过学习物体如何下落、胃如何能消化就可知道应该如何与人交往。但涂尔干认为，虽然我们没有提出一种能够借助实证理解并指导我们行动的道德科学，但是，即使是物理学、生物学，在品格形成中，也发挥着重要作用。自然科学只有在这样一种情况下才与道德无关，即把道德生活与自然界其他事物分离，或道德生活完全超越经验领域。在涂尔干看来，“自然科学确能有助于我们更好地理解人类领域，并赋予我们以精确的观念和良好的理智习惯，从而指导我们的行动”[①]。

除了自然科学以外，涂尔干认为，历史教学、艺术审美教学等也是道德教育的重要途径。

---

① Durkheim, E. *Moral Education: A Study in the Theory and Application of the Sociology of Education*. New York: Free Press of Glencoe, 1961, p.266.

以上就是涂尔干对学校道德教育的总的看法或建议。关于道德的第三个因素——自律的培养问题，涂尔干只在学校教学部分附带提及，未做专门的论述。

（三）教师

在教师的地位和作用问题上，涂尔干显然是“传统的教师权威”论的典型代表。[①]

涂尔干认为，教师的权威地位首先是由教师职责的性质决定的。在他看来，“教育应主要是一种权威的活动”[②]，因为它从根本上是年长的几代人根据国家和社会的要求对各方面尚未成熟的几代人施加影响，进行社会强制的过程。教师则是这一权威活动的执行者，是“社会与儿童之间的中介人，是社会强制儿童的代表者”[③]，或“一个伟大的道德人格，即社会的代言人”[④]。涂尔干指出：“正像牧师是上帝的解释者一样，教师也是他所处的时代和国家的伟大道德观念的解释者。”[⑤]由于教师代表社会实施教育，代表了社会的权威，所以，对学生有绝对的影响力量。

涂尔干还分析了教育过程中教师的权威问题。他指出，教育活动中教师的权威是与这样两个条件联系在一起的。一是儿童自

---

① 陈奎熹著：《教育社会学》，三民书局股份有限公司 1980 年版，第 255 页。

②④ 张人杰主编：《国外教育社会学基本文选》，华东师范大学出版社 1989 年版，第 21、22 页。

③［法］迪尔凯姆著，胡伟译：《社会学研究方法论》，华夏出版社 1988 年版，第 7 页。

⑤ Durkheim, E. *Moral Education: A Study in the Theory and Application of the Sociology of Education*. New York: Free Press of Glencoe, 1961, p.155.

然地处于一种被动状态。这一状态在涂尔干看来，类似于被催眠者被人为地安排的被动状态，因此，极易受到教育者的影响。二是教师由于自己在经验和文化上的优势，自然地对学生有影响。这种影响自然地使教师的活动具有它所必需的效能。

教师要形成这种权威，一是要意志坚强，因为儿童不会尊重犹豫不决、迟疑不定和朝令夕改的人。二是要有权威感，即有强烈的使命感。“权威的全部确立，则是因为教师对自己职责的重视，也可以说是因为教师对自己职守的重视。正是这种用言行体现的重视，才使教师的意识变为学生的意识。”[①]也就是说，教师的权威必须伴随着某种“信仰和激情”，即教师要信奉自己的职守并且努力履行它，教师必须是一个充满激情的牺牲者。另外，教师要保证其权威，还必须注意理解、解释和分析的清晰性。总之，“权威、准宗教信仰和热情以及反省等所有这些品质，共同构成了一个复杂的道德教育模式”[②]。

第三节　对涂尔干道德教育理论的评价

一、关于涂尔干的社会道德观

涂尔干是从社会立场出发来建构自己的道德教育理论的。正

---

① 张人杰主编：《国外教育社会学基本文选》，华东师范大学出版社 1989 年版，第 23 页。

② Chazan, B. *Contemporary Approaches to Moral Education: Analyzing Alternative Theories*. New York: Teachers College Press, 1985, p.26.

如瑞士儿童心理学家皮亚杰所说："诚然，几乎所有的儿童心理学家，如霍尔、杜威、克拉帕雷德等人，是不大从社会的观点而更多的是从儿童的观点说话的，他们曾经谴责过学院式方法的幻觉。与他们相反，涂尔干却站在社会的立场并从社会的观点去探索儿童，他是十分保守的。"①但是，重要的也许不是涂尔干是从社会立场出发研究道德、道德教育这一事实，而是是否从这一立场出发恰当地解决了他所要解决的问题。

涂尔干的道德教育理论从根本上是社会中心或以社会为本位的。法国著名哲学家和社会学家阿隆（Raymond Aron）曾说："如果由我来理顺涂尔干思想的话，那么我将说，社会第一性，个人第二性。"②苏联学者科恩（И.С. Koh）也指出："杜尔克姆在任何场合都坚决主张道德的社会本质。"在强调"道德的神圣性质"时，他是这样解释它的：无论是宗教还是道德，都把社会作为自己的来源和客体，社会的力量与权威均超过个人。社会要求个人具有大公无私和自我牺牲的精神——道德的不可或缺的组成部分。③这就是说，在涂尔干看来，社会对个人具有绝对优先的地位，社会而不是个人，才是决定道德的最终力量；社会不仅

---

①［瑞士］让·皮亚杰著，傅统先、陆有铨译：《儿童的道德判断》，山东教育出版社1984年版，第430页。

②［法］雷蒙·阿隆著，葛智强、胡秉诚、王沪宁译：《社会学主要思潮》，上海译文出版社1988年版，第347页。

③［苏联］И.С.科恩主编，梁逸译：《十九世纪至二十世纪初资产阶级社会学史》，上海译文出版社1982年版，第251页。

不同于个人、塑造着个人，而且就其本身来说，也是一个客观存在的实体，有着自己的规律，社会可以改造个人而个人则无法改变社会；既然社会是独立于个人的实体，那么，社会利益不仅不同于各个个人的利益，也不同于所有个人的利益；人的思想、价值观等都是由社会决定的，个人在其自身发展中所起的作用微乎其微，除非社会给予个人决定自己生活的自由，否则，人没有能力决定自己的生活。

涂尔干道德教育的社会本质观的积极意义是明显的，他认定社会条件是产生道德的决定性条件，社会是道德教育的最后根据；承认道德规范、道德准则在维持社会秩序、维护社会和谐、统一中的职能作用；承认道德规范的社会文化变异性与普遍性等，这些都是有积极意义的，是应该予以充分肯定的。另外，他强调社会规范对个体的制约作用，也有一定的合理因素。显然，一定社会的规范、价值准则、语言、思想、制度等无疑都是人们相互作用的结果，是人们创造的产物，但是这些价值体系、思想规范一旦为人们创造出来，每个人都将受到自己创造物的制约，就像人们创造了语言，为了保证利用这种语言进行交流，就必须遵循该语言所确定的规则。从这种意义上讲，涂尔干强调作为社会事实的道德规则如何影响作为某一群体或社会一分子的个人，是有一定的合理因素的。

涂尔干道德社会观的主要问题在于忽视了人的自由和创造性，因而是保守的。美国社会学家科瑟（Lewis A. Coser）对此曾指出："涂尔干对实体中秩序和统一的渴望，可能导致他部分著作中的保守倾向，从而导致他忽视冲突的创造性功能。涂尔干在同反动潮流进行斗争的时候，牢牢地站在大学这一阵地上，并非常热情地遵循第三共和国的既定思想。这一事实无疑使他根本不可能超越现实的限度，即使在理论上也办不到。他对现存状况的忠实可能妨碍他与缓慢呈现的新生力量完全协调一致。”[①]

涂尔干思想的保守性也体现在他的道德教育思想中。显然，他所期望的是结构严谨、纪律严明的班级和学校，无论在班级还是在学校，都有明确的道德规则和行为准则要求学生遵守。为了使儿童服从社会利益，也为了个体道德发展的需要，学校必须用纪律约束儿童；因此，惩罚是必要的。学校与教师的重要任务是要使儿童认识到，与班级、学校和社会的需要相比，他们自身的愿望是次要的。个人只需服从道德，而无须改造、创造道德。从一定意义上讲，涂尔干的这一观点是错误的。人不仅仅是受先前存在的规则的约束，而且制定新的规则。规则是人们为了满足自己的需要而创造出来的，其功能一方面在维持秩序；另一方面满足自身的发展需要。当某些规则不符合人们的需要时，人们就势必改造旧有的规则、创造新的规则。涂尔干似乎只强调了规则对维护社会秩序的重要性，而忽视了人们改造、制定规则的需要。英国学者布莱克莱吉（David Blackledge）等人指出：“他提出了在社会化过程中，个人使社会的规则成为自己性格的一部分这一重要论点，但是他并没有认识到人具有制定规则的能力，也就认

① [美] 刘易斯 · A. 科瑟著，石人译：《社会学思想名家》，中国社会科学出版社1990年版，第196页。

识不到人可以重新制定社会的规范并发展自己的个性。每个人不是凭空创造自己的，而是具有改变自己以及自己在社会上所面对的各种规则的能力。”①

在个人和社会的关系问题上，认为社会绝对优于个人，把个人和社会视作一种隶属关系的看法也是片面的。涂尔干认为，唯有合乎社会需要的行为才是道德的行为，为任何个人或由个人组成的群体利益的行为都是有悖道德的。强调特定社会的道德权威，使涂尔干走上了社会或文化相对主义的道路。如果承认所有的道德都同样是由现有结构决定的，那么，它们也都同样是合理的。因此，也就不承认其中某一形态占优势地位的客观标准。不承认为个人利益的行为为道德行为，显然是站不住脚的。一方面，社会发展到今天，人们仍然把追求他人利益的行动视为道德的行动。事实上，正是“他人利益”和“自我利益”，而不是“大利益”和“小利益”的对立才构成了真正的道德矛盾关系。一些有益于自身利益哪怕这一利益是社会或团体的利益而无视“他人利益”的行为，比如，维护法西斯主义集团利益、纳粹德国的国家利益的行为，显然也都是不符合道德的。另一方面，个人利益和社会利益也并非是绝对的隶属关系，而是一种辩证的相互关系。如果认定社会是由个人组成的，为个人利益的行为是不道德的，为所有其他个人利益的行为也是不道德的，而只有为社

---

①［英］戴维·布莱克莱吉、巴里·亨特著，王波、陈方明、胡萍译:《当代教育社会学流派——对教育的社会学解释》，春秋出版社 1989 年版，第 26 页。

会利益的行为才是道德的，那么，这种社会的利益是什么样的一种利益呢？既然社会是没有人的空洞的社会，这种社会的利益也必定是空洞和虚幻的。事实上，社会道德的存在本身就是为了满足社会的人的自身需要而产生的。正像美国著名道德哲学家弗兰克纳所说：“道德要求社会公正地对待个人；并且不要忘记，道德的产生是有助于个人的好的生活，而不是对个人进行不必要的干预。道德是为了人而产生，但不能说人是为了体现道德而生存的。”虽然涂尔干也承认并积极地维护个人的权利和尊严，但是他的理论却使他不能辩证地去分析个人与社会在具体历史条件中的相互关系。社会绝对地优越于个人的原则是论据不足的。抽象的非历史的集体主义，也像他所经常批判的抽象的个人主义一样，是没有根据的。在个人和社会的关系问题上，涂尔干显然不如我们后面要讲到的杜威来得辩证。

二、关于涂尔干道德教育的理论与实践

涂尔干对道德教育理论的最大贡献在于他第一个把社会学的研究方法引入道德教育领域，从而开道德教育的社会学研究之先河。在西方道德教育理论发展史上，涂尔干也是唯一的一个以社会学家的身份对学校道德教育予以充分的、专门的论证并形成完整理论体系的思想家。可以说，涂尔干、杜威和柯尔伯格形成了当代道德教育的社会学、哲学和心理学研究“三足鼎立”的格局，分别代表了各自研究领域的巅峰成就。20 世纪道德教育理论的研究，总的来说，哲学、心理学研究有加，取得的成果也最大，各研究领域不仅涌现了众多的理论流派，而且在许多重大的

理论问题上，取得了前所未有的进展。而在社会学方面，研究则相对不足。社会学家很少就学校道德教育问题进行专门论述，教育工作者也很少自觉地吸收社会学的研究成果。所以，涂尔干之后，道德教育的社会学研究经历了一个长时期的相对沉寂阶段。而无论从理论还是从实践上，都要求人们对这一领域不仅仅要进行哲学的沉思和心理学的分析，而且更要进行社会学的解释。为此，重新考虑涂尔干在这一方向上的努力无疑是最基础、最必要的一步。

涂尔干是把道德作为一个社会事实来研究的。他把道德分成纪律、对团体的依附和自治三个基本因素，并对与此有关的几对主要道德范畴如义务和至善、纪律和自由、个人和社会、理智和行为、内容和形式等进行了详细的讨论，进而把对道德的社会学解释应用于学校道德教育实践，提出了一整套传授道德要素、实施道德教育的原则和方法，勾勒出了体系完整、论证严密的理论和实践体系。“这是一般教育学家论证道德教育时难以完成的。”[①] 而对社会学家而言，除涂尔干则无第二人。

涂尔干的理论旨在建立一种理性主义的道德教育模式。为此，涂尔干对传统的宗教教育进行了全面梳理，成为当代道德教育世俗化运动中的先锋人物。苏联学者科恩曾说：“为了争取学校和大学教育的世俗化，争取社会生活和精神生活摆脱教会的影

---

① 转引自赵祥麟主编：《外国教育家评传》（第 2 卷），上海教育出版社 1992 年版，第 762 页。

响，杜尔克姆坚定不移地反对教权主义者的横行霸道，并对论证教会与国家分离、学校与教会分离的政策（该政策于1950年通过相应的法令确定了下来）做出了不少贡献。”[①]涂尔干对宗教道德的改造工作最引人注目的，是他并不像当代许多道德教育理论家采取避而不谈或简单否定的做法，而是从宗教与道德的同构性进行分析，试图寻找隐藏在宗教中的那些一直在传递道德价值的理性因素。在涂尔干看来，道德和宗教的共同之处在于它们的神圣性，而上帝乃是一切宗教道德神圣的源泉。要为道德寻找一个理性的根据，就必须以另一种新的神圣之源替代上帝。这一“替代物”，在涂尔干看来，就是“社会”。这样，涂尔干就完成了对宗教道德的改造，使之摆脱了宗教的神秘色彩。尽管涂尔干的宗教观有这样或那样的问题，而且对宗教道德教育的批判和改造尚不能算是完善的，但有一点是清楚的，涂尔干看到了这一问题在西方社会中的复杂性，并试图通过分析宗教的本质以为道德的世俗化提供合理的依据。这无疑代表了一种新的思想路线。道德教育的世俗化运动在西方经历了一个相当长的时期，然而时至今日，在理论和实践上也还是一个争吵不休、莫衷一是的问题。这一事实本身就足以说明这一问题的复杂性。涂尔干在这一问题上的许多看法即使在今天仍然值得人们认真对待。

---

① 转引自［苏联］И.С.科恩主编，梁逸译：《十九世纪至二十世纪初资产阶级社会学史》，上海译文出版社1982年版，第218页。

涂尔干对道德教育中的许多重要理论和实践问题进行了独特论证，反映了现代道德教育理论的特征。他一方面认定儿童生来并不具有道德的因素，所以，必须“告知他的本性”，通过纪律把社会的要求传输给儿童；另一方面他又认为，教育面对的并非一张“白纸”，儿童有自己的本性。教育要有所作为，就必须从了解儿童的心理或本性开始。涂尔干把学校道德教育的实践置于儿童心理的基础上，使其强制的道德教育模式具有了某些灵活性，尽管在皮亚杰看来，涂尔干的心理学很肤浅，与当代心理学的研究成果也不符。另外，重视科学知识的教学，重视儿童的理性、反省能力在道德形成和发展中的作用，强调儿童自制能力的重要等都反映了与传统教育的区别。如果说杜威代表了十足的现代道德教育理论，那么，在涂尔干身上，我们至少已感受到强烈的现代教育的色彩。

涂尔干道德教育理论的价值还可以通过它所产生的影响来说明。涂尔干的道德教育思想不仅对法国教育的实践，而且对法国以外的道德教育理论的发展都产生了不同程度的影响。美国学者刘易斯·科瑟认为，涂尔干的影响在法国的大学、中学和小学几乎无所不在，尤其是对初等教育的影响最大。“涂尔干的社会道德思想征服了小学”，“到 1914 年，涂尔干的学说已成为小学公民道德课的标准内容，这并不言过其实”。①在美国，他的道德

①［美］刘易斯·A. 科瑟著，石人译：《社会学思想名家》，中国社会科学出版社 1990 年版，第 192 页。

社会化理论为塔尔科特·帕森斯发扬光大。[①]柯尔伯格对其态度的转变则从另一角度证明了涂尔干理论的生命力。在20世纪70年代初，柯尔伯格虽然承认涂尔干的道德教育理论，“无论从哲学上还是从科学上都是最综合、最清楚和最切实可行的道德教育方法”[②]，但总的来说，是反对涂尔干的强制模式的。[③]后来，当柯尔伯格从以色列集体农庄的教育方式受到启发，开始建立他的“公正团体”时，他发现了涂尔干思想的可取之处。可以说，在使柯尔伯格从单纯的发展观点转向对学校道德教育和儿童的道德发展进行社会学分析的过程中，涂尔干的思想起了重要作用。[④]根据柯尔伯格的观点，涂尔干的道德教育理论还对俄国学校道德教育实践产生了影响。埃利亚斯也曾指出：“柯尔伯格看到了涂尔干的教育观在俄国教育中的影响，他是对的。”[⑤]事实上，只要道德教育还是在国家、社会的名义下进行的，只要学校还需要进一步强化纪律精神、牺牲精神，还需要一种权威力量来约束人们的行为，涂尔干的理论就不会丧失其积极的意义。

---

①⑤ Elias, John L. *Moral Education: Secular and Religious*. Malabar, Fla.: R. E. Krieger Publishing, 1989, p.109, p.108.

② Overly, Norman V. (Ed.) *The Unstudied Curriculum: Its Impact on Children*. Washington, D. C.: Association for Supervision and Curriculum Development, NEA, 1970, p.108.

③ Lesser, Gerald S. (Ed.) *Psychology and Educational Practice*. Glenview, Ill.: Scott, Foremen, 1971, pp.425–427.

④ Power, F. C., Higgins, A., & Kohlberg, L. *Lawrence Kohlberg's Approach to Moral Education*. New York: Columbia University Press, 1989, pp.47–51.

但是，必须指出，涂尔干的道德教育理论有许多严重的不足。在理智和行为的关系问题上，涂尔干经过烦琐的论证，得出唯有科学知识能指导人们的行为的结论，而且认为，只要对社会和社会需要有所了解，只要拥有自然和社会的知识，就能心甘情愿地遵守社会道德。涂尔干在这里显然夸大了知识和理智在道德中的作用，混淆了“事实”和“价值”之间的区别。对此，英国教育学者布莱克莱吉曾指出：“杜尔克姆和早于他的柏拉图一样，都认定人们如果明白了什么是所希望的，就会采取行动去达到这个所希望的目的。这就如同说，如果人们知道吸烟不利于健康，就会戒烟；如果他们知道乘车时系安全带比不系更安全，就会系上安全带一样。遗憾的是，日常生活经验并不能证实这种观点。虽然我们的所知与所为之间有着某种联系，但所知本身并不能决定所为。”①

另外，涂尔干的道德教育理论过分突出了社会、学校和教师的权威，而忽视了学生自身的自主权利和创造能力。虽然在《道德教育》一书中涂尔干反复强调学生的自主和自律，但这种自主是有限的。在涂尔干所有的道德教育实践建议中，都有一种“角色期待”，即要求学生如何如何。关于学生应该如何去行动已经有一个先在的标准，教育者的任务不外是要使学习者服从这个标准，按这个标准所期待的去做。所以，学习者根本上是从属的、

① [英] 戴维·布莱克莱吉、巴里·亨特著，王波、陈方明、胡萍译：《当代教育社会学流派——对教育的社会学解释》，春秋出版社 1989 年版，第 22—23 页。

被动的。所谓自律、自主只是一种自觉自愿的服从，是一种类似于条件反射式的或习惯化了的自动行为。在这种行为中，不包含行为主体的独立思维和创造意识。所以，人们有时以涂尔干并没有忽视主体来为其辩解；事实上，即便如此，承认主体，承认儿童的重要性也只是解决问题的第一步，更为重要的是儿童在教育过程中，行为主体在主、客体互动过程中究竟居何种地位。显然，在涂尔干理论框架中的那个等待教化和最终将在强制下自觉服从的主体与杜威的“探究者”以及柯尔伯格的“道德哲学家”的主体是有根本不同的。从这种意义上讲，涂尔干与现代道德教育理论采取的是两种不同的立场，代表了两个不同的方向。所以，在涂尔干身上，人们虽时常可以感受到现代教育的气息，但本质上仍属传统教育的捍卫者。至少按照杜威及其追随者对传统教育和现代教育所划分的标准是如此。埃利亚斯这样说过：“涂尔干的理论与当代道德教育的一般走向是背道而驰的。当代道德教育，至少是当代西方道德教育首先关心的是人们的自主需要，其次才是社会的需要。这就是为什么心理学的方法一直统治着儿童培养和学校教学方法的原因。”[①]但是他也指出：“掌握了涂尔干的理论可使教育工作者抵制许多当代道德教育实践中的极端个人主义。”[②]从某种意义上讲，涂尔干的理论可以和当前流行的激进的个人主义道德教育理论互补。

---

①② Elias, John L. *Moral Education: Secular and Religious*. Malabar, Fla.: R. E. Krieger Publishing, 1989, p.108, p.108.

在学校的奖励和惩罚问题上，涂尔干夸大了惩罚的作用，而忽视了奖励的积极价值。而且只看到了不适当的奖励会导致学生只为追求奖励而行动的后果，而没有考虑到滥用惩罚同样会因学生为避免惩罚而弄虚作假的危害。作为一种外在的教育手段，奖励和惩罚都有其积极的道德教育意义，但使用必须得当。

第四章　杜威的道德教育理论

杜威是美国著名的教育家、哲学家和心理学家，是现代西方教育史上最有影响的代表人物。过去对杜威教育思想的研究大都集中在他的教育目的论、教学论、课程论等方面，对其在道德教育上的思想探讨不多。事实上，无论我们把杜威的理论看成是一种哲学理论，还是一种教育理论，它都首先是一种道德的理论。在哲学领域，他最关心的是伦理学；在教育上，道德教育同样是他始终关心的主题。杜威著述宏富，大都直接或间接地论及道德或道德教育的问题。其中，最主要的伦理学和道德教育著作有：《民主伦理学》（1888年）、《教育中的伦理原则》（1897年）、《伦理学》（与塔夫茨合著，1908年）、《教育中的道德原理》（1909年）、《哲学的改造》（1920年）、《价值理论》（1939年）以及《人的问题》（1946年）等。

第一节　杜威道德教育理论的背景

一、时代背景

英国著名哲学家罗素（Bertrand Russell）曾指出："杜威博士

的见解在表现特色的地方，同工业主义与集体企业的时代是谐调的。”[①]无疑，杜威的教育理论是他生活的时代的产物。具体说，杜威的道德教育理论是以19世纪末20世纪初美国传统教育不适应新的社会需要为背景、以对传统教育的反动为出发点的。正如他本人所说：“所谓新教育和进步学校的出现，它的本身就是对于传统教育不满的一种产物。”[②]所以，为了更好地理解杜威的道德教育哲学，回顾一下美国教育的历史是必要的。

在谈到传统教育的特征时，杜威曾经指出：“如果对传统教育的基本观念做一般的表述而不是做精确的阐明，大体上可以找出以下几点：教育上所用的教材由过去已经编好的一系列的知识和技能组成，因此，学校的主要任务是把这些知识和技能传授给新的一代。过去，也已经形成了各种行为的规范和准则，学校的道德训练就在于培养符合于这些规范和准则的行为习惯。”[③]在学校实践中，“总的来说，强迫接受，伴随着对不服从的学生施以惩罚，对服从的学生予以奖励乃是一种公认的方法”[④]。杜威这里所说的“传统教育”也是美国早期社会发展的产物。19世纪末20世纪初的美国道德教育是从美国早期移民的宗教教育演化而来的。

第一批欧洲移民为寻求宗教自由来到美洲大陆，他们不仅带

---

① [英] 罗素著，马元德译：《西方哲学史》(下卷)，商务印书馆1982年版，第386页。

②③ 赵祥麟、王承绪编译：《杜威教育论著选》，华东师范大学出版社1981年版，第346、345页。

④ Dewey, J. *Education and Social Order*. L. I. D. Pamphlet Series, 1949, p.4.

来了欧洲的文化、宗教，也带来了他们的教育。早期美洲大陆的学校实质上是完全宗教化的：作为教育基础的是基督教的“原罪说”，学校教育的目的就是使年轻一代能够阅读《圣经》，养成“虔敬和服从的习惯”，学校教育的实践则主要采取“直接的问答式教学法”，奉行严格的纪律和惩罚；对道德问题的解决不是通过思考和练习，而是通过祈祷时与上帝直接交流。“这一时期，道德教育实际上就是一种宗教教学”，“几乎没有人会认为道德可以摆脱上帝和《圣经》”。[①]这种宗教化的伦理训练在国家主义早期和19世纪的大部分时间里一直是占主导地位的教育方式，直到19世纪中叶，这种情况才有所变化。

对这种早期殖民主义教育产生冲击的首先是“公立学校”的出现。“公立学校”在美国发端于19世纪40年代。“公立学校”的出现使学校逐渐摆脱宗教的束缚，在学校，以宗教为中心的伦理训练开始转向以学科为中心的理智训练。学校虽然经常要求学生死记硬背某些具有道德意义的教材，但并不明确要求学生和教师去考虑各种价值问题。作为此时学校道德教育理论基础的主要有贺拉斯·曼（Horace Mann）、亨利·巴纳德（Henry Barnard）等人的观点，特别是威廉·哈里斯[②]（William Harris）

① Hersh, Richard H., Miller, John P., & Fielding, Glen D. *Models of Moral Education: An Appraisal*. New York: Longman, 1980, p.16.

② 威廉·哈里斯（William Harris, 1835—1909），美国哲学家和教育家。早年对德国文学和哲学感兴趣，从事黑格尔哲学的研究，最后成为美国研究黑格尔的第一流学者。

的观点乃是19世纪末“对中学教育具有特殊影响的理论之基础”。哈里斯强调权威、纪律和传统的教材，认为这种纪律和权威具有崇高的意义，有助于促进学生的自我实现。实际上，摆脱了宗教权威的学校则又转向了另一个权威：社会或文化传统。道德教育实质上是一种强迫儿童接受“西方文化的基本的道德传统”的教育。

1861年，美国南北战争爆发。战争的结果是北方工业资产阶级获胜。美国经济进入飞速发展时期。杜威在《学校与社会》一书中概括地描述了这种变化：首先引人注意的那个笼罩一切甚至支配一切的变化是工业上的变化——科学的应用导致了已经大规模地和廉价地使用各种自然力的重大发明，以生产为目的，世界市场、供应这个市场的大规模制造业中心以及遍布各地的廉价而迅速的交通工具和分配方法在发展起来。这个变化，即使就它的萌芽时期算起也不过一百多年；许多最重要方面的变化还是属于最近的事。人们难以相信，在整个历史上有过这样迅速、这样广泛和这样彻底的革命。经历了这个革命，世界的面貌，甚至它的自然形状都在改变着；政治疆界被抹掉或移动了，似乎它们只是绘在地图上的线条一样；人口从世界的各个角落急匆匆地集中到大城市；各种生活习惯也正在发生着惊人的突然而彻底的改变；自然真相的研究无限地被刺激着、鼓励着，它们在生活上的应用不仅是切实可行的，而且为商业上所必需。即使那深入人心的最保守的道德和宗教观念以及各种爱好，也深刻地受到影响。因此，认为这个革命对于教育只有形式上的和表面上的影响，那是难以想象的。[①]社会的急剧变化给教育带来的一个重大问题就是大批新移民的涌入。据有关资料统计，从 1861—1890 年的 30 年间，美国外来移民达 1 034 万人。这些来自意大利、匈牙利和俄国等国的新移民，无论是在风俗习惯还是在信仰等方面都与基督教传统的美国人有很大不同，而且这些没有受过学校训练的“陌生人”又极易接受“社会主义和无政府主义的信条”。所以，出于政治和社会上的考虑，如何“同化”这些“非美国人”就成为一项十分迫切的任务。这一任务自然交给了学校。所以，在美国，“19 世纪后期的道德教育变成了把工人阶级的子女从他们家庭背景影响下‘拯救’出来的事业”[②]，变成了美国“熔炉”（melting pot）的一个有机部件。学校的任务就是使美国土地上的陌生人“美国化”。当时美国罗德岛教育委员会在 1884 年的年度报告中曾这样说：“对文明的威胁不是来自外部，而是来自内部。必须使这些鱼龙混杂的人统一起来。那些继承了其他甚或是敌对国家传统的人，那些在形形色色的影响下成长起来并持有他国观念的人，以及那些由非美国国家精神支撑的人，必须被同化或美国化。实施这一目的的主要机构自然是公立学校和公共教育。”[③]由此可以看出，狭隘的、无反省的社会化训练乃是这一时期主要

① 赵祥麟、王承绪编译：《杜威教育论著选》，华东师范大学出版社 1981 年版，第 15 页。

②③ Hersh, Richard H., Miller, John P., & Fielding, Glen D. *Models of Moral Education: An Appraisal*. New York: Longman, 1980, p.18, p.18.

的道德教育形式。由于道德教育主要是进行机械的行为训练，与儿童生活脱离，与儿童的需要和能力脱离，因此，违背了民主社会的平等、自由精神，无益于儿童理智的民主生活方式的形成。这就是杜威等人所谓的“传统教育”。

杜威的道德教育理论就是在上述背景下产生的。在杜威看来，教育是实现民主生活的工具，而民主乃是一个流动的过程，是人们根据变化的情境建构和改造自己的价值观和意义的过程。他认为，道德也是一个动态的解决社会问题的过程而不是一套固定的观念和习惯。所以，道德教育根本上是促使学生通过理智的思考，选择对现在有意义的生活方式，而不是灌输一系列道德准则。杜威正是在批判传统教育的基础上开始勾画其民主社会新教育的蓝图的。

二、主要思想渊源

作为实验主义的集大成者，杜威思想的来源纷繁复杂。在其整个博大的思想体系中，既有受美国文化的影响表现出的土生土长的美国哲学的特征，也有承继欧洲传统思想的痕迹。一方面，他受惠于詹姆士（William James）的机能心理学和米德的社会心理学；另一方面，又得益于孔德（A. Comte）的实证主义。既受赫胥黎（T. H. Huxley）“万物统一”思想的启发，又受康德理性主义的影响。正是由于这纷繁而众多的源头，使得研究者们在考察杜威思想的根源时往往依不同的目的而有不同的取舍。我们认为，对杜威道德发展与教育思想产生最深刻影响的莫过于达尔文（Charles R. Darwin）的进化论、黑格尔的辩证哲学和詹姆士的心理学。前者奠定了杜威“发展”思想的基石，后二者则使杜威摆脱了哲学上的独断论，形成了一种“辩证”的发展观。

（一）达尔文的进化论

美国教育学者罗伯特·梅逊（Robert Mason）在《西方当代教育理论》一书中曾指出：“在形成进步教育运动的思想中，达尔文思想的影响是最重要的，因为实用主义的心理学和社会哲学就是受达尔文思想的启发而产生的。”[①]显然，在杜威看来，《物种起源》一书的出版，其意义不仅仅在于它引起了一场重大的科技革命，更重要的是它导致了一场深刻的理智革命。它开辟了人们观察世界的新角度，并连带产生了各学科领域的新的理智倾向。这种新的理智倾向“最后必然改造了认识的逻辑，也就因而改造了对于道德、政治和宗教的探讨”[②]。所以，怎样从进化论的观点解释人的思想、人的认识、人的自我以及人的道德，便自然成了实验主义者最为关心的问题。甚至有人认为：“杜威的教育哲学是第一个将达尔文所表示的不断发展与进化（的观念），也就是自然界的发展，拿来作为教育的标准。”[③]

笔者认为，达尔文的进化论对杜威道德发展和道德教育思想的影响主要表现在以下几个方面。

---

①［美］罗伯特·梅逊著，陆有铨译：《西方当代教育理论》，文化教育出版社1984年版，第69页。

② 赵祥麟、王承绪编译：《杜威教育论著选》，华东师范大学出版社1981年版，第109页。

③ 崔载阳著：《教育哲学》，中华文化出版事业社1965年版，第64页。

第一是有机体适应的思想。达尔文《物种起源》一书的重要结论就是，有机体要得以生存必赖其与环境保持一种平衡。环境不断变化，要求有机体不断适应以达到新的平衡。人类也是在与社会环境的不断协调和适应中求得发展的。进化论的这一有机体适应的思想使杜威深受启发，并在其哲学、心理学以及逻辑学中得到直接的体现，而以强调有机体的积极适应为核心的动态心理学（dynamic psychology）主张“正—反—合”的过程乃是不断发现并进而解决困难过程的实验逻辑，又共同为杜威的道德教育思想提供了心理学和哲学的依据。杜威认为，道德发展根本上是主体与其社会环境的相互作用，是这种相互作用过程中主体的积极构造，是儿童在合作中不断解决道德问题的探究过程。所以，杜威强调道德发展中个人和社会的协调，主张自由选择以及合作的理智的探究等，都与进化的有机适应思想有直接的渊源关系。

第二是有机进化的思想。《物种起源》以其丰富的实地考察资料经验地证明了各种各样的生命形式都必须服从进化的力量，都是长期持续变化的产物，在这个变化的过程中，一切可辨别的生命形式都在不断改变着。“发展”作为进化论的核心主题，不仅揭示了物种、社会发展变化的特征，而且指出，人也是发展的结果。杜威认为，如果把这一有机演化思想引入哲学和道德领域，那么可以认为，“实在”永远处于发展变化之中，变化是世界的根本特征。“重要的事情是生长的过程，改善和进步的过程，而不是静止的成果和结局……生活的目的，不在于作为终极目标的尽善尽美，而在于永远持续地不断改善、不断成长、不断精练的过程……生长自身才是唯一的道德的‘目的’。”[①]在杜威看来，对人的行为有指导作用的道德价值是人们创造的结果，而不是以事物本身的性质为根据的，也就是说，任何道德准则和社会法规都是在社会的发展中逐渐形成的，不存在绝对的、固定的道德价值标准。所以，表现在教育上就是，教育本身是一个“开放”的过程，没有永恒不变的价值体系，也不能把某种既定的准则当作道德的真理强加给不断成长着的儿童。

第三是生物发生学方法（genetic method）的启示。进化论对杜威思想的影响，不只是表现在思想内容方面，很重要的是表现在用生物发生学的方法作为基本的研究方法。其实，“进化论思想的重要性，就像……先前各种自然主义一样，主要表现在方法论方面”[②]。受进化论思想的启发，杜威引申出生物发生学方法的应用，并且把发生学以及由此蜕变出的心理和历史的方法结合起来。杜威认为，道德本身发展变化的性质决定了对其研究所采用的方法的性质。所以，在他看来，以“动态性”“进步性”为核心的发生和历史的方法便成为研究人类和个体道德发展最适宜的方法。[③]当然，在对道德的研究上，杜威是把发生学、历史以及辩证逻辑拿来混合使用的。他所注意的只是三者的共同特征——

---

① 赵祥麟、王承绪编译：《杜威教育论著选》，华东师范大学出版社 1981 年版，第 248 页。

② 转引自［美］罗伯特·梅逊著，陆有铨译：《西方当代教育理论》，文化教育出版社 1984 年版，第 76 页。

③ Dewey, J., & Tufts, J. H. (Eds.) *Ethics*. New York: H. Holt, 1910, p.4.

发展，而没有把它们分属于生物的、历史的和逻辑的特性加以严格区分。但仅就“发展”这一点来说，进化论对杜威的影响也是够大的了。把生物发生学作为一种方法论基础引入个体和人类道德的研究，在当时无疑是一种方法上的革新。也正是因为这一点，使杜威与诸如“社会达尔文主义”等主张区别开来。

（二）黑格尔的辩证哲学

如果说达尔文的进化论从科学的角度奠定了杜威的道德、道德教育理论的基础，那么，黑格尔的辩证法则从哲学上启发了杜威的思想。有人认为：“在决定杜威思想的影响里面，黑格尔主义占有突出的地位。哈里斯对杜威曾寄予厚望，而且认为杜威可能是这个国家黑格尔哲学的最初解释者。”[①]杜威曾说：“如果我可能成为任何一种思想体系的信徒的话，我将仍然相信，在黑格尔那里比在其他任何一个有体系的哲学家那里，有着更加多的财富和更加多样化的见识。”[②]所以，从一定意义上讲，“理解杜威教育哲学的关键……在于要认识到他曾长期是一位黑格尔主义者，只是到后来才皈依实用主义”[③]。

黑格尔对杜威的影响主要是他的辩证统一思想。黑格尔哲学的精髓在于它的辩证历史感，其“绝对精神”的逻辑变化是人类

---

① Mayer, F. *Man, Morals and Education*. New Haven, Conn.: College and University Press, 1962, p.153.

②［美］简·杜威著，单中惠编译：《杜威传》，安徽教育出版社 1987 年版，第 65 页。

③ Peters, R. S. *John Dewey: Reconsidered*. London; Boston: Routledge & Kegan Paul, 1977, p.102.

历史发展的唯心主义的倒映。黑格尔以“绝对精神”综合宇宙及人类文化历史之演进过程，对杜威产生了极其深刻的影响。杜威承认：“黑格尔关于主观与客观、物质与精神、神与人的综合，并不是纯粹的智力公式；它是作为一种巨大的释放、一种解放而起作用的。黑格尔关于人类文化、社会制度和艺术的论述，同样也包括关于取消一些牢固的分隔墙的论述，对我有着特殊的吸引力。”①虽然人们认为大量接触黑格尔哲学并接受其影响的是杜威的青年时代，但是，也应看到，即使在杜威皈依实用主义，成为成熟的实验主义者以后，黑格尔哲学的核心即辩证发展、辩证统一的思想仍然是其占主导地位的思想。用杜威自己的话来说，就是“我从来没有想忽视，更不要说去否定，与黑格尔的结识在自己的思想中留下了一种不可磨灭的痕迹”②。杜威在哲学上反对任何形式的二元论，反对教育中儿童和社会、兴趣和训练、秉性和教养、知识和行为、教师和学生、儿童和课程的对立，显然都受到黑格尔哲学中“连续性”和“统一性”思想的影响。对此，杜威本人也毫不隐讳，他指出：“黑格尔思想之所以对我有吸引力，是……因为黑格尔思想补充了一种统一要求。”③当然，杜威在研究教育、道德等问题时所贯穿始终的辩证思想已经不是黑格尔纯精神领域或纯思辨的辩证法，而是经过改造的辩证法。这种辩证法在杜威以及后来的皮亚杰、柯尔伯格等人那里已经获得

---

①②③［美］简·杜威著，单中惠编译：《杜威传》，安徽教育出版社 1987 年版，第 63、64、63 页。

了新的意义，即已经消除了这种辩证法的先验特征而形成了一种心理学的方法，并以此解释儿童理智和道德的发展，使纯哲学的思辨具有了某种实际的发生路线。对此，柯尔伯格曾做过如下说明："辩证法在柏拉图的哲学中最初得到说明，黑格尔则赋予它以新的含义，最后，经约翰·杜威和让·皮亚杰剔除其形而上学的主张形成一种心理学的方法。"①

另外，对杜威产生影响的是追求过程的黑格尔而不是追求以"绝对精神"为终极目标的黑格尔。也就是说，杜威从黑格尔那里接受的是发展及生命的能动性，而不是他僵死的体系。正如罗素所说，黑格尔哲学虽然对杜威产生了重大影响，但"这种哲学仍有它的'绝对'，有它的比时间过程实在的永恒世界。这些东西在杜威的思想中不会有地位，按杜威的思想，一切实在都是有时间性的，而所谓过程虽然是进化的过程，而不是像黑格尔讲的那种永恒理念的开展"②。所以，我们有理由认为，反对建立一套固定的价值关系，反对发展有一个预定的目的，道德教育便是通过外部力量达此目的的观点，是杜威对黑格尔辩证哲学积极的吸取而不是被动的接受。

这里需要附带说明一下，杜威理论中的"万物统一""相互

---

① Kohlberg, L., & Mayer, R. Development as the Aim of Education. *Harvard Educational Review*, Vol. 42, No. 4, December, 1972, p.11.

②［英］罗素著，马元德译：《西方哲学史》（下卷），商务印书馆 1982 年版，第 380 页。

依存”等思想最早来自英国生物学家赫胥黎的《生物学概况》。“这本书描述了活的生物统一体，给约翰·杜威留下了深刻的印象，激起了杜威对事物的一种广泛的学术好奇心，并使得他这个年轻人对哲学学习产生了兴趣。”[①]后来，杜威惊奇地发现，赫胥黎的生物学命题不过是黑格尔哲学辩证法的反映。所以，从某种意义上讲，杜威对“统一性”“连续性”的追求始终不舍，乃是早年受赫胥黎生物学和黑格尔哲学共同影响的结果。

（三）詹姆士的心理学

詹姆士的心理学也是影响杜威思想的一个重要因素。“威廉·詹姆士的《心理学原理》一书，在改变杜威哲学思想的方向中，有着特殊的影响。在杜威的第二本伦理学小册子提纲中，明显地突出了心理学的探讨，可能要归功于詹姆士的这本书。”[②]杜威在总结詹姆士的影响时曾指出：“詹姆士学派心理学的客观生物学的方法，直接导致了具有特色的社会范畴，特别是交往和参与的重要性的观念。我确信，从这个观点出发，我们大部分的哲学研究需要重新进行，而且，一种完整的综合最终将导致一种与现代科学相一致的哲学。这种哲学是与教育、道德和宗教方面的实际需要相联系的。”[③]杜威把机能心理学应用于伦理学的研究以及在寻求教育的心理学基础方面所做的努力和客观生物学方法的运用，显然得益于詹姆士的心理学。他在谈到詹姆士对自己的影

①②③［美］简·杜威著，单中惠编译：《杜威传》，安徽教育出版社 1987 年版，第 10、26、69 页。

响时曾指出："这种思想通过它的方法而越来越进入了我的全部思想之中，并成为改变旧的信念的一种酵素。"①

此外，孔德的实证主义也是杜威理论的重要来源之一。甚至可以这样说，如果说达尔文的进化论奠定了杜威坚持发展和自主性原则的基础，那么，孔德的实证主义则使他具有了把注意力集中到社会问题从而进行科学研究的可能性，而赫胥黎的"万物统一"观念和黑格尔的辩证哲学则使杜威兼顾发展的两极，在主客体的结合上寻找理论本身的逻辑起点，詹姆士的心理学则为杜威研究儿童及儿童教育提供了心理学的启示。杜威的道德教育理论就是在这些思想背景下构筑起来的。

三、理论基础

杜威的道德教育理论与其逻辑学、哲学、心理学、教育思想等有着密切的联系，从一定意义上讲，杜威的道德教育理论是所有这些理论的具体运用或体现。这里只就杜威对教育的根本看法、他的科学方法以及价值论作一简要分析，以期对杜威道德教育理论同其整个思想体系的关系有一粗略的了解。

（一）对教育的根本看法

杜威的道德教育理论是其整个教育思想的一个组成部分，所以，杜威关于道德教育的观点导源于他对教育的根本看法。杜威

---

①［美］简·杜威著，单中惠编译：《杜威传》，安徽教育出版社1987年版，第68页。

对教育的根本看法主要通过以下三个命题表现出来，这三个命题是：“教育即生活”“教育即生长”“教育即经验的改造”。

1. 教育即生活

这是杜威对教育的一个最基本的看法，是针对传统教育的“教育就是生活的准备”提出来的。杜威的教育理论是以反传统教育的面目出现的。杜威认为，传统教育的根本特征就是为遥远的未来做准备，视儿童为“小成人”，教育的主要任务在于把业已建立或规定的适应未来成人生活的知识、技能体系传授给正在成长的一代，并形成与既定目标一致的行为习惯和知识体系。为此，在教育实践中便可采取一切必要的措施和手段，这些措施和手段有奖励和惩罚，强迫执行和灌输等。在杜威看来，这种教育的错误是：一方面严重脱离了儿童的实际生活；另一方面从根本上违背了儿童现有的能力和需要，扼杀了儿童的个性，使教育终致无效。他指出，儿童的教育，从本质上讲，不是为他日后的成人生活做准备，而是——教育本身就是生活，“教育是生活的过程，而不是将来生活的预备”[①]。“关于道德教育，他认为，教育不是达到目的的手段，它本身就是目的，教育不是为成人时期做准备，从事学习也不是因为它以后有用。一个人教授道德不是因为某人将来要成为有道德的人；而是因为一个人现在就应该经验道德。”[②]

---

① 赵祥麟、王承绪编译：《杜威教育论著选》，华东师范大学出版社 1981 年版，第 4 页。

② Jensen, Larry C., & Knight, Richard S. *Moral Education: Historical Perspectives*. Washington, D. C.: University Press of America, 1981, p.90.

杜威之所谓“教育即生活”，包括两方面的内容。首先，教育为生活所必需。在杜威看来，所谓生活并不限于生理意义上的生活，它是人和环境相互作用并且不断更新的结果，是个人和种族的全部经验。杜威认为，社会或团体的成员有生有死，然而，团体和团体生活却存在着、发展着。团体生活的延续和发展是以新生一代对团体生活的目的和习惯的理解和接受为基础的，而能有效地完成这个任务的，唯有教育。因此，杜威指出，“从最广泛的意义上，教育乃是社会生活延续的工具”[①]，没有教育，人类生活就要停止。其次，生活为教育提供具体内容。因为，在人的生长过程中，无论从生活的内容——习惯、制度、信仰、胜利和失败、休闲和工作，还是就生活的范围——家庭、社会、学校而言，都与人有着密不可分的联系和影响，所以，从此意义上讲，生活的每一个方面都有教育意义。教育既然为生活所必需，而且生活又为教育提供了内容，那么，学校教育的主要任务就是如何联系社会生活，使儿童在成长中适应并改造生活。

2. 教育即生长

杜威的这一命题是其“教育即生活”的进一步延伸。“教育即生活”这一命题，从横向意义上看，教育指儿童生活的各个方面；从纵向意义上看，则把教育界定为“教育即生长”。在杜威

---

① 赵祥麟、王承绪编译：《杜威教育论著选》，华东师范大学出版社 1981 年版，第 143 页。

看来，“生活就是发展，不断发展，不断生长，就是生活”[①]。“因为生长是生活的特征，所以教育就是不断生长。”[②]教育与人的生活共始终，教育是人的一生持续不断的生长发展过程。由于生长是在生活中进行的，只要有生活，就有个体与环境的相互作用，所以，生长并非是由外部强加进来的事情，教育也便不是指向某一固定目的的灌输的事业。

3. 教育即经验的改造

如果从纵向意义上看，“教育即生活”表现为“教育即生长”；那么从横向意义上看，“教育即生活”则可界定为“教育即经验的改造”。在杜威看来，生活即是有机体与环境的相互作用，在这一互动过程中，由于环境的变动不居，要求有机体为适应环境必须不断改造已有的经验。经验改造的过程也就是教育的过程，所以，杜威把教育界定为“经验的连续不断的改组和改造”[③]。“这种改造或改组，既能增加经验的意义，又能提高指导后来经验进程的能力。”[④]也就是说，经验的改造之于教育的意义，是由于在经验中主体获得了对行动以及行动结果的认识，并通过这种认识，人们预料类似环境的结果并以此改变活动方式。所以，经验的改造也是生活得以继续和更新的方法，是认识和改造环境的工具。杜威认为，作为教育的一个组成部分，道德教育也是一个经验不断改造的过程。他指出：“道德的过程也是一个

①②③④［美］约翰·杜威著，王承绪译：《民主主义与教育》，人民教育出版社1990年版，第54、57、81、82页。

经验由坏变好的过程，所以，教育的过程和道德的过程是完全一致的。”①

概括起来讲，杜威对教育的根本看法可归结为：教育的过程就是生活的过程，而所谓生活乃是有机体与环境的相互作用；从这一相互作用的过程看，教育就是发展，就是生长；从这一相互作用的结果看，教育就是生活或经验的改造。教育的目的在于通过经验的改造促进生长和发展，更新生活。

（二）价值论

杜威的价值理论既是其道德理论的基础，又是它的一个组成部分。

同对教育的根本看法一样，在价值论上，杜威所关心的同样是经验。由于经验本身是主体与环境的不断相互作用，所以，价值的形成便是一种发生的过程，是这种相互作用中道德经验的积累和改造。在杜威看来，传统的价值理论之所以不能被接受，就在于它首先设置了一个固定的、绝对的价值目标，并把对这一绝对价值目标视为衡量个体行为是否为善的唯一标准。所以，人们的唯一善行就是服从。其实，在杜威看来，同人们对真理的构造一样，人也是自己价值的构造者。价值根本上来源于人们的经验，所以价值是相对的。它由具体的环境来决定。也就是说，“道德适应环境而产生，某种道德对于某种环境为善，对于他种

---

① 赵祥麟、王承绪编译：《杜威教育论著选》，华东师范大学出版社 1981 年版，第 248 页。

环境又不然”[①]，没有人们可以依靠的绝对原则，一切道德和美学准则都在文化发展过程中变易。但这并不是说道德时刻都在变化，而是指没有一种特定的道德原则是人人必须遵守的。人们应当在困难的境地中自己做出道德的决定。人们以确立他们思想真实性同样的方法来确立自己的价值观，他们运用理智恰当地考察各种问题，并选择看来是最有可能解决这一问题的价值。这样，价值就不是权威强加给人们的，而是个体通过理智选择或在公开讨论后达成的一致的价值观，它充分地体现了主体的主动性和创造性。

在认识论方面，杜威强调判断真理的标准是“有用”。在价值论方面，同样如此。他认为，衡量伦理原则的根据是实施这个原则时发生的结果。所以，伦理原则的确定是一种试验，试验的结果将是伦理原则去留的唯一根据。因此，任何伦理原则都不是绝对的，所谓伦理原则或道德的善是指通过试验导致人们所期望的后果的那种方法的保留。但在杜威看来，按照行为的结果是否有用来衡量伦理道德的标准，同那种认为“对我有用即是善”的享乐主义是不同的。所谓“有用”并非对我个人有用，而是对全体人有用；所以，判断道德的标准是对公众的结果。人们是在行为的社会背景和公众的效果中发现正确的道德行为的。

---

① 赵祥麟、王承绪编译：《杜威教育论著选》，华东师范大学出版社 1981 年版，第 453 页。

（三）科学方法

在杜威的整个思想体系中，科学方法占有极其重要的地位。有人认为："杜威强调科学和科学方法的重要性，并把它视为控制人类各种事务的中心。"[①]在道德价值领域，杜威同样运用了科学方法这一在他看来是唯一合理的方法，因为杜威坚信，"科学方法在道德和价值观的形成中起重要作用"[②]。

受进化论思想的启发，杜威认为，作为生物有机体，儿童与其他有机体并无根本区别，其主要活动也是适应环境，所以杜威主张要鼓励学生在行动中获得知识，而且学生现在所学的知识应帮助他将来的行动，帮助他更好地解决问题。所以，知识必定是有用的。杜威认为，有用的知识必定是科学的知识，只有科学的知识才是真理，而求得科学的知识必须采用科学的方法，即运用智慧理智地探究的方法。教师教授科学的方法就是引导学生运用智慧去探索，以便使环境适合自己的需要。这样，人们对问题的解决就同动物的尝试错误区别开来了。所以，科学的方法与传统的"静听式"的教学之间的根本区别是主动性与被动性的对立。

正如用科学方法解决教育问题一样，杜威也是运用科学方法来解决价值问题的。杜威承认伦理道德等社会问题同自然科学问

---

① Taneja, V. R. *Educational Thought and Practice*. New Delhi: Sterling Publishers Pvt. Ltd., 1984, p.139.

② Jensen, Larry C., & Knight, Richard S. *Moral Education: Historical Perspectives*. Washington, D. C.: University Press of America, 1981, p.90.

题不同，它们不能用试管、烧杯等在实验室中“检验结果”。但是，杜威认为两者具有相同的原理，遵循着同样的过程。在他看来，如果把历史看作一个巨大的人文的“试管”，那么，就像在实验室中获得自然科学的真理一样，人们也是用科学的方法在经验中获得价值的。因为，人们一开始面临的也是一个不确定的、有问题的情境，而价值形成的过程也就是通过探究把一个有问题的情境变成了一个达到了目的情境的过程。如果说科学方法就是探究的方法，那么，整个价值获得的过程就是一种探究的过程，“凡有价值的地方就有探究的因素，因为要形成一个目的和追求这个目的，就要采取行动以满足现有的需要，补充现有的匮乏，解决现有的冲突”[①]。因此，价值教育的根本问题是创造、发现，而不是接受。

第二节　杜威的道德教育观：理论与实践

一、道德教育的基本理论

杜威在理论上对道德教育的看法，可以通过他对道德教育中的基本问题的回答来加以论述。

（一）个人和社会

前已述及，接受黑格尔的辩证哲学和赫胥黎的“万物统一”生物学从而反对任何形式的二元论，是杜威哲学和教育思想的

① Dewey, J. *Theory of Valuation*. Chicago, Ill.: The University of Chicago Press, 1939, p.34.

一个重要特点。对此，美国教育学者埃利亚斯曾做过如下概括："杜威关于人的哲学的一个显著特征就是反对传统哲学在肉体与灵魂、物质与精神、品格与行动、动机与结果问题上的二元论，在教育上，他同样反对关于儿童与社会、兴趣与纪律、禀性与文化、知识与行为的二元论。"[①]认识到这一点无疑是正确理解杜威道德教育理论的关键。

在解决道德和道德教育领域中的个人和社会关系问题时，杜威同样反对把个人和社会割裂开来的倾向。关于道德和道德教育中的个人和社会的关系，概括起来讲，主要有三种看法。第一种看法主要强调个体的独特价值，认为道德发展是个体选择的一部分，真正道德的生长发生在个体内部，道德教育的任务既不是塑造一个社会的存在，也不是促进社会性相互作用，而是帮助儿童把自己从强制力量和外部控制下解放出来，使其无拘无束地自由发展。因此，真正合理的、能够有效促进儿童发展的教育就是不去教育。在当代道德发展和道德教育理论中，精神分析学派、成熟论者、自然主义的道德哲学以及后来的存在主义道德教育哲学、价值澄清学派都是这一思想的主要代表。第二种看法则强调道德首先是一种社会现象，道德教育就是个体所进行的社会性学习，这种观点认为，社会创造道德并通过教育把这些道德传授给年轻一代，没有这种教育，道德就不能存在。任何教育的方法和

① Elias, John L. *Moral Education: Secular and Religious*. Malabar, Fla.: R. E. Krieger Publishing, 1989, p.41.

措施都只因其能保证这一过程的实现而具有合理性，这种观点的主要支持者有涂尔干等人。第三种看法基本上持一种折中的立场，认为以上两种观点的错误之处都是因为过分强调某一因素而走向一个极端。它们一方面坚持社会在道德和道德发展中的决定作用，另一方面又指出个体在道德中的完整性和独立性。道德教育既要维持社会的道德秩序，又要发展儿童的个体品德。二者缺一不可。

在杜威看来，以上诸种看法的不足尚不在于它们对个人和社会持这样或那样的立场，而是都把个人、社会看成互不联系的两个实体。他认为道德既不是个体的，也不单纯是社会的，它不能归结为任何一种决定性因素，它是有机体与环境相互作用的一个自然结果。“道德理智发展的过程，从实践和理论上乃是自由、独立的人从事探究的合作的相互作用的过程。”①因此，从根本上，杜威关于个人和社会的关系的看法属于“交互决定论”或“相互作用论”。个人和社会是一而二、二而一的关系。杜威曾指出：“我相信，受教育的个人是社会的个人，而社会便是许多个人的有机结合。如果从儿童身上舍去社会的因素，我们便只剩下一个抽象的东西；如果我们从社会方面舍去个人的因素，我们便只剩下一个死板的，没有生命力的集体。”②在杜威看来，教育乃是达到分享社会意识的过程中的一种重要调节因素，而以这种社

---

①② 赵祥麟、王承绪编译：《杜威教育论著选》，华东师范大学出版社 1981 年版，第 435、3 页。

会意识为基础的个人适应是实现社会改造的唯一途径。于是，基于对个人和社会的这一认识，杜威把教育的过程分成“社会的”和“心理的”过程，并指出，教育之心理过程和社会过程这两个方面是有机地联系在一起的，不能把教育看作二者之间的折中或将一个因素凌驾于另一个因素之上。

在当代众多的教育理论中，涂尔干的理论前面已有论述，柯尔伯格的理论将在后面加以详论，在此暂不加分析。这里只把杜威和涂尔干在这一问题上的看法做一简单对比。前已述及，在个人和社会的关系问题上，涂尔干也是一个有机联系论者，他认为，个人和社会是相依而存、相辅而生的，“人之为一个道德的存在只是因为他生活在社会中”[①]。乍一看，涂尔干和杜威有相似之处，但稍加分析便会发现，较之杜威，涂尔干更注重社会的权威作用。在涂尔干的理论框架中，个人显然是服从、从属于社会的，个体道德的发展更多的是取决于社会的强制和纪律，取决于个体对社会道德规则的社会化程度。因此，在教育中更强调内容的教授。杜威虽然有时更强调道德教育的社会价值，如最能代表他思想的著作《教育中的道德原理》，主要就是倡导一种以社会为定向的道德教育。他指出：“学校以及学校管理者的道德责任乃是他们对社会的责任，学校主要是一个由社会建立的机构去做某些特殊的工作，在维持生活，增进社会幸福方面发挥某种特定的职

① Durkheim, E. *The Division of Labour in Society*. Glencoe, Ill.: Free Press, 1933, p.398.

能。”[①]但是，杜威关心的不是儿童的社会化，不是迫使儿童去接受某种固定的规范和内容，或铸造某种社会的存在，而是促进个人与社会交互作用这一动态过程的发展。在涂尔干看来，敬仰社会、服从社会乃是人之为人的重要特征，是必然且合理的。较之个人，社会具有无限的权威，是至高无上的独立实体。因此，在涂尔干的教育体系中，有一个固定的终极的目的，即个体的社会化，使个人服膺社会和国家，必要时为之牺牲。这就是最高的善。然而，这一点在杜威的思想中是没有市场的。在他看来，教育的目的只在于促进个体和社会相互作用的动态过程的发展，因而否认固定的终极目的的存在，无论这种目的是个人的，还是社会的。虽然杜威在这一两难选择中有时更倾向社会一端，承认社会更大的权威，然而他同时认定，这种权威也是通过为个体谋利益、增进个人幸福和尊严而得以展现和发挥的。“个人主义和社会主义是一致的。社会只有致力于使它的所有成员得以圆满成长，才能尽自己的职责于万一。”[②]显然，社会不是超然于个人之外的单独的客观实在，它是与个人相依而存、相辅而生的。

杜威之道德领域中个人和社会关系的论述在其道德教育的理论中得到了充分体现。从个人角度讲，道德教育承认品格的形成

---

① Dewey, J. *Moral Principles in Education*. Carbondale: Southern Illinois University Press, 1975, p.7.

② 赵祥麟、王承绪编译：《杜威教育论著选》，华东师范大学出版社 1981 年版，第 13 页。

和发展是合理生活的唯一真正基础；从社会角度讲，则承认这种品格不是通过单纯的个人告诫、榜样或说服等方式所形成的，而是出于某种组织形式的社会的生活施加于个人的影响。社会机体以学校为它的器官，决定道德的效果。最理想的学校就是在促进个体发展中实现社会的改造，并通过社会生活促进个体的发展。杜威指出："从哲学上讲，道德教育的含意很深，最重要的是'个性'和'社会'的关系。道德教育不同于别的教育，它一方面发展个性，培养个人的知识、能力和感情；一方面发展之后，还须使社会的同情格外增加。"[①]二者相携并进，共同发展。

（二）理智和行为

理智和行为是杜威道德教育理论体系中的又一对重要范畴。杜威曾这样说："在我的教育著作的背后存在着一个思想，这就是颇为抽象的知和行的关系的学说。"[②]在《民主主义与教育》一书中，杜威进一步指出："学校中道德教育最重要的问题是关于知识和行为的关系（问题）。"[③]我国教育史学家赵祥麟甚至认为，知和行的关系问题乃是实用主义教育思想的核心。

杜威对理智和行为关系的看法，主要有这样几个特点。一是

---

①［美］约翰·杜威著，胡适口译：《杜威五大讲演》（上），晨报社 1920 年版，第 127 页。

② 转引自赵祥麟主编：《外国现代教育史》，华东师范大学出版社 1987 年版，第 156 页。

③［美］约翰·杜威著，王承绪译：《民主主义与教育》，人民教育出版社 1990 年版，第 377 页。

反对把理智、知识和行为、道德完全割裂开来的二元论倾向，认为二者相互交融、不可分割。胡适在《实验主义》一文中，极恰当地道出了杜威之所谓知行关系："处处是行，处处是知，知即从行来，即在行里；行即从知来，又即是知。"[①]二是着重分析理智、知识在道德和行为中的作用，比较之下，对行为着墨较少。三是对什么样的知识对道德最有影响甚为关注。

杜威极力反对理智和行为或道德关系问题上的两种极端倾向。一种视道德为非理性的，知识与道德无关。杜威认为，如果真如此，把道德训练看作学校的最高目的，同时视知识的获得、理解能力的发展与品格无关，那么，学校的道德教育将毫无希望；另一种则是苏格拉底的观点，认为知识即美德。杜威指出，知识或理智确有积极的道德意义，但并非所有的知识都有积极的道德价值，所以，苏格拉底的观点忽视了知识的性质。

悉尼·胡克（Sidney Hook）在为《杜威全集》（中期著作）第九卷《民主主义与教育》写的导言中指出："事实上，杜威在人类经验的一切领域，特别是调查研究，主要强调'智慧的方法'，这表明了'智慧'的作用是杜威伦理哲学和教育哲学中的唯一绝对价值。"[②]在杜威看来，理智对道德的作用主要表现在以

① 葛懋春、李兴芝编：《胡适哲学思想资料选》（上），华东师范大学出版社 1981 年版，第 84 页。

② [美] 约翰·杜威著，王承绪译：《民主主义与教育》，人民教育出版社 1990 年版，第 377 页。

下几个方面。

第一，理智可以使行为更有见识，更加前后一致。理智、思维的价值首先在于“使合理的行动具有自觉的目的”，即它可以“使我们从单纯冲动和单纯的一成不变的行动中解脱出来。从正面来说，思维能够指导我们的行动，使之具有预见，并按照目的去计划行动……它能够使我们的行动具有深思熟虑和自觉的方式，以便达到未来的目的……我们心中想到了行动的不同方式所导致的结局，就能使我们知道我们正在做些什么。思维把单纯情欲的、盲目的和冲动的行动转变为智慧的行动。”[①]显然，在杜威看来，一种自觉的行动必定是理智的行动，如一个人的行动不受认真考虑过的结论的指导，那么，它们就要被冲动、欲望和一时一地的情境所支配。杜威指出，培养任意的、表面的活动能力就是鼓励奴隶般的盲从。

第二，道德习惯的形成需要理智。杜威认为，道德推理、习惯和情感是密切联系在一起的，他反对流行的认识、情感和心理的三分法。他指出，习惯和情感只是推理的不同方面，情感为反省道德提供动力，而习惯则是根植于思维的、系统的动态行为。道德教育的任务不是形成学生表面的活动能力和行为，而是要培养学生一定的行为习惯系统。但这种习惯不是在外表上服从有权威的规定和死板、机械的惯例，因为这种习惯从根本上忽视了理

---

①［美］约翰·杜威著，姜文闵译：《我们怎样思维·经验与教育》，人民教育出版社 1991 年版，第 13 页。

智态度的伦理价值。“只有那些在思维训练基础上形成的习惯才能代表真正的道德行为。”①

第三，理智是个体道德选择和形成道德判断能力的基础。杜威指出，就生物学意义而言，选择是人类有机体的基本特征，是人们的一种适应方式。人只有在同环境的相互作用中借着自己的选择才能实现自己的发展。社会提供了无限可供选择的道德情境，个体的道德习惯便是借助自己一定的思维和感情模式对这些具体的道德情境自由选择的结果。但在杜威看来，自由的选择并非是盲目的选择，必须有个体思维的参与。所以，选择本质上是一种理智的选择。其实，在杜威看来，自由选择的过程即是一种探究的过程，即基于对道德问题、道德情境的反省思考做出决策的过程。

但是，杜威认为，并非所有的知识都有道德的意义。“可以想象，一个有良好判断力的人并不按照他的判断力来行动”，人可以知善而为恶。在杜威看来，知识有两种：“一种是亲切的和有生命力的个人的真知灼见——在经验中获得和经过检验的信念；一种是第二手的，基本上是使用符号的认识……一种没有生命力的遥远的知识。”②亦即一种是在生活中经过检验的实用的知

① Emerson, Goldwin J. *John Dewey's Concept of Education as a Growth Process*. Meerut City, India: Anu Prakashan, 1983, p.62.

②［美］约翰·杜威著，王承绪译：《民主主义与教育》，人民教育出版社 1990 年版，第 371—372 页。

识，另一种是从别人那里听来的或从学校课程中学来的知识。杜威认为，第二种知识没有什么道德价值，也不会深刻影响品格。“如果一个学生仅从和学校课程有关的书本学习知识，而且是为了在被提名时背诵之用，那么，这种知识仅能影响某种行为——在别人要求时，重述别人的话”，而“不能培养个人的主动性和使他忠于别人的信念”①。那么，其他专业性知识是否有助于行为的形成和巩固呢？杜威认为，也不能。在他看来，这些知识虽能改变行为，但是“只限于狭窄的范围”。他指出：“在一个有目的而且需要和别人合作的作业中所学到的和应用的知识，乃是道德知识，不管有意把它视为道德知识还是无意把它视为道德知识。”②这种“通过尝试和检验而获得的”知识，可以养成社会兴趣、发展道德认识、改善道德行为。基于这一思想，杜威反对在学校中进行直接的道德知识教学，建议通过更广泛的社会生活，通过学校生活的所有机构、手段和资料，促进人格的成长。

应当指出，杜威反对苏格拉底的“美德即知识”的命题，并以“实际的知识”代替“传闻的知识”以求知识和行为的统一，无疑是有积极意义的。但是无论如何，杜威总是认为知识和道德是统一的。他与苏格拉底的区别恐怕主要在于知识种类的不同，而不是“美德即知识”这一命题的实质的差异。所以，从这种意义上讲，杜威关于理智和行为或道德关系的看法实际上抹杀了

①② [美] 约翰·杜威著，王承绪译：《民主主义与教育》，人民教育出版社 1990 年版，第 372、373 页。

“事实”和“价值”的区别。这是杜威道德教育思想在理论基础上的一个严重不足。

（三）他律和自律

从严格意义上讲，杜威并没有专门讨论道德领域中的他律和自律及二者的关系问题。但是，若是根据康德、皮亚杰抑或是柯尔伯格对他律和自律所做的最一般的解释，杜威的思想中又确实包含了对这一问题的独特认识。这主要表现在他对“自由”“道德的发展”以及与此相关的“新教育”“传统教育”的看法上。

“自由”是杜威思想中的一个重要概念。在杜威看来，“自由”“民主”“生活”和“教育”是统一的。他指出，自由“是确立目的和将所确定的目的加以实施的力量”①。换句话说，“自由就是不受外界控制的行为和实践的能力。它意味着要具有独立实践的能力，从别人强制的束缚下解放出来，而不仅仅是不受外界的阻挠”②。杜威认为，自由有两种：外在自由和内在自由。前者指身体或外部动作的自由，后者主要指理智的自由。在学校中，外在自由是必需的，没有这种自由，学生所表现的就只有服从和宁静。但在杜威看来，这种服从和宁静只是外在的、表面的行为，它往往掩盖学生的本质，形成一种与外在要求一致的虚假的合理的行为。“这种由强迫造成的一致性的背后，一些个人的倾向就在不正常的和或多或少是在被禁止的方式下做出一些活

①② [美] 约翰·杜威著，姜文闵译：《我们怎样思维·经验与教育》，人民教育出版社 1991 年版，第 285、72 页。

动。”[①]杜威认为，传统教育的强制和权威主义乃是造成这种虚假行为的根源。所以，教育者实行外部自由的措施十分必要。但是，杜威同时指出，仅有这种外部自由还不够，更不能把这种自由当作目的来追求。否则，一方面可能破坏儿童的合作活动，另一方面容易使这种本应是积极的自由转化为消极的东西。因此，自由必须有一定的限制条件，即必须受理智因素的指引。

杜威认为，在任何情况下，自然的欲望和冲动都是人之活动的起点，但是如果不对这种欲望和冲动加以控制、改造，人就不能正常地生长。虽然外部控制也能使学生服从，但是，“外部强制的禁止和通过个人本身的反省和判断的禁止这两者是互不相容的”[②]。杜威认为：“教育的理想的目的是创造自我控制的力量。但是，单纯取消外部的控制不能保证学生自我控制……换句话说，逃避一种外部控制的形式，而使自己陷入另一种更危险的外部控制的形式……冲动和欲望如果不受理智的指引，就要被偶然的情境所控制。”[③]据此，杜威指出，理智乃是实现自由、达到自我控制的前提条件。“只有理智的自由才是唯一的永远具有重要性的自由，这就是说，理智的自由就是对于有真正内在价值的目的，能够做出观察和判断的自由。”[④]这种自由并不要求个体保持一种不受任何阻碍的外部活动，而是要求从个人的反省中，通过克服各种直接妨碍行动和自发性成就的种种困难中获得自由。

---

①②③④［美］约翰·杜威著，姜文闵译：《我们怎样思维·经验与教育》，人民教育出版社 1991 年版，第 282、283、284、281 页。

这种自由的最显著特征是个体的一切行动都是在以理智为基础的自我控制、自我指导下完成的。这种自由不仅是教育的手段，而且是教育的目的。所以，杜威认为，学校的道德训练实质上就是要给儿童“自制的能力，使他自己可以管理自己，不仅使他能适应正在进行的变化，而且还要使他有力量去形成和指导这种变化”①。教育是自治的，它应该自由决定自己的目的、目标，学生也是一样，他们生来就有活动的能力，并不需要诱导、强迫或逗引，应该让学生自己确定或参与确定自己的目的。杜威指出：“我觉得，进步教育强调学习者参加确立目的，用来指导他在学习中的活动，没有比这种观点更恰当的了。同样，传统教育不能使学生在确立其学习目的时具有积极的合作，也没有比这种缺点更大的了。”②

如果说他律是以追求外在目的、屈从外力的驱使，而自律是以根据自己的“良心”行事为特征的话，那么，事实上，杜威对“服从”“表面的一致性”“受冲动和欲望的控制”“自我控制”“自我判断”“自己确立目的”的分析，无疑都是对“他律”和“自律”的最好的说明。

杜威进一步指出，从受本能冲动的支配到“服从最机械的标

① Dewey, J. *Moral Principles in Education*. Carbondale: Southern Illinois University Press, 1975, p.11.

②［美］约翰·杜威著，姜文闵译：《我们怎样思维·经验与教育》，人民教育出版社 1991 年版，第 285 页。

准”再到“自我指导”本身代表了一个发展的过程，而且这一过程是呈阶段连续性发展的。他在与塔夫茨（J. Tufts）合著的《伦理学》一书中，把个体道德的发展划分为以下三个阶段。

第一阶段：行为受有道德结果的生物和社会性冲动的激发。

第二阶段：个体几乎不加批评地接受其所在团体的标准。

第三阶段：行为受个体对一个目的是否为善进行思维和判断的指导，不再不加思考地接受其所在团体的标准。[①]

在《哲学的改造》一书中，杜威对这一过程做了进一步阐发，他指出：我们是生而无知和不成熟的，因而处于社会的依赖状态。教学和道德训练，实际上就是成年人逐渐提高幼弱者照料自己的能力的过程。童年期最重要的就是通过已经达到独立的成人的指导实现自己的独立。所以，当年轻人从社会的依赖状态中解放出来接受自己的独立指导时，教育过程即告终结。显然，杜威不仅把自治看作成熟道德的标准，而且把自治视为教育所追求的最高理想。

由上述可见，杜威不仅区分、界定了“他律”和“自律”的性质和特点，而且提出从他律——受本能冲动和团体标准的支配到自律——接受自我指导是一个逐步实现的过程，是一个逐步摆脱外来束缚而达至自决自治的过程。这一发展模式和皮亚杰、柯尔伯格的发展阶段模式基本上是吻合的，而且都承认理智在促进道德成熟中的作用，承认教育对这种发展的作为。难怪柯尔伯格

---

① Dewey, J., & Tufts, J. H. (Eds.) *Ethics*. New York: H. Holt, 1910, p.9.

反复强调："道德教育的认识发展方法是由约翰·杜威第一次完整陈述出来的。"当然，杜威对道德发展以及发展阶段的划分主要还是理论上的，而且具有明显的安吉尔（F. Angell）机能心理学的痕迹，对这种发展及其机制进行更详尽的实证研究则是到皮亚杰和柯尔伯格那里才得以完成的。

（四）内容和形式

本书所要论及的理论家在讨论这一问题时表现出了特别的战斗精神。几乎所有理论家都认为道德不是指特殊的准则和原则，而是解决道德问题的过程和方式，道德教育的任务不是教授特定社会或集团的道德规则和行为准则，而是培养道德推理、道德判断的能力和技巧，价值澄清学派、威尔逊、柯尔伯格都是这种观点的支持者。涂尔干可能是20世纪道德教育理论中内容派的最典型的代表。他承认社会、社会道德准则的权威，并且认为学校道德教育就在于向儿童传授这些特定的准则，使其社会化。

当代道德教育理论大都把杜威的思想作为自己理论的渊源，但事实上对这一问题，杜威与他们有着极为不同的看法。在杜威看来，对内容和形式的任何二元划分本身就是荒谬的、毫无意义的。道德实质上是二者的统一。这种统一的思想最明显地表现在杜威对道德习惯的看法上。杜威认为，习惯是一个包括反复的实际行为和适应、调整的潜能的动态系统。有德行意味着既要运用一种过程，又要接受或操作某种内容。这一点显然和杜威的经验论有关。杜威认为，经验乃是有机体与环境相互作用的表现，获得一种经验既指人们遭遇的过程，也指经验的具体事件或内容，二者是统一的。所以，有人说："柯尔伯格、价值澄清学派和威尔逊都以过程为定向，而杜威则关心过程和内容的相互作用。”①

杜威反对传统的直接灌输道德规则的教育方式，强调道德教育过程中学生的反省思维和理智能力的积极作用，重视道德获得的过程而非最终结果。这似乎给人一种印象，杜威是当代形式主义道德教育理论的先驱。其实不然。杜威的理论，虽然确有形式主义道德教育思想的成分，但是与其他理论家不同，杜威反对内容的教授不是为了捍卫自己的形式主义的立场，他反对的是与学生需要和能力脱离、与学生实际经验脱离的“关于道德的”内容的教育。也即是说，他所真正关心的并不是不要进行内容的教授，而是什么内容、什么方式的教授。而且，在杜威的道德教育计划中，其社会的、历史的、阶级的内容还是很明显的。他曾指出：“儿童将成为其中一员的社会是美国，是一个民主的和进步的社会，儿童必须接受有关领导能力的教育，也必须接受有关服从的教育。”②在杜威看来，离开社会的需要和动机，离开现存的社会环境，就不可能形成有益的和经用的习惯。联系到杜威强调让儿童通过参与社会生活形成道德品格，就不能不同意道德理论家巴里·查赞所说的话：“涂尔干的注意力显然直接集中在道德的内容方面，同时，我们认为，涂尔干比人们通常想象的更接近

---

① Chazan, B. *Contemporary Approaches to Moral Education: Analyzing Alternative Theories*. New York: Teachers College Press, 1985, p.109.

② Dewey, J. *Moral Principles in Education*. Carbondale: Southern Illinois University Press, 1975, p.10.

杜威。”[1]如果说，他们二者在此问题上尚有区别，那么这种区别就在于，较之涂尔干，杜威更重过程、能力等形式化特征。

如前所述，20 世纪的道德教育理论在很大程度上是以重形式而轻内容为特征的。之所以会出现这样一种倾向，原因主要有：20 世纪占统治地位的形式主义道德哲学的影响，对学校道德教育实践过分偏重内容教授的一种反动，当代道德价值的多元化和日趋复杂化对学校道德教育提出了新的要求。从一定意义上讲，道德教育从重内容到重形式是当代道德教育理论的一个重要贡献。但 20 世纪 70 年代以来，人们对纯形式化道德教育的批判和对道德教育内容的日渐重视，则又有向杜威反对的“非此即彼的哲学”回归的意味。

（五）道德原则

关于道德原则及其在教育中的地位是当代道德教育理论中的又一重要课题，也是一个富有争议性的问题。在这一问题上，至少有两种截然对立的看法：一种是“原则派”，另一种是“非原则派”。“非原则派”认为，在道德领域，重要的不是原则，而是个人的道德需要和习惯。道德教育的实践是如何养成行为习惯而不是教授某种抽象化的原则。对于完成一种道德行为来说，道德原则并不比接受某种具体的规则更重要。而且对于道德行为的完成，道德原则并非是必不可少的。涂尔干是这一派的代表。“原

---

① Chazan, B. *Contemporary Approaches to Moral Education: Analyzing Alternative Theories*. New York: Teachers College Press, 1985, p.110.

则派”则认为，道德原则是道德领域中最基本的和必不可少的一个方面，有德行意味着根据对各种价值观点的思考所形成的普遍化陈述而进行的选择，有道德的人就是以一种原则化的方式去思考和选择的人。该派的主要代表有威尔逊和柯尔柏格。

杜威对道德原则的看法与上述两种观点不同。从某种程度上讲，他对道德原则的说明带有某种折中的性质。一方面，他认为，道德要解决的是如何把道德原则应用于具体道德情境的问题；另一方面，他又认为，道德选择是以一种普遍化陈述为基础的。他指出：“按原则去行动，就是无私地按照超越一切个人考虑的一般法则行动。”①这似乎有点像康德的“绝对律令”，又有些像柯尔伯格的普遍原则。然而，杜威进一步指出：“按原则去行动并非是按某种抽象的原则或一般的义务行动；而是按动作进程的原则行动。”②这好像又是涂尔干的具体准则。

在杜威的理论框架中，道德原则主要被视作一种重要的社会和历史现象，它不是先定的，而是通过经验获得发展的，而且主要是为判断眼下特定的道德情境服务的。杜威显然承认原则的重要性，但同时指出，更重要的是要认识到原则是人为的、易变的，而不是永恒的。“原则并不是为活动辩护的东西，因为原则只是活动能继续进行的另一个名称。如果活动的后果证明它不受欢迎，按原则行动就是增加它的弊端。一个以按原则行动而自豪

①② [美] 约翰·杜威著，王承绪译：《民主主义与教育》，人民教育出版社 1990 年版，第 367、369 页。

的人很可能固执己见，不能从经验中学习更好的方法。他设想某种抽象的原则来证明他的活动进程，而没有认识到他的原则还待证明。”[①]正如善的行为要由其所产生的结果来衡量一样，道德原则也必须由依据原则行事所产生的结果来评定。如果一种行为的结果被证明是正当的、合乎人们意愿的，那么，它将被人们接受并用于解决眼前的问题。如果一个原则总是导致违背人们意愿的结果，人们最终会抛弃这一原则。同真理一样，道德原则也是人们在经验过程中去创造出来的应付环境的工具。因此，它不是固定不变的、永恒的。正如美国学者宾克莱（Luther J. Binkley）所说，在杜威看来，“绝对的道德规则或道德原理是不存在的，任何特定的道德规则只不过是需要一次又一次地加以检验的一种假设。如果一个道德规则不适合我们所面临的新经验，那么，我们就必须采取最好的行动来对付这些独特情况的问题，并做出自己的决定”[②]。

杜威虽不像柯尔伯格那样推崇普遍的道德原则的价值，但他认为，有些原则确比其他原则更有生命力、更有价值，如民主原则。有人把杜威看作形式派道德教育理论的创始人。但是，事实上，杜威关心的是如何弥合“原则派”和“非原则派”之间的区

①［美］约翰·杜威著，王承绪译：《民主主义与教育》，人民教育出版社 1990 年版，第 369 页。

②［美］L. J. 宾克莱著，马元德等译：《理想的冲突——西方社会中变化着的价值观念》，商务印书馆 1983 年版，第 32 页。

别。他最终要表明，道德意味着以一定原则为基础的行为过程的选择。

（六）灌输

当代道德教育理论对“灌输”这一概念的讨论，大致有两种情况：一种是对这一概念、这一概念的性质以及与道德发展和道德教育的关系进行直接地、专门地分析，“目的论”“方法论”“意图论”都属此类；另一种则只是附带地或隐匿地讨论它，有时甚至把它作为一个好像不言自明的概念加以使用。杜威基本上属于后者。

英国著名教育哲学家彼得斯曾经指出，对灌输概念的详尽分析乃是英国教育哲学家的一个独特贡献。另一位英国教育学者威利斯·穆尔（Willis Moore）也曾说：“目前在我们英国同行中对‘灌输’究竟应该按照目的、内容、方法抑或是按照这三者来界定的争论，在当代（美国）教育哲学家的圈子里几乎没有出现。”[①]穆尔所言在一定程度上反映了当代道德教育哲学界对这一问题研究的事实。然而，如果据此推论说杜威未曾讨论过灌输问题则是有悖事实的、武断的。实际上，灌输这一概念不仅几乎贯串杜威所有的教育论著，而且杜威本人对这一概念也有独到的认识和理解，甚至可以说，杜威是 20 世纪最早提出并反对灌输的教育思想家。

---

① Snook, I. A. (Ed.) *Concepts of Indoctrination: Philosophical Essays*. London: Routledge & Kegan Paul, 1972, p.95.

杜威在1937年发表的《教育与社会变动》一文中曾指出：“我将把思想灌输理解为系统地运用一切可能的方法使学生铭记一套特定的政治和经济观点，排除一切其他观点。这个意义是从‘反复灌输’这个词来的，本义是‘用脚跟压印’。这个意思不能完全按照字面来理解，但是，这个概念包含有压印的意思，偶尔的确包括物质的措施。”[①]由此可以看出，杜威所理解的灌输概念至少有两个特点：强制性——灌输包括“强迫接受，伴随着对不顺从的学生给予惩罚和对服从的学生给予奖励”[②]；封闭性——将一种特定的准则和信条灌输给学生而排斥一切相左的准则和信条，旨在禁锢学生的头脑。显然，杜威既不是单纯从目的也不是单纯从内容和方法来界定灌输的。但是，杜威的灌输概念又确实包含了“目的论”“内容论”“方法论”的精神实质，似乎是三者的“浓缩”和“提炼”。

杜威主要是从贬损的意义上使用灌输概念的。具体讲，他把灌输视为传统教育的一个根本特征。他指出，传统教育的计划实质上就是一种来自上面和外部的灌输。而这种教育从根上是错误的，是与新教育、现代教育格格不入的。杜威之所谓合理的教育乃是符合其经验标准的教育，亦即满足“经验的连续性”和“交互作用”原则的教育。所谓“经验的连续性原则”，其意义是“每一经验总有些地方取之于以往的经验，同时以某种方

①② 赵祥麟、王承绪编译：《杜威教育论著选》，华东师范大学出版社1981年版，第341、379页。

式改变以后经验的性质”[①]。“生长，或者生长着即发展着，不仅指体格方面，也指智力方面和道德方面，这是连续性原则的一个例证。”[②]传统的灌输方法显然与此原则相悖，因为实质上它是把“成人的标准、教材和方法强加给只是正在逐渐成长而趋于成熟的儿童。差距是如此之大，所规定的教材、学习和行动的方法，对于儿童现有的能力来说，都是没有关联的”[③]。因此，也都是年轻的学习者已有的经验所不及的东西。所谓“交互作用”原则，是指“赋予经验的两个因素即客观的和内在的条件以同等的权利”[④]。而传统的灌输式教育的问题就在于“对也能决定要有什么样的经验的内在因素太少注意。这就从一个方面违反交互作用的原则”[⑤]。据此，杜威指出：“在传统学校里那么普遍的一种外部的灌输，不仅不能促进反而限制了儿童的智慧和道德的发展。”[⑥]这种教育方式的局限主要表现在对理智和道德的自由施加大量的限制。所以，要使儿童获得真正的持续的正常发展，就必须把如同囚犯的囚衣和拘禁囚徒的镣铐之类的措施全部废除掉，给个人以自由生长的机会。须以表现个性，培养个性，反对从上面的灌输，以自由活动，反对外部纪律作为新的教育实践的共同原则。

在灌输问题上，杜威还有一个重要的观点，这就是反对人们认为在道德、宗教和政治领域灌输是不可避免的，而且所谓灌输也主要是指宗教道德和政治信条的教授的看法。杜威指出，灌输

---

①②③④⑤⑥ 赵祥麟、王承绪编译：《杜威教育论著选》，华东师范大学出版社1981年版，第354、355、346、359、359—360、349页。

确实极易发生在上述领域，但这种情况是社会的、历史的而非逻辑的。也就是说，决定一种教育是否变成了灌输，并没有学科上的逻辑的必然，而是特定的社会或历史条件强化了这一方式并保证这一教育方式的有效性。

（七）在道德上受过教育的人

从某种意义上说，要准确地描述杜威对于“在道德上受过教育的人”的看法是很困难的。这主要是因为，在杜威的思想体系中，“人”“教育”以及“道德”等概念本身就是极其复杂的。

杜威关于“人”的概念，是以生物学、心理学和社会学为基础的，人通过与环境的相互作用而获得发展。因此，他反对传统哲学中关于肉体与灵魂、物质与精神、品格与行为、动机与后果以及教育上的个人与社会、兴趣与努力、知识与行为的二元论观点。虽然杜威也承认人的各个方面的差别，但他更重视这些因素的内在统一。于道德也是如此。在杜威看来，人的道德方面与其理智的、生物的、社会的方面是统一的。他指出：“其实，道德和有关我们与别人的关系的一切行为同样广泛……所谓道德，潜在地包括我们的一切行为……道德和整个性格有关，而整个性格又与人的全部具体特征和表现相等。一个人有德行，并不意味着培养了少数可以指名的和排他的特性；所谓德行，就是说一个能够通过在人生一切职务中与别人的交往，使自己充分地、适当地成为他所能形成的人。”[①]

①［美］约翰·杜威著，王承绪译：《民主主义与教育》，人民教育出版社 1990 年版，第 374—375 页。

这样，杜威不仅把人的道德方面和其他方面联系起来，而且把道德和社会生活联系起来了。

杜威对“教育”的看法已如前述，他把教育视作生活，视为经验的改造和生长。显然，在杜威看来，让儿童能有效地应付现实生活是教育的根本目的。教育的这一目的是通过个体经验的不断改造即个体的生长得以实现的。所以，从道德意义上讲，学校教育的目的乃是促使个体各道德因素统一、谐调地发展。具体来说，一个在道德上受过教育的人至少应包括以下几方面的内容。

第一，有道德的人应形成一定的习惯方式并通过日常生活表现出来，它是作为人格和人的日常生活的一部分发挥作用的。

第二，这种习惯方式不是人们经常所说的“或多或少以一成不变的方式行事”，它包括“各种态度的养成，情感的和理智的态度，其中理智的态度最为重要”。杜威认为“人的理性因素是最重要的因素，他坚信教育有力量培养有道德的自由个人。思维者，或用他的同义语称为‘科学的’人是他理想中受过教育的人”，具体说“这种人能用有理智的探究解决他在生活中遇到的问题。他在审慎地思考和预见到可能发生的后果以后，能做出抉择。受过教育的人会明智地行动”[①]。

第三，在道德上受过教育的人，是一定社会和社会团体的一部分，而且是通过社会形成的。因此，他应具有社会责任和社会

---

① 瞿葆奎主编，丁证霖、瞿葆奎选编：《教育学文集·教育目的》，人民教育出版社 1989 年版，第 445 页。

技能。

第四，在道德上受过教育的人最终应是一个完整的有机的“自我”，即他的思想和日常行为代表了某种一贯的和综合的模式或经过深思熟虑的完整的世界观。

显然，杜威的“在道德上受过教育的人”既不同于柏拉图的“哲学王”，也不同于昆体良（M. F. Quintilianus）的“雄辩家”；既不是夸美纽斯（J. A. Comenius）的“全智全能者”，也不是洛克的英国“绅士”，而是美国工业社会中运用科学的方法和理智实现道德生活的“有道德的自由个人”。这一看法本身也许并没有什么“革命”的性质，或根本上就是对经典教育家关于这一问题的看法的综合。但是，有一点却是值得注意的，这就是，“人性”并不是在与现实世界隔绝的状态下发展起来的，而是通过合作，通过与现实生活的有机联系发展起来的。

二、论学校道德教育的实践

（一）关于学校道德教育的途径和方法

学校道德教育通过哪些途径和方法促进儿童的道德成长呢？杜威对此进行了独到的思考。

第一，让儿童参与社会生活，在合作的活动中形成道德判断的能力。杜威在《教育中的道德原理》一书中引用了一位英国哲学家的话来区分“道德的观念”和“关于道德的观念”。他认为，这种区分对于道德教育至关重要。所谓“道德的观念”是在参与合作的社会活动中形成的，能影响行为，使行为变得更好的观念；“关于道德的观念”是“关于诚实、纯洁或仁慈的见解，在性质上是不可能自动地使这些观念变为好的品性或好的行为”的观念。“关于道德的”教育即是直接的道德知识的传授。这种教育虽然有时是必要的，但却不是充分的。对儿童整个品格的影响，相对来说，是十分微弱的。杜威建议通过间接的、通过学校的整个生活对儿童进行道德的训练。这便是杜威将道德教育集中在把学校作为一种社会生活方式这个概念上的理论基础。

杜威指出：“一切能发展有效地参与社会生活的能力的教育，都是道德的教育。”①因为，只要“学校与社会脱离，学校里的知识就不能运用于生活，因此，也无益于品德”②的形成，所以，道德教育应集中在把学校作为社会生活的模式这一观念上。“除了参与社会生活，学校就没有道德的目标和目的。”③

杜威认为，传统教育的失败，就在于它忽视了学校作为社会生活的一种形式这一基本原则。学校只是传授知识、学习某些僵死的课业、培养某些固定习惯的场所。而向儿童传授的这些东西并不能成为他们生活经验的一部分，因而“并不真正具有教育的作用”，同时，“使得达到真正正常的道德训练变得困难或不可能”。他指出，正如社会为儿童提供了道德发展的实验室一样，学校同样应该作为儿童道德发展的实验室为儿童提供指导，“如同成人在他所在的更广泛的社会生活中一样，在学校中，儿童应有相

---

①② [美] 约翰·杜威著，王承绪译：《民主主义与教育》，人民教育出版社 1990 年版，第 377、376 页。

③ Dewey, J. *Moral Principles in Education*. Carbondale: Southern Illinois University Press, 1975, p.11.

同的正当行为的动机，受相同的标准来判断”[①]。学校应反映校外成人的标准，并非指以成人的标准要求正在成长的儿童，而是指“儿童也是一个人，他必须像一个整体的统一的人那样过他的社会生活”。正是从这一思想出发，杜威反对学校为使儿童习惯于某种行为模式而采取恐吓、惩罚等手段。在他看来，道德教育不能给儿童造成惩罚的恐惧，也不能企望通过直接的奖励就能使儿童遵守道德原则。适当的方法应当是允许儿童在生活活动中自由探索，允许儿童犯错误并鼓励他们在发展中不断修改自己的判断。

杜威之所以如此强调参与社会生活在儿童道德发展中的作用，是因为他认为只有使儿童置身于现实的道德情景中，并通过他们自己理智地思考和选择，才能形成对现实的判断能力。而且，他认为，通过参与社会生活或在生活中培养儿童的品德犹如下水学游泳一样，这样做固然危险，但恰恰是必要的途径。

杜威还认为，让儿童参与社会生活的有效方法之一，就是把学校变成一种典型的社会生活。学校在这方面的道德责任就是要设计适合儿童需要的各种活动，使儿童在集体生活的活动中受到刺激和控制。杜威指出：“最好的和最深刻的道德训练，恰恰是人们在工作和思想的统一中跟别人发生适当的关系而得来的。”[②]

---

① Dewey, J. *Moral Principles in Education*. Carbondale: Southern Illinois University Press, 1975, p.17.

② 赵祥麟、王承绪编译:《杜威教育论著选》，华东师范大学出版社 1981 年版，第 5 页。

第二，通过教育方法进行道德教育。杜威认为，教育方法上的道德训练，重在把儿童从自私自利转到为社会服务上来，重在创造和贡献，而不是单纯的吸收和学习。在杜威看来，儿童生来就有要贡献、要做事、要服务的自然愿望，如不能很好地利用这种倾向，使之有利于社会性服务方面，而是为别的动机所代替，那么，这种倾向就可能促成一种反社会的活动。

杜威指出，美国学校中不仅缺乏培养社会精神的实践，而且往往习惯于教导极端个人主义的动机和标准。教师通常使用一些刺激的方法像对教师的爱、为好成绩而竞争、为未来成功做准备等来引起儿童学习或行善的动机。杜威认为，这些动机本无可厚非，然而，这些刺激毕竟是外部的，当外部情境发生变化时，这种动机也就不存在了。所以，在教育中，应逐渐消除这种相对说来是外部的动机，使之为了他自己而赞赏他必须做的事情之社会价值。杜威曾极力反对学校普遍存在的竞争和对抗。他认为，事实上，让儿童过早地投身于个人主义的竞争中，就会丧失任何积极的价值，因为知识、艺术和道德领域是需要儿童合作和共同参与的。

杜威认为，把道德的重心从自私的吸收转到社会服务，很重要的是要为儿童提供一种机会——手工训练。这种训练的意义不只是用手操作，也不只是智力训练，更重要的是它有助于儿童社会性习惯的发展。当学校为"互惠、合作以及积极的个人成熟提供机会时"，学校里普遍存在的教学和品德的脱离、学习和行为不一致的状况便自然消除。

第三，通过教材进行道德教育。杜威指出，"道德的目的是各科教学共同的和首要的目的”，所以，“知道如何把道德价值的社会标准加之于学校所使用的教材上面，就是十分重要的”。[①]杜威认为，学校虽然不可能把全部精力用于儿童道德的训练，但是，通过各科教学发展儿童的道德正是学校的重要任务。

通过各科教学对儿童进行道德教育，在杜威看来，有两方面的含义。一个是教材的内容。教材必须联系社会生活。他认为，传统课程的最大弊端就是与现实生活脱离，与儿童的实际生活脱离。“我们由于给儿童太突然地提供了许多与社会无关的专门科目，读、写和地理等，而违反了儿童的天性，并且使最好的伦理效果变得困难了。”[②]他建议，应当把学校学科作为使儿童理解社会活动情况的手段，把熟悉过去作为鉴别现在生活的有效力量，或变为有效地应付未来的工具。所以，学校的各门学科只有按照了解社会生活方式去教的时候，它才具有积极的伦理上的意义。例如：地理学科之所以有道德价值，是因为它描述了“有关人与自然互相影响的社会生活”，论述了人如何依赖自然环境，或如何通过人的生活而改变环境；历史“乃是解释现今社会关系的手段”，所以，衡量历史教育的道德价值就在于如何把过去的事件作为解释现在的手段——让人们理解现在社会的组织与活动。另一个是教学方法，教学必须以儿童的心理变化为依据。杜威认

① Dewey, J. *Moral Principles in Education*. Carbondale: Southern Illinois University Press, 1975, p.31.

② 赵祥麟、王承绪编译:《杜威教育论著选》，华东师范大学出版社 1981 年版，第 6 页。

为，对于儿童来说，教材“永远不是从外面灌进去的。学习是主动的，它包含心理的积极开展，亦即从心理内部开始的有机的同化作用”[①]。没有任何一门学科本身就自然而然地具有固定的教育价值，因此，如果不顾及学习者的发展阶段，就无法实现教育的目的。在杜威看来，把一套固定的行为规则或僵硬的道德习惯强加给儿童，或者把已经组织好的知识一汤匙、一汤匙地灌给学生，都是“忽视个人的特殊能力和要求，忘记了一切知识都是一个人在特定时间和特定地点获得的”[②]。所以，有效的方法是使教材“心理学化”，使儿童在能力所及的范围内吸收它。

学校生活、教育方法和教材是相互联系的，杜威将其称为“学校道德的三位一体”（the moral trinity of the school）。

第四，通过解决问题促进儿童道德的成长。在杜威看来，传统道德教育的方法实质上是强迫灌输的方法，是把现成的道德习惯和道德准则“灌进等待装载的心理和道德洞穴中去的一种方法”，由于训练的内容或与儿童的经验无关，或为儿童的能力所不及，所以，灌输的方法“不仅不能促进，反而限制了儿童的智慧和道德的发展”[③]。他认为，理想的道德训练的方式乃是“民

---

① Dewey, J. *Moral Principles in Education.* Carbondale: Southern Illinois University Press, 1975, p.79.

②［美］约翰·杜威著，王承绪译：《民主主义与教育》，人民教育出版社 1990 年版，第 114 页。

③ 赵祥麟、王承绪编译：《杜威教育论著选》，华东师范大学出版社 1981 年版，第 349 页。

主”的方法。所谓“民主”的方法，即是“科学的方法”，也就是运用智慧进行“探究”的方法。因为，人在适应环境的过程中，会遇到各种包括道德在内的疑难问题，人与环境的作用就在于努力寻找解决问题的途径和方法。杜威认为，所有这些不是通过强制的灌输，而是要儿童借助创造性的智慧，对道德问题进行积极的探究。所以，在道德训练过程中，教师应向学生提供现实生活中的“道德两难”问题供其思考和讨论。但教师的任务不是保证学生得到所有这些问题的“正确答案”，而是如何激起学生的反省思维、好奇心和寻求新见解的态度。因为在杜威看来，讨论或解决问题的目的不是让学生知道“做什么”，而是让他们学会“如何决定做什么”。杜威也指出，这种方法虽可培养学生“民主”“合作”的态度，提高学生的判断能力，但必须使用得当。教师设计的问题“不能难得超出学生能力所及的范围”。具体说来就是，应“使新问题的困难程度大到足以激发思想，小到加上新奇因素自然地带来的疑难，足以使学生得到一些富于启发性的立足点，从此产生有助于解决问题的建议”①。

（二）关于教师

杜威对教师的看法，首先表现在他反对在教师地位问题上的极端观点。

关于教师和学生的关系以及教师在教学、教育过程中的地

---

①［美］约翰·杜威著，王承绪译：《民主主义与教育》，人民教育出版社 1990 年版，第 167 页。

位，当时主要有两种模式：一种是“权威”模式，另一种是“放任”模式。前者认定教师乃社会价值观的传递者，是社会的“牧师”，其作用主要在于采取一切可能的措施使儿童掌握、服从社会的规范和准则，相对于儿童来说，教师具有至高无上的权威；后者认为教师是儿童的促进者，其作用主要表现在尽可能帮助儿童自由解决问题，做出决定，与儿童相比，教师的作用是次要的。

杜威反对在教师和儿童问题上非此即彼的哲学，反对或是强迫服从，或是放任自流的做法。他认为，一方面要承认教师的社会地位和作用，另一方面也要考虑儿童对教师作用的制约。杜威认为，教师首先是社会的代理人，为社会负责，“他是社会的公仆，专门从事于维持正常的社会秩序并谋求正确的社会生长”[①]。然而，承认教师的社会职能并不能因此就断言教师权威角色的合理性，“教师在学校中并不是要给儿童强加某种概念，或形成某种习惯，而是作为集体的一个成员来选择对于儿童起着作用的影响，并帮助儿童对这些影响做出适当的反应”[②]。也就是说，教师既要维持社会的秩序，又要促进个人的自由生长。杜威认为，传统教育的问题主要在于过分强调教师的社会功能，而忽视了儿童的自主活动和自由权利。

据此，杜威认为，在教育过程中，教师的作用主要表现在以

①② 赵祥麟、王承绪编译：《杜威教育论著选》，华东师范大学出版社 1981 年版，第 12、5—6 页。

下几个方面。

第一，教师的工作应以促进儿童的生长为中心。杜威认为，儿童既是起点，也是中心，更是目的，儿童的发展和生长就是教育的理想所在。因此，必须站在儿童的立场上，并且以儿童作为自己工作的出发点。

第二，“教师是一名向导和指导者”。杜威明确指出，重视儿童的中心地位并没有否定或削弱教师的地位。在他看来，反对旧教育将成人的知识、方法和行为的准则强加于儿童，并不意味着因而可以否认教师对儿童的经验的指导价值。“建立在个人经验的基础上的教育也许意味着比在传统学校任何时候曾经存在的成人和儿童之间的更复杂和更亲密的接触，结果是更多而不是更少地受别人的指导。”[①]杜威指出，没有一种东西能从无中发展出来，从粗糙的东西发展来的只能是粗糙的东西，希望儿童从他自己小小的心灵发展到一个宇宙是不会有效果的。但指导并不是从外部强加的，指导就是把生活过程解放出来，使它最充分地实现自己。[②]对教师来说，指导就是“选择对本能和冲动的适当的刺激问题”。所以，从一定意义上讲，“进步教育同以往的传统制度相比，教育者肩负着更多的重担，实施起来也更加困难”[③]。

---

①② 赵祥麟、王承绪编译：《杜威教育论著选》，华东师范大学出版社 1981 年版，第 348、85 页。

③［美］约翰·杜威著，姜文闵译：《我们怎样思维·经验与教育》，人民教育出版社 1991 年版，第 265 页。

第三，“教师是领导者”。杜威反对传统教师的“监督者”和“独裁统治者”角色，同时也不赞同把教师看成是一个微不足道的因素甚至是一个有害人物的倾向。他认为：“实际上，教师是一个社会团体的明智的领导者……认为自由的原则使学生具有特权，而教师被画在圈外，必须放弃他所有的领导权力，这不过是一种愚蠢的念头。”[①]杜威反对在学校中削弱教师领导地位的做法，认为，否认教师对教育活动的建议和权力，不过是以儿童偶然接触的人和情境去代替教师的智慧计划。

第四，教师还是一位学习者和活动的组织者。杜威认为，教师固然不应把现成的教材和道德准则直接提供给学生，然后考察他们是否记得准确，但是也不能保持沉默，而应当参与学生的活动。在这种共同参与的活动中，教师既是一位领导者——组织活动并创造条件保证活动的顺利进行，也是一位学习者。虽然在共同活动中，教师感受不到自己的领导地位。但是，总的来说，在教育过程中，无论教师还是学生，越少意识到自己在那里施教或受教，其效果就越好。

为了更好地发挥自己的角色职能，杜威要求教师不仅要有“丰富的知识”和“专业知识”，拥有有关环境条件形成实际经验的一般原理，知道实际有哪些环境有利于引导生长的经验，而且应当知道怎样利用现有的自然和社会的环境并从中抽取一切

---

①［美］约翰·杜威著，姜文闵译：《我们怎样思维·经验与教育》，人民教育出版社 1991 年版，第 227—228 页。

有利于建立有价值的经验的东西。他既要能激发学生的热情，与学生交流思想，提高价值的辨别能力，增强对观念和原则的感受，又要了解学生经验发展的连续性。教师越是了解学生以往的经验，了解其希望、理想和主要的兴趣，就越能更好地理解为使学生形成反省思维、价值判断所需要加以指导和利用的各种工作动力。

关于杜威对教师地位的看法，一度是人们争论的一个热点问题。一般的看法是，杜威是一个“儿童中心论者”，因而不大重视教师的作用。理由是，杜威的教育理论就是以反对传统的“三中心”为出发点的，而且杜威本人也曾反复强调他是以儿童为中心，以儿童的发展为教育的理想目的。杜威在理智和道德教育中确实赋予儿童以特殊的甚至是中心的地位，而且，儿童这种地位上的变化显然也是针对传统的“教师中心”提出的。但是，杜威对传统教育的批评尚不在于它对教师作用的肯定，主要在于它对儿童的忽视，用他的话说就是“传统教育的问题，不在于教育者负起了安排环境的责任。问题在于他们没有考虑到创造经验的另一个因素，即受教育者的能力和要求”[①]。显然，如果说传统教育在教师问题上还需要批判的话，那么，主要是它夸大了教师的作用，是一个量和度的问题，而对儿童需要和能力的忽视则是本质的问题。所以，杜威的“儿童中心”有点矫枉过正的意味。或者

---

① 赵祥麟、王承绪编译：《杜威教育论著选》，华东师范大学出版社 1981 年版，第 362 页。

说不是要完全否定传统教育对教师的肯定，而是要“补”传统教育“无儿童”之缺憾。而且，这也是符合杜威经验教育的“主要之点”——交互作用的原则的。

第三节 杜威道德教育理论评价

一、杜威道德教育理论的哲学基础

综观杜威教育思想的实质，可以清晰地发现，杜威的道德教育理论是以他的经验论哲学和实验主义伦理学为基础的，其哲学的性质是唯心主义的，其实验主义伦理学则是道德相对主义的典型代表。

（一）唯心主义哲学

杜威的道德教育、道德发展理论无疑是其哲学——经验论哲学的贯彻和运用。它属于一种认识论，因为它探讨的是道德如何获得或道德来源的根本问题。杜威认为，正如人们借助经验获得对世界的认识和理解一样，人们也是借着道德经验的增加来提高对道德规则、规范的理解和把握。在杜威看来，经验赖以产生的世界是存在的，“被经验到的不是经验而是自然”。但杜威认为，世界本身的价值和意义并不是由其自身来显现，而是通过人们以自己的思维方式进行认识和解释实现的。那么，人们如何获得对世界的认识和解释呢？在杜威看来，人们对世界的认识乃是“借助理性的构造”。所谓构造，就是人们借助理性思维使经验意义不断分化、聚合从而达到更高统一体的过程（这也是杜威辩证法的真实含义）。[①]杜威认为，人们正是通过经验的不断构造来认识并控制自我和世界的。也就是说，人们通过构造获得的经验意义不仅增强了人们对自身的理解和控制，而且提高了人们对世界的认识和把握。经验便成为人们预测现实的工具。正如杜威所说："如果观念、意义、概念、学说和体系，对于一定环境的主动的改造，或对于某种特殊的困苦和纷扰的排除确是一种工具般的东西，它们的效能和价值就全系于这一工作的成功与否。"[②]既然经验成了人们预测、理解现实的工具，那么，对经验的构造又是通过什么来进行的？在杜威看来，构造是主体与环境相互作用的结果，即主体活动或实践的结果。但是，杜威认为，决定这种构造的并非客观世界，而是人的理性思维。世界的意义依存于主体的解释框架，杜威正是以此来反对"二元论"的，这也是他社会多元论的思想基础。如果从这个角度上看，杜威对二元论的批判所导致的往往并不是一种折中，而是基于其意义哲学对世界多维度的解释。但是，视世界的意义全系于主体的解释，把经验看成理解现实的工具，实际上已经滑入了唯心主义。列宁曾经指出："把真理看作认识的工具，这就是在实际上已经转到不可知论方面，也就是离开唯物主义。"[③]

撇开杜威发展理论的唯心主义基调不论，应该指出，他对道

① Ackley, T. E. Dewey's Dialectic. In Mckee, R. C. *Philosophy of Education*, 1982, p.163.
②［美］杜威著，许崇清译：《哲学之改造》，商务印书馆 1958 年版，第 84 页。
③《列宁全集》（第 45 卷），人民出版社 1990 年版，第 323 页。

德发展之客观来源的观点，还是有其合理之处的。应当承认，在主体的构造过程中，强调人和环境的相互作用，强调经验与自然的统一是有其合理性的。在人们现实的认识过程中，主客观实在就是互相依存的，杜威忽视的是社会道德环境对道德的最初的决定作用，尽管也提到在行动中检验道德观念的必要性，但是道德发展决定于社会道德环境的变化，而不是人的经验意义的增加。

强调世界的意义依赖主体的解释框架，反映了多元世界中人们认识的一种新的方式。世界是多元的、多维度的，既然人的活动是在包含多元系统的世界中进行的，人们就可以在不同的主观框架下获得对活动意义的解释。实际上，它确切地包含主体和客体的统一，既有世界存在的客观特性，也有主体自己的选择视角。从人的主体理性模式出发对多元世界进行多元考察，既为当代心理学所证实，又代表了当代哲学的一种主要倾向。但是，对客观世界的解释无不是以世界的客观特性为最初的原因。在人的认识中，尽管不否认人的能动性，不否认自然作为“人化了的自然”所表现出的人的意志力，但这并不意味着人的认识不受客观世界的制约。其实，作为一种人化了的自然仍是一种客观存在。所以，只有客观世界才是决定人类和个体道德进步的决定力量。

此外，我们还要看到杜威道德发展理论所体现的另一个积极方面，这就是：它实际地体现了人类认识的辩证法。当然，杜威把这种辩证法理解为思维的本质特征，就不免使这种辩证统一思想带上了唯心的色彩。但是，强调活动能动的实践在道德发展中的作用，强调道德观念必赖于实践的检验才得以实现，一定意义上触及了人类认识的实质。也许正是从此意义上讲，杜威曾强调他的观点和马克思主义的某些方面并不矛盾。当然，这只是杜威本人的理解，其实，作为一种唯心主义哲学，其活动或实践观和马克思主义的实践观有着根本的不同。

（二）杜威的“境遇伦理学”

杜威道德教育理论的伦理学基础是其实用主义的“境遇伦理学”（也称“情境伦理学”）。他指出：“价值的存在是依赖情境的，它是否适当也就取决于是否符合这个情境的需要和要求。”①因此，道德的本质乃是个体适应环境的工具。杜威认为，经验即是生活，生活的特征就是应付环境，每个人生活在世界上，时时都要应付各种不同的环境，解决各种疑难。在道德上，人的道德生活同样体现在道德经验中，体现在人与环境相互作用过程中所进行的道德选择中。一种行为是否为善，取决于在实际的情境中能否见效果、能否满足人的需要。因此，道德不是固定不变的、永恒的，而是依情境的不同而不同，随需要的变化而变化的。不存在普遍的道德真理，只有那些在实际行动中被证明是有用的、合乎需要的原则和准则才能有效地指导行为。对于道德教育，学校的任务便不是教授无任何实际意义的普遍原则或道德法则，而是要帮助学生在具体的道德情境中借助自己的理智选择获得实际的道德经验，并鼓励他们在实际情境中运用这些经验，检验这些经验。

杜威的境遇伦理学视道德为应付环境的工具和满足需要的手

① Dewey, J. *Theory of Valuation*. Chicago, Ill.: The University of Chicago Press, 1939, p.17.

段，否认道德原则、道德准则、道德规范的客观性和普遍性，因而是相对主义的。这种相对主义伦理学的积极因素在于：从根本上动摇了道德天赋神授的观念，打破了传统的视道德原则为固定不变的看法，具有积极的方法论意义。强调道德原则只有运用于而且在具体情境中才能指导行为，并指出任何道德原则表现在具体行动中时，要由这些行动的结果来检验，无疑也是正确的。罗素在批判康德的形式主义伦理学时曾指出："康德的准则，所提的好像是美德的一个必要的标准，而不是充分的标准。要想得到一个充分的标准，我们恐怕就得放弃康德的纯形式的观点，对行为的效果做一些考虑。"[①]也即是说，没有具体的道德原则，人们就无法解决问题、指导行动。但是，任何道德原则，若不运用于具体情境、解决现实的冲突并在行动中接受检验，那么，这种原则是毫无意义的。

然而，杜威的境遇伦理学也存在着严重不足，它突出了道德原则的相对性、易变性，但否认其绝对性和稳定性；它强调道德行动、道德情境的具体性、个别性，否认其普遍性和一般性，这些都是失之偏颇的。强调在道德情境中获得道德经验，并主张通过行动的后果来检验行动固然有合理的一面，但单纯强调具体的道德经验和行为的具体后果似乎显得肤浅。因为像康德的纯形式道德判断虽不免空洞和抽象，但道出了道德之为道德的根由，正

---

① [英] 罗素著，马元德译：《西方哲学史》(下卷)，商务印书馆 1982 年版，第 254 页。

是在人与人、人与社会的交往乃至冲突中显示出无可匹敌的力量，显示出必须服从的普遍性质。而且，在实际中，“如果没有一套具体的道德观念和道德原则，人们就不能解决道德问题”[①]。所以，“杜威的伦理学的基础是经验事实而非道德原则，这被认为是一个严重的缺点”[②]。在教育实践中，反对传统的教授具体的道德准则的做法对于反对空洞的道德说教有积极意义，但否认道德教学的道德教育价值则是武断的。

二、杜威道德教育理论的贡献

根据以上叙述，我们认为，杜威的道德教育理论至少有以下几点贡献是应该予以充分肯定的。

（一）重新估价了教育在儿童道德发展中的作用

对教育同道德发展关系的看法，历史上曾有成熟论和环境决定论两种对立的观点。成熟论者认为，儿童的道德发展是一种自然展开的过程，是儿童固有道德的成熟。格赛尔（A. Gesell）指出，发展是一种成熟或展开的过程而与环境的影响无关。卢梭则认为人生而善良，从而把道德的成长完全诉诸自然。把心理看成一种成熟或展开的过程，某种意义上就把教育同道德的发展对立

① Soltis, J. F., & Rehage, K. J. (Eds.) *Philosophy of Education: Eightieth Yearbook of the National Society for the Study of Education*. Chicago: The University of Chicago, 1981, p.254.

② Elias, John L. *Moral Education: Secular and Religious*. Malabar, Fla.: R. E. Krieger Publishing, 1989, p.45.

起来甚或否定了教育的作用。环境决定论者则认为，道德的根本问题在于对儿童行为的训练，如果把道德的发展归因于儿童的内在因素则只能使人们走上歧途。因为人和动物的全部行为都可分析为刺激和反应，所以，道德的发展也无不是一定社会文化的产物，无不是奖励、惩罚、模仿的结果。教育者通过对儿童的行为施以奖励和惩罚，就可以使良好的行为得到强化、发展，不良的行为受到抑制。杜威与这两种观点不同，他认为，由于道德的发展取决于有机体与环境的相互作用，一方面应肯定教育对儿童的道德发展有重大的促进作用，学校不仅提供了道德发展所必需的理智能力，而且为儿童的道德发展提供了一个特殊的环境；另一方面，也应看到教育作用的发挥必须在儿童的经验范围之内，教育的内容必须适合儿童的能力和要求，因为发展本身是一个特定的过程，有着自己的规律，只有当适当的条件具备时才能实现。杜威关于教育在道德发展中的作用这一思想，不仅对批判传统的道德教育方法有重大意义，而且对学校道德教育实践具有普遍意义。要使儿童正确理解道德原则和规则，并以此指导自己的行为，教育工作者就不仅要看到教育应该而且能够促进儿童道德的发展，还要认识到，只有根据儿童的心理发展规律，以儿童可接受的形式来组织活动，才能收到预期的效果。

（二）确立了儿童在道德教育中的地位

如果说，在人类认识史上，由对客体的认识转到对主体自身的认识曾代表了人类认识的进步和深化，那么，在道德教育上，从对行为主体的忽视到尊重也未尝不可以看成一场重大的教育变革。杜威正是在对传统教育压制个性、强制性灌输的反叛中较合理地确立了儿童在道德教育中的地位。

在杜威看来，传统教育的错误就在于把儿童看作“小成人”。由于视儿童为固定不变的状态，道德教育就是把一套先定的规范、规则强加给儿童，而这些内容大都为儿童的经验能力所不及，结果造成浪费。杜威认为，要克服传统教育的弊端，就必须“以表现个性、培养个性，反对从上面的灌输；以自由活动反对外部纪律”作为进步教育的基本原则。杜威认为，道德教育的过程从根本上讲就是儿童探究的过程。“凡有价值的地方就有探究的因素”，所以，道德教育的任务就是要帮助儿童通过批判性探究发现什么是正确的，并帮助他们为追求合理的价值而利用他们固有的能力和智慧。在杜威看来，由于儿童是价值探究的承担者，他们就能主动地接受并遵从它，从而解决道德问题。

强调道德教育中学生的批判性探究能力已经成为西方教育哲学家十分流行的观点。他们强调道德教育中应帮助儿童去发现、去创造，而不是使学生习惯于一套已为人知的僵死的道德原则。谢弗勒就曾指出，道德教育在实践中的需要就是发展批评性思维，就是要求持续不断地在学校教育的所有方面发展批判性思维。[①]西方道德教育理论界把道德教育批判性探究的重视看成对儿童主体性的关心和肯定，所以，人们把这一方法看成杜威及其追随者对道德教育的一个重大贡献。

---

① Soltis, J. F., & Rehage, K. J. (Eds.) *Philosophy of Education: Eightieth Yearbook of the National Society for the Study of Education*. Chicago: The University of Chicago, 1981, p.188.

无疑，儿童道德的发展过程也是一个创造性思维发展的过程，因为儿童对道德规则的理解本身就是主体的一种创造性活动，真正能够促进这种理解的是儿童求得结论的思维活动过程，而不是现成的答案和结论。更重要的是通过儿童自己积极思维得出的结论更容易为儿童付诸行动。

反对传统的强制性灌输，坚持儿童的探究是否忽视了教师的作用呢？与传统的看法不同，在教师和学生的关系上，杜威似乎并不像人们所说的那样片面。在杜威看来，传统教育的困难，并不在于教育者负起了安排环境的责任，而在于没有考虑到受教育者的能力和要求。杜威认为，既然探究的过程也是不断发现并不断解决问题的过程，教育者选择能激发积极探究的问题就十分必要。所以，把道德教育看成探究的过程，突出了儿童的主体性，但在问题的选择和指导中也正体现了教师的主导作用。在杜威看来，如同传统的灌输忽视了主体性一样，对学生的极端放任和学校无政府的状态同样是错误的。教学的真正艺术在于要适合儿童的能力和水平，并给儿童的发展提供推动力。杜威对教师和学生的关系问题的认识和主张不仅极大地冲击了当时传统的“静听”式的教育，而且对以后美国教育产生了重大影响。有学者甚至认为：“在今天，如果说国外的来访者有感于美国学校儿童的轻松以及师生之间的友好关系，那么，这应归功于杜威的教育哲学。”①

---

① Taneja, V. R. *Educational Thought and Practice*. New Delhi: Sterling Publishers Pvt. Ltd., 1984, p.153.

（三）肯定了活动在道德发展中的作用

皮亚杰曾经指出，一切道德都是一种包含许多规则的系统，而道德的实质就在于使人们学会尊重这些规则。这一问题上的理论差别，不在于对这一说法本身的肯定或否定，而在于对它的不同解释。这牵涉到认识的来源问题，也关系到道德的根本问题，杜威把活动或实践纳入道德发展的领域，比较合理地解决了这一问题。

杜威认为，活动特别是协作的活动不仅决定人的心理，而且决定道德的发展。在他看来，不仅道德知识通过在与他人合作的有目的的作业中获得，道德的发展也只有借助与别人的交往来获得。因为，唯有参与共同生活，才能有公共之了解，才能培养真正的社会道德。杜威认为，让儿童参与共同的合作活动，是培养品格的一条重要途径。学校的重要任务之一就是如何合理地组织各种活动，并在活动中培养儿童的行为习惯。在杜威的理论中，活动的概念的重要性并不限于把它看成一种方法或原则，它实际地体现了对传统"静听"式的教育的背叛，以及对道德教育的过程中忽视实践环节的不满。自杜威提出活动教学以后，始终影响着美国乃至世界教育的实践，而且强调儿童的活动仍然是当今美国教育改革的重要组成部分。教育改革者们一致认为"学生的活动，无论是自发的，还是有指导的，都是最佳的学习方法"①。

---

① Taneja, V. R. *Educational Thought and Practice*. New Delhi: Sterling Publishers Pvt. Ltd., 1984, p.153.

无疑，从道德意义上讲，儿童的合作活动不仅能增进相互间的了解，加深对道德规则的认识，而且在相互评价中不断发展了自我评价的能力，所有这些对儿童的道德发展都是至关重要的。

埃利亚斯曾对杜威道德教育理论的贡献做过如下概括。他指出："杜威的伦理学说虽然在本质上是有问题的，但对道德教育领域却做出了许多极其重要的贡献，其中最重要的是：重视发展青年的批判性智慧，认识到道德价值不是永恒的，杜威的道德教育方法强调儿童要在实际环境中学习价值并在审慎考虑结果后做出自己的选择。杜威还十分注意要求在道德教育中认真考虑儿童的年龄和理智能力，他所强调的在与别人的合作中学习价值的观点已成为当代许多道德教育理论的一个重要方面。"[①]无疑，杜威对道德教育理论和实践的贡献是巨大的，也是多方面的，其在教育发展史上的地位应予以充分的肯定。

三、杜威道德教育理论的历史地位

有人在论及康德在哲学发展史上的地位时，曾形象地把他比作"蓄水池"，意谓从前的各种哲学思想均流向他，在他那里汇合，而后来的哲学各派则又都出自他、源于他。不管这一比喻是否恰当，对于康德，这一比喻并不过分。如果说，在教育发展史上，还有一个人应该处于这种地位的话，那么，这个人非杜威莫

---

① Elias, John L. *Moral Education: Secular and Religious*. Malabar, Fla.: R. E. Krieger Publishing, 1989, p.46.

属。因为，在杜威的思想框架中，不仅容纳了历史上几乎所有有关道德和道德教育的理论和学说，而且孕育了未来道德教育思想的胚芽，并实际地、深远地影响了后来的道德教育理论。

（一）对历史上各种观点的批判和综合

同康德哲学一样，杜威的教育哲学也可归到批判哲学那一类中去。从一定意义上讲，杜威的道德教育理论就是以批判历史上的各种道德教育观为出发点的。前面讲到的杜威对道德教育领域基本范畴的论述无不充满了批判精神，如在个人和社会关系问题上，对社会权威主义和个人自由主义两种极端倾向的批判；在理智和行为的关系问题上，对道德非理性主义视道德与知识无关和苏格拉底视知识即美德的批判；以及在教师和学生的关系问题上，对或者从外面强迫儿童，或者放任自流的非此即彼哲学的批判，都鲜明地反映出对传统思想批判的特征。在其著作中，杜威对从古至今的几乎所有的教育学说都进行了批判性讨论，并试图从分析各种对立的观点中寻找某种“协调”的因素，以综合它们，赋予它们以“方向性”和“统一性”。

显然，对传统的或历史上的各种学说、观点进行批判和综合并非杜威工作的全部成就，他试图以经验论教育哲学代替历史上的已有成果，并给教育改革以新的活力和指导。即使是这种单纯的批判和综合，从方法论意义上讲，已经使杜威远远超出了传统的各种观点。杜威以经验论反对各种形式的二元论和非此即彼的哲学，使他的理论免于偏于一隅、固执一端。杜威的道德教育理论在方法论上是折中主义的，其中不乏辩证因素。虽然从某种意义上说，偏激和极端有时会比综合、辩证获得更有价值和意义的成果，但绝不可以把它视为一种合理的、有普遍意义的思想方法。辩证统一始终是一种最可取的思想路线。尽管杜威的方法主要是一种折中的方法，尚不足以称是辩证的，但其中确有不少辩证因素，已如前述。从这种意义上讲，杜威较之以前的各种理论显然是进步了。列宁曾指出，“要真正地认识事物，就必须把握、研究它的一切方面、一切联系和‘中介’。我们决不会完全地做到这一点”，但又说“全面性的要求可以使我们防止错误和防止僵化”[①]。列宁的这段话对于我们理解杜威的思想还是很有启发的。

（二）杜威对现代道德教育理论的影响

在杜威 90 岁诞辰之际，《新共和》杂志曾总结了他对美国教育的影响，声言：“如果有任何其他人对现代理智生活的影响可以与杜威相比的话，那么，我们还不知道他是谁呢。”[②]关于他对道德教育的影响，有人则认为：“约翰·杜威也许是倡导世俗道德教育最有影响的哲学家和教育家。”[③]杜威对当代道德教育的影响可以从理论和实践两方面来加以说明。

从理论上讲，首先，杜威的影响表现在他的道德教育哲学已经成为当代许多道德教育理论的思想基础和来源。美国道德教育

---

①《列宁全集》（第 4 卷），人民出版社 1972 年版，第 453 页。

② 转引自［澳］W.F. 康内尔著，张法琨等译：《二十世纪世界教育史》，人民教育出版社 1990 年版，第 179 页。

③ Jensen, Larry C., & Knight, Richard S. *Moral Education: Historical Perspectives*. Washington, D. C.: University Press of America, 1981, p.87.

理论家哈什等在其所著的《道德教育的模式》一书中曾指出，目前流行的各种道德教育模式——理论建构模式、体谅模式、价值澄清模式、价值分析模式、认知的道德发展模式和社会行动模式——几乎无一不源于杜威的传统，尽管他们的研究结果超出了杜威的理论假设，但在某些方面仍留有杜威思想的痕迹。[①]当代最富影响力的道德认知发展理论和价值澄清学派公开宣称：他们的理论源于杜威的思想。显然，杜威之后的几乎所有重要的道德教育理论，虽观点不一，重点各异，但无不与杜威的思想有着直接或间接的关系。他们所讨论的问题总是与杜威所已阐述的观点交织在一起。所以，离开杜威，恐怕就很难正确理解当代众多的道德教育流派。

其次，杜威奠定了当代道德教育理论发展的方向。从一定意义上讲，杜威几乎探讨了当代道德教育领域中的所有问题。其中，对道德教育合理基础的探讨，对认知之道德教育价值的分析，对儿童主体和自主性意识的重视以及对学校生活——“隐蔽课程”之道德教育意义的阐述，都极大地影响了当代道德教育的基本走向，成为当代道德教育理论发展的主流。所以，美国评论家罗伯特·罗思（Robert Roth）曾这样说：“美国未来的思想必定会超过杜威……可是很难想象，它在前进中怎样能够不通过杜

① Hersh, Richard H., Miller, John P., & Fielding, Glen D. *Models of Moral Education: An Appraisal*. New York: Longman, 1980, p.15.

威。”[1]杜威以其半个多世纪的努力在世界道德教育发展史上留下了永恒的印记。对他的理论，有人批评，有人谩骂，有人拒绝接受，但是没有人不正视。任何教育理论家在建构自己的道德教育理论时，都不可能不重新审视杜威在半个多世纪以前已经提出的问题，不能不考虑杜威对道德教育理论曾经发生过的影响。

在实践中，杜威的影响显然要比他在理论上的影响小得多。正如人们所说的，“杜威对几代教育思想家和思想产生了有力的影响，但他的思想对大部分公立学校来说，影响甚微”[2]。当然，这并不意味着美国学校道德教育的实践与杜威的思想无关。实际上，在 20 世纪 20—30 年代，杜威的教育思想无论对当时的教育理论还是实践都产生了极大的影响。哈什曾这样说过：“杜威道德教育观的影响，在两次世界大战之间最为明显。在许多中学，对那些由当代电影和杂志挑起的有争议的社会问题的公开讨论成了家常便饭，大量团体参与的设计纷纷出笼，师生之间的关系更趋积极和非正式化……在第二次世界大战爆发前夕，杜威的道德教育的动态理论已经超过其他所有理论而居支配地位。”[3]当然，美国在此以后的几十年，也许没有哪一所学校公开宣称自己所奉

① 转引自中国教育史研究会编：《杜威、赫尔巴特教育思想研究》，山东教育出版社 1985 年版，第 81 页。

② Jensen, Larry C., & Knight, Richard S. *Moral Education: Historical Perspectives*. Washington, D. C.: University Press of America, 1981, p.87.

③ Hersh, Richard H., Miller, John P., & Fielding, Glen D. *Models of Moral Education: An Appraisal*. New York: Longman, 1980, p.32.

行的是杜威的道德教育哲学，但是杜威强调团体协作，重视师生之间富有“人情味”的关系以及在生活中进行教育的精神，已经渗透到美国中小学乃至大学的教育实践中去，并使世界教育时时感受到强烈的杜威色彩。

总之，杜威的道德教育理论是与批判传统主义以及教育改革联系在一起的。杜威不仅以其对道德教育理论和实践的深邃思考和独到见解影响了大半个世纪的世界教育，而且可以预见，只要学校中还存在着华而不实的道德说教，还存在着只说不做、言行不一的道德伪君子和空头政治家，还存在着无视儿童的需要和主体性要求的实践，一句话，只要教育欲冲破传统的束缚，进行名副其实的改革，那么，杜威的思想就不会过时，就仍然可以拿来作为理论的工具以影响学校道德教育的实践。

第五章　威尔逊的道德教育理论

威尔逊是英国著名教育哲学家、道德教育理论家，牛津大学教育研究系教授、研究生导师。20世纪60年代后期涉足道德教育领域，1965—1973年担任牛津大学专门的道德教育研究机构——法明顿信托研究中心（the Farmington Trust Research Unit）主任。几十年的不懈研究和辛勤写作使威尔逊成为20世纪中叶以来欧洲道德教育理论研究领域最富成就的理论家之一，对20世纪道德教育理论的发展做出了独特贡献。与当代其他道德教育理论不同，威尔逊是从哲学入手探讨道德教育理论问题的杰出代表。如果说，涂尔干从社会学、价值澄清学派从教育实践、柯尔伯格从关于儿童发展的实证研究出发来建构各自理论的话，威尔逊的道德教育概念则是植根于一种综合的哲学基础。由于威尔逊强调哲学的分析和人类理性在道德、道德教育及其研究中的作用，人们有时又把他的理论称作“道德教育的认知分析理论”[①]

① McLean, George F. *Act and Agent: Philosophical Foundations for Moral Education and Character Development*. Lanham: University Press of America, 1986, p.25.

或“理性功利主义理论”[①]。威尔逊著述宏富，在二十多年的学术生涯中，先后有三十多部著作、一百多篇论文问世。几乎涉及教育、教育哲学领域的各个方面。与道德教育有关的著作主要有《道德教育导论》（1967 年）、《道德思维》（1970 年）、《道德教育的实践方法》（1972 年）、《道德评价》（1973 年）、《道德教育教师指南》（1973 年）、《哲学能做什么》（1986 年）、《道德绪论》（1987 年）、《道德教育导论新编》（1990 年）等。

第一节　威尔逊道德教育理论的背景

一、时代背景

威尔逊的道德教育理论产生于 20 世纪 60 年代后期，这一理论的出现总的来说也是对传统道德教育观念的一种反动，是对各种针对传统道德教育的改革措施不满的产物。[②]威尔逊试图在纷乱的社会现实面前为学校道德教育寻找一种“新的基础”——科学的、理性的基础。

西方社会道德教育由来已久，重视学生的品格培养是各历史时期、各个国家学校教育的一个重要特征。人们普遍认为，学校的任务不只是传授知识、增进智力、训练技能，而且还要陶冶品

① Elias, John L. *Moral Education: Secular and Religious*. Malabar, Fla.: R. E. Krieger Publishing, 1989, p.56.

② Wilson, J., et al. *Introduction to Moral Education*. Baltimore: Penguin Books, 1967, p.12.

性。在美国，教育历来被视为“不仅仅是为了国家物质繁荣和智力活动的利益，而且也是为了它的幸福和道德力量的利益”[①]。然而，威尔逊指出，历史上大多数社会和文化所建立的教育形式，无论是“绅士教育”“宗教教育”还是其他形式的“品格训练”，都是政府、政党、教会或特定利益集团宣传、传播其价值理想的工具，这种教育的基础是权威主义，性质是道德上的“洗脑或灌输”。[②]“我们大多数人所经历的唯一的道德基础，乃是一种权威主义的基础。”[③]这些教育虽然内容、方法各异，但都是旨在致力于某一集团或权威所要求的行为方式的培养，因而实质上是一种服从的和强制的教育方式。英国的一位学校督导曾准确地描述过20世纪初包括英国在内的西方各国的那种“机械服从的”“放牧式”的教育，他指出：“教师的目标不是给学生的天性、学生的自主活动和自由活动留下任何东西，而是压抑学生的全部自然冲动，机械操练学生的活力使之归于完全的平静，使学生的整体处于持续而痛苦的紧张状态之中……盲目的、被动的、拘谨的和不理解的服从是整个西方教育制度赖以建立的基础。”[④]至20世纪50年代，在英国盛行的仍然是这种以绝对权威为基础的教育。

然而，随着二战后英国资本主义工业的复苏，社会发生了根

---

①④［澳］W.F.康纳尔著，孟湘砥、胡若愚主译：《二十世纪世界教育史》，湖南教育出版社1991年版，第73、204页。

②③ Wilson, J., et al. *Introduction to Moral Education*. Baltimore: Penguin Books, 1967, p.16, p.23.

本性的变化，特别是由于科学技术的飞速发展和新移民大量涌入所导致的价值观念、宗教信仰的多元化，使得各种形式的权威受到了前所未有的冲击。蔑视传统的行为、抵制权威的活动已是司空见惯，传统价值的捍卫者在普遍的反文化倾向面前逐渐丧失对这些价值的信心。但是，威尔逊指出，面对社会变革，人们除了表示对传统的蔑视和对权威的批评外，似乎再说不出更多的东西。“我们一点也不清楚用什么去代替旧的权威。”[①]在原有道德基础动摇、新基础尚未建立的时期，大部分人尤其是年轻人对那些并不明确或没有合理基础的价值的狂热追求导致了现实生活中道德的错位，年轻人吸毒、凶杀、性混乱、抢劫等犯罪行为大量增加。据统计，1970 年，英国 20 岁以下的青少年因犯罪而被捕的达 22 万人，到 1978 年已达 30 多万人。所以，如何摆脱混乱，使青少年走出“误区”已是英国学校道德教育面临的一项重要任务。

威尔逊认为，在混乱的社会现实面前，重要的不是去数落或指责年轻人行为何等不规范、如何不守法以及不笃信基督，而是要采用一种全新的方法来填补传统价值崩溃后出现的缺失。在他看来，既然用以维护传统行为的那一套理由已不再适用，就必须寻找一套新的理由来取代这些过时的理由，“既然旧的基础已令

① Wilson, J., et al. *Introduction to Moral Education*. Baltimore: Penguin Books, 1967, p.13.

我们失望，我们自然就要寻找一种具有相同逻辑的新的基础。”[①]在威尔逊之前或同时代的理论家当中，并非没有人做出寻求新基础的努力，但这些努力通常不是诉诸放任，就是求助于另一种权威。威尔逊认为，社会的混乱和个人的迷茫、困惑需要我们寻找某些恰当的补救，把道德的基础归于个人的权威乃是一种不负责的观念。对后者，威尔逊指出：“他确实为他的道德找到了一个‘新的基础’，但是，这一基础并不真正是新的，他只是以一个权威代替了另一个权威。”[②]当然，“权威的崩溃对一般人来讲会产生难以忍受的领导缺失感，但是，我们既不能也不应该再使自己归属于一个高贵的权威主义者”[③]。“我们不再仅仅寻找一个领袖、一个英雄、一种简单明了的道德准则并予以充分的信任，我们所要寻找的是一些一般的原则，以便使我们能够对各种领袖、各种准则进行评价，并在他们之间进行选择。我们要下的赌注也正是这样一些原则（不管这些原则可能是什么）。如果我们明确了这些原则，那么，它们就可以成为一种真正的‘新的基础’。但是，这些原则本身并不是道德原则或准则，而是人们用以判断各种道德准则或权威的原则。”[④]也就是说，“我们借以判断的标准”乃是道德和道德教育的新的基础。

这些“标准”和“基础”在威尔逊那里就是衡量一个“在道德上受过教育的人”的那些思想、行为、技能等品质。这些品质

---

①②③④ Wilson, J., et al. *Introduction to Moral Education*. Baltimore: Penguin Books, 1967, p.24, p.24, p.17, pp.24–25.

或技能既不同于权威特有的知识和技能，也不同于由某种权威制定的“正确答案”或标准，它是判断各种权威是否为道德的准则。威尔逊指出：“我们极端需要一套新的标准，以确定我们所敬仰和全身心仿效其技能的某一个阶级的人。也许称这些人为‘道德专家’是危险的，而且，称这个精英阶层为‘在道德上受过教育的人’显然也为时过早。但是，朝这个方向努力是必然的，而且是正确的。不仅对教育，一般来讲，对我们的社会至关重要的是：过去所想象的权威诸如牧师或政治领袖所具有的专门知识和技能应由那些为公众普遍接受的、理性证明为正当的专门知识和技能来代替，这些专门的知识和技能必须有坚实的哲学基础且必须能够适当地测验或测量。”[①]具体来讲，如何确定一个“在道德上受过教育的人”应该具有的品质，威尔逊是把它同“科学教育”做类比来解释的。他指出，对人们进行科学教育不只是让人们简单地重复科学真理，而是要使他们明白什么是科学方法，并教会他们如何更好地从事科学。关键是要清楚科学成功的标准是什么，并把获得成功的技能教给他们。要教给他们在科学活动中什么是一个“好的理由”，如何根据这些理由思维和活动。道德教育同样如此。应该首先确定道德成熟的标准或一个“在道德上受过教育的人”的技能和品质，然后教给学生如何获得这些技能。所以，“‘道德教育的基础’应在于传授那样一些做

① Wilson, J., et al. *Introduction to Moral Education*. Baltimore: Penguin Books, 1967, p.18.

出合理的、理智的决定并根据它们来行动所必需的技能。我们主要不是力图传授任何具体的内容，而是教给别人熟练的方法”①。威尔逊的整个道德教育理论就是从寻找这样一个新的基础，论证并确立一个“在道德上受过教育的人”所必需的品质、技能开始的。

从上述可以看出，威尔逊所面对的社会现实与半个多世纪前涂尔干所面临的法国的社会现实是十分相似的，即都是在旧道德丧失其基础、新道德基础尚未确立的形势下肩负起构建道德教育新理论的重任的，但两人采取的路线却是完全不同的。用威尔逊的话来说，道德教育理论的基础虽然“新”，但实质并没有根本改变，只不过是用一种“权威”（社会）取代了另一种“权威”（上帝）。威尔逊所要建立的显然是一种超越了特定社会、党派、利益集团而具有普遍适用性的理性基础。所以，从这种意义上讲，涂尔干的理论更具有保守和传统的色彩，而威尔逊理论则充分地表现出现代教育的特征。事实上，在大西洋彼岸几乎与威尔逊的理论同时出现的“价值澄清学派”在时代背景上与威尔逊也有相似之处。但价值澄清学派却发展为与涂尔干对立的另一个极端，把价值的基础系于个人权威，从而走上了现代激进主义的道路，这同样是威尔逊所反对的。

---

① Wilson, J., et al. *Introduction to Moral Education*. Baltimore: Penguin Books, 1967, p.27.

二、方法论基础

威尔逊是英国著名的分析教育哲学家，同在其他领域一样，威尔逊在论证道德教育的理论和实践时，也是以分析哲学作为其方法论基础的。

分析哲学是20世纪以来在西方国家流传甚广、影响极为深远的一种哲学思潮。与传统哲学不同，分析哲学强调用逻辑方法和语言分析方法来澄清一些基本概念，认为人们日常所使用的语言包括各门科学中所使用的语言是含混的，它们的意义是不明确的。这种语言的混乱是一切哲学争论和错误的根源，所以，“哲学的唯一任务就是对科学的语言进行逻辑分析，阐明它们的意义”①。

分析哲学有两个分支。一是逻辑经验主义，旨在发展一种比日常语言更加精确的逻辑符号语言。它认为，哲学的任务是逻辑分析，真正的哲学完全是批判的和分析的而不是思辨的。它不创造新的知识，而是通过分析名词的意义和它们之间的关系把旧知识解释清楚。在它看来，一切有意义的语言都是由分析和综合的命题组成的，而一切综合性命题又都可以简化为基本经验的陈述，用逻辑符号表达，使之有条理。大多数规范性判断，无论道德、宗教还是审美判断都是不能通过经验证实的，因而是无意义

① 刘放桐等编著:《现代西方哲学》，人民出版社1982年版，第422页。

的。二是语义分析学派，试图阐明日常谈话所使用的名词和概念。它认为哲学的目的是语义分析，弄清语言和阐明句子或表达方式的意义，不仅要仔细分析经验言论，而且要仔细分析定义、道德陈述句和一般概念，特别是要严格检验伦理学、法学等方面的一般概念。

逻辑经验主义和语义分析学派有两个共同特点。一是认为哲学的任务不是建立一种体系或主义，也不追随普遍的意义，而是对名词和概念进行分析。因此，哲学不是一堆教条而是一种方法。二是认为哲学的作用不在于增加知识而在于“清思”，即分析概念，把思想搞清楚，用清晰的概念代替混乱的思想。

从20世纪50年代开始，西方一些学者认为，哲学作为一种分析和澄清思想的方法可以用于任何问题，包括教育问题。“哲学并不是通常所谓的知识，而是一种批判或说明的活动。这样的哲学对包括教育理论问题在内的一切问题的任何题材都有影响。”①这种用分析的手段来审视、研究教育问题的方法一般称为分析教育哲学。同分析哲学一样，分析学派的教育哲学主要也是致力于逻辑或语言的分析工作，尤其是注重分析那些模糊不清的教育概念、定义、口号等。

与分析哲学的两个分支相应，分析教育哲学也分为两个学派。受逻辑经验主义影响的教育哲学家强调教育的现状总是反映

---

① 华东师范大学教育系、杭州大学教育系编译：《现代西方资产阶级教育思想流派论著选》，人民教育出版社1980年版，第416页。

在一定的“手段—目的”模式中，以奥康纳（D. J. O’Connor）为代表；受语义分析学派影响而产生的教育哲学又有两个分支：一个是把教育概念的普通语言和应用作为分析的主要对象，以谢夫勒为代表；一个是把教育语言的逻辑前提作为分析的对象，以伦敦学派的彼得斯为代表。由于教育理论通常是由日常或普遍语言，即定义、口号等加以表述的，所以，语义分析学派对教育具有更直接的影响。

威尔逊十分重视利用分析哲学的方法探讨教育和道德教育的问题。他指出：“在民主国家里，这种（正确地掌握和理解语言的）职责，对每个公民来说应该是再明显不过的了……所有最主要的问题——宗教、道德、政治学和社会学的问题，只能通过言语的使用来解决。显然，懂得使用言语是成功地解决这些问题的先决条件。”[①]所以，无论在其教育哲学还是道德教育著作中，威尔逊都把分析概念、定义、名词以及它们的具体使用作为建构理论的重要前提。在他的《教育哲学序论》一书中，第一章就专门讨论“词与教育哲学”的问题。在《道德教育导论》等著作中，则把分析“道德”“道德教育”“在道德上受过教育的人”等概念及使用作为核心任务。他认为，任何一个教育领域都必须首先把该领域中使用的语言、概念搞清楚，否则，就会导致理论上的混乱、实践中的无所适从或不得要领。在他看来，当前概念、定

① 转引自陈友松主编：《当代西方教育哲学》，教育科学出版社 1982 年版，第 212 页。

义、语言使用上的混乱是理论纷争的根源，也是理论建构的重大障碍。所以，他的教育哲学和道德教育理论的任务就是要“清思”。因为，像“教育哲学”[①]“道德教育”[②]这样一些最基本的概念都是“一点也不清楚的名称”。

三、道德哲学基础

有人认为，威尔逊道德教育理论的哲学背景主要是哈尔的分析伦理学传统。[③]威尔逊本人也承认：“哈尔道德哲学的成果是我思想灵感的永恒来源。”[④]哈尔对威尔逊的影响主要表现在强调道德的形式化标准和原则等方面。

哈尔的伦理思想是当代元伦理学中语言分析学派的伦理思想之一。他认为，道德哲学的基本任务就是对道德的语言进行逻辑分析；但又认为，元伦理学关于道德语言意义的分析应该而且能够成为解释道德判断规范性质的理论的根据，应该帮助哲学家解决实际的道德问题。因此，道德哲学所需要的不是研究人工语言，而是分析日常的道德语言，其核心不是给道德词下定义，而

---

① Wilson, J. *Preface to the Philosophy of Education*. London: Routledge & Kegan Paul, 1979, p.1.

② Wilson, J., et al. *Introduction to Moral Education*. Baltimore: Penguin Books, 1967, p.11.

③ McLean, George F. *Act and Agent: Philosophical Foundations for Moral Education and Character Development*. Lanham: University Press of America, 1986, p.28.

④ Wilson, J. *A New Introduction to Moral Education*. London: Cassell Educational Limited, 1990.

是分析这些道德词的实际用法，即研究人们在什么场合、什么时机使用“善”“正当”“应该”等伦理学概念，从而揭示这些概念的性质和意义。道德哲学的功能在于通过揭示和表达人们道德思考的逻辑结构的方法，来帮助人们对道德问题进行更好的思索，确定道德判断的规定性和可普遍化性质。因此，哈尔把他的伦理学称为“普遍规约主义伦理学”。他认为，道德术语不是描述性的，而是评价性的。道德语言首先是一种规定性语言，道德哲学中的许多混乱，其原因就在于没有把道德描述看作一种语言的规定性用法，即没有当作一种命令。“道德语言是一种规约性语言”，它的根本特点在于建议、劝告、指导、规定人的选择和决定。道德判断是一种规约性判断，也就是说，道德判断包含着指明人必须如何做的规定，它能够命令或规定人去做一定的行动。道德语言、道德判断不仅有指令性和规定性，而且具有普遍性。哈尔认为，世界上存在许多种道德体系，每一种道德体系都在用自己的道德语言维护它所宣传的原则，伦理学的任务就是要创造一种特殊的语言以帮助持不同道德立场的人不仅能相互批评，而且能彼此理解、讨论和辩论道德问题，这种语言就是可普遍化的语言。普遍规定性是道德判断的最后标准和根据。道德的可普遍化特征包括三个方面的内容。①必须能够使人们在相同的情境下做出同样的行动，一个真正的道德判断不仅能被行为主体所接受，而且也能被处境相同的另外的所有主体接受并按这种判断去行动。②道德判断所依据的道德原则也须是普遍的，它不是个别人的自由意志，而是“绝对命令”“黄金律”之类的普遍原则。③判断要考虑有关人、所有人甚至整个人类的利益。后来，哈尔还指出，道德原则不仅是可普遍化，而且必须是人能忠于的原则。由于道德判断是普遍的，所以哈尔认为，道德是形式的、中立的。“伦理学在研究道德词和概念的逻辑联系时仍然是中立的，它的结论不具有内容判断的性质。”①

有人指责哈尔过分注重道德的语言形式而忽视日常道德问题的实际解决，事实上，这种指责并不恰当。在哈尔的许多著作中，他不仅分析一般的道德语言和道德形式，而且也解决实际的道德和道德教育问题，并通过对实际问题的解答来表达道德语言的独特用法。例如，在《道德语言》一书中，哈尔就曾仔细研究过“我应当怎样教育自己的孩子？”这一问题。他认为，我们无法学会怎样做出最终的决定性选择，只能获得有关的原则。父亲无法替儿子做出决定，但却可以通过言传身教使其牢记父亲的教诲，仿效父亲所信奉的道德原则。哈尔指出，父母应当为子女奠定坚实的道德原则基础，但同时又应当给他们充分的自由，使其能够修正、发展甚至摒弃这些原则从而做出自己的决定。“单纯教授一些原则，而不提供任何可以说明这些原则必须服从于受教育者自己最终选择的机会，就如同孤立地教授书本内容而完全脱离实际。相反，对自己的孩子或天资聪颖的学生毫无干预地放纵他们的自我表现，就如同把一个孩子关在实验室随口说一声‘随便搞吧’。这孩子可能玩得很高兴，也可能惨遭意外，但是不会

① 转引自石毓彬、杨远著：《二十世纪西方伦理学》，湖北人民出版社 1986 年版，第 150 页。

学到多少科学知识。”[1]

只要我们把威尔逊的道德哲学及其对道德教育原则的看法同哈尔的上述看法做一简单的比照，就可以看出，二者的观点几乎如出一辙。“威尔逊采取的形式标准——普遍性、规定性压倒一切的性质来自理查德·哈尔。”[2]普遍性、规定性是哈尔普遍规约主义的翻版，强调关心他人利益、关心人的利益，要求服膺、忠于原则（压倒一切其他原则而占优势）而后行动与哈尔毫无二致；重视“意义”“概念”并把“清思”作为道德教育理论研究的主要目的，把语言的使用作为道德教育主要的前提条件。[3]在教育问题上，反对准则、原则的教授，重视对原则理由的说明，主张自由但反对放任等，都表现出二者极大的一致性。可能正是从这种意义上讲，威尔逊才对哈尔表示特别的感激，并承认哈尔道德哲学乃是其思想的来源。

此外，威尔逊的道德教育理论显然还与历史上的道德理性主义传统有关，甚至有人认为，威尔逊道德教育理论是以认知心理学为背景的。[4]不管怎么说，威尔逊强调知、情、行的统一，但其中强烈的认知、理性主义倾向使人很容易把它认作极端认知主义或理性主义的理论。强调推理过程、重视行动的理由和理性的证明等都表明它与当代理性主义道德哲学的亲缘关系。

---

① Hare, R. M. *The Language of Morals*. Oxford: Clarendon Press, 1952, p.76.

②③④ McLean, George F. *Act and Agent: Philosophical Foundations for Moral Education and Character Development*. Lanham: University Press of America, 1986, p.28, p.28, p.29.

第二节 威尔逊的道德教育哲学

一、关于当代道德教育的基本理论问题

（一）个人和社会

在个人和社会的关系问题上，威尔逊更强调个人在道德中的核心地位。在他看来，个人的理智、行为和自主意识较之社会关系、社会背景更能体现道德的本质。威尔逊在这一问题上的立场首先可以从他在什么意义上使用道德这一概念来加以考察。

威尔逊在《道德教育导论》一书的第一章——“道德与自由”中首先区分了“道德”概念的几种不同用法。他指出，道德一词有许多种用法，但一般来讲，人们主要在以下两种意义上使用这一概念。

A. 与“不道德”（immoral）相对应，这时“道德”一词经常用来表示赞许。

B. 作为一个描述性术语，“道德”用于对特定的行动或信念加以分类，这时与它对应的词是“不属于道德的”（not moral）或“非道德的”（non-moral）。（当人们说“这不是一个道德问题，只是一种嗜好”时，就是在这种意义上使用“道德”这一术语。）①

---

① Wilson, J., et al. *Introduction to Moral Education*. Baltimore: Penguin Books, 1967, p.44.

不过，这种描述意义上的道德概念又会因不同的标准而有不同的含义。

（ⅰ）它可以在社会学的意义上使用。社会学家和历史学家谈论的“道德”通常是指特定社会或社会团体的“道德”，他们谈论古代斯巴达或维多利亚时代什么行为是“道德的”或“不道德的”，这里，道德指一种特定的规则或习俗。如果指我们自己社会的规则或习俗并用它们说明某些行为，我们就是在上述 A 意义上使用道德这一术语，带有赞扬或责备的意味。我们说“这样做是最不道德的”时，其意思是这种行为与当前的道德准则相悖，甚至还可能包含我们对这一行为的谴责。

（ⅱ）它可以用来表明某种特定的人类思想和行为的特征，对这些思想和行为的判断不是基于特定社会的习俗，而是基于其他的准则。所以，当我们说“古希伯来人认为是否吃某种食物乃是一个道德问题，但我并不认为这是个道德问题”或“你穿什么衣服实际上并不是一个道德问题而是一个爱好问题”时，显然没有考虑某一社会的习俗是什么。我们是在对道德领域进行逻辑的或概念的分类而不关心人们对那一问题的看法（不管这种看法是对的还是错的）。

威尔逊进一步指出，他在道德教育问题上的一个主要任务就是“努力阐明上述 B（ⅱ）意义上的道德概念”[①]。显然，威尔逊

---

① Wilson, J., et al. *Introduction to Moral Education*. Baltimore: Penguin Books, 1967, p.45.

所要论证的道德概念是解决道德问题的过程而不是用于传授给学生的特定社会的道德准则或习俗。在这一点上，威尔逊与20世纪其他道德教育家的看法是一致的。当代西方道德教育理论发展的一个重要趋势或共同倾向就是，从强调传授道德规则或价值准则转向重视培养个人的道德探究和思维能力。威尔逊的道德教育理论不仅是这种转向的一个重要组成部分，而且也是促进这种转向的一支重要力量。

在威尔逊看来，道德教育的主要任务在于培养儿童一系列道德能力（道德要素），使其能够独立地面对和解决道德两难问题而不受某种外在力量的支配。在这里，威尔逊无疑突出了个人及其理智能力在道德教育中的主导地位并向社会之于道德的统治地位发起冲击。威尔逊认为，在道德领域，即使考虑社会或制度的因素，也是为了更好地突出它的个人基础。所以，在威尔逊的著作中，我们可以强烈地感受到，他的理论虽然不是反社会的或自私的，因为它并不否认社会关系、社会环境的重要性，也不否认责任作为道德的本质特征，但这一理论更多的是为自主的个体在道德中的核心地位辩护，而对社会的强制大加鞭挞。

威尔逊道德教育理论的个人主义至少是轻视社会的倾向，还可以通过他反对道德教育的权威性、党派性或集团利益性来说明。威尔逊认为，道德教育之所以到目前为止没有一个合理的基础，之所以没有取得令人满意的结果，其中一个主要原因就是：它们是“党派的”（partisan），人们不是试图把道德教育建立在基督教的基础上，就是建立在伊斯兰教、社会主义或其他党派观点之上。[①]然而，“道德教育不是任何一种文化、教义、国家、意识形态、政治党派或其他任何什么事物的私有财产……‘道德上的教育’是要使我们自己和我们的学生（尽可能地）站在我们自己或他人的文化、教义和意识形态外面，形成一种使我们能够接受或反对、赞同或批评任何文化中此一种或彼一种因素的思想形式。这种道德教育将是国际的和不受时代限制的，它不是基于任何一个社会团体的特定观点或价值观建立起来的”[②]。由此看出，威尔逊不仅不赞同从社会意义上界定道德，而且反对把道德教育建立在某一个社会、文化或代表某一特定利益的集团的价值基础之上，他所要做的是通过寻找人类普遍的“道德倾向”（moral dispositions）或“道德要素”（moral components）为道德教育提供一个合理的、科学的基础，建立一种类似于数学、历史学等科学的“中立的”或“普遍的”道德教育体系。他认为，传统道德教育中的党派权威、社会权威以及由此引起的种种幻想乃是当代道德教育的最大“敌人”。

在西方，有些理论家认为，威尔逊的道德观实质上更具有社会倾向，甚至具有更为传统的倾向。[③]坚持这种观点的理由有三个。第一，威尔逊断定在人们身上存在一种“手足情的本能”

---

①② Wilson, J. *A New Introduction to Moral Education*. London: Cassell Educational Limited, 1990, p.204, p.4.

③ Harrison, John L. Review Article: John Wilson as Moral Educator. *Journal of Moral Education*, Vol. 7, No. 1, October, 1977.

（fraternal instinct）和“交往的需要”（need for communication in people），而且认为，如果不能满足这种本能的需要，就会导致心理健康问题，[①]所以，对社会的关心是人们主要的本能力量。第二，威尔逊把关心别人并且平等地对待他们作为基本道德要素之一或作为道德过程的组成部分，而且，威尔逊框架中的道德思维过程就是根据关心别人来界定的，因而也是以关心别人为定向的。第三，威尔逊在讨论如何具体实施道德教育的过程中，十分强调把社会关系作为道德教育的手段。[②]所以，这些理论家认为，把威尔逊的模式说成个人中心未免简单化了。他们认为，威尔逊实际上描述了两种道德：一种是理性功利主义的道德，另一种是作为个人理想的道德。[③]我们认为，威尔逊确实没有忽视道德和道德教育的社会性或社会因素，但社会性或社会因素在他所理解的道德中并不占主导地位。这一点通过与涂尔干的比较可以看得更清楚。在涂尔干的道德教育理论中，社会属于本体论的范畴，它不仅是一个有独特个性的客观实在，而且是个体的绝对权威和创造者，个体的一切行为之道德意义全在于它的社会意义，甚至连道德的承载者——个人之所以为道德的存在也仅在于他是社会的存在。因此，道德的本质在于它的社会规定性。在很大程度

① Wilson, J. *Equality*. London; Melbourne: Hutchinson, 1966, p.40.

② Wilson, J. *Preface to the Philosophy of Education*. London: Routledge & Kegan Paul, 1979, p.1.

③ Harrison, John L. Review Article: John Wilson as Moral Educator. *Journal of Moral Education*, Vol. 7, No. 1, October, 1977.

上，社会是涂尔干道德教育理论的起点。然而，在威尔逊那里，尽管也强调道德是在社会中产生并且是通过社会关系获得的，但是，他是从实用的角度或本能的角度把社会看作影响道德产生和发展的一个因素甚或是手段，并不认为社会性是道德的固有性质。在威尔逊看来，个人是起点，个人创造社会以满足自己的需要，社会本身不是道德现象而是道德产生的前提条件和背景。道德的实质与道德原则、道德思维有关。道德根本上是自主的、理性的。所以，虽然不能说威尔逊的道德教育理论是反社会的，但相对来说，他对社会在道德中的地位是轻视或避而不谈的。他认为“道德教育的任务既不是使学生服从社会的价值，也不是把教师们特定的价值观强加给他们。它的任务既不是培养驯服者也不是培养反抗者，而是向学生灌输对道德原则的尊敬和运用这些道德原则的一般能力。”①

（二）理智和行为

在威尔逊的著作中，与理智这一概念有关或意义相同、相似的概念有理性、理由、能力和技能、具有有关的事实知识、思维、理解能力等。在理智和行为的关系问题上，威尔逊是一个统一论者。对他来说，“知”是否一定能导致“行”这一最古老、最令人头痛的问题并不是问题，因为根据他的理论，知、行甚或是情感对于一个有道德的人来说都是至关重要的、不可或缺的。

---

① Elias, John L. *Moral Education: Secular and Religious*. Malabar, Fla.: R. E. Krieger Publishing, 1989, p.60.

威尔逊的这种统一观可以通过他对行为与理性（理由）、能力、技能的关系以及理智和行为在“一个受过道德教育的人”中的地位的看法来说明。

在威尔逊看来，道德最终表现为行为，因而，没有行为或行动的道德在逻辑上是不存在的。但是，也并非什么行为都可以称为道德的，“外显的行为本身——装装样子对道德概念来说是不充分的。一种道德的行为与意图，与为一种理由而行动有关。所以，我们不仅必须知道人们在做什么，而且必须知道他们为什么这么做”[①]。也即是说：“一个行动要成为有道德的行动，它就必须是理性的，这意味着，它一定是基于某一理由（而不是一个原因的结果）做出的。但这并不是说，行为主体原则上必须能够说出他为什么这样做，而是指这一理由从因果关系上说也一定是操作性的：它一定不是一种文辞作用。”[②]显然，理性、行为之于一种道德的行动都是必需的、不可分的，犹如一枚硬币的两面。没有理性的行为不能称为道德行为。同样，仅有道德的理性或理由而无道德的操作也一定不是道德的，它只可以被看作一种“文辞作用”（rationalization），而不能进行道德的评价。例如，对一个和平主义者来说，不参与任何战争或暴力冲突的理由可能有两个：一是从心理上感到不能杀人；二是认为没有一种情境能证明杀人或使用武力是正当的。威尔逊认为，前者即是一种文辞作

①② Wilson, J., et al. *Introduction to Moral Education*. Baltimore: Penguin Books, 1967, p.191, p.51.

用，而后者则暗示了，如果有这样证明为正当的情境，他则准备去杀人。只有后者具有道德的意义，因为他的理性或理由是可操作的。之所以强调理性、理由在行为中的道德意义，是因为“一种行动或信念在多大程度上是理性的与这些行动和信念在多大程度上真正是我们自己的有关，也就是说，与这些行动和信念在多大程度上是我们正视事实并对它们自由反应的结果抑或是被迫正视和反应事实的结果有关”[①]。在威尔逊看来，理性不仅是区别人和动物的重要特征，而且是道德之为道德的内在规定性，因为只有当一种行为是我们自己的，亦即是根据我们的理性自由选择来的，我们才能为这一行为负责。[②]

道德的这种理性因素在个人决策和接受教育的过程中，主要表现为个人所具有的各种能力、技能，知道有关的事实知识等。所以，学生的能力和技能和他们在实际中如何运用这些能力和技能对教育实践来说，意义更为重大。威尔逊把“在道德上受过教育的人”分成两种：一种是“具有有关技能和能力的在道德上受过教育的人”，另一种是“在他的道德生活中实际运用这些技能和能力的在道德上受过教育的人”。[③]威尔逊的教育目的显然是要培养第二种人。他认为，我们经常可以看到，有些人相当有理性，但不能运用有关的技能和能力；反过来，有些人可能拥有所有的能力和技能，但本身却是非理性的。譬如，有的人可能有很

①②③ Wilson, J., et al. *Introduction to Moral Education*. Baltimore: Penguin Books, 1967, p.52, pp.45–47, p.94.

高的智力水平，知道大量事实知识，有熟练的逻辑推理能力甚至思想开放，有强烈的学习欲望，却几乎不能利用他的智慧做出相应的道德决定。更有甚者，有的人即使能够基于自己的理智能力做出了合理的道德决定，但在实际生活中并不践行这种决定。在威尔逊看来，一个人在面临一个道德问题时能够实际运用他的一切能力和技能但仍然非理性地去行动，乃是一种致命的思想和行为的分裂。这种分裂的原因是不恰当情绪的突然干预所致，而且这种干预不是出现在道德思维之前或道德思维的过程中，而是出现在他的行动之前或行动过程中。从这种意义上讲，拥有且能使用自己的能力和技能的人之所以不能付诸行动，原因就在于他本身就是不理智的，容易受不良情绪干扰的。[①]因此，一个合理的道德教育计划必须包括两部分内容：传授做出理智的道德决定所必需的技能、能力和知识，激发他们把能力、技能和知识付诸实际的动机。[②]

从上面的分析可以看出，在威尔逊那里，理智、情感和行为都是必不可少的，一个有道德的人或在道德上受过教育的人不仅要有充分的理智能力，而且要有一定的正常的情感能力激励他们把这些理智能力转化为实际行动。所以，威尔逊在经过烦琐的论证得出“一个在道德上受过教育的人”应该具有的 15 种“道德要素”后，又把这些要素归纳为 3 大类：“知”（knowing）、“行”

①② Wilson, J., et al. *Introduction to Moral Education*. Baltimore: Penguin Books, 1967, p.95, p.97.

(doing)、“情” (feeling)。

“知”包括：知道什么是人，知道什么是气愤、嫉妒等，知道某人什么时候会气愤、嫉妒等，知道某些药物使人上瘾等，知道如何道歉、欢迎等。

“行”包括：宣称把关心他人的利益作为道德原则，注意、警惕，认真全面地思考，做出合适的行动决定，采取行动。

“情”部分指信念，部分指行动的倾向，它既不是我们所知的，也不是我们所做的，而是我们所感受的东西。[①]只有当人们完全具备了上述 3 大类 15 小类道德要素后，才能成为一个有道德的人。

关于理智、知识、能力和行为的关系问题，历来是道德哲学家、道德教育理论家孜孜以求为人们提供一个圆满答案的问题，如何把学生在学校获得的知识转化成他们的实际行为也始终被看作学校道德教育工作最重要的任务之一。但是，到目前为止，认知为何不能转化为行为仍然是理论和实践中的一个不解之谜。20 世纪的道德教育理论家除了重复前人合乎逻辑但不合乎事实的“知的也一定是能行的”命题或提出更多的证据证明“自觉行动的人也一定是有理智、有理性的人”以外，并没有比前人做出更令人满意的成就。因为有同样多的证据可以证明，有道德知识和理性思考能力的人并没有做出更合乎道德的行动。相比之下，威

① Wilson, J. *A New Introduction to Moral Education*. London: Cassell Educational Limited, 1990, pp.161–162.

尔逊在这一问题上的看法似乎给我们提供了一点新的信息。他不仅分析了一个有理智的人为什么不能运用他的理智，而且分析了有些人即使能够很好地利用自己的理智为什么仍然不能付诸行动，并进一步指出，发生在行动之前而不是思维之前的不良情绪的干扰是导致思想和行为之间致命分裂的根本原因。因此，解决知行脱节的重要途径就是消除不良情绪——惧怕、冷漠或屈从于冲动等，激发行为动机。尽管威尔逊在这一问题上的结论之合理性和科学性有待研究，但他对理智、情感和行为关系所做的分析在当代道德教育理论中是独特的。像价值澄清学派的倡导者们和克里夫·贝克等人虽然十分重视知识、情感和行为三者的统一，但对它们之间相互影响、制约和转化的机制并没有进行充分的论述。杜威和柯尔伯格虽然十分强调情感的动力作用，但也只是看到了情感对行为的激发和促进功能，而没有看到情感对行动的抑制作用。

（三）他律和自律

在威尔逊的著作中，鲜见对他律的论述。但是，我们可以通过分析他的自律概念来间接了解其"他律"概念的内涵。

根据威尔逊的观点，自律乃是一个行动之为道德行动的首要标准。[①]他指出："正如在任何其他理性思维和行动领域中一样，

① Wilson, J., et al. *Introduction to Moral Education*. Baltimore: Penguin Books, 1967, p.77.

在道德上，我们的目的也是发展学生的自律。”[1]所谓自律，在他看来，就是一个人的行为是他意志自由的结果，是他自由选择来的，而且是他自由坚持的。[2]道德和道德教育中的自律问题是威尔逊针对社会学意义上的道德或道德教育概念提出的，也是他建构自己的道德教育理论的重要出发点。他认为，当前的道德教育大都是从社会学意义上来理解道德和道德教育的，认为道德教育就是使人们“在道德上‘循规蹈矩’”，或者使人们按照社会当前的规则或某些其他的规则来行动。一个行动是道德的还是不道德的全赖它是遵守规则还是违反规则。教育要做的就是寻找如何使儿童完成第一种行为，避免第二种行为的方法。因此，道德教育的计划就是关于我们希望学生讲真话、不谋杀、遵守诺言、尊重他人的财富等的说明。威尔逊指出，这种教育虽有简便易行的优点，但实在算不上是道德的教育。如果说，任何一种符合规则的行为都是道德的行为，那么，猪有时也可被称为是有道德的，因为它的行为碰巧会与某些规则相符。但是，我们之所以无论如何不把猪的行为说成是有道德的，就在于这种行为不是自觉意识到的行为，也不是根据理性选择来的并对其负责的行为。在教育中，如果只是迫使学生做出符合规则的行为而不管学生是否知道并理解他们在做什么，那么，这些无意识的行为与猪的行为就没

① Wilson, J. *A New Introduction to Moral Education*. London: Cassell Educational Limited, 1990, p.166.

② Wilson, J., et al. *Introduction to Moral Education*. Baltimore: Penguin Books, 1967, p.45.

有什么两样，就不能进行道德上的评价。

威尔逊指出："一个人要合乎道德地去行动，就必须知道他正在做什么，而且必须是自由地做这件事，也就是说，这种行为必须是他实实在在地在做的，而不是以某种胁迫或强制的形式迫使他去做的。"[①]一种行为之所以是人的行为，就在于它是在被自觉意识到的情况下或理解这种行为的理由的前提下做出的；人之所以对他的行为负责因而具有道德的意义，就在于这种行为是他自由选择来的，是他"自由意志"的结果。因此，一种行为，如果它不是有意识的、被自由选择来的，那么它就不是道德的。威尔逊举例说，假设我被一个人用力扔出去正巧砸到另一个人身上并且导致这个人死亡，就不能说我是谋杀，因为所发生的并非我自由选择的结果。甚至如果没有进一步的说明就说我杀了他也是错误的，因为"杀人"这个词含有这一行为是有意做出的意味，而在这里，我什么也没做。如果说我做了什么，那也只是我的身体被别人用来作为工具。当我被别人强制性地当作工具做这做那时，我的行为责任同时也被解除了，因为这种行动不是我自由地做的，而是在胁迫下做的。

所以，在威尔逊看来，传统道德教育把在强迫情况下学生的"规矩行为""遵守社会规则"视为道德的行为并把培养这种行为看作道德教育的主要任务显然是有问题的、不符合逻辑的。因为如果有意识、自由选择对一个道德行动来说是必需的，那么，我

---

① Wilson, J., et al. *Introduction to Moral Education*. Baltimore: Penguin Books, 1967, p.46.

们就不可能迫使人们合乎道德地来行为。如果硬要把这种被迫的行为说成是道德的，那么，这种道德也只能是皮亚杰所说的他律的道德或初民社会的道德——这种道德的特征在于没有任何理由的支持。[①]基于这种道德而且以促进这种行为为己任的教育便只是改变行为的教育。而这种行为由于缺乏人的理性自由因而尚不能称为合乎人类理性道德的。譬如，人们可以用一种机器麻痹一个惯偷或杀人狂的双臂从而使他“不再偷东西”“不再杀人”，并因而说他“已经是一个有道德的人”。单从他不再偷别人的财物、不再杀人这一符合社会规则的现象来看，这也许是对的。但从意图上看，他并非不想拿别人的东西、不想杀人，他现在之所以没有拿别人的东西、没有杀人，是因为他不能拿、不能杀。从表面上看，他确实规矩了，但从另一种意义上讲，这根本不是在行动，因为他别无选择。所以，在传统和现行教育中流行的迫使学生只遵从某一特定规则的做法从根本上有悖人类道德的理性原则，都是一种他律取向的道德教育。

（四）内容和形式

同当代其他许多道德教育理论家一样，在内容和形式的关系问题上，威尔逊基本上也是一个形式论者。他试图勾画一种不包括道德准则、只包括道德推理形式教学的道德教育方法。[②]巴

① Wilson, J., et al. *Introduction to Moral Education*. Baltimore: Penguin Books, 1967, p.126.

② Watt, A. J. *Rational Moral Education*. Carlton, Aus.: Melbourne University Press, 1976, p.11.

里·查赞也曾指出：威尔逊的道德教育方法旨在教授一种过程或方法论，而不是具体的道德价值或内容。他对方法的重视反映了当代道德教育理论中一个主导性倾向，即从把道德教育作为具体道德价值或行为的教学转向强调解决道德问题的一般能力。所以，威尔逊基本上是把道德作为一种形式现象看待的。[①]

威尔逊的形式论观点集中反映在他对道德和对“在道德上受过教育的人”的分析上。他指出：“我们力图避免根据内容来描述‘在道德上受过教育的人’……而是希望找到一些用来界定‘在道德上受过教育的人’的能力、技能和其他一些特征……这使得我们考虑根据形式而不是内容来描述道德。”[②]而且在他看来，道德本身也是可以根据形式而不是内容来界定的。他认为，道德的行动或观点至少应满足以下几个标准：

（1）它们必须是自律的（这些道德观点是人们自由坚持的）；

（2）它们必须是理性的；

（3）在人与人之间，它们必须是公正的（impartial）；

（4）它们必须是规约性的（prescriptive）。[③]

第（3）（4）标准是说，如果某人表达了一个道德意见，那么：（ⅰ）他就规定了一条行为的原则，这一原则不仅适用于一个

---

① Chazan, B. *Contemporary Approaches to Moral Education: Analyzing Alternative Theories*. New York: Teachers College Press, 1985, p.37.

②③ Wilson, J., et al. *Introduction to Moral Education*. Baltimore: Penguin Books, 1967, p.92, p.77.

特定情境下特定的个人，而且适用于所有相同情境下的所有人；

（ii）他就必须使自己根据那一原则来行动，也就是说，一个道德意见并不只是对什么是善的、什么是恶的所发表的一点看法，而且还为他规定了一种特定的行为类型，或使他据此来行动。

（5）它们必须是压倒一切的（overriding），也就是说，这些意见必须超越其他意见而居支配地位。

由此可以看出，道德既不是某种特定的道德或价值观点，也不是某一社会或利益集团的准则或规范，而是一种普遍的、中性的解决问题的方式或判断形式。在威尔逊看来，任何道德观点，不管其内容如何，只要符合而且也只有符合上述标准，它们才是道德的。“只要他们的观点满足我们的形式描述——只要它们是真正公正的、规约性的、压倒一切的等等，就可以合理地说它们是道德的。”①道德的形式特征之所以是合理的，在威尔逊看来，主要是因为这些一般性的观点和方法论较之具体的内容更具有普遍性，能应用于更广泛的道德情境、解决更复杂的道德问题。正是从这种意义上，威尔逊认为，道德教育的首要问题不是论证像教会、政治体制或经典著作中的价值体系的权威性，道德教育的基础“应在于传授那样一些如何做出合理的、理智的决定和根据它们来行动所必需的技能。我们主要不是力图传授任何具体的内

① Wilson, J., et al. *Introduction to Moral Education*. Baltimore: Penguin Books, 1967, p.93.

容，而是教给别人熟练的方法”[①]。至此，我们认为，威尔逊道德和道德教育理论的形式论特征是清楚的。

当然，关于这一点，理论界也有不同的看法，有的理论家认为，威尔逊所讲的过程和方法在很大程度上是由特定的道德内容——关心他人利益所决定的，所以，在他的道德和道德教育理论中具有明显的功利内容。威尔逊时常把道德的过程特征比作游泳或驾驶汽车，这显然是不合适的。驾驶汽车确实需要内化一些开车所需要的技能、技巧甚或是反应能力以保证把汽车（各种不同的汽车）开到任何一个地方或目的地，但是，驾车的技能并不必然决定要走的路线和汽车要到的地方。而威尔逊的道德过程却预先确定了这样一条路线，这暗示了一种实际的道德观点。所以，这一过程的形式或过程特征并不像威尔逊所说的那样明显。[②]根据我们的理解，“关心他人的利益”可有两种解释：一种是作为特定情境下特定个体的利益，关心这种利益显然反映着特定的价值观念；另一种则是作为一种行为的原则或行为的方式，它本身并不含有特殊的利益观念或价值内容。威尔逊道德和道德教育理论体系中的“关心他人的利益”显然指后者。其基本内容是平等地对待他人和自己。作为一个道德原则，“它本身不

① Wilson, J., et al. *Introduction to Moral Education*. Baltimore: Penguin Books, 1967, p.27.

② Chazan, B. *Contemporary Approaches to Moral Education: Analysis Alternative Theories*. New York: Teachers College Press, 1985, p.37.

是任何一种道德价值或观点，而是任何道德或经验信念的必要基础”[①]。或者说，它本身“并不是道德的原则或准则，而是人们借以在各种道德准则或权威之间做出判断的原则”[②]。它是一个“压倒一切的、规约性的和普遍化的原则”[③]。所以，“关心他人利益”并不能掩盖威尔逊的形式主义倾向，相反，这一原则正是威尔逊形式论的一个极好的注脚。

针对人们对其形式主义的批评，威尔逊确实提到过道德教育的内容问题，而且也认为，道德教育既需要形式也需要内容。但是，他指出，在教育过程中，教育者只应该提供“少量（即使有的话）的确实被证明或公认为真理的内容项目”。这些内容或道德信念应该是“多少得到普遍认同的，根据合适的方法论检验并证实了的”[④]。威尔逊把这些内容同科学的真理同等看待，目的仍在于突出道德和道德教育的中立性、可普遍性特征亦即它的脱离社会或党派利益的特征。笔者认为，威尔逊对内容的重视表现在强调儿童应该持有自己的道德信念上。

---

① Wilson, J., et al. *Introduction to Moral Education*. Baltimore: Penguin Books, 1967, pp.111–112.

② Macy, C. (Ed.) *Let's Teach Them Right: Perspectives on Religious and Moral Education*. London: Pemberton Books, 1969, pp.94–95.

③ Wilson, J. *The Assessment of Morality*. Windsor, Berks: NFER Publishing Co. Ltd., 1973, pp.38–39.

④ Wilson, J. Approach to Moral Education. *Religious Education*, Vol. 65, No. 6, 1970.

（五）道德原则

对道德原则的论证是威尔逊大部分道德和道德教育著作的重要组成部分。实际上，威尔逊的道德教育理论在很大程度上就是针对轻视道德原则和原则化的道德行动的道德教育概念提出的。他的全部工作似乎就是去寻找一系列道德的原则，从而“为道德教育提供一种真正新的基础”[①]。在他看来，任何可称为道德的行动都应该是一个原则化的行动，教育所要培养的道德主体一定是基于对压倒一切的、可普遍化的道德原则进行反省思考来选择道德行为的主体。由此可以看出，如何界定道德行动、道德信念的原则化特征以及如何培养原则化的道德主体，乃是威尔逊道德哲学和道德教育理论的中心。

在威尔逊所论证的“道德要素”中，有两部分涉及道德原则。

第一部分指“关心他人”“同情”“公平感”“尊敬他人”。这一部分又分三个小部分：具有“什么是人”的概念；宣称把这一概念作为压倒一切的、规约性的和普遍性的原则加以使用；具有支持这一原则的感情，这种感情或是“以责任为定向的”或是“以人为定向的”。[②]

在上述各要素中，威尔逊把关心他人作为道德原则，而且是

---

① Macy, C. (Ed.) *Let's Teach Them Right: Perspectives on Religious and Moral Education*. London: Pemberton Books, 1969, pp.94–95.

② Wilson, J. *A New Introduction to Moral Education*. London: Cassell Educational Limited, 1990, pp.130–132.

作为“压倒一切的、规约性的和普遍性的原则”。

第二部分指基于对别人的关心、对自己和他人利益的情感体验、掌握与特定问题有关的基本知识和技能，从而思考和确定道德问题的一般过程。其中，个体根据对情境的思考做出的道德决定乃是一个原则化的决定——“压倒一切的、规约性的和可普遍化的决定”①。

巴里·查赞曾经据此指出：“可以说，威尔逊的整个道德教育体系就是建立在原则水平上的一个体系。他关心一个人‘实践道德’的能力，也就是说，运用这个人所必需的要素和工具在道德领域操作的能力。这些不同的要素和工具实际上是可普遍化的、非特殊的，这些要素一旦被利用，就意味着个体作为一个道德的存在开始进入操作原则的阶段。”②所以，在威尔逊的理论中，这种有道德或原则化的人就是一个能普遍化地感知、体验、决策并依此行动的人。

在威尔逊的道德原则中，“关心他人利益”无疑是一个核心的、决定性的道德标准，也正是由于这一点，引发了人们的争论。已如前述，有人据此论证威尔逊并非纯粹的形式论者。也有人认为，把关心他人利益作为重要的道德原则反映了它的理论基

---

① Wilson, J. *A New Introduction to Moral Education*. London: Cassell Educational Limited, 1990, p.154.

② Chazan, B. *Contemporary Approaches to Moral Education: Analyzing Alternative Theories*. New York: Teachers College Press, 1985, p.32.

础是一种特殊的理性功利主义的规范伦理学，反映了一种特殊的人性观，因而是一种特殊的道德理论——一种关于“善的”“正当的”道德理论。甚至有人认为，如果除去威尔逊的“中立”的外衣，他的理论则是代表了一种功利主义的道德理论。[①]对此，威尔逊曾反复强调，他的道德要素不是一种特殊的道德理论，而是一种逻辑的结构。[②]他的伦理学不是规范的，而是形式的。[③]正像有人说的，除去威尔逊对道德原则分析的中立性和可普遍性，他的理论才可能是一种功利主义的理论。然而，对威尔逊来说，中立性、可普遍性之于道德原则恰恰是不能“除去”的，倘若除去道德原则的中立性和可普遍性，这一理论便不再是威尔逊的理论。

对威尔逊在这一问题上的如下评价也许是中肯的：“威尔逊对有道德的人即是原则化的人的讨论，对当代道德教育理论是一个重要贡献。对流行的道德教育理论和实践起着重要的平衡作用。他的道德教育理论体系详细描述了原则在‘实践道德’的过程中的地位……威尔逊的错误之处在于认为方法和内容是可以分

---

① Chazan, B. *Contemporary Approaches to Moral Education: Analysis Alternative Theories*. New York: Teachers College Press, 1985, pp.32–34.

② Wilson, J. *The Assessment of Morality*. Windsor, Berks: NFER Publishing Co. Ltd., 1973, pp.60–67.

③ Wilson, J. *Preface to the Philosophy of Education*. London: Routledge & Kegan Paul, 1979, p.243.

离的，我们可以不要内容而教授方法。”[①]

（六）灌输

对西方道德教育的理论和实践来说，20 世纪可以说是一个反对灌输的时代。然而，真正对灌输进行系统的理论上的讨论似乎主要发生在欧洲特别是英国的教育哲学界。在讨论杜威道德教育哲学时，我们曾引用过威利斯·穆尔的一段话。他指出：“目前在我们英国同行中对‘灌输’究竟应该按目的、内容、方法抑或是按照这三者来界定的争论，在当代（美国）教育哲学的圈子里几乎没有出现。”[②]彼得斯也曾经说过，对“灌输”的详尽分析一直是当代英国教育哲学的一个独特贡献。[③]而在英国教育哲学的“圈子里”，威尔逊无疑是一个举足轻重的人物，他不仅直接参与了 50 年代以后对“灌输”问题的大讨论，而且被认为是这一讨论过程中“内容派”的代表。

把威尔逊的灌输观说成是“内容派”，实际上是指他早期的观点，就我们所见的资料来看，威尔逊主要在两篇论文中专门谈论灌输问题。一篇是他较早的论文——《教育与灌输》（该文后来被收入霍林斯编的《教育中的目的观》一书中）；另一篇是

---

① Chazan, B. *Contemporary Approaches to Moral Education: Analysis Alternative Theories*. New York: Teachers College Press, 1985, p.34.

② Moore, W. Indoctrination as a Normative Conception. *Studies in Philosophy and Education* , Vol. 4, No. 4, December, 1966.

③ Doyle, James F. (Ed.) *Educational Judgment*. London; Boston: Routledge and Kegan Paul, 1973, p.vii.

《道德教育导论》的一部分——《灌输与自由》。在《教育与灌输》一文中，威尔逊基本上把灌输界定为内容的教授，而这些内容是“没有被公认的证据所证实的”[①]。也就是说，道德教学的内容是一种业已建立的教条、一种价值定向或一种世界观，而这些教条、价值定向或世界观是建立在没有理性证明的基本假设基础上的，把这些内容传授给学生就是灌输。反过来，当人们教授的是那些被理性证明为合理的、可靠的知识时，也就避免了灌输。后来，威尔逊的这一观点遭到英国著名道德哲学家哈尔的批评，他认为，威尔逊的观点似乎暗示了存在一种固定的、为人们一致认可的判断知识之是否是理性的标准，然而，哲学家迄今为止尚没有发现这样一种标准。他认为，判断一种教学是否是灌输的，不是看其所传授的内容是否合理，而是要看教育者通过这种教学达到什么样的目的。“只有当我们试图阻止儿童独立思维能力的发展时才是灌输。”[②]所以，灌输更是一个意图或目的问题，而不是一个内容问题。也有人认为，在《教育与灌输》一文中，威尔逊对自己观点的表述是不准确的，以致造成了人们的误解，“实际上，他更接近‘目的’派。在这篇早期的文章中，威尔逊声称灌输的标准乃是所教内容的理性程度，但他同时也强调在教育中证据、提供理由和理性过程的重要性。这就是说，他真正关心的是怎样处理这些特定的内容，用什么方式教这些内容以及教这些

①② Hollins, T. H. B. (Ed.) *Aims in Education: The Philosophic Approach*. Manchester: Manchester University Press, 1964, pp.27–29, p.52.

内容的目的是什么”[①]。

不管怎样，威尔逊在《道德教育导论》中再次谈论这一问题时，其观点已经有了很大的变化。关注的焦点已经从信念的性质转向教授这些信念的目的。威尔逊首先区分了“灌输”“条件作用”和“使用武力”三个概念。他举例说，如果人们不合理地说服一个儿童让他相信上帝会因手淫而惩罚他，这就是灌输；如果只是使他对这一行为感到害怕和反感，这是条件作用；如果把他的双手捆在背后使他不能这么做，则是使用武力。由此看出，灌输并非是完全强制性的，也不包括对被灌输者意志的公然践踏，在传授某种信念时甚至还能提供某种理由，因而似乎也是合乎理性的。但是，这种意义上的灌输实际上是对人的理性和意志的间接的践踏或蔑视。因为，被灌输者往往意识不到自己在被灌输，反而会认为这些信念是自己自由接受的。事实上，他们在接受这些信条时，他们的意志和理性已经被另一个在道德上能控制他们的权威置于睡眠状态或被忽视了。这种被灌输的人，用萨特的话来说，是处于一种自欺的状态之中。由于所灌输的信念不是儿童自己的理性或理由所证实的，因而往往不能指导儿童的行为。威尔逊指出：“灌输的一个重要特征就是另一个人对传授的信念

① Chazan, B. *Contemporary Approaches to Moral Education: Analysis Alternative Theories*. New York: Teachers College Press, 1985, p.41.

负责。”[①]

威尔逊进一步分析了灌输与目的、方法和内容的关系问题。他指出，灌输是一种有意识的而不是偶然的活动。任何灌输者都是有意识地使他的学生获得某种特定的信念。从这种意义上讲，他认为“罗马天主教徒和共产主义者都可认为是在从事‘灌输’，不管他们怎样说明其目的。他们可能说而且认为，他们正在帮助人们自由地、理智地形成他们自己的信念，但实际上并不是这么回事”[②]。除了目的或意图，灌输也与方法有关。灌输者往往通过一些非理性的方法使学生获得一定的信念。这些方法往往是依靠因果刺激而不是理性的激发（如努力使学生产生服从权威的欲望）。通过这种方法获得的信念必然是教条主义的。信奉者不是说不出坚持这种信念的理由，就是所说的理由不是他的信念的真正激发者，只不过是一种文饰作用。“如果一个人从来没有面对过事实或独立思考过，我认为，就不能说他理智地持有一种信念。”[③]

在谈到灌输的性质时，威尔逊指出，他是从贬损的意义上、以反对的态度来讨论灌输问题的。他认为，是不是称某种教学为灌输并不重要，重要的是看这种教学是“提高了还是降低了人的理性”。任何道德教育的目的都是要促使人们自由地反省和选择自己的道德信念，都在于培养独立思维的能力。由于“灌输与

①②③ Wilson, J., et al. *Introduction to Moral Education*. Baltimore: Penguin Books, 1967, p.169, p.170, p.171.

‘独立思维’相对立”[①]，旨在消解人的意识和人格，因而总是一种错误的教育方式。

（七）在道德上受过教育的人

威尔逊曾经说过：“任何教育过程，只要它是一个深思熟虑的、旨在产生一个在道德上受过教育的人的技能和特性的过程，就都可以说是道德教育。”[②]即是说，道德教育的过程就是培养在道德上受过教育的人的过程。那么，什么样的人才可以称为“在道德上受过教育的人”？这是威尔逊所有的道德教育甚或是教育哲学著作中几乎都涉及的一个问题。尽管在不同的场合，威尔逊对这一问题的回答不尽相同，但内容大体相同，都包含基本相同的“一个在道德上受过教育的人”所必需的“道德要素”。

在《道德教育探讨》（1970年）一文中，威尔逊接受了亚里士多德的道德观点，提出了一个有道德的人应该具有的品质。在亚里士多德看来，一个合乎道德的行动必须是自由的、被充分意识到的行动，一个有正当理由的行动和一个有正确的思想倾向的行动。据此，威尔逊认为，一个在道德上受过教育的人至少应该具有如下品质：

尊重和关心他人的态度；

对情感的认识能力；

掌握有关的知识；

---

①② Wilson, J., et al. *Introduction to Moral Education*. Baltimore: Penguin Books, 1967, p.175, p.140.

运用上述各要素的能力；

做出做什么的决定；

把这种决定转化为行动；

把所有这些因素结合起来产生正当的行动和适当的情感。①

威尔逊认为，一个有道德的人是基于合理的理由做出选择和决定的。所谓合理的理由，是指那些自主或自由坚持的、合乎逻辑地建构起来的、一贯的和公正的理由。合理的理由使一个人服膺于一种行动方式，采取一种占支配地位的道德观点。在道德上受过教育的人接受一个道德权威的理由，不是因为这个权威曾经这么说过，而是因为他自己认识到这种接受是合理的。有道德的人会认为权威在社会中是有用的，但他并不认为权威具有约束个人良心的威力。对人有约束作用的只有行动固有的合理性。所以，一个有道德的人应该是自主的、理性的、理智的、心理健康的、以现实为定向的人。威尔逊认为，并不是每个人都能通过教育达到这一理想，但是，为此而努力是值得的。

由此看来，一个在道德上受过教育的人不仅应该具有与道德情境有关的事实知识以及体验自己和他人情感的能力，而且还应该根据别人的利益做出可普遍化的、占支配地位的道德决定并全力以赴地把这种决定付诸实施。在这个人身上，知识、情感和行动的要素是有机地结合在一起的。从这里我们可以看出，培养一

---

① Wilson, J. Approach to Moral Education. *Religious Education*, Vol. 65, No. 6, 1970.

个有道德的人的过程是一个多方面、多步骤而且可能是一个长期的过程。这一过程与威尔逊所反对的传统的“道德社会化”“培养举止规矩的儿童”的教育过程显然是有很大不同的。

二、关于学校道德教育的实践

威尔逊在开始涉足道德教育领域时即把自己的研究工作限定在这样两个方面：提出一个“在道德上受过教育的人”的操作性定义；寻找培养这种人的前提条件。[①]虽然比较之下，威尔逊在第二方面所做的工作稍显不足，但从中仍可得出许多有益的启示。下面主要从三个方面讨论威尔逊对学校道德教育的建议。

（一）直接教学

作为一种典型的现代道德教育理论，威尔逊理论与当代其他道德教育理论在道德教育实践问题上的最大区别就是强调直接道德教学的作用。所谓直接道德教学，是指“向学生直接教授和解释道德的方法论，‘方法论’的意思不是指直接灌注特定的道德价值和信念，而是解释做出理智的道德决定的逻辑基础”[②]。换言之，“直接的道德教育方法就是把各种道德要素或品质呈现给学生”，以“使其理解和实际地运用这些道德要素”“去解决道德

① Wilson, J., et al. *Introduction to Moral Education*. Baltimore: Penguin Books, 1967, pp.190–191.

② Wilson, J. *A New Introduction to Moral Education*. London: Cassell Educational Limited, 1990, p.188.

问题”[①]。

在威尔逊看来，之所以要采用直接教学的形式，主要是基于以下三点。

第一，它是诚实的。威尔逊指出，如果我们要从道德上教育学生，就必须明确道德教育的目的，明确一个能理智地解决道德问题的人需要哪些品质，知道我们应该如何培养这些品质。这就是说，我们需要一些有关道德作为一个学科以及与之相应的方法论方面的知识。如果没有这样一些知识，我们就根本没有权利从事这项工作。而如果具有这些知识但却要向学生隐瞒，那就是不诚实的、愚蠢的，这就像是我们害怕把科学、历史和数学等作为学科以及它们各自的方法提供给学生，只是试图用某种间接的手段向他们传授必要的技能和技巧。在威尔逊看来，如果我们不直接向学生教授道德的知识和方法，就是根本没有把学生当作理性的动物来看待，没有把学生作为平等的人，没有考虑学生的合作能力。在这种情况下，学生势必变成大量实践活动的“接受者”，他们根本不知道自己活动的目的，不知道教师要他们去做什么，而这些则可能进一步使某些学生处于极度焦虑之中。由于没有向学生清楚地阐明道德教育的目的，所以，这些目的通常被看作“邪恶的”“不可信赖的”“权威主义的”“灌输的”。

所以，威尔逊指出：“作为教育者，使学生确实清楚我们在

---

① Wilson, J. *A New Introduction to Moral Education*. London: Cassell Educational Limited, 1990, p.188.

道德教育上正在努力做什么以及如何把道德作为一门学科来处理是极端重要的。”[①]在他看来，即使道德教育的目的是某一党派的目的——培养忠诚的共产主义者或虔信的天主教徒，甚或是强迫学生接受其他的道德信念等，向学生阐明道德教育的目的以及解决道德问题的方法也是必要的。当然，威尔逊也指出：“我们的目的是要帮助人们独立地思维和更理智地行动，因此，要使学生都明白，我们不是要把他们强制地塞进任何一种模子里。”[②]

第二，它是一种专业性方法。威尔逊认为，目前学校道德教育更多地限于“讨论道德问题”“激发兴趣”“激起对人的关心”“开放”等策略，许多教育者害怕被指责为“权威主义者”而不敢向学生说明各种道德问题都有正确或错误的答案，因而也存在着解决这些问题的各种方法。这一现象进一步强化了目前人们普遍持有的一种观念，即认为一切道德问题都是相对的，都只是一个个人感受、个人意见、个人嗜好的问题。威尔逊认为，就像在科学或其他学科中一样，在道德教育中，鼓励和帮助学生自己寻找答案以及答案背后的理由是一回事，而暗示根本就没有答案则完全是另一回事。所以，任何“开放的”“儿童中心的”道德讨论都不能掩盖这样一个事实：我们是为了发现真理而去讨论的。这就意味着：存在着有待发现的真理。

威尔逊认为，帮助学生发现真理的唯一途径就是借助直接教

①② Wilson, J. *A New Introduction to Moral Education*. London: Cassell Educational Limited, 1990, pp.189–190, p.190.

学法。有人认为，仅仅通过直接教学使学生获得道德的真理未免太天真了，但威尔逊指出，失之天真的方法也比失之模糊不清的方法要好。尽管在道德上有许多哲学问题有待解决，但是正如在科学和历史学科中一样，在道德领域，也确实存在着一套固有的方法，这些方法应直接教给学生。在教育过程中，虽有大量的机会对更为复杂的道德问题进行讨论，但重要的是要尽可能以专业化的方式向学生提供这些方法。

第三，直接教学可向儿童提供某些值得依靠的东西。在威尔逊看来，道德教育的目的不是向学生传授任何具体的或形而上学的道德信念，而是要教给学生更为重要的东西——方法，即要努力向学生表明他们如何才能识别和解决道德问题。只把问题的答案交给学生相对容易一些但却不会有什么价值。如果我们教给学生一套方法，学生就能够依靠它处理各种情境、解决各种问题。而且，在解决问题的过程中，也一定要依靠这些方法。

威尔逊指出，同成人一样，儿童也乐于接受快捷的“第二手答案”，但一味向学生传授某些第二手的东西是非常糟糕的，事实上，等于什么也没有教给学生。在实践中，有些堂而皇之的“开放性”讨论往往以给出答案而结束。如果讨论仅限于此，那么，把世界上所有的讨论加起来，其价值也不及教给学生一种方法，这些讨论只不过是以时髦的外衣掩盖了学生在道德问题上的含混和相对主义。显然，在威尔逊看来，一种讨论如果是有价值的，就必须向学生阐明解决问题的方法，而不是简单地向他们提供答案，从而使学生对问题的解决有可靠的根据。

道德是否可以直接教授给学生一直是当代西方道德教育理论

界争论最为激烈的问题之一，大多数道德教育理论家对此持否定或消极的态度。事实上，当代西方道德教育理论在很大程度上就是以反对直接的道德教学为特征的。威尔逊把众多的反对意见概括为四个方面，并逐一加以澄清。

第一，有人认为，道德与科学、历史以及其他学科不同，它主要关心的是行为、行动而不只是思维，所以，为道德教育安排专门的课堂教学时间是不合适的，一门“实践性”学科采用一种“艺术性”的方法本身就是一个错误。威尔逊指出，没有人说学生不需要其他的道德教育方法，也没人说道德教育的方法不应该是“实践性的”方法，更没有人怀疑通过课程安排、社会生活、学校结构、师生交往要比使用直接的课堂教学更能促进学生道德要素的发展。“但这并不能证明直接的方法不重要”，尽管“在道德上我们需要多少与‘实践’相对应的‘理论’还是一个有争议的问题”，“但是，一定的‘理论’是必要的，道德不只是一个实践和习惯的问题。所以，对道德教育而言，学校的一般生活、师生关系以及任何其他间接方法的重要性并不必然要否定直接方法的重要性”。①

第二，有人认为，直接的道德教学只适用于年龄较大或非常聪明的学生。因为，把道德作为一门学科来讨论势必包括对那些深奥的道德哲学家进行长期的研究，而对五年级的学生来说，向

① Wilson, J. *A New Introduction to Moral Education*. London: Cassell Educational Limited, 1990, p.192.

他们解释亚里士多德和康德毫无必要。威尔逊认为，这完全是一种偏见。他指出，我们不向五年级的学生介绍卢瑟福（Ernest Rutherford）和爱因斯坦（Albert Einstein）并不会使我们得出科学只适合于更聪明的儿童或六年级的学生的结论。还有人认为，把道德作为一门学科来学需要艰难的“抽象推理过程”，一般的学生难以理解。但是，威尔逊认为，事实并非如此，研究结果清楚地表明，道德学科所需的推理类型儿童即已具备。如果逐一考虑一下道德的要素，就会发现，绝大多数儿童甚至小学阶段的儿童都能理解每一个道德要素，理解这些要素是如何与一个人可能发生的道德行为联系在一起的。

造成上述偏见的主要原因是，人们往往认为某些研究必定需要“高智力”“高学术水平”，像“哲学”“心理学”“社会学”的研究即属此类。威尔逊认为，像“道德哲学”这样一个术语就很容易使人望而却步，人们通常会认为，这样的领域只有牛津大学的专家才能研究。威尔逊指出，如果这些名称代表了人类基本的思想形式，代表了人们对语言、概念、个人情感、人类社会的思维，那么，即使是儿童甚至是傻瓜都绝对有能力学习它们。因为，无论能力高下，我们每个人都在对这些问题进行思维，而且，每个人也都有自己的观点和信念，这些观点和信念都可以说是某种哲学的、心理学的抑或是社会学的观点和信念。教授这样一些观点和信念不会超出人的能力范围。

第三，也有一些人认为，道德是“抽象的”“精神的”甚或是“自发的”，因而不能通过教学来获得。他们认为，对道德思维进行考试是不能容忍的，它意味着向学生教授正确的道德答案，然后要求学生向我们重复这些答案，这必然降低整个道德或美德的价值。威尔逊指出，这些人简直是糊涂，我们当然不会阻止学生的“内部生活”。所谓直接教学并不是要教正确答案，而是要教一套学生自己可以运用的方法，而许多方法都是可以检测和评估的。由此也可以看出，考试的目的并不是要测查学生记住了多少正确答案，而是检查学生对道德方法的掌握情况。

第四，还有许多人认为，把“道德”“道德教育”列入学校的课程表并非明智之举。这是因为：①课程的名称本身会使学生生厌；②人们会把它作为宗教教育的替代物加以接受；③它暗示了道德教学乃是学校道德教育的全部；④学生家长、特殊信条的追随者以及其他团体的成员对此难以接受；⑤很难确定由谁来担任这门学科的教学工作。威尔逊指出，激发学生的兴趣、阐明教学的目的、安抚各团体成员、培训师资等都是非常重要的。但是，所有这些拒绝道德教学的理由没有一个涉及这样一个带根本性的问题：作为教育的一个小的组成部分，道德教学对学生是不是有价值。如果这种教学有助于学生道德要素的形成，而且明确了它的基本内容，就必须努力克服各种困难，认真地从事这项工作。至于给这门学科冠以什么样的名称无关紧要。威尔逊倾向于把这门课称作“道德思维”课。

总之，威尔逊认为，上述反对道德教学的理由是站不住脚的。“在道德上受过教育的人”这一概念逻辑上要求有直接教学的参与。他指出，一个在道德上受过教育的人不仅要以某种特定的方式去行动和感受，而且这种行动和感受必须有正当的理由。亦即“他必须为着正当的理由来行动和感受，要做到这一点，他就必须知道什么是正当的理由，并且坚信这些理由就是正当的，而如果没有人把这些理由教给他，他就不可能知道这些”[①]。

从上述也可看出直接的道德思维的教学的主要目的：

①使学生理解道德思维与理解科学或其他类型的思维一样，本身也是一个需要认真研究的、独立的学科，它可以为道德问题提供正确与否的答案，从而为道德行动和情感提供正当的理由；

②为学生提供一种心理应变能力，亦即既不是要他们接受一种党派“信仰”，也不是置学生于一种道德真空之中，而是要教给他们一种方法，使其在面临日常道德情境时，运用这些方法自行解决现实生活问题；

③通过反复实践，使学生形成运用这些方法的习惯，以便更好地运用于日常生活；

④使学生放弃错误的方法论（依赖同辈团体、依赖权威或“反权威”、依赖错误的自我理想等）；

⑤通过以个别或集体合作的形式澄清道德各要素的逻辑关系，使学生明确在特定情境下，自己和他人缺少哪些要素；

⑥通过使学生意识到自己的不足，至少可以为他们独立发展自己的道德要素提供机会。

威尔逊进一步指出，在学校具体实施直接教学法的过程中还须注意以下几点。

---

① Wilson, J. *A New Introduction to Moral Education*. London: Cassell Educational Limited, 1990, pp.194–196.

第一，要明确地、坚定不移地把“道德思维”列入课程表，使学生很容易识别这门学科，不致因学习其他课程而拒绝道德教学，要使他们清楚地感受到自己正在从事道德的而不是其他领域的学习，使他们认识到强调道德教学的独立性并非完全否认整合课程的重要性，但对有关学科材料的处理必须服务于道德思维课的目的。①

第二，道德思维课的目的在于向学生解释各种适当的理由，所以，内容是重要的，但是内容的选择必须以上述目的为根据。也就是说，不能通过简单地告诉学生正当的理由是什么并要求他们重复这些理由来教授内容，而是要向学生表明各种理由存在的事实以及在各种情境下如何恰当地使用这些理由。

第三，在列举道德情境时，要尽可能贴近现实生活。②一切能有助于实现道德教学目的的方法都是合理的教学方法，像借助当代时髦的榜样、行动、角色扮演、录音机、录像机、电影等，甚至可以把学生带出课堂向他们介绍各种生活、道德情境，也可让学生参与学校管理并向学生介绍这些情境的道德意义。这些方法的主要目的不是刺激学生的兴趣，也不是唤起对别人的关心，而是要使学生理解自己行动的理由。③

第四，教师必须处理学生错误的、不适当的道德思维方式。因为这些思维方式在学生甚至在成人中相当普遍，它们包括：

---

①②③ Wilson, J. *A New Introduction to Moral Education*. London: Cassell Educational Limited, 1990, p.198, p.199, pp.199–200.

“服从他人”（other-obeying）——在确定应该做什么上求助于某一外在权威，“服从自我”（self-obeying）——依自己的内部感情确定应做什么，“关心自己”（self-considering）——以是否对自己有利（奖惩、得失、改善还是削弱了自己的地位）来确定应该怎么办。在教学中，教师首先要考虑到这些思维方式，然后向学生阐明什么样的思维方式才是正确的思维方式，也就是要使学生明确他们所使用的理由类型。一种理由是否合理主要取决于它是否以人类的需要和利益为基础，是否以平等、公平地考虑这些需要和利益为基础。简言之，是否符合关心他人利益、公平地对待他人的道德原则。①

据此，我们认为，威尔逊的道德教学理论与当代大多数道德教育理论所反对的那种传统的道德教学形式有着根本的不同，前者以形式训练——培养处理问题的能力和技能为主旨，后者则以内容的教授——培养对规则的服从和尊重为目的；前者以学生的理智能力为前提，后者以无视学生的理性为特征。从根本上讲，威尔逊的道德教学理论是现代教育观念的反映，而传统的道德教学理论则代表了一种落后的教育观点和哲学思想。

（二）建立“家庭模式”

威尔逊认为，任何学校道德教育都必须基于两大基础：学术性基础和非学术性基础。如果说前者主要是要求学校通过教学提

① Wilson, J. *A New Introduction to Moral Education*. London: Cassell Educational Limited, 1990, pp.201-202.

高学生的理性思维能力，那么，后者则要求学校通过适当的“社会性安排”为学生的道德学习提供最佳的环境。

然而，学校的社会构成并没有为有效的道德教育提供必需的“社会基础”。教师对学校的看法清楚地反映了学校的“社会状况”。许多教师抱怨：“学校根本不给你机会让你真正了解学生。”“考试制度使我们没有时间把学生作为人来对待。”“学校整个儿一个学术工厂，完全不是一所学校。”“校长只是个行政官员，孩子们几乎不知道他是谁。”威尔逊指出，所有这些归结为一点：学校没有为师生提供个人交往的机会，更准确地说，学校没有为道德教育所需要的各种交往特别是教职员工和学生之间的相互作用提供机会，或者说，学校没有进行这种相互作用的社会基础。①

从学生方面说，道德教育的社会基础主要表现在必须满足学生的社会性需要。这些需要包括：从团体同一性来看，学生安全的需要；个人同一性需要，即感到自信、成功、有用、被需要；与成人密切的个人交往的需要；对父母和坚定、明确规定的权威的需要；疏通攻击行为的需要以及合作和参与的需要。②那么，要采用什么样的学校模式才能照顾到这些需要呢？威尔逊指出，他将采用一种非常古老的社会机构模式——家庭模式。因为在一个令人满意的家庭中，儿童的上述需要基本上都能得到满足。③

①②③ Wilson, J. *A New Introduction to Moral Education*. London: Cassell Educational Limited, 1990, p.175, p.176, p.176.

同时，一个家庭中各种形式的分享和成员之间强烈的情感联系使得家庭作为一个整体紧密地联系在一起，并为儿童大量的情感、行为学习提供了适宜的社会基础。所以，威尔逊指出，之所以强调家庭模式的重要性，就在于它是儿童自己的模式，在与成人的密切交往中、在一种安全的社会基础上进行学习是儿童学习、儿童愿意学习的最重要的方式。

过去之所以没有把家庭模式引入学校，主要是受这样一种错误观念的影响，即认为学校存在的目的只在于或主要在于传授知识，其他的工作由家长或社会来做。威尔逊认为，这种把所有的道德教育工作留给家长，学校只需传授知识和文化的观点是完全错误的。家庭和社会情境是不同的，在家庭中，儿童是在父母的权威和保护下发展的；而在社会中，人们希望他自己负责，这包括经济上的独立，还有另外一些社会角色，像丈夫或妻子，父亲或母亲。这一观点似乎认为儿童无须训练即可毫不费力地从家庭走上社会，中间没有任何其他团体的影响。威尔逊指出，只要看一看社会上“青年文化”（youth culture）的许多病症，就不能不深感学校作为一个中间或过渡机构的重要性，而学校要真正有效地发挥这一过渡性机构的作用，就必须参照和实施“家庭模式”，在学校建立各种各样的“家庭”。

威尔逊指出，采用“家庭模式”建立“家庭”应注意以下几点。

（1）“家庭”人数。每个家庭的人数不宜太多，但究竟多大为宜，要视学生总数而定，一般多不超过80人，少不低于30人。

（2）“家庭”成员的组成。一个“家庭”要由各个年龄段学生组成，且男女生均应该有。一个按水平方式组成的“家庭”——由相同年龄相同学业水平的学生组成——根本不算一个“家庭”，它只是一个制度化的同辈团体或俱乐部。另外，同家庭一样，年长的应充分发挥其作用。

（3）家长。由一名“男舍监”（housemaster）和“女舍监”（housemistress）掌管“家庭”，分别代表父亲和母亲。舍监主要是根据他或她“做父母”的能力而不是学术条件来选择，选择出的舍监要进行培训。舍监的大部分时间和精力要用于管理家庭。在学校，他们必须有很高的威信和能力。

（4）场所和地形。家庭就要有家，建一个家，一是要有一个共同拥有的地方，二是要有个性。它必须保证家庭成员有一起参加正常的活动所需的空间，而且还必须使它的成员感到这就是他们的家，这意味着他们为这个家负责，使这个家不受外来干扰。在其他方面，它还必须“像家”，它的地形、家具等都应给人一种安全、轻松、独立的感觉，必须有足够的分享机会和充分的隐秘程度。

（5）分享仪式。家庭通过成员分享某些仪式和其他活动而结合在一起。特别是他们一起吃，一块喝，共同照看这个家，共同参加某些庆典和习俗活动。“家庭”也必须这样。这里特别强调的是“家庭”中的“内在约束力”，这种内在约束力虽然不像外部活动那样明显，但比单纯的外部活动更为重要。[①]

---

① Wilson, J. *A New Introduction to Moral Education*. London: Cassell Educational Limited, 1990, pp.179–180.

威尔逊进一步指出，要为一个“家庭”的社会基础提供必要的前提，就要使所有的成员产生“自尊”。而一个儿童，只有当他感到被爱、被重视、被需要时，才能很好地发展成为一个人。所以，要培养学生的自尊心，第一，要坚持“多重的成功标准”，即要使“家庭”的每个成员都体验到成功的欢乐。这就要求仔细地安排每一个活动，努力使每一个学生都能在某一方面表现突出，避免有的学生因多次成功而自负、有的学生因偶然失败而自尊心越来越不足的情况。第二，开展“外部的和内部的合作活动”。每个学生都希望在某一方面表现杰出，如果可能，比任何人都做得更好。在教育中必须消除这种思想，提倡合作，反对竞争。对那些按照个人成就划分成功和失败的学生，可以组织他们参加一些外部合作活动（依靠集体的努力达到某一外部的目的）和内部合作活动（没有外部目的但有助于合作和互相帮助的活动）来逐步克服这种倾向。第三，给学生“保护的机会”。在学校中学生的服从和接受角色不利于学生自尊的形成，发展学生的自尊的一条重要途径就是使学生处于一种保护、教导、命令甚至是控制的位置上，使其有一种优越感。第四，要使学生感到家庭的温暖。第五，要使学生具有“集体责任感”，使其能够意识并履行自己对他人、对外部世界（自然、社会）的义务和责任。[①]

关于间接的道德教育方法，威尔逊在其著作中还谈到了像语

---

① Wilson, J. *A New Introduction to Moral Education*. London: Cassell Educational Limited, 1990, pp.181–184.

言与交往、规则与合同等方法，在此不详述。

威尔逊认为，在目前许多学校中，道德教育的直接方法和间接方法都存在，但是，这两种方法在这里是分离的，各不相干的。结果是，学生从直接教学或学术环境中学到的东西不能转化为实际的行为，而虽然从爬山、野营中获得了某种行为方式，但由于环境是“纯社会”而非学术的，往往无法理解道德教育所需要的“理由”和“原则”。事实上，在威尔逊看来，学校里的各种方法，无论是理论的还是实践的，都是互相联系的，而且必须把它们联系起来。为此，他提出了两点建议。一是“从‘学术’到‘社会’相互参照”，亦即道德教育的学术方法和社会方法必须密切联系。这里的联系不是指在同一学期或学年由同样的教师教给同样一些学生，而是指学生必须清楚，在所有环境中，他们所学习的内容和目的都是相同的。组织学生驾船航行以培养依靠自己、合作等行为方式，而在课堂却大讲“乐善好施者”的寓言故事，这种教育对学生不会有什么影响。适当的方法是在实践中、在生活或活动中进行理性教学，即不是把学生放在船上“让生活教育他们”，而是在船上讨论他们的经验、观看他们是怎么行动的录像、思考在这些情境下会产生何种道德原则；或让学生实际地体验道德各要素，然后把这些体验带回教室进行理论上的升华，再把这些充分理解了的道德要素运用于真实的生活情境。举例来说就是不仅要告诉学生爱邻人，用课本、电影和现实生活中的例子说明为什么以及如何爱邻人，而且要让他们实际地进行“角色扮演”，根据理论的说明来行动并具体参与各种“现实的生活情境”。二是“要使社会关系适合特定的方法”。社会关系或环境本身并不是“教育的”关系或环境，任何社会关系或环境只有经过有效的组织才能发挥作用。在学校中，虽然存在各式各样的社会性组织，但由于不知道究竟要从这些环境中学习什么，因此往往并不清楚学校的环境应该采取什么样的形式。威尔逊认为，无论采取什么形式，都应记住，学校的社会安排或组织必须来自一个明确的教育任务，也就是说“关键的是社会组织是从教育任务中衍生出来的”。譬如，如果教育的任务是要教授讨论的技能——让学生实际地处于讨论角色中、平等讨论、相互倾听、做有关的回答等，从逻辑上看，就必须鼓励学生讲话，那么，把椅子围成一个圆圈就不失为一个好的安排。威尔逊也指出，学校最合适的社会组织就是根据家庭模式建立起来的组织。①

（三）教师

教师在威尔逊的道德教育理论和实践中占有极其重要的地位，其主要任务是帮助学习者发展道德要素。为此，他一方面要从哲学上充分理解道德要素所赖以存在的理论基础；另一方面要有发展和教授包含各道德要素的教学单元的能力。也就是说，一个道德教育的教师既要有哲学的思维能力，也要有熟练的教学技巧。在威尔逊看来，这也是把道德教育作为一门学科开设对教师的最起码的要求。

威尔逊反对把教师作为社会所期望的行为典范和某种党派利

---

① Wilson, J. *A New Introduction to Moral Education*. London: Cassell Educational Limited, 1990, pp.170–175.

益、某些具体道德价值的拥护者，但是，他认为，在道德教育过程中，教师必须是理性的权威。在当代许多道德教育理论家看来，教师的“权威主义角色”（authoritarian role）乃是道德学习和发展的主要障碍，他们要求教师应该以更为宽容的、民主的、自由的和平等的方式来教育儿童。甚至有人坚持，在讨论道德问题的过程中，教师不应该发表个人意见，对学生的各种观点保持中立；教师不应该给学生“正确的答案”，而应该鼓励他们通过自己的思维过程和互相争论发展自己的价值观。威尔逊对此持反对态度。他指出：“当然，就像在任何其他思想和行动领域中一样，在道德领域，我们的目的也是培养学生的自律……但是不能因此说教师没有‘理性权威’或者他根本不能采纳一种‘权威角色’。实际上，如果我们要认真地谈论道德教育，那么，我们的目的在一定程度上就是要教学生以某种特定的（合理的）方式而不是另一种（不合理的）方式去思维。如果我们不能最低限度地、清楚地了解一套适当的方法、不明确在道德上什么叫成功、什么叫失败，那么，我们就根本不是在进行道德教育。我们对道德的讨论也将变成人人可以自由发表意见的争论，没有什么真理、正确或理性的问题。像其他思想形式一样，教师当然要教学生思维而不是仅仅让他服从，但是，他必须使学生按某种特定的方式、根据某些特定的规则和标准去思维。”[①]所以，任何坚持教师“中立”或自

---

① Wilson, J. *A New Introduction to Moral Education*. London: Cassell Educational Limited, 1990, pp.166–167.

由放任的观点都是一种“错误的教育观点”（a miseducate view）。威尔逊认为，对教师来说，仅仅提供证据和一味地放任是不够的，他必须帮助学生区分哪些证据是好的、哪些证据是不好的，而且要指导学生从各种证据、主题、论点中引申出一般性的结论。因此，为了教授价值思维过程，教师必须表明自己的观点，“学生不应该被剥夺看到持有并明确地表达某种道德观点的教师的机会”。

在道德要素的学习上，威尔逊同意由学生自己确定善恶判断以便把这些判断转化成学生的行为，也同意由学生独立思考、自己理解使关心他人成为一个合理的道德原则的理由。但是，威尔逊指出，这些理由必须由某个“权威”教给他们，也就是说，由一个熟知这些理由是什么和精于教授它们的权威教给学生，因为他较之那些外行更清楚与道德情境、与他人情感有关的事实。[①] 所以，威尔逊指出，无论在道德还是其他教育领域，诸如“教师应扮演一个‘权威主义’的角色还是‘民主’的角色？”这样的问题本身就是愚蠢的，因为，“教师显然应该扮演许多不同的角色，一切都有赖于教什么以及需要什么样的教学环境”[②]。

威尔逊还指出，把道德教育作为一门学科来开设，逻辑上势必需要不同于其他学科的教师。他认为，道德教育的教师与其他学科像数学、艺术、历史的教师最大的不同在于他们所要发展的是整个人，而不是发展人的某一个方面或某几个方面，也不是满

---

①② Wilson, J. *A New Introduction to Moral Education*. London: Cassell Educational Limited, 1990, pp.166–167, p.167.

足他们的某些需要；[①]他们不仅要促进学生的理智能力，培养学生广泛而深刻的情感体验，而且要帮助学生把这些内在品质转化为他们的实际行动。

第三节 威尔逊道德教育哲学评价

一、关于道德教育的学科基础

为道德教育找寻一个科学的、合理的学科基础是当代西方道德教育理论的一项重要内容，也是道德教育的研究日趋深入和科学化的重要标志。在西方一百多年道德教育理论的发展中，在奠定道德教育学科基础方面最杰出的理论家主要有三位：涂尔干、柯尔伯格和威尔逊。涂尔干把道德教育的理论和实践建立在社会学分析的基础之上，形成了经典的道德教育社会学理论；柯尔伯格试图从儿童的道德发展寻找道德教育的合理根据，建立了迄今为止最精细、最复杂的道德教育的心理学理论；而威尔逊则几乎完全从哲学的立场分析道德和道德教育的方方面面，并把哲学之于道德教育的作用表达得淋漓尽致，从而成为当代道德教育哲学研究的典范。“尽管他试图充分考虑道德教育的心理学和社会学方面，但是，威尔逊先生的哲学倾向显然更支配着他的方

---

① Wilson, J., et al. *Introduction to Moral Education*. Baltimore: Penguin Books, 1967, p.419.

法。”[①]“威尔逊的道德教育概念植根于一种精细的和综合的哲学基础。”[②]从一定意义上讲，对道德教育的哲学分析是威尔逊有别于当代其他道德教育理论家的最显著特征之一。

在20世纪60年代中期威尔逊主持“法明顿信托研究中心”的研究工作时，曾试图为道德教育确立一个整合的学科基础，该研究中心的第一项研究成果《道德教育导论》就是由威尔逊、心理学家威廉姆斯（Norman C. Williams）和社会学家苏格曼（Barry Sugarman）共同完成的。然而，在该著作中，所谓整合只不过是将哲学家、心理学家和社会学家的观点生硬地凑在一起，因而这种整合是表面的、形式的或者至少是松散的。这时威尔逊已经意识到，要真正实现各学科之间的有机整合从而为道德教育提供一个合理的基础，一方面需要实现各学科间的相互理解、沟通；另一方面需要有一个实现或有助于这种相互理解和沟通的特定环境。威尔逊在回忆这段历史时不无感慨地说：“我们本希望有更多的时间去做这些，然而不幸的是，我们尚未来得及去做，信托单位的创立者和经济担保人就彻底改变了该机构的结构、目的和成员配备。”[③]在《道德教育导论新编》一书中，威尔逊虽极力

① Hall, Robert T., & Davis, John U. *Moral Education in Theory and Practice*. Buffalo: Prometheus Books, 1975, p.46.

② Chazan, B. *Contemporary Approaches to Moral Education: Analysis Alternative Theories*. New York: Teachers College Press, 1985, p.29.

③ Wilson, J. *A New Introduction to Moral Education*. London: Cassell Educational Limited, 1990, p.X.

呼吁建立一个有“适当经济资助的”“永久性的”“多学科整合的”“非党派的”研究和实践道德教育的中心，并为自己20多年后仍未能把多学科熔于一炉而感缺憾，但限于主观的、客观的条件，最后不得不“把自己严格限定在自己专长的分析哲学和心理学领域”[①]（事实上主要是哲学领域）。而且在他看来，也只有分析哲学和心理学才是未来道德教育摆脱虚妄和偏见的主要希望所在。

毫无疑问，哲学的分析对道德教育研究有着极为重要的意义。“道德哲学对道德教育有重要贡献，在某些情形下，这种贡献表现在运用哲学的方法来解决道德教育的问题；此外，道德哲学还可以通过对道德的性质进行广泛讨论，得出结论，从而对道德教育做出贡献。”[②]“道德哲学家在确保认真考虑道德教育所必需的精密性和深刻性上起重要作用。”[③]通过道德哲学所确立的理想、原则，对任何试图建立一种有效的道德教育理论和实践的努力来说，都是基本的和必不可少的。道德教育之所以需要哲学的分析和论证，一方面，与其他学科如心理学相比，哲学有其独特的价值。如果说道德心理学主要属于科学研究的范畴，旨在对儿童的精神状态、发展变化的规律进行客观、准确的描述，道德哲

① Wilson, J. *A New Introduction to Moral Education*. London: Cassell Educational Limited, 1990, p.X.

②③ Chazan, B., & Soltis, Jonas F. (Eds.) *Moral Education*. New York: Teachers College Press, 1973, p.5, p.15.

学则是一个包含目的、意志和兴趣在内的价值系统，目的在于根据主体的经验对已有的事实进行价值的判断，从而确定应该怎么办，那么，我们可以说哲学之于道德教育是更为根本的因素。因为，任何事实和规律能否进入教育领域并在多大程度和什么范围内产生影响则取决于人们对其价值和意义的确认；另一方面，就教育本身来讲，“大多数一般性的教育问题归根结底是哲学本身的问题”①，或“所有的教育问题最终都是哲学问题”②。道德教育中的哲学问题只能借助于哲学的方法合理地加以解决。“如果我们不去考虑普通哲学的问题，我们就不能批判现行的教育理想和政策，或者提出新的理想和政策。”③由此看来，威尔逊对道德教育研究的哲学定向是合理的。

威尔逊对道德教育的哲学论证是从分析传统道德教育中含混、模糊的语言、概念开始的。把语义分析的方法、把“清思”的思想系统地引入道德教育领域，威尔逊实为最彻底、最成功的一个。传统道德教育理论中的许多问题之所以长期纠缠不清，与各自所使用的语言和概念的混乱确有直接的关系。威尔逊看到了语言和概念对人们的道德思维和道德教育理论建设的意义，并试图通过澄清该领域中的一些模糊概念和不确切的语言形式来建立

---

①③ 陈友松主编译:《当代西方教育哲学》，教育科学出版社 1982 年版，第 28、28 页。

② 转引自蒋晓:《美国教育工作者的教育哲学探析》,《外国教育动态》1986 年第 6 期。

一个科学的道德教育理论体系。这不仅有助于训练人们的逻辑思维能力，而且使道德教育研究立于一个新的基点上，对道德教育的理论建设有积极意义。显然，“当代分析道德哲学使我们对价值理论——善的本质的理论及其和道德教育关系的讨论更加精细了……语义学的观点，不管是把它作为对某些关于‘善’的自然主义理论的一种抵制，还是把它作为道德哲学对道德价值理论的一个附加的贡献，对道德教育来讲都是极为重要的……对‘善’的语义学分析有助于澄清许多混乱，有助于从非道德领域对道德做更精细的阐明。”①

然而，“威尔逊的研究既揭示了哲学之于教育实践的希望，也暴露了它的局限”。首先，单纯的哲学分析不能为特定的道德教育实践提供具体的教学原则。建立有效的道德教育理论和实践，“不仅需要道德哲学的贡献，而且也必须考虑社会学、人类学和心理学的贡献，考虑特定教育情境的现实条件、教学人员的性质、课程性质以及特定社会和学校的特殊的道德价值观。所以，认为道德哲学乃是有效的道德教育计划之决定性因素是不切实际的”②。其次，从哲学的论证、逻辑的分析推衍出道德教育的实践建议，认定哲学概念先于教育实践，事实上割裂了理论和实践的关系，完全排除了经验范畴，以至于这种实践在多大程度上具有可操作性和可行性不能不引起人们的怀疑。再次，仅仅限

①② Chazan, B., & Soltis, Jonas F. (Eds.) *Moral Education*. New York: Teachers College Press, 1973, p.13, p.15.

于语言和概念的逻辑分析也是有问题的，威尔逊把道德教育领域同自然科学诸领域相比照，强调证实原则，从而使道德判断、道德观点具有了绝对可靠的标准，然而，这种分析已排除了道德的形而上的论述，事实上否定了道德哲学本身。有时威尔逊把这种分析与日常语言的使用结合起来，并把与日常语言的相符程度作为衡量道德语言的标准，这种分析实际上是用一个相对模糊的标准来衡量道德语言的正误，这显然有悖于分析哲学的初衷。事实上，也许正是由于威尔逊囿于单纯的哲学分析，导致他对教育实践的影响远不及价值澄清学派和柯尔伯格的学说明显。

二、关于道德教育的理论和实践问题

威尔逊的道德教育思想主要由两部分组成：一是关于“在道德上受过教育的人”的分析和论证；二是关于如何培养“在道德上受过教育的人”的建议。威尔逊道德教育理论和实践的意义可以通过以下几个方面予以说明。

第一，从分析“道德”“在道德上受过教育的人”入手建构道德教育理论体系对道德教育的学科建设、实现道德教育理论的科学化有重要的启示作用。一门学科是否科学的重要标志之一就是看它有没有一套独特的概念范畴及在此基础上建立起来的严密的逻辑体系。事实上，大部分科学门类都是由属于该领域的核心或基本范畴组成并由这些范畴来支撑的。人们对这些最基本概念的剖析往往是一门新学科诞生的前奏。在这方面，最为人们所熟悉的就是马克思（Karl Marx）的资本主义经济学理论的建立。马克思正是以“商品”这一最基本、最简单的概念为基点，从分析这一范畴出发来论证资本主义经济的运行、发展和衰亡的规律的。一百多年来，道德教育这一领域虽然在科学化的道路上取得了长足的进展，但离科学化的要求尚有不小的距离。造成这一现状的原因固然与该领域本身的性质有关，但与研究方法的失当亦不无关系。威尔逊明确提出要把道德教育当作同数学、历史等一样的学科来研究，并把分析“道德”“在道德上受过教育的人”作为研究和建立这一学科的逻辑起点，姑且不论这一逻辑起点是否恰当，单就其研究的方法和方向来讲，却不啻是一个积极的、有益的尝试。而且，从分析“道德”概念入手来确定学校道德教育的目的、内容和方法，从而建构体系完整的道德教育学说将会别有洞天，而且也是大有可为的。至少这种分析和论证可以保证理论内部的环环相扣，体系完整且严密，有明显的逻辑上的合理性。当然，这样做可能会因对“道德”概念本身理解的巨大差异而导致无休止的争论或无谓的文字游戏，所以，对“道德”本身有一个准确的理解将是导致理论在多大程度上是合理的重要前提。我们在充分肯定威尔逊道德教育理论之方法论意义的同时，也必须指出，由于完全撇开道德的社会规定性（道德的社会学意义）而拘泥于形式的、语言意义的描述，仅限于形而上的论证或依靠哲学家的直觉来描述道德的领域，描述一个有道德的人所必需的品质，就很难有现实的社会意义。在教育的实践建议中，威尔逊又不得不面对这一问题，反对教师中立，反对放任，主张儿童必须以一定的方式来思维、来行动，由此也可以看出威尔逊理论自身存在的无法克服的矛盾。

第二，提出了一种更为综合的道德教育目的。当代西方道德教育理论在分析道德的范围和一个有道德的人应该具有的品质时，虽然大都承认认知、情感、行为等各方面的综合意义，但实际上，它们真正关心的通常只是其中的某一个方面并把这一方面作为道德教育的唯一合理的目的。即使当代分析哲学家现在也大都承认他们的体系过分强调了人的理性的一面而忽视了其他方面。[①]威尔逊对道德和有道德的人的分析则有更广泛的学术基础。他断言，道德和有道德的人所需要的品质或要素是多方面的、复杂的。[②]道德既不能简单诉诸认知，也不能简单地诉诸情感和行为。道德是主体在一定原则支配下根据某种合理的理由做出判断、选择并付诸行动的过程。其中，理由、理解力、行动和情感的激发作用缺一不可。一个有道德的人也不只是一个具有推理能力或只会按规则行事的人，他应该是一个在对现实的事实知识、人的各种情感的充分知觉和理解的基础上，根据一个普遍的原则做出决策并全力以赴付诸行动的人。在这一问题上，我们同意威尔逊的观点。因为，所有这些品质、技能对道德、对一个有道德的人来说都是必不可少的、充分的，因而也是任何一个综合的、适当的道德教育理论必须加以考虑的。

第三，突出了道德思维能力的培养。在威尔逊看来，学校道德教育的目的之一就是培养学生独立思维的能力。他甚至认为，

---

① Chazan, B., & Soltis, Jonas F. (Eds.) *Moral Education*. New York: Teachers College Press, 1973, p.61.

② Chazan, B. Who is Moral Man? *Religious Education*, Vol. 71, No. 1, 1976.

道德的实质就是思维，思维不仅在确定合理的理由、掌握事实、理解道德情境中起重要作用，而且是做出决策、付诸行动的重要前提。其实，更为重要的是，一个判断、决定或行动是否基于主体的独立思维是衡量这种判断及行动是否是他自己的最重要标志，也是这种行动本身是否是道德的重要前提。一个在完全丧失自主思维权利条件下做出的行为或习惯化了的条件反射式的行为是很难进行道德上的评价的，至少它不属于人类的理性道德。正如宗教存在主义哲学家蒂利克（P. Tillich）所说："的确，背离表现于具体传统中的智慧是危险的，但毫不怀疑地接受传统也同样是危险的……但不管是接受或违反传统的伦理，总要经过自我省察，有时甚至还要经过良心上的激烈斗争，冒着犯错误的危险勇敢地做出决定，只有这样做，从精神上说，才是正当的。"[①]当一个人的行为，不是代表自己的思想而是代表别人的思想时，用柏拉图的话来说，就是奴隶的行为。我们认为，一个行为如果不是基于主体的理性、没有主体思维的参与，可以随便称它为什么行为，但唯独不能称之为道德的行为。而且，重视独立思维在道德行动中的作用，不仅凸显了自主理性的道德意义，而且对道德教育的实践具有现实的、普遍的意义。强调道德思维能力的培养而不是具体道德知识的灌输，为现代社会的学校道德教育提供了一个新的立足点。正如罗伯特·霍尔所说："威尔逊建议通过培养

---

① [美] L. J. 宾克莱著，马元德等译：《理想的冲突——西方社会中变化着的价值观念》，商务印书馆 1983 年版，第 310 页。

年轻人发展他们自己的原则、做出自己的决定的能力向他们传授原则和价值。这一建议事实上把整个道德教育观念置于一个新的立足点上了，而且，一个自由和多元社会中的道德教育也只有在这一基础上才能进行。”①

第四，在道德教育的方法上，强调直接方法和间接方法有机结合，其中不乏合理因素。威尔逊在学校道德教育实践建议上，最具特色的就是强调把道德教育作为一门正式的、专门的学科直接向学生教授。当然，威尔逊的直接教学并不是指具体内容或特定规则、信念的教学而是指“道德要素”或获得道德知识之技能和方法的教授。所以，同克里夫·贝克、威廉·弗兰克纳以及后期的柯尔伯格一样，威尔逊是把道德的直接教学和尊重学生的自主意识有机结合起来的又一典范。这进一步说明，直接的道德教学和发展学生的独立思维和自主理性能力并非水火不相容，人们完全可以从适当的取舍中发展一种合理的、有效的道德教育方式。威尔逊的直接道德教学思想在他的英国同行中获得支持。英国剑桥大学道德哲学教授、分析教育哲学家赫斯特就曾明确指出：“道德教育当然不能流于学校的一般影响。”②“为道德教育安排专门的时间是必然的。”③他认为，虽然所有学校课程都承担

---

① Hall, Robert T., & Davis, John U. *Moral Education in Theory and Practice*. Buffalo: Prometheus Books, 1975, p.47.

②③ Hirst, Paul H. *Moral Education in a Secular Society*. London: University of London Press, 1974, p.108, p.110.

着解决道德问题的任务，然而，如果没有专门的处理这些问题的时间，大部分课程都不可能充分地解决较为复杂的道德问题。另外，要学会进行复杂的道德判断就必须学会以特定的方式探询特殊的道德问题以及以特定的方式进行推理，而这些必须安排专门的时间来进行。英国另一位道德教育专家麦克菲尔也指出："道德教育"应列入学校课程表，把"道德教育"作为一门独立的学科来开设，提供专门的内容、安排固定的时间、配备专职教师等。在他看来，之所以要把道德教育作为专门的课程开设，是因为"同其他学科一样，道德教育也是一门学科，有自己特定的目的、内容和过程"[①]，或者说因为"道德教育是一个有自己的概念、技术和方法的研究领域"[②]。在实践领域，越来越多的国家和地区开设专门的道德课作为学校道德教育的最重要手段，并且取得了一定的成果。这在一定程度上支持了包括威尔逊在内的理论家的呼吁。威尔逊在这一问题上的主要不足在于过分强调教学的形式特征，认为教授技能和方法可以不考虑内容。事实上，这已经从一个极端走向另一个极端。

关于间接的道德教育方法，威尔逊主张把"家庭模式"引入学校道德教育中来。这种方法是为了使儿童从家庭自然过渡到社会而设计的，体现了学校在联结家庭和社会中的桥梁作用。它要求学校既要体现家庭独特的教养方式，又要体现社会对未来儿

---

①② McPhail, P., et al. *Moral Education in the Secondary School*. London: Longman, 1972, p.154, p.154.

童的要求。所以，学校中的家庭，一方面要提供家庭所独有的依赖感、安全感、交流、合作的机会，另一方面又要促进其独立思考和责任能力。家庭教养方式是一种自然的教养方式，儿童极易在其中受到熏陶。此外，模仿家庭中的组织结构、环境布置可以有效地促进人与人之间的交往，而且这种长幼之间、同辈之间、同性异性之间的交往、合作乃是未来社会生活交往的基本形式。所以，这种方式可望能对儿童道德的形成和发展有积极的促进作用。

此外，威尔逊还特别强调把直接方法和间接方法有机结合起来，寓理论、方法的教学于实际活动中，把活动得来的经验拿到教室进行理性的升华，这些经验和方法就能很容易付诸实施。在这里，威尔逊看到了学校存在的直接教学和社会活动名为合、实则分，对学生的道德影响完全是两条互不相干的途径。如果课堂上的知识无益于对经验的提升，经验的获得无助于课堂知识的检验和深化，那么，势必大大削弱道德教育的效果。这也提示我们，现存的被普遍视为当然的教育方式本身都是需要重新进行理性的审视和批判的。当然，这首先要求我们有一个适当的道德和道德教育观念。

第六章 价值澄清学派的道德教育理论

价值澄清学派产生于20世纪60年代，是美国道德教育复兴运动中最富有争议、应用极为广泛的一种学校道德教育的改革尝试。与其他道德教育理论有所不同，价值澄清学派没有一个单独的倡导者或发起人。人们一般认为，由拉思斯（L. Raths）、哈明（M. Harmin）和西蒙（S. Simon）合著的《价值与教学》一书是这一学派的奠基性文献或经典性著作，因为在这本书中，价值澄清的理论和方法第一次得到系统的论述。因此，该书在1966年的出版标志着价值澄清方法作为一个独立的理论流派的诞生。事实上，也就宣告了拉思斯等人乃是这一学派当然的创始人。1978年，《价值与教学》第二版面世，使这一理论和实践体系更趋完整。

在价值澄清学派的发展过程中，另外一位值得特别注意的人物是美国人本主义教育中心主任柯申鲍姆。柯申鲍姆最初对勒温（Kurt Lewin）的团体动力学和罗杰斯的“以病人为中心的疗法”感兴趣，20世纪60年代末转向价值澄清学派，成为该学派的一个主要代表人物。他完成的《超越价值澄清》（1973年）、《对价值澄清的澄清：一些理论问题》（1976年）以及《高级价值澄清》(1977年)等论著，不仅很大程度上澄清了人们对价值澄清方法的误解，而且在某些方面补充、丰富了这一方法体系。尤其是他把价值澄清的理论和临床实践结合起来，使人们看到了这一方法的应用前景。所以，从一定意义上讲，正是柯申鲍姆继承了这一方法并把它推向前进的。当然，柯申鲍姆虽然在基本理论倾向上与拉思斯等人相同，但在许多重要问题上已经有了很大的变化，以至于有人把柯申鲍姆看作价值澄清学派的一个分支。这里，我们把柯申鲍姆的观点基本上看作价值澄清方法的发展。

从严格意义上讲，价值澄清学派并不是一种道德教育理论，它并不单单关心道德和道德教育问题，而是一种关于价值及价值教育的理论和方法。它关心的是更为广泛的人类价值和教育问题，甚至在价值澄清的框架中，也没有单独提出道德价值这一概念以及与此有关的教育理论和实践建议。然而，它又确实把人类价值中的善恶与是非、正确与错误、正义与自由等问题作为自己关注的焦点。所以，人们一般仍把它主要看作当代道德教育理论和实践的一个重要组成部分。在美国，许多道德教育工作者就是把它作为一种道德教育的方法来使用的。

价值澄清方法不像20世纪其他大部分道德教育理论那样，从一开始就是以一种哲学观念或理论体系为依托的。虽然在建构自己的理论框架时，价值澄清的倡导者们对价值、价值的过程和内容等进行了充分的理论上的阐明，但这一方法主要还是从现实生活的挑战中，针对无所适从的学校道德教育实践提出来的。所以，这一方法体系从一开始就具有较强的实践性，受到教师和学生的普遍欢迎。特别是20世纪70年代以来，各种有关价值澄清课堂应用策略的著作、手册相继出现，为教育工作者具体操作这一方法提供了极大的方便。可以说，实用性、易操作性不仅是价值澄清方法区别于当代其他主要道德教育理论的一个重要特征，而且也是这一方法之所以能在实践中被广泛运用的一个主要原因。

第一节　价值澄清方法产生和发展的背景

价值澄清方法产生于 20 世纪 60 年代的美国，从一定意义上讲，它是美国五六十年代社会道德状况每况愈下、社会秩序混乱不堪，有识之士强烈要求重整学校道德教育的一种反映，是 20 世纪中叶掀起的道德教育复兴运动的一个重要组成部分。这一方法与柯尔伯格的道德教育的认知发展理论一道，被人们称为“在美国过去 20 年的实践中最主要的两种道德教育方法”[①]。鉴于该方法与道德教育的认知发展理论产生于同一国家大致相同的时代，面临基本相同的社会道德问题和学校道德教育问题，所以，有关它产生的时代背景可参照我们对柯尔伯格理论的时代背景所进行的论述。这里仅就价值澄清方法的理论来源及其与传统学校道德教育的关系做一简要叙述。

① Elias, John L. *Moral Education: Secular and Religious*. Malabar, Fla.: R. E. Krieger Publishing, 1989, p.31.

一、对传统学校道德教育的批评

20 世纪中叶的道德教育复兴运动与世纪初的进步主义教育运动在对待传统学校道德教育的态度上采取了基本相同的立场，它们都是在批判甚至否定传统道德教育的基础上完成其理论建设的。价值澄清理论自不例外。

拉思斯等人指出，20 世纪儿童研究的一个主题和所取得的一个主要成果就是认识到了情感在儿童生活中的重要作用。与此同时，随着人们对智力测量兴趣的提高，儿童的智力水平与道德发展之间的关系也得到了进一步证实。“结果，一个儿童的行为问题——特别是学校中儿童的行为问题——通常不是被归结为情感上的障碍就是被归结为智力水平的低下。”[①]他们进一步指出，这种倾向非常类似于医学领域中的这样一种偏向：人们一旦发现了某些疾病是由病菌引起的，就极易把一切疾病归因于病菌。实际上，事情远非如此简单，许多疾病可能是由于营养不良或其他原因造成的。同样，情感和智能过去是现在仍然是解释问题行为的重要因素。当然，某些物理条件也会影响行为，特别是近来有关团体压力和社会条件对道德行为的影响更是日益为人们所重视。但问题是，在人们强调这些因素的重要性的同时，却忽视了价值

---

① Raths, Louis E., Harmin, M., & Simon, Sidney B. *Values and Teaching Working with Values in the Classroom (2nd ed.)*. Columbus, Ohio: Charles E. Merrill Publishing Company, 1978, p.9.

对行为的影响。“我们发现，儿童在学校和家庭中经常表现的一些行为可以被适当地看作由价值，更确切地说是由缺乏某种价值引起的，换言之，我们发现，对具有某些特定行为问题的儿童，如果给他特殊的价值经验，这些问题无论在严重程度上还是在出现的频度上都会降低。”[①]因此，重视价值以及价值对行为的影响，强调把价值教育（澄清）作为学校的中心任务就成了价值澄清学派区别于其他理论的一个重要特点。

然而，社会的急剧变化、社会价值观的多元化，使现在的儿童比以往任何时候都感到难以确定自己的价值。“现代生活的步调和复杂性使决定何者为善、何者为正确、何者是有价值的问题变得更为困难，以致相当数量的儿童在确定什么是有价值的事情、哪些事情值得自己花时间和精力去做等问题上倍感困惑。”[②]拉思斯等人指出，现代生活的急剧变化和日益复杂化首先反映在家庭生活的变化上。人们普遍认为，儿童的价值是在家庭中并通过家庭的影响发展起来的。但拉思斯指出，现代的家庭生活并不怎么有利于儿童价值的形成和发展：现代社会单亲家庭和破裂家庭的增多，给儿童造成了巨大的心理压力以至于很难形成明确的价值；现代家庭流动的加快，使大量儿童不得不花很多时间和精力去重新适应一个又一个新的教师、同学，去适应新的邻居和团

---

①② Raths, Louis E., Harmin, M., & Simon, Sidney B. *Values and Teaching Working with Values in the Classroom (2nd ed.)*. Columbus, Ohio: Charles E. Merrill Publishing Company, 1978, p.10, p.10.

体，从而减少了儿童思考自己价值的机会；另外，在美国，双亲就业的普遍化，使得父母与儿童的交流和沟通减少，剥夺了儿童与父母就职业、社会道德、价值观等问题进行有意义讨论的机会。

不仅如此，随着科学技术的发展，许多新的传播媒介被越来越多地引入家庭生活，电话、电视机、录像机、电脑等已经成为现代家庭生活不可缺少的组成部分。"如果价值代表了一种生活方式，如果价值能够指导生活，如果价值能改善生活，那么，我们认为，就儿童的价值发展而言，注意的焦点可能是新的传播工具对生活方式的强有力的影响。"①而这些足以使儿童感到无所适从的选择和影响，虽然可以使儿童增长见识，开阔眼界，但也确实给儿童灌输了某些邪恶的观念。"向儿童提供这样多的各式各样的选择，就可能使他丧失思想、陷于混乱之中。这样说也是可能的，即这些传播媒介的最大贡献就在于它阻遏了儿童刚刚萌发的对什么是正误、真假、善恶、美丑的理解。"②当然，指出这些传播媒介的消极影响，"并不是说应该限制生活所提供的各种选择，也不是说儿童不可能从各式各样的选择中学到某些东西，只是认为，儿童自己不能从这些五花八门的选择中得到多少益处。"帮助儿童正视这些选择和冲突从而使他们树立起自己的价值观应

①② Raths, Louis E., Harmin, M., & Simon, Sidney B. *Values and Teaching Working with Values in the Classroom (2nd ed.)*. Columbus, Ohio: Charles E. Merrill Publishing Company, 1978, p.17, p.17.

当是学校教育的一个重要责任。

那么，学校在培养儿童的价值观上做得怎么样呢？拉思斯等人首先列举了几种在学校流行的传统的价值教育方法，这些方法包括：①树立榜样——或直接由成人以身作则或讲述古今各种好的榜样，希望学生见贤思齐；②说服——为某种传统的价值体系提出各种论据和理由，同时指出其他价值体系的谬误和缺陷；③限制各种选择——只允许儿童在我们所接受的价值中进行选择，或让儿童在我们所接受的价值和没有一个人会接受的价值之间进行选择；④激励——运用各种规则和规章，犹如通过奖励和惩罚来强化某种行为一样，制定各种规则旨在控制和塑造行为，从而使儿童不假思索地接受规则；⑤运用艺术和文学作品，求助文化或宗教信条——提出一些毋庸置疑的名言或原则，如认为我们应该相信某些道理，因为“我们的人民一直就是以这种方式行事的”。

拉思斯进一步指出：“在过去，我们曾经告诉那些面对许多不同的和混乱的刺激的儿童，他们应该相信这个、应该相信那个。我们曾经采用许多方法来进行这种说教，如通过榜样、制定规则、采用说理等。但是，当我们在进行这些说教时，儿童同时也在受其他一些榜样和理由的影响，而这些榜样和理由可能是以完全不同的价值为基础的。当儿童因缺乏目的或无视目的而出现价值混乱时，我们就坚持惩罚，为我们的主张辩护，甚至会更坚决地要求儿童必须采纳我们深信的许多价值中的一种。但这样做，只能使许多儿童进一步陷入混乱，更无法确定他们应该相信什么。”[①]在这些教育方法的影响下，“许多儿童长大以后，只知道如何假装相信某种价值。我们假装相信民主、信仰某种宗教，但是对我们当中的许多人来说，这些信仰是非常薄弱的”[②]。当然，“我们并不怀疑这些方法在过去曾经管理过学生的行为，甚至形成过某些信念和态度。但是，我们断言，这些方法没有也不可能产生我们所理解的价值，这些价值反映了有理智的人类在与复杂的、多变的环境相互作用的过程中自由的和深思熟虑的选择”[③]。此外，“这些方法似乎也不能导致更深层的道德信仰。在我们的社会中，那些被认为可以通过这些方法来得到促进的价值——荣誉、勇气、忠诚、自我控制、有一技之长、节俭、爱等——似乎从来没有成为指导公民行为的价值。如果单从实用的角度对这些方法进行效能测验，上面所列各种方法的得分必定很低。它们似乎就是不能很好地发挥作用。仅这一点就要求我们应该尝试一种新的方法”[④]。

在拉思斯等人看来，传统道德教育方法之所以是不适当的甚或是无效的，这是因为，“上述各种方法都含有说服的意思，‘正确的’价值是预定好的，然后采用这样或那样的方法把这些价值兜售、推销、强加给他人。所有这些方法都有灌输的味道，只是某些方法比另一些方法更巧妙一点而已。它们好像都缺少那种自

---

①②③④ Raths, Louis E., Harmin, M., & Simon, Sidney B. *Values and Teaching Working with Values in the Classroom (2nd ed.)*. Columbus, Ohio: Charles E. Merrill Publishing Company, 1978, p.18, p.45, p.41, p.42.

由探究、审慎思考和推理的思想。这种一般的方法似乎并不关心如何帮助某个儿童发展一种评价的过程，而只是劝说某个儿童采纳某些‘正确的’价值”[①]。

拉思斯等人指出，他们所提出的这种新方法，有以下四个重要因素。

第一，以生活为中心。价值澄清的注意力主要放在解决有关的生活问题上。这些生活问题既包括与学生自己的生活有关的问题，也包括更为一般的生活问题，特别是那些使学生感到困难和困惑的问题。

第二，接受实然。要澄清价值，就需要不加判断地接受他人的立场。价值澄清强调我们要原原本本地接受他人，不必对他人的言行进行评价。这种接受意味着在接受自己的过程中帮助别人，与他人真诚相处。

第三，进一步反省。价值澄清不仅要求接受，而且要求对价值问题做进一步反省，特别是做综合的反省。这就需要学生做出更多明智的选择，更多地了解人们珍爱和珍视的是什么，更好地把自己的选择、珍视整合到日常行为中。

第四，培养个人的能力。价值澄清方法认为人不仅能反省和思考价值问题，而且能整合他们的选择、珍视和行动并能在日后

---

① Raths, Louis E., Harmin, M., & Simon, Sidney B. *Values and Teaching Working with Values in the Classroom (2nd ed.)*. Columbus, Ohio: Charles E. Merrill Publishing Company, 1978, p.42, pp.4–5.

表现如一。所以，价值澄清法不只是鼓励训练澄清的技巧，还要培养个人深思熟虑地进行自我指导的能力。[①]

概言之，价值澄清不同于传统学校价值教育方法的地方在于，它不是向学生传递某种本身就是模糊不清的所谓正确的价值，而是强调通过一系列价值澄清策略，教给学生一些澄清自己价值的技巧和自我评价、自我指导的能力，并使他们把这种能力转化为行为。

二、理论来源

在后来众多的对价值澄清理论的批评中，有一种十分普遍的看法是：价值澄清学说缺少一种坚实的理论基础，因而不能担当指导学校道德教育的重任。对此，价值澄清理论的主要干将柯申鲍姆予以反击。他指出，价值澄清方法不仅有其重要的心理学基础，而且得到了许多实证研究的支持。[②]事实上，拉思斯等人在《价值与教学》一书中即已表明，价值澄清的方法在其基本的理论倾向上与杜威、奥尔波特（G. Allport）、墨菲（G. Murphy）、罗杰斯等人是相同的。[③]他们还指出，价值澄清方法主要是基于这样三种信念建立起来的：民主精神——承认人人都有学会做出自

①③ Raths, Louis E., Harmin, M., & Simon, Sidney B. *Values and Teaching Working with Values in the Classroom (2nd ed.)*. Columbus, Ohio: Charles E. Merrill Publishing Company, 1978, pp.4–5, p.11.

② Purpel, David E., & Ryan, K. (Eds.) *Moral Education... It Comes With the Territory*. Berkeley, Calif.: McCutchan Publishing Corporation, 1976, pp.123–124.

己决策的能力；人文精神——认为人是富有思想的、聪慧的，人人都有发展、选择自己决定的权利；人本精神——价值乃是个人的事情。[①]据此，我们认为，价值澄清方法在哲学上主要接受了存在主义的伦理学，在心理学上主要吸收了人本主义的思想，在教育上则深受杜威经验论教育哲学的影响。

（一）杜威的经验主义价值论

拉思斯等人指出："价值澄清直接来自约翰·杜威的思想。"[②]柯尔伯格在谈到价值澄清方法的理论根源时也指出，拉思斯和西蒙等人的研究"显然源于杜威"[③]。我们认为，价值澄清方法主要在以下几个方面接受了杜威的思想。

首先，坚持经验乃是价值的源泉。已如前述，杜威的道德教育理论从某种意义上说就是一种经验理论。与其整个教育哲学思想一样，杜威的道德或价值教育理论也是"出自经验、通过经验而且是为了经验的"。他认为，"道德的过程也就是经验由坏变好的过程"，因而，"儿童和成人的道德要务都是经验的生长和发展"。[④]把价值或道德的根源诉诸个人的经验，把道德或价值

①② Raths, Louis E., Harmin, M., & Simon, Sidney B. *Values and Teaching Working with Values in the Classroom (2nd ed.)*. Columbus, Ohio: Charles E. Merrill Publishing Company, 1978, p.38, p.296.

③ Kohlberg, L. *Moral Development and the New Social Studies*. Speech presented at the National Council of Social Studies, Boston, November 23, 1972.

④ 赵祥麟、王承绪编译：《杜威教育论著选》，华东师范大学出版社 1981 年版，第 249 页。

的发展看作个体经验意义的增加，在理论上势必坚持道德的相对性，否认道德的绝对性和普遍性。在这一点上，价值澄清方法同杜威如出一辙。拉思斯等人指出，“人们是通过经验获得发展和学习的”，而且，“价值将随着经验的发展、成熟而发展和成熟”[①]。由于人们赖以指导行为的价值标准来自经验，所以，不同的经验产生不同的价值，经验的变化导致价值的变化。价值因而是个人的、相对的。拉思斯指出，在这一点上，他与杜威和怀特（M. White）是一致的，“都对普遍的绝对标准不感兴趣”[②]。拉思斯援引《不列颠百科全书》对杜威的评价：“在杜威看来，不存在自明的或普遍适用的行为准则，道德规则乃是人们在许多情况下发现能够发挥作用因而提供有用建议的一些假设。”他指出，“杜威的看法与我们的观点非常接近。我们关心的是对更为清晰的价值观持续不断的反省探究。”[③]显然，在价值的性质问题上，杜威和价值澄清理论都具有浓重的相对主义色彩，二者的不同在于前者更重情境或环境的相对性，而后者则更重个人的相对性。

其次，强调道德或价值乃是发生、发展的过程，而且这种发展没有固定的最终的目的。无论从理论还是从现实意义上，杜威的道德教育理论都可称得上是一种过程的理论。杜威认为，道德发展的过程就是主体对在一定情境下产生的目的进行推理并最后

①②③ Raths, Louis E., Harmin, M., & Simon, Sidney B. *Values and Teaching Working with Values in the Classroom (2nd ed.)*. Columbus, Ohio: Charles E. Merrill Publishing Company, 1978, p.26, p.290, p.289.

付诸实践以检验行为后果的过程，也就是说，处于具体“情境”中的主体根据情境的需要产生一种道德上的目的或期望，然后根据主体与环境的客观关系进行思考、假设、推理，最后付诸行动以检验是否达到了预期的效果。但是，在杜威看来，这一过程只是价值获得过程中的一个环节，一个过程的完结只意味着切近目的的达到。一个问题解决了，还会出现新的问题，需要主体有新的目的、期望、思考、推理和实践方式。

显然，价值澄清理论注意的也是一种过程——评价过程。具体说，即是选择、评价、行动的过程，整个价值获得的过程就是个体对选择的行为思考、评估，最后通过行动检验并形成一定的生活方式的过程。价值教育的过程就是帮助儿童完成这一过程。拉思斯等人进一步指出，价值澄清的过程是一个永无止境的过程，它类似于追求真理的过程。“对真理的追求是永远没有完结的。我们追求它但不能完全达到它。我们认为，澄清也是如此。我们试图更清楚地认识我们自己、更清楚地认识一个问题的结果和意义。但是，要绝对清晰地认识它是一个极有可能，但却从未达到的目的。”①

最后，强调价值的学习、获得和发展过程乃是儿童生活的过程，在生活中并通过生活学习是一项重要的教育原则。如前所

---

① Raths, Louis E., Harmin, M., & Simon, Sidney B. *Values and Teaching Working with Values in the Classroom (2nd ed.)*. Columbus, Ohio: Charles E. Merrill Publishing Company, 1978, p.286.

述，杜威认为，教育即是生活，“教育是生活的过程，而不是将来生活的预备”。在教育实践中，要求通过生活的各个方面在生活中使儿童学习、获得价值、求得发展。价值澄清理论显然接受了杜威的生活教育论。拉思斯指出：“我们不是求助于百科全书或教科书获得价值，我们对评价过程的界定说明了这一点。人们必须自己珍爱、自己选择并把各种选择统合到自己的生活方式中去。书本上的知识无法传递价值的这种性质。价值源于生活本身的变化。”[①]也即是说，“生活即是学习。如果我们日复一日地生活在每天思维和选择的教室中，我们就能持续不断地生长，生长即是成熟”[②]。而且，在拉思斯等人看来，“生活即是过程”，是一个与人生共始终的过程，所以，价值的获得便也不是静止的，而是一个生生不息的过程。“价值的发展是个人的和终生的事业，它不是在成年早期即已完成的。随着世界的变化，我们自己的变化，随着我们努力去改变这个世界，有许许多多的决定要我们去做，我们应该学会如何做这些决定。我们应该学会如何去评价。我们相信，这一过程需要在教室里进行。至少部分地通过这一过程，儿童可以学到许多关于自己，关于如何理解周围这个嘈杂混乱的社会的知识。”[③]这就是说，只要有生活，就有价值的学习，生活在发展，在进步，我们的价值也会不断发展，不断进步。在

①②③ Raths, Louis E., Harmin, M., & Simon, Sidney B. *Values and Teaching Working with Values in the Classroom (2nd ed.)*. Columbus, Ohio: Charles E. Merrill Publishing Company, 1978, pp.33–34, p.201, p.35.

教育上就要求：一方面，注意通过生活并在儿童自己的生活中使儿童掌握更合适的价值；另一方面，学校教育应重视训练儿童获得价值的方法和过程，而不只是教给学生具体的价值。因为，只有儿童形成了获得并检验自己价值的方式，才能使其在急剧变化的社会中明察各种具体价值，适应多变且混乱的世界。

总之，价值澄清理论根据自己所处的时代特点，接受并从自己的观点出发进一步发挥了杜威的经验论教育哲学。它认为，经验不仅是价值的来源和标准，而且是价值教育的目的和方法。“出自经验、通过经验、为了经验”同样是价值澄清理论和实践的根本信条。

（二）人本主义心理学

人本主义心理学是价值澄清方法的又一重要理论来源。有人指出：“如果还能够从价值澄清方法中抽出一种道德心理学来的话，那么，这种心理学似乎应该是人本主义心理学。”[①]美国学者埃利亚斯也指出：“在价值澄清运动和人本主义教育理论之间有着某种联系。”[②]柯申鲍姆在《超越价值澄清》一文中就是把价值澄清方法置于更广泛的人本主义教育的背景中加以论述的。[③]事

---

① McLean, George F. *Act and Agent: Philosophical Foundations for Moral Education and Character Development*. Lanham: University Press of America, 1986, p.16.

② Elias, John L. *Moral Education: Secular and Religious*. Malabar, Fla.: R. E. Krieger Publishing, 1989, p.94.

③ Simon, Sidney B., & Kirschenbaum, H. (Eds.) *Reading in Values Clarification*. Minneapolis: Winston Press, 1973, p.93.

实上，价值澄清方法的创始人从一开始就宣称，他们所坚持和倡导的并不是一种单独的道德教育理论和实践，而是更为一般的、通常被描述为自我实现或人本主义教育运动的一部分。[①]拉思斯所提到的在基本理论倾向上与其相同的理论家中，像戈登·奥尔波特、墨菲、罗杰斯等人都是著名的人本主义心理学家。

人本主义心理学是20世纪50—60年代由美国心理学家马斯洛（Abraham Maslow）、奥尔波特和罗杰斯等人发起和倡导的一种新的心理学流派，并因其在心理学的立场、观点和方法上与精神分析学派和行为主义分庭抗礼而被尊为心理学的“第三支力量”或“第三势力”。虽然这一心理学理论主要致力于心理治疗和咨询，但在人本主义心理学家中有人发表了不少关于教育、教学的论述。特别是对人的经验、价值、价值教育、潜能、自我实现以及人的情感和师生关系的看法，对当代道德教育理论和实践产生了较大影响。价值澄清方法便是接受这一影响的一个范例。

人本主义心理学的基本主张可概括为以下几点。

（1）人的本性是好的，人性基本上是可以信赖的。

（2）人都有追求潜能和价值实现的内在倾向或潜能。潜能是价值的基础。人有高于一般动物的多种潜能，因而也有高于一般动物的多种价值。潜能决定价值，潜能的充分发挥即是价值的实现。

---

① Chazan, B. *Contemporary Approaches to Moral Education: Analyzing Alternative Theories*. New York: Teachers College Press, 1985, p.51.

（3）一个心理健康和自由的人应当是一个能“充分发挥作用的人”，亦即“一个处于变动过程中的人，而不是已经达到某种状态的人……一个直接经验现在的人……能够使他的整个有机体在复杂的情境中自由地发挥作用，从大量的可能性中选择一种行为，而这种行为在此时此刻最容易使人感到真正的满足……这样的人是有创造性的人……（这种人）过着范围广阔、内容丰富的生活，而不是像我们大多数人那样过着受到限制的生活”[①]。

（4）创造性潜能的发挥是人的最高需要，是人生追求的最高目的，这一目的的实现称为“自我实现”。创造性潜能是人区别于动物的根本特征。人是有创造力的，不仅指在他身上可以涌现出创造性的作品，而且指他可以过一种创造性的生活；他不需要顺应其所在的文化，他几乎肯定不会是“遵循者”。

（5）在人的潜能和社会环境的关系上，前者是更为根本的，社会环境的作用归根结底在于容许或帮助人们实现自己的潜能。因此，对自我潜能和价值的自知和自我意识是重要的。

（6）自我和人格是从经验中产生的，而不是解释或扭曲经验使之适合预想的自我结构。也即是说，一个人应是有机体经验过程的观察者和参与者，而不是被控制者。

（7）教育的根本目的在于促进个人的成长和自我实现，而非掌握知识。所以，教师的责任在于帮助他的每一个学生系统地提

---

① 转引自［美］罗伯特·梅逊著，陆有铨译：《西方当代教育理论》，文化教育出版社 1984 年版，第 235 页。

出一套独特的信念和实现这些价值的方法，而不在于强调"正确"的价值。

（8）教师在课堂上的责任是形成一种尊重、热爱儿童的气氛并提供一定的机会，使每一个儿童都能得到成长和发展。如果儿童能够从激烈的竞争、粗暴的纪律和对不及格的恐惧中解脱出来，他们就能更好地成长。只有在这种情况下，儿童才能逐渐理解自己的需要和价值，并利用经验去改变这些需要和价值。

人本主义心理学对人、对教育、对教师的看法极大地影响了价值澄清方法。拉思斯等人指出："我们对价值这一概念的看法是以一种特殊的人类潜能观为基础的，它强调人类有从事理智的和自我指导行为的能力。"①而且他们认为："只有人才有价值观，这是我们最可宝贵的一种潜能。"②在这一点上，价值澄清方法和人本主义心理学有着惊人的相似，都强调人类潜能的重要性，强调潜能、经验对价值的决定作用。同人本主义主要关心心理健康、心理治疗一样，价值澄清方法也是主要致力于对价值困扰或问题儿童的改善。拉思斯指出："这种方法类似于一个心理医生，他不是治疗心理健康的人，而是确定和治疗有心理健康缺失症状的人。"③此外，在教育上，价值澄清派强调发挥儿童的创造能力，④尊重儿童的价值和能力，⑤重视自由、宽松和接纳的教室气氛⑥

---

①②③④⑤⑥ Raths, Louis E., Harmin, M., & Simon, Sidney B. *Values and Teaching Working with Values in the Classroom (2nd ed.)*. Columbus, Ohio: Charles E. Merrill Publishing Company, 1978, p.47, p.12, p.6, pp.220–222, p.38, p.40.

以及重视价值的个人性质。强调方法而非内容的教授等观点都显然来自人本主义的思想。

此外，价值澄清学派还接受了存在主义的道德哲学并在许多方面与当代的分析哲学有相似之处。存在主义道德哲学对价值澄清的影响主要表现在两个方面：一方面否认普遍的、绝对的道德原则或准则，一切价值或道德都是相对的、个人的；另一方面重视个体的自由选择，认为只有经过个人自由选择来的价值或道德准则才能变成个人的内在信念并为之负责。价值澄清学派与分析哲学的相似之处在于两点。首先，都以“清思”为宗旨，分析哲学认为哲学的唯一任务就是对科学的语言进行逻辑分析并阐明其意义，在教育上则主要关心的是对教育概念的检查和澄清。显然，澄清价值语言、价值观念的混乱也是价值澄清的根本任务。所以，从某种意义上讲，二者有着共同的方法论基础。其次，都关心教育的形式特征而不是努力解决现实的、实质性的教育问题。在分析哲学家看来，教育的根本任务不是传授某种特定的价值和知识，而是对这些知识和价值本身的合理性进行分析。虽然知识和价值有助于分析活动的进行，但它们并不是必需的。在这一问题上，价值澄清学派与分析哲学毫无二致。因为在拉思斯等人看来，价值教育的目的在于帮助学生掌握一种澄清的过程而不是获得这种澄清的结果，教育者的任务不是传授特定的世界观和价值体系，不是解决实际的价值问题，而是教授一种过程、方法或技巧。

第二节　价值澄清学派的基本主张

一、论当代道德教育的基本理论问题

（一）个人和社会

在个人和社会的关系问题上，价值澄清学派基本上持个人中心论的观点。换句话说，价值澄清学派是以对个人的激进看法为基础来构建自己的价值教育理论的。它与涂尔干的道德教育理论分别代表了当代道德教育理论在对待个人和社会问题上的两个极端的立场。如前所述，涂尔干的道德教育体系显然是以社会为中心的。

价值澄清学派的一个基本出发点是，现代的青年人生活在一个复杂的、充满价值冲突和混乱的世界上。各种各样的价值诸如政治的、宗教的、道德的、意识形态的等都在试图对儿童施加影响，并采用各种方法迫使儿童接受它们的价值。在众多的价值和选择面前，儿童感到无所适从，从而陷入价值混乱。所以，拉思斯等人指出，社会价值的多元化和社会试图把各种价值强加给儿童是导致学校价值教育危机的根源。为此，学校必须寻求一种新的方法以帮助儿童形成自己的价值。与传统的学校教育相比，这种新的方法至少包括这样两个特点：第一，反对向儿童灌输没有被公众认可的价值内容；第二，反对强迫儿童服从团体的价值。因为在他们看来，价值从根本上是个人的而不是社会的。

拉思斯等人指出：“因为我们把价值看作源于个人的经验，

所以，我们期望不同的经验会产生不同的价值。任何一个人的价值都将随着那些经验的积累和变化而发生改变……可以想见，一个人在价值的认识和方式上发生了重大变化，他（她）的价值也会随之改变。只要一个人与世界的关系不是静止的，价值就不会是静止的。作为指导行为的价值是随着经验的发展和成熟而发展和成熟起来的。”[①]因此，“我们把价值看作一贯地与形成和检验着它们的经验联系在一起的……某些事物被认为是对的、值得向往的或有价值的，于是就变成了我们的价值。”[②]由此可见，价值从根本上就是“个人的事情”，是个人关心、反省、选择的结果，而不是外部力量强迫的结果。在这一问题上，价值澄清的创始人尽管不像卢梭、弗洛伊德（Sigmund Freud）等人把社会力量作为压制、败坏个人价值或道德的根源而加以挞伐，但显然接受了他们把个人作为影响价值的重要力量并视个人经验为价值之正确根源的看法。它反对通过像宗教、社会机构、传统等外在力量强迫儿童接受某种价值。在拉思斯等人看来，社会机构等社会力量虽然不是邪恶的和毫无价值的，但在个人的价值决策过程中并不起决定性作用。价值澄清学派反对任何把道德看作是服从某种外在法则、价值体系或完全由社会决定的合乎道德的习俗行为的观点。他们认为，如果在个人经验或生活以外寻求价值的目的，价

①② Raths, Louis E., Harmin, M., & Simon, Sidney B. *Values and Teaching Working with Values in the Classroom (2nd ed.)*. Columbus, Ohio: Charles E. Merrill Publishing Company, 1978, p.26, p.26.

值便失去了它的意义。

既然一切价值都来自个人的经验，“每个人都有自己的价值观”，而且“每个人都按他个人的价值观行事”，那么，“价值澄清的教育纲要就不会主张在特定的年龄教授或获得哪些特殊的价值，也不试图去发展一种价值教育的课程”。[①]拉思斯等人指出，价值澄清方法所坚持的个人价值教育观是符合美国宪法中的民主和自由原则的。他们指出：“人们可以期望，在我们这样一个法治的社会里，教师能很好地理解自己的责任，从而支持这样一种观念，即所有人都有权利拥有或持有自己的观点或价值，特别是那些已经检验和确认的观点和价值。这难道不是我们自由社会的基础吗？因此，作为教师，我们应当清楚，我们不能强令儿童应该具有什么价值，因为我们无法控制他们的环境将来成为什么样子，也无法控制他们将来会有什么经验。”[②]

价值澄清学派的个人主义立场遭到人们的强烈抨击。这些批评主要集中在价值澄清方法忽视了价值或道德与社会环境的关系。批评者指出：价值澄清方法试图使人们相信，构成评价过程的七个步骤是在真空中进行的，事实上，道德评价过程与社会环境是密不可分的。[③]他们认为，价值澄清方法的极端个人主义观

---

①② Raths, Louis E., Harmin, M., & Simon, Sidney B. *Values and Teaching Working with Values in the Classroom (2nd ed.)*. Columbus, Ohio: Charles E. Merrill Publishing Company, 1978, p.47, p.34.

③ Meyer, John R., Burnham, B., & Cholvat, J. (Eds.) *Values Education: Theory, Practice, Problems, Prospects*. Waterloo, Ont.: Wilfrid Laurier University Press, 1975, p.122.

点是错误的，因为在那里，个人好像可以完全脱离社会关系而进行价值的评价。也有人认为，价值澄清学派宣称自己来自杜威的传统，然而在这一问题上，价值澄清方法显然是非杜威主义的，因为它完全忽视了杜威“在理智和评价过程问题上的彻头彻尾的社会观点”①。

对于上述批评，柯申鲍姆做出了自己的反应。首先，柯申鲍姆试图通过重新界定评价过程以调整拉思斯等人的个人主义立场，然后，对拉思斯等人最初提出的价值形成的过程模式进行修正。他指出：“现在我把评价过程理解为可以借以提高我们一般的生活和特殊的决策之可能性的一种过程。这一过程的意义对我们自己来说可能是积极的，对社会关系来说则可能是建设性的……价值澄清可以定义为利用各种问题和活动教授评价过程并帮助人们熟练地把这一评价过程应用于他们生活当中富有价值问题的领域中去的一种方法。”②这样，对于价值决策来说，社会关系和个人都是重要的。柯申鲍姆还建议在价值澄清过程中要大量使用诸如“我们”“我们的”“对我们来说”“人民”等复数形式的人称代词，以表明其对团体、群体的关心。

在《对价值澄清的澄清：一些理论问题》一文中，柯申鲍姆还提出了一个新的评价过程模式。③把这一新的模式与拉思斯等

① Hugh, N. Values Clarification: Perspectives in John Dewey with Implications for Religious Education. *Religious Education*, Vol. 73, No. 6, 1978.

②③ Purpel, David E., & Ryan, K. (Eds.) *Moral Education... It Comes With the Territory*. Berkeley, Calif.: McCutchan Publishing Corporation, 1976, p.119, pp.119–122.

人早先提出的三过程七步骤的过程模式加以比照，可以看出柯申鲍姆在某些基本观点上的变化（如表 6–1 所示）。

表 6–1　价值澄清学派道德评价过程观的变化

早期价值澄清的分类（1966 年）	柯申鲍姆的修正（1976 年）
Ⅰ. 选择 （1）自由地选择 （2）从各种可能的选择中选择 （3）对每一种选择的结果审慎地思考后选择 Ⅱ. 珍视 （1）珍视自己的选择并为这一选择感到愉快 （2）非常乐意向别人公开自己的选择 Ⅲ. 行动 （1）根据选择采取行动 （2）重复这种行动并形成某种生活方式	Ⅰ. 思维 （1）在各种水平上的思维 （2）批评性思维 （3）在更高水平上进行道德推理 （4）发散性或创造性思维 Ⅱ. 情感 （1）珍视、珍爱 （2）自我感觉良好 （3）意识到人们的情感 Ⅲ. 选择 （1）从各种可能的选择中选择 （2）考虑后果以后选择 （3）自由选择 （4）成就设计 Ⅳ. 交流 （1）清晰地传递信息的能力 （2）同情——倾听，设身处地为人着想 （3）解决冲突 Ⅴ. 行动 （1）重复行动 （2）一贯地行动 （3）在我们行动的各个领域熟练地行动

从个人和社会的关系角度讲，柯申鲍姆提出的新的价值澄清

过程模式至少有以下两个方面的变化。

首先，柯申鲍姆在这一模式中引入了一个全新的范畴——交流。所谓交流，即是人与人之间的相互交往和相互关系。在这一范畴或过程中，无论是清晰地传递信息的能力，还是同情、倾听、设身处地为人着想以及解决冲突，都是为更好地处理人际关系、进行人际交流服务的。在另一种场合，柯申鲍姆还建议用“分享”代替拉思斯的“公开”，他指出：“向别人公开常常含有刻板和强迫接受的意味……分享……更多地包含了向别人提供的意思——出于对他人的考虑，我们向他们提供我们自己的选择。”[①]在这里，柯申鲍姆虽然尚没有达到把社会作为指导和控制价值的源泉的地步，但已明显体现出他更加重视社会关系对评价过程的影响。

其次，柯申鲍姆在重视社会关系对评价过程的影响作用的同时，也进一步强调了个人在评价过程中的中心地位。他曾经批评拉思斯等人提出的七个评价步骤或“标准”，指出：“这七个标准蕴含着它们是一个外在的参照框架，这与价值澄清的立场是相悖的。我之所以要在我的生活中使用这七个评价过程，是因为它们可以帮助我使我的内部需要得以表现和满足。”[②]在柯申鲍姆看来，早期的价值澄清方法还是过于认知化了，而对情感的作用没有给以充分的重视。他一方面扩充了个体的思维过程并把这一过

①② Simon, Sidney B., & Kirschenbaum, H. (Eds.) *Reading in Values Clarification*. Minneapolis: Winston Press, 1973, p.100, p.97.

程更加个人化，另一方面进一步加深和丰富个体在评价过程中的情感。这意味着，这一新的评价过程只是对个人而不是社会、团体提出了更为严格、更为复杂的任务和责任。事实上，一个人如果能很好地使用柯申鲍姆提出的这些技巧，那么，这个人至少可以在很大程度上把握自己的社会生活。

由上述可见，不论是价值澄清学派的早期观点，还是柯申鲍姆以后对它的修正，不难发现，在个人和社会关系问题上，其基本出发点都是个人的。虽然他们也谈到了在评价过程中社会关系（柯申鲍姆）、团体压力——在评价过程中要向他人公开自己的选择（拉思斯）的重要性，但是，这些因素并不是影响个人价值和评价过程的决定因素，它们充其量只是影响个人价值选择的外部条件。即使说价值澄清的方法并不否认其对改变社会的责任，但这种责任也是通过改变个人的价值观来实现的。“价值澄清是通过改变个人从而改造社会的。”①

（二）理智和行为

在价值澄清的框架中，理智（思维）和行为（行动）是被作为评价过程的两个独立而又相互影响的因素来叙述的，它们的作用相应地表现为对评价过程或价值获得过程的作用。它们之间的相互关系则表现为它们各自与评价过程或价值的关系。

---

① Raths, Louis E., Harmin, M., & Simon, Sidney B. *Values and Teaching Working with Values in the Classroom (2nd ed.)*. Columbus, Ohio: Charles E. Merrill Publishing Company, 1978, p.323.

在拉思斯最初的过程模式中，理智（思维）的作用主要表现在它是“选择”过程的一个部分或一个子过程。在这一子过程中，选择表现为“在审慎地思考每一种选择结果后进行的选择”。拉思斯指出：“受本能冲动支配的、未经大脑思考的选择不会产生我们所界定的价值。某些能理智地、有意义地指导人们生活的事情必定是经过权衡和理解的。只有当我们对每一种选择的后果有了明确的理解，我们才能做出理智的选择。这里，认知因素是非常重要的。只有对各种各样的选择的后果进行审慎的考虑，价值才会产生。”①

柯申鲍姆在对拉思斯的价值澄清过程进行修正时，把“选择”过程分成了“思维”和“选择”两个过程，前一过程又包括四个过程，后一过程包括两个过程。在谈到思维过程的重要性时，柯申鲍姆指出：“根据我们自己或社会的标准做出良好价值判断的途径之一就是去思考。从这种意义上讲，我们所做的一切旨在帮助学生学会更有效地思维和推理的努力，都是在帮助他们促进价值的发展……人本主义的教育方法，强调情感却忽视了思维。学生要想通过评价过程学会管理自己的生活，学会在复杂的世界中与人融洽相处，学会分析各种广告、宣传和信息以及做出

① Raths, Louis E., Harmin, M., & Simon, Sidney B. *Values and Teaching Working with Values in the Classroom (2nd ed.)*. Columbus, Ohio: Charles E. Merrill Publishing Company, 1978, pp.28–29.

关键性的决定，思维就是必不可少的。”[①]柯申鲍姆对思维、推理之价值发展意义的分析，与拉思斯等人最初的分析相比显然是更为具体了。在后来对《价值与教学》一书进行修订时，拉思斯等人试图进一步详尽论述思维与价值的关系，并在 1978 年的版本中，增加了“价值与思维”一章。他指出：“我们许多人并未认识到我们所持的价值和我们的思维之间有着密切的联系。”[②]他认为，价值和思维是密不可分的，促进一个方面的发展，也势必促进另一个方面的发展。不论是政治的、经济的甚或是数学的、科学的、地理的等课程，都可以为儿童提供良好的思考价值的机会，如果每一个教师通过自己讲授的课程向学生提供思考的机会和选择的经验，学生就能够通过不断建构自己的行为使自己成熟起来。“我们的价值教育方法就是要在评价过程和思维过程中训练学生就价值问题进行独立思考的能力。”[③]拉思斯进一步把思维过程分成十个步骤，它们是：比较，分类，观察和记录，概括，解释，分析假设，解决问题，批评和评价，想象和创造，编码以及对编码的反应。[④]拉思斯对每一个过程在价值形成中的作用进行了详细分析。

至此，我们似乎可以说，价值澄清方法是十分重视而且是越

---

① Purpel, David E., & Ryan, K. (Eds.) *Moral Education... It Comes With the Territory*. Berkeley, Calif.: McCutchan Publishing Corporation, 1976, p.120.

②③④ Raths, Louis E., Harmin, M., & Simon, Sidney B. *Values and Teaching Working with Values in the Classroom (2nd ed.)*. Columbus, Ohio: Charles E. Merrill Publishing Company, 1978, p.200, p.200, p.201.

来越重视理智、思维在价值形成过程中的作用的。但是，我们认为，对于理智或思维在价值澄清方法中的地位不应估计过高。实际上，不论价值澄清学派把思维置于何等重要的地位，它都只是七个评价步骤中的一个，而且在价值澄清的大部分文献中，除了说明思维或理智作为评价步骤中的一个因素或形成价值过程中的一个子过程，似乎再没有什么更具体、更深入的分析。思维在评价过程中是与其他评价因素如珍视、行动等共同发生作用的。另外，从拉思斯等人设计的课堂澄清策略来看，大部分澄清策略的练习都是有关“珍视”和“行动”的，而只有少量练习是有关“选择”能力的（思维是选择的一个子因素）。这就意味着，至少从实践意义上来讲，价值澄清方法是更重情感和行动而轻认知的。即便如此，柯申鲍姆仍然抱怨早期的价值澄清方法过于认知化了，而对情感重视不够，因此强调加强个人对情感的了解。[①]所以，虽然不能说价值澄清方法忽视理智或思维的作用，但与情感相比，显然是重视不够的。价值澄清方法主要还是一种情感价值教育的方法，应该算作当代道德教育理论中情感主义价值教育的主要代表。

由于思维和行动是同一个评价过程中的两个因素或步骤，价值澄清学派的倡导者很少专门谈到理智和行为的关系。在拉思斯等人看来，同理智或思维一样，行为或行动也只有与选择过程结

① Kirschenbaum, H. *Advanced Values Clarification*. La Jolla, Calif.: University Associates, 1977, p.98.

合在一起，才有价值的意义。他指出："并非我们做的每一件事情都代表我们的价值。例如，我们确信，去教堂并不必然意味着信奉宗教。一个人到教堂去可能有许多原因，他每天所做的某种特定的工作可能并不是他选择来的，也可能不怎么珍视它。换句话来说，仅仅通过观察人们做了什么，无法使人确定他们是否拥有了某种价值。我们要知道他的这种行为方式是否代表了他所具有的价值，就必须了解个体是否珍视他正在做的以及是否构成了他的一种生活方式。"[①]一个行为或行动在没有与个人的选择和珍视结合起来之前，只能是一个价值指针，亦即不能满足所有的评价标准，只有成为价值的可能性。所以，根据价值澄清学派的观点，行为或行动具有两个特点或一个行动要有价值必须满足两个标准：第一，这种行动是与评价过程中的思维、选择、珍视联系在一起的；第二，这种行为一定代表了行为主体的生活方式亦即是行为主体一贯的行为。

由上可见，价值澄清方法在理智、行为和情感的关系问题上，基本上属于有机统一论者。任何一个单一的因素都不可能代表他们所理解的价值。理智、情感、行为的整合就是价值形成的充要条件。合则皆美，分则俱损。一个经过行为主体审慎选择而且为他所珍视的价值一定是主体能够认真执行的价值；反之，一

---

① Raths, Louis E., Harmin, M., & Simon, Sidney B. *Values and Teaching Working with Values in the Classroom (2nd ed.)*. Columbus, Ohio: Charles E. Merrill Publishing Company, 1978, p.30.

个能够真正体现个人价值的行动也一定是主体自由选择、审慎选择并加以珍爱的。

（三）形式和内容

价值澄清学派在形式和内容之关系问题上的立场是非常明确的，即它关心的是形式而非内容。主张价值教育的目的在于使儿童掌握评价的过程，而不是向他们传授某些特定的价值内容。就此而言，价值澄清学派是当代形式主义道德教育理论的典型代表。

拉思斯指出，许多研究者在研究价值问题时，往往以确定人们拥有什么价值而不是以人们用以获得这种价值的过程为目标。与这些研究者不同，他关心的不是价值的内容，而是价值产生的过程。他形象地指出："有些人在旅行时，往往对他们下榻的各个旅馆更感兴趣，而对沿途所获得的经验不甚关心，而另有一些人感兴趣的不是旅馆，而是途经的路线。我们对价值的探讨更像后一群人。我们对评价进行的'过程'而非确定作为这一过程的'结果'——儿童最终拥有什么价值感兴趣。"[①]"在我们看来，'他如何获得价值观'这一问题比'他获得了什么价值观'更为重要。"[②]对价值过程或形式的关心反映在价值教育上，则表现为反对价值内容的直接教授。"我们不能教给儿童一套绝对价值，

①② Raths, Louis E., Harmin, M., & Simon, Sidney B. *Values and Teaching Working with Values in the Classroom (2nd ed.)*. Columbus, Ohio: Charles E. Merrill Publishing Company, 1978, p.35, p.8.

但我们却能教给他们一些更好的东西，我们可以教给他们用来获得自己的价值的方法。”[①]

之所以强调把形式或过程作为价值教育中心，主要是因为价值是不断变化的，今天教授的价值于明天也许毫无意义。所以，重要的是教给学生能持久发挥作用的技术或方法，使他们在未来的生活中能够独立地解决面临的各种价值问题。拉思斯指出：“我们之所以对过程感兴趣是因为我们相信，在我们这样一个变化如此迅速的世界上，儿童要想找出一个使人感到满意的整合自己的思维、情感和行为以及与这个世界联系的方式，就必须形成检查个人抱负、目的、态度、情感、活动、兴趣、信仰和烦恼的习惯。”[②]而“教给学生一种评价的过程就是教给了他们一些终生受用的东西”[③]。拉思斯曾对加德纳（J. W. Gardner）的一个著名的观点大加赞赏，这一观点源于加德纳在《自我更新》（1964年）一书中的论断：“不要给年轻人这样一种印象，似乎他们的任务就是死守古老的价值，而应该告诉他们这样一个冷酷但却是令人振奋的真理，他们的任务是在自己的有生之年不断地重新创造这些价值。”

巴里·查赞指出，价值澄清学派强调教授过程的思想显然是

---

① Simon, Sidney B., & Olds, Sally W. *Helping Your Child Learn Right from Wrong: A Guide to Values Clarification*. New York: McGraw-Hill, 1976, p.17.

②③ Raths, Louis E., Harmin, M., & Simon, Sidney B. *Values and Teaching Working with Values in the Classroom (2nd ed.)*. Columbus, Ohio: Charles E. Merrill Publishing Company, 1978, p.35, p.8.

接受了以下两种模式思想的影响。第一种是治疗模式，在这种模式中，学生是需要治疗的病人，需要在医生的帮助下形成自己处理各种事务的能力，这里似乎主要是受人本主义心理治疗思想和方法的影响。第二种是学科模式，即把儿童当成年轻的历史学家、科学家，抑或是哲学家，认为我们不应该向儿童教授有关历史、科学和哲学的“事实知识”，而是教给儿童如何历史地、科学地和哲学地思考问题的方法。[①]这一点似乎与柯尔伯格把儿童当成“道德哲学家”的观点极为相似，他们都强调，价值或道德不是从外面强加进去的，而是儿童以自己的独特方式形成的。同时，这一观点也反映了当代道德哲学的一个主要趋势，即认为道德更多的是为满足个人的需要、为个人的发展、为个人的好生活服务的。

当然，评价过程不是在真空中进行的。价值澄清学派至少是意识到这一问题的。他们认为，评价过程是以一定的价值内容为依托的。适于进行澄清的价值内容主要来自以下三个方面。第一，涉及个人生活层面的内容，主要包括有关目的、抱负、态度、兴趣、情感、信仰、活动和烦恼方面的被称为“价值指针”的内容。第二，有关个人经常面临的一些复杂问题。对年幼儿童来说，这些问题主要表现为如何解决害怕和欲望，如何被成人和同伴所接受等；对青少年儿童来说，问题主要表现为如何处理爱

① Chazan, B. *Contemporary Approaches to Moral Education: Analyzing Alternative Theories*. New York: Teachers College Press, 1985, p.55.

情、友谊、性以及工作在生活中的作用等；对成人来说，问题主要有婚姻、忠诚、金钱等。第三是来自社会方面的问题。主要有个人和社会的关系方面的问题，如是否应该服从规则，家庭、邻居、学校的变化，与他人合作，解决自我利益和社会利益之间的紧张状态；还有一些是我们希望社会本身解决的问题，如社会、国家、世界的贫穷问题，种族和性别歧视问题，法律和秩序问题，官僚体制和自由制度问题以及民主与变迁、战争与和平的问题等。

显然，在价值澄清学派看来，任何澄清或评价过程都必须以一定的内容为根据，不管这些内容是个人的还是社会的。没有这些内容，评价过程就无法进行。然而，他们也认为，对于过程或形式来说，内容充其量是必要条件，因为徒有内容并不能保证评价过程的有效进行。内容只是过程或形式役使的“奴仆”，是为形式服务的。内容是可变的，而形式则是稳定的。在这一点上，价值澄清学派与当代其他形式主义道德教育理论家如柯尔伯格、威尔逊等人的观点基本上是相同的，即认为形式是先定的、不变的，是道德或价值教育追求的最高目的。然而，柯尔伯格的形式似乎是以对人类道德所进行的实证研究为基础的，或是对内容的一种抽象反映，而价值澄清的形式或过程则似乎是先在的。

（四）道德原则

在讨论价值澄清学派对“道德原则”的基本看法时，首先碰到的一个问题就是，价值澄清学派是否承认“道德原则”这一概念。

如前述，价值澄清学派不是一种道德教育的理论和实践，它主要是一种价值和价值教育的理论和方法。在它的理论框架和方法体系中，几乎看不到道德原则这一概念，更没有专门对道德原则的论述。所以，要探讨价值澄清是否承认“道德原则”这一概念，我们有必要先分析一下，价值澄清方法在多大程度上介入了道德领域。

卡泽皮德斯（A. C. Kazepides）在《价值澄清的逻辑》一文中指出，价值澄清中的“价值”这一术语包含了各式各样的甚至是完全不同的问题。“它不仅关心体罚、堕胎的合法性问题，而且关心一个人喜欢什么样的牙膏、上帝是不是存在、一个人是否经常用漱口水，以及一个人是否喜欢酸乳酪等问题。好像这些问题在逻辑上都是同一种系的，都是同样重要的。”[1]在《价值与教育》一书中，拉思斯提出的适合于进行价值澄清的课题就包括“你与宠物”“电视、连环画和暴力”“培养创造力的教育”“一所学校对一个校内事件的报告”“毕业典礼”“寒假活动选择一览”等。如果说这些课题都是有关“价值”的课题的话，那么，价值澄清的“价值”概念其意义显然是相当广泛的，它似乎包括了能够“给行为提供最佳指导”“给生活指明方向”的一切个人爱好、倾向和选择。价值的内容既包括道德的，也包括非道德的。价值澄清并不刻意去区分哪些是“道德的”价值，哪些是“非道德的”价值。由于无意对“道德”领域进行专门阐述，所以，在价值澄清的文献中，我们几乎找不到有关道德原则的分

---

① Kazepides, A. C. The Logic of Values Clarification. *The Journal of Educational Thought*. Vol. 11, No. 2, August, 1977.

析，甚至可以说，拉思斯等人并不承认在他们的框架中有一个道德的原则。也许正是基于这一点，许多哲学家、教育家都批评价值澄清的价值概念过于宽泛，而且把道德问题与挑选一件新衣服或一个蛋卷冰激凌同等看待，从而使这一理论显得琐碎、肤浅和无聊。①

即使把自己的研究领域严格限定在“价值教育”上，价值澄清学派同样也会面临这样一个问题：在价值领域是否存在一种普遍化的原则或准则。价值澄清对这一问题的回答同样也是否定的。在他们看来，任何原则都含有绝对的、权威性的结论或规定的意味，因而都是不能接受的。他们断言，在价值领域根本不存在普遍适用的或有效的陈述，任何试图把这种普遍性价值陈述作为自己活动中心的教育活动也都是错误的。价值是“个人经验的产物”，是个人在与外部社会环境相互作用过程中自由选择的结果，价值最终是由个人而不是社会决定的。任何价值都是相对的、个人的，不存在一套可以强加给学生的道德真理。价值教育旨在教授“评价的过程”，而不是教授一系列固定的美德或价值准则。

价值澄清学派否认普遍的道德原则、价值原则，坚持价值的经验特性，反映了其极端个人相对主义和情绪主义的立场。这一立场与它同时代的柯尔伯格的理论是针锋相对的。柯尔伯格认为，任何相对主义的假设——不论是个人相对主义还是社会或文

---

① Lockwood, Alan L. A Critical View of Values Clarification. *Teachers College Record*, Vol. 77, No. 1, September, 1975.

化相对主义——都是错误的。他指出，承认我们每个人都在做出自己的决定并不能因而否认人类有相同的基本的道德价值；而且即使基本的价值有所不同，那也是我们在思考社会或道德问题时的成熟水平不同，而不是个人的价值观的不同所致。研究证明，在世界的每一种文化和亚文化中，都可以发现人类基本相同的道德价值和相同的道德发展的步骤。目前，学术界对这一问题的争论仍在继续，但有一点是可以肯定的，即对于人类道德这样一个复杂领域，仅仅试图从单一的观点加以审视是不充分的，其思想方法恐怕也是存在问题的。

（五）灌输

同大多数道德教育理论一样，价值澄清学派也是道德或价值灌输的极力反对者。在价值澄清学派的主要文献中，“灌输”总是作为与“价值澄清”相对立的一个范畴出现的。显然，在拉思斯等人看来，要使人们对价值澄清这一方法有一个清晰的认识，首先表明这一新的范畴与灌输这个一直被认为是过去在学校中占主导地位的方法之间的关系是必要的。

价值澄清学派的理论家虽然经常提到“灌输”这一概念，但并没有对这一概念加以明确的界定。根据所见有限资料，笔者发现，价值澄清学派经常把灌输与“谆谆教诲”（inculcating）、“注入”（instilling）、“培养”（fostering）[①]、“道德说教”（moralizing）、

① Purpel, David E., & Ryan, K. (Eds.) *Moral Education... It Comes with The Territory*. Berkeley, Calif.: McCutchan Publishing Corporation, 1976, p.126.

“强迫接受”（imposition）以及“洗脑”（brainwashing）[1]等概念联系在一起，基本上把它看作一种在错误观念指导下错误的、消极的教育实践活动或教育方法。

拉思斯等人认为，灌输之所以不能被人接受主要基于以下三方面的原因。第一，灌输是以一种错误的前提为基础的，这一前提认定教育者知道这一系列“正确的价值”，因而有资格或能力向儿童传递道德价值。拉思斯认为，认定存在一种可证实的、为人们一致认可的、确定的价值本身就是错误的。事实上，世界的持续不断的变化决定了对价值问题不可能有一个可证实的、确定性的答案。第二，灌输代表了一种错误的、消极的教育方法，这种教育方法的主要特征在于它是以教师为中心，以“传递”“控制”“强迫接受”为宗旨，这种教育方法把儿童视为被动的、顺从的、需要加以塑造以使其成型的客体，而不是“思考”“选择”“决定”“检查”的主体，它所能导致的最大结果不外是学生虚伪的顺从。价值澄清学派认为，价值只能是个人经验的产物，是澄清的结果。西蒙在《价值澄清与灌输》一文中指出：“灌输在过去为人们所做的唯一一件事情就是帮助人们延缓了开始艰苦的锤炼自己的价值过程的时间。价值是不能被教给其他任何人的。一个人不可能为他人作评价。每个个体都必须找出自己的价值。人们能够熟记他必须记住的所有的陈词滥调，但是当他要根据价

---

① Simon, Sidney B., & Kirschenbaum, H. (Eds.) *Reading in Values Clarification*. Minneapolis: Winston Press, 1973, p.18.

值来生活和行动的时候，这些价值就必须从细致的反省经验中寻得。人们通过价值澄清就能学会谋求自己的价值所必需的技能。”[①]第三，灌输以外部力量作为影响儿童价值的合理手段，反对甚至阻止儿童的独立思考和自由选择。“我们所界定的价值不是灌输得来的，它们需要自由选择。”[②]价值澄清学派是以人文主义概念为基础的，它承认人是聪慧的和有思想的，并把尊重人的能力和人格作为重要的教育原则。

在当代众多的道德教育理论中，大都把灌输当成是有效道德教育的最大“敌人”，但是应当注意，这些理论或方法尽管在反对灌输上有着基本相同的立场，但各自的出发点却是大异其趣的。如柯尔伯格把灌输当作文化相对主义在教育上的表现，道德哲学和道德心理学的研究证明文化相对主义是错误的，因而在教育中传授具体的文化规则也是不能接受的。而威尔逊则主要是从道德本身的性质谈论灌输问题的，在他看来，传统道德教育是以一种已经建立起来的学说、价值观和世界观为内容的，而这些学说、价值观或世界观是建立在没有合理的、正当理由的假设基础之上的，而人们把这些无法证实的内容当作真理教给学生就是在进行灌输。杜威反对灌输主要是基于这种传统的教育方法违背了

---

① Purpel, David E., & Ryan, K. (Eds.) *Moral Education... It Comes with The Territory*. Berkeley, Calif.: McCutchan Publishing Corporation, 1976, p.135.

② Raths, Louis E., Harmin, M., & Simon, Sidney B. *Values and Teaching Working with Values in the Classroom (2nd ed.)*. Columbus, Ohio: Charles E. Merrill Publishing Company, 1978, p.291.

民主原则。民主主义的普遍原则要求尊重儿童，尊重儿童的个性，尊重儿童的智慧。价值澄清理论对灌输的反对主要是基于一种人性观，这种人性观认为儿童包括所有人都有发展自我指导的能力，教育的作用在于帮助儿童自己充分地发展这种能力，而不是压制这种能力。另外，价值澄清学派之所以反对灌输，还因为这种教育实践不能适应社会多变的需要。

（六）在道德上受过教育的人

一个在道德上受过教育的人应该具有哪些品质呢？对价值澄清学派而言，这一问题也许并不合适，因为，价值澄清学派并不以单纯的道德或道德教育为研究对象。而且，价值澄清学派的倡导者更关心的似乎也不是一个“受过教育的人”，而是一个“健康的人”或“健全的人”应该具有什么素质。不过，我们可以从价值澄清的目的间接了解他们对这一问题的基本看法。

在拉思斯等人看来，价值澄清的主要目的是“帮助学生澄清他们的价值陈述和行为”[①]以适应变动不居的社会。为此，就要帮助、鼓励他们掌握一种特定的评价过程，发展道德思维、道德选择的能力以及珍视、关心自己的选择并根据这种选择行动的能力。相应地，通过价值教育或价值澄清所要培养的至少应该是能熟练运用从事评价过程所必需的基本技能、技巧的人。他不仅要

① Raths, Louis E., Harmin, M., & Simon, Sidney B. *Values and Teaching Working with Values in the Classroom (2nd ed.)*. Columbus, Ohio: Charles E. Merrill Publishing Company, 1978, p.12.

有对行为的结果进行审慎思考的能力及意识到他人情感的能力，而且要有自我指导和一以贯之的行动能力；他不仅能够积极适应社会的变化，而且能够通过创造新的价值完善自己，改变社会。

在价值澄清过程中，拉思斯等人主要强调学生自己的个人选择和个人发展，反对对学生进行“控制”“管理”和“操纵”。但是，由于价值澄清的一个主要任务是使学生获得一系列评价必需的技能和方法，因而易陷于形式的训练。所以，有人认为，根据价值澄清学派的观点，“‘这种在道德上受过教育的人’实际上是一个能熟练运用这些特定技能的‘经过训练的人’”[①]。这与价值澄清学派的教育原则——鼓励学生自由选择、反对灌输、训练，是矛盾的。

拉思斯等人认为，社会环境、社会关系乃是价值产生的根源，评价过程也是在社会关系中进行的，是与社会问题联系在一起的。但是，社会只为价值的产生和评价过程的进行提供一种背景，而不是评价过程的整合和决定因素。一个人在道德上是否接受了教育并不取决于他是否与社会的道德传统或价值体系相联系。据此，人们认为，价值澄清学派所说的评价过程中的各种社会关系实际上是评价主体自身内部的各种关系，而不是主体与外部社会环境、与他人之间的关系，因而也就算不上是一种道德教育的理论。很显然，道德是关于关系且源于人与人、人与社会的关系的。这样，对经过价值澄清的方法培养出的人也就很难进行

---

① Chazan, B. *Contemporary Approaches to Moral Education: Analyzing Alternative Theories*. New York: Teachers College Press, 1985, p.59.

道德上的评价。

二、论学校道德教育的实践

西蒙在谈到价值澄清方法与道德教育的认知发展理论的区别时曾经指出，柯尔伯格的理论是为研究者们服务的，而他们的价值澄清方法则主要是为教师服务的。[①]在另一场合，他还针对有人对价值澄清的批评进一步表明自己的立场，指出：价值澄清方法虽不能为“象牙塔”（ivory tower）里的学究们提供帮助，却能为学生和教师有一种更好的生活提供指导。[②]确实，不论研究者对价值澄清本身的理论和实践问题持有多么不同的看法，在这一点上人们的意见是一致的，这就是：价值澄清的模式是以学校价值或道德教育的实践为核心的。该方法在其出现后的短短时间里能广泛迅速地应用于学校道德教育，这是主要原因。下面从两个方面叙述价值澄清方法的教育实践观点。

（一）主要澄清策略

价值澄清学派所提出的课堂澄清策略有很多。拉思斯等人在《价值与教学》一书中列举了“对话策略”“书写策略”“讨论策略”“提高对结果意识的策略”等19种策略。在由西蒙、豪（L. Howe）和柯申鲍姆合著的《价值澄清：师生实用策略手册》

---

① Simon, Sidney B., & Kohlberg, L. *An Exchange of Opinion between Kohlberg and Simon*. Learning, December, 1972, p.62.

② Simon, Sidney B. A Reply to Stewart. *Phi Delta Kappan*, LVI (10), June, 1975, p.688.

（1972年）一书中，则更详细地介绍了价值澄清模式如何应用于学校教育实践的各种方法和策略。这里仅以“对话策略”中的“澄清反应法”为例，介绍价值澄清在学校实践中的应用。

澄清反应法是价值澄清策略中最基本也是最灵活的一种澄清方法。这种方法主要是指教师对学生的言行做出反应，鼓励学生进行积极思维，以澄清他们的理解能力、目的、感情、抱负、态度、信仰，检查他们的生活、行动和思想。澄清反应既可以是教师和学生一对一的非正式交谈，也可以是全班集中讨论，还可以在学生的作业上进行笔谈。但是，不管采用何种方式，都要以鼓励学生积极思考特别是对自己的生活方式、选择进行思考为宗旨。例如，一个学生对教师说：“琼斯女士，本周末我要随我全家一道去华盛顿。”对这样一种情况，如果教师回答“那好啊”或“祝你玩得开心”，就很难引起学生对这件事情价值的进一步思考。如果教师说“去华盛顿吗？是你要去？你喜欢去吗？”，则可以促使学生去思考：是我自愿选择去的吗？除了这一选择是否还有更好的选择呢？再如，有一个学生对教师说，他中学毕业后将去大学学习。如果教师回答“祝你好运”或“读哪一所大学呢？”就不能起到帮助学生澄清价值的作用；而如果教师问“你考虑过其他什么选择吗？”则要好得多，它可以促使学生对自己未来的生活目标作更广泛、更审慎的思考，从而进一步确立自己的价值。

拉思斯等人认为，最适合于使用澄清反应法的问题是那些与价值联系密切或代表价值的方向、最有可能成为价值的问题，也就是与“价值指针”——态度、情感、抱负、目的、兴趣、行动等有关的问题。在具体的澄清反应过程中，针对不同的澄清主题，要使用特定的、关键性的陈述词。

按照拉思斯等人的看法，与澄清态度方面的价值有关的关键性陈述是：[①]

我赞成……

我反对……

我觉得……

我认为，如果……

依我看……

如果你问我……

我的意见是……

我的选择是……

我的做法是……

我确信……

我相信……

与澄清情感方面的价值有关的关键性陈述是：[②]

如果……我会感到很糟糕。

当……的时候，我非常生气。

我听到了关于……的好消息。

---

①② Raths, Louis E., Harmin, M., & Simon, Sidney B. *Values and Teaching Working with Values in the Classroom (2nd ed.)*. Columbus, Ohio: Charles E. Merrill Publishing Company, 1978, p.67, pp.68–69.

当时……我痛苦得不得了。

听，莎莉干了些什么……

我喜欢……

当……我感到很内疚。

与澄清抱负方面的价值有关的关键性陈述是：①

将来……

我长大以后……

有朝一日，我要……

我的长远计划是……

大约 10 年以后，我将……

如果一切顺利的话……

将来有一天……

与澄清目方面的价值有关的关键性陈述是：②

我们正考虑做……

这个月 15 日，我要……

在上街的路上，我们准备……

我写了计划，准备……

我一旦得到这个……就将开始做……

我们正等他的消息……

---

①② Raths, Louis E., Harmin, M., & Simon, Sidney B. *Values and Teaching Working with Values in the Classroom (2nd ed.)*. Columbus, Ohio: Charles E. Merrill Publishing Company, 1978, p.69, p.70.

孩子们，星期六快到了吗？

我乐意去……

与澄清兴趣方面的价值有关的关键性陈述是：①

我爱做……

我的嗜好是……

是的，我订阅了……

我真喜欢读……

如果要我选择的话，我会买票去……

大多数周末我都在……度过

放学后，每天晚上我……

我感到最愉快的是……

我拿到了这份关于……的目录。

与澄清活动方面的价值有关的关键性陈述是：②

放学后，我通常……

上个周末，我们……

休息日，我去了……

万圣节，我们做得最满意的一件事就是……

昨天一个下午我们都在……

我们就喜欢玩……

---

①② Raths, Louis E., Harmin, M., & Simon, Sidney B. *Values and Teaching Working with Values in the Classroom (2nd ed.)*. Columbus, Ohio: Charles E. Merrill Publishing Company, 1978, p.71, p.72.

不论要澄清的是哪一方面的内容，都必须与评价过程的七个步骤联系起来。任何澄清反应都旨在鼓励学生按价值澄清的七个标准去选择、珍视和行动。拉思斯等人在《价值与教学》一书中列举了三十种有关澄清反应的问话供教师在实际操作中使用。同时，他们还根据评价过程的七个步骤的不同要求，在每一个步骤内列出许多可供参考的问话。例如，“根据自己的选择采取行动”这一步骤，就有这样一些问题供参考：①我知道你赞成什么，现在你能为它做些什么吗？我能帮助你吗？②你第一步做什么，第二步做什么呢？……③你愿意拿一些钱来支持你的这一想法吗？④有没有目的与你相同的什么组织，你会加入这一组织吗？⑤你读过许多有关这一问题的文献吗？有没有谁对你产生了影响？⑥你希望别人知道你的这种感受吗？如果他们不同意你的观点怎么办？⑦这样做会把你引向什么方向呢？你准备在这一方向上走多远呢？⑧它如何影响了你的生活？将来会有什么影响？[①]显然，针对每一个步骤所开列的具体的问话范例，为教师实际操作这些过程提供了极大方便。

拉思斯等人指出，要使澄清反应成为一种有效的澄清方法，还应该注意以下问题：[②]

（1）澄清反应要避免说教、批评、灌输价值观和评价。在

①② Raths, Louis E., Harmin, M., & Simon, Sidney B. *Values and Teaching Working with Values in the Classroom (2nd ed.)*. Columbus, Ohio: Charles E. Merrill Publishing Company, 1978, p.65, pp.55–56.

对学生的问题和回答进行反应时，成人不能用所谓“好的”“对的”“可以接受的”等词语予以暗示。

（2）由学生自己负责检查自己的行为和观念，并思考和决定自己想要做的事情。

（3）澄清反应法允许学生不检查、不思考、不做决定。它是随意的和富有刺激性的，而不是强人所难的，不是要求学生有问必答。

（4）澄清反应并不试图用少量的时间去完成宏大的任务。它的作用在于激发思想，它以形成一种氛围为目的。澄清反应的效果是由一个个单独的澄清反应的效果累积而成的。

（5）澄清反应的目的与一般的交谈不同，它不是要获得资料，而是要帮助学生澄清他们自己的观念和生活。

（6）如果讨论的范围过于宽泛，则常常没有什么结果。由于这种方法的目的是要刺激学生思考，所以，最好不要诱使学生证明其思想的合理性，而只是让他们有充分的时间思考。所以，聪明的教师往往只进行两三个来回的交谈即结束谈话。

（7）澄清反应经常是针对个人进行的。当然，对大家普遍关心的问题也可以针对全班进行，但是最终要求个人进行思考。价值是个人的事情。教师经常是对一个人做出反应，尽管其他人也可能在听。

（8）教师不必对课堂上每一个学生所说和所做的每一件事情都做出反应，他还有其他的责任。

（9）澄清反应都是针对与情感、态度、信念、目的等没有“正确”答案的情境有关的问题进行的。诱使学生趋向一个预定的答案是错误的。教师头脑中已经有答案的问题就不成其为问题。

（10）澄清反应没有一个必须遵循的机械的格式，它应该在总的目的指导下创造性地、富有洞见地加以运用。当一个澄清反应是在帮助一个学生澄清思想和行为时，这种反应可以说就是有效的。

如前所述，价值澄清方法并不限于澄清反应法，在价值澄清过程中，教师可以根据不同的需要选择不同的策略。但不论什么策略，都是为澄清学生的价值、改变行为、确立自己的生活方式这一总的目的服务的。这里就出现了一个问题，即价值澄清法是否保证了这一目的的实现？或者说，如何从实践意义上评估价值澄清法的效度呢？

拉思斯指出："广而言之，价值澄清是一种学说。这一学说自它第一次公开面世，已经经过了各式各样的研究设计的检验。这些设计虽然没有一个是最后的判定，但已经积累的证据似乎可以支持这一学说的有效性。"①他进一步指出，价值澄清法至少有助于这样一些目的的实现：②

（1）可以降低 8 种盲目的价值行为方式出现的频率和强度；

（2）可以减少某些异常或破坏性行为（像吸毒和课堂上的不合作行为）；

---

①② Raths, Louis E., Harmin, M., & Simon, Sidney B. *Values and Teaching Working with Values in the Classroom (2nd ed.)*. Columbus, Ohio: Charles E. Merrill Publishing Company, 1978, p.248, p.249.

（3）可以提高自我指导的能力，增强自信心（包括更多的自我接纳）；

（4）可以使学生所表现的价值观更为成熟（由一般认为不成熟的价值向人们一般认为更为成熟的价值转变）；

（5）可以改善学习气氛（表现为更多地参与，更愿意为发生的事情负责，对学习更感兴趣）；

（6）可以改善社会交往（有更多的朋友，团体凝聚力更大，更能同情他人）；

（7）可以改善学习结果（特别是在阅读和生活应用水平上的学习结果）；

（8）可以提高对个人压力的纾解能力（尤其是表述问题，排解恐惧）；

（9）可以提高期望和信心（更加相信问题会得到解决，进步是可能的，个人的能力是可以积累的）；

（10）可以改善师生关系（学生会更加感到教师是慈爱的，对自己有帮助的；教师则更加感到学生是值得尊重和爱护的）。

1977年，柯申鲍姆曾经对他认为可以支持价值澄清的19项研究进行了考察，试图使价值澄清的成效建立在更广泛的调查研究的基础上。1978年，拉思斯等人在第二版《价值与教学》中，搜集了各种各样不同层次、不同类型的研究设计，以期为价值澄清的合理性和可行性提供根据。尽管由于价值问题本身的复杂性以及这些研究设计自身存在的问题，有些结论也许并不可靠，但是有一点是可以肯定的，这就是：在当代众多的道德教育理论和实践方法中，没有哪一个能像价值澄清模式一样经受了如此广泛的理论和实践层次的检验。笔者认为，人们对价值澄清模式所持的广泛而浓厚的兴趣，就来自这一模式本身理论基点的独特性和实际应用的广泛性。

（二）教师的作用

价值澄清学派对教师及其作用的看法是与它的价值理论紧密联系在一起的。

首先，拉思斯等人认为，价值源于个人的经验或生活，源于个人在与复杂和变化的环境相互作用过程中自由和审慎的选择，因此，价值是个人的事情，是个人思考和选择的结果。“显然，如果我们希望学生对那些棘手的、丰富的价值问题进行反省，就必须避免站在任何立场阻碍学生公开地反省。”[①]据此，在价值澄清的过程中，教师的地位应是“中立的”（neutral）。所谓“教师中立”，根据拉思斯等人的观点，一方面，是指教师不能将任何特定的价值、信仰或价值观强加给儿童，他的作用在于发展一系列不包含任何特定内容的澄清技能或技巧；另一方面，所谓“中立”，指教师自己的价值、信念、行为和个人的生活方式不能直接影响他的教学活动，也即是说，教师不能把自己的价值观作为唯一可接受的价值观灌输给学生。虽然这并不意味着教师不应该坚持甚至表达自己的价值观，但是，教师所特有的个人价值不应

① Raths, Louis E., Harmin, M., & Simon, Sidney B. *Values and Teaching Working with Values in the Classroom (2nd ed.)*. Columbus, Ohio: Charles E. Merrill Publishing Company, 1978, p.40.

该妨碍他促进评价过程这一更为基本职能的发挥。由此，我们可以看出，价值澄清模式基本上是从社会或外部以及教师本人的价值和观点在教学活动中的地位或作用这种意义上来界定教师中立的。坚持教师中立的根本目的是使学生自己形成自己的价值和生活方式，因为价值本身就是个人的事情。

其次，既然价值是个人经验、个人生活的一部分，那么，作为教师，要尊重学生个人的生活，就必须尊重他的经验以及通过自己的经验形成价值的权利。在拉思斯等人看来，尊重个人的价值以及获得这种价值的权利乃是自由社会的基础。尊重个人的价值和权利，对教师来说就是要建立一种接纳的气氛。一个有效的价值澄清的教师不是去确定学生处于生活的哪一级水平，而是相信，无论他们现在拥有什么价值，他们都有向前发展的可能性。拉思斯指出："这一立场是一个尊重学生的立场。教师要关心学生并且要在实际中表现出这种关心。他要仔细地、耐心地倾听学生的意见。为学生的欢乐而笑并忍受他们制造的各种麻烦。教师引导学生自我暴露，澄清思想但不加以强制。他是温和的，而且当他温和而不矫揉造作地进行这一工作时，就是在公开地宣布他对更清晰的价值的不断追求。这样，教师就能创造一种氛围，鼓励学生在澄清思想的过程中彼此采取接纳的姿态。"[①]显然，根据

① Raths, Louis E., Harmin, M., & Simon, Sidney B. *Values and Teaching Working with Values in the Classroom (2nd ed.)*. Columbus, Ohio: Charles E. Merrill Publishing Company, 1978, p.40.

价值澄清的观点，在价值澄清过程中，教师对学生的尊重、热爱以及对学生价值观点的不干预态度乃是保证学生获得自己澄清价值的重要条件。

再次，个人价值的获得或形成要经过三个过程共七个步骤，相应地，价值教育也必须根据这七个步骤的基本要求来进行。拉思斯指出："根据我们提出的理论，如果我们要帮助儿童发展价值，我们需要做什么呢？简单来说，就是要帮助儿童使用这一评价过程。"[①]为此，教师应做到：①鼓励儿童做出更多的选择并且是自由地选择；②帮助他们在面临各种选择时尽可能多地发现各种可供选择的项目；③帮助儿童审慎地权衡各种选择并思考每一种选择可能产生的后果；④鼓励儿童考虑什么是他们珍视和珍爱的；⑤给他们各种公开肯定自己价值的机会；⑥鼓励他们按照自己的选择去行动、实践和生活；⑦帮助他们有意识地在生活中重复这些行为或行为方式。[②]总之，在评价过程中，教师的作用就在于帮助或鼓励儿童自己选择、澄清自己的价值或行为，并根据自己的选择来行动，从而形成独特的生活方式。拉思斯指出，教师的这一作用"与试图说服儿童去接受某些先定的价值是有很大不同的"[③]。它植根于一种根深蒂固的对"人性"的乐观态度或信念。

①②③ Raths, Louis E., Harmin, M., & Simon, Sidney B. *Values and Teaching Working with Values in the Classroom (2nd ed.)*. Columbus, Ohio: Charles E. Merrill Publishing Company, 1978, p.38, p.38, p.38.

由此可见，拉思斯等人对教师的看法既不同于涂尔干把教师看作“社会的牧师”的观点，也不同于柯尔伯格把教师或看作“道德哲学家”“道德心理学家”或看作“社会教化者”的观点。在价值澄清的模式中，教师基本上是评价过程的促进者和有价值问题儿童的诊治者，其主要职能在于利用适当的问题和方法，帮助有价值缺陷的儿童发展和利用自己的能力和价值。正如巴里·查赞所指出的，“价值澄清方法并没有贬低教师在价值教育中的作用。而是把教师从作为道德真理的源泉或代表，从作为道德思维的榜样转向把教师作为训练者兼治疗者，他通过适当的探究过程帮助个体发展那些成为一个能从事评价过程的人所必需的各种技能。”①

第三节　价值澄清学派道德教育理论评价

一、价值澄清学派道德教育理论的作用

巴里·查赞曾经对价值澄清学说做过如下概括：“一般来说，学术界对价值澄清尚不及对涂尔干、柯尔伯格和杜威那样重视。但是，从一定意义上讲，价值澄清又确实比这三人的理论以及许多20世纪其他道德教育方法更有意义，更为重要。其重要性在于这种方法乃是价值教育领域兴衰的晴雨表。它对当代社会价值

① Chazan, B. *Contemporary Approaches to Moral Education: Analyzing Alternative Theories*. New York: Teachers College Press, 1985, p.62.

的急剧变化进行了特别充分的论述，对过去学校使用的各种价值教育方法表示了强烈的不满，并且相信，价值教育乃是学校高尚且至关重要的职能。此外，它强调，对任何价值教育的方法来说，课堂、教师和学生都是最为重要的。价值澄清方法以这样一种观点向传统理论提出了挑战，它认为，实践乃是检验价值教育方法的唯一可靠的标准，从这种意义上讲，它也许理所当然地是当代价值教育方法最典型的代表。”①我们认为，巴里·查赞的上述评价在一定范围内是较中肯、现实的。总的说来，价值澄清学派的独特之处在于它的现实性、实用性以及对价值形成之内在因素的肯定。

价值澄清学派是以 20 世纪 50—60 年代美国的社会状况为根本基础的，是应社会对学校价值教育革新的强烈要求产生的，因而具有鲜明的时代特点和现实性。根据社会现实构建理论乃是价值澄清学说之所以保持长久生命力的根源之所在。20 世纪上半叶，在美国不同的社会阶层和团体仍然奉行着统一的、基本的价值观念。家庭接受并反映着社会的价值立场，而社会则似乎只是家庭的简单扩充。儿童离开家庭进入学校，在道德和价值教育上只意味着场所的变更，学校赖以向儿童传授的价值观与家庭并无两样；如果说二者有什么不同，那也只是学校进一步强化和深化了儿童早先在家庭中已经形成的价值观念。当儿童离开学校走上

① Chazan, B. *Contemporary Approaches to Moral Education: Analyzing Alternative Theories*. New York: Teachers College Press, 1985, p.67.

社会，公众支持和鼓励的仍然是他在学校和家庭中接受的那套是非善恶标准。所以，统一、服从乃是当时社会道德价值的根本特点和基本要求。

然而，至20世纪50年代，随着社会生活的急剧变化，人们的价值观念也经历着前所未有的变革。由于社会的多元化导致的价值观念的多元化如流行歌曲一样很快成为日常生活中的一部分。不仅不同的社会阶层、社会团体有不同的价值标准，而且即使相同团体内不同的个人也因为各自不同的经验背景而有不同的价值观念，每一个团体、每一个个人都可以根据民主社会的性质为自己的价值观寻找合理的理由。传统意义上的统一的社会价值观已不复存在。面对这一社会现实，人们不能不考虑这样一些问题：个人尤其是儿童是否应该服从或接受他人或其他团体的价值？对个人来说，究竟哪一个人、哪一个团体的价值是最合理、最正确的呢？如果一切外在的价值和标准均不能满足个人的内在需要，这个人是否有权利选择并拥有自己的价值？显然，这些问题对于担当着对儿童进行价值教育的学校来说，意义尤为重大。因为，对这些问题所做的不同于传统观点的回答意味着学校价值教育的变革。价值澄清学派的倡导者敏锐地觉察到了社会价值的急剧变化对学校价值教育的冲击，并试图根据社会现实的需要重新确立学校价值教育的基础，制定新的价值教育纲要。他们认为，当代技术社会各种价值并存和冲突乃是导致个人价值混乱的根源。各种社会机构和单位所一致认可的价值已不可能给个人的价值生活提供指导，个人必须自己确定哪些价值是最重要的，哪种价值是自己要追求的。在他们看来，这种新的价值观乃是价值教育的根本基础。这一观念不仅符合民主社会的性质，而且符合一种合理的“人性”观。

当然，任何一种道德教育的学说或方法都不可能脱离当时的社会条件而产生，但是，与价值澄清学说相比，当代许多其他的道德教育方法远没有如此强烈的时代气息。而且，在对当代社会特点的感受上，价值澄清的倡导者似乎更能为人们所接受。例如，柯尔伯格曾批评价值澄清学说过分注重价值的相对性和流动性，认为，虽然不同的文化奉行不同的价值标准，但也存在着更为基本的普遍的人类价值。而且后者是更为根本的。而在价值澄清学说看来，普遍、统一并不是当代社会道德、价值的根本特征，当代社会是以变化、价值的多元化为特征的，社会价值的趋势不是更多的统一和一致，而是变化和个体化。在这一问题上，我们原则上同意价值澄清学派的观点。当然，这并不是意味着我们完全接受价值澄清学派的理论和方法，也不意味着拒绝接受柯尔伯格的道德发展理论，只是说，在对社会生活的感受上，价值澄清学说似乎更贴近现实。

价值澄清学说是源于现实而又服务于现实的。它不是诉诸对道德概念的逻辑论证和对道德事实的理论分析从而建立一种形而上的理论体系，而是借助于对学生具体价值生活的现实思考以期为学校的价值教育提供具体的、翔实的指导。为此，价值澄清学说的倡导者们设计了上百种价值澄清的策略和价值教学活动，编写了各种各样的教学指导手册和实用技术手册，以便为不同的场所、不同的人以及不同的需要提供指导。可以说，价值澄清乃是当代道德教育理论中最具有实用价值和可操作性的一种方法。珀佩尔（David E. Purpel）和瑞安（Kevin Ryan）在《道德教育的范围》一书中说，价值澄清之所以在学校大受欢迎，主要是因为各种实用书籍及其所提供的方法使人们很容易就能学会因而易于被教师接受；教师对坦诚地讨论日常生活中的重要的道德问题感到满意；教师不必再说教，也不必把自己的观点强加给学生；教师普遍反映，价值澄清能有效地发挥作用。[①]哈什等人也曾指出："价值澄清所提供的方法和策略似乎可以引起学生的积极反应并能使课堂更令人愉快、更富人情味和更中肯……它也是一种颇受教师欢迎的方法，因为这些游戏式的策略很容易在课堂上使用并且有助于创造一种更宽松、更开放的气氛。不必做出太多的变动，问题一旦提出，教师就能很容易抓住价值冲突以及这种冲突的道德意义。"[②]有研究证明，许多使用价值澄清方法进行的实验往往能引起实验学校或实验班级教师的极大兴趣。实验结束后，许多教师仍然按照价值澄清方法进行教学。[③]在这一点上，价值澄清方法与柯尔伯格的"道德两难论法"形成鲜明的对照，柯尔伯格的道德两难论方法因其复杂性和高强度往往令教师望而

① Purpel, David E., & Ryan, K. (Eds.) *Moral Education... It Comes With the Territory*. Berkeley, Calif.: McCutchan Publishing Corporation, 1976, p.73.

② Hersh, Richard H., Miller, John P., & Fielding, Glen D. *Models of Moral Education: An Appraisal*. New York: Longman, 1980, p.97.

③ Raths, Louis E., Harmin, M., & Simon, Sidney B. *Values and Teaching Working with Values in the Classroom (2nd ed.)*. Columbus, Ohio: Charles E. Merrill Publishing Company, 1978, p.250.

却步。

不仅如此，大量研究证实，价值澄清方法和策略有良好的应用效果。拉思斯等人曾经指出这样八种有价值障碍的儿童需要价值澄清策略的帮助，他们是：冷漠、反复无常、摇摆不定、自相矛盾、放任自流、盲从、盲目反抗、装腔作势。研究结果表明，价值澄清可以有效地改善这些变量。洛克伍德曾经对十三项有关价值澄清的实验研究进行过分析。分析表明，有六项研究证明价值澄清对儿童的自尊、形成自我概念、个人调节等变量有积极影响。一些研究表明，价值澄清方法可以提高学生课堂活动的自我指导能力，降低诸如冷漠、反复无常、不确定、自相矛盾、放任自流、盲从、盲目反抗等消极行为出现的频率和强度。有研究表明，经过价值澄清的七年级和十一年级的学生吸毒人数大大减少。另外，还有研究表明，价值澄清法可以改善学生的阅读理解能力，对学生科学和生态学的学习态度有积极影响。[①]由此可以看出，从某种意义上讲，价值澄清学说为人们提供了一个最切实可行的实践模式。相对于当代道德教育领域多囿于理论层次的思辨而少有实践水平的探索，价值澄清学说对价值教育实践或实用的重视意义尤显重大。

除了模式本身的现实性、实用性、可操作性以及有效性外，

---

① Lockwood, Alan L. The Effects of Values Clarification and Moral Development Curricula on School-Age Subjects: A Critical Review of Recent Research. *Review of Educational Research*, Vol. 48, No. 3, September, 1978.

价值澄清学说的另一个重要特点就是，强调主体的内在因素特别是思维、情感以及个体内部的选择、评价过程在其价值形成中的作用，从而就与以外在强制、外部灌输为特征的传统道德教育根本对立起来了。当然，当代道德教育学说大都是或多或少、或直接或间接地针对传统的道德教育提出的，而且也大都强调主体自身的因素在形成道德观念中的主要作用，如柯尔伯格强调认知，克里夫·贝克强调认知和情感的结合等。价值澄清学说的独特之处在于，一方面，它强调评价过程中思维、情感和行动的结合并特别强调情感的作用。在他们看来，只有经过主体自己思考选择来的，是自己所珍爱的并付诸行动的才能形成价值。其中，主体的自觉自愿、珍视、珍爱起关键性作用。重视情感，重视认知、情感和行动的结合是价值澄清学说区别于其他道德教育理论的一个重要特色。“价值澄清的各种方法强调个人的珍视和珍爱，这就突出了人的情感因素的重要性，在评价过程中，情感是一个较之纯粹认知更为重要的因素。”[①]另一方面，它强调个体的自由选择，认为价值是个人的自由选择而不是外部强加的结果。“只要我们关心价值，就必须乐意给儿童选择的自由。简言之，一个强迫性的选择根本算不上选择。价值不可能从包含威逼利诱的选择

① McLean, George F. *Act and Agent: Philosophical Foundations for Moral Education and Character Development*. Lanham: University Press of America, 1986, p.17.

中产生。”[①]“从来没有人教会我们怎样把各种价值体系和价值生活内化为我们自己的信念。”[②]在拉思斯等人看来，只有经过个人自由选择得来的价值才是真正的价值，才能指导个人的生活。强调自由选择在个人价值形成中的作用，坚持让儿童决定自己的生活方式，反映了当代道德教育理论和实践发展的一个重要趋势。价值澄清学派也因之成为现代西方激进主义道德教育理论的典型代表。

二、价值澄清学派道德教育理论的不足

价值澄清学派道德教育理论也有许多严重的不足。

拉思斯在《价值与教学》第二版前言中指出：“不同团体的人们有不同的价值，在国家法律范围内，所有的观点都应公开讨论、检查，尽可能证实、怀疑甚或反对。换言之，人们应有持不同的价值指针的自由，而且他们的立场应该得到尊重。”[③]强调每个人都有自己的价值，而且这些价值都是合理的，值得尊重的，实际上已经陷入极端个人相对主义的窠臼。拉思斯曾对此辩解说：“我们为此被贴上了伦理相对主义的标签。这一标签一方面是对的，我们确实认为在当今世界上没有一个真理性的宗教，没有一种真理性的道德或一种真理性的统治法规。但是，第二种解

---

①②③ Raths, Louis E., Harmin, M., & Simon, Sidney B. *Values and Teaching Working with Values in the Classroom (2nd ed.)*. Columbus, Ohio: Charles E. Merrill Publishing Company, 1978, p.32, pp.ⅷ–ⅸ, pp.ⅷ–ⅸ.

释则不能反映我们的观点，我们并不认为任何一种信仰、目的和态度同任何另外一种信仰、目的和态度一样都是合理的。我们有自己的偏好，我们还在做出自己的选择。尽管我们并不认为我们的观点就是永恒的或者应该是普遍的，但是，我们毫无疑问确实相信这些观点是我们更喜欢的。”[①]显然，在拉思斯看来，确定、判断一个价值或观点是否合理，不是根据主体自身以外的某一种客观标准，而是根据个人的感受或喜好。至此，拉思斯仍未摆脱伦理相对主义的指责。这种极端的个人相对主义观点在理论上是错误的，在实践中也是有害的。从理论上讲，个人所持有的道德判断和选择的自由并不是无限的。道德的决策更不能等于个人的趣味和好恶。根据个人的爱好做出的道德决策和选择不可能具有同样的道德价值。一种决策或行为的合理性取决于公众而不是个人。而且一个人的道德观念越强，就越要使自己的判断和选择有充分的事实根据，并符合人们普遍接受的道德原理和价值观念。道德的水平与个体自由程度并不成正比例趋势，道德的成熟也不意味着恣意妄为。相反，一个自主道德水平越高的人，往往越能自觉抑制自己的不合理欲望使之更符合人类理性的要求。把道德的判断和选择等同于对一种食物、一件衣服的选择，是对道德的根本曲解，也就难免被人们嘲笑为“浅薄、无聊”。洛克伍德曾

---

① Raths, Louis E., Harmin, M., & Simon, Sidney B. *Values and Teaching Working with Values in the Classroom (2nd ed.)*. Columbus, Ohio: Charles E. Merrill Publishing Company, 1978, p.ix.

经指出："相对主义不能提供我们赖以确定我们的责任、指导我们生活的一贯的基础——这一基础正是价值澄清希望为我们提供的。相对主义的第二个不当之处在于它不能产生一种满意地解决人与人之间价值冲突的方法。"[①]他进一步指出："如果上述观点是正确的话，价值澄清把伦理相对主义作为它的道德观点就是值得注意的。因为，首先，一种把注意力集中在个人爱好和欲望上的价值教育纲要体现了一种不完全的和缺乏远见的道德观。一个价值教育纲要回避与价值冲突、解决冲突、道德辩护有关问题的争论，就把人类生活中的价值问题看得太简单了。其次，一种以伦理相对主义为基础（也许是无意的）的价值教育纲要必然接受这样一种可能性，即它的学生势必以伦理相对主义作为自己的道德观——显然，这只能导致价值上的不确定性。"[②]

在教育实践中，如果学校、教师听凭学生各自选择自己的价值，那么，任何人都可以为自己的任何行为做出在极端相对主义者看来是合理的解释。这种教育所能导致的最大结果就是混乱和无政府状态。列宁曾说："从赤裸裸的相对主义的观点出发，可以证明任何诡辩都是正确的，可以认为拿破仑是否死于 1821 年 5 月 5 日这件事是'有条件的'，可以纯粹为了人或人类的'方便'，在承认科学思想体系（它在一方面是'方便'的）的同时，

①② Purpel, David E., & Ryan, K. (Eds.) *Moral Education... It Comes With the Territory*. Berkeley, Calif.: McCutchan Publishing Corporation, 1976, p.167, p.167.

又承认宗教思想体系（它在另一方面也是很‘方便’的），等等。”[①]例如，在考试作弊、同学之间互相偷窃等问题上，如果教师采取开放的态度对待关于这些问题的讨论，而若有些同学又认为作弊和偷窃行为是正确的话，教师就只有两种选择：一种是接受学生的观点并容忍相应的行为；另一种是反对学生的观点，制止学生与此有关的行为。如果是前者，结果是明显的——混乱和无政府状态，这显然也是价值澄清学说的倡导者所不愿看到的。事实上，容忍学生的作弊和偷窃一方面符合价值澄清学说关于自由选择的要求，但另一方面却违反了它对选择范围限制的规定。价值澄清的倡导者们认为，诸如粗俗的言语，猥亵的、给人造成伤害的、为公众所鄙视的行为是不在选择之列的。然而，如果是后者，即教师一方面鼓励学生进行开放的价值讨论，另一方面对某些问题又明确表示自己的态度和立场，甚至可以利用自己的权力中止讨论，制止学生的某些行为，那么，结果也是很清楚的，学生则视这种澄清过程只不过是一种“游戏”，与学校、学生本身的问题无关，价值澄清也就不可能对学生的生活起指导作用，这与价值澄清的目的和基本原则是相悖的。由此可以看出，价值澄清在实际应用上的混乱也反映了其理论本身的自相矛盾。

与伦理相对主义相关的一个问题就是，价值澄清理论没有明确区分道德价值和非道德价值。道德价值和非道德价值问题在价

---

①《列宁选集》（第2卷），人民出版社1972年版，第136页。

值澄清的框架中是被同等对待的。这首先表现在，在价值澄清的各策略所涉及的澄清问题中，道德价值和非道德价值问题是混在一起的，因而难以断定澄清策略本身的目的。例如，在投票方法中有这样一些问题："你们当中有多少人：①注意减肥；②喜欢做全日性工作；③支持合法的流产。"在这样一些问题中，似乎只有第三个问题涉及道德问题。在具体的澄清过程中，这种对道德问题忽视的倾向往往又由于教师所谓的"包容"而进一步得到强化。价值澄清的倡导者指出，在学生的评价过程中，教师无须对学生选择的价值进行评价、建议，不要去询问这种选择的理由。然而，对一种行为或选择来说，"为什么"的问题亦即行为或选择的理由问题是十分重要的，它反映了行为主体选择和行为的目的，因而也是人们评价一种行为或信仰之道德基础所依赖的根据。当然，在拉思斯等人看来，价值澄清之所以要这样做是为了表示对学生的尊重和信任。然而，一个对自己的行为或选择的理由都不明确的人，人们是很难指望他有明确、清晰的价值的。

价值澄清学说批评传统道德教育的灌输和单纯内容的教授有一定的合理因素。但是，完全否认外部因素如榜样示范、说服、限制选择、制定章程的教育作用则是武断的。重视发展学生的道德意识、道德思维和道德选择能力，重视评价的过程和方法，对于增强学生适应社会变化的能力是有益的，但是完全否定内容教育的合理性则是错误的、片面的。道德思维和选择能力固然是道德发展的一个重要因素，但不能涵盖道德的全部内容。衡量一个人的道德或价值威望水平也不能简单地以思维水平、选择能力、评价技巧作为唯一根据。况且，在教育实践中，向儿童传授道德知识，帮助儿童理解道德内容、道德准则，与培养儿童的道德推理技能、发展儿童的评价技巧并非水火不相容的。人们不可能教授没有任何内容的价值技巧和过程，即使有这种可能，人们也很难指望它会产生实际的教育价值。

三、价值澄清学说与柯尔伯格认知发展理论的比较

下面把价值澄清学说与美国另一个最有影响的道德教育理论——柯尔伯格的认知发展理论做一简单的比较，以便读者进一步加深对价值澄清学说的理解。

价值澄清学说与道德教育的认知发展理论在许多方面都有很大的不同。①从理论来源看，柯尔伯格虽然也接受了杜威的教育哲学，但是他更多的是接受了皮亚杰关于儿童的道德发展与认知发展有基本相同的趋势的思想。因此，其道德教育理论具有更浓重的认知结构主义的特点。而价值澄清学派则主要接受了杜威的经验主义思想、道德的相对性思想以及教育过程、教学方法的思想，它不仅重视认知的作用，而且更重视认知、情感和行动的结合，尤其是对情感领域的重视乃是与认知发展理论的一个极为重要的区别。②从教育的目的上看，柯尔伯格主张促进儿童向道德的更高阶段和水平发展，因而基本上是一个垂直或纵向的目的；而价值澄清学派更重视行为主体对目前生活经验的整合，基本上是水平的或横向的。在这一问题上，拉思斯曾打过一个比方来说明二者的区别，他指出："价值澄清似乎更像一种含有多种营养的食物，不同的人可以根据不同的需要从中吸取营养；而道德发

展理论更像一种服务于某一特定目的的特殊的维生素添加剂，它对在特定时间需要它的人来说是有用的。”①③从研究内容看，价值澄清更关心日常生活问题，例如如何打发休闲时间，如何处理各种人际关系等，它虽然也涉及一些假设的问题，但更多的是贴近现实的问题；而柯尔伯格的内容正好相反。从测量手段看，价值澄清学派不像柯尔伯格用纸笔测验测量学生的变化，它更多的是用主观测量，其中包括班主任测量、学生间的相互测量、家长和科任教师的测量等。

虽然在价值澄清学说和道德教育的认知发展理论之间有许多不同，但二者在一些基本问题上并不矛盾。比如，它们都反对把灌输或直接的道德教育作为有效的道德教育方式；在一定程度上都是为了帮助学生独立思考，形成自己的生活方式；二者都采用了基本相同的教育方法如班级讨论的方法等；二者都强调民主、真理、人类尊严以及自由等。正如拉思斯所指出的：“因为这两种方法将继续解决同一个世界中人们的问题，所以，我们希望这两种方法在未来的岁月中能相互补充，从而取得更多而不是更少的共识。”②

①② Raths, Louis E., Harmin, M., & Simon, Sidney B. *Values and Teaching Working with Values in the Classroom (2nd ed.)*. Columbus, Ohio: Charles E. Merrill Publishing Company, 1978, p.297, p.299.

"十三五"国家重点图书出版规划项目

现代西方道德教育理论研究

（下卷）

戚万学　著

人民教育出版社

·北京·

目 录

第七章　柯尔伯格的道德教育理论

柯尔伯格是美国当代著名的道德心理学家和道德教育理论家。20 世纪 50 年代末涉足个体道德发展研究，60 年代建立哈佛大学道德发展和道德教育研究中心。几十年的潜心研究和科学探索使柯尔伯格最终形成了“道德教育的认知发展理论”这一迄今最复杂、最完整的道德教育理论和实践体系，与价值澄清理论一道成为左右当今美国道德教育领域的两个最富影响力的理论流派。柯尔伯格的理论对美国及其他国家和地区的道德教育理论的发展和学校道德教育的实践产生了极为深刻和广泛的影响，在世界范围内形成了一股强劲的“柯氏潮流”。[①]正如美国道德教育理论家巴里·查赞所说：“柯尔伯格乃是当代道德教育复兴运动中最引人注目的名字。柯尔伯格的研究支配了大学、学术性和通俗性杂志以及各种专题讨论会对道德教育的讨论。无论对哲学家、学校校长、心理学家，还是对监狱看守、社会学家以及学校的教

① Purpel, David, E., & Ryan, K. (Eds.) *Moral Education... It Comes with The Territory*. Berkeley, Calif.: McCutchan Publishing Corporation, 1976, p.291.

师来说，柯尔伯格这一名字几乎无人不晓。在今天有关讨论道德教育的学术会议或非正式集会上，几乎不大可能会不出现柯尔伯格的名字。”①

柯尔伯格著述颇丰。据不完全统计，他先后完成的有关道德发展和道德教育专门领域的研究报告和学术论文有两百多篇，这些成果在 20 世纪 80 年代辑成三卷（《道德发展的哲学》《道德发展的心理学》《道德发展与道德教育》），而对柯尔伯格理论进行研究的专门著作和学术论文更是汗牛充栋。所有这些资料对我们全面把握柯尔伯格的理论提供了极大的方便，但同时在如何选择和利用这些材料上也势必带来许多困难。这里本着以第一手资料为主、第二手旁系资料为辅，以近期资料为主、早期资料为辅的原则，对柯尔伯格的道德教育理论和实践进行较全面的分析。

第一节　柯尔伯格道德教育理论产生和发展的背景

一、时代背景

柯尔伯格在为哈什等人著的《促进道德推理的发展》一书写的序言中说：“认知发展论的教育并不新鲜，它已经有 2000 年历

① Chazan, B. *Contemporary Approaches to Moral Education: Analyzing Alternative Theories*. New York: Teachers College Press, 1985, p.68.

史。为什么在 20 世纪 30—70 年代，道德教育未受到注意，而这几年来却备受关心？其答案可以从‘保守的’以及‘自由—进步的’两方面来说。就‘保守的’一端而言，系对水门事件和传统的性道德之堕落等罪恶所起的一种反动；它是一种保守的做法，重新注重道德秩序和社会纪律。就‘自由—进步的’一端而言，目前自由派人士对道德教育的注意，主要是因为他们重新发现了自由派的信念背后有着丰富道德意味的原则，须借道德教育加以实现。如同对水门事件所做的反应，对于道德教育的兴趣，乃是对我国建国的基本理想的正义原则之重新发现。20 世纪 70 年代的自由派人士，在自由主义笼罩之下，对独立宣言和宪法背后的原则丧失了应有的认识。他们在 20 世纪 60 年代把信心置于技术、社会科学和物理科学，并且视合理性的政治操纵为社会进步的工具。其后，自由派人士对于合理性的工具性‘手段’（means）表示失望，因而觉察到，尚需要合理性的或合道德性的社会‘目的’（ends）以及行动的原则，并且必须把这些目的具体实现于教育。这种信念渐渐为人接受。”[①]柯尔伯格的道德教育理论就是在上述大背景下产生的，它在本质上是对 20 世纪 60 年代美国社会危机、道德混乱的一种反映，而这种危机和混乱在很大程度上又源于 50 年代对科学技术的崇尚和对社会道德的漠视。所以，了解柯尔伯格理论产生的深层社会原因，回顾

①［美］理查德·哈什等著，单文经、汪履维编译：《道德发展与教学》，五南图书出版股份有限公司 1986 年版，“序”第 6—7 页。

一下美国第二次世界大战结束至20世纪70年代这段历史是必要的。

20世纪50年代，对美国来说似乎是一个“不需要道德教育”的时代。因为，一方面，第二次世界大战西方盟国对法西斯主义的胜利，坚定了西方资本主义国家特别是美国对自由、民主制度的信念。人们普遍认为，民主制度乃是保证社会健康发展的唯一合理的制度。而且二战后西方经过短时期的经济恢复，出现了“一段玫瑰色的美好时光”：生产增长，经济上升，居民富足，社会安定。在这种情况下，几乎没有人会对西方社会的民主政治和道德生活的本质提出疑问，道德和道德教育问题远未表面化，因而不可能成为人们关注的焦点。另一方面，第二次世界大战进一步强化了美国人对科学技术和经济发展之重要性的认识，在极力维护民主制度和民主生活方式的同时，积极扩充经济和军事实力。特别是1957年苏联第一颗人造地球卫星发射成功，惊醒了不可战胜的“美国梦”，加强科技的发展成为朝野的共识。改革教育，加强科学、数学、外语等学科教学，提高教育的科学质量遂成为刻不容缓的任务。许多有识之士认为，如果国家想要在经济和军事上与苏联抗衡，那么，学校就应在科学技术等学术性环节上多下工夫，而在诸如道德教育等“软”领域中少花时间。因为在他们看来，民主依赖的不是个人道德的自主，而是国家生产产品的多少和核弹头的数量。在此形势下，道德教育让位于学术性训练和理智课程便是势所必然的了。

然而，至20世纪60年代末，在美国风行一时的以培养智力、加强技能训练为宗旨的运动实际上已经走进了死胡同。道德教育的必要性已为越来越多的人所认识。所以，如果说柯尔伯格在50年代晚期把研究儿童的道德发展作为自己的博士论文似乎有点“不识时务”的话，那么，至60年代，柯尔伯格把道德发展的研究应用于学校道德教育的实践则充分显示了他的睿智和敏锐。

“(20世纪)60—70年代的政治、社会和理智的环境促成了柯尔伯格理论的出现。”[①]对美国来说，20世纪60年代是一个“多事之秋”。第二次世界大战后美国社会表面繁荣的背后隐藏着的潜在的人们价值观念的巨大变化和由此产生的各种危机在这一时期爆发，各种各样的社会运动如民权运动、女权运动、少数民族地区和宗教派别的骚乱，使整个美国霎时陷入“灾难”。这些运动首先对美国旷日持久的“统一的道德理想”提出挑战，对美国人引为自豪的“熔炉”观念发起最猛烈的冲击。人们认为，美国不应是一个锻造“美国式”公民的“熔炉”，而应该是一个“色拉盘”，不应该把不同民族、教派的人统一到一个强制的、共同的道德标准下面。不同民族、团体有自己的价值和道德标准，它们有权利追求自己的生活方式。这一价值的多元化倾向以及所引起的各种运动给学校教育提出的最为棘手的问题就是：学校如何对那些来自不同民族、宗教团体的持有不同的价值观和价值标准的儿童实施道德教育。在美国，自贺拉斯·曼创办公共学校机

---

① Sichel, Betty A. *Moral Education: Character, Community, and Ideals*. Philadelphia: Temple University Press, 1988, p.178.

构以来，“公立学校”就一直是社会各阶层的子女共同接受教育的地方，是维护国家和社会统一秩序的工具。20 世纪 60 年代的价值多元化运动，在美国出现了以传授不同宗教信仰的“教区学校”和上流社会的“文人雅士”开办的进行英才教育的“精英学校”。所谓公立学校事实上只是为中下层阶级的子女开办的进行公共信仰教育的场所。各种学校并存的局面虽然在一定程度上缓和了社会的矛盾，但是，在学校中应该向儿童传授哪些道德、道德行为和价值标准以便使其应付多元的社会，仍然是困扰人们的一个问题。为多元社会的道德教育寻找一个更加合理的、广泛的基础，成为道德教育理论面临的一项急迫任务。柯尔伯格的道德发展和道德教育理论适时而生，似乎适时“满足了这些要求”[①]。

柯尔伯格一方面承认价值的多元化，另一方面又指出，道德教育不应该以这些多元的价值为基础，而应以一种形式化的道德原则为基础。他认为，各民族、各宗教团体乃至各种文化的道德信仰和道德标准，只是各种表面的道德资料，不能揭示人类道德推理的方式和道德原则。如果把各社会、各个文化的道德资料加以归类，就有 29 种道德范畴。即使把这些道德范畴压缩至有限的几类，每一文化和每一社会依情境、习俗等的不同也会有各式各样的道德行为和道德习惯。如果从这一角度来看的话，道德确实有很大不同。但是，从另一角度即做出道德决策的推理过程和

① Sichel, Betty A. *Moral Education: Character, Community, and Ideals*. Philadelphia: Temple University Press, 1988, p.180.

方式来看，那么，所有不同的道德资料都可以用一些统一的道德标准和道德原则加以解释。正如无数的数学问题可以运用有限的数学定理和公式去解决一样，柯尔伯格也希望用有限的抽象的道德标准和原则去解决无数的道德两难问题。每个少数民族都宣称有自己的价值观和道德标准，而且从表面看确实如此，但是，所有这些不同的团体事实上都在使用相同的逻辑方法和推理程序来解决不同的问题。各种道德观的差异本质上是道德发展水平上的差异。对学生实施道德教育，就不能仅限于传授具体的文化规则和道德准则，而应促进儿童道德推理的发展，改善其解决道德问题的方式。从这种意义上讲，柯尔伯格的道德教育理论为当时美国学校道德教育找到了一条新的途径，体现了在当时社会背景下对道德教育问题的一种新的思考。

柯尔伯格的道德教育理论之所以在20世纪60—70年代为人们所接受，还有一个重要原因，这就是：美国传统价值观念和权威观念的崩溃要求为学校道德教育寻找一个更为合理的基础。在大多数美国人眼里，第二次世界大战无疑是一场“合乎道德的”战争。然而，60年代末的越南战争则是一场有辱美国尊严和道德的战争。随着美国大学掀起的震惊西方世界的学生反抗运动，二战后人们的乐观情绪一扫而光。人们开始怀疑优裕的物质生活究竟给人们带来了什么，怀疑物质生产和科技进步的目的。传统的价值和道德标准开始动摇。他们不仅以各种形式抗议传统道德，而且对国家、制度、政府以及一切传统意义上的权威表示轻蔑。学校及学校管理者为学生“不守规矩”的行为所震惊并试图把学生的反抗疏通到公众一致认可的道德生活上来。然而，20

世纪 70 年代初的水门事件、最高层政府的道德堕落以及社会各个角落无处不有的罪恶，已使学校无力维持传统的道德秩序。社会、家长要求学校负起新的道德教育的责任，以适应社会环境的急剧变化。在这种形势下，柯尔柏格从宪法中找到了道德教育赖以合理生存的基础，把“公正”作为道德的最高原则，作为道德教育的最后根据，给无所适从的道德教育带来了一线希望。

二、思想来源

关于柯尔伯格道德教育理论的思想来源，有许多不同的看法。伯克威茨（M. Berkowitz）认为，柯尔伯格的理论是在综合了皮亚杰、涂尔干、杜威和哈贝马斯（J. Habermas）的思想，在综合了以色列集体农庄和美国城市中学的教育经验的基础上发展起来的。[①]巴里·查赞认为：在哲学上，柯尔伯格主要是对 20 世纪教育哲学中分析哲学传统的一种反动，更赞同一种传统的、综合的教育哲学；在心理学上，主要反对斯金纳的行为主义和弗洛伊德的精神分析学说而代之以新的心理学基础。[②]也有人认为，无论从哲学上还是从心理学上，柯尔伯格的理论都来自康德哲学的

① Berkowitz, Marvin W., & Oser, F. (Eds.) *Moral Education: Theory and Application*. Hillsdale, N. J.: Lawrence Erlbaum Associates, 1985, p.4.

② Chazan, B. *Contemporary Approaches to Moral Education: Analyzing Alternative Theories*. New York: Teachers College Press, 1985, p.68.

传统。[①]根据柯尔伯格本人的观点，对其理论产生影响的主要有苏格拉底、柏拉图、康德、罗尔斯、哈尔、哈贝马斯、杜威、皮亚杰、鲍德温（J. W. Baldwin）、麦独孤（W. McDougall）等人的思想。这里主要就苏格拉底、柏拉图、康德、杜威、皮亚杰以及鲍德温对柯尔伯格的影响做一简要叙述。

（一）苏格拉底和柏拉图的道德哲学

苏格拉底和柏拉图是影响柯尔伯格道德教育理论的古代哲学思想的典范。关于这种影响的性质和范围，柯尔伯格在《为了公正的教育：苏格拉底观点的现代陈述》[②]一文中进行了专门的论述。他指出："一个现代心理学家，宣称他的理论源自古代思想家关于善的理想形式的观点而不是源自弗洛伊德、斯金纳抑或是皮亚杰的理论，这的确是一件让人感到奇怪的事。然而，多年来，我一直在努力探索一种道德发展的阶段理论并以这种理论为基础建立一套道德教育的计划。这种努力使我越来越认识到这一

---

① McLean, George F. *Act and Agent: Philosophical Foundations for Moral Education and Character Development*. Lanham: University Press of America, 1986, p.23.

② 该文原名《为了公正的教育：柏拉图观点的现代陈述》，发表于1970年。在《道德发展的哲学》一书中改为《苏格拉底观点》。根据柯尔伯格的观点，柏拉图早期的《对话录》事实上是在阐述苏格拉底的思想。《对话录》所反映的是一种民主的、以对话为基础的道德教育，这是柯尔伯格所赞同的。但在柏拉图的后期著作《理想国》和《法律篇》中，则有浓重的灌输和等级论的色彩，这在柯尔伯格的理论中是没有市场的。柯尔伯格这里把柏拉图改为苏格拉底，意指他主要接受苏格拉底和柏拉图早期思想的影响。

套理论乃是对苏格拉底对理性善的力量之信念的重新肯定。”[①]柯尔伯格进一步指出：“我将放弃在研究院时所持的关于事实和价值分离的看法，而采取一种类似苏格拉底和柏拉图关于美德本质的观点。”[②]

概括起来讲，苏格拉底和柏拉图关于美德本质的看法主要有如下几点。[③]

第一，美德最终只有一个而非许多，而且不管环境抑或文化如何，这一理想形式总是相同的。

第二，该理想形式即是公正。

第三，不仅善只有一个，而且美德乃是关于善的知识，知善方能为善。

第四，这种善的知识——美德乃是对善的理想形式之哲学的或直觉的认识，而不是一种不言自明的正确观点或对习俗信念的接受。

第五，善是可以教授的，但教授善的教师在一定意义上必须是哲学王。

第六，善之所以能教是因为我们知道它一直处于隐晦不明或较低级的水平，对善的教授是一种唤起而不是一种直接的教学。

第七，我们之所以认为善不能教，是因为不同水平的人对相同的善有不同的认识，直接的教学无法根据不同的水平进行。

---

①②③ Kohlberg, L. *The Philosophy of Moral Development: Moral Stages and the Idea of Justice*. San Francisco: Harper and Row, 1981, p.29, p.30, p.30.

第八，美德的教授不是给出答案，而是适时提问，指点迷津，道德教育在于引人向上而不是将原本不存在的东西强行注入人的思想之中。

如果柯尔伯格的上述概括是准确的，那么，苏格拉底和柏拉图对他的影响就是极其明显的。我们说，至少在关于知识和美德的关系、关于公正原则以及通过问题法教授美德等方面，柯尔伯格确实是接受了这两位古代哲学家的思想的。具体说，苏格拉底的道德哲学对形成柯尔伯格的道德教育方法——道德两难问题讨论有直接的影响，尤其是这种方法的实质——诱发认知冲突和积极思维无疑是苏格拉底"诘问法"或"产婆术"的翻版；而柏拉图对柯尔伯格的影响主要表现在他的公正原则和社会观，对柯尔伯格后来的"公正团体法"产生了重要影响。

（二）康德的道德哲学

柯尔伯格指出："我们关于道德原则及其发展的理论陈述源于西方康德的思想。"[①]在另一场合，他又指出："我们曾经用康德的工作帮助我们界定对道德自律的一般看法，并将它和他律区别开来，利用它来证明自律在我们的成型的道德判断概念中的核心地位之合理性。我们还引用他的思想来规定（自律）如下的标准：自由；可逆性；建构主义；等级性；内在性；规定性；普遍

① Kohlberg, L. *The Philosophy of Moral Development: The Nature and Validity of Moral Stages*. San Francisco: Harper and Row, 1984, p.284.

性。”[①]据此，我们可以认为，康德至少在道德原则和道德自律这两个大的问题上对柯尔伯格的思想产生了较直接的影响。

我们知道，在道德原则问题上，康德是义务论者。他反对功利主义的道德原则观（认为道德原则之所以能够成立并值得人们去服从，是因为该原则能够产生客观的利益），主张道德原则的成立不在于它能不能产生功利，而在于它本身就是正确的，具有必须服从的性质。因此，道德原则是不依赖任何经验事实的，是无条件的，因而是决定行为的“绝对命令”。康德曾说：“说到命令，它有两种，或是有条件的，或是无条件的。有条件的命令说：假如要达到意志取消为目的的东西，那么一定要做某一件事；无条件的命令说：这一件行为是客观地必须实行的，就是说，不用说到其他目的，它自身就是必须实行的。”[②]康德的这种无条件的绝对命令式的道德原则，其最大的特征就是它的可普遍性和超验性；由于道德原则是普遍的、超验的，因而就一定是形式的、抽象的、规定的。这一点在柯尔伯格对道德原则的界定中得到了最充分的体现。柯尔伯格指出：“我的元伦理学概念是形式主义的，像大多数自康德以来的义务论道德哲学家们一样，我是根据道德判断、方法或观点的形式而非内容特征来界定道德

---

① Colby, A., & Kohlberg, L. *The Measurement of Moral Judgment (Vol. 1: Theoretical Foundations and Research Validation)*. Cambridge: Cambridge University Press, 1987, p.343.

②［德］康德著，唐钺译：《道德形而上学探本》，商务印书馆 1957 年版，第 29 页。

的。”[①]关于道德原则，柯尔伯格指出：“一种道德原则乃是一种能普遍化地、公正地做出决策和判断的方式，而不是一个具体的文化规则。”[②]在柯尔伯格看来，相对于“勿通奸”这样一个在一夫一妻制社会中特定的行为准则，康德的“绝对命令”就是一条原则。显然，柯尔伯格的原则概念与康德的原则概念是极其相似的，二者都强调原则的“规定性和普遍性”。

柯尔伯格在另一场合还指出：“最后一个阶段——阶段六，有明显的康德的格调，把道德判断集中在由尊重他人和正义等原则所界定的义务概念上，就部分而言，这与我的道德和心理学理论中最初的‘形式主义’和‘建构主义’倾向是一致的。”[③]

康德的道德原则除了普遍性和规定性之外，还有一个更为根本的特征——内在性或自律性。康德终生信奉的箴言就是“位我上者，灿烂星空；道德律令，在我心中”，亦即道德原则不是外在于人的，而是人借助自己理性自由的力量颁定的。人不仅“为自然立法”，而且“为自我立法”，康德把他的这种道德学说称作道德自律的学说。当行为主体根据自己为自己颁布的道德原则或道德律令去行动而不为自己的欲望所左右时，他就是自律的，同时也是自由的。行为者在服从普遍原则的时候，也就是在服从自

①③ Kohlberg, L. *The Philosophy of Moral Development: Moral Stages and the Idea of Justice*. San Francisco: Harper and Row, 1981, p.170, p.193.

② Kohlberg, L., & Mayer, R. Development as the Aim of Education. *Harvard Educational Review*, Vol. 42, No. 4, December, 1972, p.468.

己的自由意志。可以说，康德的道德自律概念对形成柯尔伯格的自律标准，给予了哲学上的启迪。关于这一点，柯尔伯格本人也并不讳言。

（三）杜威的道德教育哲学

柯尔伯格把自己的道德教育方法称作“道德教育的认知—发展方法”，他解释说：“这种方法之所以被称为认知的，是因为它认识到同理智教育一样，道德教育的基础在于激发儿童对道德问题和道德决定进行思考；它被称为是发展的，是因为它坚持道德教育的目的就是促进道德有阶段地发展。”①柯尔伯格认为，这一方法是由杜威第一次进行了充分的论证。他指出：“我们的立场可以在杜威的著作中找到根源，杜威在《教育上的伦理原则》等著作中第一次提出了一种进步或发展的道德教育概念。他不仅指出理智教育就是刺激儿童发展对自身经验的积极组织，而且强调了思维或积极组织在道德中的重要作用。杜威还进一步强调发展是道德教育的主要目的，而且认为这种发展是有阶段进行的。”②

在柯尔伯格看来，杜威的道德教育哲学至少在以下几个方面为认知发展理论提供了理论来源。

---

① Mosher, Ralph L. (Ed.) *Moral Education: A First Generation of Research and Development*. New York: Praeger Publishers, 1980, p.20.

② Lesser, Gerald S. (Ed.) *Psychology and Educational Practice*. Glenview, Ill.: Scott, Foremen, 1971, p.413.

首先，个体道德是一个有阶段的发展过程。杜威指出："人的心理是不断成长的东西，因此，在本质上是不断变化的。在不同的时期里，表现出不同的能力和兴趣的形态。"[①]由此可以看出，人的心理是一种发生的过程，而且这种发生发展具有阶段性。把这一心理学思想应用于道德领域，杜威认为，道德的发展同样经历了一个有阶段的过程。

杜威曾假设道德的发展大体经历了以下三种水平。

一是前道德或前习俗水平。这一水平的行为动机是有道德结果的生物和社会性冲动。

二是行为的习俗水平。在这一阶段，个体几乎不加批判地接受其所在团体的道德标准。

三是自主的行为水平。在这一水平上，行为受个体对一个目的是否为善进行思维和判断的指导，不再不加思考地接受其所在团体的道德标准。[②]

柯尔伯格认为，这三个水平同他自己从实验研究中得出的结论基本上是一致的。这种一致不仅表现在大致相同的发展倾向，即从最初的儿童的顺应——他律（柯尔伯格）或不加批判地接受（杜威），然后到自主的——自律（柯尔伯格）或不知不觉的（杜

---

① 赵祥麟、王承绪编译：《杜威教育论著选》，华东师范大学出版社 1981 年版，第 69 页。

② Mosher, Ralph L. (Ed.) *Moral Education: A First Generation of Research and Development*. New York: Praeger Publishers, 1980, p.21.

威）发展过程，是一个自主性越来越高的过程；而且表现在都认为以理性思维为主要特征的理性化过程乃是个体自主道德发展的必要条件。柯尔伯格也指出，杜威对道德阶段的划分还是理论上的，为这种理论提供实验证据的是皮亚杰和他本人。

其次，道德发展取决于主客体的相互作用。杜威指出："道德和智力发展的过程，在实践和理论上乃是自由、独立的人从事探究的、合作的、相互作用的过程。"[①]强调活动、实践在道德发展中的作用与柯尔伯格把道德发展界定为有机体和环境的社会性对话有惊人的相似。事实上，柯尔伯格对活动和主客体相互作用的重视，在很大程度上是接受了杜威和皮亚杰的建构主义思想——个体的自主活动乃是主体发展的真正动力。

再次，教育的目的在于促进儿童道德的发展。杜威认为："教育的目的就是生长或发展——理智的和道德的发展。伦理学和心理学的原则有助于学校从事所有建设中的最伟大建设——一种自由的和强有力的品格的建设，而在心理的发展中，只有阶段的秩序和联系的知识才能确保这一建设的完成。教育就是提供这样一些条件，使心理机能最自由、最充分地成熟起来。"[②]然而，杜威的这一思想对柯尔伯格乃至皮亚杰都产生了很大影响。柯尔

---

① 赵祥麟、王承绪编译：《杜威教育论著选》，华东师范大学出版社 1981 年版，第 435 页。

② Mosher, Ralph L. (Ed.) *Moral Education: A First Generation of Research and Development*. New York: Praeger Publishers, 1980, p.20.

伯格曾专门撰写《发展即为教育的目的：杜威的观点》一文，阐明他在何种意义上与杜威的立场相一致。

柯尔伯格把杜威作为自己的重要理论源泉在理论界是个颇有争议的问题，争论的焦点在于柯尔伯格究竟在多大程度上继承了杜威的思想。我们认为，杜威在上述几个方面对柯尔伯格的影响是毋庸置疑的，但是，这种影响似乎也并不像柯尔伯格所讲的那样明显。在诸如对阶段的解释、发展有无固定目的、道德主要是内容的还是形式的等问题上，二者是有很大不同的。

（四）皮亚杰的道德发展理论

在道德心理学的研究上，对柯尔伯格产生最大、最直接影响的当推瑞士儿童心理学家让·皮亚杰。柯尔伯格曾指出："我们的道德心理学理论大部分来自皮亚杰，他认为，逻辑和道德都是有发展阶段的，而且，每个阶段都是一个结构，它比它的前一个阶段具有更好的平衡性。"①在另一篇文章中，柯尔伯格还指出："我对道德的研究是从皮亚杰的阶段概念和他认为儿童是一个哲学家的看法出发的，并受皮亚杰最初把结构的方法应用于道德发展研究的激励。"②皮亚杰把建构主义的方法运用于儿童道德判断发展的研究，认为：儿童有不同于成人的道德思维方式，儿童是自己道德的建构者，道德发展乃是儿童积极的道德思维的产物；儿童的道德判断是一个有阶段的连续发展的过程，道德发展的每

---

①② Kohlberg, L. (Ed.) *The Philosophy of Moral Development: Moral Stages and the Idea of Justice*. San Francisco: Harper and Row, 1981, p.194, p.16.

一个阶段都要求一定的逻辑思维水平与之相适应，儿童的逻辑思维的发展是其道德发展的必要条件；活动特别是合作活动，乃是儿童道德发展尤其是自律道德发展的根本动力和先决条件；他律和自律乃是儿童道德发展过程中的两种基本类型，而且从他律到自律代表了道德发展的基本规律。事实上，皮亚杰于20世纪30年代提出的道德发展理论在当时并未引起人们的重视，对他的理论价值的认识、继承和发展是由柯尔伯格完成的。

虽然无论在研究的对象还是研究的方法上，柯尔伯格都与皮亚杰有很大不同，但皮亚杰的理论在以下几个方面直接影响了柯尔伯格的理论。

第一，建构主义乃是道德判断发展研究的认识论基础，认定活动或主客体的相互作用乃是道德发展的根本动力，在这一点上，二者毫无二致。

第二，理智的或逻辑的发展乃是道德发展的必要条件。在皮亚杰的框架中，前运算阶段的儿童由于其思维的不可逆性决定了他只能发展他律的道德，而自律道德是以形式运算为特征的互惠或合作为基础的。在皮亚杰看来，“情感的发展和智力机能的发展是紧密吻合的”①，是“平行一致的”②。同皮亚杰一样，柯尔伯格也认为，道德发展与理智发展是携手并进的，“较高的道德推理要依赖较高的逻辑推理。因此，一个人的逻辑阶段决定了他

①② ［瑞士］让·皮亚杰著，傅统先译：《儿童的心理发展》，山东教育出版社1982年版，第55、34页。

可能达到的道德阶段的限度”[①]。

第三，每一个道德发展阶段都是一个反映一定“平衡”程度的结构。柯尔伯格曾指出：“我在使用一个严格的、精确的阶段概念。这一概念来自皮亚杰和其他认知—发展派儿童心理学家的结构传统。”[②]这种阶段概念既不同于社会文化意义上的规定的“发展任务”，也不同于成熟论者所谓的生物学意义上的“生物成熟阶段”[③]。“一种与年龄有关的、在形式上和质的方面所发生的新的变化被称作一个‘阶段’，结构发展心理学家把阶段界定为结构。”[④]“道德阶段只是道德判断或道德推理的结构，道德判断的结构必须与道德判断的内容区分开来。”[⑤]换句话讲，道德阶段反映了道德的思维方式，它不是由道德选择的内容决定的。在这一点上，柯尔伯格和皮亚杰的看法是一致的。

第四，关于自律的看法。柯尔伯格指出：“让·皮亚杰对道德自律的研究，对我们自己的自律概念，对于我们区分道德判断的自律和他律都是极端重要的。我们是根据皮亚杰的分类对他律和自律作基本区分的……而且，他的研究还有助于界定我们有关自律的九个标准中的四个标准：自由；相互尊重；可逆性；建构

---

①⑤ Purpel, David E., & Ryan, K. (Eds.) *Moral Education... It Comes with The Territory*. Berkeley, Calif.: McCutchan Publishing Corporation, 1976, p.179, p.179.

②③ Goulet, L. R., & Baltes, P. B. (Eds.) *Life-Span Development Psychology: Research and Theory*. Academic Press, 1970, p.1, p.2.

④ Meyer, John R. (Ed.) *Reflections on Values Education*. Waterloo, Ont.: Wilfrid Laurier University Press, 1976, p.20.

主义。最后，皮亚杰的研究提出了关于他律—自律的三个重要假设，这三个假设，我们已经接受。”[①]关于柯尔伯格从皮亚杰理论中吸取的四个道德自律的标准，只要稍稍回顾一下皮亚杰的道德发展理论即可看得很清楚。[②]所谓皮亚杰关于他律和自律的三个主要假设，是指：他律—自律是一个与年龄有关的发展过程；社会文化环境和社会交往关系对自律发展有重要影响，重视合作的、民主的、相互尊重的环境将促进自律的发展，反之，强化限制、单方面尊重、成人权威、传统规则的环境则会阻碍自律的发展，助长他律的巩固；在道德意识和道德行为的关系问题上，他律和自律阶段有明显的不同，他律阶段的儿童对规则极端尊重，认为规则是神圣的、不可变更的，但在实践中，这些儿童并不遵守规则，也不按规则办事；自律阶段的儿童其道德意识和道德行为开始有了较好的协调，能做出自律道德判断的儿童比只能做出他律道德判断的儿童更有可能根据判断来行动。柯尔伯格认为，他关于道德自律的三个假设均来自皮亚杰的学说。[③]

虽然，柯尔伯格的发展理论主要来自皮亚杰的研究，但是，正如柯尔伯格本人所说：“道德的认知发展理论要比皮亚杰自己的理论广泛得多。所谓认知—发展理论是指杜威、塔夫茨、米德、

---

①②③ Colby, A., & Kohlberg, L. *The Measurement of Moral Judgment (Vol. 1: Theoretical Foundations and Research Validation)*. Cambridge: Cambridge University Press, 1987, p.328, pp.328–333, pp.350–351.

鲍德温、皮亚杰和我本人的道德理论所共有的一套假设。”[①]即使关于道德发展的阶段理论，柯尔伯格也是在皮亚杰研究的基础上参照鲍德温、杜威、麦独孤等人的理论提出的。[②]

（五）鲍德温的道德社会心理学理论

鲍德温是美国一位资深的心理学家，其儿童道德发展理论曾对皮亚杰产生较大影响，至20世纪50年代又影响了柯尔伯格对道德发展的研究。柯尔伯格指出：“鲍德温的理论之所以能够吸引我，是因为：①它主张以道德哲学家所强调的以道德判断的形式特征来界定道德阶段；②它可以解释我的被试所表现出的而皮亚杰理论又不能包含的观念。”[③]他还说：“詹姆斯·马克·鲍德温虽然不像皮亚杰对我们现在关于他律和自律的区分那样重要，但是，他仍是他律和自律类型的一个重要理论来源。鲍德温关于道德自律的一般看法极大地影响了我们的思维。他的工作（和康德的工作）还使我们能够增加另外四个用以界定我们的理想类型的标准：等级性、内在性、规定性、普遍性。最后，像皮亚杰一样，鲍德温坚定地认为，自律道德判断的获得乃是发展的结果。他对这一观点的阐述支持了我们的第一个一般性假设：他律—自

---

① Kohlberg, L. *The Philosophy of Moral Development: Moral Stages and the Idea of Justice*. San Francisco: Harper and Row, 1981, pp.133–134.

②③ Broughton, John M., & Freeman-Moir, D. J. (Eds.) *The Cognitive Developmental Psychology of James Mark Baldwin: Current Theory and Research in Genetic Epistemology*. Norwood, N. J.: Ablex Pub. Co., 1982, p.298, p.280.

律是发展的。”[①]鲍德温的道德理论的核心是他对道德判断的三个阶段或三种水平的阐述。鲍德温的道德发展阶段来自他关于发生逻辑发展的学说，这种学说认为，逻辑的发生在于经验的“主观”和“客观”两极的持续不断的分化。在儿童的早期，儿童不能把内部的心理的主观经验从外部的物质的客观经验中分化出来。随着儿童的发展，这一分化过程先后经历了从内部与外部、心理与物质到主观与客观的分化。鲍德温指出，道德判断的阶段和水平也是目的、价值和责任领域中主观和客观的分化过程，而且这种分化过程与逻辑的发生、分化过程是同步的。

鲍德温把个体道德发展划分为以下三个阶段或水平。[②]

（1）客观的或非二元主义阶段。①价值是合目的的。不能确定和辨别一件坏事情对谁来说是坏的，毫无根据地认为，对他人有价值的事物对自己同样有价值；或自己对某事物所做的评价也应该是他人对该事物的评价。②价值是投射的。不能理解一事物的价值乃是针对达到某一目的而言的（其价值是相当不确定的），或者说它之所以有价值乃是因为它表达了一种目的。一个行动的价值依赖于它产生的结果以及与其他被评价行为不相干的感觉的相似性；一般不能区分善、正当和善与正当的其他意义。③责任被认为是以客观的或外在的需要为基础的。“责任”或正当的行

---

①② Colby, A., & Kohlberg, L. *The Measurement of Moral Judgment (Vol. 1: Theoretical Foundations and Research Validation)*. Cambridge: Cambridge University Press, 1987, p.336, p.337.

动就是那种自己“不得不做”或在外在强制力量、权威和约束力强迫下采取的行动。

（2）二元主义的、谨慎的或理智的阶段。①价值是相对的。对正当和善的判断与自身利益有关，判断可以看作各种利益冲突的争斗。②价值是工具性的和以需要为基础的。一个客体或行动的价值视这种行动或客体与特定情境中的实际需要或目的的关系而定。③“责任”被理解为一种假言命令。对行为的指导不是借助于强迫性命令或外在压力，而是劝告且要根据行为者的需要或动机进行。

（3）伦理的或理想的阶段。①价值是公共的或共有的。自己对特定事物赋予的道德价值任何人都能赋予。同时，公众所持有的价值也是以自身在特定情境中的合理观点为基础的价值。这种价值并非通过民意测验得来的价值，而是当我们自己承担社会中“有理性的人”的角色时所理解的价值或我们认为社会应该具有的价值。②价值是理想的或客观的。不是根据自己已经有的，而是应该有的理想、欲望来评价事物。人们应对客体或事物以某种特定的方式进行评价，价值需要判断和鉴别的功夫。③责任被认为是以内在强制、道德的需要或良心为基础的，行动以一种道德的绝对命令的形式进行，这种绝对命令源于人们普遍认为是正确的观念，如“我应该或必须这样行动，因为这是正当的，因为我知道或感到它将是正当的”。

由上可见，鲍德温对伦理阶段或水平的划分与皮亚杰和柯尔伯格的道德发展的阶段的相似性不是纯形式上的。道德责任从理解为外在的强制到满足行为主体的需要再到绝对命令的发展过程，实质上体现了行为主体自主性逐步提高，亦即行为主体逐步摆脱外在强制转而受内在良心强制的过程。所以，无怪乎柯尔伯格反复强调他不仅从鲍德温那里接受了发展阶段的概念，并在道德发展的三个主要水平内划分阶段，而且接受了他和康德的形式主义的道德理想，接受了他关于他律—自律乃是一个发展过程的观点，并形成了柯尔伯格在他律和自律问题上的第一个一般性假设。

柯尔伯格的道德教育理论不仅仅受上述理论的影响，而且接受了罗尔斯、哈贝马斯、麦独孤、哈尔等人的思想。在谈到罗尔斯的影响时，柯尔伯格曾指出："我和罗尔斯的理论来自相同的根源，即康德道德哲学上的形式理论和皮亚杰心理学上的形式理论。我们的理论得到了对数以百计的被试进行道德判断研究的实证材料的支持，而罗尔斯的理论除了哲学的反省没有任何证据，这种对应正好坚定了我们把罗尔斯的理论作为对道德判断的一种解释。""作为一种解释的结构模式，罗尔斯的理论确实成功地描述了任何文化中所有人类在考虑道德判断时所使用的方法和实质性的原则。"[①]关于哈尔对他的影响，他说："在我的博士论文中，最初形成了我的道德发展理论。哈尔的《道德的语言》对我的影

① Kohlberg, L. *The Philosophy of Moral Development: Moral Stages and the Idea of Justice*. San Francisco: Harper and Row, 1981, p.192.

响至深。”[①]总的来说，柯尔伯格的道德教育的认知发展理论的来源是丰富的，而且正是这众多的理论来源使得柯尔伯格的理论更加充实，并引发了人们更多的争论。

三、对传统和现代道德教育理论的批判

如果说，美国20世纪50—60年代的社会状况为柯尔伯格理论的产生提供了适宜的社会条件，苏格拉底、杜威、皮亚杰等人为柯尔伯格理论的发展提供了理论的养料，那么，美国20世纪上半叶所流行的各种“传统的”“现代的”道德教育理论则为柯尔伯格提供了一个教育上不得不正视的背景。从某种意义上讲，柯尔伯格正是从对这些理论的分析、批判中开始着手其道德教育策略的建构的。

柯尔伯格的矛头首先指向传统的“品格教育”。美国著名道德哲学家弗兰克纳在谈到传统教育时指出：“根据传统的观点，各种道德规则或价值以及由此而来的品性应当通过教育而非法律的手段灌输给个人。这些教育手段，不仅诉诸说理，而且求助于形成习惯、运用奖励、采用规劝、树立榜样和问答式教学等各种形式的灌输。”[②]20世纪20—30年代，这种传统的道德教育方法

---

① Kohlberg, L. *The Philosophy of Moral Development: The Nature and Validity of Moral Stages*. San Francisco: Harper and Row, 1984, p.278.

② Deighton, Lee C. (Ed.) *The Encyclopedia of Education* (*Vol. 6*). New York: Macmillan Company & The Free Press, 1971, p.394.

仍左右着美国的公众以及教育理论和实际工作者。柯尔伯格曾经对这种教育状况做过如下描述："总的来说，50 年前的美国教育领域，对品格发展的思考通常强调教授那些由权威实施的习俗的美德、规则、行为方式和信念等传统的观念。20 年代品格教育的指南是以道德品格就是一个'美德袋'（a bag of virtues）这一概念为基础的。这一'美德袋'是由诸如诚实、责任、友谊、服务以及其他一些价值等一系列人们普遍赞同的品格组成的。这些美德通过说教，给予实践的机会，对行为予以奖赏，从而教给儿童。"[①]然而，这种教育在 20—30 年代受到来自教育学和心理学领域的严峻挑战。在教育学上，对传统教育首先发起冲击的是进步主义教育家杜威，他反对学校进行直接的道德教学，试图通过学校的所有机关、媒介和生活对儿童进行更广泛的道德教育影响；[②]在心理学上，哈特肖恩（Hugh Hartshorne）和梅（Mark A. May）的"品格教育研究"（character education inquiry）第一次得出了比杜威的观点更为悲观的结论："传统的说教式的道德教学对通常所设想的道德品格没有什么影响"，"传统的道德教育课是无效的"，"没有教出来的道德品格或良心这回事"。[③]从分析哈特肖恩

---

① Lesser, Gerald S. (Ed.) *Psychology and Educational Practice*. Glenview, Ill.: Scott, Foremen, 1971, p.412.

② Dewey, J. *Moral Principles in Education*. Carbondale: Southern Illinois University Press, 1975, p.4.

③ Deighton, Lee C. (Ed.) *The Encyclopedia of Education (Vol. 6)*. New York: Macmillan Company & The Free Press, 1971, p.399.

和梅的研究结论出发，柯尔伯格指出，传统的品格教育中，“诚实及其他美德之类的术语……并不能反映儿童或成人借以组织他们自己的道德决定和行动的根本的心理结构”[①]。即使有确定的教育内容，其方法也不过是过去的遗产和常识性的经验的混合，缺乏科学尤其是心理学的基础。

对哈特肖恩和梅的研究结论做出另一种解释的是精神分析派和新精神分析派的人格理论。这种理论认为，学校的道德教学之所以是无效的，是因为儿童的道德品格在父母早期影响下在家庭中已经形成了。道德品格不是一种固定不变的美德，不是以道德价值为核心的教育经验的反映，而是人格中情绪力量的深刻反映。这种理论主张教育的目的不是在学校进行道德的教学，而是保证儿童心理的健康成长。为此，学校、家庭、社会应创造条件满足儿童的需要。大凡成熟论者如格塞尔、霍尔、尼尔（A. S. Neill）等大都对学校道德教育持消极、悲观的观点。

对于这些观点，柯尔伯格指出，一方面，研究证明，尽管家庭的影响是重要的，但是它对儿童道德发展的积极的影响作用首先归因于同辈团体、学校和更广泛的社会生活所提供的角色承担的机会。在以色列所进行的一项研究证明，在没有家庭影响的情况下，同伴团体和学校在促进儿童道德发展过程中仍有很大作用。把一些贫穷儿童放在犹太人居住区，在一个时期内，他们几

① Lesser, Gerald S. (Ed.) *Psychology and Educational Practice*. Glenview, Ill.: Scott, Foremen, 1971, p.422.

乎没有同父母直接联系，但研究结果显示，这些儿童的道德仍有迅速的发展。[①]所以，家庭影响是重要的，但并不是唯一的甚或是十分重要的影响因素。另一方面，柯尔伯格认为，诸如霍尔、尼尔等成熟论者，乃是建立在成熟论对儿童发展的错误理解的基础上的，而且是一种极端相对主义的观点。所以，柯尔伯格指出："事实上，传统学校道德教育的失败并非学校无力影响儿童的品格，而是美国传统的品格教育的概念不适当……许多证据表明，当学校采用一种非传统的品格教育概念时，学校就能对道德发展产生积极的影响。"[②]

柯尔伯格在批判传统教育的同时，对当时在美国流行的"价值澄清法"也提出了质疑。如前所述，价值澄清理论基于对经验和"人性"的看法，提出了自己的价值教育理论。这一理论认为，价值源于个人的经验并随着经验的不同而有所不同。价值既然来自于经验，便都是相对的、个人的，因而也是不能强加给另一个人的。但是，人的本性决定了人们有能力解决自己面临的价值问题，能够掌握和学会选择、澄清价值的技巧和方法。柯尔伯格认为，这种方法是"道德教育中一个有用的组成部分"，而且在教学技巧上的确有吸引人的地方；然而，"把道德教育限于价

① Kohlberg, L. A Cognitive-Developmental Approach to Moral Education. *Humanist*, Vol. 32, No. 6, November/December, 1972.

② Deighton, Lee C. (Ed.) *The Encyclopedia of Education (Vol. 6)*. New York: Macmillan Company & The Free Press, 1971, pp.401–402.

值澄清并不是解决道德教育问题的一个合适的方法”[①]。这种方法的局限，不仅在于它不能解决道德教育问题，而且因为它严格限于澄清各种价值从而实际上是在教伦理相对论是正确的这一信条，也就是说，这一理论的根本问题在于它的价值相对论。而“接受所有价值都是相对的这一思想在逻辑上必然导致教师不应该教授任何特殊的道德价值这一结论”[②]。在实践中，这种教学势必导致学生价值的混乱，因为任何学生都可以为自己“独特的”价值观进行辩护。

在对各种道德发展和道德教育理论批判的基础上，柯尔伯格提出了他的“道德教育的认知—发展方法”。这种方法认定，存在着在文化上具有普遍性的基本的道德价值，而且这些基本的道德价值表现为一个有阶段的连续发展的过程。道德教育就是教授这些基本的人类价值，以促进儿童道德的发展。

柯尔伯格指出，他们的研究所得出的结论与伦理相对论是完全对立的。[③]

（1）人们经常做出不同的决定，但也有相同的基本的道德价值。

（2）价值是随着人们社会经验的增加从自己内部产生的。

（3）在世界上的每一种文化和亚文化中都可以发现相同的基本的道德价值和相同的趋向道德成熟的步骤，尽管社会环境直接

①②③ Lesser, Gerald S. (Ed.) *Psychology and Educational Practice*. Glenview, Ill.: Scott, Foremen, 1971, p.420, p.419, p.430.

产生不同的特别的信念（如吸烟不好，吃猪肉是错误的），但并不产生不同的基本的道德原则（如考虑别人的利益，平等地对待他人等）。

（4）即使基本的价值不同，那也主要是因为人们在思考基本的道德和社会问题以及概念上所处的成熟水平不同。如果接触比自己具有更成熟道德思维水平的人，则会有助于促使自己的价值趋向成熟。然而，人们是有选择地对他人做出反应的，并非自发地吸取年长者或对人们来说是重要的权威的价值。

柯尔伯格指出，人类基本的道德价值不仅在每一种文化中都适用，而且在不同的文化中其发展阶段也是相同的，都必须经过三个水平和六个阶段的发展。这些水平和阶段如下。①

Ⅰ. 前道德水平

阶段一：以服从和惩罚为定向。

阶段二：朴素的工具享乐主义。

Ⅱ. 习俗的角色服从的道德水平

阶段三：维持良好人际关系、受别人称赞的好孩子道德。

阶段四：维持权威的道德。

Ⅲ. 自我接受道德原则的道德水平

阶段五：服从契约、个人权利以及民主接受法律的道德。

阶段六：个人良心原则的道德。

---

① Lesser, Gerald S. Lesser (Ed.) *Psychology and Educational Practice*. Glenview, Ill.: Scott, Foremen, 1971, p.489.

柯尔伯格指出，所有这些阶段组成了一种恒定不变的发展秩序，既不会后退也不会跳跃。儿童道德的发展尽管可早可晚，但只要发展，就必然要经过这些阶段。而且，既然儿童道德的发展是一个循序的自然发展的过程，那么，“刺激所有儿童向上发展，如果可能，直至达到阶段六乃是一个正当的、合理的教育目的”①。然而，“对这种发展的促进不是灌输，而是促进儿童以一种自然的顺序向前发展”②。

这样，柯尔伯格适应20世纪50—60年代美国社会的需要，在积极合理地吸取前人道德哲学和道德心理学思想成果的基础上，根据自己对道德发展的研究结果，提出了一整套完全不同于传统和现代其他各种道德教育的理论和方法。

第二节　柯尔伯格论道德教育的理论和实践

一、关于道德发展的心理学和道德教育哲学

（一）个人和社会

柯尔伯格关于道德领域中个人和社会的关系的看法可以通过他对道德发展机制的阐释、对道德发展模型的修正以及整个教育思想的转向三个方面来加以论述。

在1972年与梅耶（R. Mayer）合写的《发展即是教育的目

---

①② Lesser, Gerald S. (Ed.) *Psychology and Educational Practice*. Glenview, Ill.: Scott, Foremen, 1971, p.440, p.439.

的》一文中，柯尔伯格分析了西方三个主要的教育思想传统：浪漫主义、文化传递主义和进步主义。浪漫主义教育思想源于卢梭，后经弗洛伊德、格塞尔、霍尔、尼尔等人得以发展。浪漫主义者认为，道德发展中最重要的方面是来自儿童内部的东西，教育的环境应保证儿童内在的善得以展开，内在的恶得以抑制。因此，反对约束和强迫，主张让儿童自由发展。文化传递主义以洛克、桑代克（E. L. Thorndike）、斯金纳为代表，认为人的一切行为无不是一定文化的产物，无不是通过一定的联结形式获得的，教育的主要任务在于把文化传统中的知识、规则和价值体系传递给儿童。道德教育的目的在于保证儿童顺应这些文化规则和价值体系。柯尔伯格认为："与以儿童为中心的浪漫派相对立，文化传递主义是以社会为中心的，他把教育的目的界定为特定文化价值和知识的内化"。① "作为一种教育理想，进步主义认为，教育应该促进儿童与发展着的社会或环境的自然的相互作用。" ②柯尔伯格进一步指出，他是杜威进步主义的后继者。在他看来："道德发展源自社会情境中的社会性相互作用。道德既不是业已建立的文化价值的内化，也不是自然本能和情感的展开。" ③道德教育的目的在于通过激发儿童的思维，促进道德的发展。显然，在柯尔伯格的框架中，道德既不是个体的自我经验，也不是文化价值的单纯反映，道德的意义有赖于人与环境的互动或对话，所以，

①②③ Kohlberg, L., & Mayer, R. Development as the Aim of Education. *Harvard Educational Review*, Vol. 42, No. 4, December, 1972.

在个人和社会的关系问题上，柯尔伯格坚持的是一种整合的道德观点，承认个人和社会的相互关联。在这一点上，柯尔伯格确实接受了杜威的观点，即认为在个人和社会之间所做的任何二元论的区分都是毫无意义的，因而是错误的。例如，在柯尔伯格看来，作为关心他人、尊重他人生命和权利的“公正”就意味着，人的个体存在与其所生存的社会环境是密不可分的，对他人的关心既不是一种符号式的象征、一种心理机能，也不是文化的简单复制品，而是人类道德情境的一个基本特征。人之为人，人之有道德，就在于他和他人发生各种关系。

然而，对个人和社会的关系的看法，柯尔伯格也确实经历了一个发展的过程。在其理论发展的早期，柯尔伯格虽然反复强调个人和社会的互动在道德发展中的作用，但侧重点在个人，更重视个人的发展，而且似乎认为这种发展是独立于社会的。他指出：“一种可供选择的观点是学校教育的目的应是促进人的发展，这一目的无论从科学上还是从实践上都是一个切实可行的概念。”①而在人的发展上，又更注重个体内部的发展。在道德教育上，反对具体文化规则的传递和社会道德价值的教授，主张道德教育应是原则化的教育，应促进原则化水平的发展。而这种原则化水平的道德在柯氏看来，是独立于社会和环境的。“公正的原则不仅是公民社会中解决冲突的社会契约，而且反映了人性、自

① Kohlberg, L., & Mayer, R. Development as the Aim of Education. *Harvard Educational Review*, Vol. 42, No. 4, December, 1972.

然或宇宙的固有秩序。”[①]在另一场合，他又指出：“旨在提高人格素质的阶段六的道德原则乃是永恒的自然法则，因此，它们是普遍的人性发展的结果。”[②]显然，公正本身即是一种实在，它独立于具体的文化和社会，独立于有机体和环境的互动。人与环境的相互作用对揭示公正的事实是必要的，但它不能创造公正的原则，“道德原则乃是儿童自己道德经验的理性组织”[③]，是人精神的各个部分的相互关系。所以，有人认为：“柯尔伯格的道德原则不是人与社会互动的结果，而是人心灵上的一种义务。”[④]

从 20 世纪 70 年代后期开始，柯尔伯格在个人和社会关系问题上的看法开始转向。这种转向一方面表现在他对道德发展模型的修正，在修正后的道德发展模型中，柯尔伯格增加了对每一阶段的社会观点的说明，表明他开始以社会观的发展为轴心来评定发展的等级；另一方面表现在他更加重视第四阶段的道德——习俗的道德。柯尔伯格在谈到这种转变时指出，在 60 年代，由于反战高潮和各种公民权利运动，“在美国大地上风行的是追求公

①② Kohlberg, L. *The Philosophy of Moral Development: Moral Stages and the Idea of Justice*. San Francisco: Harper and Row, 1981, p.318, p.319.

③ Kohlberg, L. A Cognitive-Developmental Approach to Moral Education. *Humanist*, Vol. 32, No. 6, November/December, 1972.

④ Sullivan, Edmund V. *Kohlberg's Structuralism: A Critical Appraisal*. Toronto: Ontario Institute for Studies in Education, 1977, p.8.

正和关心，所谓第六阶段即普遍原则化道德。”[①]70年代中期水门事件以后，人们的注意力开始转向“杰斐逊和美国国父们第五阶段的道德，第五阶段是一种社会契约和人类权利的道德，正是这种道德产生了‘独立宣言’和‘宪法’”，研究证明，事实上，当时“也只有少数成人大学生达到了阶段五”[②]。至80年代初则发现，即使维持和鼓励阶段四的习俗道德都已经相当困难，所以，进一步退至“把阶段四的目的作为公立教育的目的”[③]。从阶段六的原则化道德向阶段四的习俗道德的转化说明柯尔伯格开始更多地考虑道德的特定的社会性质，开始考虑社会环境对个体道德的影响乃至决定作用。也正是这种转变，使得他后来的道德教育观点更加接近涂尔干的道德教育的社会学理论，[④]并为在学校具体实施“公正团体法”提供了理论指导。

附：柯尔伯格道德判断的六个阶段[⑤]

水平I：前习俗水平。

阶段一：惩罚与服从阶段。

内容：所谓正确的，就是绝对服从规则和权威，避免惩罚，

---

①②③ Munsey, B. (Ed.) *Moral Development, Moral Education, and Kohlberg: Basic Issues in Philosophy, Psychology, Religion, and Education*. Birmingham, Ala.: Religious Education Press, 1980, p.456, p.456, p.459.

④ Damon, W. (Ed.) *New Direction for Child Development (Vol. 2: Moral Education)*. San Francisco: Jossey–Bass, 1978, p.85.

⑤ Kohlberg, L. *The Philosophy of Moral Development: Moral Stages and the Idea of Justice*. San Francisco: Harper and Row, 1981, pp.409–412.

不造成物质损害。

（1）正确的，就是不违反规则，为服从而服从，不对人和物造成损害。

（2）正当行动的理由是避免惩罚和权威的强力。

社会观点：本阶段采纳的是自我中心的观点。处于这一阶段的个体不考虑他人利益或不能认识他人利益与行为者利益之间的区别，更不能把这两种观点联系起来。对行为的判断是依据物质后果而不是依据他人的心理兴趣做出的。把自己的观点与权威观点相混淆。

阶段二：个人的工具主义目的与交换阶段。

内容：所谓对的，就是能满足自己或他人的需要，按具体交换原则做公平交易。

（1）所谓对的，就是遵守会给某人带来即时利益的规则。一切能满足自己利益和需要的行动就是对的，并且也允许别人这样做。对的也就是公平的，就是一种平等的交易、交换和协定。

（2）正当行动的理由是在能满足自己的需要或利益的情况下，还必须承认别人也有自己的利益。

社会观点：本阶段采纳的是一种具体的个人主义观点。处在这一阶段的个体能把自己的利益和观点同权威的以及别人的利益和观点区别开来。他（她）能意识到每个人都有自己追求的各种利益，而且这些利益是冲突的，所以，正确是相对的（在具体的个人意义上）。个人通过工具主义地交换服务，通过对他人和他人的善意的工具主义需要，或通过给予每个人的等量的公平，把彼此之间相互冲突的个人利益整合或联系起来。

水平Ⅱ：习俗水平。

阶段三：相互的人际期望、人际关系与人际协调阶段。

内容：所谓对的，就是扮演一个好的角色、关心别人和他们的感情，对伙伴保持忠诚和信赖，以及遵守规则和期望。

（1）所谓对的，就是遵从亲人的期望，或遵从人们在一般意义上对某人作为儿子、姐妹、朋友等角色的期望。“为善”是至关重要的，意识有良好的动机，关心他人、保持互相交往、维持相互信任、忠诚、尊敬和感激。

（2）正当行为的理由，就是要根据自己和别人的观点“为善”关心别人，因为如果一个人设身处地为别人着想，那他也希望自己得到善报（黄金法则）。

社会观点：本阶段采纳的是一种与其他人发生关系时的个人观点。处在该阶段的个体意识到人共有的情感、协议和期望高于个人的利益。能根据“具体的黄金法则”把各种观点联合起来，设身处地地为别人着想。他不考虑普遍化的“制度”观念。

阶段四：社会制度和良心维持阶段。

内容：所谓对的，就是对社会尽责，恪守社会秩序，维护社会或群体的福利。

（1）所谓对的，就是要履行个人所承担的义务，严格守法，除非出现与其他固定的社会责任及权利相冲突的极端情况。所谓对的，也指对社会、群体或机构做贡献。

（2）正当行动的理由乃在于保持特定的机构作为一个整体继续运转，自尊或良心则指履行个人既定的义务，或考虑这种后果：“假如每个人都这样做，会怎么样？”

社会观点：本阶段能够把社会观点与人与人之间的赞同或动机区别开来。这种人采纳了一种制度观点，并据以确定角色和规则。他（她）是依据在制度中的地位来考虑个人关系的。

水平Ⅱ／Ⅲ：过渡水平（这一水平属于后习俗水平，尚不是原则化的水平）。

过渡水平的内容：在 $4\frac{1}{2}$阶段中，选择是个人的和主观的，是以情绪为基础的。良心被认为同“责任”“道德上的正当”等观念一样是任意的和相对的。

过渡水平的社会观点：这一阶段采纳的社会观点超出了他所在的社会，把自身看成是一个个别的决策者，而不受任何普遍化的社会义务或契约的束缚。这种人能采取和选择那些由特定社会所规定的各种义务，但没有进行这种选择的原则。

水平Ⅲ：后习俗与原则化水平（道德决定来自权利、价值或原则，这些权利、价值、原则是那些组成或创造一个社会的所有个体一致同意，并用以保证公平的和有益的活动的）。

阶段五：至上的权利、社会契约或功利阶段。

内容：所谓对的，就是维护基本权利、价值和合法的社会契约，即使当它们与特定群体的具体规则和法律相冲突时也是如此。

（1）所谓对的，就是认识到这样一种事实：人们持有各种不同的价值和观点，而大多数价值和规则对他所属的群体来说是相对的。但是这些“相对的”规则通常是根据公正的原则而被遵守，因为它们是一种社会契约。而某些非相对的价值和权利，诸如生命和自由，在任何社会中都必须遵守，不管大众的意见怎样。

（2）正当行动的理由，一般说来，是认为有义务遵守法律，因为人们已经缔结了社会契约，人们是为了所有人的善，为了保护自己和他人的权利才制定和遵守法律的。家庭、友谊、信任及工作义务也是在自由协商、尊重别人权利的前提下形成的义务或契约。人们认为，法律和责任是以对人类整体功利："为绝大多数人的最大利益"的理性批判为基础的。

社会观点：这一阶段采取了一种比社会更重要的观点——一种理性的个体所意识到的，比社会依附和契约更重要的权利和价值的观点。人们通过正规的协商、契约、公平的机制和正当的过程来整合各种观点。他（她）既考虑道德观点又考虑法律观点，能认识到它们的冲突，但感到要整合它们仍是困难的。

阶段六：普遍性伦理原则阶段。

内容：这一阶段受那些全人类都应当遵守的普遍伦理原则的指导。

（1）关于什么是对的，阶段六受人类普遍伦理原则的指导。通常特定的法律或社会协议之所以有效，是因为它们以这些原则为基础。当法律与这些原则相悖时，人们按原则行事。这些原则乃是普遍的正义原则：人权平等、尊重作为个体的人类尊严的原则。这些不仅仅是人们普遍承认的价值，而且也是用来做出特殊决定的原则。

（2）正当行动的理由是，作为一个有理性的人，他已经理解了原则的合理性并且要为之献身。

社会观点：这一阶段所采用的观点是社会安排的根源和基础。这种观点是任何有理性的人所采取的观点，它懂得道德的本质，承认尊重他人是目的而不是手段这一基本的道德前提。

（二）理智和行为

理智（判断、推理）和行为的关系问题是柯尔伯格理论中的一个重要问题，也是遭受批评最多的一个问题。柯尔伯格对这一问题的基本看法包括两个方面的内容：一是理智、推理能力在道德发展中的作用，二是理智对行为的影响。

柯尔伯格是从研究儿童的道德判断入手建构其道德教育理论的。因为在柯尔伯格看来，道德判断或道德的认知因素乃是道德及其发展的核心因素。“我之所以把认知作为道德发展的核心，是因为道德的一个显著特征是它包含主体积极的‘判断’。”①这里，“判断”既不是情感和意志状态的表现，也不是具体规则知识的增加，而是指一种特定的认知结构的特殊功能。柯尔伯格的认知假设是：“道德判断在某一特定的阶段上有特定的形式，而且这种形式与相应阶段的理智判断的形式是平行的。就此意义上说，每一个新的道德判断的阶段都要求一种新的前一阶段所没有的逻辑运算。”②虽然在柯尔伯格看来，“人的逻辑推理阶段和他的道德判断阶段有一定的平行关系”，但是，这并不是说道德判断只是智慧水平在道德问题上的简单运用。事实上，柯尔伯格认

---

①② Kohlberg, L. *The Philosophy of Moral Development: Moral Stages and the Idea of Justice*. San Francisco: Harper and Row, 1981, p.136, p.136.

为，道德发展有自己的发展顺序而不只是认知发展的简单反映。一个儿童直到青少年时期都被剥夺社会和道德的刺激，仍可能发展出形式运算的能力，但是他要在道德上达到原则化水平，就必须经过道德发展的各个阶段，而不可能从一开始就把这种形式运算能力直接应用于道德问题的解决。柯尔伯格认为："逻辑阶段是先于道德阶段的……换言之，一个人可能处在某一逻辑发展阶段，但未必有与之平行的道德阶段。但是，他一旦发展到一定的道德阶段，就必定已经发展了与之平行的逻辑阶段。"[①]这就是说，理智或逻辑思维能力的发展虽然不是道德发展的充分条件，但却是必要条件。并非所有处于某一认知阶段的儿童都必然具有平行的道德阶段，但处于一定道德阶段的儿童则必定是具有相应认知或逻辑发展阶段的。

上述结论得到了一系列实证研究的证实。

（1）几乎所有（93%）的年龄5—7岁的儿童，能通过第二个道德推理阶段项目的，也都能通过相应的逻辑可逆性项目；但是，许多（52%）通过逻辑测验项目的儿童却不能通过相应水平的道德项目。[②]

（2）能通过习俗水平（阶段三和阶段四）道德推理项目的

---

① Kohlberg, L. *The Philosophy of Moral Development: Moral Stages and the Idea of Justice*. Harper and Row, 1981, p.138.

② Katz, L. (Ed.) *Current Topics in Early Childhood Education (Vol. 1)*. Norwood, N. J.: Ablex Publishing Corporation, 1977.

9—11 岁儿童，很少（16%）不能通过认知角色承担测验中的可逆性运算项目；有些儿童（25%）虽然能通过角色测验，但没有达到习俗道德水平。①

（3）所有处在第五、第六道德推理阶段的青少年和成人，都能在英海尔德（B. Inhelder）和皮亚杰设计的钟摆及有关项目的测验中，达到形式运算的水平；但许多能通过这些测验的青少年却不能表现出阶段五和阶段六的道德。②

据此，柯尔伯格指出："要做出成熟的道德推理，必须有成熟的认知能力，但是也可能在认知上表现突出，却不能达到成熟的道德推理。"③另外，有关智商和道德判断的相关研究也支持了这一结论。④除了"一般智力发展对道德判断发展的影响"以外，"还有许多通常被当作社会学科课程组成部分的社会概念的发展，也与道德判断的发展有关"⑤。事实上，"道德发展就是不断增长着的认识社会现实或组织和整合社会经验的那种能力的结果"⑥。

---

① Selman, Robert L. The Relation of Role Taking to the Development of Moral Judgment in Children. *Child Development*, Vol. 42, No. 1, March, 1971.

② Kuhn, D., et al. The Development of Formal Operations in Logical and Moral Judgment. *Genetic Psychology Monographs*, Vol. 95, No. 1, February, 1977.

③④ Kohlberg, L. *The Philosophy of Moral Development: Moral Stages and the Idea of Justice*. San Francisco: Harper and Row, 1981, p.138, p.138.

⑤ 瞿葆奎主编，雷尧珠、王佩雄选编：《教育学文集·教育与人的发展》，人民教育出版社 1989 年版，第 716 页。

⑥ Kohlberg, L., & Mayer, R. Development as the Aim of Education. *Harvard Educational Review*, Vol. 42, No. 4, December, 1972.

总之，柯尔伯格认为，成熟的道德推理要求有成熟的逻辑推理和认知能力，一个人认知或理智发展的程度决定了他在道德上可能达到的限度。认知的道德发展意义决定了道德教育主要是一种认知的教育，它一方面要求把道德判断或认知能力的发展作为道德教育的根本目的，另一方面要求通过学科和学校活动帮助学生获得学术的和社会的知识以促进其道德的发展。

柯尔伯格对认知的推崇遭到了来自哲学、心理学和教育实践领域的批评。在哲学上，人们认为，亚里士多德把道德分成理智的道德和习惯的道德，而柯尔伯格忽视了后者。英国教育哲学家彼得斯就曾指出，习惯乃是道德教育中的一个合理概念，它不能为理智所替代，与理智也不矛盾。事实上，习惯乃是反省道德发展中必不可少的重要的一环。[①]心理学家们则认为，道德行为乃是行为倾向和儿童互动的结果，而不能仅仅通过认知过程加以说明甚或取代，如奥古斯托·布莱西（Augusto Blasi）指出："每个人身上都有许多种习惯、行为特征或普遍化的行为倾向，这些行为倾向导致了形形色色的具体行为，如分享、助人、合作、同情等。"[②]来自教育实践的批评则主要集中在：在实践中，人的良好的反省思维和成熟的道德推理并没有导致更多更好的行为，具有

---

① Peters, R. S. *Moral Development and Moral Education*. London: George Allen & Unwin, 1981, pp.95–104.

② Blasi, A. Bridging Moral Cognition and Moral Action: A Critical Review of the Literature. *Psychological Bulletin*, Vol. 88, No. 1, July, 1980.

更高智慧的人们和社会似乎并不必然有更好的道德。因此，教育关心的问题应该主要是如何使儿童更好地行动而不是更好地推理。

对于这些批评，柯尔伯格一方面为他的早期观点辩护，另一方面根据这些批评对早期过分重视认知而忽视行为的倾向进行修正。柯尔伯格始终坚持他从认知出发研究道德和道德教育的合理性。他指出，之所以不把行为作为道德研究的核心，是因为行为尤其是传统道德教育训练出的行为并不是“有效的道德教育的合理标准”①，因为，“有证据表明，在学校环境中直接的行为变化并不必然与以后生活中的道德行为有关”②，“儿童道德成熟的标志，是他做出道德判断和提出自己的道德原则的能力，而不是遵从他周围的成年人的道德判断的能力”③。而且，柯尔伯格也强调他并没有完全忽视道德行为的问题，因为，一种合理的道德教育计划即使不是以行为为中心也绝不可能是不包括行为的。在他所致力的道德发展和道德教育研究中，一直在努力证明“一个人如何思维与他如何行为是相互联系的”这一命题。他指出：“做出真正的道德判断的纯粹能力只是道德品质的一部分，道德品质还包括把这种判断能力运用于实际指导和行为批判的能力。因此，除了促进一般的道德判断能力外，一种发展性的道德教育目的还要促使儿童把他自己的道德判断（不是教师的道德判断）见之于

---

①② Lesser, Gerald S. (Ed.) *Psychology and Educational Practice*. Glenview, Ill.: Scott, Foremen, 1971, p.457, p.456.

③ 瞿葆奎主编，雷尧珠、王佩雄选编：《教育学文集·教育与人的发展》，人民教育出版社 1989 年版，第 721 页。

行动。”[①]而要使儿童的道德思维和推理付诸行动，还是要求助于推理和判断能力的发展。因为“道德发展处于较高阶段的个人不仅能较好地推理，而且能根据他们的判断行事。实验表明，处在原则化道德水平的人比处在较低阶段的人更诚实；同后者相比，他们在遇到矛盾或面对权威时更能坚持自己的信念”[②]。由于道德判断的发展对人的道德行为有较高的预示作用，因此，把道德教育的目的定为促进道德判断的发展实质上已经包含着发展道德行为的意味。这就是柯尔伯格对认知、行为和道德教育之间关系思考的基本逻辑。从这里我们可以看出，虽然不能说柯尔伯格忽视甚至否认了道德行为，但是在柯氏的理论框架中，相对于认知来说，行为显然是次要的、从属的。而且，即使是这种行为，在柯尔伯格的思想中，也只是从实验数据中所做的简单的推演，并未给予理论上的说明。

柯尔伯格后来承认自己对行为尤其是特殊行为并未给予足够的重视，因此，在尔后对理论和实践的修正时着重强调特殊行为的培养。这又具体表现在两个方面：一是更重视真实的而不是假设的道德两难问题的讨论；二是开始重视通过学校环境和学校活动帮助儿童实际地学会如何做，并在实际生活中运用道德思维。

---

① 瞿葆奎主编，雷尧珠、王佩雄选编：《教育学文集·教育与人的发展》，人民教育出版社 1989 年版，第 726 页。

② Lesser, Gerald S. (Ed.) *Psychology and Educational Practice*. Glenview, Ill.: Scott, Foremen, 1971, p.414.

在这两个方面，柯尔伯格都强调，学校的教育活动既要发展推理的过程和结构，又要教授具体的内容；既要发展道德判断的能力，又要培养道德的行为，并在学校的实际生活中把这两者结合起来。从重视道德判断能力的发展到开始重视道德行为的培养，反映了柯尔伯格整个教育思想的变化，构成了其整个教育思想变化的一个组成部分。

（三）他律和自律

他律和自律是柯尔伯格道德发展和道德教育理论中的一对重要范畴，甚至可以说是柯尔伯格在有生之年始终都在努力研究并试图做出适切解释的一对范畴。

在柯尔伯格刚涉足道德发展领域时，自律就是他关注的中心。1958 年，柯尔伯格完成的博士论文《10—16 岁儿童道德自律的发展》就是以皮亚杰对道德类型——他律和自律的划分为基础，对青少年道德自律问题所做的最初的探讨。通过这一研究，柯尔伯格一方面肯定了皮亚杰的成绩，同时也指出了他的不足，提出了一种新的道德发展模型——道德发展的六阶段理论，作为对皮亚杰发展理论的发展和完善。在研究中，柯尔伯格逐渐发现自己的道德发展类型与康德和鲍德温的发展理论有异曲同工之妙，遂进一步“利用鲍德温和康德的研究来说明道德判断的自律形式”①。从 20 世纪 60 年代初到 70 年代初，柯尔伯格和

① Colby, A., & Kohlberg, L. *The Measurement of Moral Judgment (Vol. 1: Theoretical Foundations and Research Validation)*. Cambridge: Cambridge University Press, 1987, p.315.

他的同事致力于对发展阶段顺序的解释和说明，并把自律作为研究的一项重要内容。至1976年，柯尔伯格对自律问题的研究取得了突破性进展。他和他的同事开始关心能否在道德推理的每一个阶段内部界定自律的道德判断。这一想法使他在宏观研究自律阶段性发展的基础上，开始进一步在阶段内部对自律道德进行微观研究。此项研究使柯尔伯格最终提出了其道德发展的“亚阶段方法”（substage approach）。①他认为，每一个发展阶段都可能包括两个独立的亚阶段：他律的“类型A”亚阶段和自律的“类型B”亚阶段。每个阶段中的两个亚阶段又可根据规范的秩序、功利的结果、公正或平等以及理想自我或尽善尽美四种道德定向来确定。对道德自律的亚阶段研究进行了七年，但由于亚阶段理论的假设没有得到用因素分析方法评估得来的实验结果的证实而宣告失败。柯尔伯格开始转向用理想类型法解释他律道德和自律道德。②这种方法包括两个部分：一部分是界定道德他律和道德自律的标准，另一部分是实验中所使用的记分方法。这里只就第一部分内容加以简要叙述。

柯尔伯格指出，用来区分自律和他律的标准有如下九个：自由、相互尊重、可逆性、建构主义、等级性、内在性、规定性、

---

①② Colby, A., & Kohlberg, L. *The Measurement of Moral Judgment (Vol. 1: Theoretical Foundations and Research Validation*). Cambridge: Cambridge University Press, 1987, p.322, p.326.

普遍性、选择。[①]

（1）自由。自律的道德判断不需要借助外在准则的威慑，如权威、传统或法律来使之正当或有效，他律道德判断的正当性和有效性受制于外在准则。

（2）相互尊重。自律的道德判断反映了在达成公正、平等的道德决定过程中，主体对平等合作之重要性的认识，相互尊重还要求一个人要像他希望别人对待他那样对待别人，他律道德判断表现为对权威、法律、传统、权力等单方面的尊重。

（3）可逆性。自律的道德判断是可逆的、平衡的，因为它明显包含了相互的和互惠的角色承担的形式。因此，在特定情境中，所有的人都要互相考虑对方的利益、观点和要求，以便公正地达成解决问题的方法。他律的道德判断则不会包含如此明显的角色承担，而是倾向于仅从一个观点考虑特定的道德问题。

（4）建构主义。自律的道德判断反映了这样一种意识，即用以指导和约束道德决定的规则和法律是人们通过思维在以平等合作为基础的社会群体中积极创造的。所以，懂得规则和法律是可变的，而且能够根据特定的情境和环境加以调整的。他律的道德判断则认为规则和法律是神圣的、严格的、不可变更的。

（5）等级性。自律的道德判断反映了一种明确的价值等级，在解决道德两难问题时，更多的是出于主体道德价值和规定的义

① Colby, A., & Kohlberg, L. *The Measurement of Moral Judgment (Vol. 1: Theoretical Foundations and Research Validation)*. Cambridge: Cambridge University Press, 1987, p.349.

务的考虑，而不是实用主义的、描述的、后果主义的或美学的考虑。而他律的道德判断不能反映明确的道德等级，对道德两难问题的回答主要基于非道德的和实用主义的考虑。

（6）内在性。自律的道德判断是基于一种从根本上把人本身作为目的的价值观，它系于对道德人格、人的自主和人的尊严的尊重。他律的道德判断则是基于一种对人的较实用和工具性的观点。因此，他律的道德判断比自律的道德判断更易于把人作为达到另外一个目的的手段。

（7）规定性。自律的道德判断反映了这样一种道德责任观，即认为道德责任规定着一套道德义务和行为，而不管行为者的主观倾向和各种各样实用的考虑，道德责任是以内在冲动、道德需要或良心为基础的。他律的道德判断则反映了一种工具性的或假设的道德责任观。

（8）普遍性。自律的道德判断具有普遍性和一般性，因此可以应用于相同的或类似情境中的每一个人，他律的道德判断不具有明显的普遍性和一般性。

（9）选择。在回答具体的道德两难问题时，做出自律道德判断的个体比做出他律道德判断的个体更能从后习俗道德判断阶段的观点选择被正常认为是公正和合理的答案，并能证明这种答案的正当性。

柯尔伯格进一步指出："每一个体所做的道德判断都能在一定程度上归到我们所划定的两种类型中的一种类型中去。但是，任何人的道德判断都不可能完全是他律或完全是自律的。不过，我们可以根据哪一类型（自律或他律）占优势来确定个体判断的特征。”[①]

根据上述九个标准，并运用自己设计的评分系统，柯尔伯格对这一理想类型进行了大量实验研究，证实了来自皮亚杰的三个一般性假设，或他律—自律道德的一般性特点或规律：道德自律是一个发展的过程，是一个有年龄特征的单向性发展过程，随着年龄的增长，儿童更可能做出自律的道德判断，道德推理发展的阶段和道德类型的阶段是相互平行的；社会文化环境和社会关系影响道德判断的类型；道德判断的类型与行为的自觉程度有关。

就道德发展研究的历史而言，柯尔伯格的道德类型是对皮亚杰等人自律道德发展理论的合理继承和发展。“我们目前的工作是对皮亚杰和鲍德温道德发展理论的精确化。”[②]“皮亚杰、鲍德温和康德关于道德自律的研究为我们规定这些标准提供了理论的支持和基础。”[③]柯尔伯格从皮亚杰那里不仅接受了他律—自律发展的三个一般假设，而且接受了自由、相互尊重、可逆性和建构主义四个判断标准；从鲍德温和康德那里则主要接受了发展阶段的理论和等级性、内在性、规定性以及普遍性四个标准。

无疑，康德、涂尔干、皮亚杰等人都提出并论证过他律和自律发展的问题，柯尔伯格的自律发展理论显然也是对这些已有成果的继承。然而，除了与这些先前的理论在某些方面所达成的共

①②③ Colby, A., & Kohlberg, L. *The Measurement of Moral Judgment (Vol. 1: Theoretical Foundations and Research Validation)*. Cambridge: Cambridge University Press, 1987, p.327, p.350, p.348.

识以外，柯尔伯格至少在以下几个方面显示了他的独特性。第一，柯尔伯格的他律和自律发展的理论是以大量的实验研究为实证基础的，它既是对康德、杜威、涂尔干在这一问题上思辨成果的证实，也是对皮亚杰之他律和自律有限界定的扩展。第二，在吸收前人研究成果的基础上，确定了划分他律和自律的标准并创立了一套具体的记分系统，从而使对他律和自律问题的研究更趋精细和全面。在伦理学和道德心理学发展史上，对他律和自律问题做如此综合性探讨者，除柯尔伯格外，尚无第二人。第三，把他律—自律发展理论应用于道德教育的理论和实践，提出以促进道德判断的成熟（这种成熟的标志在于道德判断和道德行为的一致）为指向，以教授公正原则为内容，这正是以促进自律道德的发展为目的的道德教育理论和以民主、合作为特征的学校道德教育实践模式——“公正团体法”的旨趣所在。这种教育的目的符合上述自律道德判断的所有标准，所提出道德教育的实践模式业已被证明是实现上述目的的最切实可行的途径。所以，从这种意义上讲，说他律和自律问题尤其是促进自律道德的发展乃是柯尔伯格整个道德发展和道德教育理论的核心，是他毕生努力的方向，似乎并不过分。

（四）形式和内容

在道德的内容和形式问题上，有人认为，柯尔伯格给人的印象总是一个典型的形式论者。也有人认为，柯尔伯格对内容和形式的看法大致经历了一个由重形式到重内容的转变过程。我们基本上同意后一种观点，但需要指出的是，即使在早期，柯尔伯格也并未忽视道德的内容维度。甚至从某种意义上讲，柯尔伯格可以被看作形式和内容的统一论者。

柯尔伯格反复强调他是从道德的形式而非内容特征来理解道德的。他说："我认为一个适当的标准必须考虑这样一个事实：道德是一个独特的、特殊的领域。如果道德领域是独特的、特殊的，那么，这种独特性就必须根据一般的形式化的标准来界定。所以，我的元伦理学的概念是形式主义的。像自康德以来的义务论道德哲学家们一样，我是根据道德判断、方法或观点的形式特征而不是它的内容来界定道德的。"①柯尔伯格进一步指出："从这种意义上讲，一个人可以把一种道德判断界定为'道德'，而不考虑它的内容（被判断的行为）、不考虑它是否与我们自己的判断或标准相一致。"②在道德教育上，则反对具体内容、特定规则的教授，因为道德判断的阶段性发展和道德原则的掌握较之特定的文化规则具有更大的适切性和普遍性。至此，柯尔伯格对道德的理解显然还是限于形式方面的。然而，正如他最终也没有把个人和社会、理智和行为完全分开一样，在形式和内容的关系问题上，柯尔伯格仍然没有把内容完全排除在形式之外。

柯尔伯格把自己的道德概念看作康德道德论的合理继承，但只要分析一下康德的道德原则，就不难发现，所谓"绝对律令"

---

① Kohlberg, L. *The Philosophy of Moral Development: The Nature and Validity of Moral Stages*. San Francisco: Harper and Row, 1984, p.170.

② Beck, C., Crittenden, B. S., & Sullivan, E. V. (Eds.) *Moral Education: Interdisciplinary Approaches*. Toronto: University of Toronto Press. 1971, p.57.

的形式特征只是这一原则的一个方面的内容，而坚持“把人当作目的”的信念最终使康德把道德落实到经验世界。马克思说康德哲学乃是“法国革命的德国理论”[①]，恰好揭示了康德道德哲学的社会阶级内容。就柯尔伯格本人来说，同康德一样，在极力推崇形式特征的同时，也没有完全否认道德的内容维度，他指出：“我们运用的原则概念，暗指一种‘情境伦理学’，也即是说，它把所有道德义务看作随具体情境下具体个人的利益和要求而定的。”[②]把公正原则作为道德的普遍化原则，事实上也包含了特定的内容特征。因为，“公正”概念本身也是西方社会伦理价值观的反映，并不必然是人类共有的道德结构，而且对公正的理解本身就是受特定文化和社会背景制约的。就个体道德发展看，作为发展普遍原则的“公正”范畴在柯尔伯格的不同阶段也是有不同内容的，各阶段所表现出的“社会观”显然不是由结构或形式本身的特点决定的。虽然柯尔伯格宣称，儿童借以发展的经验不是教授和内化的结果，而是通过有机体和环境的相互作用得来的，事实上，承认结构的发展有赖于有机体与环境的相互作用，已经肯定了内容在结构建构中的重要性。所以，如果说柯尔伯格在内容和形式的关系问题上有什么不足或缺点的话，不是他完全否认内容的存在，而是对内容的重视尚嫌不够，以及颠倒了内容

---

①《列宁全集》(第 38 卷)，人民出版社 1959 年版，第 100 页。

② Beck, C., Crittenden, B. S., & Sullivan, E. V. (Eds.) *Moral Education: Interdisciplinary Approaches*. Toronto: University of Toronto Press. 1971, p.60.

和形式的关系。因为在他看来，形式决定内容，有什么样的道德结构即有什么样的道德观点。在1987年出版的《道德判断的测量》一书中，柯尔伯格曾指出："沿着皮亚杰的研究路线，我们对道德判断的内容和结构或形式进行了区分。所谓结构是指思维的一般组织结构而不是具体的道德信念或观点，这就是说，我们认为，概念不是一个个单独习得或个别使用的，而是由共同的结构特征联结在一起的。我们集中于思维的形式而非内容，是因为形式在儿童内部和儿童之间更能表现发展的规律性和普遍性……如果不事先理解包含或产生一种道德信念的一般世界观或概念框架，我们就无法理解这种特定的道德信念的意义。"[①]无疑，从某种意义上讲，道德判断的结构或形式决定人们的选择方式和行为方式，制约着人们的道德观，因为人的任何行为、道德观点无不是在一定的主观框架下做出的。然而，结构并不是超验的或先验的，结构本身是经验发展到一定阶段的产物，经验或内容决定结构或形式，形式又对内容起制约、限制作用，没有没有形式的内容，也没有没有内容的形式，二者是统一的。柯尔伯格也不得不承认："很清楚，我们的道德原则概念意味着在进行道德分析中最终不能把形式和内容分割开来。"[②]"进行更高形式的道德推理

---

① Colby, A., & Kohlberg, L. *The Measurement of Moral Judgment (Vol. 1: Theoretical Foundations and Research Validation)*. Cambridge：Cambridge University Press, 1987, p.2.

② Beck, C., Crittenden, B. S., & Sullivan, E. V., (Eds.) *Moral Education: Interdisciplinary Approaches*. Toronto: University of Toronto Press. 1971, p.60.

意味着应用更为普遍化的公正的‘内容’。”[①]对道德内容的重视，更确切一点说，道德形式和道德内容的真正统一是在柯尔伯格后期发展起来的新的教育策略——公正团体法的实施中得以实现的。

在道德教育上，柯尔伯格早期极力反对具体规则的教授，而主张道德原则的教学。对此，英国道德哲学家彼得斯曾提出批评。他指出：“在道德教育的方法中有一种抽象的非现实的倾向，这种倾向只重视道德的理性形式的发展而认为它的内容无足轻重，并把它仅仅作为‘美德袋’打发掉（柯尔伯格就是这样干的）。”[②]他进一步指出：“重要的是儿童应该牢固地内化一系列规则，以便使他们懂得根据规则非利己主义地行动是怎么回事。”[③]因为，“很难理解一个人如果不事先了解他们要遵守的规则，他怎么能自发地遵守规则”[④]。而且“内容也会极大地影响原则在社会和个人生活中的运用”[⑤]，“没有这样一种具体的内容，原则就不能发挥作用”[⑥]。所以，彼得斯指出：“无论从社会安全还是自我保护来说，都要求我们必须向年幼儿童教授一套基本的道德准则，当准则内化以后，他就能在没有监督的情况下自觉调节他

① Rorvik, H. Content and Form in Kohlberg's Theory of Moral Development. *Scandinavian Journal of Educational Research*, Vol. 24, No. 3, September, 1980.

②③④⑤⑥ Peters, R. S. *Moral Development and Moral Education*. London: George Allen & Unwin, 1981, pp.156–157, p.178, pp.156–157, p.178, pp.156–157.

自己的行为。”[①]在柯尔伯格的后期著作中，特别是在公正团体的教育实践中，他虽然承认其教育方法已有某种灌输的性质，但对于在教学过程中是否要教授一套具体的规则其态度是暧昧的。

（五）道德原则

“道德原则”是柯尔伯格道德发展和道德教育理论中的一个极端重要的概念。在当代道德教育理论家中，柯尔伯格可能是以道德原则解释道德发展和道德教育最充分、最一以贯之的理论家，也是在这一问题上遭到批评最多的理论家。那么，道德原则在柯尔伯格的理论框架中究竟包括哪些内容，其特点是什么，道德原则与柯尔伯格的道德教育理论又有何关联？

通过对柯尔伯格相关研究资料的分析，可以发现，柯尔伯格至少在两种意义上使用“道德原则”这一概念。第一种意义上的“道德原则”是指一种普遍的选择方式或思维方式，是指导各种选择和行动的标准。从这一意义出发，柯尔伯格对“道德原则”的界定包括：“道德原则是在合理行动之间进行选择所依据的一种准则和方法”，是一种“普遍的一般的选择基础”[②]，或者是“对选择的普遍化的指导”[③]；“一个道德原则是一个普遍的选择

① Peters, R. S. *Moral Development and Moral Education*. London: George Allen & Unwin, 1981, pp.156–157.

②③ Kohlberg, L. (Ed.) *The Philosophy of Moral Development: Moral Stages and the Idea of Justice*. San Francisco: Harper and Row, 1981, p.220, pp.173–174.

方式，是我们希望所有人在所有情境中都采用的一个原则”[①]，而“不是一个具体的文化规则，‘勿通奸’是在一夫一妻制社会中针对特定情境中的特定行为而制定的行为准则。相比之下，康德的‘绝对律令’（像你愿意别人在相同的情境中应做的那样去做）就是一个原则。它是在各种行为中做出选择的一种指导方式，而不是一种行为的法规”[②]。这种意义上的道德原则在道德发展的阶段上则表现为，儿童发展的每一个阶段都有该阶段所独有的选择和思维方式，这种选择和思维方式决定了处于这一阶段的儿童以同样的方式或过程对不同的道德问题做出不同反应。

第二种意义上的“道德原则”是指阶段六——公正，指一种可普遍化的、规定性的公正价值。如果说，前一种道德原则代表了根据某种非任意的标准进行选择的方式，那么，这种意义上的道德原则则主要指根据一种更成熟、更高级、更切实可行的标准——公正进行选择的方式，“用以解决这些冲突的成熟的原则是公正原则”[③]。对于公正原则，柯尔伯格也有多种表述：

——“公正是平等的、普遍的人类权利。”[④]

——“在发展较高的阶段，最基本的公正原则就是平等，平

①③ Lesser, Gerald S. (Ed.) *Psychology and Educational Practice*. Glenview, Ill.: Scott, Foremen, 1971, p.447, p.447.

② Kohlberg, L., & Mayer, R. Development as the Aim of Education. *Harvard Educational Review*, Vol. 42, No. 4, December, 1972.

④ Kohlberg, L. *The Philosophy of Moral Development: Moral Stages and the Idea of Justice*. San Francisco: Harper and Row, 1981, p.39.

等地对待每一个人的权利，不管这个人是谁。”①

——“阶段六所坚持的最实际的原则是对人尊重的原则：把每个人作为目的本身、作为最终的价值来对待。这也意味着下面几个亚原则：①自由……②平等或公平……③最大的善和功用……最终的阶段六的尊重人的原则也即是公正的原则。”②

——“实质上，这些（阶段六的原则）就是普遍的公正原则、互惠原则、人权平等的原则以及尊重个人尊严的原则。”③

由此可见，虽然在不同场合，柯尔伯格对公正原则有不同的表述，但都包括这样两个方面：公正意味着对他人幸福的关心；公正指平等、公平地对待他人。

不论是把道德原则看作一种普遍的选择方式还是看作一种更为高级的、成熟的公正原则，柯尔伯格都首先是把道德原则看成了一种普遍化的、形式化的陈述，它既不同于情绪主义的道德原则观，也不同于习俗主义的道德原则观。前者视道德原则为反映个人情绪或偏好的个人陈述，而后者则把道德原则说成是某一团体的准则或标准，认为道德原则乃是一个真实的自然的实在，它既不依赖于个人的想象，也不依赖于某一团体成员的共同意见，

① Kohlberg, L. *The Philosophy of Moral Development: Moral Stages and the Idea of Justice*. San Francisco: Harper and Row, 1981, p.144.

② Kohlberg, L. (Ed.) *Collected Papers on Moral Development and Moral Education*. Cambridge, Mass.: Harvard University Press, 1975, pp.11–12.

③ Lesser, Gerald S. (Ed.) *Psychology and Educational Practice*. Glenview, Ill.: Scott, Foremen, 1971, p.416.

它不是派生的，也是不可简约的。基于此，柯尔伯格对道德原则的相对主义观点进行了批评。他指出，认为不同的人、不同的社会会以不同的方式和观点解决人类所面临的问题，这种观点正表明了认为道德标准本身是多元的而不是单一的、具体的而不是普遍的之相对主义观点是错误的。事实上，对同一问题的不同反应，从横向看，确乎反映了道德观点的多样化；但纵向看，这些不同观点却代表了不同的发展水平，而且，这些不同的观点、标准在阶段六达到了统一。人们在价值问题上拥有共同的观点——公平的观点。

那么，道德原则在道德教育中如何体现呢？柯尔伯格指出："公正原则对道德判断的发展以及对我们的道德教育建议都是极为重要的。公正——主要关心全人类的价值和平等以及人类关系中的互惠——是一个基本的和普遍的原则。用公正作为道德教育的组织原则，可以满足任何道德教育计划必须满足的所有标准：它保证了信仰自由，它运用一个在哲学上证明是合理的道德概念，而且以人心理发展的事实为基础。"[①]显然，既然道德原则是一种普遍的人类选择方式和思维方式，既然道德原则反映了儿童发展的自然秩序，那么，把道德教学规定为道德原则的教学就是必要的，这种教学的基础不是固定的社会权威，而是儿童发展的自然权威，是对儿童权利和价值的尊重，因而避免了灌输问题。

---

① Kohlberg, L. A Cognitive-Developmental Approach to Moral Education. *Humanist*, Vol. 32, No. 6, November/December, 1972.

“当我们将道德教育规定为教授公正原则时，它就不会侵犯儿童的权利。”[①]“发展性的道德教育是尊重儿童的权利的。因为，成熟的道德的核心是公正原则，而儿童的权利又是以公正原则为基础的。”[②]这就“要求我们必须承认所有儿童（甚至所有人）都具有同等的、普遍的、基本的价值，不论他们的智商高低”[③]。因此，既然道德原则——公正原则代表了一种更高级、更成熟的判断和选择方式，那么，“刺激所有儿童向上发展，如果可能，直至达到阶段六，就是一个切实可行的、合理的道德教育目的”[④]。这样，柯尔伯格就把道德原则和学校道德教育联系起来，从而形成了一个在他本人看来在哲学上、心理学上以至在教育上是合理的道德教育理论和实践体系。

柯尔伯格的道德原则概念遭到了多方面的批评。有人认为，柯尔伯格反对具体文化规则的教授转而支持公正原则的教授，事实上是避免了一种灌输——具体规则、内容的灌输，而又陷入了另一种灌输——公正原则的灌输；不管一种道德原则是多么合理，无论从道德还是从教育上，灌输都是错误的。也有人认为，柯尔伯格过分强调了康德的道德观，而忽视了其他理论如功利主义等的道德观。在功利主义者看来，公正原则显然是有问题

①②③④ Lesser, Gerald S. (Ed.) *Psychology and Educational Practice*. Glenview, Ill.: Scott, Foremen, 1971, p.442, p.443, p.442, p.443.

的。[1]除了公正原则之外，像“关怀”“爱”等价值取向同样是重要的。另外，针对柯尔伯格的批评，相对主义道德教育理论也予以反击，指出各种道德观的冲突不是仅仅通过发展水平的差异所能解释得了的；各种道德观并存、各种道德标准互补乃是当今道德现实的真正本质。现代生活的现实是，并不存在任何一种占绝对优势的和证明为真实的价值，存在的倒是各种价值立场、观点和选择的冲突。因此，主张用一种普遍的、适用于全人类的道德原则去规定道德和道德教育，本身就是对现实的一种错误反映。

（六）灌输

总的来说，柯尔伯格在其几十年的理论研究和教育实践中始终是灌输论的极力反对者，但是，其间对这一问题的看法也发生了某些变化。

在柯尔伯格的早期著作中，处处可见他坚定的、不妥协的反灌输的立场。他认为：“道德教育的目的是促进道德的阶段性发展，而不是灌输特定学校、教会和国家的固定的习俗。”[2]换句话说，儿童道德发展的规律和道德教育的目的决定了“不能用一种

---

① Purpel, David E. & Ryan, K. (Eds.) *Moral Education... It Comes with The Territory*. Berkeley, Calif.: McCutchan Publishing Corporation, 1976, pp.288–289.

② Lesser, Gerald S. (Ed.) *Psychology and Educational Practice*. Glenview, Ill.: Scott, Foremen, 1971, p.416.

灌输的方法来达到促进道德发展的目的”[①]。在柯尔伯格看来，灌输之所以是错误的和不能接受的，就在于它一方面认定特定社会的规则和价值乃是儿童必须遵循的信条和权威，道德教育的目的就在于向儿童传递这些规则和价值，并使其社会化；然而，这些规则和价值的合理性是无法证实的，从根本上说是一种文化相对主义的价值观，而文化相对主义“无论从科学上还是从逻辑上都是不正确的”。另一方面，灌输在实践中通常表现为或求助于远远高于儿童发展水平的成人的抽象说教，或是诉诸低于儿童发展水平的惩戒措施，从根本上违背了儿童的自主权利，不能起到真正促进发展的作用。柯尔伯格认为，儿童道德的发展是一个自发的、有阶段的发展过程，而“儿童借以从一个阶段向下一阶段自然发展的经验不是灌输来的，也就是说，他们不是通过教授特定的内容得到的”[②]。据此，他反对任何形式的道德规则的教授，反对任何形式的强制性的教育实践。从反对特定的无法通过理性证实的道德规则的角度看，柯尔伯格类似于威尔逊的“内容派”灌输论，而从反对灌输的强制特征看，又接近于“方法论”，尤其是彼得斯的立场。根据彼得斯的观点，“所谓灌输的方法实质上是指一种特殊类型的教学……这种教学迫使儿童接受一种固定的

---

① Kohlberg, L. *The Philosophy of Moral Development: Moral Stages and the Idea of Justice*. San Francisco: Harper and Row, 1981, p.27.

② Beck, C., Crittenden B. S. & Sullivan, E. V. (Eds.) *Moral Education: Interdisciplinary Approaches*. Toronto: University of Toronto Press, 1971, p.72.

规则体系，而这一规则体系对儿童来说是不能以批判的态度来审视的”[①]。在这里，灌输已不是一个内容的合理性问题而是一个方法问题。所以，在灌输问题上，柯尔伯格可以说兼有“内容派”和“方法派”的观点。

20 世纪 70 年代末 80 年代初，随着柯尔伯格教育思想的变化，他在灌输问题上也做了相应的让步。虽然仍然坚持道德推理的发展是道德教育的目的，但不再将其视为唯一的目的，认为学校在促进儿童道德判断和推理发展的同时，也要教授一些特殊的、具体的价值内容，在儿童社会化过程中，灌输似乎是必要的。唐·洛克（Don Locke）曾指出：“个人的经历使柯尔伯格在对许多关键性问题的看法上发生了变化……其中最显著的变化是，柯尔伯格现在认为，道德教育必须而且应该是灌输的，因为，道德教育必须既关心道德思想的内容又关心它的形式或结构，既关心行为，又关心思维。”[②]柯尔伯格在 1978 年写的《对道德发展理论和实践的修正》一文中指出：“心理学家抽象的‘道德阶段’概念并不是道德教育的充分的基础。从道德行为抽象出道德‘认知’（判断和推理）以及从内容中抽象出道德认知和判断的结构，就某些特定的心理学研究的目的看是必要的……但

---

① Peters, R. S. (Ed.) *Authority, Responsibility and Education (3rd ed.)*. London: Allen & Unwin, 1973, p.155.

② Straughan, R., & Wilson, J. (Eds.) *Philosophers on Education*. London: The Macmillan Press Ltd., 1987, p.157.

是，对那些处理学校具体道德问题的教育工作者来说，却不能成为行动的指导方针。因为在学校中，不仅要解决价值的内容，而且要解决价值的结构，既要关心行为又要关心推理。在这种环境中，教育工作者不仅是一个苏格拉底式的发展的促进者，而且还是一个教授价值内容和行为的社会教化者。教育者在成为一个社会教化者和拥护者的过程中，就是在进行灌输……我不再对灌输的道德教育持否定的观点，现在我相信，指导道德教育的思想在某种程度上一定是‘灌输性’的。”①

不过，对柯尔伯格灌输思想的变化应有一个恰当的估计。事实上，即使在其生命的后期，柯尔伯格仍没有完全改变他早期反对灌输的立场从而认为灌输是一种合理的道德教育方式。柯尔伯格在后来之所以对灌输采取了较为温和的态度，实质上是从实用主义的观点出发为他强调教学的内容和行为留有余地，并不意味着他在这一问题上的立场发生了根本的变化。在其20世纪80年代后期的著作中，仍然可以看到他对灌输持反对立场。例如，在《道德教育中隐蔽课程的利用》一文中，柯尔伯格就明确指出：“灌输既不是一种教授道德的方法，也不是一种道德的教学方法。说它不是一种教授道德的方法，是因为真正的道德包括对那些可能处于冲突中的价值体系做出审慎的决定；说它不是一种道德的教学方法，是因为合乎道德的教学意味着尊重儿童正发展着的推

① Damon, W. (Ed.) *New Direction for Child Development (Vol. 2: Moral Education)*. San Francisco: Jossey-Bass, 1978, p.84.

理能力和对他们所学内容的评价能力。”[①]柯尔伯格进一步指出：“尽管我们同意儿童学会接受规则和权威是重要的，但我们认为，这种教学必须包括对这些规则背后的理由的理解和隐蔽课程的实践。所以，我们所说的道德教育与学校的理智课程有更为密切的关系而与文化传递主义者和‘品格建设者’的实践不同。”[②]这就是说，虽然较之早期柯尔伯格更重视社会规则的教授和社会权威的形成，给人一种支持灌输的印象，但是，这种规则的教授和对社会权威的尊重，是以儿童的自主理性、理解能力尤其是以对道德的理性理解为基础的，因而，它与灌输仍有本质的不同。

（七）在道德上受过教育的人

柯尔伯格并未对“在道德上受过教育的人”进行专门的描述，但从他在道德、道德成熟等问题上的观点可以看出他关于这一问题的基本看法。

首先，在柯尔伯格看来，一个在道德上受过教育的人应该是一个能够做出自主判断的人。他认为：“儿童道德成熟的标志，是他做出道德判断和提出自己的道德原则的能力，而不是遵从他周围的成年人的道德判断的能力。”[③]也即是说，这种道德判断是基于儿童与社会的积极的能动的相互作用，基于儿童对社会情境

---

①② Power, F.C., & Kohlberg, L. Using a Hidden Curriculum for Moral Education. *The Education Digest*, Vol. 52, No. 9, May, 1987.

③ 瞿葆奎主编，雷尧珠、王佩雄选编：《教育学文集·教育与人的发展》，人民教育出版社 1989 年版，第 721 页。

中提出的道德问题进行审慎的思考，基于对各种选择进行比较并根据一个最一般的公正原则做出的，而不是基于一种固定的习俗、规则甚或是幻想做出的。正是由于把道德判断的能力作为道德成熟的重要评价标准，柯尔伯格把“促进儿童个人的道德判断和道德品质的发展”作为道德教育的一个重要目的。

其次，一个在道德上受过教育的人应该是一个能够把已经获得的道德判断能力转化为实际行动的人。用柯尔伯格的话来说就是：道德判断能力只是道德品质的一个组成部分，道德品质还包括运用这种判断能力指导实际行动。所以，“除了促进一般道德判断能力的发展以外，一种发展性道德教育还要促使儿童把他自己的道德判断（不是教师的道德判断）见之于行动”[①]。这就是说，根据柯尔伯格的观点，一个在道德上受过教育的人至少应该是一个既能掌握道德推理和判断的“过程”，又能操作这一过程的人，即在现实世界中实际履行公正原则的人。像耶稣、苏格拉底、马丁·路德·金就是这种公正人格的典范，他们不仅有成熟的道德推理和判断能力，而且享有完善的道德生活。

显然，柯尔伯格所描述的“在道德上受过教育的人”与涂尔干、威尔逊以及杜威等在这一问题上的看法有很大的不同。他与涂尔干的区别在于这种人不是一个社会化的人，不是外面塑造和管理的对象，而是一个有自主意识、能够通过自己的自觉思维建

---

① 瞿葆奎主编，雷尧珠、王佩雄选编：《教育学文集·教育与人的发展》，人民教育出版社 1989 年版，第 726 页。

构自己道德观点的人；与杜威的区别在于这种人是以一个普遍的公正原则为行动指针的，而在杜威的框架中，任何普遍的、绝对的价值都是没有地位的；而威尔逊的“在道德上受过教育的人”所具有的品质几乎包括了柯尔伯格所推崇的道德榜样的所有品质，而且两人似乎都列出了这样一个人应该具有的品质的内容，但威尔逊的“道德要素”更多的是从哲学中推衍出来的，而柯尔伯格的“道德要素”似乎更多地依赖于他对道德的心理学研究。

二、关于学校道德教育实践的建议

柯尔伯格关于学校道德教育实践的所有建议都是围绕着实现道德教育的目的这一基本点提出的。他认为：“教育的目的可定为发展，无论从理智还是从道德方面讲，都是如此。”[①]道德方面的发展又主要是道德判断的发展。柯尔伯格一直把道德推理和道德能力的发展作为道德教学的合理目的。不过，在另外的场合，他也指出，除了促进儿童一般道德能力的发展外，一种发展性道德教育还要促使儿童把他自己的道德判断见诸行动。由此看来，学校道德教育就承担着两大任务：一方面要促进学生道德判断能力的发展；另一方面要注重学生道德行为的培养，并最终使二者结合起来。为此，柯尔伯格提出了一系列学校道德教育的方法，其中主要有“道德讨论法”和“公正团体法”。在这一部分，我

---

① Kohlberg, L., & Mayer, R. Development as the Aim of Education. *Harvard Educational Review*, Vol. 42, No. 4, December, 1972.

们除了详细叙述这两种方法外，还要对柯尔伯格就教师在道德教育中的地位、作用以及师资培训等方面的观点加以阐述。

（一）道德讨论法（新苏格拉底法）

道德讨论法（moral discussion approach）是柯尔伯格早期提出的一种道德教育方法，是柯尔伯格对儿童道德发展的哲学和心理学研究在教育实践中的具体运用。这种方法的实质是通过引导学生就道德两难问题进行讨论，诱发其认知冲突，促进其积极的道德思维从而促进道德判断的发展。柯尔伯格认为，从某种意义上讲这种方法乃是对苏格拉底教学法——诱导、诘问法的吸收和发挥，因而有时又把它称作“新苏格拉底法”（the new Socrates's approach）。

道德讨论法在柯尔伯格的道德教育思想中占有十分重要的地位，但这一方法最初却是从特里尔（E. Turiel）等人的实验中得到直接启发的。

1966年，特里尔曾主持了这样一个实验，把处于不同发展阶段的儿童分成三个实验组，分别给予不同水平的道德说理。第一组接受高于儿童现有水平一个阶段的道德说理，第二组接受高于儿童现有水平两个阶段的道德说理，第三组接受低于儿童现有水平的道德说理。研究结果表明，第一实验组较之其他两个小组表现出更多的道德发展。[①]据此，柯尔伯格认为：“成人的道德说理只有在高于儿童现有水平一个阶段时，才能被同化到儿童的思维

① Wolins, M., & Gottesmann, M. (Eds.) *Group Care: An Israeli Approach: The Educational Path of Youth Aliyah*. New York: Gordon & Breach, 1971, pp.367–368.

中去。”[①]后来，莱斯特和柯尔伯格的研究进一步证明，儿童拒绝接受低于他们已有水平的信息，也不能理解高于他们两个阶段的信息。[②]所以，柯尔伯格指出：“发展性道德教育的第一个心理学原则就是，儿童只同化那些适合于他们发展水平的道德说理。”[③]从这些研究得出的第二个心理学原则是：“道德发展的向上的运动不仅依赖于向儿童揭示下一阶段的思维，而且要儿童体验在应用他们目前的思维水平解决问题时所产生的认知冲突，如果儿童没有体验更多的认知冲突和不确定性，他就不可能有道德上的变化。”[④]

据此，柯尔伯格提出了“一种与传统的道德教育相反的道德教育的讨论计划”所应遵循的两个基本原则。[⑤]

第一，引起儿童对有问题的情境的真正的认知冲突、不确定性和意见分歧。（与此相反，传统教育强调成人的“正确答案”，强化美德总是受奖赏这一信念。）

第二，提供高于儿童已有水平一个阶段的思维模式。（相比之下，传统的道德教育或诉诸远远超过儿童发展水平的成人的抽象说理，或诉诸低于儿童水平的易为儿童拒绝的惩罚和谨慎措施，而且总是在这两者之间徘徊不定。）

上述结论后来在布拉特（Moshe M. Blatt）和柯尔伯格设计的

---

①②③④⑤ Wolins, M., & Gottesmann, M. (Eds.) *Group Care: An Israeli Approach: The Educational Path of Youth Aliyah*. New York: Gordon & Breach, 1971, p.367, p.368, p.368, p.368, p.368.

实验中得到了进一步证实。在特里尔研究的基础上，布拉特假定，如果向儿童系统地提供高于他们已有水平一个阶段的道德推理，那么，儿童就可以一贯地从事这一水平的推理，就可以持续不断地促进道德的发展。如果这一结果在学校得到证实，那么，就可以把柯尔伯格的道德发展理论运用于学校道德教育的实践。为了验证这一假设，布拉特先后在一所犹太人的主日学校和一所公立中学进行研究，结果证明：道德讨论可以有效地促进儿童道德判断的发展。①后来在柯尔伯格的鼓励和指导下，布拉特在更大范围内对这一实验结果进行重复验证。至20世纪80年代初，“布拉特效应”已经在100个班级中得到了证实。所以，柯尔伯格指出：“我们最终确信，阶段受这种苏格拉底式道德讨论的影响。”②这样，道德讨论法最初受特里尔的启发，后经布拉特引入课堂并在柯尔伯格那里获得了标准化程序，从而成为道德教育的认知发展理论的一个重要组成部分。如今，这一方法不仅在实验学校而且在一般中小学都得到了普遍推广和应用。

为了确保这一方法富有成效，柯尔伯格无论从方法还是从内容、实施程序等方面都提出了一系列要求。

首先，在方法上，一方面，要求教育者通过设计一定的道德

---

① Kohlberg, L. (Ed.) *Collected Papers on Moral Development and Moral Education*. Cambridge, Mass.: Harvard University Press, 1973.

② Berkowitz, Marvin W., & Oser, F. (Eds.) *Moral Education: Theory and Application*. Hillsdale, N. J.: Lawarence Erlbaum Associates, 1985, p.32.

问题或情境引出儿童的各种道德观点，为他们提供相互作用和角色扮演的机会。因为只有当儿童面临道德两难问题或问题情境，并把自己解决问题的方案同别人的方案相比较时，才能引发其认知冲突和不确定性。另一方面，要求教育者提供的论据要与儿童的已有发展水平相匹配。因为“环境影响的效能在很大程度上有赖于所提供的推理水平与儿童自己的水平相匹配”[①]。具体来讲，教育者所提供的推理水平应高于儿童现有水平一个阶段。

其次，从内容上讲，道德讨论的内容不是传统道德教育的“美德袋”或特定的社会规则，而是具有特定性质的道德两难问题。这些两难问题可以是虚构的（如海因茨偷药救妻），也可以是有关政治、法律以及日常生活中的现实的道德问题（如水门事件、越南战争、吸毒、堕胎等）。但无论是虚构的还是现实的，要求能够引起儿童真正的认知冲突和意见不一。另外，在内容的组织上，不像传统的品格教育课程的内容那样根据一定道德体系的逻辑程序去组织和编排，而是围绕一些基本的道德范畴或价值概念来组织，以适应于各种不同发展水平的儿童。

最后，在实施程序上，道德讨论教学一般要经过以下几个步骤。

①根据柯尔伯格道德判断测验量表预测学生的道德发展的阶段。

---

① Lesser, Gerald S. (Ed.) *Psychology and Educational Practice*. Glenview, Ill.: Scott, Foremen, 1971, p.452.

②根据预测结果分组。[①]

③选择和准备道德两难问题，所选问题要真正能够引起学生的认知冲突和意见分歧。此外还要对在讨论这些问题的过程中学生可能做出的反应以及各个阶段的学生可能做出的反应有充分的思想准备。

④引起学生对讨论的正确心向。[②]

⑤引导学生对道德两难问题进行讨论。讨论分开始阶段和讨论深入阶段。在开始阶段，教师要确保学生理解教师所提出的问题，帮助学生比较道德问题所包含的道德成分，引导学生说出判断的依据，鼓励那些判断依据不同的学生相互讨论。[③]在讨论深入阶段，主要是引导阶段相邻的学生就他们的观点进行讨论，使较低阶段的学生发现自己推理的不合适并逐渐趋同高一阶段学生的推理。

⑥转换和扩展。一旦学生完成对某个道德两难问题的讨论，便可转到别的问题上去。经过一段时期的讨论后，教师可对学生的道德判断发展情况重新测量，并与讨论前的测量结果进行比较，确定讨论的成果，然后重新分组，进行下一轮讨论。

根据柯尔伯格以及其他人的一些研究结果，道德讨论的作用可概括为以下两点。

第一，可以比较有效地促进儿童道德判断的发展。这主要表现

①②③ Arbuthnot, Jack B., & Faust, D. *Teaching Moral Reasoning: Theory and Practice*. New York: Harper & Row., 1981, p.147, p.155, pp.158–160.

在，许多实验研究结果证明，被试在实验后测验的得分与实验前的测验得分差异显著。这说明道德讨论使被试的道德判断发生了有意义的向上运动。布拉特和柯尔伯格在犹太人主日学校进行的实验，道尔（Dowell）在波士顿市郊一所高级中学进行的重复性实验，哈里斯（Harris）进行的“直接讨论”和“心理意识”两项研究等都证明了讨论在儿童道德推理或道德判断发展中的作用。[1]有些实验还证明，被试在道德判断上所发生的向上变化能超时保持。[2]

第二，道德讨论可在一定程度上对儿童的道德行为产生间接影响。道德讨论虽然不能直接教学生怎样以成熟的道德方式去行动，但它能直接引起儿童道德判断的发展。在柯尔伯格看来，成熟的道德判断对儿童道德行为有较大的预示性，而且道德判断本身也是道德行为的一个重要条件，因而，道德讨论可以通过提高儿童的道德判断能力进而间接影响其道德行为。这主要表现在：个体在假设的道德情境中使用的道德推理与其在现实中使用的道德推理有较高的相关，而且有研究证明，随着儿童道德判断能力的发展，其道德判断水平对其行为的影响也逐渐增大。[3]

---

① Lockwood, Alan L. The Effects of Values Clarification and Moral Development Curricula on School-age Subjects: A Critical Review of Recent Research. *Review of Educational Research*, Vol. 48, No. 3, September, 1978.

② Kohlberg, L. (Ed.) *Collected Papers on Moral Development and Moral Education*. Cambridge, Mass.: Harvard University Press, 1973, p.21.

③ Lesser, Gerald S. (Ed.) *Psychology and Educational Practice*. Glenview, Ill.: Scott, Foremen, 1971, pp.458–459.

从上述可见，道德讨论对儿童道德判断和道德行为的积极影响作用是明显的。然而，随着这一方法被日益广泛地应用于学校教育实践，其自身的局限性也逐渐显露出来。许多理论家开始对这一方法的实际效用提出疑问，这使得柯尔伯格不得不重新审视这种方法。在坚持道德讨论可以有效地影响儿童道德判断的前提下，柯尔伯格也指出，他的这一方法在许多方面仍需完善和补充。这主要表现在以下四点。

第一，这一方法似有“心理学家的谬误”之嫌，也即是说，这一方法乃是心理学的研究成果在教育实践中直接的和简单的运用。这是一种“单行道的模式”，虽有一定的心理学基础，但它不是从实践中产生的，在实践中势必有其局限性。柯尔伯格后来说：“我从未真正感到这是联结道德教育的研究和实践的一条切实可行的路线，我倒相信你必须与教师合作。”[①]“我同意杜威在谈到教育时的说法，‘在建桥之前，绝不会有桥梁建筑的科学’。”[②]所以，要完善道德教育的方法，必须到实践中去探索。

第二，尽管大量实验研究证明了“布拉特效应”的真实性，但是，在实践中能长期不懈地采用这一方法的教师则为数寥寥，大多数教师对这一方法普遍感到费劲。当柯尔伯格等人在实验结束以后再回到实验学校，发现竟没有一个教师继续使用道德讨论法。所以，柯尔伯格不无感慨地说：“尽管干预的手术成功了，

---

①② Berkowitz, Marvin W. & Oser，F. (Eds.) *Moral Education: Theory and Application*. Hillsdale, N. J.: Lawrence Erlbaum Associates, Inc., 1985, p.33, p.27.

但病人也死了。”[①]为解决这一问题，柯尔伯格曾试图把道德讨论与英语、社会研究等课程整合，把道德讨论渗透到各课程中去。[②]但是，这种方法只能解决表面的问题，道德讨论法存在的一些根本性问题仍未能解决。

第三，在道德判断和道德行为的关系或对假设的两难问题的推理和对现实生活中的两难问题的推理的关系上，虽然心理学的研究证明儿童道德判断的发展能影响其道德行为的变化，但是，这一结果并未在教育实践中得到证明。也就是说，通过教育干预所引起的儿童道德判断的变化是否一定导致实际生活中的道德行为，仍是一个悬而未决的问题。

第四，关于内容和结构的问题，柯尔伯格最初偏重形式或结构，反对具体内容的教授，但认为这种教授不同于灌输，他提倡一种“教授内容的‘倡导’方法”；然而，“从哲学上讲，要使倡导方法不至于流于灌输，就必须在课堂和学校中建立一种民主参与的团体”。[③]

总之，尽管道德讨论法作为一种道德教育的实践策略有其独特的作用，但由于其自身存在的问题又决定了其只有同其他教育因素配合才能发挥作用。正如柯尔伯格所说：“这种课堂道德讨论策略只是认知发展方法如何运用于学校的一个范例。它应该成为那种使学生更广泛、更持久地参与学校社会活动和道德活动的

---

①②③ Berkowitz, Marvin W. & Oser, F. (Eds.) *Moral Education: Theory and Application*. Hillsdale, N. J.: Lawrence Erlbaum Associates, 1985, p.33, p.33, p.35.

教育方法的一部分。”[①]对道德讨论法的重新评价使柯尔伯格日益重视学校“公正团体”的建设。

（二）公正团体法

如果说道德讨论法本身存在的问题使柯尔伯格越来越感到有必要关心“家庭、学校和社会中的道德气氛”，建立一种“公正的团体”以作为道德讨论法的补充，那么，对柏拉图、杜威教育思想的吸收，对以色列集体农庄教育精神和教养方式的总结，对涂尔干集体教育思想价值的重新认识和修正以及他本人的“监狱实验”，则为他建立和实施“公正团体法”（the just community approach）提供了理论和实践的可能性。

“柯尔伯格梦想着能够创造一种鼓励青少年同辈团体在各自水平上根据公平或公正的理想选择生活的学校环境或气氛，这意味着要创立一种新的成人和青少年的关系……这一想法在他访问以色列集体农庄后即已成型。”[②]1969年夏，柯尔伯格等人访问了一所以色列集体农庄的中学。这一犹太人的聚居区与美国社会有很大不同，它奉行的是一套完全不同的管理思想和教养方式。这种聚居区本身就是一个有自觉意识的道德社会，它所形成的集体教育的氛围为培养负责任的社会成员提供了最适宜的环境。这种

① Kohlberg, L. A Cognitive-Developmental Approach to Moral Education. *Humanist*, Vol. 32, No. 6, November/December, 1972.

② Power, F. C., Higgins, A., & Kohlberg, L. *Lawrence Kohlberg's Approach to Moral Education*. New York: Columbia University Press, 1989, p.38.

教育系统鼓励集体而非个人成就，提倡平等的而不是分层的社会关系，坚持民主的而不是等级的决策。在柯尔伯格等人所访问的一所聚居区的学校中，这一教育思想体现得十分明显。这所学校与其他学校不同，其主要目的是把犹太人居住的城市下层社会的儿童带到聚居区进行教育，为聚居区培养合格的成员。因此，在这所学校里，教育意味着使学生"学会在社会中并根据社会规则生活"，因为这种有规则的生活对于"维持团体的团结是必要的"。但是，这些规则通常不是由教师通过抽象的教授获得的，而是通过学生在集体生活中通过共同交往以及对规则的实践和讨论得来的。一项规则或纪律经过讨论一旦确定下来，便有了集体的权威，要求每个人都尊重并履行这些规则。一旦有人公开违背了这些规则，不仅要遭到来自成人的指责，而且也会遭到同伴的指责。规则反映了个人利益和团体利益的统一。在教育过程中，教育者不仅是发展的促进者，而且是某种道德观——社会道德观的支持者，是讨论的领导者。这种教育虽然并不忽视个体的需要，但与社会需要相比，个人的需要是次要的。

柯尔伯格对这所学校儿童的道德推理发展水平进行了测验，以确定这种教育方法在促进道德发展上的有效性。结果表明：该学校的儿童的道德发展得分较之城里的犹太儿童要高。[①]因此，他指出："以色列集体农庄的教育实践似乎比根据我们的理论所

---

① Wolins, M., & Gottesmann, M. (Eds.) *Group Care: An Israeli Approach: The Educational Path of Youth Aliyah*. New York: Gordon & Breach, 1971, p.349.

设想的任何事情都要好，它不只是对我们实践的修正，而且也是对我现在就这一问题的思考方式的修正。”[①]对以色列集体农庄的访问，至少使柯尔伯格认识到，不能完全根据他的认知发展理论引申出一种理想的道德教育模式，而应该“把道德讨论的原则和集体教育的某些心理学原则结合起来”[②]。特别是需要根据这种团体教育的原则形成一种“团体实践模式”以影响学生的道德判断和道德行为。

然而，美国社会和以色列集体农庄在文化等各方面的差异，决定了柯尔伯格不可能把这种集体教育的方式直接应用于美国教育中去，从而把这一模式予以具体化。不过，以色列集体农庄的教育精神在转变柯尔伯格的观点，形成一种关于“民主教育”“集体教育”的观念方面无疑是重要的。

以色列集体农庄的教育只是为柯尔伯格公正团体法的产生提供了一个最初的实践模式，为这一方法和实践模式提供理论上说明的却是涂尔干的社会道德教育论。如前所述，柯尔伯格开始时极力反对涂尔干的道德教育体系，因为“它导致了一种促进集体的、国家纪律的道德教育定义，这种道德教育既不符合理性道德，也不符合美国宪法的传统”[③]。但他后来发现，以色列集体

---

①② Wolins, M., & Gottesmann, M. (Eds.) *Group Care: An Israeli Approach: The Educational Path of Youth Aliyah*. New York: Gordon & Breach, 1971, p.370, p.369.

③ Beck, C., Crittenden, B. S., & Sullivan, E. V. (Eds.) *Moral Education: Interdisciplinary Approaches*. Toronto: University of Toronto Press, 1971, p.28.

农庄的实践只不过是涂尔干道德教育理论的具体运用。因为以色列聚居区的学校所坚持的集体优于个人、强调对规则的尊重和依附、培养集体责任感等似乎都直接来源于涂尔干。[①]这导致柯尔伯格重新审视涂尔干的理论体系，并根据以色列集体农庄和涂尔干的集体教育思想修改自己的道德教育观念。一方面，他虽然仍继续坚持个体道德发展的理论，但开始承认“教育发挥作用的有效单位不是个人而是集体”[②]。另一方面，在接受涂尔干关于通过集体生活培养学生集体观念和团体生活方式、思想的观点的同时，也指出：“尽管受涂尔干道德教育理论的激励，但是我们对它的非民主的和灌输的方面表示怀疑。”[③]因此，柯尔伯格在建立他的“公正团体法”时，对涂尔干的权威和强制的模式进行了“民主改造”，以适应于美国社会的民主性质。总之，“公正团体法始于如何重新构造美国的教育机关允许学生参与从而平衡自我利益和社会以及社会机关利益之间的关系。涂尔干为这一方法提供了一种社会心理学基础，这种社会心理学强调，随着人们逐步认同、接受别人一般化的观点，尊重其规则，并从情感上依附于它所要达到的目的，发展着的个体就变成道德的主体。而以色列

---

① Power, F. C., Higgins, A., & Kohlberg, L. *Lawrence Kohlberg's Approach to Moral Education*. New York: Columbia University Press, 1989, pp.47–48.

② Beck, C., Crittenden, B. S., & Sullivan, E. V. (Eds.) *Moral Education: Interdisciplinary Approaches*. Toronto: University of Toronto Press, 1971, p.82.

③ Berkowitz, Marvin W., & Oser, F. (Eds.) *Moral Education: Theory and Application*. Hillsdale, N. J.: Lawrence Erlbaum Associates, 1985, p.43.

集体农庄则提供了一个如何在另一种文化背景下管理一个涂尔干式的团体……并使它的权威结构民主化的范例”①。

在参观以色列集体农庄的教育模式后，柯尔伯格便着手寻找一种实施他的新道德教育观念的场所。为他最早提供这种场所的不是学校而是一所教养院。20世纪60年代末，美国社会的动荡波及各种教养机关，监狱事件猛增。监管机构决定对监狱管理进行改革。在这种情况下，柯尔伯格等人接受了一项为期两年的研究资助项目，目的在于研究道德发展理论应用于改造监狱犯人的可行性。最初，研究采用道德两难讨论法，但很快发现，道德讨论即使能有效地影响犯人思考道德问题的方式，但犯人很少能把所学的东西转化为实际行动（只要他们仍然在服刑）。但研究同时也发现，监狱的环境对犯人的实际行为有较明显的影响。柯尔伯格遂试图利用以色列集体农庄的教育经验创造一个“监狱团体”以改造犯人。如果这一实验成功，则会为在学校中实施“公正团体法”提供启示。经同意，柯尔伯格及同事在一所监狱建立了一个由25个女犯和5个管理人员组成的自我管理的公正的生活团体。在这一团体中，犯人和看守民主地相处。她们民主决定如何管理她们的寓所，如何执行她们制定的规则，这些措施又和团体中小组讨论结合。实验结果表明：“通过一个公正的团体活动的过程，可以达到自我管理和自律的目的，同时也可以成功地

---

① Power, F. C., Higgins, A., & Kohlberg, L. *Lawrence Kohlberg's Approach to Moral Education*. New York: Columbia University Press, 1989, p.51.

提高犯人的道德判断水平。”[①]也即是说，民主生活不仅能起到管理作用，而且能促进人的道德的发展。

“公正团体法”的教育实验研究始于 1974 年。柯尔伯格先后选择三所学校作为公正团体的实验学校，即剑桥（Cambridge）的克拉斯特学校（Cluster School）、布鲁克林（Brookline）的校中校（School—Within—School）和斯卡斯代尔（Scarsdale）的 A 类校（the A School）。这几所实验学校均有相应的对照学校，实验学校的学生来自各学校的自愿参加者。其中尤以克拉斯特学校的学生最为复杂，在这所学校里，50%的学生为黑人，经济条件差，大多难以管教。这里以该学校的实验为例说明柯尔伯格的公正团体法的实施。

1974 年，柯尔伯格接受丹福思（Danforth）和肯尼迪（Kennedy）基金会的资助，为发展性道德教育和实施公正团体法培训教师，相应地在剑桥选择了两所学校，一所以训练各层次的指导道德讨论的教师为主要任务，另一所则是一个创造的公正团体。后一所学校称克拉斯特学校。该学校主要有以下几个管理原则。[②]

第一，学校采用直接的民主管理，所有重要问题都提交每周一次的团体碰头会讨论和决策，在碰头会上，每个成员包括教师

① Kohlberg, L. A Cognitive-Developmental Approach to Moral Education. *Humanist*, Vol. 32, No. 6, November/December, 1972.

② Power, F. C., Higgins, A., & Kohlberg, L. *Lawrence Kohlberg's Approach to Moral Education*. New York: Columbia University Press, 1989, p.64.

和学生都有一票。

第二，另外设许多由学生、教师和家长共同参加的固定的委员会。

第三，在各成员之间达成一种社会契约以规定每个人的责任和权利。

第四，学生和教师的基本权利是相同的，包括自由发表意见、尊重他人、禁止身体和语言上的伤害。

基于以上原则所建立的公正团体实际上是一个充满民主的道德气氛、由大家共同管理的场所。它要求成员形成集体协作、共同负责的精神，建立一种有益于团体发展和学生生活的集体行为规范。在克拉斯特学校实施公正团体法的第一年，经常有偷盗事件发生，学生们一致要求采取严厉的惩罚措施，尚认识不到确立相互信任、相互关心的必要性。次年开学一个月，又发生一次偷盗事件，在一次团体碰头会上，大家最终决定，限定偷盗者在一定时间内主动将钱交出，否则由大家平摊。后来，偷钱人承认了自己的错误。在此后的三年中再没有发生过类似事件。柯尔伯格认为，这种“集体规范”的价值就在于它是大家共同创造的，偷盗行为虽然损害的是某个人的利益，但同时也破坏了集体的规则，是对集体相互尊重和信任的蔑视。在教育中，一旦学生确立了相互信任和为集体负责的愿望，学生就会自觉遵守集体的规则。

关于这种公正团体法的作用，柯尔伯格等人曾做过如下假设：公正团体法能使克拉斯特学校中的学生达到人们所期望的规范行为的水平。“从理论上讲，我们的公正团体法旨在通过改变学校的道德气氛，改变个体的行为。”[1]公正团体法比课堂道德讨论更能促进学生道德判断阶段的发展。[2]克拉斯特学校的实验结果也表明，“克拉斯特学校的公正团体法无论在提高规范的期望水平还是在改变学生的行为上都是成功的。”[3]“尽管克拉斯特学校的教育计划不能促进学生更高的道德发展，但是在某种程度上却能促进更大部分学生道德的发展。”[4]所以，柯尔伯格的结论是：“道德两难问题讨论法仍然是促进学生道德判断发展这一单一目的的最有效的手段，但是，对于促进把道德推理运用于学校生活这样一些更为复杂的目的来说，公正团体法证明是最有前途的。”[5]

“公正团体法”反映了柯尔伯格在平衡“公正”和“团体”的关系，在保护学生个人权利和促进其道德生长的同时引入集体力量方面所做的努力；反映了柯尔伯格对他早先所讨论的道德教育中的基本问题的重新思考，并实现了其道德教育观念上的某些重大变化。如前所述，从重视原则化的道德判断到重视习俗水平道德判断的发展，从根据形式特征界定道德、道德教育到重视内容的教授，从只重道德判断的发展到重视道德行为和二者统一的发展，从完全否认灌输到给灌输方法以一定的位置等，都不仅

---

① Berkowitz, Marvin W., & Oser, F. (Eds.) *Moral Education: Theory and Application*. Hillsdale, N. J.: Lawarence Erlbaum Associates, 1985, p.61.

②③④⑤ Reimer, J. Moral Education: The Just Community Approach. *Phi Delta Kappa*, Vol. 62, No. 7, March, 1981.

仅是简单的道德教育方法的改变，而且是更深层的道德教育观念的变化。正如柯尔伯格后来所说：“在学校继续研究了几年，使我的观点逐渐改变，而与大部分针对我的批评（道德教育不只是推理而已，尚须注意行动的问题；又不应只是处理假设的两难困境，尚须处理实际生活的情况）比较接近。这使我除了注意学校的正规课程以外，更加注意其潜在课程；并且使我形成参与民主式‘公正团体’的概念，以此贯穿道德讨论和道德教育的实施，才能更臻成功。”①

柯尔伯格的“公正团体法”乃是其课程观尤其是隐蔽课程在内容和形式上的深化。柯尔伯格的道德教育课程包括两个方面的内容。一是学科课程，即把道德教育统整于社会研究、历史等课程中去。“道德教育不应以‘学科’的形式出现，而应融合于整个课程中去，因为任何学科除了能够提供‘事实’外，也能提供‘价值’的论题。为达成实用的目的，该方案将道德两难困境的讨论统整于历史、社会和英文等正课中。”②二是学校环境，即师生之间的互动——隐蔽课程。在柯尔伯格看来，道德主要还是一个行为问题，而不是一个课程的教授问题。学生所获得的大量价值观念通常并不是来自学校的正规课程，而是来自隐蔽课程。他认为：“虽然我们确实认为道德教育应该成为理智课程的一部分，但是我们认为它不应限于学校的正式课程。事实上，我们可以通

①② [美] 理查德·哈什等著，单文经、汪履维编译：《道德发展与教学》，五南图书出版股份有限公司 1986 年版，“序”第 5、6 页。

过开发隐蔽课程所提供的资源最有效地实现道德教育的目的。”[①]因为，“隐蔽课程乃是一种真正的道德教育课程，是一种比其他任何正式课程更有影响的课程”[②]。为了充分发挥隐蔽课程的教学价值，柯尔伯格不仅要求学校要有民主管理的结构和气氛，使民主成为学校的一种生活方式，而且要求学校和教师成为道德价值的传播者。“我们相信，在隐蔽课程中，要紧的是教师和学校的道德品质和思想意识，因为这两样东西会转化成一种动态的社会环境，而这种社会环境则影响儿童的环境。”[③]柯尔伯格在课程上的建议后来在“公正团体法”中得到了具体实施。

（三）教师

随着道德教育的实践策略从道德讨论法转向公正团体法，教师的地位、作用和素质要求也随之发生了变化，这种变化主要体现在从“道德发展的促进者”到“道德社会化的促进者”的角色转化上。

在柯尔伯格的早期著作中，教师的基本任务是促进学生道德的发展，亦即教师是作为儿童道德发展的促进者来发挥作用的。柯尔伯格认为，在儿童的道德发展过程中，教师起着重要的指导和促进作用。他曾做过这样一个实验：把被试分成三个小组，第

---

①② Power, F. C., & Kohlberg, L. Using a Hidden Curriculum for Moral Education. *The Education Digest*, Vol. 52, No. 9, May, 1987.

③ 瞿葆奎主编，余光、李涵生选编：《教育学文集 · 德育》，人民教育出版社 1989 年版，第 543 页。

一小组在教师指导下进行道德讨论，共讨论 18 个学时；第二小组以相同的时间由学生自己讨论，没有教师指导；第三小组为控制组，不进行任何道德讨论。结果，由教师指导的小组的儿童道德发展的幅度最大，其他两个小组几乎没有什么变化。一年后进行重复测验，第一小组的儿童仍能保持这种发展且领先其他两组。[①]由此可见，在讨论的过程中，加强教师的指导作用是重要的。柯尔伯格指出，在指导学生讨论时，“教师必须帮助儿童思考真正的道德冲突，检查他们用以解决冲突的推理，找出他们思维方式中的前后矛盾和不当之处，并发现解决这些矛盾的方法。为此，教师必须了解儿童的思维水平，让儿童通过相互交流、集中推理，把直接高一级的水平同他现有的水平加以比较，帮助儿童体验冲突，从而使他们认识到用一个阶段的方式推理更为合适”[②]。显然，在柯尔伯格看来，教师既不是涂尔干说的“社会牧师”，也不是尼尔说的“非指导性”角色，而是一位道德哲学家和道德心理学家。作为一位道德哲学家，他懂得应该向儿童传授哪些道德价值，能够理解自己的行为和价值观之道德意义；作为一位道德心理学家，他应该了解儿童的思维水平和道德水平并在此基础上决定如何促进其发展。作为教师，其根本特征应是苏格

① Kohlberg, L., & Turiel Elliot (Eds.) *Recent Research in Moral Development*. Holt, Rinehart and Winston, 1973, pp.32–40.

② Kohlberg, L. A Cognitive-Developmental Approach to Moral Education. *Humanist*, Vol. 32, No. 6, November/December, 1972.

拉底式的，亦即教师不仅要质疑善辩，而且要耐心倾听，循循善诱地使学生逐渐向更高阶段发展。

在柯尔伯格的后期著作中，特别是随着“公正团体法”的确立和实施，教师的角色也发生了变化。教师不再只是苏格拉底式的道德发展的促进者，而且应当成为涂尔干式的道德社会化的促进者。“教育者必须是一个社会教化者，教授价值内容和行为，而不仅仅是一个苏格拉底式的道德判断的促进者。”[①]显然，“公正团体法”中的教师是这个团体的“公民”或成员，其主要任务是利用日常生活中的实际问题组织讨论，不仅促进儿童道德推理能力的发展，而且重视行为的改善和集体观念的增强，鼓励儿童通过民主参与达到自治。在实施“公正团体法”的过程中，教师要注意为儿童提供更多角色承担和角色扮演的机会。鼓励他们考虑他人的情感和观点，使学生能设身处地地考虑实际问题；鼓励学生进行较高阶段的推理；帮助他们经常注意和思考公正问题等。另外，在讨论或碰头会上，教师还应掌握一些特定的指导技巧，如提出儿童感兴趣的问题、综合学生的意见、提出富有挑战性的见解、探讨儿童的推理方式、鼓励他们大胆发言等。所有这些技巧都有助于“公正团体”的形成，有助于促进个体道德的发展。

---

① Damon, W. (Ed.) *New Direction for Child Development (Vol. 2: Moral Education)*. San Francisco: Jossey-Bass, 1978, p.84.

第三节　柯尔伯格道德教育理论评价

英国著名的《道德教育杂志》在为柯尔伯格写的悼文中对他做了如下评价：“他对道德发展和学校道德教育所做出的贡献是无与伦比的，在他几十年所致力的这些领域中，他超过了所有与他同时代的人。”[①]不管这一评价是否确当，我们认为，这样一个事实是不容否认的：在 20 世纪特别是 20 世纪后半期的道德教育理论中，柯尔伯格的道德认知—发展理论占据着无可争议的霸主地位。在过去 40 多年时间里，柯尔伯格几乎统治了学术界所有对道德发展和道德教育的讨论。对道德教育理论进行研究也好，从事实践探索也好，都不可能不认真考虑柯尔伯格的理论和方法；对柯尔伯格理论反对也好，轻蔑也罢，都不能无视其所产生的影响。

对柯尔伯格理论的评价尤其是批评是同这一理论本身一同出现的。从某种意义上说，他的理论就是在众多的批评、责骂、嘲讽中发展壮大起来的。所以，在目前汗牛充栋的各色评价的基础上再增添一些文字也仅仅是为了满足眼下这一工作体例的完整。

一、关于发展的道德教育

柯尔伯格的道德教育首先是一种发展的道德教育，这种教育

---

① *Journal of Moral Education*. Vol. 16, No. 5, 1987.

之所以被认为是发展的，根据柯尔伯格本人的解释，乃是因为它“把教育的目的界定为促进各阶段的发展”。道德教育的这一特征，是柯尔伯格通过实证研究得出的道德发展是有明显阶段特征和顺序的连续性过程这一结论在教育领域中的具体运用。

为什么促进道德判断向下一阶段的发展直至达到阶段六就是教育所要追求的目标呢？显然，柯尔伯格把教育目的界定为促进各阶段的发展本身包含着他对各个阶段所特有的价值判断。具体来说，柯尔伯格之所以认为下一阶段更值得追求，是因为下一阶段或较高阶段较之前一阶段或较低阶段具有更为成熟的推理方式，更能解决儿童的道德认知冲突；同时也因为与较低阶段相比，较高阶段的道德主体更能把自己的道德推理和判断付诸行动。总之，发展意味着变化，意味着向所期望方向的改善，而教育的任务就是促进或保证这种改善的实现。

在这一点上，柯尔伯格与大多数发展理论家特别是杜威的观点是相似的。在杜威看来，教育的目的即是发展、生长。理智教育、道德教育都是如此。所谓发展就是经验的持续不断的改造或改组。而经验的改造之所以成为教育的目的，乃是因为，随着经验的改造而导致的经验的生长，个体理解、适应、改造环境的能力也在增长，而这恰恰是人类教育所要追求的。至此，杜威和柯尔伯格的发展目的观实质是相同的（二者在目的观上的最大不同是柯尔伯格设定了一个固定的最终的目的，而杜威则反对任何绝对的固定的道德标准和教育目的），都承认道德发展即是道德的某一方面或某几个方面的改善或改造。这样，把教育界定为发展也就认定了教育乃是使人向上、向善的本质特征。在这一问题上，柯尔伯格与同时代的价值澄清理论有根本的不同。价值澄清理论的倡导者认为，价值教育的目的既非推理的发展，亦非行为的改善，而是帮助学生澄清自己的价值，不管这种价值是什么。笔者认为，在对这一问题的看法上，柯尔伯格原则上是对的。因为一切教育活动，无论何时、何地、以何种形式进行，都始终地、无一例外地是为了使受教育者达到或接近至善，都是为了改变或完善人的行为；否认这一点，实际上就是否认了教育存在的合理性和必要性，也许正是在这种意义上，有人把价值澄清理论说成是“不进行道德教育的道德教育”。

把发展作为道德教育的目的是柯尔伯格早期教育思想的一部分。这种发展观的主要问题是：把“公正”作为道德发展的最高阶段因而作为道德教育的目的并没有得到研究资料的支持。柯尔伯格也承认，达到第六阶段的人极为罕见，故没有实际的教育意义，而且把“公正”作为唯一合理的道德原则从而排除了诸如功利主义等其他的道德原则也似显武断。此外，“发展”在柯尔伯格的框架中主要指道德判断和道德推理的发展。然而，不管道德判断如何重要，也只是道德的一个甚至不是最重要的一个组成部分。从实践的意义上讲，道德的改善最终要落实到行为的改善而不是判断或推理的改善。

由于发展性教育本身存在的问题和美国社会状况的变化使柯尔伯格不得不重新考虑道德教育的目的。至 20 世纪 70 年代末 80 年代初，柯尔伯格不再坚持阶段六和阶段五的发展，而是主张要“达到牢固的阶段四，使其成为良好的社会成员和一个好的公民”[①]。所以，道德教育“不再是苏格拉底式的和发展的，而是灌输的……这种教育的哲学在确定意义上是习俗的或阶段四的。只有它的方法是非习俗的和新的。这种方法是通过参与或直接的民主方式来管理一个小的学校团体，通过团体会议（无论教师还是学生每人一票）制定和执行规则”[②]。这种教育要求的主要不是阶段四的推理，而是一套特殊的、为公众认可的阶段四的价值观，一套特殊的阶段四的内容。

由发展性的道德教育转向培养好公民的教育，使柯尔伯格的教育思想发生了重大变化。首先，道德的评定标准发生了根本性变化。在道德发展模式中，道德的发展或成熟意味着更成熟的道德推理和判断方式，而在公民教育模式中，道德的成熟意味着实现“道德社会化”，意味着对社会或文化规则的遵从。（柯尔伯格的公民模式是“民主化了”的公民模式，因此，对规则的服从与传统意义上的服从有根本不同。）其次，教育的功能观发生了变化，把发展作为教育的目的，其所蕴含的教育功能主要是促进个体的发展，旨在通过改变个体从而改变社会；把培养公民作为教育的目的，则包含着只有通过改变社会或类似社会的团体才能改变社会或团体中的个体——这正是“公正团体法”的主要指导思想。再次，教育的内容发生了变化。发展性道德教育以道德形

①② Munsey, B. (Ed.) *Moral Development, Moral Education, and Kohlberg: Basic Issues in Philosophy, Psychology, Religion, and Education*. Birmingham, Ala.: Religious Education Press, 1980, p.459, p.459.

式特征的发展为内容，而公民教育则以特定的价值观和行为为内容。关于教育目的的转变，唐·洛克曾说过："柯尔伯格把培养好公民作为道德教育的目的可能会足以得到人们的普遍赞同……但与发展的目的相比则多了些传统的色彩，少了些创新。"[①]这一评论是很中肯的。如果说柯尔伯格把个体道德推理的发展作为道德教育的目的代表了当代西方道德教育理论发展的一种主要倾向的话，那么，培养良好公民虽然对柯尔伯格早先的理论是一个补充甚或是一种"完善"，但却反映了其向传统教育思想靠拢的倾向。

二、关于认知的道德教育

柯尔伯格的道德教育又是一种认知的道德教育，因为，这种教育"是以刺激儿童就道德问题和道德决定进行积极的思维为基础的"。认知、判断或推理之所以能成为道德和道德教育的核心，一方面是因为认知发展是道德发展的重要组成部分和必要条件，一定的认知水平决定了人们的道德所能达到的限度，道德的发展是以儿童对他的经验的积极思维和重新组织为基础的；另一方面是因为成熟的道德判断或推理对道德行为具有更大的预见性。认知的道德意义决定了教育不仅要把儿童道德认知的发展作为重要的内容，而且要采取各种措施诱发儿童道德认知的冲突从而促进

① Straughan, R., & Wilson, J. (Eds.) *Philosophers on Education*. London: The Macmillan Press Ltd., 1987, p.160.

道德的发展。

认定道德乃是儿童积极思维的产物而不是外部强加的结果，就从根本上与传统的反理性的道德教育方法对立起来了。它因崇尚人的理性而与行为主义的机械训练相区别，并因重视主体与环境的互动而向传统道德教育的单向说教和灌输发起了猛烈冲击，从而不仅从深层意义上体现了道德的自主本质，而且代表了一种现代的教育观念——尊重儿童，培养儿童独立思维的能力。也正因为如此，“柯尔伯格和他的同事在最近激起了人们对价值教育的‘道德推理’方法的极大热情”①。这种热情在理论层次上表现为越来越多的道德教育方法以认知或促进道德推理的发展为定向，在实践层次上则表现为许多国家纷纷根据柯尔伯格的理论制定学校道德教育的方案，编制道德教育的课程，在课堂上运用认知的道德教育方法，培训师资等。在近几十年中，对柯尔伯格的道德教育理论和实践，有的赞扬，有的挞伐，但不管是赞成还是反对，有一点是肯定的，这就是：只要试图就现代道德教育的理论和实践问题进行系统探讨，只要想建构一种新的道德教育理论体系，就不能不考虑柯尔伯格已经考虑过的问题和已经做过的工作。

所以，如果说柯尔伯格的道德教育体系尚有不足，那也不是他对认知的肯定，而是没有给诸如行为、情感、习惯等因素以同

---

① Purpel, David E., & Ryan, K. (Eds.) *Moral Education... It Comes with The Territory.* Berkeley, Calif.: McCutchan Publishing Corporation, 1976, p.252.

等重要的地位。“尽管这一理论过分夸大了道德推理的重要性，但人们不能否认推理的核心地位。”“尽管推理不是道德发展的唯一因素，但是，任何理论如果不把理性作为道德教育的核心，也是危险的。排除了理性就会使教育成为操纵的和灌输的。”①

对柯尔伯格认知的道德教育的批评主要集中在他对情感和行为的相对忽视上。如彼得斯曾指出：“同皮亚杰一样，柯尔伯格对道德的情感方面发展的论述是特别薄弱的。”②另外，也有人认为柯尔伯格对道德判断的解释太“冷酷无情”，只关注“冰冷”的理性而没有对诸如同情、怜悯、义愤等情感在道德判断中的作用予以充分的说明。③柯尔伯格对此辩解说：“我们的认知主义的假设与康德的理性主义不同，并不否认把情感作为道德判断或公正推理的一个组成部分。例如，我们的理论在要求尊重人的尊严，以及人与人之间的关心和责任时都是承认情感的。我们的理论承认情感但又认为它总是由诸如角色承担、设身处地为他人着想等认知过程来调节或组织。这种组织起来的情感最明显地表现在对道德受害者的同情，对道德剥削者的憎恨，以及对承担责任的关心。”④在这里，柯尔伯格虽然承认情感的存在，但对这些情

① Elias, John L. *Moral Education: Secular and Religious*. Malabar, Fla.: R. E. Krieger Publishing, 1989, p.85.

② Purpel, David E., & Ryan, K. (Eds.) *Moral Education... It Comes with The Territory*. Berkeley, Calif.: McCutchan Publishing Corporation, 1976, p.289.

③④ Kohlberg, L. *The Philosophy of Moral Development: The Nature and Validity of Moral Stages*. New York: Harper and Row, 1984, p.290, p.291.

感在道德、道德行为中的作用并没有给予清楚的说明，或者他本来就是把情感作为认知或判断的一个从属的部分，因而认为是无须说明的。但是，我们认为，把对道德的解释仅仅诉诸理性而无视情感是片面的，但把情感只作为认知的一个从属部分而无视情感、认知各自的独特作用也是不正确的。虽然在一定意义上，偏激的意义和价值要高于全面的把握，但绝不可以视为是一种有一般意义的认识方法。要对个体道德的发展做出适切的解释，就必须在阐明认知之道德价值的同时，对情感和行为也予以同样的重视。

关于道德行为，也是柯尔伯格遭受批评较多的一个方面，如贝蒂·西奇尔（Betty Sichel）认为“柯尔伯格的结构模式把道德教育和道德发展限于道德的一个方面，从而完全忽视了道德行为这一实际道德生活中最主要的因素”[①]，因而“不能为道德发展理论和道德教育提供基础”[②]。柯尔伯格虽然强调他并没有否认行为因素，但是我们认为，行为问题在柯尔伯格的理论和发展中始终是一个“灰姑娘”。道德推理和道德行为的关系问题对柯尔伯格来说并不是一个理论上的问题。他对这一问题的解决至多只是出示了在较高阶段道德行为更能服从道德判断的资料，仅此而已。他对道德判断和道德行为之间关系的内在逻辑和复杂性并未给予理论上的说明。正如哈什等人在《道德教育的模式》一书中

---

①② Sichel, Betty A. *Moral Education: Character, Community, and Ideals*. Philadelphia: Temple University Press, 1988, p.196, p.196.

所说："柯尔伯格的模式主要关心推理过程。尽管这种理论也考虑到了情感和行为的作用，但三者之间的关系，在其理论中并不十分清楚。"[①]事实上，道德行为在柯尔伯格的理论中只处于从属的地位。然而，从实践意义上，回避道德行为这一极为重要的因素无疑会产生很多问题。在实践中，令教育者最头痛的并不是学生没有道德判断的能力，也不是因为他们缺乏道德的知识，而是如何把这种判断能力和知识转化为行为。所以，教育工作者不仅要努力改善学生的推理和道德判断，而且要努力使学生根据自己的判断来行动。

三、关于道德教育的理论和实践

柯尔伯格在 20 世纪 80 年代初总结其理论的产生和发展时曾说："我们的道德教育理论，乃是逐渐修正的，而非一成不变的；它是由心理学理论家和教育实际工作者交换心得而发展成功的理论。该理论萌芽于心理学的研究，因哲学论题的思考而茁壮成长，随后因'正义的社团'学校、教室和社团会议的长久经验而（得以）修正和扩增。此一理论已经有了改变，恰如它试着将正规的教育实际和经验结合起来，而非只根据研究的资料。正因为教师和理论家相互研究，此一理论乃能逐渐融合高明的教育经验于其中，教师也因而乐于将理论家所提供的原理原则付诸实

① Hersh, Richard H., Miller, John P., & Fielding，Glen D. *Models of Moral Education: An Appraisal*. New York: Longman, 1980, p.158.

行。”①可以看出，如果说柯尔伯格早期的道德教育理论和实践还只是心理学研究的事实或资料在教育理论中的直接推衍，因而尚有“自然主义谬误”之嫌的话，那么，后来他基于实践经验对理论的修正则使其理论体系逐渐完善。

从柯尔伯格道德教育理论和实践的发展过程，我们可以得出以下几点看法。

第一，柯尔伯格的道德教育模式是一个开放系统，是一个不断检验、不断修正、不断完善的系统。理论和实践基本上实现了良性循环，符合科学探讨的一般规律：根据事实提出假设或理论，在实践中检验这些理论，根据检验的结果修正、完善理论，然后把修正过的理论再运用于实践。这里给人印象至深的是柯尔伯格对自己理论的科学、严肃的态度：认真对待来自各方面的批评并在实践检验的基础上勇于修改自己的理论。导致柯尔伯格享有世界性声誉的因素固然很多，但勇于听取他人意见、善于不断修正自己的理论，是一个重要原因。

第二，柯尔伯格关于学校道德教育的建议都是以坚实的理论为基础的。在这一点上，柯尔伯格无疑是最出色的。一方面，他“试图综合哲学、心理学、社会学和教育等各领域以建构一种整

① [美] 理查德·哈什等著，单文经、汪履维编译：《道德发展与教学》，五南图书出版股份有限公司 1986 年版，“序”第 5 页。

合的道德教育理论和实践”[①]。这样“使他的实践在一开始就有了坚实的理论基础”[②]。而且，他在这一方面所做的努力“在最近的道德教育理论家中是独一无二的”[③]，“有独创性的”[④]。另一方面，柯尔伯格所倡导的主要的道德教育策略（无论是道德讨论法，还是公正团体法），都得到了大量实验研究的支持，都是在经过大量实验和无数次重复性验证的基础上运用于学校道德教育实践的。这样，就使得柯尔伯格的道德教育模式不仅有了深厚、扎实的理论基础，而且具有很强的实用性和可操作性。

第三，把实践作为检验和完善理论的根源，从而为理论的发展注入了活力。从 20 世纪 60 年代末至今，当代西方道德教育理论中能在理论界引起人们极大关注和理论纷争、在实践领域引起巨大反响的，非柯尔伯格理论莫属。柯尔伯格的道德教育模式之所以能在几十年中历久不衰且有日渐增长的势头，除了理论本身科学的根基之外，能够与“教育实践工作者交换心得”恐怕也是一个重要因素。当前西方理论界许多人认为，在道德教育上，理论家所能做的只是为实践提供“应该怎么办”的最一般的方法论指导，而至于“如何教育”则是教师和家长的事。因此，理论往

①③ Chazan, B. *Contemporary Approaches to Moral Education: Analyzing Alternative Theories*. New York: Teachers College Press, 1985, p.68, p.68.

② Hersh, Richard H., Miller, John P., & Fielding, Glen D. *Models of Moral Education: An Appraisal*. New York: Longman, 1980, p.157.

④ Straughan, R., & Wilson, J. (Eds.) *Philosophers on Education*. London: The Macmillan Press Ltd., 1987, p.160.

往流于空泛，实践则通常无所适从。柯尔伯格的模式提供了一个理论和实践结合的范例。在实践中寻找理论的生长点，乃是柯尔伯格理论始终充满活力的一个重要源泉。这里给我们的启示就是，学校道德教育的实践要富有成效必有其深厚的理论基础，然而，理论的意义和价值只有在实践中并通过实践的检验才能实现。珀佩尔和瑞恩在谈到柯尔伯格的理论和实践的关系时指出："尽管目前把道德发展这一令人最感兴趣的理论转化为学校道德教育的计划仍有大量工作要做，但是对这种方法人们表现出极大的兴趣并已付诸行动。有关这一理论的课程发展和试验正在北美和其他地方的各个角落展开。该理论对人们的吸引力主要在于它给学校带了极大的希望。"[①]

柯尔伯格的道德教育理论虽然在实践中得到广泛应用并且取得了显著的效果，但也出现了许多问题。例如，在教学中，教师往往滥用发展的阶段给学生贴标签，用这种方式把学生归类是极为有害的，尽管这并不是该模式本身造成的；道德讨论法由于其要求复杂而使教师感到困难，使学生感到厌烦，而且习惯给予正确答案的教师面对"引起学生认知冲突的角色"常会感到力不从心；另外，教师要改善学生的道德推理，就必须对学生的推理水平进行准确的测量，而要掌握柯尔伯格的复杂评分系统谈何容易，而且，一般的教师对需要坚持长达几年的测量工作望而生

---

① Purpel, David E., & Ryan, K. (Eds.) *Moral Education... It Comes with The Territory.* Berkeley, Calif.: McCutchan Publishing Corporation, 1976, p.175.

畏。总之，柯尔伯格虽然为道德教育“提供了最全面的哲学和心理学的理论基础”，但是要在实践中取得更大的成效，还须考虑把认知的策略和其他策略结合起来。

四、关于事实判断和价值判断

事实判断和价值判断是道德哲学中的一对重要范畴。前者是关于“是什么”的问题，属于科学认识的范畴，后者则是关于“应该怎样”的问题，属于伦理学研究的范围。在哲学史上，英国哲学家休谟（D. Hume）第一次对“是”和“应该”进行了区分，并断言，在这两者之间不能进行逻辑上的推演。后来另一位英国现代直觉主义伦理学家乔治·穆尔（G. Moore）进一步指出，善是内在的，不能下定义，也不能用其他的特性去说明，如果有人从“是什么”推演出“应该怎样做”或把两者等同起来，这就是说，用“善”以外的特性去说明善，就是犯了“自然主义的谬误”。至此，如何处理事实判断和价值判断的关系并尽力避免“自然主义谬误”，就成为道德哲学因而也就成为道德教育领域人们关注的焦点。

柯尔伯格对道德教育的研究是从道德哲学和道德心理学开始的。他认为：“道德心理学所关注的，是道德的发展和原则及教育对它们的影响是什么，道德哲学考虑的则是道德品格的发展和原则以及教育对它们的影响应该是什么，要为道德教育提供一个理智的基础，就必须把心理发展的‘是’和道德研究上的‘应该'这两种探究结合起来。"[1]在柯尔伯格的理论体系中，这种结合最初是以他关于道德发展的心理学研究为基础的。其有关道德教育的所有建议都只是他心理学的研究成果在教育上的直接应用。也就是说，心理学的研究证实，有一套普遍的适用于各种文化的基本的道德价值，而且这些基本的道德价值都表现为一个不变的呈阶段的发展顺序。因而在教育上，促进道德的发展直至最后一个阶段——从道德价值上看则是公正原则就成为教育的最终目的。柯尔伯格的这一观点，遭到许多人的批评，他们认为柯尔伯格从心理学研究的事实推演出教育应有的策略或哲学上"应该"的结论，实际上犯了"自然主义谬误"。作为对这些批评的回应，一方面柯尔伯格开始把注意力转向教育实践，根据实践修正理论，从而避免第一层意义上的自然主义谬误；另一方面对心理学事实给予哲学上的思考，证明发展阶段的适切性。在《从"是"到"应该"：在道德发展的研究中如何会犯自然主义谬误和怎样避免它》一书中，柯尔伯格指出，他在心理学上所得出的"道德是一个有阶段的发展过程"的结论，在哲学上同样证明是正当的，即在心理学上更高一级的道德判断阶段在哲学上被证明同样是恰当的。所以，他指出："道德判断应该是什么的任何概念都必须依赖于一个适当的道德判断是什么的概念。我通过实验研究得出的道德的概念对它在哲学上的适切性来说是非常重要

① Deighton, Lee C. (Ed.) *The Encyclopedia of Education (Vol. 6)*. New York: Macmillan Company & The Free Press, 1971, p.98.

的。”承认价值判断要以事实判断为基础，道德的培养和发展应该以掌握科学知识和道德知识为基础是无可厚非的，从某种意义上说也是正确的。然而，柯尔伯格在另一场合又指出，道德中的“应该”怎么样和科学上的“是什么”在实质上是一回事。这种说法使人们觉得柯尔伯格最终并没有把事实判断和价值判断这两个概念完全区分开来。而且，在他所谓的心理学研究的“事实”中，第五、第六阶段并没有得到经验事实的证实，而且基于较低级阶段所做的哲学的推演并不具有实证意义上的文化的普遍性。所以有人指出，只有取消了阶段六这一富有争议的哲学假设，才能使柯尔伯格走出“自然主义谬误”的泥潭。然而，“公正”假设的取消，意味着柯尔伯格整个理论体系的崩塌。所以，“是”与“应该”的问题仍然是柯尔伯格无法解决的一个问题，这使得他最终未能彻底摆脱“自然主义的谬误”。

第八章　克里夫·贝克的价值教育理论

克里夫·贝克是加拿大安大略教育研究院和多伦多大学教育哲学教授，当代著名的道德教育和价值教育理论家。20 世纪 60 年代末，贝克涉足道德教育领域，从事道德教育的理论和中小学价值教学的实验研究工作。贝克曾多年担任安大略教育研究院道德教育方案主任一职；1972—1977 年出任加拿大教育部道德教育方案首席研究员；1977—1982 年主要负责安大略教育研究院价值教育课程方案的设计和研究工作；1982 年以来一直是安大略教育研究院价值教育实施方案的主要研究人员。贝克教授著述颇丰，与道德（价值）教育有关的著作主要有《道德教育：科际整合的方法》（与克里特顿和沙里文合著，1971 年）、《学校中的道德教育》（1971 年）、《伦理学》（1972 年）、《教育哲学和理论》（1974 年）、《道德教育方案》（年度报告：第 3、4、5 卷，1976 年、1978 年）、《对价值的反省》（1980 年）、《价值与生活》（1983 年）、《更好的学校：一种价值的考察》（1990 年）、《成年人的价值观：学会过美好生活》（1993 年）等。在广泛而丰富的研究和著述活动中，贝克逐步形成了自己独特的价值教育理论和实践体系——“价值教育的反省方法”（The Reflective Approach to

Values Education）或“最终生活目的的方法”（The Ultimate Life Goals Approach），日益受到理论界的关注。

不过，就目前所见有关西方道德教育理论和实践的著作来看，尚鲜有对这一理论进行专门的和充分的论述。我们认为，虽然从理论上看，贝克的价值教育方法远不及杜威等人深厚，在实验研究上亦逊色于柯尔伯格等人的工作，但这不妨碍这一理论本身独有的价值。贝克的价值教育理论在20世纪西方道德教育理论的发展中应有一席之地，贝克也理当列为当代西方主要道德教育理论家族中的一员。这不仅仅是因为这一理论是继价值澄清学派之后从价值教育这一更广泛的领域、更广阔的视角审视道德和道德教育的又一典范，而且因为同当代其他主要道德教育理论一样有其独特、完整的理论体系；这一综合的价值教育方法不仅反映了当代西方道德教育理论从分化到整合的趋势，而且反映了当代道德教育理论从“玄思”到“务实”的基本倾向。

第一节　贝克价值教育理论产生的背景

一、理论基础

贝克指出：“我所倡导的价值教育方法乃是一种‘反省的方法’”，它是以“反省伦理学”为理论基础的。

“反省伦理学有许多特点，就眼下的目的而言，它的一个主要特点就是试图不断地确定那些永恒的、基本的人类价值以用于对具体道德问题的反省。”[①]在伦理学发展史上，关于哪些价值是最基本的人类价值，历来是个争论不休的问题，归结起来，主要有两种不同的观点：一种把某一特定的道德规则或原则绝对化，视其为唯一的、最高的善，如康德的“善良意志”、基督教的“爱”等；另一种则持开放的立场，认为一切道德准则、道德行为都是合理的、值得追求的，如道德的主观主义或个人相对主义。贝克指出：“正确的方法居于这两种极端的立场之间。尽管从理论上讲，任何事情对人类来说都可能是有价值的，但事实上，长时期以来，我们一直在不懈地追求一些相互联系的、基本的人类价值。伦理学的任务……就在于确认这些价值，使之服从于批评性检验和提炼并把它们应用于解决具体的个人和社会问题。”[②]

关于哪些价值是人类的基本价值，涉及价值的本质、来源等价值的根本问题。在贝克看来，“价值植根于人性”[③]“植根于‘人类的幸福’”。[④]也就是说，凡是能促进人类幸福的，便都是有价值的，值得追求的。在日常生活中，一些具体的活动如教学之所以是正当的，就在于它能增进人类的幸福；我们的一些判断有时之所以是合理的、正确的，也只是因为我们意识到了什么对

---

①② Soltis, J. F., & Rehage, K. J. (Eds.) *Philosophy and Education: Eightieth Yearbook of the National Society for the Study of Education Pt 1*. Chicago: The University of Chicago Press, 1981, p.186, p.186.

③ Beck, C. *Learning to Live the Good Life: Values in Adulthood*. Toronto: OISE Press, 1993, p.2.

④ Beck, C. *Better Schools: A Values Perspective*. New York: The Falmer Press, 1990, p.2.

人类来说是重要的。既然凡能增进人类幸福的都是有价值的，那么，基本的人类价值就不是唯一的，而是一组或一系列的。它们至少包括生存、健康、快乐、友谊、同情他人、助人、自尊、尊重别人、审美体验、履行诺言、自由、对生活意义的感受等价值。[①]而所有这些价值之所以是基本的和合理的，是因为“它们产生于人类的基本需要和倾向：它们是人性和人类自然状态所固有的”[②]。“在很大程度上它们本身即是目的，是它们最终决定生活是美好的，有价值的。它们共同决定人类幸福或美好的生活。”[③]所以，这些价值也是“每个人所追求的”。

尽管上述价值是“每个人所追求的”，因而也是基本的，但“这些价值并不是永恒的和普遍的”，它们随文化传统和时间的变化而有不同的形式，因之也是开放的，需要人们不断地识别和提炼。

除了这些基本的人类价值以外，还有一些精神价值、道德价值、社会和政治价值以及大量的中间性的和具体的价值。贝克认为，所有这些价值一起组成了一个综合性的价值体系并共同为人类幸福服务。在这一体系中，各种价值相互影响，互相依赖，从原则上讲，没有一种绝对的比其他价值更为重要的价值。即便是那些基本的人类价值也是相互依赖的，只有从相对意义上讲，它们本身才是目的。

---

①③ Beck, C. *Learning to Live the Good Life: Values in Adulthood*. Toronto: OISE Press, 1993, p.2, p.2.

② Beck, C. *Better Schools: A Values Perspective*. New York: The Falmer Press, 1990, p.2.

价值虽然根源于人性，但贝克并不认为价值是主观的。他认为，价值一方面可以被说成是主观的，因为它们是以人类的基本欲望和追求为基础的，但是价值有其更为重要的一方面，即它们是客观的。在基本价值这一层面上，人类需要什么、追求什么，显然是一个客观问题，在较具体的层面上，某些社会条件和行为方式相较其他社会条件和行为方式更有益于人类幸福更是一个不争的事实。据此，人们便完全有可能对什么是正确的、什么是善的等问题进行系统的、客观的探讨。至于人们在价值问题上的差异，贝克认为同样也是可以进行客观研究的，因为这些差异本身是由人们实际需要和环境的不同所造成的。

贝克指出："反省伦理学的任务和反省的价值教育的任务在很大程度上是一致的。"[①]由于人类的基本价值是每个人所努力追求的、合乎人性的，因而不仅是反省伦理学的合理基础，而且应当成为公共教育的共同"参照点"；如果说伦理学的主要任务是通过批评性检验和反省确定人类的基本价值，那么，帮助学生确定和提炼这些价值并鼓励他们依此对具体的和中间性的价值进行反省，无疑也是学校价值教育的主要目的；如果价值不是绝对的，而是随环境等因素的变化而变化的，那么，创设一种学校或课堂环境、气氛，鼓励学生通过批评性探究检验、确立和修改自

---

① Soltis, J. F., & Rehage, K. J. (Eds.) *Philosophy and Education: Eightieth Yearbook of the National Society for the Study of Education Pt. 1*. Chicago: The University of Chicago Press, 1981, p.186.

己的价值观点就是至关重要的；如果价值是客观的而不是随意的，是人们一致同意而不是言人人殊的，那么，学校就能够帮助学生进行客观的探究，就能进行客观的价值教学。所以，贝克的价值教育理论是建立在其伦理学基础上的，甚至可以说，贝克的反省伦理学就是一种价值教育哲学。

在20世纪70年代，贝克主要关心的是道德而不是价值教育。为什么他以价值教育而不是以道德教育作为研究的中心？贝克对此做过如下解释。首先，从理论上讲，道德和价值是密切相关的，如果把价值作为一个综合体系，道德就应当是它的一个组成部分，所以，价值教育自然包含了道德教育的成分，而且为了确定道德上的正当与错误，一般也需要一种有关人类价值的看法。其次，在实践中，人们很难把课程中的道德和非道德价值完全区分开来。如诚实、敏感究竟是道德品质还是社会品质，政治腐败应由哪一学科来讲，生态问题应该在伦理学中处理还是在个人和社会价值教育大纲中处理，诸如此类的问题是很难做出泾渭分明的区分的。如要严格区分的话，学校里许多学科都要取消。而道德和非道德价值在内容上比较接近，因此在学校中可以一起教授。“即使一个人获准教授一门伦理学或道德课，在实践中也不能不涉及广泛的价值问题，否则，就会陷于简单的说教和枯燥的分析。”①此外，对儿童的道德发展来说，不仅需要道德的教育，也需要其他价值领域的教育。

① Beck, C. *Better Schools: A Values Perspective*. New York: The Falmer Press, 1990, p.2.

二、理论来源

贝克的价值教育理论可在亚里士多德、霍布斯（T. Hobbes）、边沁（J. Bentham）、杜威和金斯伯格（M. Ginsberg）等人的伦理学思想中找到其哲学根源。

（一）亚里士多德

亚里士多德对贝克的影响主要表现在：从人性出发谈论道德问题，认为幸福即是至善，分析了组成“美好生活”的要素。贝克指出：“亚里士多德认为对人性的研究在决定何者为正当、何者为善之中是至关重要的，而且把对幸福和个人满足的追求看作合理和中心的人类活动；与柏拉图不同，他对组成人类‘美好生活’的各种追求和经验进行了详细的实际的分析。”①

在伦理学史上，柏拉图曾把至善归结为“善的理念”，认为唯有符合“善的理念”才有道德的价值。亚里士多德认为，柏拉图所说的那种不依赖于具体事物之善的所谓“善的本体”事实上并不存在，一般的善总是与具体的善相联系而存在。即使世界上有所谓善的理念，也是人们所不感兴趣的。因为这种“善的理念”并非人所能求得。他认为，至善即是幸福，就是“生活得好”，而幸福的标准即人的本质。善、幸福乃是人特殊本质的实

---

① Soltis, J. F., & Rehage, K. J. (Eds.) *Philosophy and Education: Eightieth Yearbook of the National Society for the Study of Education Pt 1*. Chicago: The University of Chicago Press, 1981, p.203.

现，正如一个演奏家，他的善就在于演奏出色；而一个雕刻家，其善则在于雕技精湛。所以，幸福本身是可欲求的。

为什么说幸福就是人的本质的实现呢？在亚里士多德看来，“幸福即是心灵合于完全德行的活动”。亚里士多德把人的心灵或灵魂划分为两个部分：理性的和非理性的。与此相应就有两种德性：理性的德性和非理性的德性。人们只要分别地实现了心灵的这两种功能，即具备了两种德性，进而使这两种德性处于一种有秩序的和谐之中，就达到了幸福和至善。可见，在亚里士多德那里，幸福并非局限于某一点，而是一个和谐的结构，即使理性和欲望的关系得到调和。调和理性和欲望的关系的基本准则是感官欲望必须接受理性的指导，以符合理性的“中道”要求。所谓中道也就是道德的“适度形式”，如勇敢是鲁莽和怯懦的中道，节制是放荡和麻木的中道等。亚里士多德根据对各种适度行为的考察，列出了一张道德“适度表”（见表 8–1）。[①]

表 8–1　亚里士多德对多种适度行为的考察

过度	适度	不及
鲁莽	勇敢	怯懦
放荡	节制	麻木
挥霍	乐施	吝啬
暴烈	和蔼	优柔
虚夸	信实	讥讽
滑稽	诙谐	鄙俗

① 黄伟合著：《欧洲传统伦理思想史》，华东师范大学出版社 1991 年版，第 63 页。

续表

过度	适度	不及
谄媚	友爱	乖张
嫉妒	义愤	怀恨
虚荣	自豪	卑贱

在亚里士多德看来，为善的道德只有一条——适度，为恶的道德却有多条——过度或不及。只有适度或合于中道才能为善，才是幸福。

贝克认为，从反省伦理学的立场看，亚里士多德的伦理学是有问题的，“尽管亚里士多德强调幸福、友爱、健康、聪慧、自尊等反省伦理学所确认的‘基本价值’，但在这一点上并不清楚，即伦理行为之所以正当乃是因为它们可以促进这些价值。它倾向于认为，道德行为之正当和为善乃是因为实现了一个人的本性，这在‘人性’问题上坚持的是一种形而上学的和规范的立场。道德行为可以促进一个人的幸福被看作使行为成为道德的刺激因素，在很大程度上是偶然的和侥幸的，并不是行为之所以正当和为善的原因。从反省伦理学的观点来看，这是不能令人满意的，因为它无法使人确定什么是正当的。人们无法按照反省方法所要求的，根据这些基本的人类价值对具体的和中间性的价值进行评价。”①

---

① Soltis, J. F., & Rehage, K. J. (Eds.) *Philosophy and Education: Eightieth Yearbook of the National Society for the Study of Education Pt 1*. Chicago: The University of Chicago Press, 1981, p.203.

一句话，在亚里士多德的伦理框架中，没有一种更为基本的价值作为行为之正当和为善的标准或根据。

（二）霍布斯

霍布斯是英国近代第一位道德和政治哲学家，是他真正完成了从中世纪伦理思想到近代伦理思想的转折。霍氏的伦理思想比较驳杂，笔者大致把它归纳为以下三点。

第一，人的欲望、情感乃是道德的根源，人的利益和幸福是道德的内在标准。霍布斯指出："凡任何可欲求的对象，便名为善；而他所仇恨及憎恶的对象，则名为恶。"[①]一切道德行为都是为了满足个人的欲求，欲望和情感不仅是道德的源泉，而且是一切行为的原动力。人生的终极目的是为了利益、安全和荣誉，所以，对幸福或利益的追求乃是一切伦理学的基础。

第二，自然法乃是实现个人目的、保全生命的重要手段。霍布斯认为，自然创造人类，因而，人生而有体力和智力上的平等。能力上的平等，同时产生了达到我们目的的希望的平等，从而为人与人之间的竞争提供了可能。而且，为了保全自己，人人都有侵犯他人的本性。这样，人便处于"人对人像狼一样"的互不信任、互相残杀的"自然状态"。摆脱自然状态的唯一途径就是设立"自然法"——道德法则。自然法的基本准则是"己所不欲，勿施于人"。它包括和平、履行公道、以德报恩、平等、和

① 周辅成编：《西方伦理学名著选辑》（上卷），商务印书馆 1987 年版，第 656 页。

顺等内容。在霍布斯看来，自然法是合理性、合情感的。就情感论，人人趋乐避苦，贪生怕死，自然法正是满足这种欲求的手段；从理性说，自然法乃理性之产物，因为理性告诉人们，只有放弃战争，签订社会契约，才能保全自己。二者相比，情感是根本的。人的自我保存、安全、利益、幸福是目的，自然法的一切条文则是实现目的的手段。

第三，自然法必须通过统治者的独裁才能实现。为实施自然法，霍布斯设想了一个无所不能的统治者，这个统治者是社会契约的管理者、自然法执行的监督者，统治者甚至就是自然法的化身，是道德的外在标准。

由此可见，贝克把霍布斯的伦理思想作为反省价值教育的哲学根源，他至少在这样几个方面接受了霍布斯的影响：人的需要和欲求乃是道德的根源，是人类行为的内在标准；自然法即道德准则本身不是目的，而是实现人类幸福和自然权利的手段；道德是为自己的美好生活服务的——在这一点上，贝克虽不像霍布斯那样持极端的个人主义或利己主义观点，但他对那种认为只有为他人活着才是道德的观点是持反对态度的。

贝克认为，从反省伦理学的立场看，霍布斯的伦理学有它的不足，一方面，这种伦理学所确认的基本价值过于狭隘，人不仅有利益、安全、荣誉等方面的需要，还有其他方面甚至是更为重要的需要；另一方面，过分强调了统治者对道德的控制作用，认为决定人类道德的不应是一个单独的统治者而应是人类更基本的公共需要。贝克指出：“任何可行的伦理学体系，包括反省伦理学，都必须考虑公共权威这一无可争议的事实，无论这一权威是合理的还是不合理的。但是，在霍布斯的体系中，我们得到的却是‘强权即真理’的观点。这与从基本的人类价值中系统地、反省地引申出正确和错误的观点是背道而驰的。”[①]

（三）边沁

近代英国伦理学家边沁的行为功利主义是贝克反省伦理学的又一重要理论来源。贝克承认：“边沁的立场在许多方面都与反省伦理学非常相似。”[②]由此，我们就有必要先来分析边沁的功利主义。

边沁的功利主义的主要原则是以他的人性论为基础的。他认为，人性是相同的，都是趋乐避苦的。边沁在《道德与立法原理》一书中开宗明义地指出：“自然把人类置于两个至上的主人——‘苦’与‘乐’——的统治之下，只有它们两个才能够指出我们应该做些什么，以及决定我们将要怎样做。”既然人性都是趋乐避苦的，那么，能够满足人们这种要求的行为和原则就是善的，即能够使人快乐的就是善的；反之，则是恶的。“功利原则指的就是：当我们对任何一种行为予以赞成或不赞成的时候，我们是看该行为是增多还是减少当事者的幸福。”[③]边沁的这一观点与康德的思想形成尖锐对立，在康德那里，道德原则的价值并

①② Soltis, J. F., & Rehage, K. J. (Eds.) *Philosophy and Education: Eightieth Yearbook of the National Society for the Study of Education Pt 1*. Chicago: The University of Chicago Press, 1981, p.204, p.205.

③ 周辅成编：《从文艺复兴到十九世纪资产阶级哲学家政治思想家有关人道主义人性论言论选辑》，商务印书馆 1966 年版，第 582 页。

不是视是否增进人类幸福而定，它本身就是善的，具有内在的价值。

那么，谁的利益和幸福才是道德原则的客观根据呢？边沁的回答是“最大多数人的最大幸福”，即“所有利益攸关人们的最大幸福，这种幸福是人类行为的正确适当的目标”。所谓最大多数人的最大幸福，在边沁看来，也就是所有个人的最大幸福，最大幸福是个人幸福的总和。所以，“边沁坚持——至少在他后来的思想中——追求一个人自己的最大幸福与追求‘最大多数人的最大幸福’是完全一致的。”①

既然边沁强调的是要满足最大多数人的最大幸福，而这种幸福的满足又依赖于行为的结果，所以他进而认为，行为的价值就在于行为的结果之中。也就是说，他是根据行为的结果而不是动机来评价人的行为的。一种行为有好的结果，不管其动机如何，都是好的；反之，则是坏的。

贝克在谈到边沁的功利主义对他的影响时曾经说过：“尽管边沁只注意一种单一的基本的人类价值——幸福，但他在坚持根据这种价值对具体的伦理规则和判断进行反省的立场上持不妥协的态度。边沁极力反对任何传统的或‘直觉’的价值，因为这种

---

① Soltis, J. F., & Rehage, K. J. (Eds.) *Philosophy and Education: Eightieth Yearbook of the National Society for the Study of Education Pt 1*. Chicago: The University of Chicago Press, 1981, p.205.

价值无法根据是否增进幸福来最终被证明是合理的。”[①]显然，贝克虽然反对边沁把幸福或快乐作为唯一的善，但却接受了幸福乃是最基本的价值、一切具体的道德判断都必须以是否增进幸福为最后根据这样一种观点。此外，“边沁强调结果的重要性，他的这一立场与反省伦理学也是接近的。道德行动本身并不是正当的。判断一种行为是否正当必须追溯这一行为的后果，在反省伦理学中，要一直追溯到它对基本的人类价值所产生的后果，在边沁那里则要看它对幸福的后果”[②]。

贝克认为，边沁功利主义的主要问题有三个。第一，视幸福为唯一的道德标准。事实上，幸福或快乐并不是判定道德善恶的唯一标准，伦理学的基础在于它承认一系列相互联系的基本的人类价值，快乐、幸福只是其中之一。第二，要求为所有地方的所有人谋幸福而不是偏爱我们自己和我们所在的团体，这与人的本性不符，因而它是不可行的，在理论上也是不能接受的。第三，边沁的立场有过分自然主义的倾向，没有给予人性与对人性有重要影响的宗教和文化传统之间的相互作用适当的说明。

（四）杜威

美国学者埃利亚斯在谈到杜威对贝克的影响时指出：“从贝克对批评性探究的重视可以发现杜威的影响。贝克从杜威那里借

①② Soltis, J. F., & Rehage, K. J. (Eds.) *Philosophy and Education: Eightieth Yearbook of the National Society for the Study of Education Pt 1*. Chicago: The University of Chicago Press, 1981, p.205, p.205.

用了坚持对所有可能的价值开放、对行动的结果进行反省、认真考虑人的本性以及批评性地评价传统这样一些思想。”[①]对此，贝克早就说过：“杜威的许多主张如强调开放、对结果予以反省、认真对待人性、认真对待传统但要对它们进行评价等，对反省伦理学都有吸引力。”[②]这里仅从批评性探究、开放两个方面来分析。

“探究”是杜威教育哲学的一个重要概念。他指出：“凡有价值的地方就有探究的因素，因为要形成一个目的和追求这个目的就要采取行动以满足现有的需要，补充现有的匮乏，解决现有的冲突。”[③]显然，探究产生于冲突，产生于需要的不满足。一个冲突或问题情境的解决表示一个切近目的的实现，而随着主体与环境不断的相互作用，还会有新的问题、新的冲突需要他不断地追求，不断地探究。在价值教育上则要求鼓励儿童通过批评性探究去发现什么是正确的，并帮助他们为追求合理的价值而利用固有的能力。在杜威看来，什么是正确的问题始终是一个复杂的问题，它不仅要考虑个人的需要，而且还要考虑各种社会生活条件。人的需要和环境两方面的变化最终决定什么是正确的，因

---

① Elias, John L. *Moral Education: Secular and Religious*. Malabar, Fla.: R. E. Krieger Publishing, 1989, p.159.

② Soltis, J. F., & Rehage, K. J. (Eds.) *Philosophy and Education: Eightieth Yearbook of the National Society for the Study of Education Pt 1*. Chicago: The University of Chicago Press, 1981, p.207.

③ Dewey, J. *Theory of Valuation*. Chicago: The University of Chicago Press, 1939, p.34.

而，人们对什么是正确的理解也是不断变化、发展的。所以，道德教育可以被界定为主体持续不断的探究。由于什么是正确的和有价值的是儿童自己领会和发现的，所以，儿童就能主动地接受并遵循它。

强调通过探究发现什么是正确的，事实上蕴含了这样的意思：一切价值都是相对的而不是绝对的，都是变化的而不是固定的。没有一种先在的、正确的道德真理，任何文化准则和道德规则都将随社会和个人需要的变化而变化。价值本身是一个开放的系统，凡是人们通过科学的方法或探究得来的、在实践中产生实际效果被证明为合理的价值，便都是真理。

杜威关于开放性探究在价值学习中的作用的看法对贝克产生了很大影响。在贝克看来，价值获得的过程也是一个不断反省和探究的过程。因为价值问题很少是黑白分明、绝对正确或完全错误。对一个价值问题通常有许多比较好或比较不好的解决办法，儿童只有通过自己的反省思考或探究才能决定何者为善，何者为正当。同时，贝克也指出，价值乃是一个综合、开放的系统，即使是人类的基本价值也是通过不断的反省来确定和提炼的。

（五）金斯伯格

莫利斯·金斯伯格的哲学和社会学思想是贝克反省理论的又一重要来源。他对贝克思想的影响主要表现在他不仅确认了一系列基本的人类需要和价值，而且认为这些价值和需要是跨宗教、跨文化的。

金斯伯格指出："道德问题总是与人类的基本需要联系在一

起的。”[1]所以，“道德家应该尽可能准确地了解人类的需要以及满足这些需要的可能性”[2]。金斯伯格列举了人类大量的基本需要，包括肉体的、精神的和社会的需要。[3]这些需要，在贝克看来，与反省伦理学所确定的基本的人类价值是十分一致的。[4]

金斯伯格不仅确定了人类的基本价值，而且认为这些价值是不同的宗教和文化传统中的人们所共同持有的。他指出：“相对主义一般都强调道德是极为多样化的。但是，道德的相似性远大于道德的多样性。韦斯特马克——一个相对主义者——在细致调查研究的基础上，自己就得出了这样的结论：‘初民习俗所规定的道德规则与文明国家的道德规则是非常相似的。’我可以断言，后来人类学家的研究也有力地证实了他的这一结论。不同的宗教派别在强调道德的内在本质、爱及其责任的普遍性上却是一致的。哲学家们在侧重点上虽各有不同，但对人类善的说明都没有逃出以幸福、智慧、美德、履行诺言来说明善这个圈子。除去一些表面的分析，这些价值是互相联系的，占据了社会生活的大部分内容。”[5]

据此，贝克指出：“金斯伯格的立场非常接近反省伦理学的立场。他认为，存在一套相互联系的基本的人类价值，这些价值

---

①②③⑤ Ginsberg, M. *On the Diversity of Morals*. London: Heinemann. 1956, p.135, p.134, p.134, p.134.

④ Soltis, J. F., & Rehage, K. J. (Eds.) *Philosophy and Education: Eightieth Yearbook of the National Society for the Study of Education Pt 1*. Chicago: The University of Chicago Press, 1981, p.209.

是不同文化中的人们所共同持有的，而且能够也一定是判断更具体的道德问题的基础。”[①]

三、对当代道德教育方法的批判和继承

反省方法乃是一种综合的价值教育方法。这种综合性不仅表现在它有属于自己的完整的理论和实践体系，而且还表现在它对当代其他道德教育理论和实践策略的充分吸收和利用。用贝克的话来说就是：价值教育的反省方法是在吸收其他方法的长处、避免其他方法的不足的基础上发展起来的。如果说，亚里士多德等人的伦理学思想为反省方法的产生提供了哲学上的背景，那么，当代各种道德教育的实践方法则为贝克提供了思考价值教育问题的基本框架。因此，分析当代几种主要的道德教育方法与贝克之反省策略的关系，是十分必要的。

（一）说教和规劝

说教和规劝（sermonizing and exhortation）是20世纪20年代流行于北美的一种主要的价值教育方法，又称“品格教育”。根据这种方法，各种道德规则以及这些规则所要求的品格必须通过奖励或惩罚、规劝、树立榜样以及问答式教学等手段灌输给学生。教师的责任在于告诉儿童什么是正当的、什么是错误的，什

---

① Soltis, J. F., & Rehage, K. J. (Eds.) *Philosophy and Education: Eightieth Yearbook of the National Society for the Study of Education Pt 1*. Chicago: The University of Chicago Press, 1981, p.209.

么是神圣的、什么是邪恶的，哪些是应该做的、哪些是不应该做的，并通过一切可能的手段说服儿童使之趋善避恶。贝克认为，这种教育方法的主要问题在于：仅仅通过对美德和邪恶进行反复的陈述和说明并不能产生积极的教育影响，这一点已为哈特肖恩和梅的品格教育研究所证实；这一方法几乎不涉及人们尚未意识到的责任问题，也不能就为什么要履行自己的责任提供新的见解，从而使这种教育丧失了必要的理智基础；强调说教、传授道德的知识，因而基本上是一种认知的方法，但是由于根本不考虑学生的理智能力或认知因素在教育过程中的作用，因而，它所提供的认知因素是极其有限的。尽管如此，这种方法仍有其合理之处，而且，当代道德教育理论家往往过分夸大了这种方法的不足。事实上，它所提出的一系列价值和美德对任何社会来说都应有一席之地，而且，这些具体的美德也不能完全用一种普遍的原则来代替。在某一特定社会或团体中，利用奖惩、反复说明和规劝来维护该团体的一些基本要求，往往也是有效的。此外，对某一特定的社会和文化而言，某些直接的影响并不总是错误的，有时候这些直接的影响是必要的和切实可行的。事实上，这一方法所包含的某些思想就是贝克价值教育思想的一部分。

（二）治疗法

在当代学校道德教育方法中，有些是来自心理学的方法。这些方法的主要目的是试图克服传统道德教育中的过度的认知主义倾向。其中以美国人本主义心理学家罗杰斯的“以患者为中心”的治疗法（therapeutic approaches）最负盛名。罗杰斯认为，只要制造一种优化的心理气氛，每人都有一种内在的自我理解和改变其对自己、对他人的看法的可能性，并能表现出自我指导的行为方式。因此，他指出，在对问题儿童或“患者”进行治疗时，治疗者要鼓励患者自己叙述问题，解决问题，不向患者解释过去被压抑于潜意识中的经验与欲望，也不对患者的自我报告加以赞许或批评，只是适当地重复患者的话，帮助患者澄清思路，使患者自己逐渐克服自我概念和理想概念之间的不协调，接受和澄清当前的行为态度和情绪，以达到自我治疗的效果。这种方法的指导思想是：治疗者不应把对方看作病人，在与对方的接触中，双方享有同样的权利。

贝克指出：“这种心理学的观点是重要的，它既可以识别人类态度和行为中的某些因素，也可以处理特殊的行为问题和理解上的‘障碍’。”[①]而且，这种方法还可以提高“患者”自我评价的水平以及对经验抱一种更为开放的态度。这些因素对反省方法来说，都是非常重要的。但是，贝克也指出，这种方法的一个很大不足在于缺乏对价值发展进行理论上的说明。它假设，人们知道什么是对的、什么是善的，需要的只是用一些心理学的方法在人们身上建立一套适当的价值并清除那些阻碍价值产生或表现的心理障碍。然而，贝克认为，大部分价值问题都与了解什么是正确的、为什么是正确的问题有关。人们行为的失当通常并不是因为他们有什么心理问题或心理障碍，而是因为他们不懂得什么是适当的

① Beck, C. *Better Schools: A Values Perspective*. New York: The Falmer Press, 1990, p.2.

行为。在贝克看来，甚至有些治疗者、教师乃至社会团体也不知道究竟什么是正当的以及为什么是正当的理由。所以，贝克认为，这些心理学的方法走向另一个极端，忽视了认知因素的作用。

（三）促进自然发展的方法

促进自然发展的方法（stimulating natural development）是由皮亚杰和柯尔伯格所倡导的一种方法。贝克认为，皮亚杰强调随着儿童与外部环境的相互作用特别是与他人的合作，儿童能够自然地改善自己的道德判断，这显然低估了教师在道德教育中的作用。柯尔伯格以皮亚杰的观点为基础，仍然强调儿童道德自然发展的核心地位。但与皮亚杰不同，柯尔伯格在重视儿童道德依照自然法则发展的同时，并没有否定环境和教育对于促进儿童道德发展的作用，而且提出了有助于这种发展的两种途径——向儿童提供揭示他们目前不适当的道德推理方式的道德两难问题并组织他们进行讨论；在学校建立一种“公正的团体”，从而为儿童磨炼自己的观点和行为提供机会。贝克认为，这种方法的优点是明显的：它对儿童自己建构道德观念的能力所持的乐观主义态度——儿童是“道德哲学家”，是自己道德观念的建设者——反映了道德教育的一个巨大进步；它所提出的促进道德发展的建议和方法乃是对目前价值教育方法的一个重要补充①；具体而

---

① Soltis, J. F., & Rehage, K. J. (Eds.) *Philosophy and Education: Eightieth Yearbook of the National Society for the Study of Education Pt 1*. Chicago: The University of Chicago Press, 1981, p.193.

言，两难问题讨论法现已成为检验各个阶段道德观念和原则水平的一个重要方法，许多教育工作者把它作为一种主要的价值教育方法，在一定程度上乃是因为这种方法避免了价值的说教，因而避免了灌输问题；而且，这一方法也为人们开辟了一条新的思想路线，提出了许多很容易被视为理所当然的问题。贝克认为，这一方法的主要问题在于对个体的道德发展过于乐观，低估了道德理论、教师、学校和社会对人的价值可能产生的影响。道德问题讨论法在实践中也并非像柯尔伯格所说的那样有用。沉溺于两难问题势必强化人们的这样一种错误观念，即认为大部分道德问题都是两难问题。事实上，价值问题几乎不存在绝对正确或错误的结论，对一个价值问题的解决也通常没有唯一正确的答案。结论的合理性是相对的。此外，由于两难问题本身的复杂性，也容易挫伤学生价值探究的积极性。[①]鉴于此，贝克虽把“问题中心法”作为反省价值教育的一种主要方法，但他对这一方法与两难问题法做了严格的区分。[②]

（四）教授推理技能

教授推理技能（tcaching reasoning skills）是针对道德灌输而提出的一种价值教育方法。该方法认为，价值教育的目的在于培养有关道德推理的技能或能力而不是灌输特定的价值和信仰体

①② Soltis, J. F., & Rehage, K. J. (Eds.) *Philosophy and Education: Eightieth Yearbook of the National Society for the Study of Education Pt 1*. Chicago: The University of Chicago Press, 1981, p.193, p.199.

系。这一方法在 20 世纪 60 年代曾被美国哈佛大学的社会研究教育人员广泛采用，并在纽曼和奥利弗（D. Oliver）所著的《澄清公众的争论》一书中进行详尽的阐述。他们认为，积极的教学应该：①只限于教授事实的知识；②是一种分析的模式，这种模式主要在于澄清对有争议的社会问题的各种不同看法以及这些问题本身的性质；③教授能够满意地解决问题的推理技能。对于教学的内容，教师应该持一种中立的、客观的或旁观者的立场，扮演一个中立性的讨论者和事实知识的源泉的角色。事实上，除了纽曼等人以外，在当代道德教育理论家中，像柯尔伯格、威尔逊和拉思斯等人也都是技能教学派的代表。贝克本人也是技能教学的积极拥护者，但贝克也指出："这种方法的主要困难在于试图教授没有内容的技能，认为不应该在课堂上帮助学生获得某些现实的价值观点，而是提供一套能够在现实中运用的推理技能。"①在他看来："尽管教授解决问题的技能应当成为价值教育的目的和过程的一个重要组成部分，但是，如果学生要发展一种更能适合于日常生活的价值系统，还必须教授一些实际的价值观点。"②此外，教授推理的技能虽然能在一定程度上避免灌输，但灌输不仅与内容有关，而且与教学方法有关，况且，反对灌输也并不意味

---

① Soltis, J. F., & Rehage, K. J. (Eds.) *Philosophy and Education: Eightieth Yearbook of the National Society for the Study of Education Pt 1*. Chicago: The University of Chicago Press, 1981, pp.192–193.

② Beck, C. *Better Schools: A Values Perspective*. New York: The Falmer Press, 1990, pp.153–154.

着要拒绝接受一切内容。

（五）价值澄清法

如前所述，价值澄清法（values clarification）的主要任务在于帮助学生积极参与一种特定的评价过程，澄清自己价值的性质和结果，并使其服膺。价值澄清法反对教授具体的价值内容，也不试图对这些价值在客观上是否合理做出评价。它要培养的是有高度自尊和自我指导能力、自信和整合型的学生。因此，它对学生实际拥有的价值抱有相当乐观的态度（学生实际拥有的价值与人们认为他们应该拥有的值往往是不同的）。

贝克认为："这一方法提出了许多有价值的澄清价值的策略和方法。显然，对任何一种合理的价值教育方法来说，为了使人们能够批判地评价他们的价值，使他们更充分地认识到这些价值是至关重要的。尽管价值澄清学派所提倡的一些方法和活动涉及了个人经验中一些非常敏感的领域，因而需小心对待。但是，总的来说，价值澄清的各种策略对于保证价值学习特别是课堂上的价值学习的趣味性和富有成效是非常有用的。"[①]在另一场合，他还指出："我们必须承认这一方法的某些积极的方面，并把这些方面纳入一个综合的价值教育计划中去。学生应该对他们的价值

① Soltis, J. F., & Rehage, K. J. (Eds.) *Philosophy and Education: Eightieth Yearbook of the National Society for the Study of Education Pt 1*. Chicago: The University of Chicago Press, 1981, p.194.

有更清楚的认识，对他们自己价值的适切性抱有更大的信心。”[①]

从哲学意义上讲，价值澄清的错误在于它不承认价值在客观上是有善与恶、正当与不正当之分的；在于它不承认个人的价值并不总是正确的。在教育实践中，只鼓励学生澄清自己的价值而不对这种价值本身的性质加以评价，“显然与教育哲学家所强调的应重视探究和批评性评价的观点是对立的”[②]。在贝克看来：“承认人们在有关正确和错误问题上有不同的观点是一回事，而坚持正确和错误的问题只是‘观点问题’（如果我们真正相信某些事情是正确的，那么它就是正确的），则完全是另一回事。”[③]价值澄清学派的价值相对主义和主观主义是贝克所极力反对的。

（六）利用学校组织和气氛进行教育的方法

利用学校组织和气氛进行教育的方法（the school organization and atmosphere approach）也是针对道德说教所提出的一种方法。在西方道德教育领域中，有一种较为流行的说法——“道德不是教来的，而是通过感染获得的”。持这种观点的教育家坚持认为，学校组织和气氛乃是影响儿童价值的唯一途径；另有一些教育界人士虽不赞同这种极端的观点，但也认为，学校的组织、气氛至少是影响儿童道德发展的一个重要因素。事实上，从 20 世纪初

---

① Beck, C. *Better Schools: A Values Perspective*. New York: The Falmer Press, 1990, p.154.

②③ Soltis, J. F., & Rehage, K. J. (Eds.) *Philosophy and Education: Eightieth Yearbook of the National Society for the Study of Education Pt 1*. Chicago: The University of Chicago Press, 1981, p.194, p.194.

进步主义教育的代表杜威到60—70年代的道德教育理论家柯尔伯格、威尔逊等人都在不同程度上强调学校组织和气氛的重要性。如柯尔伯格的“公正团体”“隐蔽课程”，威尔逊的“学校教育的家庭模式”以及杜威的“学校生活”等都是反映这一观点的典型策略。

贝克认为，讨论学校组织和气氛的价值教育作用，应首先搞清两个问题：一是在多大程度上价值探究对于价值教育是重要的，二是在多大程度上价值探究可以通过学校的组织气氛来实现。关于第一个问题，贝克指出，必须坚持探究在价值教育中的核心地位，反对那种认为道德不是教来的而是通过感染获得的观点。关于第二个问题，贝克指出，必须承认，在学校进行的大量的价值教学在一定程度上确实是通过学校的组织和气氛来实现的。所以，反省方法一方面强调学生的批评性探究，另一方面主张通过建立有利于这种探究的学校组织和气氛来实施价值教育。在贝克看来：“学校的组织和气氛必须被看作是完整的价值教育计划的一个重要因素。一所学校，如果不能实践它在价值方面所教的内容，它就什么也没教。”①

显然，在贝克看来，上述各种方法在研究范围上太狭窄了，都是只注意到了价值教育的某一两个方面。一个合理的价值教

---

① Soltis, J. F., & Rehage, K. J. (Eds.) *Philosophy and Education: Eightieth Yearbook of the National Society for the Study of Education Pt 1*. Chicago: The University of Chicago Press, 1981, p.195.

育计划不能指望仅仅依靠一种或几种方法即能解决问题。“事实上，为了我们自己的学习，也为了向别人教授价值，我们需要把所有这些方法和更多其他的方法结合起来从而形成一种综合的方法。”[①]我们认为，价值教育的反省方法作为一种可供选择的综合模式，即使不能说这种方法完全避免了上述各种方法的不足，但至少是充分吸收了它们的长处的。

第二节　贝克的价值教育哲学

一、论当代道德教育的基本理论问题

（一）个人和社会

关于个人和社会在道德和道德教育中的地位及关系，在我们已经分析过的道德教育理论中，大致可分三种立场：个人中心论、社会中心论、个人与社会统一论。个人中心论的主要代表是价值澄清学派，社会中心论的主要代表当推涂尔干，杜威和柯尔伯格则是统一论的典型代表。贝克的价值（道德）教育理论基本上属于个人中心主义的立场，至少可以说，他是从人、个人而不是社会出发来谈论道德和道德教育问题的。

首先，贝克认为，道德与人的需要、欲望和情感有关，单纯的利他主义和准则义务论从根本上说是错误的。利他主义坚持道

① Beck, C. *Learning to Live the Good Life: Values in Adulthood*. Toronto: OISE Press, 1993, p.15.

德的本质在于为别人尽义务，一种行为之所以是道德的、善的，就在于它给别人带来了幸福或快乐，自我的幸福不是善的客观根据。“为他人谋福利”“为别人活着”乃是利他主义的基本信条。准则义务论者如康德则认为，同其他行为不同，道德行为植根于受特定道德理性指导的善良意志，与人的欲望和情感无关。出自对普遍的道德原则尊重的行为即是道德的行为，凡受情感和欲望支配的行为则是不道德的，即使帮助他人的欲望也不能成为真正道德行为的动机的一部分。所以，服从“绝对律令”本身即是道德生活的目的。贝克则认为，如果说道德价值与其他价值形式有什么不同的话，那么，这种不同也绝不在于它与欲望、需要无关。事实上，刚好相反，一个真正的道德决定恰恰反映了“去做我们认为我们应该做的欲望和去做其他事情的欲望之间的内在冲突”[①]。正是这种冲突的解决体现了人们的“道德品格”和“道德力量”。在贝克看来，人的欲望、期望、目的和情感乃是一切行为的原动力，也是道德行为的根本动机。“许多道德行动显然都出自一种强烈的助人和实现个人目的的欲望。”[②]换言之，“同其他形式的行为一样，道德行为也需要以一种牢固的情感、态度、倾向、知识和理解能力为基础”[③]。

---

① Beck, C. *Moral Education in the Schools: Some Practical Suggestions*. Toronto: OISE Press, 1971, p.28.

②③ Beck, C. *Better Schools: A Values Perspective*. New York: The Falmer Press, 1990, p.144, p.144.

那么，人最基本的道德需要是什么呢？在贝克看来，人最基本的道德需要和欲望就是追求幸福、追求美好的生活。据此，“道德的目的即是服务于人类幸福”[①]。某些道德行为和品质如负责、可靠、忠诚、诚实、自制、无私、公正、仁慈等之所以是善的，就在于它们可以促进人的“美好生活”，可以增进人类幸福。所以，“道德本身不应被视作目的，而应被看成实现美好生活的一个手段”[②]。真诚、可靠本身并不是善的，它们之所以为善，是因为它们有助于人们生活得更好。有时为了人们的整个利益，我们必须说谎（“善的谎言”）或违背诺言。[③]贝克指出：“社会、宗教领袖、父母、教师经常努力说服我们，道德价值本身即是目的。他们告诉我们，反抗权威、公然反对我们的国家、同性恋、婚前性行为、对长者不恭、在学校不努力工作就是错误的。但是，我们认为，这只是在向我们强加某种权威，避而不谈这些禁忌究竟是为谁的利益服务的。显然，这些权威并不把道德规则视为规范自己的行为的绝对准则，只要他们认为环境许可，马上就会说谎或违背诺言。他们并不希望我们有同样的自由，对这一事实我们应有所警惕。”[④]以道德本身为目的，为道德而道德，为服从而服从，事实上是牺牲了人的利益，“强迫人们以一种服务于既成团体利益的方式生活”[⑤]。在这里，贝克的以人为中心的道

①⑤ Beck, C. *Better Schools: A Values Perspective*. The Falmer Press, 1990, p.144, p.145.

②③④ Beck, C. *Learning to Live the Good Life: Values in Adulthood*. Toronto: OISE Press, 1993, p.4, p.4, p.4.

德目的观是显而易见的。

然而，道德究竟是为谁的利益服务的，是为自我的、他人的，还是为所有人的？在贝克看来，道德主要是为个人——自我和他人特别是所在团体或“内在团体”（the inner group）的自我和他人的利益服务的。“我并不是说应该把道德作为实现我们自己幸福而反对别人幸福的一种手段。我们所理解的道德对每个人的幸福来说都是重要的。”[①]所以，贝克认为，他采取的不是一种自私的或“利己主义”的立场。在处理自我和他人的关系问题时，要求“既要在相当的程度上考虑我们自己的需要，又要在相当的程度上考虑别人的需要。走向一个或另一个极端都是错误的”[②]。在这里，贝克主要批判了利他主义的极端倾向。他认为“只为他人活着而不考虑他自己的利益”不仅是错误的，而且也是不现实的。即使在“非我即他”“非他即我”的极端情形下，同时考虑双方的利益仍然是重要的。贝克指出：“如果只有在牺牲自己生命的情况下才能使他免死于车轮之下，我可以救他。但是，我们不明白在这种情况下，道德行为正当的原因是什么。也许我应该为他牺牲自己，但是，显然我也可以不这样做，而且即使如此，我仍然是一个很有道德的人。那些用这样一种情况为极端利他主义辩护的人会认为人们显然应该这样去做。但是，对为

① Beck, C. *Learning to Live the Good Life: Values in Adulthood*. Toronto: OISE Press, 1993, p.4.

② Beck, C. *Moral Education in the Schools: Some Practical Suggestions*. Toronto: OISE Press, 1971, p.29.

什么要这样做才是正当的并不十分清楚。”[1]事实上，贝克在这里已经走上利己主义的道路。

贝克对道德的性质和目的的个人主义倾向，在他对教育的看法中也得到明显的反映。他认为：“学校教育的目的是要促进人的幸福，‘为生活’而教育。”[2]为此，就必须反对那种权威主义的教育方法。在他看来，学校教育的“主要不道德”之处表现在教育者对待学生的方式上。由于学生的幸福乃是教育的核心，所以，在价值教育问题上，必须把重点放在改正这种错误的教育方式，“真正满足学生的需要”[3]，使之成为一种“开放的、以儿童为中心的、相互作用的学校教育”[4]，成为一种“更为儿童中心的、更为民主化的学校教育”[5]。这就要求为儿童提供更多自我控制和自我吸收的空间，与儿童共同就价值问题进行讨论和推理，提供有关的信息和论据以确保学生的价值观是他们自由选择来的。这里值得注意的是，贝克虽然认为学生中心和对话式的教育与教育的有效性有密切的联系，但他并不否认对儿童进行价值教学、向学生传授价值内容的必要性。在他看来，强调学生的自由和主张直接的道德教学并不矛盾。这一点，后面还将提到。这

---

① Beck, C. *Moral Education in the Schools: Some Practical Suggestions*. Toronto: OISE Press, 1971, p.30.

②③ Beck, C. *Values in Adulthood: Learning to Live the Good Life*. Toronto: OISE Press, 1993, p.7, p.31.

④⑤ Beck, C. *Better Schools: A Values Perspective*. New York: The Falmer Press, 1990, p.31, p.31.

也是贝克与当代其他道德教育理论家的一个重要区别。

总之，虽然贝克在强调个人幸福之重要性的同时并没有否认社会的重要性，但在他看来，社会并不是决定道德和道德教育目的的最后根据。

（二）理智和行为

如前所述，理智和行为的关系问题是道德教育理论和实践中的一个至关重要的问题。每一个道德教育理论家在解决这一问题时所采用的方式也许会有所不同，但不大可能会丝毫不涉及这一问题。同其他认知主义道德教育理论家（如柯尔伯格）一样，在理智和行为的关系问题上，贝克主要关心的是理智而不是行为，尽管他并不否认行为及其与理智的关系的重要性。

贝克指出："我们承认，价值教育包括两方面的内容：确定一个人的价值（包括一个人基本的生活价值和目的）应该是什么；根据这些价值来生活。"①价值教育的第一个方面的内容属于"价值探究"的范畴，而第二方面的内容则主要指实践和行动。"在一个综合的价值教育计划中，学生的感情和行为必须和理智能力统一起来。"②也就是说，对任何价值或道德教育计划来说，价值探究以及根据这种探究的结果来行动都是两个必不可少的要

① Beck, C., et al. *The Moral Education Project (Year 3)*. Toronto: Ontario Ministry of Education, 1976, p.1.

② Soltis, J. F., & Rehage, K. J. (Eds.) *Philosophy and Education: Eightieth Yearbook of the National Society for the Study of Education Pt 1*. Chicago: The University of Chicago Press, 1981, p.198.

素，而且，使这二者在学生身上实际地统一起来乃是道德教育的一个重要任务。然而，贝克进一步指出："在实践中，对价值的探究虽然不能和实施这些价值完全区分开来，但由于通常受学校课堂情境的限制，我们的计划倾向于以价值教育的价值探究方面为中心。"①

在价值的获得和价值教育过程中，贝克何以如此强调探究的作用？在他看来，价值是开放的，而不是封闭的；是变化的，而不是永恒的。"即使那些基本的价值也是在不断变化的，我们从来没有一劳永逸地解决过价值问题。这部分地是由于我们的文化、经济和生态环境在不断地变化，要求我们不断调整自己的生活方式。"②这就要求人们不断地重新确立自己的生活目的以及达到这一目的的手段或方法。为此，鼓励人们努力发现在生活中什么是真正重要的、什么是值得追求的，就十分必要。贝克指出，在西方国家经济高度发展、物质生活极为丰富的背景下，人们之所以会感到"失望"和"道德混乱"，其主要原因就在于丧失了对价值不断探究的努力。在社会混乱不堪的情况下重新求助于宗教的帮助这一事实本身就说明人们对宗教曾经所采取的态度是何等的冲动。这种"把婴儿同洗澡水一起倒掉"的行动正是缺乏反省的表现。所以，贝克指出："当代西方社会对价值探究的忽视

---

① Beck, C., et al. *The Moral Education Project (Year 3)*. Toronto: Ontario Ministry of Education, 1976, p.2.

② Beck, C. *Learning to Live the Good Life: Values in Adulthood*. Toronto: OISE Press, 1993, p.9.

已经产生了非常令人遗憾的后果。”①

对价值的探究或反省主要有两方面的内容：一是对基本的人类价值或最终的生活目的进行探究或反省；二是根据这些基本价值和目的对更为具体的或中间性的价值进行反省。通过对各种价值进行反省探讨，可以：①保证人们在事实问题上不会轻易犯错误，譬如，人们可能会对他的某一职业伙伴的诚实和足智多谋大加赞赏，但通过反省可能发现这个人既不诚实也不像想象的那样机智；②使原先不确定的价值变成确定的价值，即在反省的基础上，根据已有的有充足理由或有把握的价值对那些没有适当基础的价值进行批评、修改并最终证明其合理性，使之成为自己价值系统中的一部分；③把手段性价值变成目的性价值，即原来作为达到某一目的的手段性价值，通过反省会认识到，所要达到的目的性价值与借以达此目的的手段性价值相比并不怎么重要；④获得并不断修改和提炼一套基本的或最终的生活目的，这种价值或生活目的至少在他看来是重要的，由于价值是自己经过反省自由选择来的，在实践中自然也是能切实实行的。

在贝克看来，价值教育中的理智因素并不仅仅表现在反省或探究上，还表现在有充分的或丰富的用以反省的知识内容或经验。我们之所以会在道德上犯错误，很大程度上是由于我们无知、缺乏做出道德决定所必需的事实知识和理解能力所致。这些

① Beck, C. *Learning to Live the Good Life: Values in Adulthood*. Toronto: OISE Press, 1993, p.16.

知识至少包括：有关价值理论的知识，了解特定行为结果的知识，实现目的的各种途径的知识，观察世界、探讨生活的各种途径的知识，等等。①贝克认为："即使最善良的人，如果不能充分地理解其行动的结果，也会做出野蛮的行动来。"②

值得注意的是，贝克在其反省或批评性探究思想中特别强调情感的作用。他认为，反省一词既指认知因素也指情感因素。"价值教育既是认知的，又是情感的。它包括对基本的人类价值以及与之相应的中间性的和具体的价值进行探究，也包括情感、态度以及与通过探究建立或提炼的价值相一致的行为方式的发展。"③在价值教育中，把"认知的讨论"和"情感体验"对立起来是极端错误的。因为，"一方面，讨论实际上是高度情感的；另一方面，课堂体验和活动，如果是有用的，在正常情况下也必然是在艰苦思维的背景下进行的"④。

由上可见，贝克之所以着力分析价值探究而不是行为或行为和理智的关系，除了上述贝克所说的实际困难以外，我们认为还有一个更为重要的原因，这就是：在贝克看来，似乎只要通过反

---

① Beck, C. *A Model of Dialogue for Democratic Moral Education: Theory and Practice*. Presented at the Annual Meeting of the A. M. E., Athens, Georgia, November 8, 1991.

② Beck, C. *Better Schools: A Values Perspective*. New York: The Falmer Press, 1990, p.146.

③④ Soltis, J. F., & Rehage, K. J. (Eds.) *Philosophy of Education: Eightieth Yearbook of the National Society for the Study of Education Pt 1*. Chicago: The University of Chicago Press, 1981, p.210, p.98.

省建立起自己的价值，人们就能依此行事。

（三）自律和他律

贝克并没有专门讨论他律和自律问题，但是，从他 20 世纪 70 年代初期对柯尔伯格发展理论的接受、对柯尔伯格发展阶段模式的修改以及他在价值和价值教育上的看法，仍可看出他在这一问题上的基本倾向。

根据柯尔伯格的发展模式，贝克提出了学生道德发展的六个阶段。[①]

阶段 1：简单的权威定向。

这一阶段的学生并不理解成人道德的目的，但对这些目的无条件地尊敬。这种状况部分是由于早期的条件作用，部分是由于自己的观察：权威人物非常重视它，无视它的人遭到惩罚。不过，具有这种定向的学生相当可爱，在许多情境中很容易相处。道德在他的生活中并不发挥多大作用。

阶段 2：简单的独立定向。

这一阶段的学生对道德的目的有了某种模糊的认识，但是，由于他的生活主要以自身利益为定向，所以，极易认为道德就是为人们特别是自己的利益服务的。该阶段的学生虽不像阶段 1 的学生那样尊重权威，但害怕由于违反道德规则而招致惩罚，因此对他人和他们需要的关心和理解很容易受到限制。但是，

---

① Beck, C. *Moral Education in the Schools: Some Practical Suggestions*. Toronto: OISE Press, 1971, pp.12–13.

这种学生在各种因素影响下，也可能是一个可爱的、体贴人的学生。

阶段 3：有限的服从定向。

以这种定向为特征的学生的生活更趋于取悦和帮助他人，但是尚不理解广泛的、一般的规则系统的要求。结果，易于把道德理解为帮助和取悦于一个有限团体中的人们。他对自己行为结果的了解还相当有限。关心有道德的目的主要是为了取悦于附近的人。尊重一般的道德或法律规则一定程度上是因为他感到关心这些规则的人一定有他们关心的充足的理由。但是，当这些规则与人的某些明显的需要发生冲突时，他们就会抛弃规则。

阶段 4：广泛的服从定向。

这个阶段的学生一般都能帮助别人，但是对人性的看法较阶段 3 更为悲观。他能理解为什么要设置这样一个规则系统，感到除非我们拥有并强化这一规则系统，否则，生活和社会秩序就会遭到破坏，道德混乱就会产生。在很大程度上，遵守规则和维持秩序本身即是目的，但是，这个阶段的学生也开始意识到道德服务于更明显的生活目的，如生存、安全、健康等。

阶段 5：以进步和契约为定向。

这一阶段的学生开始对社会规则赖以发展的社会、法律、道德的进步有所理解，逐渐认识到规则体系即契约是人们一致同意的调节行为的方式，应服务于更为终极性的原则和生活目的。对人性不再悲观，也不再相信违反规则就会导致混乱。

阶段 6：以最终的生活目的为定向。

阶段 5 的学生把道德归结为社会的过程和契约，阶段 4 的学生把道德归结为规则和秩序，而对阶段 6 的人（如果存在的话）来说，道德的唯一目的就是服务于基本的生活目的，如自由、爱、快乐、生存、自尊等。虽然他承认规则、过程、契约和原则的重要性，但是认为这些只是最大限度地实现自己和他人最终生活目的的手段。

贝克进一步把阶段 1、阶段 2 称作“前服从阶段”，阶段 3、阶段 4 称作“服从阶段”，阶段 5、阶段 6 称作“后服从阶段”。他认为，道德的发展是一个自主性（自律）逐步提高的过程，也就是从他律到自律的过程。显然，以服从为定向的人，以简单地、无条件地尊重权威的人是他律道德的典型代表；以后服从为定向，把道德理解为契约、理解为实现最终生活目的的人无疑应是自律道德的化身。所以，在道德教育上，贝克极力反对“权威主义”的教育方式，提倡鼓励儿童通过探究“向更为自主的阶段发展”①，“建立一种体现后服从阶段（阶段 5 或阶段 6）特征的学校气氛和组织，极大地促进学生向更高道德阶段的发展”②。

后来，贝克抛弃了阶段发展模式，认为这种模式最大的问题在于假设道德发展与年龄有关，因而在逻辑上认定从一般意义上讲，成年人较之儿童和青少年有更成熟的道德。尽管如此，贝克在对道德和价值成熟的人应具有哪些品质这一问题上的看法并没有发生根本性的变化。独立、自由、对最终生活目的的理解、对基本的人类

①② Beck, C. *Moral Education in the Schools: Some Practical Suggestions*. Toronto: OISE Press, 1971, p.16, p.20.

价值和生活目的的反省和探究能力，仍然是价值成熟的基本标志和主要品质，促进这些品质的发展仍然是价值教育的主要目的。

（四）内容和形式

在内容和形式的关系问题上，贝克基本上是一个统一论者。他既反对单纯的内容的教授，也反对纯粹形式的训练。他强调，在价值教育过程中，观点的传授和技能的培养必须统一起来。但是，由于贝克的价值教学理论在一定程度上是针对当代道德教育理论中的极端形式主义倾向提出的，所以，在贝克的著作中，我们更强烈地感受到他对内容教学的重视。

前已述及，当代西方道德教育理论的一个重要特征即是它的普遍的形式主义倾向。特别是20世纪50年代以来，形式主义几近成为西方社会道德教育理论发展的潮流，且一度成为与传统道德教育相区别的重要标志。然而，70年代以后，极端形式主义的道德教育理论遭到人们强烈的批判，重视内容的呼声日渐高涨，于传统和现代道德教育理论之间调和的趋势初露端倪。贝克便是这股折中、调和势力中的重要一员。

贝克指出："反对在学校教授道德和价值的理由之一是这种教学在向学生强加教师的价值观点……所以，为了避免这一指责，许多道德和价值教育理论家都认为，教师不应教授某种特定的内容。"①道德教育的主要任务是要使学生掌握道德推理的技能

① Beck, C. *Better Schools: A Values Perspective*. New York: The Falmer Press, 1990, p.149.

和解决问题的方法、理解做出道德决定的过程。例如，威尔逊就曾指出，道德教育不在于教授任何特殊的道德规则，而在于教给学生能够用来发展他自己的道德原则的合理的方法；而在价值澄清学派看来，让学生理解价值获得的过程要比教给他这一过程的结果——某种特定的价值观——要有用得多。“只有教给儿童一系列道德推理的技能，他们才能闯荡世界并解决他们的道德问题。”[①]显然，这种教育所推崇的教师角色乃是“价值的澄清者”“讨论的组织者”“技能的训练者”“自然发展的促进者”，而唯独不是“社会价值的教化者”和“特定价值观的传递者”。这就意味着，在价值教育过程中，教师必须保持“中立”。

针对形式主义的道德教育观点，贝克主张，为了避免传统的道德灌输，诉诸道德推理技能的教学和道德能力的培养是必要的。“应当指出，为了帮助学生处理价值问题，教授推理的技能是必不可少的。无论对价值教育的目的还是过程来说，教授解决问题的技能都是一个重要的组成部分。所以，推理技能的教学必须成为合理的价值教育方法的一个因素。”[②]然而，贝克进一步指出，在实践中，人们不可能教授没有任何内容的推理技能，即便有这种可能，如果没有一套现实的道德观念和道德原则，人们也无法解决道德问题。因此，“我们必须反对价值教育中纯粹

①② Beck, C. The Reflective Approach to Values Education. In Soltis, J. F., & Rehage, K. J. (Eds.) *Philosophy of Education: Eightieth Yearbook of the National Society for the Study of Education*. Chicago: The University of Chicago, 1981, p.208, p.193.

的‘过程’或‘技能’的方法，为了成功地对价值进行反省，学生必须通过与他人的反省对话获得在一定意义上是合理的价值观点。即使教授反省的技巧，学校也必须提供这样一种环境使学生能够通过反省建立一套合理的价值观以便对校外的价值问题进行反省。学校必须既教技能又教内容。”①

在贝克看来，价值内容之所以重要是因为以下两点：首先，尽管有些道德的因素是人生而有之和早年形成的，但更多的是通过后天的学习特别是正规的学习获得的；其次，任何反省都不是在真空中进行的，通过教学向学生传递价值内容无论对有效的反省还是成功的价值学习来说都是至关重要的。对价值问题的反省不仅需要掌握有关价值理论的知识和了解特定行为后果的知识，而且还要熟悉实现目的的各种方法以及观察世界、探究生活的各种途径，这些都可以通过内容的教学获得。所以，贝克指出："学生要想在价值领域取得进步，学校就必须向他们传授一定的价值内容……不牢固地吸收各种观点和论点，学生就没有适当的基础来发展他们自己的价值观。”②

贝克认为，单纯的技能教学是片面的，但为了避免强制性灌输，主张教师中立同样也是错误的。在价值问题上，教师不可能

---

① Beck, C., et al. *The Moral Education Project (Year 3)*. Toronto: Ontario Ministry of Education, 1976, p.3.

② Beck, C. *Better Schools: A Values Perspective*. New York: The Falmer Press, 1990, p.150.

保持中立。因为，一方面，教师无法隐瞒自己对生活、对人、对社会的看法，他们无时无刻不在通过自己的行为向学生传递某种价值观念；另一方面，教学的内容总是某种观点的体现，逃避内容的教学实际上是在向学生“教授”另一种价值观念。贝克指出：“我认为，道德和价值的支持者乃是教师的一个重要角色。某些特定的价值信念必须在学校的日常生活中由教师加以传授。”①他认为，教师中立的观点只能强化这样一种业已泛滥的看法——道德是主观的，它只是一个观点问题。从教学意义上讲，教师中立只会使学生感到无所适从，并对价值教育本身的目的产生怀疑。所以，贝克指出：“解决向学生强加价值观这一问题的方法不是禁止教师支持某种道德和价值，而是创造一种学校和课堂气氛，使学生真正自由地发表不同意见、提出各种解决问题的方法并不断检验和修改他们的观点。实现这一目的的最佳途径就是教师向学生表明，虽然他们坚信自己对价值的看法，而且有充分的理由支持他们的这种看法，但这些看法并不是固定不变的，他们愿意根据学校内外不断的探究修改自己的观点。所以，既应该有来自教师的稳固的输入，也应有学生相当大的自由。”②由此看来，在贝克的价值教育体系中，内容的教授和学生的自主并不是水火不容的，而是相互促进的。这也许是贝克的价值教育理论与当代其他道德教育理论的一个重要区别。

---

①② Beck, C. *Better Schools: A Values Perspective*. New York: The Falmer Press, 1990, p.150, p.150.

（五）道德原则

在当代道德教育理论中，贝克的反省方法和价值澄清模式都是以关心“价值教育”为特征的。但与价值澄清模式不同，贝克并不否认道德规则和道德原则的存在。虽然“价值”概念在反省方法中同样有相当广泛的内容，但是贝克在道德和非道德价值之间进行了严格的区分。而且，其价值（道德）教育的方法也是有深厚的伦理学基础的。在他看来，那种认为道德原则和规则无足轻重、道德完全依情境而定的观点显然是错误的。虽然在实践中我们必须根据不同的情境重新审视道德原则，但是这些原则毕竟是对先前道德经验和道德事实的概括和抽象，它们不仅有助于解决后继的道德问题，而且能在很大程度上保证我们的道德决定有一个合理的、正当的方向。贝克指出：“道德规则和原则虽然不能完全决定我们的道德判断，但却能向我们提供过去好的经验，帮助我们做出更好的道德决策。”①由此可以看出，同柯尔伯格、威尔逊等人一样，贝克不仅承认道德原则的存在，而且认为这些原则对于人的道德决定和判断是极为重要的。

不过，与柯尔伯格等人主张的普遍的、形式主义的道德原则观不同，在道德原则本身的性质问题上，贝克基本上是一个折中主义者，他既承认道德的相对性和多样性，也承认存在某种普遍适用的人类的基本价值。

---

① Beck, C. *Better Schools: A Values Perspective*. New York: The Falmer Press, 1990, p.146.

贝克认为，道德问题上的相对主义在一定程度上是合理的：“不能否认，无论是在个别的社会中还是在整个世界上，都存在许多极为不同的道德规则。”[①]也即是说，不仅不同的文化奉行不同的道德准则，而且，同一种文化和社会中的不同阶层、团体甚至个人也会奉行不同的行为规范。从文化、社会角度来说，有的国家视自杀为罪恶，而另一些国家则认为自杀乃是英雄主义的表现，还有的国家把自杀看作不幸但却是有趣的心理现象。许多文化严格奉行“一夫一妻”的文化准则，但确有一些文化认为“一夫多妻”是自然而合理的。老人在一些国家受到相当的尊敬，具有相当的权威，而在另一些团体中，老人被扔到荒野等待死亡则被认为是天经地义的。从社会阶层及个人的角度看，“罪犯”和“守法的公民”、“警察”和“激进的大学生”、“管理者”和“职员”等之间所奉行的道德准则和价值标准是有很大不同的。所以，贝克认为，近几十年在学术界和公众思想中流行的极端的普遍主义的道德原则观是极其不幸的，也是错误的。显然，如此理解的道德原则实际上就是特定的文化准则或道德规则。

强调道德的多样性因而强调道德原则的相对性，并不意味着道德只是一个“观点问题”，也不意味着每一种道德都具有相同的价值。在贝克看来，“道德的相对性是有限的，人们能够确定

① Beck, C. *Moral Education in the Schools: Some Practical Suggestions*. Toronto: OISE Press, 1971, p.25.

那些基本的、为人们普遍接受的道德目的”[①]。换句话说，在道德问题上，不论不同的社会、不同的人有多么不同的看法，人们对某些“道德原则和生活目的的看法基本上是一致的”[②]。这些道德原则和生活目的包括生存、健康、幸福、友谊、爱、自尊、责任、真诚、公正、无私、可信赖等。[③]这些基本的人类价值不为某一特定的文化和团体所独有，它们“超越了意识形态和宗教的差别”[④]，因而具有普遍的人类学意义，是每个社会、每一个人所努力追求的生活目的。贝克指出，道德规则和原则的普遍性取决于这些规则和原则本身对人类生活的终极性。在坚持道德原则的普遍性上，贝克同柯尔伯格有相似之处，都认为，不同的文化有不同的价值，同时也存在着基本的、普遍的人类价值。但在对道德原则的解释上，二者有根本不同的看法。柯尔伯格认为，道德原则是普遍的，而且这种普遍的原则只有一个，即公正。而贝克则认为，道德原则不可能是唯一的。许多道德价值都是人类共同追求的。文化传统不同，社会环境不同，对这些基本价值的重视程度也会有所不同，但这并不意味着这些价值不具有普遍性，与其他文化规则相比，这些价值更具有终极的意义。彼得斯在谈到柯尔伯格的原则观时也曾指出，柯尔伯格把公正原则作为唯一

---

①② Beck, C. *Moral Education in the Schools: Some Practical Suggestions*. Toronto: OISE Press, 1971, p.32, p.16.

③④ Beck, C. *Better Schools: A Values Perspective*. New York: The Falmer Press, 1990, p.148, p.16.

合理的原则是有问题的，像功利主义的“为了最大多数人的最大幸福”的原则就是每一种严肃的伦理学说所必须考虑的。

此外，在柯尔伯格看来，公正是人们普遍追求的，也是绝对的。而贝克则认为，尽管每个人都在追求这些基本的人类价值，但它们并不是永恒的和绝对的。这些普遍的人类价值从某种意义上讲也是相对的。因为它们所采取的形式以及在不同的历史时期被赋予的不同地位显然受文化的影响。贝克指出：“正像后现代主义理论家所指出的，现实处于持续不断的变化之中，这是一个历史的过程，除了变化本身以外，没有什么是永恒的和普遍的。在这一过程中，我们可以确定那些‘永恒的兴趣’（约翰·杜威）和‘试验的框架’（查尔斯·泰勒）。（我认为，后现代主义者经常低估这些可能性。）但是，不存在绝对不变的现实或价值。在宗教上，我们西方现在的‘过程神学’就把全部现实包括上帝都看作不断发展的，在东方，宇宙处于生生不息的变化状态之中这一观点已广为流传了上千年。”①所以，所谓基本的、普遍的人类价值也是相对于一定的文化和特定时期而言的，永恒的、绝对的道德价值和原则是不存在的。“基本的人类价值源于宗教、文化传统与某种意义上人类的‘自然’因素之间的持续的相互作用”。②

---

① Beck, C. *Values in Adulthood: Learning to Live the Good Life*. Toronto: OISE Press, 1993, pp.7–8.

② Beck, C. The Reflective Approach to Values Education. In Soltis, J. F., & Rehage, K. J. (Eds.) *Philosophy of Education: Eightieth Yearbook of the National Society for the Study of Education*. Chicago: The University of Chicago, 1981, pp.187–188.

综观当代西方道德教育理论，可以发现，在道德原则问题上主要有三个层次的观点。一是个人层次的，认为所谓道德原则乃是个人的事情，是与个人的经验联系在一起的。其主要代表是价值澄清学派，这反映了道德原则问题上的极端个人主义立场。二是社会层次的，视道德原则为社会或文化的道德规则或准则。这基本上是文化相对主义的立场，涂尔干是这一观点的代表。三是人类层次的，像柯尔伯格、威尔逊等人则主要从人类的层次上理解道德原则，反映了一种形式主义或普遍主义的立场。贝克的道德原则观基本上综合了后两种观点而反对第一种观点。在贝克看来，他的道德原则观对道德教育有极为重要的意义，有助于解决当今道德教育中的一些新的问题。坚持道德的多样性和相对性，一方面可以避免道德教育中只重形式的训练而无视内容教授的倾向，另一方面则有助于培养学生容忍各种不同的价值观。他指出："当今道德教育的一个主要任务就是使学生承认并在某种程度上容忍各种不同的道德规则，同时又不致陷入极端的道德相对主义。"①坚持道德价值有条件的普遍性原则既可以为公共教育提供较稳定的"参照点"，同时也可以为人类教育提供一个有价值的共同努力的方向。

（六）灌输

同当代许多道德教育理论家一样，贝克也是道德灌输的极力

① Beck, C. *Moral Education in the Schools: Some Practical Suggestions*. Toronto: OISE Press, 1971, p.25.

反对者。不过，在对灌输的内涵和性质的看法上，贝克与其他理论家又有所不同。

当代道德教育理论在道德灌输问题上主要有三种观点。第一种观点认为灌输即是错误内容的教授，当所教授的内容是无法证实、不可靠的信条或世界观时，就是在进行道德灌输。第二种观点认为，灌输主要指一种教学方法而与内容无关，当人们采用一种强制的、非理性的方法进行道德教学时，不论其内容如何，均是灌输。第三种观点则认为，教育者的目的或意图是衡量一种教学是否灌输的关键，亦即当教育者旨在通过道德教学封闭学生的头脑或对学生进行“洗脑”时，他就是在进行道德灌输。贝克认为，在界定灌输的内涵和性质时，内容、方法和意图甚至结果都是重要的，但是相较而言，内容和方法是更能体现灌输特点和性质的两个因素。

贝克指出：“我认为，灌输的内容是一个更为重要的方面，灌输的主要途径之一就是教授某些不可靠的信条和价值。”[①]这里，贝克显然接受了威尔逊的看法。“威尔逊强调把内容作为衡量灌输的一个标准是正确的。学校的基本责任当然是要帮助学生获得真实的——至少是有良好基础的信念。”[②]然而，在贝克看来，教授不可靠的内容并非是确定灌输的唯一标准。当教育者以学生不能理解的方式进行教学时，即使所教的内容是正确的，也是在进

①② Beck, C. *Better Schools: A Values Perspective*. New York: The Falmer Press, 1990, p.74, p.74.

行灌输。“我们认为，这样一种教学方法就是灌输：它不允许讨论教的各种理由，禁止学生发问，诱使学生在感情上过分依附这些信条。即便我们肯定我们所教授的内容是真实的，对儿童是极为重要的，这也是错误的。”①

上述两种灌输的方式既可能单独出现也可能同时出现。也就是说，有时我们所教授的内容是完全适当的，但却采用了不适当的、强制的方法；有时我们的方法是适当的，但教授的却是有问题的内容。而“兼有这两种形式的教学——诱使学生毫不动摇地接受那些不适当的信条——则是最彻底（即使不是最普遍）的灌输”②。

教育者的目的和意图之所以不能成为界定灌输的标准，在贝克看来，主要是因为许多灌输并不是有意为之的。事实上，学校里流行的道德灌输绝大多数都是教育者在试图尽可能避免灌输的情况下发生的。

无论是内容方面的灌输还是方法上的灌输，“它总是错误的”，因为任何形式的灌输都只会导致不幸的后果。所以，贝克指出，他是从“贬损的”（pejorative）意义上使用这一概念的。③

贝克指出：“以传授错误的，没有事实根据的信条为内容的灌输通常是有害的，因为学生所接受的这些信条不能为他们现实的判断和行动提供可靠的基础。在与他人和环境的相互作用中，

---

①②③ Beck, C. *Better Schools: A Values Perspective*. New York: The Falmer Press, 1990, p.74, pp.74–75, p.75.

他们很容易出错，妨害了他们对自己、对他人‘美好生活’的追求。在一定范围内，他们又把这同一种信条传递给别人，从而使受害的圈子越来越大。”[①]不仅如此，“满足第二个标准——使用极端的、强制性教学方法的灌输也是相当有害的”[②]。它忽视了学生的经验和推理能力对教学的影响，而一味诱使学生在心理上完全依附于这些观念，从而完全排除了其他一切与之相悖的观念。这不仅阻碍了学生对生活进行富有想象力的、理智的探讨，而且阻碍了学生对各种观点、现象进行自然的、自由的反应。在这种情况下，学生只能根据教师所教授的早期经验来进行生活，而不可能形成自己的信仰。此外，在某种极端的情况下，灌输还可能导致学生的一些情感问题，如恐惧、过度内疚、自责等。

由于灌输诱使学生只依附于某种特定的观点而排斥与之相左的观点，因而是错误的。但是，贝克认为，使学生在情感上依附于某种信条并不总是有害的。因为，在日常生活中，如果不能强烈地服膺一种观点，我们就很难有根据这一观点去行动的动力。这样，教育就面临一个两难问题：信奉某种观点对行动来说是必要的，但往往会导致人们不愿对他们的观点提出疑问并在必要时修改这种观点。由此看来，寻找一条中间路线——既不会使学生对某种观点无动于衷，又不致使他们过分依附于这种观点是十分必要的。贝克指出：“如果我们要避免学校教育中的灌输，就必

①② Beck, C. *Better Schools: A Values Perspective*. New York: The Falmer Press, 1990, p.75, p.76.

须寻找（或帮助我们的学生去寻找）这样一条中间路线。”①

所谓“中间路线”，在贝克看来，就是他所提倡的“反省方法”。如前所述，在“形式和内容”的关系问题上，贝克基本上是统一论者。他强调，在价值教育过程中，既要教形式、方法，又要教内容、观点。而根据当代大多数道德教育理论家的观点，在道德或价值教育过程中进行直接的道德内容的教学就是在进行道德灌输。贝克对此颇不以为然。他认为，反省方法之所以不是灌输的，是基于以下几个原因。其一，反省方法强调以人类的基本价值作为教育的内容，而这些价值植根于人性或人类生存的基本需要，因而有其合理的基础。其二，反省方法反对强迫儿童接受某种特定的价值观念，而是鼓励学生对各种价值进行批判性思考，并在此基础上做出自己的选择，强调教师的任何教学都必须建立在自己深思熟虑和充分的理性根据的基础上。其三，反省方法主张通过旨在鼓励学生自由反省、自由选择的学校结构和气氛进行价值教育。所以，贝克指出，反省方法“较之目前的教育纲要更少灌输的性质。因为，无论是根据他们所接受的训练还是公开的、系统的评价过程，学生都有真正的评价他们教师的价值的机会”②。

---

① Beck, C. *Better Schools: A Values Perspective*. New York: The Falmer Press, 1990, p.76.

② Beck, C. The Reflective, Ultimate Life Goal's Approach to Values Education. In Meyer, John R. (Ed.) *Reflections on Values Education*. Waterloo, Ont.: Wilfrid Laurier University Press, 1976, p.132.

当然，贝克承认“灌输问题是一个很难解决的问题。有关在儿童早期某种程度的灌输是否适当，某些业已建立的合乎理性的道德原则能否教授等问题，还在不断的争论之中”。然而，他也指出，不管在一些具体问题上人们有多么不同的看法，“关于灌输的性质和意义，人们已经取得了相当清楚的认识，这就是：许多普通的灌输形式都是与健康的道德教育背道而驰的”[①]。

（七）在道德上受过教育的人

贝克对什么样的人才是一个在道德上受过教育的人或什么样的人才是道德成熟的人的看法，与他的道德目的观和教育目的观有直接的联系。概括起来讲，在贝克的思想框架中，一个在道德上成熟的人应该是一个幸福的人、一个过完美生活的人。那么，什么样的人才是幸福的人呢?

首先，他是一个以最终生活目的为定向的人。贝克认为：“有道德本身并不是目的，它是获得我们自己和他人美好生活的一种手段。”[②]道德本身不能证明其存在的合理性，它的价值是在服务于诸如自由、爱、幸福、自尊、生存等基本的生活目的的过程中实现的。在他看来，认识到这一点“对于区分服从和后服从的道德概念是非常重要的”。一个以服从为定向的人认为道德是

---

① Beck, C. The Reflective Approach to Values Education. In Soltis, J. F. (Ed.) *Philosophy of Education: Eightieth Yearbook of the National Society for the Study of Education*. Chicago: The University of Chicago, 1981, p.190.

② Beck, C. *Values in Adulthood: Learning to Live the Good Life*. Toronto: OISE Press, 1993, p.4.

为维护社会秩序而设，而且维持社会秩序本身即是道德的目的。而一个以后服从为定向的人则在很大程度上认识到道德价值和道德规则背后所蕴含的复杂的最终的生活目的，他虽然不否认规则、契约的重要性，但他认为这些只是实现自己和他人生活目的的手段。他把自己的道德决策建立在对各种道德事实和规则广泛和深入思考的基础上，而不是一味服从外在的要求。所以，“帮助学生理解道德的目的是它自身以外的目的乃是道德教育的一个重要成就”[①]。

其次，一个在道德上成熟的人应该是一个既关心他人幸福又关心自己幸福的人。贝克指出：“有时人们认为一个真正有道德的人乃是一个‘只为他人活着’而不考虑自己幸福的人。但是，这样一种道德观至少有两方面的错误。”[②]一方面它忽视了这样一个事实，即在尽可能帮助他人的同时，人们也在为自己的生活做准备；另一方面它也是不现实的，也不可能指望会有人认真地接受它。所以，“处理自我和他人的基本原则是，我们既要相当地关心我们自己的需要，又要相当地关心别人的需要。走向任何一个极端都是错误的”[③]。即使在自我和他人利益不可得兼的情况下，利益的协调和相互受益的安排仍然是确定道德与否的原则。

最后，一个幸福的人不仅要有基本的学术知识、学术技能、

---

①②③ Beck, C. *Moral Education in the Schools: Some Practical Suggestions*. Toronto: OISE Press, 1971, p.27, p.29, p.29.

审美情趣和生活技能，而且要有一定的道德、政治和宗教情感和品质。具体到道德和价值领域，他既要有有关人类基本价值的知识、识别和提炼这些价值的能力，而且还要有根据这些基本的价值对具体的、中间性的价值进行反省的能力；他不仅应该掌握道德的规则和原则、了解价值和道德的变化以及文化传统对这些变化的影响，而且应该对做出正当的道德判断和道德决策所必需的社会道德知识和经验有充分的理解能力。一方面他是某种道德观点的服膺者和实践者，另一方面他又是道德观点、道德规则的批判者。

由此看出，贝克所理解的有道德的人既是传统道德的继承者，又是新道德的创造者；他既能适应现代社会的变化，又能在未来的价值变化中把握自己的生活并使之保持正确的方向。

二、论学校价值教育的实践

价值教育的反省方法是一个综合的价值教育体系，它不仅有独特的理论基础，而且提出了许多具体的实践策略。但与当代其他道德教育理论相比，贝克的反省方法更具有强烈的实践色彩，从一定意义上讲，他在实践上的建树远胜于他在理论上的说明。事实上，贝克真正涉足道德和价值教育这一领域也是从他从事道德教学和道德教育研究的实践开始的。

贝克对学校价值教育实践的建议十分丰富，这里仅从方法、课程、评价和教师四个方面加以叙述。

（一）学校价值教育的方法

贝克论述最多的、在他看来也是最基本的、在实践中最有成效的方法主要有以下三种。

1. 理论讨论法

“理论讨论法”（theoretical discussion approach）是贝克于20世纪70年代初提出的一种方法。它基本上来自柯尔伯格的两难问题讨论法或案例研究法（a case study method）。但与这两种方法不同，贝克指出，尽管对个别的案例或两难问题进行充分和详细的研究是必要的，但在对基本的人类价值和概念进行反省的过程中，必须对许多更为一般的问题和原则进行评论。这一方法的目的不仅仅是训练学生讨论的技能或技巧，而且要通过经年累月的学习建立一种综合的知识、概念和原则系统从而帮助他们解决价值问题。通过团体的共同活动，一方面增强学生对道德原则和概念及其意义的更深入的理解，另一方面有助于学生不断扩充、修改已经获得的理论观念。所以，贝克在谈到这一方法时说：“这一方法之所以被称为‘讨论的’是因为它强调在学生的参与下由团体共同解决价值问题；它之所以被称为‘理论的’是因为虽然强调要对各种具体的实例进行研究，但更重视对这些实例进行充分的原则、观点和理论上的说明。”[①]

实施这一方法应注意的主要问题是，教师要不断变换讨论的内容和形式。关于讨论的内容，贝克为各年龄段的儿童提供了大量的讨论主题以供教师选择；[②]关于讨论的形式，贝克也曾提出

---

①② Beck, C. *Moral Education in the Schools: Some Practical Suggestions*. Toronto: OISE Press, 1971, p.21, pp.3–7.

过具体的建议。[1]贝克认为，讨论内容和形式的不断变换，一方面是为了满足学生求变的需要使其始终保持对讨论的兴趣，另一方面，内容的变换可以增强讨论的现实性。

2. 问题中心法

“问题中心法”（a problem-centered approach）是贝克在 20 世纪 80 年代初提出的一种价值教育方法。[2]这种方法与理论讨论法有相似之处，所不同的是较之理论讨论法更突出了反省的特征。贝克认为，价值教育不是单纯的价值内容或道德原则的教授，道德原则只有在解决具体问题的过程中才能获得。而且，即使可以教授这些原则，要使学生获得或建立一种现实的价值信仰并能对现实的价值问题做出反应，也必须把这些原则应用于课堂实践。为此，在课堂上帮助学生就一些具体的价值问题或课题进行探究十分必要。供学生在课堂上研究或反省的问题主要有：友谊，家庭中的儿童、自我或他人，惩罚，恃强凌弱，信任，价值差别，社会冲突，偏见，与父母一起学习、工作和休闲等。每个问题或主题一般要通过思考道德的关键问题、原则和概念来处理。在这一过程中，还包括对各种具体实例进行评价、搜集有关信息、积累解决问题的经验等。这一方法不只是为了解决具体的道德问

① Beck, C. *Moral Education in the Schools: Some Practical Suggestions*. Toronto: OISE Press, 1971, p.22.

② Beck, C. The Reflective Approach to Values Education. In Soltis, J. F. (Ed.) *Philosophy of Education: Eightieth Yearbook of the National Society for the Study of Education*. Chicago: The University of Chicago, 1981, pp.198–199.

题，同时还要求能产生新的概念、理论和原则。所以，既要引入已有的观念和原则解决问题，又要对这些观念和原则进行批评性审视，必要时修改已有的理论和原则并提出新的选择。

"问题中心法"与"两难问题法"或案例法不同，在处理具体的价值问题时，它重视对各种各样的实例进行广泛的考虑而不是不厌其烦地论证一个个别的案例。贝克认为："太多地集中于一个单一的情境，往往会降低学生的兴趣。一个纯粹的案例研究法或两难故事法好则使学生感到厌烦，坏则给学生带来巨大的挫折以至使他完全丧失获得解决价值问题的方法的信心。"①在问题中心法中，关键性的观念、原则和具体的案例是交叉进行的，学生通常有较浓的兴趣。问题中心法也不同于柯尔伯格的阶段性方法。它关心的不是促进道德阶段的发展，而是帮助学生在处理生活领域中的特殊问题上有所进步。贝克指出，旨在促进道德阶段发展的方法往往培养学生的陈规老套，低估了学生解决具体问题的能力，比较之下，问题中心法则可以帮助学生获得各种水平的解决问题的方法，而不拘泥于一种格式。

3. 对话法

在贝克 20 世纪 70 年代的著作中，我们经常看到"对话"这个词，但是把"对话"正式作为一种价值教育的方法或模式则是

---

① Beck, C. The Reflective Approach to Values Education. In Soltis, J. F. (Ed.) *Philosophy of Education: Eightieth Yearbook of the National Society for the Study of Education*. Chicago: The University of Chicago, 1981, p.199.

他在 90 年代初提出的。“对话法”（the dialogical approach）的核心是强调通过教师和学生真正的对话来获得价值。它是对当下仍然流行的权威主义的价值教育方法的一种反应。

贝克指出：“尽管‘进步主义’教育家们已做了最大的努力，但今天价值教育的一个主要问题仍然是它的权威主义和它的‘控制’（top-down）的性质。克服这一问题的途径之一就是确保通过对话而不是通过教师告诉学生怎样生活进行价值学习。”①他认为，价值教育确实是一个内容广泛、综合性的教育活动，但是对话无疑是其中一个至关重要的因素，“没有它，其他努力在很大程度上是不可能成功的”②。

实施对话法，要求做到以下几点。

①教师和学生彼此尊重对方的观点，不要试图把自己的结构和内容强加给另一个人。

②彼此尊重对方的习惯，不要以自己的习惯要求另一个人。

③要有言论、信仰和行动的自由，即对话要有一种“理想的讲话情境”，要认识到在道德谈话中，所有参与者都有发表意见和行动的权利。

④师生双方共同控制对话的内容和形式，谈话的过程和结果不单独取决于任何一方。

---

①② Beck, C. *A Model of Dialogue for Democratic Moral Education: Theory and Practice*. Presented at the Annual Meeting of the A. M. E., Athens, Georgia, November 8, 1991, p.1, p.1.

⑤以具体的生活经验为中心。理论在价值学习中是重要的，但大部分理论是学生自己获得的，从外部介绍理论也必须考虑学习者过去、现在和未来的经验。与学生的经验无关、学生不感兴趣的教学不可能产生积极的价值。

⑥通过行动检验价值学习的结果。“价值探究必须借助实践（praxis）、通过把反省和行动结合起来进行。”[①]对话双方不仅要相互讨论，还要进行共同的生活设计。

⑦对话要有一定的内容做基础。“没有内容的价值对话，就像‘没有谷物的磨米机’，是在浪费时间。”[②]从某种意义上讲，把教育理解为观念和知识的贮存也是合理的，没有一定的内容做基础，任何价值的学习都是一句空话。

由此可见，真正的对话是双向的，而不是权威主义或控制式的，它主张在价值教育过程中师生共同学习。“理想的价值教育应是一种对话，教师和学生互相提问题。”[③]

贝克认为，在价值教育过程中，以上各种方法都是有用的，但在方法上应注意：不同的教师应选用不同的方法；不同的学生需要不同的方法。

从上述三种价值教育的方法中我们可以看出，从 20 世纪 70 年代的“理论讨论法”到 90 年代的“对话法”，贝克对价值教育

---

①②③ Beck, C. *A Model of Dialogue for Democratic Moral Education: Theory and Practice*. Presented at the Annual Meeting of the A. M. E., Athens, Georgia, November 8, 1991, p.3, p.9, p.5.

方法的看法发生了很大的变化，由此我们也可以看出贝克在价值教育思想上的变化。这些变化主要表现在三个方面。首先，贝克早期的道德教育方法主要受柯尔伯格道德发展、道德教育理论的影响，但后来逐渐摆脱了这种影响并形成了自己较完整的理论和实践体系。其次，最初贝克的注意力主要集中于道德教育及其实践方面，后来则更关心价值教育这一更为广泛的领域，用他的解释就是：他逐渐感到道德问题不能孤立地加以解决，合理的道德判断和决策有赖于对一般的人类价值的思考。最后，在他后来的著作中，更加重视师生的共同活动对价值学习的影响。

（二）价值教育与课程

课程是贝克价值教育理论的一个重要组成部分。与当代其他道德教育理论相比，贝克在课程问题上的突出特征有二：一是主张建立综合的价值教育课程，二是提倡开设单独的价值教育课。

大致说来，学校道德（价值）教育主要通过四条途径来进行，这就是：学校和课堂的组织结构和气氛；教育者对道德或价值问题随时随地地处理；把与道德或价值有关的内容整合到科学和人文诸学科中去；设立专门的道德或价值教育课。有时教育者通过树立各种榜样进行教育也是价值教育的一条重要途径。根据传统意义上的课程标准，贝克把上述几条途径又划分为三种价值教育课程：偶发性课程——教师和学校管理者对于在教授其他学科或管理学校中偶然出现的价值问题做及时的处理；整合课程——把有关价值课题的单元或内容融汇到现有的学校课程中去，进行较明确、系统和有计划的教学，但这种课程不包括专门的价值教育课；单独的价值教育课——把价值教育作为学校的一门正式学科列入课程表，在固定时间里专门处理价值问题、进行价值教学，这种课程虽与其他学科互相联系，但无论在教学的内容还是方法上都有很大的自主性。贝克认为，价值教育是一项综合性工程，必须通过所有的课程活动才能完成价值教育的任务。在实践中，要求学校领导和教师把上述三种课程有机地结合起来，他指出："这里要强调的一点是，这三种课程彼此之间是并存不悖的，应尽可能地同时使用。"①

贝克在强调通过综合课程实施价值教育的同时，特别指出，在现阶段，应尤其重视单独的价值教育课的作用。当代道德教育各理论，多是以反对传统的道德灌输为出发点，因而对直接的道德教学普遍持反对态度，建议通过其他学科、学校的组织气氛或偶发性地处理价值问题实施价值教育。贝克认为，尽管从某种意义上讲，整合课程较之单独的价值教育课程更为理想，但是，如果没有单独的价值教育课，整合课程就是不现实的。因为，在这种情况下，无论教师还是学生都不会把价值教育作为一个值得探究的领域认真对待，而且也很难建立一套适当的、有助于价值教育的奖惩系统。此外，没有专门的价值教育课，教师和学生也很难获得处理价值问题所必需的兴趣、理论、技能和信心。至于偶发性课程，虽然在整个价值教育结构中占极为重要的地位，许许

---

① Beck, C. The Reflective Approach to Values Education. In Soltis, J. F. (Ed.) *Philosophy of Education: Eightieth Yearbook of the National Society for the Study of Education*. Chicago: The University of Chicago, 1981, p.201.

多多新的观点和解决问题的方法往往也是通过这种课程获得的，但是，价值教育是一个相对独立且又极端重要和困难的领域，不可能指望仅仅由于偶然性的影响即可完成价值教育的任务。如果说，没有专门的价值教育课，整合性课程就不能很好地发挥作用，那么，对于偶发性课程来说，就更是如此。因为偶发性课程毫无规律可言，而且通过这种课程处理价值问题往往流于肤浅的说教。教师面对各种随时出现的价值问题通常缺乏必要的知识背景和心理准备，对各种观点的支持或反对有时显得苍白无力。

主张设置专门的价值教育课所面临的一个现实性问题就是：如何估计其他学科课程在价值教育中的作用。在贝克看来，设置单独的价值教育课非但不会降低或削弱整合课程和偶发课程的地位和作用，反而会促使这两种课程更有利于学生价值的形成。如果教师能充分挖掘各学科中的价值因素，大部分课程的价值教育功能都能得到相应的改善。同时，偶发地讨论价值问题的机会也会得到更好的开发。设专门的价值教育课的主要问题在于教师和学生不能或不愿很好地利用其他可资利用的教育机会。贝克指出："单独的价值教育课，如果有适当的学习材料和有效的师范教育计划的支持、有社会和学校做坚强的后盾，就能为在价值教育中增加使用这三种课程和它们相互补充的机会提供必需的力量。"①

① Beck, C. The Reflective Approach to Values Education. In Soltis, J. F. (Ed.) *Philosophy of Education: Eightieth Yearbook of the National Society for the Study of Education*. Chicago: The University of Chicago, 1981, p.202.

（三）学生道德的评价

贝克指出："正像在其他学习领域中一样，考虑学生目前的信仰、态度和倾向这一一般性的原则在道德教育中同样适用。而且，同其他性质的教育一样，道德教育也关心考虑个别差异的原则。这样，寻找一些适当的评价方法以评定个别学生目前的状态、未来发展的方向便是一个现实的问题。"[①]在贝克看来，为了更好地帮助学生在道德或其他方面获得发展，教师应该努力对学生进行道德上的评价。甚至对一般人来说，为了能更好地与他人相处并在可能的情况下帮助别人，也必须学会对周围的人进行道德上的评价。贝克认为，事实上，教师每天都在对学生进行道德上的判断，但要使这种判断真正发挥作用，还必须使这种判断和评价公开化和客观化。教师不应该持批评或说教的态度对学生进行评价。尽管很难完全排除个人褒贬的因素，但要帮助学生向教师所期望的方向发展，就必须最大限度地尊重和理解他们。为此，"从实践意义上讲，最好按照道德类型的不同而不是道德水平的高低来思考问题"[②]。

贝克所设计的道德评价系统由三部分组成，旨在从不同的维度对学生道德的现状或类型及应该发展的方向进行评价。这三部分分别是"德操"（moral virtues）、"道德要素"（moral components）

---

①② Beck, C. The Reflective Approach to Values Education. In Soltis, J. F. (Ed.) *Philosophy of Education: Eightieth Yearbook of the National Society for the Study of Education*. Chicago: The University of Chicago, 1981, p.10, p.10.

和“道德阶段”（moral stages）。

“德操”由两部分组成，即人与人之间的德操和个人德操，每个部分又包括许多具体的品质（见表 8–1）。

表 8–1　德操的组成部分

人与人之间的德操	个人德操
无私	坚韧
仁慈	自我克制
公正	勤勉
谦恭	谨慎
守信	细致
诚实	节俭
真诚	英勇

这是教师经常使用的一种评价形式，一般以（不同程度的）自私或无私、勤勉或懒惰、真诚或好说谎等形式出现。这种评价方法主要用于品格证明或品行能力报告单的填写。

“道德要素”是根据威尔逊的道德评价标准提出的，它包括七个方面的内容：

（1）关心和尊重他人和自己，视所有的人都具有同等的价值；

（2）意识到或体察别人的感情；

（3）掌握有关的事实知识，如有关社会习俗的知识、如何满足人们需要的知识；

（4）掌握某些实用的知识，如社会技能方面的知识；

（5）选择一套能体现上述四个因素的道德原则；

（6）把道德原则转化为道德判断和解决问题的方法的能力；

（7）把自己的道德判断和解决问题的方法付诸行动的能力。

教师通常会根据这些因素对学生进行分类。其典型的评价方式如“A 的用意通常是好的，但由于在社会交往上显得笨拙，往往很难与人友好相处”；或“B 的道德思维能力相当强，但常出这样或那样的小错”；或“从其意图上来讲，C 并非不道德，但他就是不顾自己行动的后果”。

“道德阶段”这一评价维度是在对柯尔伯格的道德发展阶段模式修改的基础上提出的。贝克认为，学生的道德状况都可通过以下六个阶段加以描述。

阶段 1：简单的权威定向阶段。

阶段 2：简单的独立定向阶段。

阶段 3：有限的服从定向阶段。

阶段 4：广泛的服从定向阶段。

阶段 5：进步和契约定向阶段。

阶段 6：最终生活目的定向阶段。

以上三个评价系统各有长处，也各有不足，应共同使用、相互补充才能收到满意的效果。在贝克看来，“德操”系统为教育者提供了一系列有用的道德规则，但是这些规则必须根据更基本的道德因素不断地重新检验和提炼。像诚实、自我克制以及其他德操可能有许多不同的形式，也有很大程度上的不同，只有不断提炼，才能形成较准确的概念。相对而言，这还是一个比较表面化的评价系统。“道德要素”系统可以弥补它的一些不足，因为这一评价系统注意到了道德行为背后一些更为基本的因素，较之传统的开列德操方子的方法更为综合化，也更为重要。而且，这一评价系统还突出了这样一个事实，即使在道德发展的个别阶段中，也有多种道德类型，比如，在阶段4——以广泛的服从为定向的阶段，对公正、同情、意识到行为的后果等问题的看法，不同的人就可能有很大的程度上的不同。“道德阶段”系统有许多优点。首先，它强调不同的阶段或年龄对道德的理解亦有不同，没有固定的永远不变的道德本质。其次，它使人们注意到了在学生身上同时出现的相互联系的道德特性。这样，如果知道了学生在某一阶段的一些道德特征，就可以推测与之相关的其他特征。最后，这一评价系统还告诉人们，如果我们知道学生在某一生活领域采用了某种特定的思考道德的方式，那么，就可以预测在其他领域他一般也会采用同样的方式观察和思考道德。这一系统的最大不足是忽视了阶段内的个别差异，“道德要素”系统可弥补这方面的不足。

所以，贝克指出，虽然教师的评价技巧各有不同，但只要三种方法共同使用总能取得一定程度的成功；而且随着经验的积累，评价的技能、技巧也会相应得以改善。贝克也指出，不论使用哪一种评价方法，教师都必须注意他所进行的评价一定是道德上的评价——这涉及评价效度问题；他的评价应尽可能地公开和客观——这基本上是评价的信度或可靠性问题。

（四）教师

在教师的作用问题上，贝克极力反对传统的权威主义的教师角色。他认为，在传统学校里，教师控制价值学习的进程，他们关心的只是自己熟悉的概念和问题，而与学生的经验无关。学生做得好坏以及对行为的检测完全依赖于教师的兴趣和对教材的掌握程度。在这一过程中，教师最强烈的感受就是，学生从他们那里学到了很多，而他们没有也不可能从学生那里得到什么，这种感受只会强化教师的优越感。事实上，这种教学只是传递了教师对价值的看法，对这种教学成果的评定也不过是检查学生对教师所教内容的记忆情况。不仅学生所得甚少，教师由于低估了学生的能力，从而错过了向学生学习的机会。贝克认为，在价值教育过程中，教师和学生是共同学习的。理想的价值教育应是师生之间的一种对话。在这一过程中，教师和学生互相提出问题并共同解决问题。在共同感兴趣的领域，他们既是教师，又是学生。

贝克曾援引保罗·弗莱雷（Paulo Freire）的话来表明自己对教师和学生关系的看法。弗莱雷认为："通过对话，学生的教师和教师的学生都将不复存在，取而代之的是一个新术语：教师—学生和学生—教师。教师不再仅仅是施教者，在与学生的对话中，他也是受教者；反之，学生在受教的同时也在施教。他们都对共同发展的过程负责。在这一过程中，基于'权威'的那些论点不再是天经地义的……这里没有向别人施教的人，也没有自己教自己的人。（人们）相互教。"[①]贝克进一步指出，社会或文化犹如一条船，社会中的所有成员都是这条船上的乘客，他们面临着

---

① Beck, C. *A Model of Dialogue for Democratic Moral Education: Theory and Practice*. Presented at the Annual Meeting of the A. M. E., Athens, Georgia, November 8, 1991, p.6.

共同的问题和困难，也肩负着共同的责任。“我们必须承认，在一个社会中，不论长幼、贫富，也不论是男女还是教师和学生，都是一起发展的，不是一个团体跑在前面，然后再帮助另一些人赶上他们。”①

在贝克看来，在价值教育过程中，教师和学生的差别仅限于他们的职业角色和具体技能的不同，并不是他们在价值的成熟程度上有什么不同。安排特定的价值教育的教师不只是因为他们具有促进价值学习的技能和技巧，更重要的是为了建议和实施价值教育计划。即使这些教育计划也应是既要针对学生也要针对他们自己而设计的。如果他们不能不断地学习，就会阻碍别人的学习。尽管主要由他们管理教学计划，但他们的一个重要责任是要确保学习者充当重要的教授角色。“从现实意义上说，教师乃是学生的仆人。”②

有时贝克把价值课教师比作一个运动教练。像一个曲棍球教练，可能并不比队员打得好，但由于他有杰出的教练技巧仍能受到很高的评价。一个好的教练当然需要各种知识和能力，但并不意味着他一定要有很高的打球的技能。有的教练确实比他的队员技高一筹，就像一个价值课教师比学生有更成熟的价值观点一样，但是这种素质并不是一个优秀的教练或教师必须具

---

①② Beck, C. *A Model of Dialogue for Democratic Moral Education: Theory and Practice*. Presented at the Annual Meeting of the A. M. E., Athens, Georgia, November 8, 1991, p.6, p.8.

备的。

因此，一个从事价值教育的教师在其职业角色上，有相当大的权威，他不仅是最初学习目标和学习进度的制定者、有效学习材料的确定者，同时也是班级成员价值等级的主要评定者，而且，这种权威性在教学过程中不可能完全消除，但这种权威作用一经滥用，便会削弱价值教育的效能。所以，在教学中应把这种权威作用降到最低限度。贝克指出："要完全避免权威主义是相当困难的，但是，使我们的教学成为非权威的和对话式的教学应当成为我们的理想。教师应尽其所能地为他们的学生服务，与他们共同努力以确保对话的实现。"①

贝克不仅分析了价值教育过程中教师和学生的角色特征，而且对从事价值教育的教师应该具有的素质提出了具体建议。他认为，一个合格的价值教育的教师至少应该具备这样几种素质：具有丰富的专业知识和合作探究的能力和品质；有良好的政治意识并善于对学生实施政治影响；尊重学生的理智能力和人格，保持学校和课堂的民主气氛；不断改善自己的社会和道德品质；有从事价值教学所必需的技能和技巧。贝克还指出，为了保证价值教育特别是价值教学的合理进行，必须对从事价值教学的教师进行职前和在职培训，以提高他们对价值和价值教育的反省能力，帮

① Beck, C. *A Model of Dialogue for Democratic Moral Education: Theory and Practice*. Presented at the Annual Meeting of the A. M. E., Athens, Georgia, November 8, 1991, p.9.

助他们发展熟练的教学技能和技巧。在 20 世纪 70 年代的“道德教育方案”中，贝克制订了对教师进行职前和在职培训的教学计划。

第三节 对贝克价值教育哲学的评价

美国学者埃利亚斯在谈到贝克的价值教育理论时说：“贝克的反省方法有许多可取之处，特别是它试图把情感因素纳入这一认知方法中来。他非常重视公众普遍认可的内容或关键性概念，这给教师和学生提供了重要的努力方向。虽然他的方法是在加拿大教育系统中发展起来的，但他所提出的一些主题完全可以应用于其他文化背景中。把注意力集中在核心价值上也是可取的，尽管这样做会有危险：为了避免争论，这些价值必须以相当抽象和一般的方式加以界定。”①也许，现在对贝克的理论进行评价还为时过早，因为这一理论还在不断发展、丰富着。所以，任何评价都可能只是表面的和暂时的。尽管如此，我们还是拟就贝克现有理论本身做一尝试性评价，以作为对贝克价值教育理论的一个总结。

确如埃利亚斯所说，贝克的反省方法有许多值得重视的方面，如重视认知、情感和行为的统一，强调师生之间的对话，坚

① Elias, John L. *Moral Education: Secular and Religious*. Malabar, Fla.: R. E. Krieger Pub. Co., 1989, p.168.

持理论研究、实验研究和实际的教学相结合，等等。这里我们仅从以下两个方面来分析贝克价值教育理论的地位和作用。

一、对道德本质的界定为道德教育提供了一个适当的基础

道德究竟是源于人的需要和欲望，还是源于外在于人的某种权威或团体，这一问题对道德教育至关重要。贝克明确指出：作为道德之终极目的的对"人类幸福"和"美好生活"的追求"产生于基本的人类需要和倾向，它是人性中固有的"。[①]根据人的需要和人性规定道德的来源和本质，就使道德教育理论立于一个崭新的基础之上，从而对作为传统道德教育理论基础的道德规范论或道德约束论提出了有力的挑战。

传统道德教育理论是以道德规范论或约束论为基础的。这种道德观的根本特征在于认为道德乃是作为一种异己力量存在的外在规则系统，是维持特定社会秩序的手段和工具；它从总体上规定了人之于人、之于社会、之于某一权威、之于一切外在力量的义务。因此，规范、约束成了道德的本质特征，维持秩序、无条件地服从道德规则便成了最终的道德目的。采取一切可能的手段和措施使儿童服膺、屈从于这种外在的目的，也自然成为道德教育唯一合理的目的。

然而，道德是否就是一系列规范、约束人的"规范的总

① Beck, C. *Better Schools: A Values Perspective*. New York: The Falmer Press, 1990, p.2.

和”？人创造道德是否就是为了约束、压制自己？弃绝个人利益、抑制个人欲望是否是道德追求的最高境界？维持既定的秩序是否是道德的唯一功能？对于这些问题，规范道德论不能也不可能给人以满意的答复。我们认为，不能否认，道德确实产生于协调人与人、人与社会之间的关系，因而具有规范和约束性；然而，同样一个不可否认的事实是，人创造道德绝不是为自己套上枷锁，即使道德中规范、约束人的因素也只是对有碍人作为人的主体精神和主体本质得以充分实现的那些要求和欲望加以限制，并不带有反对个人的性质。人类创造道德确有维持秩序的一面，而且为了生存，人不能没有秩序，但是，维持秩序本身并不是目的，人们之所以维持秩序是因为它有利于人的发展。此外，为了发展，人不仅仅是单纯地维持既有的秩序，而且还必须超出现有的秩序，做旧秩序的破坏者和新秩序的创立者。尽管任何道德体系都有先于个人的一面，但是每个人在自己的道德生活中都不仅可以是道德的接受者和选择者，而且可以成为先进道德的创造者和探索者。所以，从本质上讲，道德并不是为约束而生，而是为人自身的发展、为满足人自我认识、自我肯定、自我完善的需要而生。据此，我们说，贝克的功利主义的（道德之于个体的功利价值）道德需要论相较道德规范论和约束论，有着更为积极、更为深刻的基础。

从人的需要出发理解道德的本质，无论对道德教育的理论还是实践，都具有十分重要的意义。如果道德不是为维护一定秩序而表现出来的规范系统，而是满足个人更深刻的自我认识、自我肯定、自我完善的需要的一种特殊形式，那么，学校道德教育就不应该成为循规蹈矩的培养者和无条件服从的训练者，而是主体个性的有力促进者，是主体内在精神、内在需要的激发者；学校道德教育的功能就不是迫使儿童服从某种固定的信条，而是把儿童从社会压制人的因素中解放出来，从被动地、盲目地接受各种道德灌输转向主动地对现有价值体系、行为规范作独立思考，并在反省、批评性理解的基础上做出自己的选择。学校教育不再仅仅为维持秩序而设，而且为改造秩序而设；不再仅仅为接受而教，而且为创造而教。这种道德教育观应是道德教育的应有之意，其所依赖的道德理论应当成为任何积极的道德教育理论和实践体系的合理基础。

二、折中主义立场含有合理的因素

当代西方道德教育理论虽流派众多，但大致可分为“传统派”和“现代派”两个对立的阵营。传统派道德教育理论认为，道德教育乃是维护社会秩序的工具；社会的道德规则以及宗教教义是人们必须服从的信条；道德教育的内容是由一系列为社会所认可的美德组成的“美德袋”，与此相适应，在学校中，强迫学生接受这些美德，并对服从的学生予以奖励、对不服从的学生施以惩罚便成为一种公认的方法。而现代派道德教育理论则认为，道德根本上是个人的，是个人在理性指导下自由选择的结果。每个人都有决定自己的价值并依此行事的自由和权利，因此，任何人都不能也不应该把某种外在的价值强加给别人。道德教育的任务不是向儿童传授特定的道德知识和准则，而是培养一种更为普遍的道德能力或技能；不是迫使儿童去做那些已经证明是正确的事情，而是要帮助他们利用自己的能力去发现什么是正确的，什么是值得追求的。所以，这种道德教育的形式既不包括道德课、道德训练以及道德规则的灌输，也不包括道德上的规劝和奖惩，而是鼓励儿童尽可能地自由发展。

据此，我们可以说，贝克的价值教育理论属于现代道德教育的范畴，对个体需要、个人主体性的重视，对人的理智能力的尊重等，都典型地体现了现代道德教育理论的特征。况且，贝克的反省方法同当代其他道德教育理论一样，也是以批判、反对传统道德教育的权威主义为出发点的。但是，在对待传统教育的问题上，贝克并没有像现代激进主义的道德教育理论那样，不假思索、不经反省地把“婴儿同洗澡水一起倒掉”，而是在坚持现代道德教育基本原则的基础上，对传统的道德教育尤其是道德教学思想采取了较为温和的态度。似乎在他看来，如果说传统派代表了权威主义这样一个极端是错误的，那么，现代派所反映的放任主义同样也是危险的，正确的立场应该是这二者的折中。在教育的性质上表现为：一方面坚持教育的个体发展功能和学生的主体性原则，反对强制的灌输；另一方面拥护教育的传递、传授功能，反对无视内容的纯形式化的训练。在教师和学生的关系问题上表现为：既反对权威主义的教师中心，也反对放任主义的教师中立；既要给学生充分的自由，又要使这种自由在师生的对话中受到限制。贝克认为，一种折中的立场在现实中虽然可能并无多大的实际意义，但在处理问题时却是应该坚持的重要原则。显然，贝克是从方法论意义上理解这种折中的立场的。毫无疑问，在一定条件下，片面甚或极端可能比全面和辩证更能得出有价值、有启迪的结论，但绝不能因此把它视为一种具有普遍意义的思想方法。辩证法始终是一种可取的认识方法，贝克的理论虽然尚属折中，因而难以被看作是辩证的，但其中确实包含了某些辩证的因素（如对师生关系的分析）。也许正是因为如此，贝克的价值教育理论较之传统和现代的道德教育理论都有更多的合理之处。例如在处理主体性和直接的道德教学的关系问题上，与传统派相比，突出了对主体和主体理性的尊重，更准确地把握了道德教育的本质；与现代派相比，则强调道德教学的重要性，弥补了单纯形式训练的不足。

自 20 世纪初杜威第一个提出反对传统的灌输和道德教学，一直得到许多道德教育理论家的支持和拥护，以至成为当代道德教育理论的一种主要倾向。他们大都把道德教学和道德灌输看成一对孪生兄弟，认为任何道德教学其实质都是灌输的，反过来，要避免道德灌输，就必须彻底抛弃道德教学。其实这种看法似嫌武断。看一种教学是否灌输，主要是看它采用了什么样的指导思想和教学方法。如果这种教学的目的在于封闭学生的思想，禁锢学生的头脑，并借助一种强迫的、说教式的手段来达到这一目的，那么，这种教学与灌输无异。这当然是我们所要反对的。如果这种道德教学的目的是要帮助学生通过他们理智的思考和选择逐步实现道德上的自治，而且所用教学方法是学生能够而且愿意接受的，那么，这种教学就不能简单斥之为灌输而加以否定。如果硬要说这种教学也是灌输，那么，我们只能说，这种灌输是必要的，合理的。贝克的价值教育理论把学生的自主、反省，学校自由的、有助于学生批判性探究的气氛与道德教学相结合，较合理地解决了这一问题。

而且，坚持通过专门的价值教育课向学生进行道德和价值的教学，既有理论上的合理性，也有实践上的必要性。

从理论上讲，道德教学的合理性和必要性主要表现在以下三点。首先，同其他知识领域一样，道德也是一个有自己的概念、过程和方式的独特的知识系统。这就决定了道德教育不能流于一般的影响，不能仅限于学校的普通学科来实施。其次，道德心理学的研究证明，个体道德的发展是一个逐步获得自己的内在原则的过程。而要完成这一过程，有赖于行为主体对道德准则及其所反映的社会关系的理解，教学无疑是获得这种理解的有效途径之一。同时，在儿童发展的早期，通过教学向儿童传授基本的是非、善恶观念也是其道德发展的基础。最后，道德能力的发展同样要以道德的知识为基础。

从实践上看，首先，学校其他各学科虽能极大地影响学生道德的发展，但这种影响只是教学的一个“副产品”。一个不容否认的事实是，无论这些学科内容中包含多么丰富的道德因素，在教学中，教师和学生总是把知识和认知能力的获得作为首要目的。而且这一目的越是得到强化，教学的思想性就越是退居次要的地位。其次，作为对直接道德教学的反动，强调能力和技能的培养实际上往往只有理论上的合理性。在现实中，人们不可能教授没有任何内容的技能。所以，我们可以说，至少在这一问题上，贝克的折中立场是合理的，也是可取的。

第九章　关怀学派的道德教育思想

关怀学派道德教育思想产生于20世纪80年代中期，是由美国斯坦福大学教育学院、哥伦比亚大学教育学院内尔·诺丁斯（Nel Noddings）教授基于关怀伦理学提出的一种道德教育思想。其所关心的核心问题是在一个缺乏关怀的年代如何培养学生学会关怀。在关怀的道德教育思想中，道德教育的基本目标、学校及教师的中心任务就是培养具有关怀能力的学生，学校课程要围绕这一基本目标来设置，在教育方法的选择上，更强调榜样、对话、实践、认可等。关怀道德教育思想的代表性著作有《关怀：伦理和道德教育的女性视角》《学会关怀：另一种教育的方法》《教育哲学》《公正与关心》《培养有道德的人：以关怀教育代替品格教育》《关怀伦理：从母性本能到道德》等。关怀学派的道德教育思想从20世纪80年代末开始在西方道德教育领域受到普遍关注并逐渐在世界范围内产生影响。在美国，这一理论也被称为是后柯尔伯格时代最重要的道德教育理论之一。在中国，这一理论随着诺丁斯教授一系列著作的译介出版而在伦理学和道德教育理论领域产生了广泛影响。

第一节　关怀学派道德教育思想产生的背景

一、社会历史背景

（一）全球化问题的出现

全球化作为一种不可漠视的趋势已从经济领域向政治、文化、道德等领域渗透、扩张，其发展速度是前所未有的，由此而产生的问题也是空前复杂的。当今国际社会异常关注的生态失衡、环境污染、南北关系、核武战争、资源短缺、人权与民族主义、恐怖主义、人类的信仰危机、精神世界的庸俗化以及由高科技发展所带来的新的伦理道德问题等都属于全球化问题。这些问题在20世纪50—60年代逐渐暴露出来，70—80年代随着全球化进程的加快而渐趋尖锐，时至今日已到了非解决不可的地步。全球化问题代表着一类具有共同特点的问题，这些问题在内容上具有鲜明的时代特征，在规模上则具有全球性。各种问题之间有内在的联系，相互缠绕，形成一个不可分割的系统；问题本身也超越社会制度的差异和意识形态的分歧，关系到全人类的根本利益；并且这些问题无论在影响力度还是在性质上都极富挑战性与威胁性，直接涉及人类的生存与发展。可以毫不夸张地说，今天，无论是处理国际经济、政治、军事、文化、社会、科技等关系，还是解决国内的经济发展、政治稳定、社会进步等事务，人类都难以摆脱全球化问题的困扰。[①]

全球化问题决定着人类的共同命运，只有靠全人类的共同关怀和努力才能解决。道德教育作为社会文化的有机构成必然随着社会的发展而变迁。伴随着全球化时代的到来，道德教育必然面临着一系列新的挑战，迫使其从价值观念到内容方法、制度体系做出整体的变革。困扰人类的全球化问题向传统道德教育提出了挑战。联合国教科文组织的报告指出："21 世纪的教育及教育哲学观需要强调一种全球合作精神。这种精神需要发展各种更有关心特征的文化成果。"形成关心价值观是时代赋予道德教育的新的社会价值。

1989 年，联合国教科文组织发表了题为《学会关心：21 世纪的教育——圆桌会议报告》[②]。报告提出：在过去，全世界的教育制度总是成为各种趋势的追随者，而不是这些趋势的创造者。现在，教育应当领先于变革，而不只是对变革做出反应；应当在帮助塑造一个人们期望的 21 世纪的过程中发挥重要作用。世界变得越来越小，世界正走向一体化、国际化，同时也面临一系列新的威胁。现在，人类正面临着一些非常严重的生态问题以及人口增长、和平、贫富差距的扩大等问题，这些问题将严重威胁人类

① 钟启泉、黄志成编著：《西方德育原理》，陕西人民教育出版社 1998 年版，第 366 页。

② 联合国教科文组织著，王一兵译：《学会关心：21 世纪的教育——圆桌会议报告》，《教育研究》1990 年第 7 期。

的生存。只有我们变得更加关心，这些问题才可能提出来。我们需要注意关心的许多方面，包括关心自己——关心自己的健康，关心自己的家庭、朋友和同行；关心他人；关心社会和国家的社会、经济和生态利益；关心人权；关心其他物种；关心地球的生活条件；关心真理、知识和学习。工业化导致了世界许多地方传统家庭的结束。如今，在许多地方，核心家庭也已受到威胁，越来越多的人受到损人利己动机的驱使，对为社会服务和树立对社会利益的责任感越来越没有兴趣，恢复具有早期时代特征的关心价值观已势在必行。由此可见，在向全球社会推进的同时，还要促进人们对地球的关心，把我们自己视为环境的一部分，而不是割裂开来。学校道德教育如何应对全球化问题的挑战，如何培养具有关怀能力的人，从而做出自己的回应，这个尖锐的问题已经摆在了世人面前。关怀学派就是在这种历史背景下诞生的。关怀学派产生于 20 世纪 70 年代末 80 年代初的美国，经过几十年的发展，已经形成了汇聚众多学者和著作的流派。关怀学派的代表人物逐渐把其理论——关怀伦理学应用到学校教育中，形成了关怀道德教育思想，对美国教育的理论和实践产生了重要影响，其思想也传播到其他国家和地区，引起了教育界的广泛关注。

（二）西方女性主义运动的兴起

1. 女性主义运动的作用

关怀伦理学出现于 20 世纪 70 年代，但它却是 19 世纪以来女性主义运动发展的产物。西方各国的女性主义运动纷繁复杂，而关怀伦理学又产生于美国，因此我们主要考察美国女性主义运动的发展。从 19 世纪中期到 20 世纪 60 年代，为西方女性主义运动的第一次浪潮；20世纪60年代以后女性主义运动掀起了第二次浪潮。与此相适应，女性主义者也分为两代，由这两代女性主义者提出的女性主义伦理学也可分为两个阶段：第一阶段是20世纪60年代之前的女性主义伦理学，第二阶段是在20世纪60年代以后发展起来的女性主义伦理学。关怀伦理学是在第二次女性主义浪潮中提出的一种女性主义伦理学。第一次女性主义运动浪潮的政治目标是男女平等，争取妇女在政治、经济、法律等一切领域的合法权利，因此第一阶段的女性主义伦理学的主要特征是：以女性主义视角对传统伦理思想中歧视和压迫女性的内容进行批判，坚持以男性为标准的两性平等和男女同德说。①第二次女性主义运动浪潮已经深入到意识形态领域，并向各个领域中的性别歧视提出了挑战，试图建立一种女性主义理论。因此，第二阶段女性主义伦理学的主要特征是：在批判传统伦理的基础上对伦理学进行女性主义的建构，并放弃了第一阶段女性主义伦理学以男性为标准的两性平等和男女同德说，强调在道德上的“性别差异”，试图通过对“差异”的强调来建立女性在伦理学中的地位，使之与以往的伦理学区分开来。第二阶段的女性主义伦理学并没有放弃男女平等的要求，但这不是以男人为标准的平等，而是一种体现男女差异的平等。②

美国社会的两次女性主义运动浪潮对关怀伦理学的产生起着

①② 肖巍著：《女性主义关怀伦理学》，北京出版社1999年版，第67、67页。

重要的历史作用。首先，女性主义运动直接启发了妇女的女性主义意识，使她们开始觉醒认识到自己被压迫的地位。其次，它使妇女认识到各个领域的性别歧视，从而开始了女性主义批判基础上的理论建构。再次，运动中获得的革命成果也使关怀伦理学的经验研究成为可能。例如，在第二次女性主义运动浪潮中，美国最高法院于 1973 年通过“罗诉韦德案”使流产合法化，并赋予妇女在流产问题上的决定权，这就使吉利根（Carol Gilligan）有可能针对妇女选择是否流产的道德困境进行女性道德发展的研究。女性主义运动为关怀伦理学的产生提供良好的历史机遇。[①]

2. 女性关怀道德发展理论的产生

关怀被视为道德的素质，并不新颖，但是将关怀伦理视为对正义伦理的另类思考，并形成学术论辩内容的确是吉利根的关怀伦理。在女性主义运动不断高涨的历史背景下，卡罗尔·吉利根对妇女的道德发展进行了系统研究。吉利根是美国哈佛大学教育研究院教授，也是关怀伦理学最著名的代表人物。吉利根是在批判和借鉴批判弗洛伊德、埃里克森、皮亚杰和柯尔伯格等当代西方社会最具影响力的几位心理学家关于道德发生发展理论的基础上来建构自己的学说的。这里仅以吉利根对柯尔伯格的批判为例说明。

基于瑞士心理学家皮亚杰对儿童道德判断的研究，柯尔伯格

---

① 肖巍著：《女性主义关怀伦理学》，北京出版社 1999 年版，第 66 页。

对 84 个男孩运用两难故事法进行了跨文化的研究，得出了著名的“三水平六阶段”的道德发展模式，这些阶段的发展变化是围绕着“公正”观展开的。认知发展理论断言，只有公正才是人们组织其道德思维的框架。柯尔伯格认为自己的理论具有超越文化和性别的普遍意义。在吉利根看来，现代西方社会谈论道德发生的几种理论模式普遍存在着一个共同的设计问题：全都是以对男性的抽样研究作为理论建构的经验基础，把男性的道德发展普遍化为人类的道德发展，并以此为标准衡量和说明女性的道德发展或道德偏离。柯尔伯格的道德发展理论也是如此，因为柯尔伯格的研究对象均为男性。如果“按照柯尔伯格的尺度，在道德发展上似乎不足的人们当中首先就是妇女，妇女的判断似乎仅停留在他那六阶段序列的第三阶段上。在这一阶段上，道德被当作人与人之间关系的术语，善等同于帮助和取悦他人”①。

吉利根的研究采取访谈的方式进行，主要围绕着三项研究展开：大学生研究、流产决定研究、权利与责任研究。吉利根通过对女性的经验研究发现，女性倾向于把自我看成一种关系中的存在，把对他人的责任作为自己的道德义务，信守重视关系和责任的关怀伦理；而传统上男性则把自我看成独立的和自主的存在，把道德视为个人的权利，信守重视准则和权利的公正伦理。吉利根认为，一种最终成熟的道德应当包括公正与关怀的对话。她不

① Gilligan, C. *In a Different Voice*. Cambridge, Mass.: Harvard University Press, 1993, p.19.

想以对关怀和责任的强调取代公正作为道德的基础，认为公正的道德原则仍具有意义；同时，男性与公正、女性与关怀的联系也不是绝对的，男性也可以采取关怀的视角进行道德判断，女性也可以采取公正的视角进行道德推理。[①] 1982 年，吉利根在《不同的声音——心理学理论与妇女发展》中报告了自己对女性的经验研究，描述出道德发展的“关怀”路线。她指出：“妇女道德判断的次序从最初对生存的关切发展到集中于对善的关注，最后发展到把对关怀反省性的理解作为解决人际关系冲突的最有力的指导。”[②]她的这部代表作发行 50 余万册，在西方社会被视为当代女性主义理论的经典著作，产生了广泛的影响。吉利根的女性道德发展理论奠定了西方社会新的伦理理论——关怀伦理学的基础。吉利根从心理学的角度对关怀伦理学进行了建构，而内尔·诺丁斯从哲学和历史的角度对关怀伦理学进行了建构，并把关怀伦理学运用到学校教育中，从而形成了关怀道德教育思想。

（三）西方社会矛盾的激化

关怀学派道德教育思想是西方资本主义社会各种矛盾的产物。社会矛盾在经济上突出地表现为社会和人的“物化”，极端个人主义和追求利润最大化成为人们的一种理性规定；在政治上

---

①［美］唐纳德·里德著，姚莉等译：《追随柯尔伯格：自由和民主团体的实践》，黑龙江人民出版社 2003 年版，第 256 页。

②［美］卡罗尔·吉利根著，肖巍译：《不同的声音：心理学理论与妇女发展》，中央编译出版社 1999 年版，第 111 页。

突出地表现为阶级对抗、种族歧视、各利益集团之间钩心斗角、公民与政府的相互不信任；在文化上表现为人们的“自我满足和自我实现”。特别是进入“后工业社会”之后，社会面临的主要问题是精神家园的失落，人们找不到精神寄托，从而失去了归属感。面对现代社会造成的精神裂变，道德教育担负起了寻找精神支柱这一使命。但是，过分强调个人主义、理性、权利和分离的传统道德教育只能加剧人们之间的分离以及对社会道德责任的逃避，因而无法完成这一重任。莱布尼茨式的“原子自我”已经走到了历史的终结，联系和关系的时代价值和意义凸显出来。关怀学派道德教育思想正是基于这样的历史背景而产生的。它试图通过强调人们之间的关怀关系和关怀情感，来弥补现代资本主义社会的精神裂变。因此，关怀学派道德教育思想是女性主义伦理学家针对西方资本主义的各种异化问题，倡导的一种关怀的时代呼唤，旨在通过关怀道德教育让全社会的人都学会关怀。[①]

二、理论背景

（一）关怀伦理学

关怀伦理学的奠基者有两个人。一位是吉利根。1982年，她的代表作《不同的声音——心理学理论与妇女发展》出版，此书在西方世界被视为当代女性主义理论的经典著作。另一位就是诺

① 肖巍著:《女性主义伦理学》，四川人民出版社2000年版，第256—258页。

丁斯。诺丁斯与吉利根建构关怀伦理学的出发点不同。吉利根从心理学的视角通过对柯尔伯格等心理学家的研究成果的反思提出了关怀伦理学；而诺丁斯则通过对西方传统道德哲学的批判，对西方思想中的整个伦理学体系提出彻底的和连贯的修正，从道德哲学角度来建构关怀伦理学，并使之理论化与系统化。关怀学派有很多人物，但形成比较系统和完整思想体系的首推诺丁斯。我们在论述关怀伦理学及其道德教育思想时，以诺丁斯的理论作为代表来考察关怀学派的关怀伦理学和道德教育思想。

1. 关怀的构成

关怀伦理学认为，关怀有两种基本含义。首先，如果一个人关注或喜欢某人或某事，他就是在关怀这个人或者这件事。如果喜欢数学，可能就会愿意在它上面花一些时间；如果关注某人，那么某人的所想、所感和所期待的对关怀者都是很重要的。其次，关怀可能意味着负责某人或某事的保护、福利和维护。[①]关怀的本质因素在于关怀者与被关怀者的关系。任何关怀关系都由两个方面构成——关怀者和被关怀者。

（1）关怀者。关怀者以自己的思想和行为接近被关怀者，当我们想去关怀别人时，第一步是从自我移开，在感情上去接受对方。关怀始于独立自主的接受性，去理解他人的现实，尽量体会他人的感受，这是关怀者关怀的基础。它包括两个特征：一是全

① Noddings, N. *Caring: A Feminine Approach to Ethics and Moral Education*. Berkeley: University of California Press, 1984, p.9.

神贯注，二是设身处地（也称动机置换）。①全神贯注是关怀的基础，但并不是爱情，也不是将生活重心转为全为他人而活，而是所有的关怀都包括全神贯注，其不需要很强，也不需要遍及于关怀者的生活中，重要的是，必须有这样的时刻发生，也就是说，有全神贯注的时刻发生，如此才有接受的可能。关怀是一种态度和情意的开放，唯有“全神贯注”方能接纳对方的情感和处境，唯有“设身处地”方能实现同情地理解。接受是关怀之始，接受的态度使关怀关系的建立有了现实的起点。关怀的第二步是回应，关怀行动终于回应的承诺。关怀者在表现出接受的态度之后，也要做出回应。回应可以是对话，也可以是行动，是持续地注意被关怀者的需求并给予不同的回应，即持续地更新承诺。因为被关怀者在不同情境会有不同的需求，关怀者应随机应变，而非将关怀视为例行公事、不考虑对方的真正需求。然而，被关怀者是否感受到真诚的关怀从而有情感上的满足与肯定，标志着这段关怀关系是否真正建立，关怀者的付出是否成功。因此，完成关怀关系的另一个重要因素，是被关怀者。

（2）被关怀者。诺丁斯认为，作为被关怀方也需要表示出一种感受能力。关怀关系只有符合如下的逻辑才能得以成立：a. W 关怀 X；b. X 承认 W 关怀 X。当我们强调 b 时，所指的是 X 诚意地接受了关怀。他并没有躲避或者否定它。因此，关怀需要 W

① Noddings, N. *Caring: A Feminine Approach to Ethics and Moral Education*. Berkeley: University of California Press, 1984, pp.32–33.

的全身心投入，也同样需要 X 对关怀的承认。由此可见，在关怀中，被关怀方也要起作用。为了建立关怀关系，被关怀方不必成为关怀方，他也不必像关怀方感受自己那样感受关怀方，但是他必须对关怀方做出反应。因此，在诺丁斯看来，关怀关系需要关怀方全身心的投入，也要求被关怀方的承认以及主动的反应。当被关怀方没有感觉到被关怀时，也应以伦理学上的英雄品质作为被关怀方来行为，对关怀关系做出反应和贡献，这就使我们有希望学会关怀和被关怀。成熟的关怀关系是相互作用的，在交流和接触的过程中，双方交换位置和角色，关怀者可以变成被关怀者，而被关怀者也可以变成关怀者。

2. 关怀伦理学的理论架构

（1）关于关怀伦理学之根源与基础。诺丁斯的伦理学建基于女性经验，但这样的伦理学并非专属女性。她指出：很多人过着道德的生活，却不曾去推敲道德问题，尤其是女人，她们在处理道德问题时把自己尽可能地放在具体的情境中，她们以“关怀”来定义自己，而且以关怀者的立场来解决道德问题。再者，建基于关怀的道德决定过程，需要具体化的过程更甚于抽象化的过程。关怀伦理学是女性主义伦理学，这并非指它不能被男性分享，而是指关怀伦理学是源于女性的经验，正如传统上逻辑取向的伦理学是源于男性的经验一样。关怀伦理学是“源于女性经验的”伦理学，而非“女性的”伦理学。

诺丁斯在对人类的处境做了现象学的考察之后，认为人之最终的真实存在境遇是“关系”，即是说，关系是存在的基础。她说："关系是本体论的基础，关怀关系是道德的基础。"[①]之所以将关系视为本体论的基础，理由在于：承认人类相遇与情感响应是人类存在的基本事实。整个关怀伦理学是建立在"关系"之上的，人总是处于某种关系中与人往返，这是无所逃于天地之间的事实。诺丁斯认为，一方面我们感觉到我们有决定的自由，但另一方面我们也不可避免地与亲密的他人相连。她说："我完全可以自由地拒绝关怀的冲动，但当我如此抉择时，也就役使自己做一件极不愉快的工作。当我切断与所爱的人之间的联系时，断言我拥有了自由时，我便步入了陌生人和孤独的荒野，将关怀我的人甚至连我自己也置之不顾。我本身并不孤独，而且就在关系之中，且由它获得培养与引导。当我孤独的时候，要么是我把自己分离开了，要么是环境扭曲了我的自由，我首先要寻找而且也很自然地要重建我的关系。我的真正的个体恰恰定义在关系之中，这就是我的基本的现实。"[②]由此可见，自由不是逃避于关系之外，而是完成真实的关怀的伦理关系。如此，我们才是心情愉悦的。诺丁斯认为："喜悦经常伴随着关系的实现，它是一种来自关怀接受性的特殊的情感，它表达了对关怀者的一种主要的回报。感受关系中的喜悦，不论是在与人、与生物或与思想的关系中，这些都会激励道德理想的成长。喜悦既增强了理想又加强了我们对它的义务。我们想与那带给我们喜悦的人与事物保持直接

---

①② Noddings, N. *Caring: A Feminine Approach to Ethics and Moral Education*. Berkeley: University of California Press, 1984, p.3, p.51.

的联系，也就是与喜悦保持直接的联系。”[①]所以，乍看之下束缚人们的关系，反而是彰显人性自由的基础。

关系既然是人存在的基础，那么最有意义的关系是什么呢？诺丁斯认为，这种关系就是关怀他人，最重大的意义是帮助他人成长和自我实现。关怀和被关怀是人类的基本需要，人们彼此都需要他人的关怀，需要被理解、给予、接受、尊敬和承认。关怀不是抱着利己目的的行动，关怀关系是开放的，人在关怀关系中必先排除一切偏见，以便让对方进入自己全部的心灵中，关怀者准备尽其所能对被关怀者有所帮助，这种态度自始至终是真诚的。

关怀的最终目的是要帮助被关怀者的生命得到成长与发展。然而，关怀并不是根据某些固定的规则照例行事，不能把被关怀者当成客体加以处理；也不能遵循固定的规则去思考第一步怎么做，第二步怎么做。一旦持这样的心态，就如同解答数学问题一样，虽然我们在帮助被关怀者，但他仍然感受不到我们的关怀，因为他只是个被处理的东西，我们并未把他看成一个主体。所以，诺丁斯一直强调关怀就是关系，如果只把关怀当作个人的一种美德或属性来看的话，就偏离了“关怀”的真正含义——具有此属性的人是关怀的，反之则不是。某些人经常表现出关怀属性的行为，但内心却是不情愿的，某些人不常表现这些属性行为，

① Noddings, N. *Caring: A Feminine Approach to Ethics and Moral Education.* Berkeley: University of California Press, 1984, p.132.

但总是能急人所需，所以，强调关怀是个人的属性会产生误导。诺丁斯不否认关怀属性对真正的关怀有助益，但不是以关怀属性而是以关系来判断一个人关怀与否。不管一个人声称他有多么关怀，我们所关心的结果是关怀关系，许多自以为关怀的人常有这样的抱怨："她根本不关心我。"许多自我牺牲、一切都在为孩子着想的母亲，却养育了行为不成熟的孩子，使孩子过分依赖她，无法发展独立自主的个性。这些表面上无私奉献的母亲实际上与孩子的关系是一种"专制"——无论是直接的还是间接的。诺丁斯认为这不是真正的关怀，这样的关系当然也不是关怀关系，它已失去助人成长和助人自我实现的深刻意义。因此，"关怀"和"关系"是同一回事，在关怀之中实现关系，在关系中凸显关怀。

当关怀者的接受性态度传达给被关怀者时，被关怀者也必须加以回应，虽然"被关怀者不必像关怀者接受他那样去接受关怀者，但无论如何，他必须响应她"①。他的响应不仅是为了自己，也是为了关怀者，关怀者因被关怀者的回应而获得支持与鼓舞。被关怀者在关系中也具有积极的作用，倘若他不能做出善意的响应，就很可能损害关怀者的道德理想。诚如诺丁斯所说："在关怀与道德关系中，我们每一个人都依赖他人。因此，我所追求的善的、完美的道德自我，部分是依赖于你——他人……假如你不够小心谨慎，不仅会剥夺我的生命财产，甚至危及我奋力追求的

① Noddings, N. *Caring: A Feminine Approach to Ethics and Moral Education*. Berkeley: University of California Press, 1984, p.71.

道德理想。”[1]如果关怀者宣称自己付出了关怀，可是被关怀者却感受不到，我们就不能说它是关怀关系。所以，关怀者所追求的道德理想，部分依赖于被关怀者是否接受她的关怀，因此被关怀者在关系中也能对关怀者产生认可的作用，被关怀者对关系最大的贡献就是在关系中自由地实现自我，成为完全的自己，毫不造作地欣然表露自己，他的自我实现带给关怀者无限喜悦。由此可见，关怀关系是互惠性的。人在关系中是自由的，慷慨地给予，自由地接受，各自体现存在的自由，这才是关怀关系的真正完成。

（2）关于道德的内在动力。

第一，自然关怀和道德关怀。诺丁斯同意休谟的道德主张，认为道德根源于人的情感，并进一步发展了休谟的观点。她认为，道德有赖于两种动力即两种情感：一种是自然关怀，另一种是道德关怀。自然关怀是一种最初的情感。在这种情况下，我们为了其他人的利益而行动，因为我们想这样做，这时我们的行动与自然关怀是一致的。母亲为了孩子的关怀努力通常并不被认为是道德的，而是自然的。关怀是人性所固有的，却又与生物本能不同，它具有道德根源的意义，是道德关怀的基础。道德源于关怀，而非相反。诺丁斯之所以肯定自然关怀是因为自然关怀是为别人好，因此珍视其善的价值，在自然关怀的情况下，“想要”

---

① Noddings, N. *Caring: A Feminine Approach to Ethics and Moral Education*. Berkeley: University of California Press, 1984, p.48.

和“应当”是无法分开的。第二种情感是道德关怀。关怀关系建立于女性经验，尤其是女性做母亲的经验，但母亲所关怀的对象仅限于孩子，倘若要把关怀关系扩充到亲戚朋友以及远方之人，自然关怀就不够了。这就需要第二种情感——道德关怀，它来源于第一种情感，根源于对第一种情感的记忆。如果人们自身想为他人而行为，就是一种自然关怀的情感。当人们没有这种情感时，就会想起自己关怀和被关怀的情感，这种情感作为一种“我应当”要求当事人对他人的痛苦做出反应。自然关怀与道德关怀是不同的，后者必须做出前者并不需要做出的努力。但是，道德关怀要依赖于自然关怀。道德关怀来源于并且包括了自然关怀，没有自然关怀，也就没有道德关怀，自然关怀是道德关怀的基础，道德关怀通过对自然关怀的记忆做出反应。

自然关怀与道德关怀之间还有一段逐渐展开的历程，并非一蹴而就。因此，为使人能和别人道德地相遇，仅有自然关怀是不够的，它必须努力去唤醒和培养道德的义务感，才能保证人在面临道德情境时不会麻木不仁，或者不去回应。诺丁斯认为，道德义务感是一种“我应当”的命令，在自然关怀中，“我想要”同“我应当”是结合在一起的，在道德关怀中，很难保证这两者一致，那么如何才能保证做出“我应当”的行为呢？这就需要义务感来保证。

第二，义务感——源于对关怀关系善的价值的认同。诺丁斯认为，在自然关怀情况下，关怀把“我想要”和“我应当”直接连接起来。此时的“我应当”并不是义务性的命令，而是伴随着“我想要”而来的命令。这种为了他人而行动的冲动是人天生就有的。人们的道德兴趣来自关怀。在关怀中我们接受为了他人利益而行动的自然冲动，但这种冲动并不是一种强制性的力量。但是，当“我应当”这种义务感没有出现，或者通过对自然关怀的记忆唤起了“我应当”，而我却不愿意做出反应时，应当如何做呢？诺丁斯认为，这就要看一个人对关怀关系赋予什么样的价值，当她意识到自己的反应会加强或者削弱自己的道德理想时，她就会履行这种道德上的“我应当”。在任何情况下，我们总要做出决定，我们可以自由地接受或拒绝关怀的行动；但我们的关系，我们对他人悲喜的关怀，立刻会涌上我们的心头。我们可以拒绝所见所感，但那不只是冒着与他人分离之险，同时也和我们的理想分离。因此，去回应义务感，既是回应他人，也是回应自我，“我”的人格也在关怀中得到实现成长。如果不去做道德上的回应，就使自我丧失一次实现道德理想的机会，关系是我们存在的基础。真正的道德情感来源于对关怀关系的评价，义务感是连接“我想要”和“我应当”的桥梁。

（3）关于道德理想的建构与增长。道德理想就像一盏明灯，为“道德我”[①]指引前路，在“道德我”堕落之时，提携“道德我”走向正确的道路。不过，关怀理想必须落在真实的生活情境中去完成，它是关怀者实践对被关怀者承诺的一种表现，是人与人相遇时的真诚以对。因此，道德理想并不是外在于我，高悬于

① 诺丁斯将自我概念分成现实我、道德我和理想我三个方面，道德我居于中间，以调和现实我和理想我之间的距离。

我之上的抽象道理，而是必须在作为道德主体的关怀者身上才能彰显出来。因此，关怀伦理学要努力维持这种关怀态度，这时，道德理想的保存、培养和增强成为道德和教育的重要议题。努力造就成熟的、有能力的关怀者，便成为道德教育的重要任务。

首先，道德理想的保存。这通过两种途径实现。一是从内部保存道德理想。因为生活是不断的重复，每天做着相同的事，这会让人觉得一成不变，了无新意。诺丁斯认为，欣赏和肯定重复性是道德主体从内部保存道德理想的方法，重复具有温故知新的意义，它意味着学习、分享与庆祝的机会。肯定日常生活的重复性为人们提供了保存道德理想的机会，这是道德力量的根源。二是从外部结构上的改变来保证关怀。诺丁斯认为有必要去改变目前的家庭结构，使男女皆参与家事与教养子女的任务，以获得平衡。以关怀来重新建立家庭机制，这样的结果使两性都受益。女人因外出工作而有更强劲的自我形象支持着，她们在私人领域中就可以欣然关怀，而在公共领域中也可以继续坚持关怀；男人也会因为承担居家生活的责任，而学习到真正的关怀和喜悦。

其次，道德理想的培养。关怀者负有培育被关怀者道德理想的责任，使其不断地在成功的激励与认可之下，获得坚持道德理想的强大动力，即使在最困难的时候也不至于放弃自己的道德理想。在培养被关怀者的道德理想时，关怀者与被关怀者之间最重要的关系是一种承诺关系，而不是指导与传授的责任。道德不是教条，不能变成严整的规则来要求被关怀者遵守，因为规则并不能解决重大的道德问题，特别是致命的恶的问题，而只能解决某些常规性的不道德现象。如欲真正培养被关怀者的道德理想，关怀者必得通过身体力行的榜样作用来进行，身教的作用远胜于言传。学校坚持“主知主义”的道德教育方式，通过考试只能使学生得知何者正确何者错误，而并不能使他们在实践中坚持是非对错。过于注重道德规则会导致学生注重行为的后果而忽略行为的动机，进而使行为仅仅符合责任而不是出自责任，这完全误解了规则的本质和制定规则的真正原因，从而无助于人之道德理想的提升。所以，不应过于强调规则，而应强调保存道德理想。道德教育应该更重视对学生道德态度的培养，而不是通过道德两难故事法仅仅让学生学会道德推理，重要的是把关怀的态度落实到实践行动中去。

最后，道德理想的提升。当一个人最终实现了关怀关系时，她是满心喜悦的，这种喜悦会激励她继续成为一个关怀者，不断提升其道德理想。许多从事创造性工作的人，也都在被对象接受的喜悦中完成其作品。那么，如何体验喜悦，喜悦具有什么道德意义呢?

关于如何体验喜悦，诺丁斯诉诸“人我合一”情感关系的建立。她所说的被接受性的喜悦是在关系中伴随着关系的实现而呈现出来的，它源于关怀被接受的特殊情感。在关系的相遇中，当下的“我”有着与你或对象融为一体的感觉，感受到的喜悦既是内在的又是超越的。喜悦是由于人们知觉到关怀关系而又超越此时所引发的，关怀者的意识是自由的，忠实地反映出世界的本来面目，如此，我们才能体会到真正的自由。诺丁斯所强调的“被接受的喜悦所要达到的自由”，意指人对于外在的工具性的事物不要刻意追求，而是在关系相遇的瞬间接受对方，以实现人我合一的圆融。关于喜悦的道德意义，诺丁斯认为，首要的在于关怀者能够认识到喜悦的产生本身就是给予关怀者最大的鼓励，并从内在层面去加强关怀者的道德理想，使关怀者愿意持续对被关怀者做出承诺而体验到喜悦，进而逐步提升其道德理想，成为一个道德的人。喜悦经常伴随着关怀关系的实现，是一种源于关怀的被接受的特殊情感，是对关怀者的重要回应。不管是对人、生物或是观念，感受到关系中的喜悦都会激励道德理想的成长。喜悦会强化理想以及对理想的承诺，以至于我们想与带来喜悦的事物本身直接接触。道德理想不断深化的过程内在于关怀者，当我们对世界进行知性探索时，经常可以体验到发现的喜悦。在被接受的喜悦中，我们与对象水乳交融，这样的经验不止发生在人，艺术上的美学精神，或者知性上的观念探讨，也可以体验到接受性喜悦。当喜悦源自非人的世界时，这对于关怀动植物、微生物和观念是重要的。在这些领域中产生的相似性可使人将对知性与美感的被接受的体验转移到对人的态度上，它对人的道德陶冶的功能是间接的。如果一定要说接受性喜悦对道德有什么好处的话，也只能说它是一种崇高的精神报偿。喜悦使我们离开工具世界，进入关系世界中，随着它的反复出现，我们的道德理想愈益坚定。

（二）布贝尔的教育哲学思想

布贝尔（Martin Buber，又译布伯）是现代犹太教最著名的宗教哲学家、有神论存在主义者的主要代表。他通过对宗教哲学的研究而逐渐形成的教育哲学思想对关怀伦理学产生了极为深刻的影响。这种影响主要表现在以下两个方面。

首先是布贝尔对教育目的的论述。布贝尔认为，一个人的生存依赖于两种能力：创造能力和交往能力，仅仅依靠创造能力不足以保证一个人的生存和发展。一个人要生存和发展，必须把自己融入一定的关系世界中，借助关系世界的力量才能使自己不断地趋于完善。那么，“关系世界”指什么呢？布贝尔认为，人与上帝、人与人、人与自然这三种基本关系是每个人都面临的“关系世界”，其中，人与人的关系最为重要，对人的发展最具有实质性的价值。这是因为，只有在人与人的关系中，人才更容易摆脱作为一个创造者常陷入的孤立痛苦状态；只有在人与人的关系中，在被视为志同道合者、朋友和爱人时，才能与他人产生感情上的共鸣，从而更好地激发创造的欲望和从事创造的活动。正因为如此，布贝尔肯定地指出：人不能以一种自己与自己的单一关系来生存和发展；人不论选择什么样的生活道路，从事什么职业，他的成长只有在与他人的交互关系中才能实现，没有“我”与他人的交往关系，“我”就从根本上失去了依托，更谈不上价值上的升华与超越了。总之，人只有在“关系”中才能存在和发展，“关系是真实人生唯一的摇篮”。[①]基于这种认识，布贝尔认为：“教育的目的不是告知后人存在什么，而是晓谕他们如何让精神充盈人生，如何与‘你’相遇……”[②]就是说，教育的目的和任务，不是单纯传授知识和技能，着眼于发展学生的创造能力，而是重在培养学生的交往能力，教会学生如何与人相处，如

①②［德］马丁·布伯著，陈维纲译：《我与你》，生活·读书·新知三联书店1986年版，第24、60—61页。

何与世界相处，如何让学生体会到人生的意义。诺丁斯对此甚为赞同，从其关怀伦理出发，她也认为教育、道德教育的根本任务就是让学生学会“共同相处”，学会“创造、保持和提高（人与世界的）积极关系”，而不仅仅使之获得知识和技能；否则，“如果我们把智育任务放在第一位，而把伦理理想的任务放在次要位置，我们就混淆了优先性”。[①]

其次是马丁·布贝尔对“我—你”师生关系的论述。布贝尔所倡导的教师与学生的“我—你”关系与诺丁斯所倡导的“关怀者—被关怀者”的关系有相似之处。布贝尔认为，人置身于两重世界之中，我与世界便形成双重关系：“我—你”关系和“我—它”关系。当人与世界处于“我—它”关系时，人为了生存的需要，必得把周围的存在者——其他人和事物，都当作与“我”相对立的客体，通过感知、分析而获得关于他们的知识，为“我”所用。在这种关系中，世间万物都置于人的分析、操纵和利用之下。当人与世界处于“我—你”关系时，“我”与“你”相遇，“我”不是用分析的眼光来计算“你”、控制“你”，也不是为了满足我的任何需要而与你建立关系。布贝尔认为，人与人之间健康、正常的关系，就应当是“我—你”关系：其中每一个人既不是为了别人的存在而存在，也不是为了自己的目的而利用别人；每一个人对于另一个人来说，始终是一个主体。师生关系作为

① Noddings, N. *Caring: A Feminine Approach to Ethics and Moral Education*. Berkeley: University of California Press, 1984, p.173.

一种特殊的人与人之间的关系，就应该形成“我—你”关系。当然，师生关系毕竟是教育过程中形成的人际关系，它又有自己特定的内涵，布贝尔对此做了进一步的论述。

布贝尔认为，“我—你”师生关系首先是一种对话关系。所谓“对话”，是指师生双方在相互尊重、信任和平等的立场上，通过言谈和倾听而相互沟通、相互交流的活动。在布贝尔看来，教育即是“对话”，是互为主体的师生双方的“相遇”。在共同参与的对话中，师生就他们乃至人类共同关心的问题进行广泛的探讨，没有预定的结论，没有预定的真理或意见。在你来我往的问答中，真理、知识、价值、意义、情感、态度等都显现在对话中。对话过程，就是师生双方在知识、价值、意义和情感上进行深层次交流的过程。可见，对话不仅是师生之间产生交往的一种方式，还是弥漫于师生之间的教育情境，从而使教育真正地具有了“教育性”。布贝尔指出，传统教育中的师生关系之所以缺乏教育性，就是因为教育仅被看作知识的传授，教师被简化和抽象为知识的拥有者和传递者，学生被视为知识的接收器。在这种情况下，学生实际上被当作“物”而不是活生生的“人”来对待，这是一种“我—它”型的、不平等和单向的师生关系，当然没有什么教育性可言了。

“我—你”师生关系还是一种“包容”关系。“包容”是指师生之间的相互理解和接纳。布贝尔指出，在师生交往中，双方都作为真实、完整、独特的主体而相遇；不同个性、不同需要、不同思想情感的教师和学生共同处于“我—你”关系中，必然离不开相互间的理解和接纳，离不开相互间的包容。师生间的相互包容表现在：双方都把对方作为完整性的个体而对待，不是相互同化，而是在彼此开放的心灵中保持各自的独立性；师生双方作为独特的个体，共同体验同一经验时，能够彼此设想对方的经验，尤其是教师，要站在学生的角度客观地判断其言行、思想和情感，引导和帮助学生进入关系之中。师生间的这种包容关系，既使师生各自表现出各自的“我”，又彼此接受和肯定了“你”，双方有强烈的归属感和价值感。

诺丁斯在建构其道德教育理论时充分借鉴了布贝尔的“我—你”师生关系理论。在诺丁斯看来，以学会共同相处、学会关怀为宗旨的道德教育，其根本的目的在于让学生学会与他人和世界建立关怀者—被关怀者的新型关系，从这种关系中体悟人生、世界的价值和意义。人生、世界的价值和意义就存在于“我—你”关系中，呈现在“我”与“你”的相遇、对话中。“关怀关系，是关怀者和被关怀者的联系和相遇。”[①]在此意义上，诺丁斯所讲的“关怀者—被关怀者”关系就是布贝尔的“我—你”关系。

（三）休谟的情感主义伦理学

情感主义伦理学对诺丁斯的影响主要表现在认定情感是道德的来源和本质上。17—18世纪，西方伦理学史上有一个重要的引起广泛争论的问题——道德的区分是从哪里来的，即道德的根源

---

① Noddings, N. *The Challenge to Care in Schools: An Alternative Approach to Education*. New York: Teachers College Press, 1992, p.7.

何在？对于这个问题，当时的伦理学家们多有争论，并提出了两种对立的观点。一种观点认为，道德区分的根据是理性，凡是与理性相符合的行为和品格就是善的，否则就是恶的；另一种观点认为，道德的区分取决于人内在固有的“道德情感”，某一行为或品格的善或恶是由它给观察者带来了快乐还是痛苦的情感来决定的。前者是理性主义的主张，后者是情感主义的主张。作为传统情感主义伦理学代表人物之一的休谟，非常清楚这一争论的焦点及其对道德理论发展的重要性，他阐明了自己的立场。在理性主义和情感主义两种观点的对立中，休谟赞成情感主义主张，反对理性主义，并从理论上进行了论证。休谟从诸多方面对理性主义的观点进行了批判，其中有两点对关怀伦理学产生了直接影响。

第一，道德理论属于实践科学而不是思辨科学。道德与实践相关意味着它能对人的情感和行为发生影响，一种道德观念可以起到激起人们爱憎的情感，引出或制止某种行为的作用。而理性的思辨是冷漠的，它不具有直接刺激情感、引起行动的感性色彩。因此，理性不能用于说明道德问题，一切道德准则“都不是理性的结论”[①]。理性是“惰性的”，理性的这种“惰性”决定了它不可能“主动地”推导出任何有效的道德准则；而情感则是积极主动的，只有它才能使道德成为一种“积极的善”。诺丁斯

①［英］休谟著，关文运译：《人性论》，商务印书馆1980年版，第497页。

接受了这一观点，她说："休谟早就认为道德建立并植根于情感上——情感是道德'最后的裁决'。"[①]诺丁斯进一步认为，对于休谟所说的"积极的善"，在关怀伦理学看来，需要两种情感，而不仅仅是一种：一种情感是自发的，不需要做任何努力，它促使了"自然关怀"（natural caring）的产生；另一种是道德意义上的情感，它促使"道德关怀"（ethical caring）的产生。当自然关怀不能自然发生时，置于一定情境中的道德行为主体就会回忆起自己关怀和被关怀的情景，这种回忆，唤起了主体的人要去关怀的情感，从而使道德主体再度去关怀人。

第二，理性的作用是发现真伪，而不是发现道德。休谟认为，理性发现真伪的方式有两种：一是看我们要辨其真伪的东西符合不符合观念的实际关系，二是看这个东西符合不符合实际的存在和事实。符合的是真的，不符合的则是伪的。任何知识命题都可以在这个范围内辨别真伪。但是，很明显，道德中的情感、意志和行为等概念都不存在上述符合不符合的关系，因为它们本身就是原初的、自足的，并不需要参照其他情感、意志和行为来确定其符合不符合。因此，它们完全不属于真伪的范畴，也谈不上是否符合理性。

事实上，任何道德概念既不能来自对关系的推理，也不能来自对事实的推理。理性主义者把道德看作可以进行推演的抽象关

---

① Noddings, N. *Caring: A Feminine Approach to Ethics and Moral Education*. Berkeley: University of California Press, 1984, p.79.

系，认为单凭理性和思辨就可以确定这种关系，就像用精确的演算来确定代数、几何的命题那样。休谟对此极为反对。他认为，首先，抽象科学中的“关系”概念可以用于无生命的、没有道德意蕴的对象，而道德不适用于这些对象，这就说明道德不存在于抽象的关系中。其次，在理性可以发挥作用的另一个领域，即事实命题和或然推理的领域，也找不到道德的根据。我们可以确定一起谋杀事件的时间、地点、情节以及杀人者的动机、心情，但是单凭这些事实本身并不能推出杀人者行为之不正当性，不能得出应当受到谴责的道德结论。这说明，道德判断与事实描述不同，它们不是关于“是”或“不是”的事实判断，而是关于“应该”或“不应该”的价值判断，从前者推不出后者，这即是伦理学史上著名的“休谟法则”。诺丁斯认为，休谟法则在关怀伦理学中同样适用。她认为，“道德判断不能以证明事实判断的方式来进行，道德判断不是真理，它们不是来自事实或原则”[①]，“关怀伦理学把古老的‘是’与‘应该’的区分作为一个假命题而置之不理，我们不能构建精密的逻辑推理来解释人们为什么应当像我们的情境所要求的那样积极地相互对待”[②]。反对理性主义者从抽象、普遍的意义上去理解道德，反对道德的理性本质，认定道德更多地与情感相联系，正是关怀伦理学与传统公正伦理学的重

① Noddings, N. *Caring: A Feminine Approach to Ethics and Moral Education*. Berkeley: University of California Press, 1984, p.94.

② Noddings, N. *Philosophy of Education*. Boulder, Colo.: Westview Press, 1995, p.189.

要区别。

然而，认定情感主义伦理学是诺丁斯理论的来源之一，并不意味着诺丁斯的理论属于情感主义派别。诺丁斯反复表白："我不是情感主义者。"[①]一方面，情感主义伦理学把道德仅仅视为一种情感的表达，没有正误对错之分，这是关怀伦理学所极力反对的；另一方面，情感主义伦理学往往与语言分析哲学结合在一起，注重逻辑分析，这在一定程度上使伦理学成为一种仅注重分析概念的学科，而这也是关怀伦理学所不赞同的。

第二节　关怀学派的道德教育思想

一、关于道德教育的基本理论问题

（一）个人和社会

前已述及，在当代西方道德教育中，关于个人和社会在道德及道德教育中的地位及关系，大致有三种立场：个人中心论、社会中心论和个人社会统一论。个人中心论的首要代表当推价值澄清派，社会中心论的代表当推涂尔干，杜威和柯尔伯格则是统一论的典型代表。在此问题上，诺丁斯极力调和个人和社会的关系，表现出超二元对立的立场和思维方式。

关怀伦理学提倡对他人关怀，但这并不意味着关怀伦理就完

---

① Noddings, N. *Caring: A Feminine Approach to Ethics and Moral Education.* Berkeley: University of California Press, 1984, p.171.

全是利他主义的。利他主义认为道德的本质在于为别人尽义务，道德主体应该服务于他人利益，为此甚至不惜牺牲个人的利益。针对有人认为关怀伦理必定是利他主义的主张，诺丁斯回答说："由于我在关系中进行说明，当我作为关怀者走向被关怀者时，我没有自我牺牲，这样，关怀既是利己的，又是利他的。"[①]关怀伦理并不排斥道德主体的利益和欲望，"关怀者不证自明地要关怀自我，因为，如果她不被支持并被别人关怀的话，她就可能完全失去其关怀者的身份"[②]。关怀伦理在探讨关怀时，是在关怀者与被关怀者双方的关系中进行的，它首先是一种互惠伦理：关怀者关怀被关怀者，但同时要求被关怀者做出回应，如果被关怀者不能做出回应，关怀关系就难以维持。

关怀伦理学虽然主张对他人关怀，但这种关怀不是无限的，它提倡一种有限义务论。"我们看到，我们并非能关怀每一个人，当我们试图如此做时，关怀本身还原为一种空谈。我们必须承认，关怀伦理表明了一种有限义务论。"[③]关怀伦理学认为，"我"总是与别人相联系的。一般说来，"我"主要关怀那些与我联系紧密的人，因为关怀是现实的。如果与自己联系不紧密，估计自己的关怀难于达到对方时，则没有必要进行关怀。"如果没有可能在别人身上完成关怀，我们不必被迫唤起'我必须'来。我不强要关怀非洲那些挨饿的孩子，我不得不放弃关怀，因为我的关

---

①②③ Noddings, N. *Caring: A Feminine Approach to Ethics and Moral Education*. Berkeley: University of California Press, 1984, p.98, p.100, p.86.

怀在他们身上无法实现。我可能依然选择某些东西去做，但我不被迫去做。当我们讨论对动物的义务时，我们将会更严格地受到关系的限制。”[①]不仅如此，即使对与“我”有关系的人来说，由于与“我”关系亲密的程度的不同，“我”的关怀在时间、强度上也是不同的。关怀伦理学如此强调关怀的现实性、有限性，以致“关怀”本身是很脆弱的，连诺丁斯本人也不得不承认：一定程度上，“关怀伦理是一种难以实行的伦理”[②]。诺丁斯还以自我实现论来调和利己与利他的关系。她认为，道德理想构成了道德行为的动力。所谓道德理想，诺丁斯将其解释为“关于自我的最好形象”：我们都有被人关怀和关怀别人的经历，当我关怀别人时，我把“最好的自我”呈现给别人，从别人的回应中体验到关怀人的愉悦。人生的价值和意义就体现在关怀和被关怀的美好体验中，这是一种自我实现的体验。关怀成为一个人自我实现的需要。正是自我实现的情感体验，才保证关怀者对别人能够持续不断地关怀。诺丁斯把自我实现当作道德行为的动力，这样就避免了利己、利他之争，因为在自我实现论下，利己和利他是相通的。

在20世纪西方道德教育发展历程中，保守主义与自由主义道德教育思想是周期性地交替出现的。20世纪60—70年代的道德教育过分追求自由、追求个性的解放，其人学观基础是单子式的存在，割裂了个人和社会的辩证统一关系，从而导致了深刻的

①② Noddings, N. *Caring: A Feminine Approach to Ethics and Moral Education*. Berkeley: University of California Press, 1984, p.86, p.99.

道德危机；而关怀学派道德教育思想则试图纠正这一偏颇，它把自己建立在共生性的人学观基础上，诺丁斯既反对绝对自由的个人主义，又反对对人进行控制的社会，设想超然于个人主义和集体主义之间，从而进入“关怀者—被关怀者”这种理想的关系中去，以此来调和个人和社会的矛盾。关怀学派是在充分考虑到了社会制约性的前提下倾向于个人，但由于诺丁斯过分强调对自己的关怀，强调关怀的现实性和有限性，以自我实现来解释道德行为的动力，使利他建立在利己的基础之上。因此，该理论最终难以避免落入个人主义窠臼。

（二）理智和行为

在现代道德教育理论中，与理智这一概念有关或意义相同、相似的概念有理性、认知、知识等。20 世纪初以来的大多数理论流派都把理性界定为道德的本质，认为，知善方能行善，道德教育就在于道德知识的传授、道德判断和推理能力的培养。诺丁斯对西方道德教育中这一理性主义传统提出了系统的反对意见。

首先，道德教育的目的在于培养学会关怀的人。传统伦理学主要强调的是道德哲学，把大部分精力放在道德认识和推理上，因而使伦理学有一个“数学的外表”，一直被几何学上的逻辑必然性所支配，一直集中于建立原则和对原则进行逻辑演绎。而关怀伦理学并不把道德看成一系列的原则，而是把它看成一种行为，一种“关怀的行为”，强调道德实践。认知主义的方法不是合理的道德教育方法。关怀主要是一种情感体验能力。这种能力应在师生——关怀者与被关怀者的互动中养成。在关怀者与被关怀者的互动中，关怀表现为情感体验状态，诺丁斯称之为“接受”状态：“当我接受别人时，我与别人完全融为一体，双方关系恰如布贝尔所描述的‘我—你’关系一样。我没有思考对方，也没有问自己的所感在某种意义上是否是正确的。”[①]对别人的接受，不需借助于理智分析，不需评价和判断，而只是尽可能地接受来自对方的东西。如此，双方才能步出工具世界，进入真诚相遇的关系世界。如果注重理智分析，双方就只能滞留在工具世界里，而不能达于关系世界中，关怀也将在这种注重理智分析中丧失。“当我们把从被关怀者那儿接受来的东西转化为问题，转化为要解决的问题，我们就离开了被关怀者。为了思考问题，我们清除了他的现实性，剥夺了他的复杂性。别人的现实性变成了资料，变成了供分析、研究和解释的资料。”[②]这样，“如果我不能离开抽象的东西的话，我就失去了被关怀者。实际上我失去了作为关怀者的自我，因为我现在关心的是问题而不是人”[③]。可见，认知主义的方法，实际把道德问题等同于数学问题的解答，是一种见理不见人的道德教育方式，它把最能体现道德本质的情感、态度、需要等因素排斥在道德推理之外。用这种方法难以培养真正有道德的人，而往往只能培养一些道德伪君子，更不用说培养学会关怀的人了。

其次，以关怀为旨趣的道德教育也要同时发挥理性、知识的精神价值。诺丁斯反对把理性作为道德的本质，反对以认知主义

①②③ Noddings, N. *Caring: A Feminine Approach to Ethics and Moral Education*. Berkeley: University of California Press, 1984, p.32, p.32, p.36.

为本的道德教育方式，注重情感因素，这是否表明其理论就是非理性的呢？诺丁斯对此做过解释："我们主张关怀伦理的人都强调情感因素，但这不等于说关怀就是非理性的。"[①]对情感因素的强调并不意味着对理智作用的完全否认，实际上，理智在关怀伦理及道德教育中的作用仍然是巨大的。"一个人不可能从伦理行为中将思考和推理排除出去，我也没打算这么做。当我承认'我必须'这种情感时，我必须好好考虑一下为回应别人应做些什么。我不是出于盲目的情感而回应，而是利用最好的理智思考为道德情感服务。如果排除了认知，我就会陷入多愁善感之中。"[②]关怀伦理学认为，要培养会关怀的人，仅仅有关怀的情感远远不够，还必须具有关怀的能力，懂得怎样关怀才是真正的关怀，这就需要使人懂得关怀的方式方法。可见，在关怀伦理及其相应的道德教育理论中，理智的作用并未减少，关怀不是盲目的。对情感的重视，意在表明情感较之于理智，更能体现道德的本质，更有助于"学会关怀的人"这一道德教育目标的达成。总之，关怀伦理及其道德教育主张不是着眼于否定道德的理性层面，强调非理性层面，甚至像非理性主义那样过分夸大不受理性控制的情欲价值，而是强调在道德教育中要注意探究理智、知识的价值层面，高扬理性、知识的精神价值，使理性这种"受过训练的智力"为"更高级的东西"服务，使道德教育发挥其人文关怀的根

①② Noddings, N. *Caring: A Feminine Approach to Ethics and Moral Education*. Berkeley: University of California Press, 1984, p.21, p.171.

本功能。

（三）内容和形式

诺丁斯认为，在探讨道德时，同男性相比，大多数女性倾向于联系情境、根据具体情况来讨论道德问题，而不愿把道德作为抽象争论的知识问题来探讨。

在内容和形式这一问题上，关怀学派基本上持折中立场。20世纪初以来，大多数道德教育理论家为了反对传统道德教育中的灌输，都认为道德不是一套如何行动的准则或原则，而是解决道德问题的过程和方式；道德教育的任务不是教授特定社会或集团的道德规则或行为准则，而是培养道德推理、道德判断的能力和技巧。诺丁斯认为，道德教育首先要重形式训练，这一点与形式主义理论家的主张相同。但是，20世纪初以来的形式主义道德教育理论家大都属于认知派，注重的是学生认知能力的培养，而诺丁斯则反对道德推理、道德判断能力的培养，主张培养学生的关怀能力，即培养学生的情感体验能力。

在当代西方道德教育理论中，形式主义重形式训练、反对内容的传授有其合理之处。道德世界是复杂的，通过传授一套现成的道德原则或规则不可能解决现实道德问题，在此意义上，如何强调形式主义的这一主张和做法也是不过分的。正因如此，形式主义道德教育理论在20世纪50—60年代被人们普遍接受，并一度成为世界道德教育发展的潮流，成为与传统道德教育相区别的一个标志。但是，能力的培养，形式的训练，毕竟不是在真空中进行的，还必须借助一定的内容。20世纪70年代以来，形式主义道德教育理论由盛及衰，人们对单纯形式训练的做法提出批评，要求重视内容的呼声日渐高涨，成为当今世界道德教育理论发展的一个倾向。诺丁斯的道德教育思想，正反映了这一倾向。她说："我们看到，关怀理论不仅仅是形式的，虽然它首先表现为一种形式。关怀伦理把道德动因看作是对自然关怀的回忆以及根据这种回忆去行动的承诺——正如良心是道德行为的引导一样。但是要接受关怀或良心中的引导，在关怀或良心中就必须有内容。仅仅作为形式，两者都不能告诉我们去做什么，只能告诉我们如何去思考"。[①]她反对道德教育以原则、规则的传授为本，但这并不意味着主张没有道德内容的教授，关键是如何教，以什么方式来教。

诺丁斯以关怀为主题设计了道德教育的课程，从六个方面制定了关怀教育的内容。

第一，对自己的关怀。主要包括对自己的身体健康的关怀，关怀自己的精神性需要，关怀自己的职业兴趣，关怀自己的业余爱好，等等。旨在使自己不过多地沉迷于金钱、地位等物质性的追求之中，而是注重精神修养，过一种美好的生活。

第二，关怀与自己关系比较亲密、亲近的人。包括如何跟同伴、爱人、朋友、同事、邻居以及父母、老师等相处，彼此相互接受，处于和谐、愉悦的关系中。

第三，关怀陌生人和远方的人。这在关怀上有困难，因为这

---

① Noddings, N. *Caring: A Feminine Approach to Ethics and Moral Education*. Berkeley: University of California Press, 1984, p.107.

些人是关怀者所不熟悉、关系上比较松散甚至没有关系的人，关怀者对他们没有必然的义务，不能确定自己的关怀能否在他们身上实现，这就需要关怀者视具体情况而定。关怀道德教育思想提倡对每一个人都要以关怀者的身份与之相遇。

第四，关怀动物、植物和地球。动物、植物是每个人生活内容中的一部分，与它们在关怀关系中相遇，同样也能从关系和谐中享受到人生的乐趣。

第五，关怀人造世界。主要包括对我们所使用的日常用品的关怀，了解它们的功用，会维修和保存，学会制作和修理，从而对这些物品产生理解和欣赏的态度。

第六，对观念的关怀。主要包括对知识的学习以及通过学习而对人生、世界的价值和意义有所体悟，有所提高。

（四）道德原则

关于道德原则及其在教育中的地位是当代道德教育中的又一重要课题，也是一个颇有争议的问题。在此问题上，至少有两种截然对立的观点：一种是“原则派”，另一种是“非原则派”。“非原则派”认为，在道德教育领域，重要的不是原则，而是个人的需要和习惯，道德教育的实践重在学生道德行为习惯的养成，而非抽象道德原则的教授，涂尔干、价值澄清理论皆为此主张的典型代表。“原则派”认为，道德原则是道德领域中最基本的和必不可少的一个方面，有德行的人就是以一种原则化的方式去思考和选择的人。在当代西方道德教育理论中，该派的主要代表是威尔逊和柯尔伯格。

诺丁斯基本上属于非原则派。她认为，发生于人类基本真实生活情境中的道德行为是具体的，没有普遍适用的道德原则；在现实生活中，每制定出一条原则，往往就有该原则的例外。“事实上，我认为道德原则是模糊和不稳定的，哪里有原则，哪里就会有该原则的例外情况，并且这些原则起着使我们彼此分离的作用。当我们看到我们自己奉行而别人却不奉行某一原则时，我们就会很危险地自以为有道德，就会异常地贬低和对待别人。”[①]她进一步举例说，当我们放眼世界时，发生于现实图景中的战争、凶杀、暴力等事件，大多是在美妙动听的原则之下做出来的。按原则行事，未必能行善；同样，在道德教育中进行道德原则的传授，把道德原则的传授作为道德教育的根本，未必能培养出有德之人，却常常培养出“对手和敌人。”[②]因此，关怀伦理赋予道德原则以次要地位。关怀伦理以人与人、人与世界的和谐共处为根本，提倡人与人、人与世界之间形成彼此平等、互为主体的关怀者—被关怀者的关系，认为道德的本质就体现在关怀者与被关怀者双方的相遇中，体现在双方的相互关怀之中。相遇、关怀的情境纷繁复杂，千变万化，没有什么普遍适用的道德原则。传统伦理学受康德影响至深，一味追求道德的普遍性本质，把道德原则看成康德所说的绝对命令，无条件、绝对地适用于一切时代、一

---

① Noddings, N. *Caring: A Feminine Approach to Ethics and Moral Education*. Berkeley: University of California Press, 1984, p.2.

② Noddings, N. Do We Really Want to Produce Good People? *Journal of Moral Education*, Vol. 16, No. 3, October, 1987, p.177.

切民族、一切人。这等于说，A 做 X，那么，在充分类似的条件下，B 也必须无条件地做 X，这实际上是一种决定论的思想，诺丁斯称之为“同一性”。对道德普遍性、客观性本质的过分追求，就把道德问题看作数学问题的解答，背离了人类道德生活的真实情境。这是关怀学派极力反对的一点。“对于关怀者来说，没有处理问题的‘药方’。”“我不可能从我的办公室里，从逻辑上计算出我应当做什么——我应当用什么原则来证明我的行为的合理性……作为一个关怀者，我不从一个稳定（不变）的原则那里得到启示，而是从与我相遇的活生生的人那里得到启示。”[①]关怀伦理关注的是人与人之间的关怀与被关怀的关系，如果关注原则，仅仅依靠原则去行动，就容易破坏关怀关系。“我们为遵从某个伟大的原则而去行动——我必须保卫祖国！我必须执法！我必须公平——我们已经把我们的目光移出了被关怀者，我们不再关怀他。”[②]

这是否意味着关怀伦理完全否认了道德原则的存在而走向了彻底的相对主义呢？诺丁斯认为：“关怀者很自信地将‘正确’和‘错误’应用于自己的决定上，正如我们曾经说过的一样，这不会使关怀者成为一个相对主义者。”因为，首先，“位于道德行为中心的关怀态度是普遍的”。[③]这就使得关怀者对传统价值

---

① Noddings, N. *The Challenge to Care in Schools: An Alternative Approach to Education*. New York: Teachers College Press, 1992, p.188.

②③ Noddings, N. *Caring: A Feminine Approach to Ethics and Moral Education*. Berkeley: University of California Press, 1984, p.40, p.92.

观大都持保留的立场，“对于关怀者来说，偷窃几乎总是错误的”[①]。其次，虽然关怀伦理认定道德是具体的，但也承认它有普遍性的一面。“关怀伦理唯一承认的普遍性的东西是那些描述人类生存状况的东西：芸芸众生的生、死、生理的和情感的需要、对被关怀的渴望。”[②]可见，关怀伦理并未完全否认道德原则。“关怀伦理本身就是原则伦理。它的基本原则是：所做的一切都是为了建立、保持或提高关怀关系。”[③]当然，这仅仅是一个“描述性原则”，对于此原则，“我们希望从一般上来讲是精确的，但是，在关怀者行动后面不需要有支配性的力量，我们也不能从这条原则中引出别的原则和规则”[④]。从诺丁斯的论述中可以看出，道德教育的任务在于让学生学会共同相处，学会关怀，这需要在师生真实互动的情境中培养，而不能单靠道德原则的传授来完成。

（五）灌输

诺丁斯在其道德教育思想中，并没有对“灌输”这一问题做专门论述，但与当代大多数道德教育理论家一样，在她的关怀理论中，也强烈地体现出反对灌输的倾向。

当代西方道德教育理论大都以反对灌输作为理论建构的起

① Noddings, N. *Caring: A Feminine Approach to Ethics and Moral Education*. Berkeley: University of California Press, 1984, p.93.

②③④ Noddings, N. *The Challenge to Care in Schools: An Alternative Approach to Education*. New York: Teachers College Press, 1992, p.188, p.21, p.21.

点。在此问题上，主要形成了三种观点。[①]第一种是内容派的观点，认为当教师向学生教授一套无法证实、不可靠的道德信条时，就是进行道德灌输。第二种是目的派的观点，认为当一个教育者试图通过道德教育而达到封闭学生的头脑或思想时，就是在进行道德灌输。第三种是方法派的观点，认为当教育者用强迫的、反理性的方法教学时，就是在进行道德灌输。从以上三种观点来看，无论是内容派、目的派，还是方法派，都认为灌输的一个重要特征就在于教育者对受教育者主体性的蔑视。从根本上讲，道德更多地表现为主体本质，而非仅仅表现为一种约束人的规范；道德教育乃是一种陶冶人、启迪人、提升人的精神境界的活动。如果仅仅以一套现成的道德教条和事实知识的传授为己任，则不仅使道德而且使“教育”都丧失其本真的含义，最终培养出来的是缺乏真正道德责任的人，伪善的人。可见，灌输既不是一种教授道德的方法，更不是一种道德的教育方法。道德教育离不开对人之主体性的弘扬和尊重。当代道德教育理论家在构建一种无灌输的道德教育时，无不体现出对受教育者主体性的尊重。在此意义上，我们可以说，对受教育者主体性的尊重，反对灌输，构成了当代西方道德教育理论的起点。

诺丁斯的道德教育思想中，处处洋溢着对受教育者主体性的尊重：在教育过程中，分别作为关怀者和被关怀者的教师和学生

---

① 戚万学著:《冲突与整合——20世纪西方道德教育理论》, 山东教育出版社1995年版, 第20页。

首先是作为主体的“人”而相遇在一起并产生关系的，“人”是道德教育的根本，而知识却不是。教师把学生作为有血有肉有感情有独特个性的“完整的人”与之“相遇”，在完全平等、彼此尊重的师生关系中，深得学生信任的教师用自己富有人性的力量感召着学生，在开放性的“对话”中共同探讨道德之于人的真谛；在师生共同的“实践”活动中，使学生强烈地体验到作为一个道德主体的价值和意义。此时，教师不是知识的传授者，他以满腔的热情去迎接每一个学生、每一个被关怀者，他的眼睛盯在促进被关怀者——学生的道德发展上：使其成为一个学会关怀的人，一个对人类生存问题极为关注的人，而不是盯在使之获得一套有关道德的事实知识上。如果他以向学生传授一套有关道德的事实知识为己任，他就把学生看成客体，看作“物”，就会只关怀问题，而不关怀“人”，从而失去道德教育的本真含义。

反对灌输，尊重学生的主体性，不仅体现在师生关系上，还体现在道德教育的内容、方法、目的以及整个道德教育过程之中。在其理论中，诺丁斯为我们勾勒了一幅理想的道德教育画卷，充满了强烈的人学意味。就此而论，她属于反对道德灌输的激进派。

在当代众多的道德教育理论中，虽然在反对灌输这一问题上大都持相同的立场，但每个理论家对反对灌输的视角往往有所不同。例如，杜威对灌输的反对主要是基于这种传统的教育方法违背了民主原则，民主主义的普遍原则要求尊重儿童、尊重儿童的个性、尊重儿童的智慧；柯尔伯格则主要基于把灌输当作文化相对主义在教育上的表现，因为道德哲学和道德心理学业已证明，文化相对主义是错误的，在教育中传授具体的文化规则也是不能接受的；威尔逊主要是从道德本身的性质来谈论道德灌输问题的，在他看来，传统道德教育以一种已经建立起来的学说、价值观、世界观为内容，而这些学说、价值观或世界观不是建立在合理、正当的假设基础之上的，当人们把这些无法证实的内容当作真理教给学生时就是在进行灌输；价值澄清理论对灌输的反对主要是基于一种人性观，这种人性观认为儿童包括所有人都有自我发展的能力，教育的作用在于帮助儿童充分发展这种能力，而不是压制这种能力。当然，价值澄清理论对灌输的反对，还在于这种教育实践不能适应社会多变的需要。[①]以上几位教育家或理论流派论述的角度也有一致之处：都是从认知的角度来论述对灌输的反对的。诺丁斯与之不同，她主要是从情感的角度来论述的。在她看来，基于关怀伦理的道德教育，其目的在于培养学会关怀的人，让学生学会与人、与世界万物和谐相处，此种目的之达成，应让学生在与教师、与他人的共同相处中，在真正的关怀情境里学会关怀。因此，关怀主要表现为一种情感体验能力，这种能力的获得，仅靠灌输一套有关关怀的事实知识无济于事。只有在人与人相遇中，在人与人彼此的情感交流中，才能习得。从情感、关怀的角度来论述一种无灌输的道德教育，正是诺丁斯与其他道德教育家的不同之处。

---

① 戚万学著：《冲突与整合——20世纪西方道德教育理论》，山东教育出版社1995年版，第301—302页。

（六）在道德上受过教育的人

诺丁斯对于受过道德教育的人应具备什么样的理想形象这一问题的看法，与她的关怀伦理学和教育目的观有直接关系。在她看来，一个理想的受过道德教育的人应是学会关怀的人，它有以下几层含义。

首先，学会关怀的人是一个自律的道德主体。自律的道德主体，是当代道德教育家所认同的一个理想的形象。但在自律观上，诺丁斯与其他教育家颇有不同。当代教育家大都把自律的主体看作能够独立地、自主地做出理性判断和决定的人，为达此目的，道德教育就以培养和提高学生的认知能力为主要任务。这种道德主体以公正伦理为取向，把道德看作有等级的结构，靠逻辑推理来解决道德问题，往往把与之共处的人排斥在道德推理之外，而诺丁斯提倡的自律主体不是把自己看作与他人相分离的，"康德所讲的道德行为者能在孤独、与外界隔绝的状态下决定道德问题，而（关怀伦理则认为）关怀者必须与他们所关怀的接受者保持联系"[①]，"在极端的意义上，我们每个人都是用关系来阐明的个体，并非一个完全自律的行为者"[②]。因为，从关怀伦理的角度来看，学会关怀的人作为一个自律的主体，他不是一个仅从理性的角度自主做出决定的人，他把道德看作人与人之间的相

① Noddings, N. *Philosophy of Education*. Boulder, Colo.: Westview Press, 1995, p.188.

② Noddings, N. An Ethic of Caring and Its Implications for Instructional Arrangements. *American Journal of Education*, Vol. 96, No. 2, 1988, pp.215–230.

互理解与对话，他关注的是如何与他人和谐相处、保持积极的关系，他并不以道德判断、道德推理为根本出发点。培养学会关怀的人，根本目的不在于发展其认知能力，而在于提高其情感体验能力，提高其对他人需要、情感、利益的关怀和回应能力，以对人、对世界有更高的体认和觉悟。

其次，学会关怀的人是一个学会负责、有深沉的责任意识、对人类的生存问题能时时给予关怀的人。诺丁斯引用海德格尔对关怀的描述，认为“关怀就是人类生命的存在”，并认为“这个词的含义是广泛的，它包含着对别的生命存在的一种焦虑态度，谨小慎微做事的一种观念，最深层存在的渴望，转瞬即逝的时刻，以及属于人类生活的所有负担和苦恼。从这点上看，我们沉浸在关怀之中，它是终极的生命现实”[①]。可见，一个关怀的人，是一个具有终极关怀意识的人。他把人与人、人与世界关系的和谐看作最高价值的追求，他不把别人、世界看作与之对立的物来看待，也不把他们当作手段来使用，他以关怀者的身份与他人、与世界万物相遇，与他们形成“关怀者—被关怀者”的关系，即“主体—主体”的关系，而非“主体—客体”的关系。他关怀与之共处的他人的利益、需要和兴趣，关怀他人的情感，关怀地球上整个人类的终极命运，具有深刻的责任意识。

再次，学会关怀的人，也是一个学会关怀自己的人。关怀他

① Noddings, N. *The Challenge to Care in Schools: an Alternative Approach to Education*. New York: Teachers College Press, 1992, p.15.

人并不意味着自我的丧失，并不意味着对自我的忽视。一个关怀他人，关怀世界万物、关怀人类命运的人，对自我也极为关怀。他不沉迷于物质层面上的追求和关怀，而是注重精神层面的自我关怀：关怀自己的身心健康，注重德性修养，热爱生活，善于享受生命，有正确的生活观和幸福观，在与他人、世界的和谐共处中享受生命、生活的愉悦，在关怀他人、勇于承担责任中体验生命的价值。总之，一个学会关怀的人，是一个能够超越现实生活世界、摆脱疲于奔命之苦的人，是一个懂得生活、人生和世界意义的人，是一个善于体验自己的生命价值的人，是一个精神世界完满的人。

二、关于学校道德教育实践

（一）道德教育的课程

在课程计划中，诺丁斯把中学课程分成传统的课程和以关怀为主题的课程，而以关怀为主题的课程内容，是由关怀自己开始向外扩展至关怀身边的人，然后是陌生者和远离自己的人，再扩展到对动物、植物、地球的关怀，对于人工制品也可以引发我们对历史文化的关怀之意与敬意，最后是对于知识的关怀，主要指在对知识和艺术的追求中，和道德的关怀一样要有开放的、接受性的自由，而后获得知性的与审美的喜悦，这对于整个道德人格的提升有积极作用。

1. 关怀自己

诺丁斯认为在关怀自我的整个活动中，自我了解是最为基础的。在许多主题中，都可以引导学生去反省自己想要过什么生活形态的日子，但是这种引导要看教师的价值观是否正确，课程的计划是否周密，在教学对话中是否有教育专业的敏感性能随机指引，从而给予适时的指点和提醒。关怀自己涉及对自我的理解、探索与利益，包括身体生活、精神生活、职业生活、娱乐生活，也包括情感生活和智力生活等。在身体生活方面，可以将互不关联的一些教学内容以关怀为主题有机整合起来。学校教育中各自为政且互不联系的体育课、家政课、驾驶教育、性教育、毒品教育、健康和卫生教育以及父母准备教育应该结合起来，共同探讨如何教育孩子们关怀自我的问题。精神生活涉及对灵魂的探索和对精神的求索。在信仰教育方面，必须以开放的探索和谈论为主。之所以研究精神问题，是因为它事关我们的生死命运，它是我们的终极关怀所在，这对个人和集体都至关重要。关于职业生活，既要探讨一般意义上的职业准备，也涉及有关人生发展的问题和任务，必须系统地加以引导。通过娱乐休闲教育可以使学生获得精神、情感和社会方面的发展。

2. 关怀生活圈内的人

关怀生活圈内的人，这是关怀自我的扩展，是持续时间较长的关怀关系。诺丁斯把这种关系分成两种：一种关系是平等的，如夫妻、朋友、同事、邻居等；另一种关系多是不平等的。在这种关系里，一方常常扮演关怀者，另一方常常扮演被关怀者的机会较大，这是一种不平等的关系，如父母与孩子、教师与学生的关系等。学生最需要学习如何处理平等的人际关系，而教师更需要了解如何分析处理不平等的关系。有些人际关系其性质就是不平等的，关系的一方必须承担主要关怀者的角色。学生当然应该学习如何在一种不平等的关系中关怀他人，但是他们更应该学习如何成为积极的被关怀者。被关怀者的角色不可忽视。只有学会如何分辨关怀，接受关怀，年轻人才能逐渐学会关怀他人。所以，教师要引导学生，从被关怀者的感受出发，逐渐与其他人发展出关怀的关系。诺丁斯特别强调让中学生照顾小学生，这可以培养他们的责任感，高年级的学生指导低年级的学生课业，就他们自己而言，也是很好的学习。另外，竞争的情境有害于关怀关系的建立，不过在培养同事或朋友的关怀关系时，可考虑下列三个问题：是否在此情境中仍充满乐趣？对手的胜利是否能带给你快乐？竞争的结果是否对你的关怀表现有所助益？答案若是肯定的，则竞争仍可善加运用。

3. 关怀陌生人和远方的人

关怀陌生人和远方的人不是一件容易的事，会面临很多困难。远距离关怀至少面临两大困难。第一，我们无法接近要关怀的人，我们无从得知他们是否接受了我们的关怀。第二，存在弄巧成拙的可能性，我们的行为也许还会给那些我们要帮助的人带来痛苦。对于远方的人（如非洲饥民）或不相识之人，由于没有特定的情境，很难使关怀落实，有关这一层面的关怀，不可避免地要运用一些知识或推理。因此要使学生了解社群的观念，让他们理解关怀自己无法与整个社会分离，学习不同的文化，培养感受和设身处地的能力。诺丁斯认为，从关怀出发，而不是从各种学科出发，我们自然可以多从别人的反应中体会到被关怀者的需求，而不会用各种学术或既定的标准来评判别人。总之，关怀不熟悉之人，并不是遥不可及的梦。

4. 关怀动植物与地球

人类与动植物相互依赖，而且我们生活的质量取决于养育人类和其他生命的自然环境。对动物而言，学生可以讨论之处有三：[①]其一是关于动物的行为研究，其二是对动物的能力或特性做价值判断，其三是对动物的价值判断做深刻的体察与反省。涉及动物之间的伦理有时比人类之间更为复杂。诺丁斯认为从文学、科学、历史、经济学、政治学、数学、心理学及宗教中，都能找出可资讨论的素材，但都应以关怀为核心。对植物的关怀不仅可增加园艺的知识，更可能涉及不同的文化、风土、饮食习惯等知识。从动物、植物到没有生命的土壤、水文、自然等方面，鼓励学生关怀地球，关怀自然生态，从对环境中真实的回应出发，正是道德生活的源头。

5. 关怀人工世界

人类创造了物质世界，即各种物品和工具。关怀物品不产生直接的道德影响，而且物品也不会做出反应，但我们怎样对待物品却对人类和物质世界都具有重要的影响。如果我们不珍惜所拥有的物品或者放纵自己的物质贪欲，那么就是在滥用这个世界的资源。我们的行为因此具有了道德上的意义，就要接受道德评判。在另外一个意义上，可以将关怀物品和工具视为道德生活的一部分。当我们想要成为有道德的人，就会认真思考应该过一种

---

① 李奉儒：《九年一贯课程中的道德教学：尊重与关怀》，https: //max.book118.com/html/2016/1201/67294742.shtm。

什么样的人生。从关怀伦理的角度来看，永远不能忽视自己的生活会对他人产生的影响。另一方面，我们也应该认真思考古希腊人所说的优良品质的意义。当我们使用物品时，一想到是谁发明这么优秀的东西，就不禁对周遭之物肃然起敬。诺丁斯提示教育可以从下列方向来探讨我们与人工物品的关系：一是从实用性、生活的秩序性去感受和思考；二是从物理安排的文化历史美感的道理去感受和思考；三是从维护和保存物品的艰难辛苦去感受和思考；四是从制作和准备所花费的心力去感受和思考；五是从了解物品与我们精神生活的关系去感受和思考。①

6. 关怀知识

在讨论了诸多有关实际生活、终极命运以及一般教育的思想和见解之后，诺丁斯就思想和见解本身也做了深刻的探讨，她主要是从应该怎样教好现有学科体系内的知识方面思考的，认为传统学科不应该成为学校课程的核心。诺丁斯以数学和美术教育为例说明了其中心主张，即应该引导那些对某一学科怀有特殊兴趣的学生深入到那个学科特定的领域内，而对其他学生而言，这样做则没有必要。我们可以建议所有人都学某一种知识，可以邀请，但是没有理由强迫任何人。我们的目的是给不同的学生提供因人而异的尽可能好的教育。

在对知识的关怀中，我们发现，它与道德关怀的共同特征在

① 方志华：《诺丁关怀伦理学之理论发展与教育实践》，台湾师范大学博士学位论文，1999 年，第 241 页。

于都能使学生全神贯注、设身处地投入其中。诺丁斯将这种投入用“被抓住”一词来形容，当我们打算放弃某一意念时，反而允许我们自己被观念或灵感“抓住”。不难发现，这里诺丁斯试图提出一种直觉模式特征的企图。重要的是，在这种直觉模式的特征和人际关系中，关怀者的描述是相似的，差别只在于审美的或智性的关怀不具有明显的道德性。智性的关怀本身不是道德的，但可能对道德有贡献。经由接受性喜悦，而且那喜悦回转来，可以增强我们的自信与活力，可以帮助我们在要求道德时，维持我们的道德承诺。[①]这就是在学习中的成就感和充实感所带来的充沛生命力和自信感，而关怀道德的引导，就在这充沛的生命力和自我理想中实现。

（二）道德教育的方法

关怀伦理学的实践，与道德教育的实施息息相关。关怀是人的道德存在的核心，而教育方法就是去展现这样的存在。因此，诺丁斯所说的道德教育方法，是以关怀为导向的方法，重在体现关怀关系，而非纯粹的技术的熟练、教条的宣传或认知阶段的提升。教师在运用教育方法时，必须懂得活用，并能在各种情境中体会到师生间关怀关系之增进。

---

① Noddings, N. *Caring: A Feminine Approach to Ethics and Moral Education*. Berkeley: University of California Press, 1984, p.170.

1. 榜样

关怀学派所提出的道德教育的榜样法，旨在关系中呈现人的存在基础，在关怀中呈现人的道德基础，这是人性成长的必经历程。教育不是告诉学生要关怀，而是创造与学生的关怀关系，让学生从中学习关怀。要使学生成为有关怀能力的人，首先要让学生有适当的受关怀的体验。当学生在关怀的师生关系中体验受关怀的美好感受和经验时，就会不自觉地化成一股力量。当我们想唤起关怀能力时，曾经有过的关怀关系的美好记忆，就会成为我们愿意付出、学会关怀他人的动力。而要创造一个关怀的身教氛围，教师对自己的举止言行必须有专业的警觉才行。

教师对学生的关怀，主要表现在对学生的接受方面，包括用心观察、倾听与忠告。增强儿童的道德理想，很重要的一点是认真去倾听儿童的心声，使其从老师的态度中感受到自己的心声是受重视的，是真诚的，重要的。从接受学生开始，教师通过亲身的关怀表现，让学生感受到受关怀中自我道德形象的真实和受信任，这是教师培养学生道德理想的开始。

诺丁斯认为，所有的教学都在传递道德的信息，道德教育要有成效，不在于花多少时间对学生说教，而在于师生关系本身是否蕴含着道德的内涵，即关怀的关系。经过“道德地教导”，教师希望能引导出学生更强的道德感。诺丁斯所谓的“道德地教导”，就是以关怀的态度去教导，就是去接受学生学习关怀的过程。关怀学派强调教师能够在教学过程中体现其道德价值，而不只是教条式的说明。比如，在以知识为主的教学的师生互动中，也蕴含着道德教育的内涵，当教师面对学生的课堂回答时，他接受的不只是学生对问题的答案，而是学生的整个人，学生永远比教材、比答案重要。因此，教师应在所有的教学中将人性关怀的精神潜移默化地呈现出来。当课堂教学要向学生传递道德意义时，教师也要自觉地去获取道德信息传递之后学生的情意反馈。此时，教学的价值和意义才能得以彰显和完成。教师要细心地去领受出于学生自然而自由的响应，因为学生接受关怀的反应，是教师关怀关系的完成，也是教学的自然报酬，是教师继续保持关怀关系的原动力。

2. 对话

诺丁斯认为，对话在学习如何创造并维持亲密的关怀关系中是基本而重要的。然而，在教室中鲜有真正的对话，大部分是教师问、学生答，然后是教师评价的刻板授课过程。因此，必须在课堂教学中实施真正的基于关怀关系的对话。如果正式课程无法安排对话，也要制造别的对话机会，学生每天应至少有一段和成人对话或互相探索的时光。在对话中，学生可以自然地学得每日的人际推理——沟通、决定、分享、妥协、互相支持等关怀情意的开放与承诺，而不只是道德判断和阶段的提升。

在对话中，应教导学生如何接纳感情。“关怀者对待小孩不须是完美无缺的，或有永无止境的耐心、温柔，因在现实中是做不到的。小孩是有弹性的，主导的语气最重要。如他打翻茶杯，我又很累时，各种伤人的话会脱口而出，这是难免的，但我要再向他解释这不是我对他的评价，而是我痛苦、挫折的发泄，这表现出我在压力下的弱点。这样告诉他，他也会承认他笨手笨脚的缺点，如此一来，我们都又学习了一些彼此挑战对方，去接受自己的可能性。”[①]通过教师的开放和坦诚，打开学生接纳自我的胸怀。

在对话中，要增加师生相处的时间，以利于深度对话的发生。如果教师在自我开放和接纳的历程中，表露了自己的真实情感，就会感染学生并使之能接纳自己，从而进一步促进师生情谊的彼此开放，这是由真诚关怀的对话所开创的关系。如果师生共处的时间足够长的话，就更能建立起这种有感染力和共鸣的深度关怀关系，更能提供信任和真正对话的基础。另外，在学校中对话的基础是共通的人性，而非专业知识，为了和学生有真诚的对话，教育者必须首先和家长有真诚的对话。在真正想要进行教育的尝试中，我们需要与家长互相信任和合作。因此，必须放弃专家主义，在扩展的关怀关系中提升共同的人性。

诺丁斯对学校的功能和价值抱以很高的理想，她认为学校本来就是一个提供学生检验人性核心价值的地方，包括宗教的价值在内。因此，在学校中应该讨论和人生、宗教有关的话题。学校理想上是一个机构，在其中，价值、信仰、意见可以批判地、欣赏地被检验。如果学生面对生活或宗教有质疑，又没有一个教育的探讨空间，如果学校对于学生切身的感受或终极关怀，不以教育的方式加以引导和检验，则其就成为“悬缺课程”。诺丁斯认为对话是开启这方面关怀的最好方式。

---

① Noddings, N. *Caring: A Feminine Approach to Ethics and Moral Education*. Berkeley: University of California Press, 1984, p.121.

3. 实践

诺丁斯认为孩子建构道德理想的过程需要关怀的实践。唯有创设关怀的机会，才能在关怀中学习关怀技术。一个人一定要有“相遇”的机会，要给他机会去关怀，才能使其学会关怀。因此，学校应提供学生各种关怀和服务的机会，在技术的学习中培养其关怀的能力。学校可以让学生参与一般的服务活动。不论学生被指定去哪里——办公室、教室、医院、动物收容所、植物园等，他们的工作是做个真正关怀的学徒。学生不需要将其视为职业来从事，而是纯粹提供学习关怀的机会。而学生是关怀的学徒，不是支付薪水的工读生。如果认为这些关怀之事可以用金钱买得，这反而将其中可以扩充的人性价值减少了。为此，需要透过教育的力量，让学生感受到关怀中有精神的回报，而不是只有为了金钱才去从事和关怀有关的事。诺丁斯认为，唯其如此，建立关怀社会的理想景象才会在学生心中立下根基。

诺丁斯强调学习中一定要有参与其中的经验——自由参与又无须顾虑有无成就，更不必管评价要求，只要去感受就好。“要让学生与科目以‘你’相遇——使得科目可抓住他们，并让他们愉悦……其目标是针对接受性和相关性。”[①]这种可以打开学生心胸去接受教学科目中所传达的人性信息的追求，正是教育中最可贵的——然而这不是用评价或成绩去要求所能得来的——而是由

① Noddings, N. *Caring: A Feminine Approach to Ethics and Moral Education*. Berkeley: University of California Press, 1984, p.192.

提供分享价值与经验的机会而敞开的，这使得学习能够成为生动的富有感受性的经验。

诺丁斯对于道德教育中需要学生去练习关怀、体验关怀与被关怀的期望是非常殷切的。因此，她注重的练习或实践，不只是“去要求”学生关怀人而已，而是要在正式课程中安排学生参与关怀的工作并在对话中交流心得，让学生学习去体会、分享别人在生活中面临真实问题的情绪，包括提倡大家一起参与家务来取代付费给家庭主妇做家事的权宜方法。同时，为了安排可以增进关怀练习的环境，中学应不必分为前期后期两段式的学校，而教师在教学中也要谨慎地不以标准化课程学习之成败论英雄，而是要去创造合作学习的机会，使其在关怀别人和受关怀中发展关怀的社会意识与多元智能。

4. 认可

认可是指对被关怀者可能运用的最好动机做归因和诠释，以让被关怀者反身发现自己的善意，增强对自己道德理想的期望。人对于自己潜在的善意往往没有自觉或自信，然而，当有人将之从纷乱的行为中点化出来时，其迈向理想自我的信心大增，这犹如遇到知音或知己的感受，特别真挚。

但是，教师在认可学生时并不是只说学生的好话或只说学生爱听的话，而是要明晰所有外在纷扰的线索中所掩藏的真实心意，同时指出其中的盲点。诺丁斯举例说，对待说谎的学生，既要认可其心中仍怀有的善意，也要指出其行为之不当后果。“当教师遇到小孩说谎时，教师可以说类似‘我知道你想做好事，想帮朋友’这样的话，但接下来要向他解释这样会妨碍老师对她的正确判断。她也许会和他分享对竞争的看法，还有对公平、关怀同学的看法。但她不会将他的动机归因为不良的、污秽的。她不是强加规矩在他身上，而是要培养他的道德理想。”[①]在认可中积极地培养学生的道德理想，并非是放任自流。诺丁斯指出，道德理想是非常脆弱的，教师一定要积极地呵护培养之，而非任其发展。教师应自觉地、创造性地介入学生的学习，对其予以积极向上的动机归因，并在关怀中向学生提供必要的协助和示范；要能发挥认可的实际功用，应善于运用与学生的对话以及学生关怀实践的时机。从诺丁斯对认可的定位可以看出，教育就是在现实生活中去捕捉学生心目中对理想的向往，而这正是教师应有的专业敏感性。

诺丁斯认为，师生间的关怀关系需要悉心培养，要有开放的沟通、感性和知性的交流等，但遇到需要打分数以区分高下时，就是干扰师生关系最大的困扰了。诺丁斯提出了两个解决方案（尽管她不认为这真的能解决问题）。第一是只问学生学得了什么，而不问速度。因为学校有标准的进度和课业分量的要求，诺丁斯对此提出了改良式的做法，即师生间依自己的程度签订契约，作为达成的标准。第二是师生共同努力，以达成外在客观的标准。如果师生共同去完成某个外在标准的评价，那么意义就不同了，师生成为共同努力的人，但这种方法也是有缺点的。诺丁

---

① Noddings, N. *Caring: A Feminine Approach to Ethics and Moral Education*. Berkeley: University of California Press, 1984, p.124.

斯认为，教师并不是不会评价学生或不要评价学生，而是在这种评价中自主性和关系的意义被外在的标准抹杀了。在此情况下，教师很难给学生最恰当的建议。教师认可的用心，往往在外在客观的标准化评价中给毁掉了，使得道德教育总是不能圆满，学生不能在评价这件事上学到更深刻的意义。教育的意义在许多外在环境的因素中给抹杀了。这是最可惜的。

从关怀伦理学的立场来看，在教育改革的过程中，教师应先成为被关怀者，当教师的需求满足后，在反馈的力量中，他们才能成为教育改革中关怀者的尖兵。教师需要的不只是学生对被关怀的反馈，也需要整个大环境对其改革的实践给予正面的肯定与响应。教师要关怀学生，大的社会环境或教育当局也要关怀教师，这是环环相扣的人际关怀网络。教育改革唯有让参与者从自己的关系网络中寻求行动的力量，才能取得真实的成效。所以，教师倾听学生的心声，教育施政者则要倾听教师的心声。关怀的力量从认可自己、关怀自己开始。

（三）教师的专业素养

1. 具有培养关怀理想的理念

要成为一个关怀型的教师，进而培养出具有关怀理想的学生，教师首先要意识到自己肩负着培养学生关怀理想的重任。关怀学派所认可的最有意义的关怀是帮助学生成长和自我实现，在关怀中培养学生的道德理想。所谓的道德理想，是学生在与整个社会的关系中，由自己出发，对关怀关系中“理想我”的形象的认可，也就是自由地认可自己在整个关系的网络中要做个什么样的人、成就什么样的关怀关系。道德理想是有自由度在其中的，是依据自己的能力现状和社会关系中的需求所提出的理想。道德理想正是从现实出发，出于自由意志的承诺，对自我形象的追求；它是发自人性的，由上而下达至所有与我们有关系的对象。因此，作为一个关怀者，尤其是教育工作中的关怀者，并不是要为被关怀者设定理想的行为，而是要去帮助未成熟之人或被关怀者，建立起自己的关怀理想，在纷繁复杂的关系网络之中，成为有关怀能力的人。

教师负有培养学生关怀理想的责任。所以，教师要有关怀的意识、能力，懂得如何在安排教学情境与设计时激发学生关怀的情意，在师生经验的互动中，坚定学生关怀的理想。教师要有包容“教师要求”和“学生需求”的双重观点，以学生喜欢的方式安排教学内容。如若强迫学生学习，则会危害学生的心理健康。因为学生常以否定的方式选择自己的言行并将其合理化，如此，会导致其道德理想的堕落，进而影响学生对道德我的正确感受以及塑造理想我的动力。在关怀学派思想中，视人性中关怀的自然能力为善的，但情意的唤起和呈现也是稍纵即逝的，因此道德情意需要在教育活动中积极培养；关怀者既需要有关怀的热情，也需要觉察付出关怀的限度，适可而止，保持自己关怀的人性力量，不做迷失的关怀者；在教学中，要建构一种“接纳”氛围的师生关系，使学生获得一种学习的成就感，在学习中肯定自我，接纳自己，进而能敞开心怀，去接纳别人。此乃培养学生关怀理想的契机。

道德教育的目标是在脆弱的人性中、在情意基础上培养学生以关怀为核心的道德理想，由此，在专业性的教师教育中应培养教师成为一个有严格的专业品质而非“软心肠”的人。首先，诺丁斯主张，在教育上应该走向“去除专业化的教育”[①]，但诺丁斯特别强调这并非要降低师资的品质，或使教师失去专业自信、游离于专业素养之外，而是要去除专业化的分类方式，防止以学科专业的教学来主宰学生学习的内涵和价值。教育的成效不在于内容的记忆程度，而在于人的实践态度的改变。必须将态度的学习纳入学生对教材的理解中，作为看待或评价学生学习效果的基准，这才是真正的有教育意义的教学。这是一种去除了“知识专业性”而强调“能力专业性”的更高的教育理想。其次，要转向非专业化教育，必定要伴随着谨慎地考核教师的凭证或证照。诺丁斯主张，教师要成为一位教育的关怀者，必须具备两方面的素养：一是对学生的表现有包容的能力，二是对教学领域的内容了如指掌。新任教师前三年可跟随资深教师学做教育的关怀者，在这段类似学徒的期间，作为关怀示范者的资深教师，可以为新教师提供有力的实践关怀的示范与指导。

2. 掌握“教育关怀”的实践规则

诺丁斯所提倡的教育实践注重各种关系之间的平衡与协调，以“对人忠实”的实践作为所有教育实践者的心中标尺，其关怀思想超越了单纯的人与人之间的忠实关系而发展成为一种在教学、师资培育和教学研究中“对人忠实”的教育实践——关怀实

---

① Noddings, N. *Caring: A Feminine Approach to Ethics and Moral Education*. Berkeley: University of California Press, 1984, p.197.

践。关怀实践的第一步就是要开放、接纳，这正是对人忠实的表现，如在教育提问中不只是问“怎么做才能达成我们的目的？”（这是属于工具理性的问法），而是要进一步站在人性关怀的立场上提问：“我这样做对我的关系有何影响？”“对对方有何影响？”“对形成一个关怀社会有何影响？”

在教学过程中，教师要积极反省其教学的措施、方法，将师生双方的自我成长、自我超越作为教师对自己、对学生是否忠实的标尺。总之，在教学上，诺丁斯以“忠实”作为师生关系的本质，认为教师应在忠实面对学生的教学反省中建构一种有利于学生冒险、超越的“安全”的师生关系，而不只是一味地接纳学生，或用敌意去刺激学生达至优良的学业表现。在忠实地发展关怀教学关系时，教师的认可会让学生安心地学习、探究以达成自我超越，成就理想的学习。在这样的师生关系中，教师可以发挥教学的艺术才能，在综合各种关系中去考虑、设计最适合学生学习的教学安排。

在师资培育上，要突出言传身教的示范作用，让准教师切身地感受到如何使关怀在教学中产生教育作用，这是对教师、准教师和未来学生的忠实。诺丁斯认为，榜样、对话、实践和认可是师资培育的主要途径，其中，榜样示范教学是培养关怀教师的最重要的途径。与其教导准教师们如何去关怀学生，不如施教者本身示范如何在教学中去关怀学生；如果施教者希望准教师学会对话，如果在师资培育中真正重视道德和批判思考，那么“对话”就是师资培育中不可或缺的教学实践。最好的教学实习是在关怀的环境中去实习。新手教师应学会以忠实的生活态度参与教学。诺丁斯心目中最好的教学实习状况是：新手教师在一个教师专业的合作社群中，观察教授、熟练教师和同事如何忠实地在一起工作，如何互相关怀激励，如何为形成关怀能力而努力。此外，在师资培育中，对学生成长的经常性的“认可”也是十分重要的，认可与对话、实践交互作用，能够使师生互相感染对方的道德理想。

在教学研究方面，诺丁斯强烈反对那种仅将师生作为研究对象而无视教学研究之教育性的流行的做法。在这种流行的做法中，研究者和被观察的教师虽然在研究期间发展了友谊，但在研究报告发表时，通常的做法是：给被研究的教师一份对他没有伤害的报告，而另外准备一份将在杂志发表的仅供研究同人阅读的有活生生写实内容的报告。这是不合乎研究伦理的。参与研究的教师（被观察的教师）如果阅读到真正的报告，将会受到极大的伤害，产生一种被人利用的感觉。因此，教学研究中是否忠实的道德问题显得特别重要。“一个创新的做法是选择研究者、教师、学生三方面都有兴趣和关切的问题，这才是真正地为教育而研究，而非对教育做研究。”[①]“研究和发展要变成伙伴关系”[②]，研究者要和教师进行真正的面对面对话，而不是只报告对方的错误，要让受研究的师生和研究者以及将来阅读研究报告的社会大众，共同获

① Noddings, N. Fidelity in Teaching, Teacher Education and Research for Teaching. *Harvard Educational Review*, Vol. 56, No. 4, 1986, p.506.

② Noddings, N. An Ethic of Caring and Its Implications for Instructional Arrangements. *American Journal of Education*, Vol. 96, No. 2, 1988, p.227.

得成长和提高，这是对曾经有合作关系之人的真诚态度。

总之，在教学、师资培育、教学研究中实施的对话、沟通、关怀实践、诠释、理解与认可等策略，绝不仅仅是某种方法，而是置身于真实教育情境中教师自我存在的展现。关怀学派所谓的忠实，不只是对职责或原则的忠实，也是“对于关系中人的直接响应”。诺丁斯重视关怀情意的道德意义，主张自然关怀能够唤起人们的道德理想，而要实现这一道德理想，则需具备基于反省的道德关怀意识。就此而言，忠实可诠释为：在未成就理想的关怀关系之前，个人主动而持续地将自己保持在理想关系中的自我期望。忠实是对特定的人和关系的承诺。因之，对持有关怀思想的教师而言，忠实就不仅仅是其职责，也非单纯的个人德性，而是基于忠实本身的教育情怀。为了对人忠实而迈向理想关系，就要在特定的时空环境中学习如何建立忠实关系的能力，诺丁斯称这种能力的表现为“高度忠实”。[①]

第三节　关怀学派道德教育思想的评价

一、在道德教育发展史上的地位

（一）对“主知主义”道德教育模式的超越

关怀学派道德教育思想首先对“主知主义”道德教育模式

① Noddings, N. Fidelity in Teaching, Teacher Education and Research for Teaching. *Harvard Educational Review*, Vol. 56, No. 4, 1986, p.497.

提出了挑战。“20 世纪，对道德教育来讲，乃是一个认知主义的时代。20 世纪初涂尔干的‘不妥协的理性主义’道德教育理论，杜威的道德教育的科学探究模式，20 世纪 60—70 年代威尔逊的‘理性功利主义’理论，柯尔伯格的认知—发展理论，斯克里文的‘认知的道德教育’，以及克里夫·贝克的‘反省价值教育方法’等”[①]都表现出对认知因素的重视。把认知能力的培养引入道德教育领域并认定为道德教育的主要目标，意味着对无视学生主体性、以灌输为根本特征的传统道德教育的彻底否定，从根本上改变了人们的道德教育观念。然而，“认知、推理并非道德的全部甚至不是道德的本质成分，道德教育的目的归根结底是行为的改善而非推理的改善。而且，无论从理论还是从实践上尚未有充分的证据证明正确的推理和丰富的知识与合理的行为之间存在某种必然的逻辑联系”[②]。以认知为唯一定向的道德教育理论和实践无法解决知行统一这一道德领域最古老、最根本的问题，面对这一窘境，迫切需要一种新的道德教育理论来弥补认知主义模式的不足。

诺丁斯反对以认知为定向的道德教育思想，认为道德教育的根本任务在于培养学会关怀的人。关怀主要表现为一种情感或一种态度，表现为一种对己、对他人、对世界万物的情感体验能力。在她看来，道德产生于一个人情感上为善的愿望，而不是产

①② 戚万学著：《活动道德教育论》，南开大学出版社 1994 年版，第 3、4 页。

生于理性上的苦思冥想。首先，因为道德现象与人的需要、情感紧密相连，真正的道德规范应使道德主体对之有强烈的情感体验，从内心服膺之、信仰之，并能贯彻到行动中。如果仅仅以道德规范、原则的传授，以认知能力的培养为目的，而没有学生相应的道德情感参与其中，则此种道德教育是注定要失败的。其次，道德主要属于价值领域，而非事实领域。道德教育不能以认知能力培养为根本，不能以道德规范、道德原则的传授为根本，而应当让学生在人与人、人与世界的共同相处和交互作用中，体验到道德对于人的价值和意义。

诺丁斯并没有否认认知、理性的作用，相反，在关怀学派道德教育思想中，她对认知、理性的作用进行了合理的定位。“作为一个道德教育者，即使你强调了道德教育中关心的问题，你也不能仅仅进行‘情感的’教育。如果缺少思考的显微镜，关心将是盲目的。要想学会如何关心人就必须同时学会理解人。”[①]关怀学派所言的理性，是在具体关怀情意中去运用的态度。关怀道德教育思想并不是不要原则和规范，诺丁斯提出，无论采用什么样的道德教育措施，都要以关怀的态度来把握方向。对错与否会因时间地点的不同而呈现不同的状况，虽然也要考虑原则和规矩，但更重要的是考虑关怀的态度。在道德实践的情意动力充实饱满之时，我们对于道德行为的方向和承诺，会更加深刻而笃定，更

①［美］理查德·哈什等著，傅维利等译：《道德教育模式》，学术期刊出版社1989年版，第3—4页。

加义无反顾。故只培养道德认知是不够的。诺丁斯重视情感因素，把关怀作为道德教育的根本，把认知作为辅助手段，体现了对道德教育根本功能的重视，具有更大的合理性。

（二）关怀学派道德教育思想的理论定位：引导各理论各得其正

关怀学派道德教育思想试图在人性的关怀实践中引导各道德教育理论之价值各得其正。西方传统道德教育认为，关怀思想缺乏原则的论述，难以在行动实践上有指导作用。诺丁斯则认为关怀的态度是普遍的，关怀学派道德教育思想也提出了关怀的规范，指出关怀实践的目的在于保存人类的基本情感，并从自然关怀这种情感引发出道德关怀的情感。如果说诺丁斯的关怀思想有所谓“原则”的话，那应该是可以在内心体会并运用于情感的“关怀”。在关怀者与被关怀者的相遇中，关怀者付诸全神贯注与设身处地的接受，而非以外在的客观原则为指引。因此可以说，关怀思想并不是全盘推翻西方传统的各种哲学理论，也不是不重视理性知识，而是在面对理论与实践的关系时，关怀思想希望能以人性的“关怀”为行为的标尺，在实践中使所有的理论运用可以各得其正，适得其所，找到自己合适的位置。故与重视实践客观原则的传统道德教育对比起来，关怀学派道德教育思想除了保留各种知识和伦理道德的客观应用性之外，更要求能在具体的情境中，能够保持住人之真正性情的表白与流露。当这样的关怀思想被接受时，过去所有道德教育的内容，仍可以在某种程度上被接受和包容进来，但其基础及轻重，要放在“关怀”关系之上而做适当调整。

（三）关怀学派道德教育思想的历史地位：与品格教育并驾齐驱

西方社会在公立学校产生以前，道德教育主要由家庭、教堂和星期日学校承担。道德教育的主要目的是保持宗教信仰的虔诚以及社会的和谐与稳定。宗教教育是道德教育的主导形式。在欧美，19 世纪末 20 世纪初，人们所面对的是历史上长期延续下来的传统道德教育。这种教育以两种形式存在着：一种是西方根深蒂固的宗教教育；另一种是在教育的世俗化过程中逐步确立起来的“品格教育”。[①] 19 世纪后 30 年，随着科学技术的飞速发展、经济的急剧增长、世界范围的人口流动以及由此所引起的社会生活习惯、价值观念的多元化，传统的道德和道德教育越来越失去了其赖以维系的社会历史基础。在此情况下，公立学校道德教育需要重新定位，从而出现了两种变革的倾向。一种是品格教育，是对传统道德教育的继承，在 20 世纪初曾经盛行一时，但后来在进步主义运动的批评、哈特肖恩和梅的品格教育研究结果的否定等因素影响下渐渐衰落。另一种是以杜威为代表的进步主义道德教育。进步主义道德教育尊重儿童的自主权利、尊重儿童的理智能力、强调学校生活和儿童自由生活的教育价值、反对形式主义的道德说教。[②]这种教育形式在 20 世纪 30 年代影响较大，但

---

① 戚万学：《20 世纪西方道德教育主题的嬗变》，《教育研究》2003 年第 5 期。

② 戚万学著：《冲突与整合——20 世纪西方道德教育理论》，山东教育出版社 1995 年版，第 8—9 页。

并没有完全取代品格教育。

20 世纪 50—60 年代是西方社会道德教育的荒凉时期，因为二战的过程和结果都表明，国家的生存和发展不是靠个人的品德修养和道德自律而是靠国家的强盛和技术的发展。在此背景下，学校的道德教育逐渐让位于学校的学术和技术的训练，道德教育实际上已形同虚设。但是到了 20 世纪 60 年代末，道德教育重新表明了自己存在的价值，道德教育改革运动源于当时西方社会道德的混乱和社会问题的加剧，尤其是 60 年代席卷欧美大陆，矛头直指传统价值观，倡导个性解放的学生风潮更使国家领导人、校长和家长震惊。20 世纪 60 年代末至 80 年代初，西方社会公立学校开始努力恢复道德教育在公立学校中的作用，道德教育在品格教育和进步主义教育的分歧中继续发展。一是坚持传统的品格教育。一些边缘知识分子仍在捍卫着美德中心的教育。例如，在美国，品格教育在 20 世纪 60 年代以后由美国品格教育研究所主持。二是继续进步主义精神的新的探索。“进步主义运动在 50 年代虽然遭到致命的失败，但在 60 年代中期，进步主义的观念又以一种最新的和强化了的形式回到学校。”[①]当时流行的各种道德教育模式，几乎无一不源于杜威的传统，如拉思斯等人的价值澄清模式、柯尔伯格的道德推理模式、威尔逊的理性功利主义模式、赫斯特的世俗的道德教育学说等。这些流派都以尊重学生的

① 戚万学：《20 世纪西方道德教育主题的嬗变》，《教育研究》2003 年第 5 期。

个性自由和理智能力作为指导思想，更重视教育的过程而反对单纯追求所谓正确的“结果”，更重视能力的培养而反对单纯内容、规则的教学。这种体现个人精神的道德教育路径在20世纪60年代后期到80年代初期在西方占主导地位。

嗣后，“时代再次发生了变化，相对自由的、充满希望的、现实主义的60—70年代让位于政治上更保守、经济上更担心、社会方面更分裂的80—90年代。教育追随潮流再一次向‘基础’回归”[①]。人们发现，20世纪60—70年代的自由主义虽然在反对传统的、机械的道德教育方面有积极意义，但是抛弃了旧的传统美德的学生背上了极端利己主义、个人主义、无原则宽容的包袱。对60—70年代激进主义的反思和批判促进了“品格教育”的复兴。以社会、国家的责任取代自由主义，以传统文化价值取代个人主义的呼声日益高涨并渐成潮流，道德教育出现向传统回归的趋势。品格教育在20世纪80年代中期以来回归并在90年代成为西方发展最快的教育运动。

关怀学派道德教育思想产生的社会现实背景是美国严峻的“新道德”现状。所谓“新道德”，是美国品格教育家托马斯·里克纳对美国道德现状的评语。其典型表现是“先为自己着想，自行其道和自我放纵”。青少年道德观普遍下降的症状主要表现在：青少年犯罪、校园暴力和破坏行为、孩子间的粗暴行为、作弊、吸

① Kirschenbaum, H. A Comprehensive Model for Values Education and Moral Education. *Phi Delta Kappan*, Vol. 73, No. 10, June, 1992, pp.771–776.

毒、酗酒、过早的性行为等。关怀学派道德思想是针对自私、冷漠、暴力等道德滑坡和教育机构中关怀不足的现实而提出的。关怀学派道德教育思想首先从挑战柯尔伯格的道德认知发展模式入手，指出柯尔伯格的道德发展模式揭示了男性的道德发展规律，它过于强调道德判断能力，而女性的道德特点——重情境、重关系、富于移情能力和同情心——则没有相应的地位。关怀学派摒弃了柯尔伯格不切实际的对绝对原则的追求，转而强调道德成长的两个基本点——道德情感和道德实践。诺丁斯认为，人是关系中的人，关怀关系是道德的核心，教育必须以一种广阔的视野来引导学生学会关怀，关怀自己，关怀自己身边之人，关怀动植物、地球。教师首要的不是作为教师而是作为关怀者而存在，通过自身的关怀榜样作用，使学生体验到被关怀的情感，学习做一个被关怀者，从而在被关怀中学会关怀。可见，关怀学派道德思想与品格教育一样，都是想解决 20 世纪 60—70 年代的道德滑坡问题，只不过品格教育是传统的道德教育方式的复归，而关怀学派道德教育思想继承了杜威的思想又试图超越杜威的思想，试图在克服柯尔伯格认知模式缺点的基础上找到一种更好的方法。

从 19 世纪末以来，西方公立学校的道德教育从以前的宗教性道德教育变革开始，便向着两个方向发展。一是现代道德教育模式，也被称为“自由主义道德教育思想”，如进步主义道德教育、价值澄清、道德推理、理性功利主义、关怀学派道德思想等，强调个体的道德自由，目的在于形成学生自己的道德选择，重视道德教育的过程，反对预先规定的道德，可称之为“个体化途径”。二是传统道德教育模式，也被称为保守主义道德教育思想，如品格教育的连续发展，强调传统价值和美德的习得，重视个人道德习惯（品格）的养成，强调道德教育的内容，可称之为“社会化途径”。道德教育的社会化途径是西方公立学校道德教育的主要形式，个体化途径是道德教育的现代创新形式，它们在历史发展中没有互相取代，而是具有根本的差异和存在的合理性。主体性和规范性是道德的两个本质特征。个体化途径强调道德的主体性本质，而社会化途径则强调道德的规范性本质，两者各执一端。因此，西方道德教育的两条道路之争实质上是对道德本质的偏执把握，这种非此即彼的二元思维方式正是传统道德教育和现代道德教育的本质区别。

如前所述，在20世纪西方道德教育发展历程中，保守主义与自由主义道德教育思想是周期性地交替出现的。从20世纪前30年的个人主义思潮，至40—50年代的国家主义教育，反映了教育领域由激进到保守的转变。而80年代中期以来品格教育再度复兴，以肯定传统的文化价值为取向，审慎地强调认知、儿童活动的重要性，无疑是对60—70年代激进的个人主义的反动，成为80—90年代主流道德教育思想。[①]关怀学派德育思想从本质上看属于现代道德教育模式，即自由主义道德教育思想，但它又不同于60—70年代的自由主义思想，60—70年代的道德教育过分追求自由、追求个性的解放，它的人学观基础是单子式的存

① 戚万学：《20世纪西方道德教育主题的嬗变》，《教育研究》2003年第5期。

在，割裂了个人和社会的辩证统一关系，从而导致了深刻的道德危机。而关怀学派道德教育思想则试图纠正这一偏颇，它把自己建立在共生性的人学观基础上，认为关系是人存在的本质，而关怀是关系的核心，进而从关怀自己出发，向外扩展到关怀身边之人、远方之人、地球、动物、植物，最终成就一个关怀的社会。虽然由于现代道德教育模式本身的一些缺陷，使品格教育于20世纪80—90年代在西方复兴了，甚至成为最流行的道德教育方法，但它从根本上无法取代关怀学派道德教育思想。关怀学派道德教育思想吸收了存在主义、杜威的实用主义、后现代主义与女性主义的思想，克服与超越了60—70年代自由主义道德教育思想的缺点，具有存在的极大现实意义与合理性，在西方道德教育史上具有重要的地位。关怀学派道德教育思想从产生起就对柯尔伯格认知发展模式造成了巨大冲击，在道德教育理论上产生了不同的反响，推动了与之相关理论的研究与教育实践的开展。在相关理论发展中，由于关怀学派道德教育思想的启发，在批判中又扩展了新的理论内涵，使得关怀道德思想在理论上更加丰富和充实，从而具有更广阔的实践价值。

二、贡献和局限性

（一）关怀学派道德教育思想的贡献

关怀思想出现在20世纪80年代的美国，它的出现主要针对当今美国社会乃至整个人类社会都出现了文化危机——关怀的缺乏。诺丁斯极力呼吁发展一种学会关怀他人、关怀人类命运的价值观念。1989年，联合国教科文组织针对全球化问题的出现发表了“学会关心”的圆桌会议报告，可见，“学会关心”这一口号的提出，不仅就美国社会而言具有特殊的意义，而且对整个现代社会来讲都具有普遍意义。关怀思想从重视关怀理想、保存道德源动力的基础出发，呈现出以关怀道德为核心的教育，并且详细地提出有关人格成长、道德发展、道德实践的重要性和方法。关怀思想认为，学校的功能不应狭隘地限制在智育，而应是人格和能力的全面成长和发展。学校应以培养学生的关怀能力为首要教育目标，而智育就在其中。学校应和家庭、社会机构都有共识和合作，将教育和生活连接起来，以增强学生关怀的能力为优先诉求。这并不会排斥智育的要求，而是使智育发展可以结合社会的需求和学生的情谊，让智育获得更合理的位置和发展动力。关怀思想不但提出了关怀教育的目标，为了培养学生的关怀能力，它还提出了课程的设置、道德教育的内容、道德教育的方法、教师应具备的专业素养等详细的操作模式。关怀思想把道德教育融合进整个教育当中，成为一个有机的整体，从而使“关怀”成为教育实践的重要内容。

当理想的关怀关系提出之后，关怀关系就成为一种道德实践的理想目标和检验现实境遇的准则。关怀思想所提出的对于教育的批判和重建构想，是从“教育的观点”所提出的真知灼见。然而，其最大的困难也在于，教育要对抗外在的政治、经济、社会层次的势力和成见。教育虽然受到政治、社会、经济等的影响，但教育工作者不能因此而失去教育的立场；教育的立场，是以协助人在人格上的成长和自我实现为最高的目标，而培养关怀的能力是其中的核心内涵。教育工作者的立场，是在政治、社会、经济等各方面的需求下，仍知觉到教育的关怀立场，才是对学生道德人格成长最有帮助的。诺丁斯不断地在教育实践的蓝图中指出，在考虑外在因素之外，仍要从学生的需求和人格发展着眼，要从学生终身可以受益的地方入手。这提醒我们：在一个恶性循环的教育环境中，能开始改变的，就是从发挥教育的作用开始，故教育界要有所为有所不为，抵制不正当的压力。教育改革的领导者应主动考察整个教育环境、结构和思维方式是否形成了对教师和学生的关怀网络，让每位教师和学生既是被关怀者，也是关怀者。

整体而言，在关怀道德教育思想的观照下，关怀已成为教育领域的一种必需的专业要求，一种特质，甚至是一种文化层次的要求，它虽然是一种态度，却也要化为制度和实践，影响学生在能力上的自我期望及调整人生方向的动力。

（二）关怀学派道德教育思想的局限性

在西方哲学和道德教育各理论流派对关怀道德教育思想的讨论和评论中，对于“关怀”和“关系”理论的提出，从根本上否定其价值者少，而从策略上和实践的可行性方面提出质疑者居多。关怀思想的理想目标以及关怀者与被关怀者关系的相遇，已成为关怀学派思想在理论和实践上努力充实和发展的目标。

1. 关怀的评价标准何在

关怀思想认为，当环境、我们的能力和品德允许的时候，作为一个关怀者，我们会对其他人积极地做出反应。“关怀的原则不是传统意义上的规范的原则，对那些没有受过训练以及没有献身关怀从而把关怀作为一种生活方式的人来说，关怀对他们没有说服力。它只是一种描述性意义上的原则，它描述了关怀者如何行动。”[①]因此，在道德教育上，诺丁斯一直没有提出关怀思想的典范，或许是由于后现代所强调的尊重异己，使诺丁斯不刻意着墨典范对人的感召力量，担心落入权威对个体的一致性要求而抹杀了个体的独特性。关怀能力的培养是被关怀者要跟在有经验的关怀者身旁学习，就像师徒关系那样，师傅传授技能给徒弟，徒弟从不断的练习中获得熟悉感，而对工作本身产生内发的责任感，师傅逐渐放手，直到被关怀者能自己负担其所有的责任为止。但问题是：谁是有能力的关怀者？谁来判断？关怀思想反对道德原则（仅承认关怀这么一个原则），但关怀毕竟要有一个标准和原则，没有标准和原则，当个人利益与他人、社会利益发生冲突时，我们如何对“关怀”进行裁决与评价呢？

2. 相对主义、个人主义的倾向

价值澄清学派、认知发展学派及关怀学派的一个共同特点是都难以避免对道德相对主义、形式主义信奉的嫌疑，这几种理论都坚持道德的相对性、易变性，反对道德的绝对性和永恒性，坚持道德的情境性、具体性，反对道德的普遍性、抽象性。道德相对主义突出了主体在道德发展中的自我意识和自由意志，解除了普适主义和绝对主义对人们思想的束缚，但也容易造成价值的混乱和无所适从，容易导致无政府状态。虽然形式主义顺应了社会

---

① Noddings, N. *Educating Moral People: A Caring Alternative to Character Education*. New York: Teachers College University, 2002, p.148.

思想文化多元化的发展趋势，但若脱离了具体的道德教育内容也就失去其赖以实施的依托。过分强调具体性、情境性和相对性，虽然看到了具体情境对道德行为的制约，但由此对道德规范采取虚无主义的态度，则显露了过强的经验论立场。“从逻辑上看，当情境的特殊性消解了规范的普遍性时，一切越轨或反常的行为便都可以获得合法的依据并得到辩护，这无疑将使社会的有序进程面临危机，它对社会生活的生产与再生产过程的消极影响是显而易见的。”[①]关怀学派难以避免相对主义的缺陷。特别是关怀学派道德教育思想在涉及对他人的关怀关系时，总是先强调对自己的关怀，避免使自己落入麻烦的境地，以保证自己在力所能及的范围内自由地进行关怀，如此，在个人和社会的关系上会自觉不自觉地落入个人主义的窠臼。这也是关怀学派道德教育思想难以彻底服众的主要原委。

① 杨国荣著:《伦理与存在：道德哲学研究》，上海人民出版社 2002 年版，第 43—44 页。

第十章　美国的品格教育思潮

品格教育（Character Education）是当前美国最突出、最具前瞻性和最有影响力的一种道德教育思潮。美国的品格教育产生于17世纪英属北美殖民地时期，旨在培养学生的道德选择和道德批判能力。但由于深受宗教的影响，此时的品格教育活动依靠宗教的规劝和严格的纪律加以组织和实施，打上了深深的神学烙印。从19世纪末开始，品格教育才渐趋摆脱宗教的桎梏，逐渐获得独立的地位，走上健康的发展道路。尤其是从20世纪80年代以来，随着品德教育的回归和复兴运动，引发了社会各界对品格教育的热切关注和广泛讨论，研究者在对以往品格教育稽考、分析和整理的基础上，重新反思和探究品格教育的理论和实践体系，取得了显著成效。与此同时，为了确保品格教育的有效推进，一些品格教育的积极倡导者建立了品格教育学院（Character Education Institute）、开发研究中心（Development Studies Center）、品格教育伙伴（Character Education Partnership）、品格发展基金会（Character Development Foundation）、品格教育联盟（Character Education Partnership）、品格教育协会（Association of Character Education）、美国公民教育中心（Center For Civic

Education）、伦理与品格促进中心（The Advancement of Ethics and Character）等品格教育研究中心或品格教育组织，并通过儿童发展计划（Child Development Project）、4R 和 5R 中心的发展项目推进品格教育的实施。与此相应，有关品格教育的论著也如雨后春笋般地涌现出来。其中具有代表性的作品包括雅各布·本宁加（Jacobs Benninga）和威廉姆·克伯屈（William Kilpatrick）的《为什么约翰尼不能辨别是与非》、亨利·赫夫曼（Henry Huffman）的《编制一个品格教育计划》、托马斯·里考纳的《品格教育——我们的学校如何教授尊重和责任》、道格拉斯·赫夫曼（Douglas Huffman）的《希望的学校：培养今日青少年的精神与品格》和威廉·贝内特（William Bennett）的《美德书》等。

第一节　品格教育思潮复兴的时代背景

一、品格教育：一种古老的道德教育传统

作为一种传统而古老的道德教育形式，品格教育的历史在西方源远流长。聚焦于美国的品格教育发展历程，不难发现，早在殖民时代，品格教育已开始萌生并得到初步的发展。从 1607 年英国在北美建立第一个殖民地开始，到 1776 年美国建国，再到 20 世纪 80 年代的近四个世纪中，品格教育经历了艰难曲折的发展之路。可以说，美国品格教育可谓命途多舛，经历了由兴起到衰落，而后再到复兴的曲折发展历程。

（一）殖民时期至20世纪30年代：品格教育的兴起

美国品格教育的历史可以追溯到英属北美殖民时代。为了加强思想控制，殖民者在殖民地建立了公立学校，并通过立法的程序明确了学校的定位和宗旨。这一时期学校的培养目标和教育任务不是教授知识，而是道德和价值教育。学校道德教育主要通过宗教的形式进行，品格教育传授的内容主要是宗教道德规范。在当时的公立学校中，《圣经》（*The Holy Bible*）是学生学习品格教育的主要教科书。同时，《入门书》（*Hornbook*）、《新英格兰初级读本》（*The New England Primer*）、《麦克古菲读物》（*McGuffey Readers*）也是品格教育的重要学习材料。宗教训诫、纪律约束、道德说教、榜样示范，构成了当时品格教育的主要形式和手段。

1776年7月，持续八年之久的北美独立战争以英国殖民统治的终结和北美殖民地的胜利而告终。为了扫清资本主义发展道路上的障碍，独立后的美国大力推进民主和自由的步伐。当时的统治阶层尤为重视品格教育，并将其视作美国实现民主和自由的基石，把教育工作和稳固政权紧密结合起来。例如，美国的首任总统乔治·华盛顿（George Washington）把“普遍宣传品德知识的学校之筹办”看作是国家的重要事务之一。美国开国元勋、第三任总统托马斯·杰斐逊（Thomas Jefferson）更是一针见血地指出，要推进民主政治和保障自由，必须提高人民的教育素养，这是一条政治学公理。他指出，除非公民具有很高的教育水准、自律水平和崇高的精神境界，否则，民主和自由便无法实现。在美国最初的13个州中，有许多州制定的法律中有这样的条款：“对于任何人来说，没有哪一个政府是可以持久的，但是如果人民坚持信奉公正、适度、节制、节俭和美德，政府就会长治久安。”①为了加强民主建设，发展“民主的美德”，实现人们对个人权利的尊重、对法律的遵循、自愿参与公共生活并关注公共利益，必须对青少年进行品格教育。在公立学校发展起来以后，品格教育开始成为美国公立学校的重要使命，其内容主要是传授美国的民主价值观、一般的道德标准和爱国主义思想。实施品格教育的方式主要有：读信条、读口号、读英雄人物的经典文本和进行宣誓等。

从殖民时期到20世纪20年代，美国的品格教育深受美德伦理学的影响。美德伦理学源于以苏格拉底、柏拉图、亚里士多德为代表的古希腊美德论。亚里士多德的“美德理论”是突出的代表。亚里士多德认为，人应该具备四种基本的美德：智慧；勇敢；正义；节制。“在他看来，人的卓越性（德性）不是身体的卓越性而是灵魂的卓越性，而灵魂的卓越性（德性）又分为两种：‘理智德性’与‘伦理德性’。理解、智慧、思考属于前者，宽厚、节制属于后者。理智德性有赖人生阅历的丰富，伦理德性则是基于习惯而形成的。”②在亚里士多德看来，德性并非自然形成，而要通过教育来培养，即德性是可教的。按照亚里士多德的

---

① Wynne, Edward A. The Great Tradition in Education: Transmitting Moral Values. *Educational Leadership*, Vol. 43, No. 4, December, 1985/January, 1986, p.4.

②［古希腊］亚里士多德著，廖申白译：《尼各马可伦理学》，商务印书馆2003年版，第35页。

观点，个体要掌握德性，除了要认识善，还要在生活中实践善进而形成习惯。因为“我们做公正的事情才能成为公正的，进行节制才能成为节制的，表现勇敢才能成为勇敢的”[①]。亚里士多德认为行为是道德发展的根本，因而反复论证道德行为的重要性，极力强调实践在道德发展中的不可或缺性。

19 世纪末 20 世纪初以前，传统的品格教育模式一直在美国学校中占统治地位。传统品格教育基本特点是：在教育性质上，它是一种强制性的、高压的教育；在教育目的上，它旨在维护社会的道德秩序，塑造一定社会的合格公民或使年轻一代社会化；在内容上，教给学生诸如诚实、勇敢、节俭、忠诚等相对固定的和具体的规则和美德；在方法上，一般采用说教、训诫、榜样、纪律、奖惩等手段。

20 世纪 20—30 年代，传统的品格教育模式受到了巨大的挑战。首先，达尔文的《物种起源》提出了一个新观点：有机体要得以生存和发展，必须从环境中汲取能量并与其保持平衡。环境不断变化，要求有机体不断适应环境以达到新的平衡。人类也是在与环境的不断协调和适应中求得发展的。进化论让人们相信，一切事物，包括道德价值并非一成不变，而是处于不断的流动和变化之中。其次，进步主义教育者对传统品格教育进行了无情的批判。按照杜威的观点，根本不存在一种绝对的道德真理，任

① [古希腊] 亚里士多德著，廖申白译：《尼各马可伦理学》，商务印书馆 2003 年版，第 37 页。

何道德都必须服从不断变化的社会需要；道德教育的核心是培养儿童的批判性探究能力而不是机械的品格训练；道德不是教育的结果，道德是儿童参与实际活动、与人交往和相互合作的过程中产生并得以发展的。协作的团体活动是道德教育的经验基础。他认为，传统品格教育的根本特征是自上而下的灌输，因而是狭隘的。这种无反省的机械训练是与儿童的生活、需要和能力脱节的。道德教育应促使学生理智的思考，选择契合现在的有意义的生活方式，而不是灌输一系列的道德准则。杜威反对在学校中传授美德的品格教育，主张通过所有机关、媒介和生活对儿童施加广泛的道德影响，为儿童在经验中能动地进行道德学习创设平台。

虽然此时的品格教育受到了种种质疑，但传统的品格教育仍在美国学校中占据着主导地位。美国许多学校仍然把《十诫》贴在布告栏上。各地学校每天伊始都要祷告或诵读《圣经》。《圣经》成为当时学校道德行为的尺度和依据。学校仍然将培养学生的品格视为学校工作的重要任务。

（二）20 世纪 40—50 年代：品格教育的低谷时期

20 世纪初美国进步主义教育思想的产生，尽管没有改变学校进行品格教育的现实，但对美国的品格教育产生了强有力的影响。针对当时旧教育远离现实、僵化和错位的流弊，进步主义教育者提出了密切关注社会现实、联系学生实际生活的教育内容和形式，重视儿童的道德体验和个人首创精神，借此培养情感丰富、有丰富阅历和生活经验、有责任心的民主的个体。在实践方面，进步主义者通过民主主义教育的途径来改造社会和学校，培养民主社会所需要的人才。20世纪20—50年代，以杜威为代表的进步教育思想一直在美国学校中占据着支配地位。重视儿童的品格培养，强调教育要以满足个人需要、促进个人发展为己任，是这一时期美国道德教育的两个主要特点。在这一时期，教师普遍肩负培养和塑造个体的道德使命。在个体的性格中，感情世界和精神素养同专门掌握教材是同样重要的。人们把学校看成个体个性培养过程专门化的延伸，学校和教师就是从事品格形成的工作。这一时期，社会活动和娱乐活动、指导和劝告、俱乐部活动、舞会、体育比赛等同于严格的文化课程，甚至比文化课程更为重要。

然而，1939年第二次世界大战的爆发，从根本上动摇和扭转了美国人民的道德信念，扭转了学校品格教育的职能和方向。战争的残酷性与灾难的深重性，迫使美国人开始重新思考评判品格教育质量的尺度和准绳。国家的需要、和平的维护而不是个人的教养越来越成为美国人衡量教育是否有效的标准。为了反对共同的敌人，在美国、苏联、中国、英国、法国等国的积极倡导下，建立了世界反法西斯同盟，经过爱好和平的各国人民的浴血奋战，赢得了反法西斯战争的最后胜利。世界反法西斯战争的胜利，巩固了美国在世界体系中的优势和领先地位，有力地促进了美国经济与军事的发展，使美国人民备受鼓舞。尤其是经过世界反法西斯战争的洗礼，不少美国人乐观地认为，社会是向前发展的，正义必将战胜邪恶，由此个体的道德也会逐渐完善，没有教出来的“道德”“品格”“良知”，因而根本不需要专门的道德教育。自此，传统品格教育逐渐失去其在学校教育中的优势地位。

二战后，美国和苏联为了在全球称霸，大力推行霸权主义和强权政治。20 世纪 50 年代，国际局势的重大变化是美苏军备竞赛的升级和世界两极格局的渐趋形成。政治格局的变化直接影响了品格教育在美国人民心目中的地位。尤其是在美苏争霸的进程中，1957 年苏联第一颗人造地球卫星上天，震惊了美国社会各界，猛烈地冲击着美国的教育领域。美国感受到本国科学技术落后的危机，并意识到美苏争霸是人的素质竞争和高科技力量之间的抗衡。在高科技面前，道德是不堪一击的。只有加强科学技术教育，推进科技进步和创新，培养科技界的英才，美国才能与苏联抗衡，方可在竞争中取胜。由此，美国加快了教育改革的步伐。在教育改革中，美国政府和教育行政机构把自然科学、数学和现代外语放在了突出的地位，却无一例外地忽视伦理、道德的价值与作用，进而弱化品格教育体系的建构。品格教育的地位随之不断下降，逐渐被科学和技术训练所取代。以提高个体的科学思维、科学精神以及掌握科学方法等方面的教育活动逐渐兴盛和发展起来。例如，1958 年美国联邦政府颁布的《国防教育法》就明确规定："我们必须选拔和教育我国许多富有才能的儿童，为此，并由于财政上的原因，使缺乏能力的学生不受高等教育是必要的。这也就是说，尽快修订给予少数人以科学、数学和现代外国语教育以及技术训练的现行教育计划是必要的。"[①]在教育的

① 美国《国防教育法》, Retrieved from http: //www.360doc.com/content/11/0823/01/7540644_142553355.shtml。

目标上，人们首先想到的是把他培养成为物理学家、技师、工程师，而不是未来的诗人、文学家、宗教领袖和政治家。[1]在这种情境下，品格教育处于窘境，陷于荒凉，自然顺理成章。

（三）20 世纪 60—70 年代：个人主义品格教育的兴盛时期

20 世纪 60—70 年代，由于美国经济增长迅猛，极大地冲击着美国人的价值观念、思维倾向和生活方式，引发了日益严重的社会问题，如学潮、民权运动、反越战和水门事件等。层出不穷的社会问题引来公众的广泛不满和批评。许多品格教育研究者指出，美国的经济发展和道德滑坡现状极不相称，这与美国崇尚“科技至上”而贬抑品格教育不无关联。在品格教育的倡导者看来，科技进步和经济发展固然需要，但正义、伦理和良知更为重要。对品格教育重要性的强调，使得美国的品格教育在经历了 50—60 年代的沉寂之后，又开始兴盛起来。美国教育机构以多种形式组织品格教育活动，探讨品格教育的内容和方法，形成了品格教育研究的新热潮。研究者从不同的视角出发，阐释和宣传自己的品格教育观点，产生了形形色色的品格教育流派。社会学家从社会学的角度出发，研究了品格教育和社会发展的问题，形成了社会学习理论。心理学家从认知心理的角度出发，探究了品格教育与认知发展的关系，形成了道德认知发展理论。教育学家

① 转引自［美］罗伯特 · 梅逊著，陆有铨译：《西方当代教育理论》，文化教育出版社 1984 年版，第 13 页。

从学校道德教育中存在的问题出发，深入分析了品格教育的过程和方法，“出现了价值澄清、价值分析、社会行动等道德教育模式。此外，还有用人本主义、存在主义、科学人道主义、新托马斯主义等思想观点来探讨道德教育的。这些思想和方法都在不同程度上影响美国道德教育的实施”[①]。由此可见，这一时期美国的品格教育已由经验型转向了多样化和科学化。

虽然这一时期的品格教育流派众多，但价值澄清学派和道德认知发展理论逐渐在美国品格教育中取得主导地位。此阶段，品格教育所关心的问题不再是“教何种道德”，而是“如何教道德”。价值澄清学派“崇尚个人的价值、尊严和自由；强调作为个人，而不是作为群体（如家庭、社区或国家）的成员来履行义务表现和自我实现”[②]。按照价值澄清学派的观点，价值总是相对的，没有永恒不变的价值。每一个民族都有自己的文化传统和价值观念，都有权利选择道德和价值的自由。学校道德教育的任务不是传授既有的道德规范和道德标准，而是对学生进行适当的帮助和引导，教会学生澄清自己混乱的价值观，鼓励学生深入反思和选择价值，并以此指导自己的行为。尽管价值澄清学派注重个体的道德选择和价值判断，具有一定的积极意义，但由于推崇个

---

① 钟启泉、黄志成编著：《西方德育原理》，陕西人民教育出版社 1998 年版，第 328 页。

② Lickona, T. *Educating for Character: How Our Schools Can Teach Respect and Responsibility*. Bantam Books, 1991, pp.12–13.

人价值，否定了集体行动和社会的道德规范，无法为个体提供明确的道德标准和价值体系，弱化了集体行为，助长了极端个人主义、无政府主义倾向。

由于价值澄清理论并没有使美国摆脱道德困境，品格教育研究者在寻求出路的过程中将视角转向了道德认知发展理论，希望通过“道德两难故事”和“公正团体”来解决道德矛盾和道德冲突，培养学生的道德选择和道德判断能力，促进道德行为的改善。毋庸置疑，柯尔伯格的道德认知发展理论确实促进了学生的道德思维，而且对学生的道德行为的产生也起了一定的积极作用。但柯尔伯格所创设的两难故事和道德情境都是虚拟的，与社会现实和学生日常生活相去甚远。诚如威尔森（Andrew Wilson）所言：“当学生在内心还缺乏坚定的道德原则时，让他们面对这类选择困境，经常是提高了他们的诡辩能力，提高他们为明显不道德立场辩护的争论技巧。一个人对道德选择困境进行思维时若要从中获得任何收益，就需先有好的人格以便评估要害所在。”①

尽管此时期不同流派的品格教育观点各异，但它们都体现出一种共同的时代精神，即个人主义精神。主要表现为：一是都把反对传统的、权威主义的品格教育作为自己理论建设的出发点；二是都以尊重学生的个性自由、理智能力以及选择能力作为教育的重要指导思想；三是重视教育过程，反对单纯追求最终“正确

① [美] A. 威尔森著，湘学译：《美国道德教育危机的教训》，《国外社会科学》2002年第2期。

结果”的做法；四是更重视个人创新能力的培养，主张帮助学生去发现、去创造，而不是让学生习惯于一种已为人知的僵死的道德原则或教条；五是强调个体生活经验、个人的实践在道德发展中的作用，突出品格教育的实践性特征和实践环节。一言以蔽之，就是强调“自我实现的个人主义”。

由此可见，20 世纪 60—70 年代的品格教育思想是对 20 世纪 30 年代的以进步主义为核心的新品格教育思想的重新肯定。由于学校成为中立者，不再传授某种特定的道德和价值，而是帮助学生发现自己的道德价值观，因而基本上取消了传统品格教育中的道德真理和绝对标准。个人主义自然就成为该时期学校品格教育的主流。

二、品格教育思潮在 20 世纪 80 年代复兴的背景

20 世纪 80 年代，在西方道德教育领域里的一个备受世人关注的事件，就是美国掀起了全新的、规模浩大的品格教育运动。美国品格教育的复兴，不仅得到了政府和教育行政机构的高度重视和大力支持，而且得到了广大社会团体、公众的广泛理解和热烈响应。加之学校的积极实践和有力推动，到了 90 年代，品格教育已成为美国学校道德教育的主流。一如威尔逊所指出的，品格教育是美国公立学校最流行、最主要和最具前瞻性的道德教育形式。美国品格教育运动的再次兴起，既是美国社会的客观要求，也是道德教育发展的必然选择。

（一）社会背景的呼唤

美国品格教育的复兴，有着特定的历史背景。20 世纪 70 年

代末 80 年代初，美国社会动荡，道德衰退。尤其是美国青少年的道德水平急剧滑坡，陷入了非常尴尬的境地。青少年犯罪行为剧增，少女早孕、未婚生育、青少年酗酒、自杀、吸毒、暴力等现象屡见不鲜。“美国出现了一系列社会问题。例如，酗酒、吸毒、不负责任的性行为、家庭暴力、高中生辍学、虐待儿童、未成年人死于自杀或者谋杀、破坏公物等现象逐渐增多，人们明显感觉到青年人缺少诚实和责任心。”[①]学校里的骚乱行为时有发生，“大概每天有 135 000 个学生带着枪支上学，有 1/5 的学生说他们带着某种武器上学。从 1979 年到 1998 年，仅仅死于枪杀的美国青少年就有 6 万人，这个数字超过了美军在越南战争、海湾战争、海地战争、索马里战争和波斯尼亚战争中阵亡的总人数”[②]。学校的无序和混乱，加剧了学生的无助和恐惧心理，影响了教师对教育职业的敬重和忠诚。“21% 的中学生说他们不敢待在洗手间，因为他们害怕被人攻击或者受到恐吓。1/3 的公立学校教师表示他们曾经因为学生的胡作非为，而慎重地考虑过是否要离开教育岗位。”[③]据一项对美国学生道德状况调查的结果显示，47% 的高中生承认他们曾有过偷窃行为，70% 的高中生承认他们曾在

---

① Lickona, T. The Return of Character Education. *Educational Leadership*, Vol. 51, No. 3, Nov., 1993, p.6.

② Retrieved from http: //charactercounts.org/.

③ DeRoche, Edward F., & Williams, Mary M. *Educating Hearts and Minds: A Comprehensive Character Education Framework*. Thousand Oaks, Calif.: Corwin Press, 1998, p.1.

考试中有过作弊行为，33% 的高中以上的学生承认他们为了某种需要而有失信、说谎行为。同时，“尽管青少年的数量减少了，并且避孕措施也十分普遍，但是每年还是有 110 万名少女怀孕。现在 14 岁的美国少女，有 40% 将在 19 岁之前怀孕”[①]。1995 年，在《纽约时报》上，美国教育家们谈道：“整整一代美国人已经在道德‘真空’的年代里长大。”[②]美国青少年的道德问题使美国的社会基础变得极为脆弱。面对一系列的社会问题，美国各界忧心忡忡，人们迫切希望加强品格教育，以增强美国青少年的道德感和责任感。

美国品格教育的回归与复兴，得到了政府的大力支持。1991 年颁布的《美国 2000 年教育战略》提出了美国教育改革的远期目标和国家“六大教育目标”。在这一纲要指导下的美国中小学改革，主要采取了三大措施，其中第一项措施就是“文化基础课程与道德教育课程并重”。1994 年 7 月，美国政府召开了“民主、公民社会的品格建构”（Character-Building for a Democratic, Civil Society）的第一次会议。1994 年，美国众议院和参议院一致通过议案，确定每年 12 月 16—22 日为“全美品格关注周”（National Character Counts Week），此后通过的《中小学教育法案》则明确

---

① Kilpatrick, William K. *Why Johnny Can't Tell Right from Wrong: And What We Can Do about It*. New York: Simon & Schuster, 1992, p.14.

② [美] 墨菲著，周玲、张学文译：《美国“蓝带学校”的品性教育：应对挑战的最佳实践》，中国轻工业出版社 2002 年版，第 17 页。

追加了对于品格教育资助的两个经费来源的条款。1995 年 5 月、1996 年 6 月，美国政府又两次组织了公民与民主社会品格建构研讨会。会议重申了品格教育在全美优先发展的地位。1996 年 1 月 23 日，美国总统克林顿在州联席会议上呼吁全美中小学进行品格教育，帮助儿童树立良好的价值观以及培养他们良好的公民意识。

美国国会、教育部和地方政府对美国品格教育运动予以财政上的支持。1995 年，美国国会拨专款用于学校进行尊重、责任、信赖、公平、关怀等“核心伦理价值观”（Core Ethical Values）的教育。同年，美国教育部向四个州（加利福尼亚州、艾奥瓦州、新墨西哥州和犹他州）拨专款进行品格教育。1996 年，北卡罗来纳州、康涅狄格州、马里兰州、密苏里州、南卡罗来纳州、肯塔基州和新泽西州也得到了教育部拨发的品格教育专款。美国教育部前部长贝内特发起并专门设立了“美国蓝带学校奖励计划”，对每年在青少年品格教育中做出杰出贡献的组织予以表彰。1999 年，美国联邦和州政府开始实施“品格教育试点合作计划”，有 21 个州已经接受了美国教育部的拨款。截至 2018 年年初，仅国会批准的全国“品格教育先行者资助计划”（Partnership in Character Education Pilot Project Grant Programme）的资助经费超过 3 000 万美元。同时，各州政府也设立专项资金，培训政府官员、教育人员和家长，以协助推进青少年品格教育试验活动。

进入 21 世纪以来，当代美国品格教育运动仍然保持着强劲的势头。2001 年，美国总统布什（George W. Bush）在宣誓就职后的第二个工作日，就制定了联邦政府关于美国教育改革的新政策，公布了“不让一个孩子掉队”的教育蓝图，强调对儿童进行品格教育的重要性。2002 年 6 月 19 日，布什在白宫专门召开题为“品格与社区”的研讨会。他在会议发言中强调，学校是美国的希望所在，加强品格教育是家长和学校的重要责任。教育者应该教给儿童普遍价值，让儿童知道什么是对的、什么是错的，并通过社区服务等形式使儿童成为一个不仅能够谋生而且知道如何生活、如何负责任和如何成为一个有爱心的公民。

此外，美国品格教育运动的兴起，也离不开社会各界的积极拥护。面对美国青少年道德混乱的局面，美国公众强烈要求学校对学生进行价值观教育，与各种道德败坏的现象做斗争。1993 年，PDK 教育基金会（Phi Delta Kappa Educational Foundation）和盖洛普测验向答卷人询问社区是否应该对一些价值观有共识，并在公立学校教授社区成员存在的共识价值观。结果，有 69% 的人回答学校应该教授社区成员存在的共识价值观。“1995 年，PDK 教育基金会和盖洛普测验的答卷人在回答‘社区是否应该对一系列价值观如诚实、爱国主义达成共识，并在学校中教授这些价值观’这一问题时，69%的答卷人认为社区应该那样做。1995 年，PDK 教育基金会和盖洛普测验表明，人们一致认为公共学校应该传授基本的价值观：尊重他人、勤奋、坚持不懈、公平、有礼貌、自尊等。在 1996 年美国大都会人寿保险公司的调查中，被调查人员表明学生对诚实、正直、关爱、公平、勇敢等价值观感兴趣。这项调查也表明公立学校的学生认为价值观是学校生活的重要方面，学校应该进行价值观教育。”[①]

（二）政治哲学的转向

20世纪80年代末90年代初，世界政治经济格局向着多元化的方向发展，和平与发展成为世界的主题。在这种社会环境下，从自由主义阵营分裂出来的新保守主义在美国日渐抬头。20世纪80年代，在保守派的支持下，里根入主白宫。以保守主义著称的里根政府实行了一系列非常保守的对内、对外政策。在对内的政治、经济方面，反对30年代以来罗斯福的新政，反对政府对经济的过度干预，主张实施自由主义经济政策；在外交政策上，坚持强硬的立场。为了与苏联争霸第三世界，出笼“里根主义”，以“低烈度战争”抵抗苏联对美国利益和安全的威胁，并打击第三世界的亲苏势力；在价值体系上，认为美国的价值体系是人类文明的典范，美国拥有世界上最先进的社会制度和生活方式，负有向世界各国传播美国政治经济制度和道德信念、培养美国精神、推行美国民主的使命。此种行径，是为了在国际舞台上抢占“道德高地”，维护美国在世界上的霸权地位，实现美国意识形态一统世界的局面。

鉴于激进的个人主义给美国带来的道德窘境，美国再次肯定传统文化所蕴含的价值观，主张坚持文化传统，强调传统民族精

---

① DeRoche, Edward F., & Williams, Mary M. *Educating Hearts and Minds: A Comprehensive Character Education Framework*. Thousand Oaks Calif.: Corwin Press, 1998, p.4.

神、生活范式、宗教信仰、道德、伦理和习俗在品格教育中的不可替代性。因此，个体不能只强调个人利益，也应负有维护文化传统的重任和承担社会责任。由此，美国的政治哲学开始由新自由主义向新保守主义转变。作为两种对立的政治哲学，尽管美国的新自由主义和新保守主义在个人与国家、过程与结果、内容与形式等方面的关系上主张各异，观点抗衡乃至背道而驰，但是二者在某些方面却达成了共识，如利用政治的、经济的、文化的、外交的甚至是军事的手段，遏制共产主义，壮大美国经济，提升美国综合实力，确保美国霸权地位的稳固等。因此，新自由主义和新保守主义必然不可分割地扭结在一起。

新保守主义具有鲜明的重视传统文化价值的倾向。例如，新保守主义的思想先驱、芝加哥大学哲学教授列奥·施特劳斯（Leo Strauss）就极力推崇古典思想的普适性。他认为存在着超越历史、民族和特定文化传统的普遍价值，并把这种普遍价值在对柏拉图著作的解读中呈现出来。

新保守主义者尊崇宗教、家庭、道德和西方文明的“高雅文化”等传统价值和制度，反对20世纪60—70年代的性解放运动和反主流文化思潮。他们认为性解放运动和反主流文化思潮是一种破坏意识，是对传统文化或主流文化的反叛和背离。为了正本清源——维护公共秩序、保卫传统文化，新保守主义主张坚决打击反主流文化思潮，强调家庭和宗教的社会柱石作用，从而维护西方社会的道德文化基础。

受美国政治哲学转型的影响，美国的品格教育发展方向也发生了变化：由激进的个人主义转向文化上的保守主义。新保守主义的教育观体现为：反对新自由主义把个人的价值、利益、尊严提升到无以复加的地步，转而约束个人过度的自由和道德上的个人主义，强调历史传统、文化习俗的价值。在新保守主义看来，人类社会存在一些基本的价值观念，像诚实、尊重、责任、同情、自律、互助等。学校的首要任务就是向学生传递这些基本的价值，学校要向学生传递这样的信息：个人必须服从社会，必须承担国家的责任，权利和责任是不可分割的，而且责任高于权利等。为此，学校在品格培养上必须实现职能的转换。特别是此时期美国著名哲学家阿拉斯代尔·麦金太尔（Alasdair Macintyre）的著名政治哲学著作《德性之后》出版，被美国人誉为“伦理学研究的新的转折点”，更是有力地促进了美国品格教育的兴起和发展。在该书中，作者深入地探讨了当时社会上流行的功利主义价值观和个人主义美德观及其对美国带来严重的社会问题、道德危机的现实，并旗帜鲜明地指出，要想走出困境，必须从亚里士多德的古典美德伦理中汲取营养和智慧。这对于美国的政治哲学、道德哲学和伦理学产生了深远影响。越来越多的美国人将解决道德困惑的视线转向了美德伦理学，希望通过美德伦理学唤起人们内心的道德良知和崇高精神，承担应有的社会义务和道德责任。正是在这种情境下，学校用传统美德规范来约束学生的行为，以培养适合社会需要的公民，无疑是政治哲学在教育领域的折射和反映。

自 20 世纪 80 年代以来盛行的新保守主义，越来越有力地支配着里根时代的美国政治、经济、文化教育的发展方向。作为国家更为保守的政治气候的一个结果，学校的品格教育也越来越趋于强调基本价值观的灌输以及关心和团体的方法。

（三）教育自身的逻辑

正视教育领域内存在的问题并追根究底，探寻对策得以超越，是教育自身不断发展的内在逻辑，也是教育适应、服务和改造社会的必然抉择。品格教育在美国受到关注并复兴，这与当时的教育尤其是道德教育中存在的困惑不无关联。20世纪80年代以来，面对道德失序和社会动荡，美国深入挖掘教育在社会发展中的价值，进行了二战后第三次教育改革，然而效果却不尽如人意。改革者在反思和汲取教训时，发现学校纪律松弛、政令不能全面落实，弱化道德教育、强调价值中立，学生各行其是、道德水准低下，是重要的原因之一。在进行归因时，研究者达成了共识，认为这是美国忽视品格教育所酿成的恶果。他们强烈反对激进主义道德观，呼吁重建道德价值观，回归传统品格教育，通过提升个体的品德解决日益严重的社会和道德问题。

品格教育的回归和复兴，是批判和摒弃激进主义道德教育的产物。20世纪60—70年代，英美等西方国家涌现了各种道德教育理论。这些理论都是在批判传统品格教育的基础上形成和发展的。诚如前述，价值澄清理论和认知发展模式成为当时美国最有影响的品格教育理论。价值澄清理论的特点是强调价值的相对性以及道德教育的过程而非道德教育的内容。价值澄清理论认为价值观来自个人经历，不同的阅历会导致个人价值观的变化。因此，价值是相对的。每个人都有自己的价值观，并且，每个人都可按照个人的价值观行事。同时，价值观也是无法进行教授的。因此，教师的任务是帮助学生澄清自己的价值观而不是将教师认可的价值观教授给学生。认知发展模式的代表人物柯尔伯格认为，传统的品格教育方法是一种“美德袋”的方法，这种方法是对学生进行灌输，只重说教，是低效的，甚至是无效的。

无论是价值澄清还是认知发展模式，都注重道德推理过程，虽然在反对传统的、机械的品格教育方面有着积极的意义，但由于其抛弃了传统美德，使得学生背上了极端利己主义、个人主义和无原则宽容的包袱。由于过分追求自由、追求个性解放，因而削弱了家庭、学校和教师的品格教育责任。其直接结果就是导致了社会道德的无序和个人道德的混乱。正如品格教育的倡导者威廉·克伯屈所言，价值澄清让学生“在课堂讨论中，可以提出各种观点，但是一直到下课，学生也没有得出一个结论。在课堂上，教师就像是一个脱口秀的主持人，领着学生对换妻制度的合理性、同类相食的好处、是否应该手淫进行讨论。学生的道德价值观念变得混乱，并对他们知之甚少的价值观表示怀疑，认为是非问题仅仅是主观性的问题。学生只关心他们的感觉，而对文化一无所知……学生将理性的道德讨论和完全的自我辩解混为一谈”①。认知发展模式鼓励学校采用两难问题的方法进行道德教育，但是，“两难问题的讨论可以增强个人的社会意识和政治意识，却不能培养出具有良好品格的个人。因为个人对环境问题或

---

① Kilpatrick, William K. *Why Johnny Can't Tell Right from Wrong*. New York: Simon & Schuster, 1992, p.16.

者公民权利有正确的观点，却不一定是一个忠诚的人”[①]。

为了从根本上改变这种混乱的状态，就必须重新审视激进的、自由主义的品格教育思想，重新确立品格教育观念，重新估计学校、家长、教师、榜样和纪律，以及认知在儿童道德成长、品格教育中的地位和作用，研究和探讨新的教育策略。20世纪80年代以来，关于品格教育发展的著作、论文、研究报告汗牛充栋。这些研究成果包括贝蒂·西奇尔的《道德教育：品格、社群与理想》、爱德华·怀恩（Edward Wynne）和凯文·瑞恩的《重建我们的学校：品格、学术和纪律教学手册》以及托马斯·里考纳的《品格教育》等。这些著作和论文主要涉及对品格教育的基本概念和理论基础的探讨，如什么是品格、什么是品格教育、品格教育的目的、品格教育的原则以及品格教育的意义等。品格教育的倡导者还对如何在中小学进行品格教育提出了自己的见解。例如，品格教育第4R和第5R中心提出了促进品格教育的12条策略，波士顿大学“伦理与品格促进中心”提出了促进品格教育的100种方法，儿童发展计划提出了发展儿童品格的5大策略，等等。此外，品格教育的倡导者还设计了种种量表，用于评价家庭、班级、学校和社区品格教育开展情况。

1985年，美国政府实施的“蓝带认证计划”是美国中小学品格教育复兴的重要标志。20世纪90年代，在美国的道德教育中，

---

① Kilpatrick, William K. *Why Johnny Can't Tell Right from Wrong: And What We Can Do about It*. New York: Simon & Schuster, 1992, p.26.

品格教育已经占据核心地位。全国性的品格教育研究组织和机构不断涌现出来。这些组织，有的隶属于教育行政部门，有的是学校的研究机构，有的是由某些社会组织或宗教团体建立旨在发展青少年品格的机构。例如，1992 年 7 月，28 位专家参加了科罗拉多州阿斯彭的约瑟夫学院主办的主题为“道德与品格教育：应当、能够和将要做些什么？”的研讨会，会议的结果是成立了“品格关注联盟”（Character Counts Coalition，简称 CCC）。1993 年 2 月，全国性的、非营利性的、有基督教背景组织的“品格教育伙伴组织”（Character Education Partnership，简称 CEP）诞生。目前，“品格教育伙伴组织”和“品格关注联盟”是美国最有影响力、最引人注目、成果最丰硕的品格教育研究组织。此外，与品格教育有关的组织或机构还包括“价值观驱动学校联盟”“公民教育中心”“伦理与品格促进中心”“第 4R 和第 5R 中心”“社群主义者之网”等。这些品格教育组织和机构主要以培养年轻一代的良好品格和各种美德为己任。它们影响着美国国会和政府，联络各地的品格教育组织，帮助学校设计各种品格教育课程，组织各种品格教育研讨会、学术会议商讨品格教育的计划和策略，通过互联网、各种出版物推广成功学校的经验，开展各种咨询活动，提高公众的品格教育意识。在各种品格教育组织和机构的努力下，越来越多的学校参与到品格教育运动中来。目前，每五所公立学校中就有一所学校在实施品格教育。

此外，品格教育的倡导者还经常召开会议，研讨品格教育大计，呼吁全国的教育组织对品格教育予以更多的关注。例如，1988 年，美国“课程发展监督协会”由 11 位学者组成专家组，起草了一份题为《学校生活中的道德教育》（*Moral Education in the Life of the School*）的文件，呼吁学校应当正面帮助孩子养成良好品格，并提出了进行品格教育的建议。1992 年 3 月，“课程发展监督协会”与普林斯顿 55 计划、约翰逊基金会等机构在瑞夏茵（Racine）联合召开了主题为“从幼儿园到高三年级应该如何进行有效的品格教育”的大型研讨会，呼吁全国各教育协会对品格教育予以更多的关注，并号召建立全国性品格教育机构，以协助和推动学校实际开展品格教育。前已述及，1992 年“品格关注联盟”成立。1996 年，几位品格教育的主要领导人物签署了《品格教育宣言》（*Character Education Manifesto*），提出了品格教育改革的“指导性原则”等。

第二节　品格教育思潮的基本主张

20 世纪 80 年代至今，虽然美国的品格教育研究如火如荼，品格教育活动蓬勃发展，出版了大量有关品格及品格教育的著作，但由于品格教育本身的复杂性以及研究者视野各有不同，因而对于品格教育的某些理论分析和操作策略，依然见仁见智，莫衷一是。鉴于此，我们从品格教育的基本问题和品格教育的实施策略两个方面对其做一分析和探讨。

一、品格教育的基本问题

在美国，对品格教育基本问题的阐释可谓百花齐放，争奇斗艳。归纳言之，其焦点依然在于如何把握个人与社会、理智和行为、他律和自律、内容和形式、品格教育原则等范畴之内。而实际上，这些内容亦构成了我们理解品格教育所不可规避的问题域。

（一）个人与社会

在个人与社会的利益关系上，在个体道德和社会道德的权衡较量中，当代众多的美国品格教育研究者极力推崇亚里士多德“城邦之外无道德”的主张。他们认为，社会是个体立身之所，是进行品格教育的场所和舞台，在社会和社会道德之外没有品格教育。品格教育活动的实施、个体道德的完善，只能在社会中得以落实和完成。按照品格教育研究者的主张，人类社会中客观上存在一些共同拥有的道德价值观，如诚信、合作、公平、正义、责任等。这些核心价值观构成了良好品格的基本条件。学校肩负着传授核心价值观并使之成为学生良心上的要求之重任。因为这些价值观标示着人类的尊严，有助于促进个体的幸福，代表着人类共同的善和普遍的人性，超越了宗教和文化的差别。换言之，立足个体道德，促进社会道德的整合，是美国品格教育的重要职责。

品格教育研究者对社会和个体关系的论述，也集中体现在他们对品格教育的界定和辨析上。洛克伍德认为：“品格教育是指以学校为基础并与社区机构合作进行的，通过直接、系统而非相对主义的价值影响去培养学生良好行为的一种教育。”[①]德罗什

① Lockwood, Anne T. *Character Education: Controversy and Consensus*. Thousand Oaks, Calif.: Corwin Press, 1997, p.5.

（E. F. DeRoche）和威廉姆斯（Mary M. Williams）认为："品格教育就是整个社区有计划地通过其机构（主要通过学校）帮助青少年、使他们成为有道德的成年人所做出的努力。"① "品格教育伙伴组织"（Character Education Partnership）也提出了自己的观点，认为，品格教育就是学校、家庭与社区帮助和教育孩子，使之认同、理解、实践社会伦理价值和道德准则的教育。里考纳认为，品格教育包含"公民素质教育""公民规则教育"以及"能够让学生成为高生产力的公民和足以让人信赖的公民的教育"。也有研究者认为，品格教育就是施加传统价值观和美德的教育活动。以上观点尽管对品格教育的定义表述不一，但在社会和个体关系的认识上，其基本精神是一致的，即社会道德为个体道德的实现提供了基础和前提，失去了社会所提供的道德的合理性基础，个体道德的成长是不可能的。品格教育不仅是学校的责任，而且是家庭和社区的责任；品格教育不仅强调正面的直接的教育，还强调学校、家庭和社区对学生的渗透教育；品格教育不但要让学生掌握一定的核心价值观，还要让学生学以致用，学以践行，形成良好的道德行为。也就是说，品格教育是以学校为基础，并与家庭、社区合作，通过直接和间接的途径，向学生传授核心价值观，发展学生良好的道德意识、道德情感和道德行为的各种努力，其目的是塑造一个具有良好美德与修养的人。"教育的任务

---

① DeRoche, Edward F. & Williams, Mary M. *Educating Hearts and Minds: A Comprehensive Character Education Framework*. Thousand Oaks, Calif.: Press, 1998, p.24.

不是塑造一个柏拉图主义者，而是塑造一个属于一个特定国家、一种特定社会环境、一个特定历史时期的儿童。”[①]

（二）理智和行为

关于理智和行为的探讨，也是品格教育研究者密切关注的问题。按照怀恩的解释，品格基本上由个体的语言或与语言密切相关的行为构成。他认为，个体的言行体现着他的知识修养、判断能力与道德水平。瑞恩认为：“具备了良好的品性就意味着一个人已经知道什么是美好的事物，并去热爱这些美好的事物，同时尽量去做美好的事情。”[②]而里考纳认为：“品格由实际发挥作用的道德价值所构成。当一种价值变成一种美德，一种可靠的以富有道义的善的方式对周围情势做出反应的内在禀性时，我们就取得了进步……品格包含三个相互联系的方面：道德认知、道德情感和道德行为。良好的品格包括知善、向善和行善——良知习惯、喜好习惯和行为习惯。这三个方面都是道德生活的必需，它们共同构成道德上的完整性。”[③]

在对理智和行为的态度上，综合众多品格教育倡导者的观点，我们可以看出他们所持有的共同看法：品格教育不仅“重知”，而且“重行”。品格教育既要培养受教育者的道德选择和道

① 任钟印主编：《世界教育名著通览》，湖北教育出版社 1994 年版，第 1362 页。

②［美］墨菲著，周玲、张学文译：《美国“蓝带学校”的品性教育：应对挑战的最佳实践》，中国轻工业出版社 2002 年版，第 8 页。

③ Retrieved from www.character.org.

德批判能力，发展他们的自主精神和合作态度，也要密切联系儿童的实际需要和实际生活，重视儿童的社会体验和生活实践，在社会实践中磨炼他们的道德意志，培养其良好的道德行为。具体而言，品格包含着道德认知、道德情感和道德行为三个方面。道德认知是品格及品格教育的智力基础。道德认知至少包括了六种具体的道德品质：对周围情境的道德的意识，知晓道德价值及其在具体事件中对我们的要求，选取道德视角，道德推理，道德思维决策，道德自我认识。道德情感是品格及品格教育的动力枢纽。道德情感包括良心（感到自己有义务去做正确的事情）、自尊、同情、向善、自制、谦逊（愿意承认自己道德上的过错并进行改正）等品质。道德行为是品格及其品格教育的外在表征。道德行为包括：道德能力（如倾听的技巧、与人交流的技巧和进行合作的技巧）；道德意志力（帮助我们进行道德判断，并给予产生道德行为的精神支持）以及道德习惯（以道德的方式对情境做出反应的内部倾向，并且这种内部倾向是长久不变的）。据 1999 年美国国家教育统计中心的调查报告显示，64% 的公立学校和 83% 的公立中学都非常重视组织学生参加社区服务，并为学生参与和实践道德行为提供机会和场所。总之，品格是外在道德规则的内化。当外在的道德规则内化为个体的品德结构并在个体的行为中得以体现，就表明个体已经具备一定的品格修养。

（三）自律和他律

强调通过他律促进自律，是美国品格教育的重要特征。许多品格教育组织把纪律和纪律精神作为品格发展的重要方式，希望通过纪律手段培养儿童的亲社会行为，甚至有的研究者直接将

"良好的纪律"和"遵守社会秩序"作为有效品格教育的尺度。不少人认为，纪律是基本的道德要素。通过纪律，可抑制个人过度的欲望和非道德的动机，将行为限定在道德的框架之内。爱德华·怀恩就认为，人性中既有恶的方面，也有善的方面，如果不对青少年进行纪律教育，品格教育就无法培养诚实、勤勉、驯服和爱国的青少年，就会产生各种社会问题。他说："如果道德的形成没有效果，那么人类自私的习性的进一步发展，或者仅仅是个人利益的进一步发展，都可能给成年人的集体带来毁灭性的灾难。因此，为了培养我们本身固有、同时又是适中的无私奉献的习性，道德形成是必不可少的。任何存在的社会的机构必须有组织地对青少年进行品格教育，从而保证人的'基因'能够恰当地被强化。"[①]

里考纳认为，可以从三个方面对自律和他律的关系进行考察。首先，人要想成为"真正的人"、自律的人，必须接受品格教育。我们需要精神上的、心灵上的、意志上的力量，如良好的判断力、诚实、移情、关心、坚持不懈以及自律等品质，才能够关爱别人、能够工作，而能够关爱别人、能够工作是人成熟的标志。其次，如果学校能够培养学生诚实、尊重、勤奋、友善等品质，则既有利于促进学生自觉地进行学习，也有利于教师开展教育教学工作。最后，要使人严于律己，承担道德义务，建设有道

---

① Lockwood, Anne T. *Character Education: Controversy and Consensus*. Thousand Oaks, Calif.: Corwin Press, 1997, p.5.

德的社会，进行品格教育是必不可少的。里考纳认为，当今社会存在着许多严重的社会问题，必须通过向学生进行品格教育来解决，因为要想建设一个有道德的社会，首先要培养有道德的个体。有道德的个体一定是遵守纪律的个体。“道德纪律帮助年轻人在任何情况下都履行自己的责任，而不仅仅是在某些成年人的控制下才履行自己的职责。道德纪律培养学生对规则、他人权利以及教师的合法权威的理性尊重，培养学生的责任感。”①

美国的儿童发展计划也体现了这样的思想，该计划主张：儿童品格的发展源自他们的内心，必须经过儿童的体验和感悟，方可增强儿童的责任意识和合作态度，促使儿童自我认知的提升，逐渐明确道德价值、道德规范和道德实践、道德行为之间的关联，在关注他人和自己的言行中，逐渐学会尊重他人和自尊。并且普遍意义上的价值观的核心就是尊重（respect）和责任（responsibility）。在里考纳看来，尊重对于个体的自律精神、人格发展、社会的稳定进步以及世界的和平发展都有着重要的意义。

尊重是对某人或者某物价值的肯定，主要包括尊重自己、尊重他人、尊重所有生命和各种维持生命的环境。尊重自己，要求人们认识自己的生命价值。任何诸如吸毒、酗酒、性混乱和其他摧残自己身心健康的行为都是对自己的不尊重；尊重他人，要求

① Lickona, T. *Educating for Character: How Our Schools Can Teach Respect and Responsibility*. New York: Bantam Books, 1991, p.110.

人们平等地对待他人，即使他人是与自己有着相异观点甚至是自己反感的人；尊重所有生命以及各种维持生命的环境，要求人们关心并爱护动物、保护生态环境等。学校的首要任务就是让学生学会尊重自己、尊重他人、尊重生命以及各种维持生命的环境。

责任是尊重的自然延伸。如果我们尊重他人，必然会珍爱他人，唯此才能发扬人性中的善，遏制人性中的恶，进而使人感到有责任去帮助他人实现幸福。责任为个体指明了应尽的道德义务，以及个体道德发展的正确方向。

学会尊重和履行责任是由他律道德向自律道德行进的必由之路。诚如里考纳所指出，从尊重和责任这两个基本的核心价值观还可以引申出诚实、公平、宽容、谨慎、同情、自律、合作、勇敢等更为具体的价值观。这些具体的价值观是尊重和责任的具体体现与延伸。例如，诚实（不撒谎、不偷窃）本身就是对他人的尊重。自律是对自己的尊重，体现了个体追求美好生活的责任。这些更为具体的价值观和尊重、责任都是学校所要教授的核心价值观。里考纳的这些主张，已经得到众多品格教育研究者的广泛认可，并在学校教育实践中得以切实贯彻。

（四）内容和形式

在美国的品格教育研究中，内容和形式问题是许多研究者关注的话题。《阿斯彭品格教育宣言》（*Aspen Declaration on Character Education*）中提出，学校应该教授以下内容：尊重、责任、可靠、关爱、公正、公平、公民美德和公民素质。德罗什和威廉姆斯指出，因为家庭的功能不良、宗教功能减弱、暴力和犯罪充斥整个社会，青少年的道德水平在急剧下滑。在校学生的行为令人十分心痛——他们行为残忍，不负责任，不尊敬他人，使用粗野的不得体的语言，只会指责他人，不能明辨是非，好冲动，没有耐心，散漫，爱争斗。为了改变这些现象，学校必须教给青少年基本的价值观，并鼓励青少年学习和实践道德推理、感情控制、亲社会行为，发展积极的个人价值观以及公民价值观。美国品格教育学会则高度赞扬如下的美德：诚实，谦虚，公正，和善，乐于助人，勇敢，包容，不浪费时间，坚持真理和信念，完成公民义务，善于在法治社会中捍卫自己的权利等。

课程发展监督协会在1988年起草的《学校生活中的道德教育》（*Moral Education in the Life of the School*）列举了认为“道德成熟的人”所应具备的六种品格特性：尊重人类的尊严，关心他人的福祉，让个人的兴趣与社会责任相统一，正直，对自己的道德选择不断进行反省，寻求和平解决冲突的方式。

在里考纳看来，学校要教给学生的道德内容应是普遍意义上的道德价值观，如同情、勇敢、礼貌、公正、诚实、善良、忠诚、坚毅、尊重和责任等。按照里考纳的观点，价值观可以分为两类：一类是指普遍意义上的价值观，即指那些基于人类基本价值和尊严而不得不为的道德价值观，以及那些我们有责任去实践和推行的道德价值观；另一类是非普遍意义上的价值观，这一类道德价值观不要求全体社会成员都去实践，只是面向部分群体，即那些个人感到比较严肃而重要，自己对之有实践的责任或义务的道德价值观。里考纳在这里谈及的普遍意义上的道德价值观就是品格教育倡导者所提倡的在学校中教授的价值观，即被整个人类所认同的、至关重要的、基本的核心价值观，如关心、诚实、公正、责任、容忍、勤劳、自尊和尊重他人等；并且，这些核心价值观都能经受可逆性测验（你愿意受到这样的对待吗？）、普遍性测验（在类似的情况下，你希望大家都这样做吗？）之类的典型的道德测验。不教授这些核心价值观，个体就不会有幸福美好的生活，社会就不能正常地运行。

当然，品格教育研究者在关注品格内容的同时，也并未忘记品格教育的过程、方法和评价方式。品格教育伙伴组织曾就这一问题提出了自己的看法。该组织详尽地列出了优质品格教育的过程、技能和手段，基本要素如下：

（1）教职工、家长以及社区成员都对品格教育要教授的核心价值观表示赞同；

（2）学校已经根据可以从学校、家庭和社区观察到的行为对核心价值观进行行为上的界定；

（3）学校已经让教师、学生和家长了解什么是核心价值观、进行核心价值观教育的合理性以及符合核心价值观的行为包括哪些；

（4）学校已经帮助学生逐渐理解了符合核心价值观的日常行为有哪些，以及为什么有些行为是道德的，有些行为是不道德的；

（5）学校帮助学生理解核心价值观的含义、对核心价值观进行反思、期望在自己的行为中体现核心价值观，并时刻以核心价值观作为自己的行为导向；

（6）学校帮助学生实践核心价值观，并以此养成行为习惯；

（7）学校有意识地积极地对所有学生教授核心价值观；

（8）品格教育经常以班级生活的方式进行；

（9）品格教育渗透到学校生活（如运动和课程外的活动）中，在校园中，成年人支持核心价值观的教授，学生也按照核心价值观行事；

（10）学校注重培养教师和学生之间的良好关系；

（11）学校注重培养学生和学生之间的良好关系；

（12）在学校，不容忍学生之间的残忍行为或者任何暴力行为，并采取措施杜绝此类行为；

（13）学校注重培养教师之间的良好关系；

（14）学校就学生在校内和校外的行为举止有明确的规定；

（15）学校不断为学生提供校内道德实践的机会，学生积极参与，并从中受益；

（16）学校不断为学生提供社区道德实践的机会，学生积极参与，并从中受益；

（17）学术课程对学生具有挑战性，学生通过学习学术课程提高自己的品格；

（18）学校采取各种策略，让学生的不同文化得以体现，发展学生的不同技术和兴趣，并满足学生的不同需求；

（19）教师把核心价值观的传授和课程的教授联系起来；

（20）学校明确声明学校更看重学生道德行为的内部动机；

（21）学校更多地以精神奖励的方式而不是物质奖励的方式对好人好事进行表彰；

（22）学校注重发挥核心价值观在各种讨论和解决问题过程中的作用；

（23）所有授课教师对学校品格教育方案的设计出谋划策，接受品格教育培训，并参与学校品格教育的实施；

（24）所有学校后勤工作人员都对学校品格教育方案的设计出谋划策，接受品格教育培训，并参与学校品格教育的实施；

（25）教职工在与学生和其他人的接触中，使自己的行为符合核心价值观；

（26）教职工定期地共同探讨品格教育方案，并对品格教育进行反思；

（27）品格教育计划有很多带头人，包括走在品格教育前沿的校长；

（28）品格教育指导小组（品格教育委员会或者品格教育特别小分队）的成员包括教师、学生和家长，品格教育指导小组负责指导现行品格教育计划，并鼓励所有学校成员参与品格教育的各种活动；

（29）学生视自己为学校大家庭中的一员，积极创造有利于品格教育的氛围；

（30）学校认识到家长、核心家庭、宗教习俗、青年社团和社区在品格教育中的重要作用；

（31）学校及教职工定期就品格教育与家长进行交流，为他们提供进行品格教育的建议，帮助他们增强进行核心价值观教育的信心，并为家长提供方法上的指导；

（32）学校及其合作伙伴定期对学校在品格教育中发挥的作用进行评估，以确定学校的品格教育合作伙伴是否合格；

（33）教职工定期汇报品格教育的成果以及他们的道德水平

提高了多少；

（34）考察学生的道德认知、道德情感和道德行为。

由此，我们可以看出，优质品格教育的过程和方法基本上反映了里考纳提出的“全面”和“整合”的要求。这些过程和方法既包括学校品格课程、学科课程、学校课外活动、学校管理方式和学校氛围的营造等过程，也包括对校长、授课教师、学校后勤人员和学生品格发展的要求，还包括如何认识与评价个体的道德认知、道德情感和道德行为评价等。由于其设计全面合理，目前被全美的中小学作为评价学校品格教育的主要标准。

由上可知，20 世纪 80 年代中期以来的品格教育广泛吸取各家各派思想，体现了全面性、综合性和理性化的特色，体现了道德教育在内容与形式上的统一，可以说这是品格教育合乎逻辑发展的必然，在某种程度上代表了道德教育的发展方向。

（五）品格教育原则

品格教育的倡导者认为，虽然在实施品格教育上没有万应灵药，但确有一些必须遵循的基本原则。品格教育的倡导者就品格教育的基本原则进行了深入的探讨。

在美国的品格教育研究中，“品格教育伙伴”因提出有效品格教育的 11 条原则而独树一帜，我们对此做一简单介绍。

（1）品格教育应该积极促进核心道德价值观教学，以此奠定良好品格的基础。品格教育所奉行的首要的哲学原则是：存在一些广泛共享的、至关重要的核心道德价值观，如关心、诚实、公正、责任以及自尊和尊重他人等，这一切构成了良好品格的基础。负责品格教育的学校，要详尽列举并公开支持这些价值观；

向学校中的所有成员传播这些价值观；使它们成为学校生活中处处可见的行为；在这些价值观方面树立典范；学习并讨论这些价值观；以这些价值观为根据，在校内进行人际交往；鼓励学校和社会中出现的符合价值观的行为表现；敦促所有学校成员恪守与核心价值观一致的行为规范，以此支持核心道德价值观；学校应将教授这些核心道德价值观作为一种义务。

（2）“品格”是一个包含思维、情感和行为在内的综合性概念。在一个有效的品格教育方案中，对品格的理解应该是广泛的，它至少应包括道德生活中的认知、情感和行为三个方面。好的品格包括对核心价值观的认识、关心，并依此行事。因此，品格教育的任务，就是帮助学生及其他成员知“善”，爱“善”，行“善”。随着人们品格的养成，他们对核心价值观的认识也越来越周详，信奉这些价值观并依此生活的信念越来越坚定，恪守价值观行事的意向也就会越来越强烈。

（3）有效的品格教育要求采取一种有意的、积极的和综合的方法，并在学校的各个方面推进核心价值观。如果从道德的视角审视自身，学校就会发现校园中所发生的一切是怎样对学生的价值观和品格产生实质性影响的。在学校内部，至少包括有意的、单一的和无意的、综合的两种教育方法。前者指学校要有意识地设计一些方法来培养学生的品格，而不是一味地等待机会。后者则是指利用学校各方面的因素，如教师的示范作用、纪律约束、各种课程、教学过程、学习评价、学校环境管理、与家长的关系等来培养学生的品格。有意的品格教育计划可以作为长期努力的有益开端或有利因素，但绝对不能认为，它可以替代那种把品格培养与学校生活紧密结合的整体方法。

（4）学校必须是一个关心的团体。学校本身必须体现良好的品格。它必须成为一个文明的、关心的团体。为此，学校就要在教会学生关心他人、相互关心的同时，营造一种关心的氛围。这种互相关心的人际交往，不但能激发学生的学习意愿，而且能激发他们做一个好人的意愿。所有的儿童和成人都有归属的需要，而且他们更有可能内化那些能满足这种需要的团体准则与期望。关心与尊重他人、责任、助人为乐、公正等核心价值观，必须渗透到课堂以及学校的其他领域中去。

（5）要形成良好的品格，学生就要有实践道德行为的机会。无论在道德上还是在智慧上，学生都是建构性学习者。只有通过做，他们才能学得最好。要培养他们的良好品格，就应给予他们各种各样的机会，让他们把责任、公正之类的价值观念运用到日常交往、讨论与生活中去。学生通过解决各种现实问题，真正理解公正、合作和尊重之类要求的含义。比如：怎样在学习小组中分配任务，怎样在班会上达成共识，怎样实施一项帮助学习计划，怎样减少操场上的打架事件，如何使同伴共同参与维护学校道德环境质量等。通过反复的道德体验，还能使学生发展和实践各种道德技能，养成道德习惯。

（6）有效的品格教育应该包括一种富有意义和挑战性的学术课程，这种课程体现了对所有学习者的尊重并有助于其学业成功。品格教育与学术的学习不是分离的，相反，两者之间是一种强有力的、相互支持的关系。在一个充满关怀的班级和学校中，学生会感到来自教师与同学的关爱与尊重，这样的学生更有可能努力工作，有所建树。相应地，学生唯有在学业上有所成就时，他们才更能体验到作为一个人受到的重视与关心。由于学生在技能、兴趣和需要方面存在差异，所以，一种课程要帮助学生取得成功，就必须做到内容精妙，教授有道，足以吸引全体学生。这就意味着要抛弃那种固守技能训练的笔录式课程，转而追求一种对学生来说饶有趣味、富有意义的课程。学校应有效地利用各种积极的教法与学法，如合作学习、解决问题法、以经验为基础的设计活动等。尊重学生的最可靠的方法，是尊重他们的学习方法。

（7）品格教育应该尽力激发学生的内部动机。学生在养成良好品格的过程中，会萌生一种日益坚定的内部信念，按照何为正确的道德判断去行动。学校应努力培养这样一种对核心价值观的内部信念，特别是在解决纪律问题时，应该把对外部奖励和惩罚的依赖性降到最低限度，这些因素往往使学生看不到责任行为的真正原因。在处理违纪问题的过程中，应该给学生改过的机会，以加深学生对规则的理解，使他们以后自觉自愿地遵守纪律。同样，在学术课程的学习中，也应利用一切可能的方式，激发学生的内部动机。激发动机的途径很多，如帮助学生体验教材中的困难与乐趣，调动他们与同学合作学习的兴趣，尝试完成那些能对他人生活、学校或社会产生积极影响的事情等。

（8）教职员工必须成为一个学习的、道德的集体，所有成员都承担着品格教育的责任，并努力遵守品格教育倡导的核心价值观。在这里，有三点是很重要的。首先，所有的教职员工，包括教师、管理者、顾问、教练、秘书、餐厅工作人员、操场打杂工及校车司机等，都必须参加品格教育的学习、讨论，在品格教育中发挥作用。其次，用以指导学生生活的价值观对于学校中成年人的集体生活同样具有指导作用。如果把学生看成是建构性学习者，那么成年人也是如此，他们必须不断促进自身的发展并且要创造各种机会，利用和实验各种方法，把品格教育实践与针对学生的工作结合起来。再次，学校必须安排并保证教职员工有反思道德事件的时机，教职员工通过各种教员会议和小型集会，进行道德问题上的定期总结与反思，这是优化学校道德生活必不可少的条件。

（9）品格教育要求有来自员工和学生的道德领袖。品格教育要达到上述标准，就必须有一个领导者（校长、其他管理者或骨干教师）来支持这些工作，需有一个品格教育委员会（或者几个类似的专门组织，分工负责品格教育的具体事务）负责长期规划与方案的实施。随着时间的推移，这个委员会的职能逐渐转移到学校的常规管理机构中。学生也应以多种形式扮演好道德领导者的角色，如鼓励学生自主管理，担任同伴冲突的调解者，跨年级指导等。

（10）学校必须号召家长和社会成员，全员参与品格建构工作。学校的品格教育工作报告，应该公开声明这样一项实质性内容：家长是儿童的首任且最重要的道德教育者。学校应想方设法采取措施，与家长就学校的品格教育目标和活动以及家庭在这一方面怎样协助开展工作交流意见。为了增进相互间的信任，品格教育指导委员会中应设立适当的家长代表席位，让家长代表参与制订计划。学校还应积极深入到各种家长组成的“分散的”亚组织中开展工作，使所有的家长了解并支持学校提倡的核心价值观以及学校所建议的教授价值观的策略。最后，学校还应争取社会各界的更多帮助，包括商界、宗教机构、青年组织、政策以及媒体的帮助，这样才能不断加强学校与家庭以及社会之间的伙伴合作关系，更有效地促进核心道德价值观的实现。

（11）品格教育评价应该把学校的品格、教职员工在品格教育中的作用以及学生在良好品格方面的表现纳入评价范围。有效的品格教育必须包括严格的评价过程。其中，要特别重视以下三个方面。①学校的品格。在什么意义上我们可以说学校变成了一个更加关心的集体？这一点是可以评价的。例如，可以调查学生，让他们说明自己对下列陈述的认可程度，比如“这个学校（班级）中的学生互相尊重、互相关心”，“学校（班级）像个大家庭”。②教职员工作为品格教育者的成熟度。教师集体、管理者和辅助人员对自己在品格培养中的使命的认识程度如何？个人对这种工作的信念如何？工作能力如何？作为品格教育者，凭借不断发展的能力，始终如一地做事的习惯如何？③学生的品格。学生在对核心道德价值观的认识、信念以及依此行事的行为方面的表现如何？学校可以收集各种与品格有关的行为的资料进行评价，如学生出勤率是否有所上升？打架及勒令退学事件是否有所减少？破坏性行为的频率是否下降了？吸毒行为是否有所收敛？学校也可以通过发放无记名问题表的方式，从品格的知、情、行三个维度进行评价。比如，评价学生的道德判断，可以问：“考试作弊是错误的吗？”评价学生的道德信念，可以问：“如果你确信你不会被抓住，你会作弊吗？”要使答题者自我检举其道德行为，可以问：“去年的考试或某项重要工作中，你一共作弊几次？”这些问卷调查既可以在学校启动品格教育时使用，借以奠定基础，也可以继续在评价过程中使用。

二、品格教育的基本策略

为何进行品格教育以及如何进行品格教育，历来都是品格教育理论争论的焦点，也是当代美国品格教育的倡导者必须回答的问题。

当代美国品格教育的倡导者认为，要对学生进行品格教育，就必须向学生传授核心价值观。尽管社会的构成和发展日益多元化，道德价值也日趋多元化，但是，正如自然界存在自然法则一样，道德界也存在天然的道德法则——美德。美德是超越时空和文化的。这些核心价值观是经过历史验证的，肯定了人类的价值、规定了民主社会中人们的权利和责任，也是社会存在和发展的基础。所以，向青少年传授核心价值观是社会发展的必然要求。

与20世纪60—70年代的道德教育相比，20世纪80年代以来美国品格教育的突出特点是实践性、可操作性和应用性。因此，不少研究者把当代美国品格教育称作当代美国品格教育运动。当前，美国品格教育的倡导者把更多的精力放在如何推动学校品格教育的开展方面，而不是力图构建一个个抽象的理论模型。

按照当代美国品格教育的主张，自有学校以来，学校教育就有两个目的：授人智慧与教人为善。也就是说，教育不仅要使学生熟练地掌握学术上的技能和知识，而且要培养他们高尚的道德品质。正如西奥多·罗斯福（Theodore Roosevelt）所说的："培养一个人的心智而忽略道德，无疑是给社会制造危险。"而且，"学生从6岁开始，一直到18岁，每天要在学校待6小时或者7小时，1年要待180天，如果说学校不影响学生思考道德问题的方式、不影响学生的行为方式，那是无法让人信服的……进行道德教育是学校不可推卸的任务"[①]。在学校品格教育过程中，教师的作用尤为突出。"第一，他们可以非常直接地进行道德教育（这种指导形式被称为说教式指导）；第二，教师可以向学生传授与道德有关的内容；第三，教师可以通过以身作则，以自己的道德行为来感染学生，让学生从教师身上看到诸如诚实、公平竞争、替他人着想、宽容和共享等品质。"[②]具体而言，学校和教师主要通过以下方法对学生进行品格教育。

（一）重视课堂教学

美国中小学课堂主要通过两种方式实施品格教育：一种是专门的品格教育课程，它有专门的教学计划；另一种是与学术类课程教学相整合的品格教育。

专门的品格教育课程强调在课堂上进行核心价值和美德的讲

---

① Retrieved from http: //www.acsa.org/publications/leadership/…/leadership-sept-98-b.htm.

②［美］墨菲著，周玲、张学文译：《美国"蓝带学校"的品性教育：应对挑战的最佳实践》，中国轻工业出版社2002年版，第8页。

授，侧重于对中小学生进行道德认知能力的培养，强化中小学生对价值和美德的理解。在这类课程中，有的是一些品格教育研究中心开发的商业性课程，如品格教育协会开发的课程、杰斐逊教育中心开发的品格教育课程等；也有的是学校根据社区和学校的实际情况自己编制的课程；教师也要充分利用品格教育课程、历史介绍、播放电影、嘉宾讲座的形式对学生进行品格教育。

同理，作为品格教育的重要课程，学术类课程在促进学生品德发展中的重要作用，是其他任何活动所不能代替的。在学术类课程中，知识本身的思想性不仅可以使学生理解和学习各种价值和美德，而且可以通过学术类课程教学的组织形式、教师的教学意图、师生关系的融洽来有意识地培养学生的品格。这就要求教师在课堂上时刻考虑自己的课堂行为，既要激发学生的求知欲，又要为学生提供探索、发现、创造的机会，使学生成为独立的学习者。

（二）创建积极的校园文化

在美国，学校十分关注校园文化建设，希望把学校建设成为一个文明的、充满关爱的、道德的集体，使学生在这个集体中学会关爱他人、学会相互关爱，使尊重他人、负责、助人为乐和公正等核心价值观在学校生活的各个方面都得到体现。教师主要通过以下方法来帮助学生创造充满关爱的班集体：通过各种活动，如玩游戏，和“你不是很熟悉的人”猜谜，写下“你和你的新伙伴的所有相似的地方和不同的地方”，调换“学习伙伴”等，让学生相互熟悉，增进了解；通过“感激时间”“欣赏时间”等活动让学生学会彼此尊重、彼此关心和彼此肯定；通过让学生设计班徽、编写班级成长记录等方式培养学生的集体精神和集体责任感。

很多中小学在教室中悬挂美国地图，并装饰有鼓励诚实、勇敢、合作等价值和美德的标语和口号。在走廊上也随处可见很多美国伟人的照片和海报。学校的集会、公告、海报等都要求以价值和美德为核心，以形成一种无处不在的品格教育氛围。有的学校还倡导学生根据核心价值观编写校训、设计校旗和校徽，以此来激励学生的品格学习。

（三）加强学校道德纪律建设

采用道德纪律、使用道德规则来培养学生的道德理性、自控力以及对他人的普遍尊敬，也是美国中小学惯用的方式。具体内容包括：儿童尤其是低年级儿童需要学习学校的规章制度，以便培养他们对规则必要性的道德认识，并培养他们遵守规则的义务；帮助学生设计有助于控制他们行为的集体活动和制订有助于改善学生行为的计划等。近年来，多数的中小学采用一种手册或班级规章制度的纪律计划。手册是一种学校范围内的行为规范汇编，包括校训、校风和学校的规章制度等。学校倡导学生按照校训、校风和各种规章制度行事，并配有一定的奖励和惩罚规定。

（四）提供积极的角色榜样

俗话说，榜样的力量是无穷的。在美国中小学的品格教育中，为了引导学生表现良好的社会行为，教师必须对自己的行为负起道德上的责任，教师的工作就是把自己最好的自我表现出来，通过积极的角色榜样示范来影响学生的行为。同时，学校也给予积极的引导和支持，对那些体现核心价值观的行为进行表彰。

学校要给学生提供道德学习的榜样。在与学生的交往过程中，教师要时刻注意自己的言行，在学生心目中树立良好形象，从而潜移默化地影响学生。在教职员工榜样示范群体中，一是强调校长的引导和示范作用，为师生员工做出道德表率；二是教职员工通过与学生的交往影响学生，教师主要通过课堂教学和示范性行为来促进对学生所要求品格的形成；三是通过多种奖励仪式和校训等方式进行榜样示范，美国的中小学采用的最主要的仪式有晨祷、集会、解释每周的品格特质，并奖励具有这些品格的学生，制作荣誉册、标语横幅进行表彰等。

（五）培养学生的道德反思能力

在美国，对学生道德反思能力的培养，主要集中于发展学生的几项构成品格认知方面的能力：具有对道德问题的敏感性，知道什么是美德以及在具体环境中应该怎样做才是具有美德的，能够进行道德推理，能够采纳他人的观点，能够做出道德的决定，具有道德自我认知以及自我批评的能力。

美国中小学的教师主要通过以下方法帮助学生进行道德反思：让学生明确应该掌握哪些价值观；通过讲故事的方法，向学生传授一些基本的美德；以对话的方式讨论假设的道德困惑，培养学生的道德准则；对现实中的道德两难问题进行讨论；采用角色模拟的方式培养学生进行多方面思考的能力；通过个人道德日记完善性格、讨论良心等活动帮助学生发展道德自知能力。

（六）为学生创设践履道德的条件

品格教育的倡导者认为，劝导和讲述并不能有效地改变学生的品格或行为，只有通过实践训练才能锻炼和形成学生的品格，才能使学生掌握解决实际问题的技能。因此，美国的中小学常常为学生提供发挥自主性和参与道德锻炼的机会。首先，以建立学习伙伴关系、设立座位小组、设立学习小组、跨种族学习、小组测试的形式和设立小组研究项目、开展组间竞赛、设定班级目标的方式进行合作学习；其次，让学生参与学校的管理和政策的制定，让学生有真正的发言权和适当的自主性，借此培养学生的责任心和使命感；最后，向学生提供参与助人活动或社会服务的行为活动，既培养学生自我管理、自我教育以及社会生存的基本能力，也培养学生自主、自重、公平竞争和爱校爱国的精神，以及尊重他人、为他人服务、与他人合作的态度。

此外，品格教育的倡导者在对青少年道德问题进行归因时指出，除了学校对品格教育的忽视之外，美国家庭和社会对此也有不可推卸的责任。从 1965 年开始，美国社会家庭的离婚率直线上升，很多孩子不能在自己的亲生父母身边长大，因而家长未能有效地负起对儿童进行品格教育的责任。繁忙的工作也使父母大大减少了和孩子面对面交流的时间。儿童通常用于与父母进行有意义的交谈时间为 33.4 小时 / 年，而观看电视的时间为 1 500 小时 / 年。在电视节目中，平均每小时就有 32 个暴力场面，儿童每年能看到超过 1 000 个谋杀场面。另外，98% 的电影和 27% 的音乐中有涉及吸毒、酗酒和抽烟等镜头或内容。家庭教育的无力和作为“第三学校”的媒体的负面导向，使得 20 世纪 80 年代美国青少年的道德状况陷入了十分糟糕的境地。

品格教育的倡导者认为，家庭和社会对品格教育的忽视或者冷落，其后果是极为有害的。他们认为，要想培养出拥有良好品格的青少年，学校、家庭和社会必须通力合作。首先，家庭是美德形成的起始场所，是奠定人类德性之基础。家长是儿童第一位道德教师，也是儿童最重要的道德教师。而且，儿童和青少年在 18 岁之前的大部分时间都是在家庭或社区中度过的。如果学校能够动员父母参与到学生的品格教育中来，那么，学校品格教育的效果就会有很大提高。其次，学校帮助家长促进学生品格发展，家长反过来也要帮助学校促进学生的品格发展。再次，如今，“儿童……同时也会受到街头巷里和学校里的朋友的影响，并且包含电视、电脑、互联网等在内的社区也会对儿童产生影响。因为儿童的生活和行为会受到这些多方面的影响，所以儿童的道德发展和品格发展也是父母和社会的责任。”①儿童道德的健康成长需要家庭、学校和社会的通力合作。

教师和家长主要通过“家长教师联合会”（Parent Teacher Association，简称家长会）来保持联系。家长会一般以学校或学区为单位，由教师和家长自愿组织而成，共同关注学校对儿童的品格教育。另外，学校每年还会举办若干次的学校面向家长的开放活动，在平常还设有固定的家长听课日；让家长直接参与在学

① DeRoche, Edward F. & Williams, Mary M. *Educating Hearts and Minds: A Comprehensive Character Education Framework*. Thousand Oaks, Calif.: Corwin Press, 1998, p.11.

校中进行的旨在培养学生品格的活动，如家长会、家校互动活动、家庭电影晚会等；让家长参与在家中进行的旨在培养学生品格的活动，如在吃晚饭的时候进行讨论，在学生上床睡觉前给学生讲故事，家长向学生表达自己关于毒品、友谊的看法以及家长本人在成长过程中所关注的价值观，等等。

此外，社区在支持学校的品格教育方面也发挥着重要的作用。社区可以通过经费资助、提供实习基地、加强联系等方式来促进学生的品格发展。例如，在宾夕法尼亚州匹兹堡中学的学校、家庭和社区共同进行的品格教育过程中，就包含了以下几种合作。

第一，学生主导的家长会议计划。由学生向家长陈述一个已准备好的评定包，教师只帮助学生澄清信息，家长和教师一起帮助学生进步。

第二，为家长解答青少年教育问题，和家长共同探讨家教问题。

第三，在社区帮助下建立少年中心。这个中心在社区各界人士的参与、赞助下，提供各类有益于青少年的健康活动，并设有监护人。

第四，组织医疗部门参与的医疗工作报告会。其目的在于通过聘请有关医学专家到学校讲述手术事例，让学生们理解和体验其中的关心、同情和尊重等品格。

第五，学校和社区公司合作建立野外教室。美国钢铁公司为学校提供实习基地，并给予赞助，帮助学校将品格教育、课程教育与环境教育相融合，在活动中培养学生的合作、信任和责任的价值。

第六，制订抵制毒品计划。该计划包含了关于毒品、酒精和烟草的危害等课程，在实施中，有时还请警官来做示范，引导学生学习如何抵制诱惑，树立自尊、自信、自爱和自强的品质。

第三节　品格教育思潮评价

任何事物的产生和发展都具有两面性，品格教育也不例外。对美国品格教育的评价，我们也从积极方面和消极方面两个维度展开。

一、积极意义

（一）当代美国品格教育运动的教育思想是对传统派和现代派的超越

当代美国品格教育倡导者的教育观点是对传统派和现代派的超越。传统派是西方一种古老的道德教育流派。这种教育思想的拥护者认为：道德教育乃是维护社会道德秩序的重要手段或工具，为此，必须向学生传授特定社会所公认的固定不变的道德观点和行为习惯。传统派在当代道德教育的基本问题上，是以社会中心、教师中心，以直接传授特定的道德规范、美德内容为特点的；在性质上，它是保守的、机械的；在目的上，它培养的是循规蹈矩的、顺从型的人；在基本的教育立场上，它反对任何个人主义的、自由选择的倾向，坚持道德规则或原则的社会特征。

现代派是与传统派对立的一个派别，事实上，它就是在反传统的基础上发展起来的。现代派认为，事实上，根本不存在某种固定的、绝对的道德准则和原则。每个人都有权利决定和选择自己的道德生活。道德教育的目的是让儿童在没有外在强制和约束的情况下实现自己的价值。因此，在当代教育的基本问题上，现代派是以个人中心、学生中心为特点的；它的主要任务不是向学生直接传授特定的道德内容，而是培养道德推理的能力；在教育手段上，反对任何强制的、反理性方法的使用，主张通过儿童的自主选择和反省探究确立自己的价值观念。

20 世纪 80 年代以来的品格教育思潮则是对传统派理论和现代派理论的一次新的整合。一方面，它继承了传统派道德教育理论的合理成分。例如，它再次肯定了道德教育要以传统的文化价值为取向。“无论占主导地位的教育体制是正规的还是非正规的，传递道德价值观自始至终都处于中心地位。这个中心地位是必要的。”①当代美国品格教育的倡导者也强调人类社会存在着普遍价值，这些价值肯定了人类的尊严与意义，学校有责任而且必须把这些价值传授给学生。向学生传授这些核心价值观的伟大传统绝不能丢弃；强调课堂环境和学校道德氛围的作用，强调合作学习，强调教师的榜样作用和班级、校园的道德文化在儿童品格形成中的作用。另一方面，当代美国品格教育运动的倡导者虽然反对现

① Wynne, Edward A. The Great Tradition in Education: Transmitting Moral Values. *Educational Leadership*, Vol. 43, No. 4, December, 1985.

代派让儿童通过自主选择和反省探究确立自己的价值观念的主张，但他们继承了现代派重视发展学生的道德推理能力的传统，重视发展学生的批判性思维，将道德反思视作促进学生品格发展的重要策略；同时，他们也强调道德实践在学生道德发展中的作用，认为良好的道德主要通过良好的道德行为表现出来；等等。

（二）当代美国品格教育运动卓有成效

品格教育实施以来，很多品格教育研究机构就对品格教育的效果进行了多次大规模的调查。调查结果显示，当代美国品格教育运动成效显著。某学区一位品格教育计划的负责人欣喜地说："品格教育的效果就像是和非一样的明显，一样的不容置疑。"①

在南达科他州，1999—2000年的学生调查问卷显示："侵犯他人财产的行为减少了50%，使用假证件的现象减少了56%，酗酒现象减少了31%，破坏公物的行为减少了46%，因为他人的种族和民族而嘲笑他人的行为减少了45%，买东西不交钱的行为减少了46%，吸毒现象减少了32%，考试作弊的行为减少了30%，勒令退学的现象减少了28%，逃课现象减少了39%，借钱不还的行为减少了34%。"②根据对加利福尼亚某中学的调查显示，自1997年该中学进行品格教育以来到2000年，"违纪现象减少了88%，退学现象减少了88%，勒令退学现象减少了73%，排他现象减少了88%"③。不但学生看到了自己的行为在改变，教师也

---

①②③ Retrieved from http: //www.charactercounts.org/doing/survey-reports.htm.

承认，通过品格教育，学生和教师的行为都得到了较大的改善。例如，在内布拉斯加州，“85%的教师认为他们教的学生的行为有了很大的改善，73%的教师认为学生一直在使用他们从品格教育课上学习的规范语言，75%的教师认为品格教育也改变了他们自己的行为，61%的教师承认他们发现学生比以往更加愿意互相帮助；55%的教师承认他们不大发现有学生相互指责，55%的教师承认他们发现学生比以往变得更加值得信任”①。根据路易斯安纳州的一份调查显示，“78.4%的教师认为学生比以前更值得信任，78.4%的教师认为学生比以往更加尊重他人和自尊，79.5%的教师认为学生比以往更有责任感，77.2%的教师认为学生比以往更加关注公平公正，81.6%的教师认为学生比以往更加有爱心，74.7%的教师认为学生比以往更加有公民心。”②阿拉斯加州、康涅狄格州、佐治亚州、哥伦比亚特区、纽约州、宾夕法尼亚州等州都有类似的报告。

概而言之，品格教育不仅提高了学生的道德认识，而且改善了学生的道德行为；不仅提高了学生的学业成绩，还减少了学生的各种不良行为，甚至是犯罪行为，其积极意义显而易见。

二、消极影响

（一）理论建设的困境

美国品格教育理论中存在的问题，主要表现在对“品格教

---

①② Retrieved from http: //www.charactercounts.org/doing/survey-reports.htm.

育”的界定、究竟何为核心价值观以及如何教授这些价值观的分歧上。

1. 究竟何为“品格教育”

对于“什么是品格教育”这一概念的界定，由于参与的机构与个人太多，到目前还没有形成一个完全统一的意见。所以，尽管当代美国品格教育运动早已是一个十分时尚的词汇，但是美国品格教育的学术界的许多人都认为这一概念在内涵与外延上都是含混不清的。洛克伍德指出：“目前的品格教育是一种什么样的教育？人们似乎对此还没有统一的说法……在从事品格教育的人可能在做着完全不同的事情。他们可能强调一套具体的技能技巧，或者致力于培养学生的公民素质，或者认为品格教育就是发生在学校的所有的事情。正在进行品格教育的人，可能主要在创建学校的文化氛围或者改变学校和环境或者按照他们列出的品格条目对学生进行训练。而他们列出的条目又各自不同。”[①]莱斯特认为，人们之所以对品格教育方法产生了混乱，关键是目前还没有一个严格的统一的关于品格教育的定义，研究者只是依据自己对品格教育的理解而设计相应的品格教育计划。

因为没有统一的定义、统一的品格教育计划，这在很大程度上影响了当代美国品格教育运动的深入开展。因为“如果学校对于什么是品格教育、品格教育应该怎样进行尚不清楚，学校怎么

① Lockwood, Anne T. *Character Education: Controversy and Consensus*. Thousand Oaks Calif.: Corwin Press, 1997, p.5.

能知道他们进行的品格教育有哪些不足？学校如何知道为了有效地评价品格教育学校应该收集哪些信息？学校如何知道品格教育进行到什么程度才是成功的？”①品格教育概念的模糊，也阻碍了品格教育实践的发展。“因为目前缺少对当前品格教育效果的实证性研究，所以人们还不明确良好品格教育计划具体是什么样的。事实上，品格教育的倡导者目前进入了对品格教育进行猜想和假设的不可靠的王国中。”②

2. 应该教授哪些以及如何教授核心价值观

品格教育的倡导者主张学校、家长和社区成员要对“什么是核心价值观”以及“学校应该教授哪些核心价值观”达成共识。但是，在一个多元化的社会中，来自不同社会阶层、不同经济背景、不同政治背景、不同文化、不同意识形态的人对于道德价值的理解是千差万别的。品格教育的倡导者如何能确保这一核心价值观是“共识的”而不是一部分人（多数人或者少数人，如天主教徒）的价值观，不是一部分人的意识形态？例如，普里迈克（Robert Primack）曾经就如何确定爱国主义这一核心价值观问题质问过品格教育的研究者：“美国天主教教主关于爱国主义的概念涉及生产、储存和使用核武器，与从杜鲁门以来的每一位总统关于爱国主义的概念都不同。而且，美国天主教教主的观点与法国天主教教主的观点也不相同，法国天主教教主认为在某种情况

①② Lockwood, Anne T. *Character Education: Controversy and Consensus*. Thousand Oaks Calif.: Corwin Press, 1997, p.5, p.27.

下，使用核武器是合理的……在众多的爱国主义中，学校应该怎样进行区分？”[①]品格教育的倡导者在提倡教授核心价值观时，显然忽略了对品格及品格教育问题的社会的、经济的、政治的、文化和意识形态的分析。

（二）学校工作的阻力

虽然品格教育在全美的中小学如火如荼地开展着，但是很多学校的品格教育并非一帆风顺，而是暴露出种种问题。

1. 观念消极：教育工作者对品格教育的优柔寡断

在美国学校中，并不是所有的教育工作者都愿意参加品格教育活动。一位来自美国纽约州的中学教师说：“品格教育的倡导者对教师的期望太高了……虽然进行品格教育是有意义的，但是这也给教师增加了巨大的压力。”[②]她还指出，很多教师不愿意从事品格教育活动，因为他们认为品格教育要求公立学校和宗教机构在很多问题上达成一致的这种看法让他们感到震惊和恐怖。因为在公立教育的问题上，宗教机构和学校是永远不会形成一致看法的。所以，他们认为品格教育的理念一定存在着问题，因而也就对品格教育不感兴趣。还有的教育工作者不愿进行品格教育，是因为他们害怕有些家长和社区成员中持有反传统倾向，担心进

---

① Primack, R. No Substitute for Critical Thinking: A Response to Wynne. *Educational Leadership*, Vol. 43, No. 4, December, 1985.

② Lockwood, Anne T. *Character Education: Controversy and Consensus*. Thousand Oaks Calif.: Corwin Press, 1997, p.40.

行品格教育会遭到家长和社区成员的强烈反对，因而丧失了进行品格教育的热情和激情。

2. 能力欠佳：教师对品格教育心有余而力不足

虽然有些教师可能对品格教育充满热情，但是，他们并没有应对进行品格教育复杂问题的能力。这一代教师在上大学以前没有受过对品格进行思考的指导，他们上大学以后也同样没有这样的机会。从来没有人指导过他们，让他们认识到教育是一项事业，是一个传授什么是好人、什么是好公民、什么是好工人、什么是好父母的事业。[①]凯文·瑞恩也持有同样的观点，他认为许多正在进行品格教育的教师缺乏“道德素养”，也就是缺少关于品格的概念、价值观和道德行为的知识框架，缺少道德发展心理学的相关知识，不了解品格发展的方法论。显然，品格教育要想成功，品格教师急需接受关于品格教育的系统培训。但是，“教师受到的培训很少是关于如何进行品格教育的”[②]。在美国，有50% 的教师培训计划并没有向师范生讲授进行品格教育的方法。

3. 影响失调：中小学之间难以保证品格教育的连续性和一贯性

在品格教育的实施中，“目前 80% 的品格教育是在小学进行的，可能有 15% 的品格教育是在初中进行的，不到 5% 的品格教育是在高中进行的”[③]。莱明认为，在一定程度上，对学生进行

---

①②③ Lockwood, Anne T. *Character Education: Controversy and Consensus*. Thousand Oaks Calif.: Corwin Press, 1997, p.27, p.40, p.24.

品格教育要从学生10岁左右开始进行，但是这种学校道德教育要一直持续到高中阶段才会有意义。如果半途而废，那将是没有效果的。品格教育的实施由于主要是集中在小学进行的，因此它不能保证品格教育的连续性。在早些阶段接受了品格教育的学生很有可能在日后的学校教育中，因为没有继续受到良好的品格教育，而使原来已经发展起来的良好品格、培养起来的良好的道德习惯与行为荡然无存。

4. 合作不力：家庭和社会对品格教育的排斥与抵制

尽管品格教育主张的核心价值是根植于具有世界性、普遍性和共性的基础之上，但是，这些价值毕竟是来源于人类世俗社会，而不是上帝。一些奉行正统基督教的组织强烈反对学校中传授这种没有反映和表达上帝旨意的世俗价值。一些公立学校的教师因为曾在教学中鼓吹世俗价值而遭到攻击。一些具有宗教背景的家长虽然也关心学校能否将自己的孩子培养成为积极的公民，但他们更关心学校是否破坏他们的信仰。所以，一些实行品格教育的公立学校的教师必须反复解释，恳求学生家长、社会各界支持学校的品格教育活动，希望社会中的每一个人都应成为学校品格教育的“合伙人”，而不是“对手”。由于得不到家庭和社区的普遍认可、大力支持和通力合作，无以实现品格教育的整体效应，因此，品格教育的低效是不言而喻的。

第十一章　总结与展望

关于20世纪初以来西方一百多年道德教育的总体特征，笔者在第二章已经做过较为详尽的论述。不过，笔者前面对当代西方道德教育理论特征的揭示，主要还是从论题方面、从较为微观的方面展开的，而未从更为宏观的视角观照一百多年来西方道德教育理论之间的联系与纷争。为使读者对当代西方道德教育理论有一个总体的把握，在这一部分，笔者从一个新的角度对西方现代道德教育理论做一整体上的概括。

笔者认为，一百多年来西方道德教育理论流派纷呈，但大致分属“强硬派”（或称传统派、保守派）、“温和派”（或称现代派、激进派）[①]和“折中派”三大派别。“强硬派”和“温和派”因对立而并存，相持一个世纪，“折中派”在“强硬派”和“温和派”的争斗中崛起，取二者之利，避二者之弊，成为当代道德

---

①“强硬派”和“温和派”在性质上分别与一般教育哲学意义上的“传统教育”和“现代教育”相似，但又不完全对等。这里的用法系袭用美国道德教育理论家罗伯特·霍尔（Robert T. Hall）的分类。

教育理论的一支重要力量，并代表着道德教育理论未来发展的方向。

第一节　强硬派：一种持久的道德教育传统

“强硬派”（The Hard Line）是一种古老且具有持久影响的道德教育理论流派，也可称之为传统派道德教育理论。但是，我们这里所使用的“传统”一词并不单纯是一个时间意义上的概念。除了把时间上较为久远且反映那一时代特征的理论称为传统道德教育理论之外，我们还把那些现代乃至目前流行的但却反映这一理论传统之本质特征的理论也划归这一理论派别。这种教育思想的拥护者普遍认为：道德教育乃是维持社会道德秩序的重要手段或工具，旨在塑造一定社会所需要的合格的公民或使年轻的一代实现社会化。为此，必须使学生接受和形成特定社会所公认的固定不变的道德观点和道德行为习惯；社会、学校和家庭等诸因素以及一定的社会文化乃是儿童道德形成和发展的决定性力量；任何道德都是社会的，都可以在一定的社会和文化背景中找到根据，任何道德体系只有在一定的文化中并为这种文化和传统服务才能充分体现其价值；特定社会的道德和价值标准是相对稳定、固定不变的，是该社会成员尤其是年轻成员所必须信奉和遵从的信条；道德的内容是由诸如诚实、勤勉、忠诚、节俭、负责等相对固定和具体的规则和美德组成的，这些规则和美德是借助于使用管理、强迫接受包括直接的道德教学在内的非理性方法来传授的。而且，学校作为社会文化的传递者和社会改造的工具，向儿童传授这些被一致认可因而是合理的价值并使之接受和服从这些价值不仅是必需的，而且是合理的。

所以，“强硬派”在当代道德教育的基本问题上，是以社会中心、教师中心和直接传授特定的内容为特点的；从性质上，它是保守的、灌输式的；它要培养的是循规蹈矩的、顺从型的因而是他律的人；它反对任何个人主义的、自由选择的倾向，坚持道德规则或原则的社会或文化特征；虽然强调理智在道德发展和道德教育中的作用，但这种理智只意味着学生对具体道德知识的汲取和记忆，不包括个体在做出道德决定和判断时审慎的、理智的思考。涂尔干的道德教育理论以及美国品格教育思潮可视为这一派的主要代表。

强硬派教育传统的形成和发展既有其哲学、社会学的基础，也有来自心理学的支持。为强硬派提供哲学和社会学根据的，主要是环境决定论和文化或社会相对主义的观点。为环境决定论最早奠定基础的当推英国哲学家洛克。洛克从彻底经验主义立场出发，指出，儿童既非天生的善良，亦非天生的邪恶，儿童的心灵最初不过是一块白板，人的“观念不是天赋的，而是后天获得的……是由外物印入的”[①]。“我们所有的知识都是建立在经验之上，知识归根到底导源于经验。”[②]后天的环境特别是教育乃是决定儿童心理发展的根本因素。“我们日常所见到的人中，他们是

---

①② 任钟印主编：《西方近代教育论著选》，人民教育出版社 2001 年版，第 85、86 页。

行为端庄或品质邪恶，是有用或无能，十分之九都由他们的教育所决定。人与人之所以千差万别，均仰仗教育之功。”[①]而且，从儿童角度讲，他们的心理具有无限的可塑性，因此，教育者不仅必须而且有可能凭自己的意愿采用任何方式去塑造他们。洛克的“白板说”对于批判宗教神学的天赋道德观念有重大的历史意义，但同时也为“教育万能论”和“环境决定论”奠定了基础。

道德相对主义特别是社会或文化相对主义是传统道德教育的又一重要理论基础。关于文化相对主义，前面我们已经讨论过，其核心是认定不同文化、不同社会、不同的利益团体有不同的道德或价值标准，而且这些标准是该团体、社会或文化中的大多数人一致同意的，固定的。学校教育的主要任务就是要把这些特定的道德价值体系或价值观念用一切可能的办法传授给学生。法国社会学家涂尔干是这一立场的典型代表。他所建立的“保守的”道德教育理论体系就是以他对道德的社会本质和社会中心的教育目的的分析为基础的。在他看来，任何道德都同特定的国家、社会有关，而且随社会和国家条件的不同而不同。道德教育作为实现社会控制的手段，其目的在于培养与特定社会理想相符合的行为。在教育实践上，不仅强调说理、规劝，而且还十分重视榜样、奖励和惩罚的作用。涂尔干关于道德和道德教育的社会化理论不仅对法国等许多国家都产生过深远的影响，甚至有人指出，

---

①［英］约翰·洛克著，杨汉麟译：《教育漫话》（全译·注释本），人民教育出版社 2006 年版，第 7 页。

涂尔干的道德教育的社会学理论在苏联的教育实践中得到了成功的验证。

传统道德教育所赖以建立的心理学基础主要是行为主义心理学。行为主义反对一切把道德看成是个体内部状态的某种变化的观点，认为道德源于一定的文化，源于儿童外部的社会机构，儿童的道德和认知结构不过是外部物理或社会结构在人身上的反映。斯金纳认为："我们可以循着物理学和生物学采取的路线，把注意力直接转向行为和环境的关系而忽略……精神状态……为了对行为进行科学的分析，我们无须探究一个自主的人其人格、精神状态、情感……意图——抑或其他的前提条件是什么。"[①]他指出，人的一切行为无非是社会文化刺激的结果，是受社会政治、法律、伦理制度所决定、所制约的。"人和动物的一切行为都可分析为刺激和反应。"刺激决定反应，当有意识地刺激或强化某一行为，便可得到人们所期望的反应。道德同样也是刺激、强化、奖励和惩罚的产物，是特定社会文化的产物。人的自由和尊严的获得，经历了一个由外及内——从外在文化环境的设计与改造开始，然后实现个体内化的过程。斯金纳明确地指出："如果我们要把科学的方法用于人类事务的领域，那么，我们必须假定，行为是有规律的，并且是被决定的……一个人的所作所为，是由一些可以详细列举出来的条件发生作用的结果，一旦发现了

① Skinner, B. F. *Beyond Freedom and Dignity*. New York: Hackett Publishing Co., Inc., 1971, p.15.

这些条件，我们就能够预测和在某种程度上决定他的活动。”[①]也就是说，人的行为原则上是能够进行预测和可以人为控制的，通过对环境的操作和行为的强化，人们就可以任意地设计、创造和改变任何行为。由此衍生出的教育过程本质上便是一个行为控制的过程。教师的工作类似于一位雕塑师任意雕塑一块泥巴的工作，其主要任务不是关心儿童的内部状态，而是创设一个能对儿童的行为起控制作用的外部环境或手段。通过操作这种环境或手段，使儿童获得教育者所期望的行为，即使良好的行为得到强化和维持，不良的行为受到抑制乃至消退。

传统道德教育正是基于对上述理论观点的吸收，从而建立起了一套独特的完整的理论和实践体系，并长期受到人们的青睐，流传甚广。在英国，道德教育长期以来一直是通过宗教教育来进行的，直到第二次世界大战以前，这种教育仍然占绝对的统治地位。在西方，宗教教育几乎可以说就是传统道德教育的代名词，对固定教条的信奉以及说教、灌输方法的使用无疑都是传统道德教育的显著特征。而现代教育是以世俗道德为基础的，它与宗教道德的根本区别是理性和反理性之间的区别。宗教教育的信条是：一种行为和判断之所以是正当的是因为上帝认为是正确的，因而教育的作用不是鼓励反省而是服从。而世俗教育的信条则是：上帝之所以认为这是正当的是因为这一行为本身是合理

---

①［美］杜·舒尔茨著，沈德灿等译：《现代心理学史》，人民教育出版社 1981 年版，第 278 页。

的、善的，教育的任务在于鼓励发现何谓正确的道德规范，而不是服从已经是正确的规范。所以，在20世纪许多国家流行或在某种程度、某种范围存在的宗教教育从时间意义上讲虽属现代教育的范畴，但我们认为，它们在本质上仍是传统的、保守的。法国教育家、新托马斯主义的代表雅克·马里坦（Jacques Maritain，1882—1973）在20世纪中叶于宗教神学基础上建立起来的道德教育哲学，即使不能说是彻头彻尾的传统道德教育的典范，至少不能说他是现代派道德教育理论的代表。在美国，姑且不说国家主义早期和19世纪的大部分时间都在施行从欧洲全盘接受的那种传统的道德教育模式，即使到了20世纪上半叶，虽有进步主义教育的强烈冲击，那种以社会相对论为基础的道德教育仍是统治学校教育的主导形式。在其他国家，这种传统的教育形式也不同程度地存在着，即使目前也还是如此。

然而，这种以传统教育为特征的强硬派道德教育理论在19世纪末20世纪初即已遭到严厉的批评，甚至从某种意义上讲，现代道德教育的理论和实践就是在反思、清理传统教育的基础上建立起来的。

第二节　温和派：对传统道德教育的反动

“温和派”（The Soft Line）是与“强硬派”对立的一个派别，它是以反传统的面目出现的，因而可称为现代道德教育理论。不过，在现代教育理论中，我们又可将其分为激进派和稳健派或辩证派两种。它们在理论基础和对道德教育中的一些具体问题的看法上虽有不同，但在一些主要问题的看法上是一致的。他们认为，在过去，我们的学校和教师习惯于告诉学生什么是正确的、什么是错误的，哪些是应该做的、哪些是不应该做的，并通过直接教学、强迫执行等非理性的方法使学生接受并服从我们所传授的固定的道德价值。这种教育虽然在管理学生的行为，使学生简单地服从某种权威方面有一定作用，但它永远达不到我们所理解的价值。它既没有在儿童心目中确立某种坚定的道德信仰，更没有发展起实际的道德选择能力和为自己的选择负责的态度。因此，道德教育的改革不是去对各种现行的道德教育策略进行小小的外科手术，而是要从根本上转变教育的方向。

他们认为，传统道德教育所依赖的是一种错误的道德哲学，这种道德哲学相信存在某种绝对的、固定的道德准则和原则。在他们看来，事实上，根本不存在一成不变的价值和道德标准，任何道德和行为准则都随社会文化的变化而有所变化，尤其是在现代多元社会中这一倾向更为明显；任何道德和价值都是相对的，都有个人的成分，每个人都有权决定、选择自己的道德生活，有权根据自己的意愿选择行为的标准并依此行事。因此，任何人都不能把某种固定的价值传授给别人；任何道德教育的计划都必须以对人的本质、人的需要的理解为基础。如果人们不知道自己的本质，就很难指望他们能够发展自己的价值、原则和生活方式；道德教育的目的不是强迫儿童去服从某种过时的、绝对的准则，而是让儿童在其力所能及的范围内从根本上理解这些准则并在此基础上发展各种推理和选择的能力，以便儿童在没有外在强制和约束的情况下实现自己的价值。

所以，“温和派”在当代道德教育的基本问题上，是以个人中心、学生中心为特点的；它在教育的性质上是反灌输的、开放的甚或说是进步的；它的主要任务不是向学生直接传授特定的道德内容，而是培养学生道德推理的技能和能力；它反对采用任何强制的、反理性的方法，主张通过学生的自主选择和反省探究确立自己的价值观念。因此，它不是以服从为定向，而是以自律、自决为定向。

相比较之下，温和派中的激进派更强调个体所固有的内在素质和主体权利，重视儿童的自由选择。稳健派则以有机体和环境的相互作用为出发点，更强调道德推理能力的发展。二者都把主体性作为道德教育的重要前提，反对直接的道德教学。从某种意义上说，对待道德教学的态度乃是传统道德教育和现代道德教育的根本分歧所在，至少在现代道德教育理论家们看来是如此。

温和派道德教育理论的哲学和心理学基础较杂乱。相对于其中的激进派和稳健派，我们可以把这些理论的源头分为两条线索：浪漫主义的传统和认知主义的传统。前者在哲学上以存在主义、现象学为代表，在心理学上则以成熟论为代表。在存在主义者看来，价值、道德完全是个人的事情，它们不是绝对的，也不是由外在的标准决定的，而是个人自由选择的结果。对任何个体来说，存在乃是最基本的价值。对每一个体来说最重要的各种价值，都是与他个人的环境有关的。一个人不应该为求得一致性而服从其所在社会的价值与标准。若一个人允许社会或社会各机构把各种价值强加于他，那么，他也就失去了其作为人存在的真实性。人们只有自由地决定自己的承诺，才能使自己的人生富有意义。在存在主义者看来，这也是道德和社会责任心的根源所在。存在主义强调个人价值、自由选择、强调个人的道德责任等观点，对当代价值澄清学派乃至关怀学派产生了重大影响。

心理学上的成熟论主要指从卢梭到弗洛伊德、霍尔、格塞尔等人的观点。这一心理学传统认为，在个体的道德发展中，最重要的是来自儿童内部的东西。道德发展的实质是儿童内部所固有的良知、良能的展开或成熟。卢梭认为，人的任何发展包括道德发展都是按照一个内部的生理时间表来进行的。儿童不是单纯地由成人的教导、社会的压力和外部力量塑造的，他们主要按照自然的计划独立学习和生长。儿童可以完全不依赖成人的教导而形成关于社会和道德的见解。教育上要求遵循自然原则，使儿童自然地完善自己的人格。格塞尔坚信卢梭的内部发展思想，指出，有足够的理由肯定发展是遵循一个内部计划的，成熟支配儿童各方面的成长，"（儿童的）神经系统是按阶段和自然的程序成熟的……所有他的能力，包括道德都受成长规律支配。"① "儿童心理学之父"斯坦利·霍尔也曾指出："有那么多人不应该受教育，因为即使他们对学校一无所知，同样会具有比其他人更高的智慧、更健壮的身体和更完善的道德。"②所以，他认为，在儿

① [美] 威廉·C. 格莱因著，计文莹等译：《儿童心理发展的理论》，湖南教育出版社 1983 年版，第 33 页。

② Kohlberg, L. & Mayer, R. Development as the Aim of Education. *Harvard Educational Review*, Vol. 42, No. 4, 1972.

童的品格形成中，教育所能提供的最大帮助就是不去妨碍儿童的成长。成熟论对当代道德教育的影响在尼尔身上表现得最为明显。尼尔曾经指出：“那么，让我们建立一所学校，在这所学校里，我们应该允许儿童自己自由行事。为此，我们必须放弃一切纪律、一切指导、一切建议、一切道德训练和宗教教学。人们说我们勇敢，但这并不需要勇气，需要的是充分相信儿童是一个好人而非坏人这种信念。近40年来，相信儿童善性这一信念我从未动摇过，它已经成为我的最终的信念。”[①]在尼尔看来，任何旨在“教导”儿童为善的努力包括道德教学在内都只会阻碍儿童的自由发展。它只会使儿童服从外在的权威和习俗，不可能使他们发展起真正的道德财富。如前所述，价值澄清学派在价值教育上也持基本相同的立场。

后者即稳健派在哲学上主要受杜威经验论哲学的影响，强调有机体与环境的相互作用——经验在个体道德发展中的作用，它以美国宪法中的“民主”精神界定教育的性质，强调学生的理智能力乃是道德教育实践的基础；在心理学上，则主要有皮亚杰和柯尔伯格的认知结构主义，皮亚杰第一次从心理学角度证实了：儿童的伦理结构是一个发生发展、由低级到高级的过程，在这一过程中，儿童的活动或主体与道德环境的积极的相互作用乃是一个决定性的因素；正如儿童是他自己理智结构的建构者一样，他

---

① Neill, Alexander S. *Summerhill: A Radical Approach to Child Rearing*. New York: Hart Pub. Co., 1960, p.4.

也是自己道德结构的积极建构者；道德教育的目的就在于促进儿童道德思维或道德判断的发展。柯尔伯格进一步把儿童看作“道德哲学家”并得出与皮亚杰相似的结论，形成了完整的道德教育理论和实践体系。在当代众多的道德教育理论或模式中，像斯克里文的认知方法、贝克的反省方法、价值分析的方法等都在某些方面接受了这一传统的思想。

总之，现代哲学和心理学思潮为人们思考传统教育失败的原因以及如何建立一种新的道德教育理论体系提供了有力的思想工具。在这些思想的影响下，人们逐步建立了一套完全不同于传统教育模式的理论体系。这一理论（无论是激进派还是稳健派）的核心是积极帮助学生通过批评性思考来发现、选择正确的价值，并鼓励他们为追求合理的价值而利用他们固有的能力。它关心的不是道德教育的社会职能——儿童对社会规则的内化和服从，而是它的个体功能——通过教育实现道德主体的自由和自治。

长期以来，西方道德教育理论始终徘徊于强硬派和温和派两大阵营之间，以至于许多人认为，目前的道德教育只有两种选择的可能。这就是，要么坚持向儿童灌输一套具体的、相对固定的道德规则；要么彻底摒弃灌输的方法，发展儿童的道德自主性。然而，在对传统道德教育的一片批评声中，有些思想家开始感到，传统道德的失败也许不是它对道德教学的关心，而是对儿童主体性的蔑视。同样，现代道德教育理论的成就也仅限于它对主体理性的尊重，而不是对道德教学的批评和反对。从一定意义上讲，它不过是对传统教育的一种过激反应，因为实践证明，摆脱了旧的“美德袋”的学生往往走上了另一个极端，如心理上的利己主义、道德上的极端相对主义、激进的宽容态度等。因此，如果说传统道德教育理论在实践中注定要失败的话，那么，现代派道德教育理论在实践中也是难以成功的。一种理想的道德教育模式需要考虑如何把二者有效地结合起来。于是，折中主义的道德教育理论应运而生。

第三节　折中派：未来西方道德教育理论发展的主流

在当代西方道德教育理论中，持折中立场或观点的理论家很多，但主要有克里夫·贝克、威廉·弗兰克纳和罗伯特·霍尔。这里只简要论述弗兰克纳和霍尔的道德教育理论。

一、弗兰克纳的折中主义道德教育哲学

弗兰克纳是在批判“新老道德教育”或现代和传统道德教育的基础上建立自己的道德教育哲学的。所谓老的或传统的道德教育观点是指人们长期以来形成的这样一种看法：人们对所“期望”的行为模式的认识是完善的，不可更改的，道德教育的内容是由诸如诚实、贞洁等这些相对固定和具体的规则和美德组成的，而这些规则和美德是可以通过管理、制裁、直接教授以及其他非理性方法来传递的。这种教育形式的特点在于它所培养的个体是以传统为指向、以内部为指向（内化传统或与传统一致）或以别的什么为指向，但不是自律的。而新教育或现代教育则是指这样一种教育，它不包括道德课和道德训练，不包括道德规则或

观念的灌输，也不包括道德上的表扬、责备，更不包括奖励和惩罚，只包括爱、真诚和感觉。除此之外，它允许青年人自由选择自己的理想、原则，自由决定自己的规则，允许他们在一种纯粹的情境基础上而不考虑以任何规则、原则或理想来决定什么是对的、什么是错的。弗兰克纳指出，传统道德教育从某种意义上讲有其合理的一面，在实践中也并非完全无效，“单是社会始终是稳定的、健康的这一事实就可说明这一点”①。然而，这种教育形式有其严重的不足，主要表现在：在培养儿童的德性方面，这种教育并不像人们想象的那样成功；它的课程和方法是以错误的社会学和心理学的前提为基础的；其所使用的方法，从严格的教育意义上讲是不适当的；最后，这种教育形式所依靠的乃是一种错误的或至少是不合适的道德哲学，这种道德哲学所赞赏的方法更适合于法律而不是道德。所以，弗兰克纳指出，如果有一种适当的方法，那么，这种古老的道德教育传统就必须要抛弃。

不过，弗兰克纳认为，在批判传统教育基础上建立起来的现代道德教育也是不能令人满意的。这种教育虽然在肯定个体的自主、自由和理性等方面有合理的因素，但它基本上是对传统教育的一种过于激进的反应。“从某种意义上讲，它也是一种危险的学说。因为它一旦付诸实施，正如我们所了解的，在实践中就会

① Deighton, Lee C. (Ed.) *The Encyclopedia of Education (Vol. 6)*. New York: Macmillan Company & The Free Press, 1971, p.394.

造成思想和表达的道德方式以及道德本身从社会中消失。如果道德消失了，社会秩序的维持将完全依赖于人们相互间的爱，依赖人们的深思熟虑和法律，而历史的经验似乎已经表明人们之间相互爱的不足、人的深思熟虑之靠不住，以及法律不到一切都无法容忍之际便不能充分发挥作用。”[①]由此看来，“寻找一种介乎上述两种极端立场之间的道德教育概念”，“寻找一种中间的和理性的方式”，就是十分必要的。

关于教育的目的或任务，弗兰克纳指出：真正的道德教育目的，一方面要维持社会正常的道德秩序，另一方面又要在实现这种秩序中使个体达到道德上的自主。教授道德规则和发展自主性并非水火不相容，一种合理的道德教育计划可能既包括某些规则和美德的教学，也包括发展学生的自主理性。在弗兰克纳看来，道德教育计划一般应考虑以下五个方面的任务：①培养儿童对“道德观念”的领会，或培养判断行为并决定一个人应该做什么的道德方式；②培养儿童信奉或采纳一种或几种基本的道德原则、理想和价值，并以此作为进行道德判断和做出道德决定的最终基础；③教导人们接受一些具体的规则、价值或美德；④养成做好事和做正确事情的品性；⑤促进人们达到思考的自主性，达到自我控制和精神上的自由。在上述五个任务中，传统道德教育

① Deighton, Lee C. (Ed.) *The Encyclopedia of Education (Vol. 6)*. New York: Macmillan Company & The Free Press, 1971, p.394.

强调第三、第四个任务，现代道德教育则只关心第五个任务。[①] 弗兰克纳认为，事实上，这几个任务是一个不可分割的、相互联系的整体，每一个任务都是一个完整的道德教育计划所必不可少的。因为，儿童只有在理解了某种道德观点和道德方式之后，才能利用这种观点探索基本的理想和原则；只有在掌握了一般的理想和原则之后，才能进一步接受一系列更为具体的规则和美德并作为应用或实现基本理想的手段，并按这种方式继续下去，直至成为一个“道德上的好人”或一个完全自主的道德主体。据此，道德教育可以向儿童教授具体的道德规则，使其领会道德观点为起点，然后帮助他们通过道德发展的几个连续的阶段。这样，儿童道德教育的整个过程就大体上分成两个阶段：第一个阶段即儿童早期，主要通过非理性方法向儿童传授一系列具体的道德规则和原理；第二阶段则主要借助儿童的理性和推理能力实现其道德上的自主。其中，第一阶段是基础，因为“我们很难理解，不向儿童传授任何道德的规则和标准，怎么能够培养他们的道德观点，这就像努力教儿童一种语言却不介绍这种语言的文学作品，或者努力培养科学的观点但不向儿童教授任何科学一样”[②]。

弗兰克纳指出，道德教育的内容就是教授规则、原则和理想。但是，究竟要教哪些规则和理想呢？有人认为应该教授那些被认为是符合其社会需要的那些理想、规则和原则；也有人认为

①② Deighton, Lee C. (Ed.) *The Encyclopedia of Education (Vol. 6)*. New York: Macmillan Company & The Free Press, 1971, p.395, p.396.

应该教他认为是符合自己需要的那些原则。弗兰克纳认为："我们显然应该教那些经过深思熟虑的，并为所有根据道德观点对它们进行认真思考的人们所一致同意的理想、原则和规则。"[①]当然，这些原则和规则可能会因教育背景的不同如家庭、公立学校、教会学校而有所不同，如公立学校就未必非要包括任何特殊的宗教教条或规则和价值的教授。

弗兰克纳指出，道德教育的内容必须与培养道德观这一教育目的联系起来考虑。因为，道德教育除了教授具体的规则，更重要的是培养儿童对道德是什么的理解以及以一种道德的方式进行思考和行动的义务。尽管当代哲学家对道德以及以道德的方式进行思维应包括哪些内容进行了充分的辩论，然而，大多数人都认为，道德观或思维方式要求一个人不是以个人的愿望和利益为基础决定自己应采取什么行动，而是在思考一个行动对他人的影响以及如果每个人都照此行事会是什么结果的基础上做出自己的决定。因此，在弗兰克纳看来，虽然为了帮助儿童领会道德观点必须向他们教授一些具体的道德规则和美德，但也要教他们自己判断和做出决定，教他们在必要时愿意放弃个人的利益；使他们能真切地想象一个人的行为将如何影响其他人，并在此基础上，在必要时对新的规则、原则进行系统的阐述。

道德教育的方法是与道德教育的任务和目的联系在一起的。

① Deighton, Lee C. (Ed.) *The Encyclopedia of Education (Vol. 6)*. New York: Macmillan Company & The Free Press, 1971, p.397.

由于道德教育的任务包括相互联系的两个方面的内容，相应地，道德教育的方法也有两种形式：一种形式为非理性的方法——包括灌输和利用环境和榜样，另一种形式为诉诸推理或说理。弗兰克纳指出："许多人似乎认为，在道德教育上只有两种选择的可能性，即要么借助灌输的方法教授由一系列特定的规则或价值组成的封闭性道德，要么就是除了借助推理以外，使道德教育保持一种开放和无方向的状态。然而，幸运的是还有另外一种选择，它采取了一条介于这两种极端观点之间的路线。这种最佳的道德教育形式不是完全随意性的，因为它在早期阶段试图教授特定的规则、美德或原则。但是，它也不是权力主义的和强加的，因为，它始终尊重正直和理性。"这样，这种道德教育的方法就把"尊重个人的自主性和推理能力与承认儿童早期需要指导结合起来了"[①]。

最后，弗兰克纳对他的折中主义道德教育哲学做了如下概括："我们的结论是，最佳的道德教育形式应包括从正面讲授一些相对具体的规则和美德，甚至在任何其他目的达到之前都应该进行这种教学。然而，与旧的道德教育形式不同，这种教育形式将根据更为一般的道德教育目的的前后关系来教授这些规则或美德。因此，它更重视道德的反省和自由。这种道德教育的形式又与旧的教育形式相同，因为它包括非理性方法的使用。这就是

① Deighton, Lee C. (Ed.) *The Encyclopedia of Education (Vol. 6)*. New York: Macmillan Company & The Free Press, 1971, p.397.

说，它既包括使用道德谈话又包括引用道德理论和规则，即使在儿童长到足以对道德进行推理和思考之前，也是如此。但是，它并非自始至终都要依靠灌输和使用其他非理性的方法。因为，同新道德一样，它意味着发展自主性和理性，并非只是为了维持法律和秩序。”①

总之，弗兰克纳以协调个人发展和社会秩序的关系为基点，在批判传统和现代道德教育的基础上，提出了一种折中的道德教育框架，其中许多观点在理论上是合理的，在实践中也是可行的，实践已证明这种模式存在的可能性。尽管目前在许多理论问题上仍处于激烈的争论中，但弗兰克纳对传统和现代两种极端立场的批判无疑是中肯的，而且得到越来越多的理论家的支持，并成为理论和实践领域中一个主流倾向。

二、霍尔的“中间路线”

罗伯特·霍尔是当代折中派道德教育理论的又一代表，他在批判地吸收强硬派和温和派两个极端立场的基础上提出了其“中间路线”（The Middle Way）思想。

强硬派道德教育理论的核心是坚持有一种绝对的、不变的、为人们一致认可的道德规则和原则，认为它们是不可动摇的真理，道德教育的任务就是向儿童教授这些规则和原则。霍尔认

---

① Deighton, Lee C. (Ed.) *The Encyclopedia of Education (Vol 6)*. New York: Macmillan Company & The Free Press, 1971, p.396.

为，这种道德教育思想虽有许多值得重视的内容，但也有许多缺点。首先，“这种方法有悖自由和多元社会中公共教育的性质和目的”[①]。因为在当代西方社会中根本不存在这种道德的或宗教的统一性。在西方历史上，确有那么一些历史时期人们持有许多共同的道德和宗教信仰，但是现在，社会道德的一致性仅限于那些基本的价值，在诸如堕胎、体罚、安乐死等许多特殊的道德问题上，人们的看法是很不一致的。“简言之，我们祖上的原则和圣经中的训诫（所有这些，不同环境下不同的人是以不同的方式加以解释的）不再被视为一系列能够或应该传授给我们的儿童的道德规则。”[②]此外，公共教育，顾名思义，必须对整个社会负责，如果它只是试图发展某种单一的道德规则或观点——无论这种规则或观点是天主教的、佛教的还是人本主义的——那么，它就没有承担起其对公众的责任。诚然，公众确实对一些特定的、基本的社会和个人价值持有某些相同的看法，而且这些观点很可能就是公共教育的基础，但这与教授一种单一的、绝对的道德行为准则毕竟不同。

其次，霍尔认为，强硬派的第二个缺点在于，“在我们这样的多元社会里，任何教授一种单一的道德规则的努力都是注定要失败的。事实上，这样一些企图可以认为是导致我们这个时代道德危机的根源。当教人们仅仅‘服从规则’而不管他们是否理解

①② Hall, Robert T. *Moral Education: A Handbook for Teachers*. Minneapolis, Minnesota: Winston Press, Inc., 1979, p.6, p.6.

这些规则背后的理由时，人们就会丧失自我感觉、感到生活毫无意义”[①]。霍尔认为，对美国20世纪60年代以前的那辈人来说，“遵守规则”乃是他们明确的道德责任，对许多人而言，其主要的道德原则就是“邻里会怎么想？”而对平等、公正以及为他人幸福负责等基本的道德问题几乎没有考虑过。这种社会状况与“熔炉理论”非常合拍，它相信，任何个人的、少数民族的标准和品格将在社会这个熔炉里慢慢消熔直至每个人都信奉同样一些事情，接受同样的是非标准。然而，这种理论假设显然是错误的。在20世纪60年代，当这种学说刚要进入学校时，就遭到了大学生的最强烈的抵制。事实上，在一个多元社会中，在人们努力寻求自己生活方式的今天，道德规则除非建立在良好理由的基础上，否则对人们尤其是年轻人来说，不会有什么意义，“邻里会怎么想”的问题便也无足轻重。所以，霍尔认为，在一个充满混乱的世界上，教育不应反复强化固定的规则和行为法规，而应该帮助年轻人审慎地思考他们所面对的问题，指导他们考虑各种选择，独立确定他们应该采取什么样的行动、价值和生活方式，并能认识到他们的决定之社会责任。霍尔指出：“前两个反对强硬派的论点是基于这一事实提出的，这就是：我们生活在一个道德多元的社会中。只是最近我们才意识到‘熔炉’的服从思想不再适用；现在所发生的是，我们正处在用马克·吐温（Mark

① Hall, Robert T. *Moral Education: A Handbook for Teachers*. Minneapolis, Minnesota: Winston Press, Inc., 1979, p.7.

Twain）所说的‘拌色拉’（tossed salad）取代‘熔炉’的过程中。”①

再次，霍尔认为，道德教育中的强硬派方法“根本不是一种教育形式而是一种灌输的手段”②。当某些概念或思想被作为绝对的真理加以阐述，而实际上人们对这些概念或思想有极为不同的看法时，教育就变成了灌输。而“灌输是错误的，因为它阻碍了人们做出自己的自由和理智的选择”③。对个人生活最终起指导作用的是他通过自己的选择所发展起来的价值观。自由的意义也就表现在人们具有选择自己的生活方式和价值取向的权利。这种自由和权利是法定的、合理的。教育者的责任在于“教人们如何独立思维、如何尊重他人的观点以及如何寻找传统规则和标准背后的理由，而不只是教会他们如何背诵、记忆或接受”。只有对一个问题的各个方面都进行阐述，保证公平地考虑各种不同的道德观点时，教育者才能达到这些目的。④

显然，强硬派道德教育理论是有问题的，但是，作为对强硬派的一种反动形式，温和派并不比它的批评对象好多少。霍尔曾对这一派别做过如下描述：“根据这一观点，道德危机实际上是一种统一性危机；由于人们甚至不知道他们是谁，所以也很难期望他们能发展起自己的价值、原则或生活方式。因此，这一观点的支持者们坚持，道德教育应以个人的发展、人际关系为中心，

①②③④ Hall, Robert T. *Moral Education: A Handbook for Teachers*. Minneapolis, Minnesota: Winston Press, Inc., 1979, p.8, p.9, p.10, p.10.

强调个人自由而不是结构或权威。”[①]他指出，同强硬派一样，温和派虽然提出了一些重要概念，但对公共教育来说同样是不适当的。

首先，霍尔认为，强调价值自由而不是努力影响学生的价值的教育同古老的灌输方法一样不能鼓励年轻人发展他们的价值观点。霍尔援引价值教育理论家米尔顿·罗基奇（Milton Rokeach）的话来表明这一立场。罗基奇指出："一个价值教育的计划如果只强调学生自己的价值，也是虚幻的和自欺欺人的，这种教育可能由于太自我中心而在教育上是不大可能有效的。”[②]霍尔则认为，多年来，温和派自由主义所持的价值中立的信条统治着学校课堂，这是导致学校混乱与道德危机的祸根，更重要的是，这种自我中心的教育方法并没有在学生身上建立起坚定的个人道德标准。所以，"尽管那种古老的直接灌输的方法在我们这个多元社会中是无效的，但是任何道德放任主义的企图也并未取得更好的结果”[③]。

其次，霍尔认为，温和派假定“人们是在社会真空中——没有别人的影响、指导、帮助的情况下发展起来的”[④]。然而，“社会和个人的价值不是自生的而是通过传递获得的”[⑤]。价值中立只会降低学生的道德感受性和道德信念。一种最有助于儿童道德发展的气氛是要鼓励其尊重各种不同的观点和信念。

---

①②③④⑤ Hall, Robert T. *Moral Education: A Handbook for Teachers*. Minneapolis, Minnesota: Winston Press, Inc., 1979, p.11, p.11, p.12, p.11, p.11.

再次，霍尔认为，温和派否认道德学习的必要性。霍尔指出，在做出道德决策等方面，有许多是需要学习才能获得的，如道德思维的技能、西方文化传统中有关个人和社会价值的一些概念等。人们时刻面临着道德问题，面临做出道德的决定，这就要求人们掌握解决道德问题的知识和做出决定的技能。社会上广泛持有的许多价值观点组成了一个现实的价值知识体系，它是“做出明智的决策的重要源泉”。霍尔说：“我们可以向年轻人教授价值概念的意义和用途，并帮助他们理解价值在我们社会中的地位，而不是迫使他们服从任何特殊的规则。”①

在霍尔看来，温和派对强硬派的批评事实上是从社会服从转向了道德个人主义，从“邻里会怎么想”转向“做自己的事情”，两种极端的观点业已被证明既不合理也不明智。他指出：“强硬派和温和派代表了两种极端的道德教育方法，强硬派实质上是一种灌输的形式，而温和派则导致相对主义，所以，这两种方法都是不能接受的。在我们这个时代，道德教育所面临的问题和挑战就是去寻找一种中间路线，它既不强迫年轻人接受一套道德规则，也不给他们一种印象，即做出决定完全是一件个人的事情。”②

霍尔认为，他对两种极端方法的批评为开辟一条“中间路线”提供了基础，因为，“如果我们知道了在道德教育中我们应

---

①② Hall, Robert T. *Moral Education: A Handbook for Teachers*. Minneapolis, Minnesota: Winston Press, Inc., 1979, p.13, p.14.

该努力避免什么，那么，对我们应该努力达到什么便有了许多更合理的思想”[1]。而且，这两种方法本身也有其独特的可资借鉴的因素。他指出，他所提出的“中间路线”是把强硬派和温和派的一些好的思想创造性地结合起来。

霍尔的“中间路线”包括两个方面：一是重视传统，二是主张选择自由。他认为，近几十年，社会的道德传统被严重忽视以致年轻人不懂得传统价值在今天的作用以及如何应用于我们的道德决策。教育完全有可能帮助年轻人理解和赞赏这些价值并用于指导决策、控制自己的生活方式。为此，就必须向他们提供、阐述社会道德的多样性和统一性，使他们了解价值概念过去和现在的形态、内涵以及如何把这些概念运用于价值决策过程之中。“传统是道德教育的重要因素，我们不应该只是因为它经常与灌输混淆就抛弃它。”[2]但是，传授传统的价值并不是指教师对所有道德问题都给出正确答案，也不是迫使儿童服从某种传统的价值，而是鼓励他们认识传统价值的现实意义，而且允许他们在这些问题上有不同看法，帮助他们反复思考其道德的内涵，以发展自主的和独立的决策能力。每个人都必须对自己的决定负责，都不能以“遵守规则”“服从秩序”为借口逃避自己的责任。教育的职责在于鼓励儿童发展他们的自然能力和道德感受性，使他们能够做出自己最能负责的决定，为此，就必须给学生一定的自

---

①② Hall, Robert T. *Moral Education: A Handbook for Teachers*. Minneapolis, Minnesota: Winston Press, Inc., 1979, p.14, p.15.

由。这样，仅仅教授传统价值所带来的忽视个人意识和选择的自由的状况便得以克服。

总之，在这条“中间路线”上，“年轻人有权利知道道德观点的多样性以及由此而来的不同的生活方式，他们有权利知道社会上存在的道德统一性的程度。他们也需要鼓励做出自己的决定和发展。强硬派强调传统，温和派重视自由，把二者结合起来，我们应该能够获得一种切实可行的道德教育方法”①。

最后，需要指出，20世纪初至21世纪初是道德教育理论纷呈、各种改革计划纷纷涌现的一个世纪，然而，学校道德教育的实践已经并正在证明，我们的道德教育并没有取得相应的成果。显然，只要国家、社会和学校还在坚持不懈地强化道德和道德教育，道德教育就仍然是一个远未得到合理解决的问题；只要还有如此众多的理论家为道德教育的理性框架殚精竭虑，还有如此众多的教师和家长为道德教育的改革奔走呼号，对道德教育成就的任何过分夸耀之辞就都是值得怀疑的。所以，20世纪初以来道德教育理论研究的增多并不是道德教育本身更重要了，而是道德问题变得更复杂、学校道德教育的问题更多了。当然，导致当代西方道德教育不尽如人意的原因固然很多，但各种理论和实践偏于一隅、不计其余的缺陷，也不能不说是其中的一个重要原因。“折中派”道德教育理论于批判吸收流行的各种理论观点上做文

① Hall, Robert T. *Moral Education: A Handbook for Teachers*. Minneapolis, Minnesota: Winston Press, Inc., 1979, p.16.

章，也许同样有许多不足，但它至少避免了其他理论极端、片面的倾向，体现了能为人们一致认可的思想：各种道德教育理论至少局部地抓住了其对道德、对教育以及对人、对社会问题的部分真理。单就这一点，就可以说是在道德教育认识上的一大进步。也正是从这种意义上我们说，在可见的未来，折中派将成为西方道德教育理论发展的主流。

参考文献

一、中文参考文献

1. [澳] W. F. 康内尔著，张法琨等译:《二十世纪世界教育史》，人民教育出版社 1990 年版。

2. [澳] W. F. 康纳尔著，孟湘砥、胡若愚主译:《二十世纪世界教育史》，湖南教育出版社 1991 年版。

3. [德] 黑格尔著，贺麟、王太庆译:《哲学史讲演录》(第 2 卷)，商务印书馆 1960 年版。

4. [德] 卡尔·雅斯贝斯著，王德峰译:《时代的精神状况》，上海译文出版社 2003 年版。

5. [德] 康德著，唐钺译:《道德形而上学探本》，商务印书馆 1957 年版。

6. [德] 曼弗雷德·富尔曼著，任革译:《公民时代的欧洲教育典范》，人民出版社 2013 年版。

7. [德] 沃夫冈·布雷钦卡著，彭正梅、张坤译:《信仰、道德和教育：规范哲学的考察》，华东师范大学出版社 2008 年版。

8. [法] 迪尔凯姆著，胡伟译:《社会学研究方法论》，华夏出版社 1988 年版。

9. [法] 雷蒙·阿隆著，葛智强、胡秉诚、王沪宁译:《社会学主要思潮》，上海译文出版社 1988 年版。

10. [美] L. J. 宾克莱著，马元德等译:《理想的冲突——西方社会中变化着的价值观念》，商务印书馆 1983 年版。

11. [美] L. 迪安·韦布著，陈露茜、李朝阳译:《美国教育史：一场伟大的美国实验》，安徽教育出版社 2010 年版。

12. [美] V. 巴尔诺著，周晓虹等译:《人格：文化的积淀》，辽宁人民出版社

1989 年版。
13.［美］艾伦·布卢姆著，战旭英译：《美国精神的封闭》，译林出版社 2011 年版。
14.［美］白恩斯、白劳纳编，瞿菊农译：《当代资产阶级教育哲学》，人民教育出版社 1964 年版。
15.［美］比尔·莫耶斯著，王宝泉译：《美国心灵：关于这个国家的对话》，生活·读书·新知三联书店 2004 年版。
16.［美］丹尼尔·贝尔著，赵一凡、蒲隆、任晓晋译：《资本主义文化矛盾》，生活·读书·新知三联书店 1989 年版。
17.［美］杜·舒尔茨著，沈德灿等译：《现代心理学史》，人民教育出版社 1981 年版。
18.［美］赫斯利普著，王邦虎译：《美国人的道德教育》，人民教育出版社 2003 年版。
19.［美］简·杜威著，单中惠编译：《杜威传》，安徽教育出版社 1987 年版。
20.［美］卡罗尔·吉利根著，肖巍译：《不同的声音：心理学理论与妇女发展》，中央编译出版社 1999 年版。
21.［美］理查德·哈什等著，单文经、汪履维编译：《道德发展与教学》，五南图书出版股份有限公司 1986 年版。
22.［美］刘易斯·A. 科瑟著，石人译：《社会学思想名家》，中国社会科学出版社 1990 年版。
23.［美］罗伯特·梅逊著，陆有铨译：《西方当代教育理论》，文化教育出版社 1984 年版。
24.［美］迈克尔·W. 阿普尔著，王占魁译：《教育能够改变社会吗？》，华东师范大学出版社 2014 年版。
25.［美］默里·罗斯巴德著，谢华育译：《美国大萧条》，上海人民出版社 2003 年版。
26.［美］乔尔·斯普林著，史静寰等译：《美国学校：教育传统与变革》，人民教育出版社 2010 年版。
27.［美］乔尔·斯普林著，张弛、张斌贤译：《美国教育》，安徽教育出版社 2010 年版。
28.［美］威廉·C. 格莱因著，计文莹等译：《儿童心理发展的理论》，湖南教育出版社 1983 年版。

29. [美] 威廉 · K. 弗兰克纳著，黄伟合、包连宗、马莉译：《善的求索——道德哲学导论》，辽宁人民出版社 1987 年版。

30. [美] 约翰 · 马丁 · 里奇、约瑟佛 · L. 戴维提斯著，姜飞月译：《道德发展的理论》，黑龙江人民出版社 2002 年版。

31. [美] 约翰 · 杜威著，胡适口译：《杜威五大讲演》(上)，晨报社 1920 年版。

32. [美] 约翰 · 杜威著，姜文闵译：《我们怎样思维 · 经验与教育》，人民教育出版社 1991 年版。

33. [美] 约翰 · 杜威著，王承绪译：《民主主义与教育》，人民教育出版社 1990 年版。

34. [美] 詹姆斯 · 麦克莱伦著，宋少云、陈平译：《教育哲学》，生活 · 读书 · 新知三联书店 1988 年版。

35. [日] 绫部恒雄著，中国社会科学院日本研究所社会文化室译：《文化人类学的十五种理论》，国际文化出版公司 1988 年版。

36. [日] 小原国芳著，刘剑乔、由其民、吴光威译：《小原国芳教育论著选》(下卷)，人民教育出版社 2017 年版。

37. [瑞士] 让 · 皮亚杰著，傅统先、陆有铨译：《儿童的道德判断》，山东教育出版社 1984 年版。

38. [瑞士] 让 · 皮亚杰著，傅统先译：《儿童的心理发展》，山东教育出版社 1982 年版。

39. [苏联] И. С. 科恩主编，梁逸译：《十九世纪至二十世纪初资产阶级社会学史》，上海译文出版社 1982 年版。

40. [英] 艾伦 · 斯温杰伍德著，陈玮、冯克利译：《社会学思想简史》，社会科学文献出版社 1988 年版。

41. [英] 安东尼 · 阿巴拉斯特著，曹海军等译：《西方自由主义的兴衰》，吉林人民出版社 2004 年版。

42. [英] 奥德丽 · 奥斯勒、休 · 斯塔基著，王啸、黄玮珊译：《变革中的公民身份：教育中的民主与包容》，教育科学出版社 2012 年版。

43. [英] 戴维 · 布莱克莱吉、巴里 · 亨特著，王波、陈方明、胡萍译：《当代教育社会学流派——对教育的社会学解释》，春秋出版社 1989 年版。

44. [英] 卡尔 · 波普尔著，王凌霄译：《二十世纪的教训》，广西师范大学出版社 2004 年版。
45. [英] 罗素著，马元德译:《西方哲学史》(下卷)，商务印书馆 1982 年版。
46. [英] 齐格蒙·鲍曼著，郁建兴、周俊、周莹译:《生活在碎片之中——论后现代道德》，学林出版社 2002 年版。
47. [英] 塔里克·阿里、苏珊·沃特金斯著，范昌龙等译:《1968 年：反叛的年代》，山东画报出版社 2003 年版。
48. [英] 约翰·洛克著，杨汉麟译:《教育漫话》(全译·注释本)，人民教育出版社 2006 年版。
49. 北京大学哲学系外国哲学史教研室编译:《十八世纪末—十九世纪初德国哲学》，商务印书馆 1975 年版。
50. 陈秉璋著:《实证社会学先锋：涂尔干》，允晨文化实业股份有限公司 1982 年版。
51. 陈奎熹著:《教育社会学》，三民书局股份有限公司 1980 年版。
52. 陈平著:《美国道德教育发展研究》，南京大学出版社 2011 年版。
53. 陈友松主编:《当代西方教育哲学》，教育科学出版社 1982 年版。
54. 崔载阳著:《教育哲学》，中华文化出版事业社 1965 年版。
55. 付轶男著:《美国现代化进程中的公民教育与道德教育关系》，东北师范大学出版社 2015 年版。
56. 葛懋春、李兴芝编:《胡适哲学思想资料选》(上)，华东师范大学出版社 1981 年版。
57. 顾肃、张凤阳著:《西方现代社会思潮史》，山东教育出版社 2004 年版。
58. 国家教育发展与政策研究中心编:《发达国家教育改革的动向和趋势》(第 2 集)，人民教育出版社 1987 年版。
59. 华东师范大学教育系、杭州大学教育系编译:《现代西方资产阶级教育思想流派论著选》，人民教育出版社 1980 年版。
60. 黄伟合著:《欧洲传统伦理思想史》，华东师范大学出版社 1991 年版。
61. 黄志成主编:《西方教育思想的轨迹——国际教育思潮纵览》，华东师范大学出版社 2008 年版。
62. 李臣之等著:《西方课程思潮研究》，人民教育出版社 2012 年版。
63. 李志强著:《走进生活的道德教育：杜威道德教育思想研究》，中国社会科学出版社 2009 年版。

64. 刘放桐等编著:《现代西方哲学》，人民出版社 1982 年版。
65. 刘佛年主编:《回顾与探索——论若干教育理论问题》，华东师范大学出版社 1991 年版。
66. 鲁洁、王逢贤主编:《德育新论》，江苏教育出版社 2000 年版。
67. 鲁洁主编:《德育社会学》，福建教育出版社 1998 年版。
68. 鲁洁主编:《教育社会学》，人民教育出版社 1990 年版。
69. 鲁洁著:《超越与创新》，人民教育出版社 2001 年版。
70. 陆有铨著:《教育的哲思与审视》，人民教育出版社 2016 年版。
71. 陆有铨著:《皮亚杰理论与道德教育》，山东教育出版社 1984 年版。
72. 陆有铨著:《躁动的百年——20 世纪的教育历程》，山东教育出版社 1997 年版。
73. 吕磊著:《美国的新保守主义》，江苏人民出版社 2004 年版。
74. 戚万学等编著:《现代德育论》，山东教育出版社 1997 年版。
75. 戚万学等主编:《学校德育原理》，北京师范大学出版社 2012 年版。
76. 戚万学等著:《道德教育的文化使命》，教育科学出版社 2010 年版。
77. 戚万学等著:《道德学习与道德教育》，山东教育出版社 2006 年版。
78. 戚万学主编:《道德教育新视野》，山东教育出版社 2004 年版。
79. 戚万学著:《冲突与整合——20 世纪西方道德教育理论》，山东教育出版社 1995 年版。
80. 戚万学著:《活动道德教育论》，南开大学出版社 1994 年版。
81. 瞿葆奎主编，丁证霖、瞿葆奎选编:《教育学文集·教育目的》，人民教育出版社 1989 年版。
82. 瞿葆奎主编，雷尧珠、王佩雄选编:《教育学文集·教育与人的发展》，人民教育出版社 1989 年版。
83. 瞿葆奎主编，余光、李涵生选编:《教育学文集·德育》，人民教育出版社 1989 年版。
84. 任钟印主编:《西方近代教育论著选》，人民教育出版社 2001 年版。
85. 任钟印著:《东西方教育的覃思》，人民教育出版社 2017 年版。
86. 单中惠主编:《西方教育问题史》，人民教育出版社 2011 年版。
87. 单中惠著:《在世界范围内寻觅现代教育智慧》，人民教育出版社 2014 年版。
88. 石毓彬、杨远著:《二十世纪西方伦理学》，湖北人民出版社 1986 年版。

89. 孙有中著:《美国精神的象征——杜威社会思想研究》，上海人民出版社 2002 年版。
90. 滕大春主编:《外国教育通史》(第 6 卷)，山东教育出版社 1994 年版。
91. 滕大春著:《今日美国教育》，人民教育出版社 1980 年版。
92. 滕大春著:《美国教育史》(第二版)，人民教育出版社 2001 年版。
93. 王承绪、顾明远主编:《比较教育》(第五版)，人民教育出版社 2015 年版。
94. 王铭铭著:《西方人类学思潮十讲》，广西师范大学出版社 2005 年版。
95. 王义高主编:《当代世界教育思潮与各国教改趋势》，北京师范大学出版社 1998 年版。
96. 王长纯主编:《国际基础教育比较研究》，中国审计出版社 1986 年版。
97. 吴式颖、李明德著:《外国教育史教程》(第三版)，人民教育出版社 2015 年版。
98. 肖巍著:《女性主义关怀伦理学》，北京出版社 1999 年版。
99. 肖巍著:《女性主义伦理学》，四川人民出版社 2000 年版。
100. 谢维和著:《教育活动的社会学分析》(修订版)，教育科学出版社 2007 年版。
101. 谢维和著:《我的教育觉悟》，人民教育出版社 2016 年版。
102. 张斌贤主编:《西方教育思想史》(修订版)，人民教育出版社 2011 年版。
103. 张人杰主编:《国外教育社会学基本文选》，华东师范大学出版社 1989 年版。
104. 章士嵘编:《西方思想史》，东方出版中心 2002 年版。
105. 赵祥麟、王承绪编译:《杜威教育论著选》，华东师范大学出版社 1981 年版。
106. 赵祥麟主编:《外国教育家评传》(第 2 卷)，上海教育出版社 1992 年版。
107. 赵祥麟主编:《外国现代教育史》，华东师范大学出版社 1987 年版。
108. 中国科学院哲学研究所西方哲学史组编译:《存在主义哲学》，商务印书馆 1963 年版。
109. 中国现代外国哲学研究会编:《现代外国哲学论集》，生活 · 读书 · 新知三联书店 1981 年版。
110. 周辅成编:《从文艺复兴到十九世纪资产阶级哲学家政治思想家有关人道主义人性论言论选辑》，商务印书馆 1966 年版。

111. 周辅成编：《西方伦理学名著选辑》（上卷），商务印书馆 1987 年版。

二、英文参考文献

1. Adams, R. *The Abuses of Punishment.* New York: Palgrave Macmillan, 1998.

2. Akin, T. *Character Education in America's Schools.* Torrance, Calif.: Innerchoice Publishing, 1995.

3. Anonymous. Teachers as Educators of Character: Are the Nation's Schools of Education Coming Up Short? *Education Partnership*, Vol. 57, No. 2, October, 1999.

4. Arbuthnot, Jack B., & Faust, D. *Teaching Moral Reasoning: Theory and Practice*. New York: Harper & Row, 1981.

5. Arthur, J. *Education with Character: The Moral Economy of Schooling*. London: Talor & Francis Ltd., 2002.

6. Arum, R. *Judging School Discipline: The Crisis of Moral Authority.* Cambridge, Mass.: Harvard University Press, 2003.

7. Axelrod, S., & Apsche, J. (Ed.) *The Effects of Punishment on Human Behavior.* New York: Academic Press, 1983.

8. Barry, B. Who is Moral Man? *Religious Education*, Vol. 71, No. 1, January, 1976.

9. Beck, C. *Better Schools: A Values Perspective*. New York: The Falmer Press, 1990.

10. Beck, C. *Learning to Live the Good Life: Values in Adulthood*. Toronto: OISE Press, 1993.

11. Beck, C. *Moral Education in the Schools: Some Practical Suggestions*. Toronto: OISE Press, 1971.

12. Beck, C., et al. *The Moral Education Project (Year 3)*. Toronto: Ontario Ministry of Education, 1976.

13. Beck, C., Crittenden, B. S., & Sullivan, E. V. (Eds.) *Moral Education: Interdisciplinary Approaches*. Toronto: University of Toronto Press, 1971.

14. Benatar, D. Corporal Punishment. *Social Theory and Practice*, Vol. 24, No. 2, July, 1998.

15. Berkowitz, Marvin W., & Oser, F. (Eds.) *Moral Education: Theory and Application*. Hillsdale, N.J.: Lawrence Erlbaum Associates, 1985.

16. Bigger, S., & Brown E. (Eds.) *Spiritual, Moral, Social and Cultural Education: Exploring Values in the Curriculum*. London: D. Fulton Publishers, 1999.

17. Blasi, A. Bridging Moral Cognition and Moral Action: A Critical Review of the Literature. *Psychological Bulletin*, Vol. 88, No. 1, July, 1980.

18. Boylan, M., & Donahue, James A. *Ethics across the Curriculum: A Practice-based Approach*. Lanham, Md.: Lexington Books, 2003.

19. Bradley, Gerard V. Retribution: The Central Aim of Punishment. *Harvard Journal of Law and Public Policy*, Vol. 27, No. 1, September, 2003.

20. Brooks, B. D., & Goble, F. G. *The Case for Character Education: The Role of the School in Teaching Values and Virtue*. Northridge, CA: Studio 4 Productions Publishing Company, 1997.

21. Broughton, John M., & Freeman–Moir, D. J. (Eds.) *The Cognitive-developmental Psychology of James Mark Baldwin: Current Theory and Research in Genetic Epistemology*. Norwood, N.J.: Ablex Pub. Co., 1982.

22. Callahan, D., & Bok, S. (Eds.) *Ethics Teaching in Higher Education*. New York: Plenum Press, 1980.

23. Chazan, B. *Contemporary Approaches to Moral Education: Analyzing Alternative Theories*. New York: Teachers College Press, 1985.

24. Chazan, B., & Soltis, Jonas F. (Eds.) *Moral Education*. New York: Teachers College Press, 1973.

25. Colby, A., & Kohlberg, L. *The Measurement of Moral Judgment* (*Vol. 1: Theoretical Foundations and Research Validation*). Cambridge: Cambridge University Press, 1987.

26. Conove, Charles E. *Moral Education in Family, School, and Church*. Philadelphia: Westminster Press, 1962.

27. Daly, Mary C. *Developing the Whole Child: The Importance of the Emotional, Social, Moral, and Spiritual in Early Years Education and Care*. Lewiston, N.Y.: Edwin Mellen Press, 2004.

28. Damon, W. (Ed.) *New Direction for Child Development* (*Vol. 2: Moral Education*). San Francisco: Jossey–Bass, 1978.

29. Darling–Smith, B. (Ed.) *Can Virtue Be Taught?*. Notre Dame, Ind.: University of Notre Dame Press, 1993.

30. Deford, Deborah H. *Patriotism*. Chicago: Raintree, 2004.

31. Deighton, Lee C. (Ed.) *The Encyclopedia of Education* (*Vol. 6*). New York: Macmillan Company & Free Press, 1971.

32. DeRoche, Edward F., & Williams, Mary M. *Character Education: A Primer for Teachers*. Allen, Texas: Argus Communications, 2001.

33. DeRoche, Edward F., & Williams, Mary M. *Educating Hearts and Minds: A Comprehensive Character Education Framework*. Thousand Oaks, Calif.: Corwin Press, 1998.

34. Dewey, J. *Moral Principles in Education*. Carbondale: Southern Illinois University Press, 1975.

35. Dewey, J. *Theory of Valuation*. Chicago: University of Chicago Press, 1939.

36. Dewey, J., & Tufts, J. H. (Eds.) *Ethics*. New York: H. Holt, 1910.

37. Donnelly, M., & Straus, M. *Corporal Punishment of Children in Theoretical Perspective*. New Haven; London: Yale University Press, 2005.

38. Downey, M., & Kelly, A. V. *Moral Education: Theory and Practice*. London: Harper & Row Pub., 1978.

39. Doyle, James F. (Ed.) *Educational Judgment: Papers in the Philosophy of Education*. London; Boston: Routledge and Kegan Paul, 1973.

40. Durkheim, E. *Essays on Moral Education*. London: Routledge and Kegan Paul, 1979.

41. Durkheim, E. *Moral Education: A Study in the Theory and Application of the Sociology of Education*. New York: Free Press of Glencoe, 1961.

42. Durkheim, E. *Sociology and Philosophy*. Glencoe, Ill.: Free Press, 1953.

43. Durkheim, E. *The Division of Labor in Society*. Glencoe, Ill.: Free Press, 1933.

44. Elias, John L. *Moral Education: Secular and Religious*. Malabar, Fla.: R. E. Krieger Publishing, 1989.

45. Emerson, Goldwin J. *John Dewey's Concept of Education as a Growth Process*. Meerut City, India: Anu Prakashan, 1983.

46. Emirbayer, Mustafa K. *Moral Education in America, 1830-1990: A Contribution to the Sociology of Moral Culture*. Retrieved from http://www.lib.cuhk.edu.hk/sc, 1989.

47. Fillinger, L. *Moral Education: An Inside Job for Americans: A Handbook for*

Teaching Morality in Homes, Schools and Society. Saratoga, Calif.: R & E Publishers, 1991.

48. Findlay, D. *Characters with Character: Using Children's Literature in Character Education*. Fort Atkinson, Wis.: Alleyside Press, 2001.
49. Fullan, M. *The Moral Imperative of School Leadership*. Thousand Oaks, Calif.: Corwin Press, 2003.
50. Garrod, A. *Approaches to Moral Development: New Research and Emerging Themes*. New York: Teachers College Press, 1993.
51. Gatherer, W. A. *Pioneering Moral Education: Victor Cook and His Foundation*. Edinburgh: Edinburgh University Press, 2004.
52. Gill, David W. *Becoming Good: Building Moral Character*. Downers Grove, Ill.: InterVarsity Press, 2000.
53. Gilligen, C. *In a Different Voice: Psychological Theory and Women's Development*. Cambridge, Mass.: Harvard University Press, 1993.
54. Ginsberg, M. *On the Diversity of Morals*. London: Heinemann. 1956.
55. Glanzer, Perry L. *The Quest for Russia's Soul: Evangelicals and Moral Education in Post-communist Russia*. Waco, Tex.: Baylor University Press, 2002.
56. Goodman, Joan F., & Lesnick, H. *Moral Education: A Teacher-centered Approach*. Boston: Pearson/Allyn and Bacon, 2004.
57. Goodman, Joan F., & Lesnick, H. *The Moral Stake in Education: Contested Premises and Practices*. New York: Longman, 2001.
58. Greene, A. *Rights to Responsibility: Multiple Approaches to Developing Character and Community*. Tucson, AZ: Zephyr Press, 1997.
59. Greenwalt, Charles E., II. *Character Education in America*. Harrisburg, PA: The Commonwealth Foundation for Public Policy Alternatives, 1996.
60. Hall, Robert T. *Moral Education: A Handbook for Teachers*. Minneapolis, Minnesota: Winston Press, Inc., 1979.
61. Hall, Robert T., & Davis, John U. *Moral Education in Theory and Practice*. Buffalo: Prometheus Books, 1975.
62. Hansen, David T. *Exploring the Moral Heart of Teaching: Toward a Teacher's Creed*. New York: Teachers College Press, 2001.

63. Hare, R. M. *The Language of Morals*. Oxford: Clarendon Press, 1952.

64. Hare, W. Open–mindedness in Moral Education: Three Contemporary Approaches. *Journal of Moral Education*, Vol. 16, No. 2, May, 1987.

65. Harrison, John L. Review Article: John Wilson as Moral Educator. *Journal of Moral Education*, Vol.7, No.1, October, 1977.

66. Hart, Joseph K. *A Critical Study of Current Theories of Moral Education.* Chicago: The University of Chicago Press, 1910.

67. Henkin, R. *Confronting Bullying: Literacy as a Tool for Character Education*. Portsmouth, NH: Heinemann, 2005.

68. Henry, Lester S. *Character Education: A Survey of Practice in the Public Schools of the United States*. Texarkana: Palmer Foundation, 1948.

69. Hersh, Richard H., Miller, John P., & Fielding, Glen D. *Models of Moral Education: An Appraisal*. New York: Longman, 1980.

70. Hirst, Paul H. *Moral Education in a Secular Society*. London: University of London Press, 1974.

71. Hollins, T. H. B. (Ed.) *Aims in Education: The Philosophic Approach*. Manchester: Manchester University Press, 1964.

72. Hunt, Thomas C., & Mullins, M. *Moral Education in America's Schools: The Continuing Challenge*. Greenwich, Conn.: Information Age Publishing, 2005.

73. Hyman, Irwin A., & Wise, James H. (Eds.) *Corporal Punishment in American Education: Readings in History, Practice, and Alternatives*. Philadelphia: Temple University Press, 1979.

74. Iheoma, E. O. The Role of Religious in Moral Education. *Journal of Moral Education*, Vol. 15, No. 2, May, 1986.

75. James, Keith F. *Corporal Punishment in the Public Schools*. Los Angeles: University of Southern California, 1963.

76. Jensen, Larry C., & Hughston, Karen M. *Responsibility and Morality: Helping Children Become Responsible and Morally Mature*. Provo, Utah: Brigham Young University Press, 1979.

77. Jensen, Larry C., & Knight, Richard S. *Moral Education: Historical Perspectives*. Washington, D.C.: University Press of America, 1981.

78. Jweid, R., & Rizzo, M. *Building Character through Literature: A Guide for Middle School Readers*. Lanham, Md.: Scarecrow Press, 2001.
79. Katz, L. (Ed.) *Current Topics in Early Childhood Education* (*Vol. 1*). Norwood, N.J.: Ablex Publishing Corporation, 1977.
80. Katz, Michael S., Noddings, N., & Strike, Kenneth A. (Eds.) *Justice and Caring: The Search for Common Ground in Education*. New York; London: Teachers College Press, 1999.
81. Kazepides, A. C. The Logic of Values Clarification. *The Journal of Educational Thought*, Vol.11, No.2, August, 1977.
82. Kelsey, Ian B. *Universal Character Education*. Edinburgh: Pentland Press, 1993.
83. Kilpatrick, W. *Why Johnny Can't Tell Right from Wrong*. New York: Simon & Schuster, 1992.
84. Kirschenbaum, H. A Comprehensive Model for Values Education and Moral Education. *Phi Delta Kappan*, Vol. 73, No. 10, Jun., 1992.
85. Kirschenbaum, H. *Advanced Values Clarification*. La Jolla, Calif.: University Associates, 1977.
86. Klein, J. T. Cultural Pluralism and Moral Education. *The Monist*, Vol. 58, No. 4, October, 1974.
87. Knight, A. Redefining Punishment for Students: Nevares v. San Marcos I.S.D. *The Review of Litigation*, Vol. 20, No. 3, Summer, 2001.
88. Kohlberg, L. (Ed.) *Collected Papers on Moral Development and Moral Education*. Cambridge, Mass.: Harvard University Press, 1973.
89. Kohlberg, L. A Cognitive–developmental Approach to Moral Education. *Humanist*, Vol. 32, No. 6, November/December, 1972.
90. Kohlberg, L. *Essays on Moral Development* (Volume I: The Philosophy of Moral Development). San Francisco: Harper and Row, 1981.
91. Kohlberg, L. *Essays on Moral Development* (Volume II: The Psychology of Moral Development). San Francisco: Harper and Row, 1984.
92. Kohlberg, L. *Moral Development and the New Social Studies*. Speech presented at the National Council for the Social Studies, Boston, November 23, 1972.
93. Kohlberg, L. Moral Education for a Society in Moral Transition. *Educational Leadership*,

Vol. 33, No. 1, October, 1975.

94. Kohlberg, L. The Contribution of Developmental Psychology to Education: Examples from Moral Education. *Educational Psychologist*, Vol. 10, No. 1, January, 1973.

95. Kohlberg, L. *The Philosophy of Moral Development: Moral Stages and the Idea of Justice*. San Francisco: Harper and Row, 1981.

96. Kohlberg, L., & Mayer, R. Development as the Aim of Education. *Harvard Educational Review*, Vol. 42, No. 4, December, 1972.

97. Kuhn, D., et al. The Development of Formal Operations in Logical and Moral Judgment. *Genetic Psychology Monographs*, Vol. 95, No. 1, February, 1977.

98. Lapsley, Daniel K., & Power, F. C. *Character Psychology and Character Education*. Notre Dame, Ind.: University of Notre Dame Press, 2005.

99. Laud, Leslie E. Moral Education in America: 1600s–1800s. *Journal of Education*, Vol. 179, No. 2, April, 1997.

100. LaVigna, Gary W., & Donnellan, Anne M. *Alternatives to Punishment: Solving Behavior Problems with Non-aversive Strategies*. New York: Irvington Publishers, Inc., 1986.

101. Leicester, M., Modgil, C., & Modgil, S. (Eds.) *Moral Education and Pluralism* (Education, Culture and Values; Vol. 4). London; New York: Falmer Press, 2000.

102. Leming, James S. *Foundation of Moral Education: An Annotated Bibliography*. Westport, Conn.: Greenwood Press, 1983.

103. Leming, James S. In Search of Effective Character Education. *Educational Leadership*, Vol. 51, No. 3, Nov., 1993.

104. Leming, James S. Reflections on Thirty Years of Moral Education Research. *Moral Education Forum*, Vol. 20, No. 3, January, 1995.

105. Lesser, Gerald S. (Ed.) *Psychology and Educational Practice*. Glenview, Ill.: Scott, Foremen, 1971.

106. Lickona, T. *Educating for Character: How Our Schools can Teach Respect and Responsibility*. New York: Bantam Books, 1991.

107. Lickona, T. The Return of Character Education. *Educational Leadership*, Vol. 51, No. 3, Nov., 1993.

108. Lockwood, Alan L. A Critical View of Values Clarification. *Teachers College*

Record, Vol. 77, No. 1, September, 1975.

109. Lockwood, Alan L. The Effects of Values Clarification and Moral Development Curricula on School–age Subjects: A Critical Review of Recent Research. *Review of Educational Research*, Vol. 48, No. 3, September, 1978.

110. Lockwood, Anne T. *Character Education: Controversy and Consensus*. Thousand Oaks, Calif.: Corwin Press, 1997.

111. Macy, C. (Ed.) *Let's Teach Them Right: Perspectives on Religious and Moral Education*. London: Pemberton Books, 1969.

112. Martin, Jane R. (Ed.) *Reading in the Philosophy of Education: A Study of Curriculum*. Boston: Allyn and Bacon, 1970.

113. Maurer, A. *1001 Alternatives to Corporal Punishment in Schools: A Practical Handbook of Outrageous, Original, and Sometimes Useful Ideas*. Berkeley: Generation Books, 1984.

114. Mayer, F. *Man, Morals, and Education*. New Haven, Conn.: College and University Press, 1962.

115. McClellan, B. E. *Moral Education in America: Schools and the Shaping of Character from Colonial Times to the Present*. New York; London: Teachers College Press, 1999.

116. McClelland, David C. (Ed.) *Education for Values*. New York: Irvington Pub., 1982.

117. McCluskey, Neil G. *Public Schools and Moral Education: The Influence of Horace Mann, William Torrey Harris and John Dewey*. Westport, Conn.: Greenwood Press, 1975.

118. McElmeel, Sharron L. *Character Education: A Book Guide for Teachers, Librarians, and Parents*. Greenwood Village, Colo.: Libraries Unlimited/Teacher Ideas Press, 2002.

119. McLean, George F. *Act and Agent: Philosophical Foundations for Moral Education and Character Development.* Lanham: University Press of America, 1986.

120. Mcphail, P., et al. *Moral Education in the Secondary School*. London: Longman, 1972.

121. Meyer, John R. (Ed.) *Reflections on Values Education*. Waterloo, Ont.: Wilfrid

Laurier University Press, 1976.

122. Meyer, John R., Burnham, B., & Cholvat J. (Eds.) *Values Education: Theory, Practice, Problems, Prospects*. Waterloo, Ont.: Wilfrid Laurier University Press, 1975.

123. Miethe, T. D., & Lu, Hong. *Punishment: A Comparative Historical Perspective*. Cambridge: Cambridge University Press, 2005.

124. Molnar, A. *The Construction of Children's Character*. Chicago: National Society for the Study of Education, 1997.

125. Moore, W. Indoctrination as a Normative Conception. *Studies in Philosophy and Education*, Vol. 4, No. 4, December, 1966.

126. Mosher, Ralph L. (Ed.) *Moral Education: A First Generation of Research and Development*. New York: Praeger Publishers, 1980.

127. Munsey, B. (Ed.) *Moral Development, Moral Education, and Kohlberg: Basic Issues in Philosophy, Psychology, Religion, and Education*. Birmingham, Ala.: Religious Education Press, 1980.

128. Nash, Robert J. *Answering the "Virtuecrats": A Moral Conversation on Character Education*. New York: Teachers College Press, 1997.

129. Neill, Alexander S. *Summerhill: A Radical Approach to Child Rearing*. New York: Hart Pub. Co., 1960.

130. Neuhaus, Richard J. (Ed.) *Theological Education and Moral Formation*. Grand Rapids, Mich.: Eerdmans Pub. Co., 1992.

131. Nevin, Hugh G. Values Clarification: Perspectives in John Dewey with Implications for Religious Education. *Religious Education*, Vol. 73, No. 6, November, 1978.

132. Nevin, Hugh G. *Values Clarification: Perspectives in John Dewey and Paulo Freire*. Ann Arbor: University Microfilms International, 1977.

133. Noblit, George W., & Dempsey, Van O., et al. *The Social Construction of Virtue: The Moral Life of Schools*. Albany: State University of New York Press, 1996.

134. Noddings, N. An Ethic of Caring and Its Implications for Instructional Arrangements. *American Journal of Education*, Vol. 96, No. 2, February, 1988.

135. Noddings, N. *Caring: A Feminine Approach to Ethics and Moral Education*. Berkeley: University of California Press, 1984.

136. Noddings, N. Do We Really Want to Produce Good People? *Journal of Moral Education*, Vol. 16, No. 3, October, 1987.

137. Noddings, N. *Educating Moral People: A Caring Alternative to Character Education*. New York: Teachers College Press, 2002.

138. Noddings, N. Fidelity in Teaching, Teacher Education, and Research for Teaching. *Harvard Educational Review*, Vol. 56, No. 4, December, 1986.

139. Noddings, N. *Philosophy of Education*. Boulder, Colo.: Westview Press, 1995.

140. Noddings, N. *The Challenge to Care in Schools: An Alternative Approach to Education*. New York: Teachers College Press, 1992.

141. Ostlund, Margaret F. *Moral Education in an Integrative Curriculum* (Doctoral Dissertations, University of California). Retrieved from http://www.lib.cuhk.edu.hk/sc, 1993.

142. Overly, Norman V. (Ed.) *The Unstudied Curriculum: Its Impact on Children*. Washington, D.C.: Association for Supervision and Curriculum Development, NEA, 1970.

143. Page, G. T., Thomas J. B., & Marshall, A. *International Dictionary of Education*. London: Kogan Page, 1977.

144. Peters, R. S. (Ed.) *Authority, Responsibility, and Education (3rd ed.)*. London: Allen & Unwin, 1973.

145. Peters, R. S. *John Dewey: Reconsidered*. London; Boston: Routledge and Kegan Paul, 1977.

146. Peters, R. S. *Moral Development and Moral Education*. London: George Allen & Unwin, 1981.

147. Phenix, Philip H. *Education and the Common Good: A Moral Philosophy of the Curriculum*. New York: Harper & Row, 1961.

148. Power, F. C., & Kohlberg, L. Using a Hidden Curriculum for Moral Education. *The Education Digest*, Vol. 52, No. 9, May, 1987.

149. Power, F. C., Higgins, A., & Kohlberg, L. *Lawrence Kohlberg's Approach to Moral Education*. New York: Columbia University Press, 1989.

150. Primack, R. No Substitute for Critical Thinking: A Response to Wynne. *Educational Leadership*, Vol. 43, No. 4, December, 1985.

151. Purpel, David E., & McLaurin, William M. *Reflections on the Moral & Spiritual Crisis in Education*. New York: Peter Lang, 2004.

152. Purpel, David E., & Ryan, K. (Eds.) *Moral Education... It Comes with The Territory*. Berkeley, Calif.: McCutchan Publishing Corporation, 1976.

153. Raatma, L., & Murphy, Madonna M. *Patriotism* (Character Education). Mankato, Minnesota: Bridgestone Books, 2000.

154. Raatma, L., & Murphy, Madonna M. *Responsibility* (Character Education). Mankato, Minnesota: Bridgestone Books, 2000.

155. Raatma, L., & Murphy, Madonna M. *Self-discipline* (Character Education). Mankato, Minnesota: Bridgestone Books, 2000.

156. Radest, Howard B., & Sommers, Christina H. Moral Education in America. *The American Scholar*, Vol. 53, No. 4, October, 1984.

157. Raths, Louis E., Harmin, M., & Simon, Sidney B. *Values and Teaching: Working with Values in the Classroom (2nd ed.)*. Columbus, Ohio: Charles E. Merrill Publishing Company, 1978.

158. Reimer, J. Moral Education: The Just Community Approach. *Phi Delta Kappa*, Vol. 62, No. 7, March, 1981.

159. Reitman, A., Fullmann, J., & Ladd, Edward T. *Corporal Punishment in the Public Schools: The Use of Force in Controlling Student Behavior*. New York: American Civil Liberties Union, 1972.

160. Rock, W. J. *The Mass Confusion of Values Clarification: A Retrospective Look*. Tennessee: Winston–Derek Publishers Inc., 1996.

161. Rorvik, H. Content and Form in Kohlberg's Theory of Moral Development. *Scandinavian Journal of Educational Research*, Vol. 24, No. 3, September, 1980.

162. Rowntree, D. *A Dictionary of Education*. London: Harper & Row Publishers, 1981.

163. Rusnak, T. (Ed.) *An Integrated Approach to Character Education*. Thousand Oaks, Calif.: Corwin Press, 1998.

164. Ryan, K., & Bohlin, Karen E. *Building Character in Schools: Practical Ways to Bring Moral Instruction to Life*. San Francisco, Calif.: Jossey–Bass, 2003.

165. Ryan, K., & McLean, George F. (Eds.) *Character Development in Schools and Beyond*. New York: Praeger Publishers, 1987.

166. Sandin, Robert T. *The Rehabilitation of Virtue: Foundations of Moral Education*. New York; London: Praeger, 1992.

167. Scheffler, I. *Reason and Teaching*. London: Routledge and Kegan Paul, 1973.

168. Scheffler, I. *The Language of Education*. Springfield, Ill.: Thomas, 1960.

169. Schlink, B., & Popp, W. *Self's Punishment*. New York: Vintage Books, 2005.

170. Scoresby, A. L. *Bringing Up Moral Children: In an Immoral World*. Salt Lake City, Utah: Shadow Mountain, 1998.

171. Selman, Robert L. The Relation of Role Taking to the Development of Moral Judgment in Children. *Child Development*, Vol. 42, No. 1, March, 1971.

172. Sharma, S. R. *Encyclopedia of Value and Moral Education*. New Delhi: Cosmo Publications, 1998.

173. Sharma, S. R. *Teaching of Moral Education*. New Delhi: Cosmo Publications, 2004.

174. Sichel, Betty A. *Moral Education: Character, Community, and Ideals*. Philadelphia: Temple University Press, 1988.

175. Sills, David L. (Ed.) *International Encyclopedia of the Social Sciences*. New York: Macmillan, 1968.

176. Simon, Sidney B., & Kirschenbaum, H. (Eds.) *Reading in Values Clarification*. Minneapolis: Winston Press, 1973.

177. Simon, Sidney B., & Olds, Sally W. *Helping Your Child Learn Right from Wrong: A Guide to Values Clarification*. New York: McGraw–Hill, 1976.

178. Skinner, B. F. *Beyond Freedom and Dignity*. New York: Hackett Publishing Co., Inc., 1971.

179. Snook, I. A. (Ed.) *Concepts of Indoctrination: Philosophical Essays*. London: Routledge and Kegan Paul, 1972.

180. Soltis, J. F., & Rehage, K. J. (Eds.) *Philosophy and Education: Eightieth Yearbook of the National Society for the Study of Education; Pt. 1*. Chicago: The University of Chicago Press, 1981.

181. Stock–Morton, P. *Moral Education for a Secular Society: The Development of Morale Laïque in Nineteenth Century France*. Albany, N.Y.: State University of New York Press, 1988.

182. Stonehouse, Catherine M., & Ted W. *Patterns in Moral Development.* Arizona: Wipf & Stock Publishers, 2000.

183 Straughan, R., & Wilson, J. (Eds.) *Philosophers on Education*. London: The Macmillan Press Ltd., 1987.

184. Sullivan, Edmund V. *Kohlberg's Structuralism: A Critical Appraisal.* Toronto: Ontario Institute for Studies in Education, 1977.

185. Sullivan, Edmund V. *Moral Learning: Some Findings, Issues, and Questions*. New York: Paulist Press, 1975.

186. Taneja, V. R. *Educational Thought and Practice*. New Delhi: Sterling Publishers Pvt. Ltd., 1984.

187. Thorndike, Edward L. *Effects of Punishment and of Reward*. Chicago: University of Chicago Press, 1932.

188. Volkmor, C. B., Pasanella, A. L., & Raths, L. E. *Values in the Classroom*. Columbus, Ohio: A Bell & Howell, 1977.

189. Watt, A. J. *Rational Moral Education*. Carlton, Aus.: Melbourne University Press, 1976.

190. Wayne, Kathryn R. *Redefining Moral Education: Life, Le Guin, and Language*. San Francisco: Austin & Winfield, 1996.

191. Wilson, J. *A New Introduction to Moral Education*. London: Cassell Educational Limited, 1990.

192. Wilson, J. *Equality*. London; Melbourne: Hutchinson, 1966.

193. Wilson, J. *Preface to the Philosophy of Education*. London: Routledge and Kegan Paul, 1979.

194. Wilson, J. *The Assessment of Morality*. Windsor, Berks: NFER Publishing Co. Ltd., 1973.

195. Wilson, J., et al. *Introduction to Moral Education*. Baltimore: Penguin Books, 1967.

196. Wolins, M., & Gottesman, M. (Eds.) *Group Care: An Israeli Approach: The Educational Path of Youth Aliyah*. New York: Gordon & Breach, 1971.

197. Wynne, Edward A. The Great Tradition in Education: Transmitting Moral Values. *Educational Leadership*, Vol. 43, No. 4, December, 1985.

198. Yu, Tianlong. *In the Name of Morality: Character Education and Political Control*. New York: Peter Lang Publishing, 2004.
199. Zubay, B., & Soltis, Jonas F. *Creating the Ethical School: A Book of Case Studies*. New York: Teachers College Press, 2005.

附:《冲突与整合——20世纪西方道德教育理论》跋

1991年，陆有铨先生嘱我撰写一本有关20世纪西方道德教育理论的著作，作为他主编的“20世纪教育回顾与前瞻”丛书中的一部。三年朝仰暮伏，昼以继夜，草成此稿。今怯怯交卷付梓，数载劳作终有所释，亦望未负陆有铨先生最初对弟子之期望。

我自1984年开始西方道德教育理论的学习。凡十载寒暑更易、拾枝衔泥不辍，在同先哲、时贤的朝暮“对话”中渐识西方道德教育思想之深邃与蓬勃之生命力，遂生难以割舍之爱。案前的这部书稿也可以说是我近十年学习的一点总结。今掩卷立笔，十年伏案披阅之甘苦犹在昨日。虽此30万言平庸无奇，倒也确是我经年滴水之功。念于此，虽心怀惶恐，却也颇有事毕后如释重负的愉悦。要综览近百年西方道德教育的理论和实践，最可靠的方法莫过于对这一时期所有已经和正在发生影响的学说、流派或模式悉以详述，然这样做既无可能亦无必要。我在本书中着力论述20世纪西方主要国家中几种最具代表性、最富影响力的思想学说，并以当代道德教育的基本问题为主线贯穿之，旨在通过对这些学说的透视和分析，把握近百年西方道德教育理论整体发展的轨迹，并在各学说的相互比照中昭示各自的得失利弊，对西方道德教育理论做整体的世纪末思考。当然，除这些理论流派外，还有许多在近百年道德教育理论发展中占有重要地位并对学校道德教育的操作产生了实际影响的思想、学说，亦当为必述之列。然耽于篇幅框架已定，又苦于材料不济，只得暂时割爱。即使所论思想和学说，由于资料占有上的限制，亦恐多有遗珠漏玑之嫌，此许多遗憾，唯待日后弥补。

对西方道德教育理论和实践的研究本身远非目的。对域外道德教育思想的译介和评述，最终是要为本土道德教育理论的建设和实践的合理运作提供一个较广阔的参照视境，以求在博采其长、力避其短的基础上有所建树、有所超越。因此，在对西方道德教育思想进行认真、客观的梳理和考察后，下一步要做的也许应该是由西返中，开始一种新道德教育框架的预设了。这种框架的设定究其实质在于通过对传统道德教育的深刻批判和现实反省以及不同性质、类型教育模式的比照，建立一种既融合传统又符合时代精神、反映当代道德教育的思想成果和该领域学术发展大势的理论实践模式。我的博士论文《活动道德教育论》（南开大学出版社 1994 年版）不过是在这一方向上所做的最初努力。将来无论能否有所成就，我都会在这条艰难但充满诱惑的道路上做一番探索。

在本书的写作过程中，曾得益于许多专家学者的关心、指导和帮助，借拙作出版之际，谨向他们表示诚挚的谢意。

感谢当代著名道德、价值教育理论家、加拿大安大略教育研究院克里夫·贝克教授。贝克教授向我慷慨地馈赠了大量原著及有关材料，使本书的写作增益不少。没有他及时而善意的帮助，本书价值教育理论的相关内容将不得不暂付阙如。我还有幸得到当代世界著名道德教育哲学家、道德教育研究的专门机构“法明顿信托研究单位”原主任、英国牛津大学教育研究系约翰·威尔逊（John Wilson）先生的帮助，使我对20世纪中叶以来的道德教育理论能有更准确、更系统的把握。对一个素昧平生的中国青年学者，两位异域教育理论家能如此扶携，令我难忘。

拙作初稿完成后，我的两位恩师南京师范大学的鲁洁教授和山东师范大学的潘伯庚教授拨冗审阅了全书并欣然赐序，对学生多有勉励，令我十分感动。陆有铨教授审阅书稿后，提出了一些具体的修改意见。没有他建设性的建议，本书是难以此面目与读者见面的。

此外，在资料的搜集、写作乃至文稿的撰写过程中，许多同学、朋友惠予协助，在此深表谢意。

虽承蒙许多师长、朋友及家人的支持和帮助，但限于自己的理解能力和学术水平，书中定有不少纰缪，恳请学界前辈和广大同人不吝赐教。

戚万学

1994年12月于山东师范大学

后 记

本书是在《冲突与整合——20世纪西方道德教育理论》（山东教育出版社1995年版）的基础上重新修改、扩充和完善而成的。

修订再版本书，主要基于以下两个方面的考虑。一是原先设定的研究内容需要进一步充实、完善。《冲突与整合——20世纪西方道德教育理论》的写作时间是20世纪80年代末，由于当时国内外资料在时间上的滞后，所研究的内容限于20世纪80年代中期以前，20世纪最后20年及21世纪初的新进展没有得到体现。这次修改，从时限上拓展至21世纪初。因此，在研究内容上，本次修订版增加了“绪论”“现代西方道德教育的主题嬗变及其特点”“关怀学派的道德教育思想”“美国的品格教育思潮”四章。本次修改过程中，除了对思潮流派本身予以品评外，还对20世纪以来西方道德教育的进展做了整体性观照，对个别的学术观点也表达了作者的最新思考。另外，对原先的个别表述、文献出处及纰漏之处，也做了勘正。这样的调整，是否妥当，是否能够观照20世纪以来西方社会道德教育发展的主要图景，是否能为我们自身的道德教育研究提供某些镜鉴与启示，尚需读者诸君的判定。二是为了满足学界同人相互交流的需求。拙著1995年出版，第一次印刷2 000册（精装），当年即售罄；1996年第二次印刷3 000册（精装），次年该书亦一书难求。由于拙著是“20世纪教育回顾与前瞻”丛书中的一部，而丛书中各部著作销售情况不平衡，出版社没有再重印整套丛书。近十几年来，通过电话、网络、信件等方式索要该书的研究生和研究工作者不计其数。期冀通过此次修改出版能满足志同道合者教学、研究与交流之需。

20多年来，承蒙学界同人和广大读者的厚爱，拙著在学界引起了一定反响，曾先后获得教育部第二届全国教育科学研究优秀成果一等奖、教育部人文社会科学研究优秀成果二等奖、山东省社会科学研究优秀成果一等奖、山东省高等学校人文社会科学研究优秀成果一等奖等奖项。《中国教育报》《新闻出版导刊》《教育研究》等报刊曾刊发书评，对拙著给予了较高的评价：该著“发人之未发”，“在诸种评析意见中也颇有独到的、发人深省之处”；“无论对理论、学说、人物的评价，还是对德育基本问题的阐释，都提出了一些富有启发性的新见解”；“其资料运用之精到、分析论证之严实，在国内同类著作中是不多见的”。学界同人反映拙著是国内同类著作中被引用次数最多的著作之一，并被国内20多所重点大学列为教育学科及伦理学、思想政治教育学、社会学博士及硕士研究生的必读书和参考书。这些都是对我的莫大鼓励。

在本书的撰著和修改过程中，征引了诸多前辈时贤的研究成果，在此表达作者由衷的敬意；特别感谢我的博士研究生张洪高、冯永刚两位教授对本书第九章、第十章所做的贡献以及唐爱民教授、孟志远女士所做的大量校订工作。本书的撰写、修改和出版得到了曲阜师范大学、山东师范大学有关部门的大力支持，特别是人民教育出版社刘立德主任多次垂询并允以较宽裕的修改时间，刘捷编审、韩华球编审对本书做了诸多专业性的加工与完善，诸惠芳编审也提出了宝贵的意见，使本书增色不少。在此一并表达诚挚谢意。

戚万学

2020 年 5 月

于曲阜师范大学